AF825048

BEITRÄGE ZUM AUSLÄNDISCHEN UND INTERNATIONALEN PRIVATRECHT

HERAUSGEGEBEN VOM

MAX-PLANCK-INSTITUT FÜR AUSLÄNDISCHES UND INTERNATIONALES PRIVATRECHT

Direktor: Professor Dr. Konrad Zweigert

35

1969

WALTER DE GRUYTER & CO.
BERLIN

J. C. B. MOHR (PAUL SIEBECK)
TÜBINGEN

DER HOHEITLICH GESTALTETE VERTRAG

Eine rechtsvergleichende Untersuchung über den Planvertrag im Sowjetrecht und den „diktierten Vertrag" im Recht der Bundesrepublik Deutschland

von

DIETRICH A. LOEBER
Hamburg

1969

WALTER DE GRUYTER & CO.
BERLIN

J. C. B. MOHR (PAUL SIEBECK)
TÜBINGEN

Als Habilitationsschrift auf Empfehlung der Rechtswissenschaftlichen Fakultät
der Universität Hamburg
gedruckt mit Unterstützung der Deutschen Forschungsgemeinschaft

©
Dietrich A. Loeber
J. C. B. Mohr (Paul Siebeck) Tübingen 1969
Alle Rechte vorbehalten
Ohne ausdrückliche Genehmigung des Verlags ist es auch nicht gestattet, das Buch oder Teile daraus auf photomechanischem Wege (Photokopie, Mikrokopie) zu vervielfältigen
Printed in Germany
Satz und Druck: Buchdruckerei Eugen Göbel, Tübingen
Einband: Großbuchbinderei Heinr. Koch, Tübingen
Best.-Nr. 62 977

Vorwort

Der „diktierte Vertrag" hat immer wieder die Aufmerksamkeit der Juristen in verschiedenen Ländern auf sich gezogen. Die wissenschaftliche Auseinandersetzung vollzog sich aber gewöhnlich nur im Rahmen des eigenen Rechtssystems. Es fehlt bis heute an einer Untersuchung, die über die Grenzen der einzelnen Rechtsordnungen hinausgreift. Die Rechtsvergleichung vermag zur Lösung der anstehenden Probleme beizutragen. Das gilt insbesondere in einer Zeit, die (einerseits) durch die Auseinandersetzung gegensätzlicher Wirtschaftsordnungen geprägt ist und die (andererseits) unter dem Zeichen einer Integration typverwandter Wirtschaftsordnungen steht. Die vorliegende Arbeit beschränkt die rechtsvergleichende Untersuchung im wesentlichen auf zwei repräsentative Rechtsordnungen: die sowjetische und die (west-)deutsche.

Das Thema wirft eine Fülle von Problemen auf. Von einem einzelnen Bearbeiter können sie kaum erschöpfend behandelt werden. Aus diesem Grunde erschien es angebracht, den Untersuchungsgegenstand, soweit vertretbar, einzugrenzen.

Nicht eingegangen wird z. B. auf die historische Entwicklung und die Erscheinungsformen der einzelnen Rechtsinstitute in der Vergangenheit. Außer Betracht bleiben auch die ideengeschichtlichen Grundlagen der Wirtschaftslenkung und des Staatsinterventionismus. Ferner müssen die internationalen und supranationalen Aspekte des Problems einer gesonderten Untersuchung überlassen bleiben. Viele wirtschaftliche, politische, soziologische und philosophische Fragen können, wenn überhaupt, nur andeutungsweise aufgegriffen werden.

In der Arbeit wird versucht, die in Ost und West verwendeten Lösungen so nah wie möglich aneinanderzurücken (sog. „integrated treatment"). Diese Darstellungsweise wird einem „consecutive treatment" vorgezogen, da sie durch ihre Unmittelbarkeit einen Vergleich erleichtert. Sie erscheint eher geeignet, Unterschiede aufzudecken und Gemeinsamkeiten festzustellen. Eine zusammenhängende Information über die Regelung in den einzelnen Rechtsordnungen vermag eine solche Themenbehandlung allerdings nicht zu bieten. Sie wurde nicht als eine Aufgabe dieser Arbeit empfunden.

Vorgeschaltet wird lediglich eine kurze Einführung in den Vorgang der hoheitlichen Vertragsgestaltung in Staaten mit einer planwirtschaftlichen Ordnung. Sie verweist auf weiterführende, auch in westlichen Sprachen erschienene Literatur, die eine ausreichende Orientierung gestattet.

Ein besonderes Anliegen dieser Schrift ist es, eine Brücke zwischen den Ergebnissen der deutschsprachigen Rechtswissenschaft zum vorliegenden Thema und den entsprechenden Lehren in den sozialistischen Ländern zu schlagen. Bisher haben die Rechtswissenschaftler des deutschen und sowjetischen Rechtskreises ihre Erkenntnisse nur äußerst selten gegenseitig verwertet oder auch nur berücksichtigt. In vielen Fällen dürften sie die Arbeiten der Gegenseite nicht einmal kennen. Die Problematik des hoheitlich gestalteten Vertrages ist indessen in manchen, dazu wesentlichen Aspekten ähnlich.

Das Material, das zur Rechtsvergleichung aus dem Sowjetrecht herangezogen wurde, ist zu einem Teil außerhalb der Sowjetunion bisher nicht zugänglich gewesen. Die Quellen habe ich während eines neunmonatigen Studienaufenthalts an der Universität Moskau im Jahre 1961 gesammelt. Ich erinnere mich in Dankbarkeit an die verständnisvolle Förderung meiner Arbeit, die ich an dieser Universität erfahren habe. Mein Dank gilt insbesondere dem Leiter des „Katheders für Zivilrecht" Professor PAVEL EFIMOVIČ ORLOVSKIJ und meinem Wissenschaftlichen Betreuer Dozent VENIAMIN PETROVIČ GRIBANOV. Ergänzende Studien betrieb ich aufgrund eines Forschungsauftrages der Harvard Universität 1963–1964 in Cambridge, Mass. Viel Anregung empfing ich aus den Diskussionen, die ich mit Professor HAROLD J. BERMAN als dem Leiter des Forschungsprojekts und mit Professor PETER B. MAGGS (jetzt University of Illinois) geführt habe. Dank schulde ich darüber hinaus und vor allem dem Max-Planck-Institut für ausländisches und internationales Privatrecht in Hamburg und seinen Direktoren Professor Dr. HANS DÖLLE und (ab 1963) Professor Dr. KONRAD ZWEIGERT. Sie haben mir die Möglichkeit eröffnet, diese Arbeit im Rahmen meiner Tätigkeit als Institutsreferent zu schreiben.

Eine Reihe meiner Kollegen hat das Manuskript ganz oder teilweise gelesen. Für kritische Bemerkungen danke ich insbesondere Dr. ULRICH DROBNIG, Dr. EICKE VON HIPPEL sowie Professor Dr. PAUL HEINRICH NEUHAUS vom Max-Planck-Institut und Dr. ANTON LIPOWSCHEK von der Universität Hamburg. Es ist selbstverständlich, daß die wissenschaftliche Verantwortung für die vorliegende Schrift allein bei mir liegt.

Ich kann dieses Vorwort nicht schließen, ohne Professor John N. Hazard, meinen verehrten Lehrer an der Columbia Universität in New York, zu nennen. Er hat mich in das Sowjetrecht eingeführt. Ich verdanke ihm viel.

Die Arbeit wurde im Herbst 1965 abgeschlossen und hat im Sommersemester 1966 der Rechtswissenschaftlichen Fakultät der Universität Hamburg als Habilitationsschrift vorgelegen. Die Entwicklung ab 1965 habe ich (vor allem aus Raumgründen) nur in einem beschränkten Umfang berücksichtigen können. Die vorliegende Fassung gibt den *Stand vom 1. Januar 1968* wieder.

30. März 1968 Dietrich A. Loeber

Gliederungsübersicht

Inhaltsverzeichnis

Erläuterungen und Abkürzungen

Anmerkungen und Querverweisungen

Die Anmerkungen sind für die Kapitel jeweils getrennt numeriert. Bei Querverweisungen innerhalb der Arbeit werden nicht Gliederungsabschnitte oder Seitenzahlen zitiert; es wird vielmehr auf die nächstgelegene Anmerkung verwiesen. Beispiel: „bei Anm. II 7" bedeutet eine Verweisung auf die Textstelle in der Nähe der Anmerkung 7 in Kapitel II. Die römische Zahl bezeichnet also das Kapitel, zu dem die Anmerkung gehört. Die Arbeit gliedert sich in Kapitel I–VI.

Die Quellen werden zum großen Teil in abgekürzter Form zitiert. Eine Auflösung der Kurzformen findet sich im Literaturverzeichnis auf Seite 337 und für Periodika auf Seite XVII.

Transliteration

Titel in kyrillischer Schrift werden nach den Transliterationsregeln wiedergegeben, die im deutschen Bibliothekswesen üblich sind. Sie entsprechen der Empfehlung R 9 der „International Organization for Standardization" (1955), der Deutschen Norm DIN 1460 (1962) und den Preußischen Instruktionen (1899).

Abkürzungen von Periodika

Das Verzeichnis umfaßt abgekürzt zitierte Periodika.

Die Kurztitel der Gesetzblätter und Entscheidungssammlungen entsprechen den landesüblichen Abkürzungen.

Zeitschriften werden in abgekürzter Form aufgeführt, soweit ihre Titel geläufig sind und häufig in der Arbeit vorkommen. *Sowjetische* Rechtszeitschriften werden in der Sowjetunion üblicherweise nicht abgekürzt. Gleichwohl wird hier für einige wenige, ständig wiederkehrende Titel sowjetischer Zeitschriften eine Abkürzung verwendet. Die in der *Bundesrepublik Deutschland* erscheinenden Zeitschriften werden mit den landesüblichen sigelartigen Kurzformen bezeichnet. Die Abkürzungen richten sich (für die nicht-sowjetischen Zeitschriften) nach dem Zeitschriftenverzeichnis von RabelsZ (Gesamtregister für Jg. 1–25, 1966, S. 115–211).

Abkürzung		*Titel*
AcP	=	Archiv für die civilistische Praxis, Tübingen
Am. J. Comp. L.	=	American Journal of Comparative Law, Baltimore
AÖR	=	Archiv des öffentlichen Rechts, Tübingen
BAnz.	=	Bundesanzeiger, Köln
BB	=	Der Betriebs-Berater, Heidelberg
BGBl.	=	Bundesgesetzblatt, Bonn
BGHZ	=	Entscheidungen des Bundesgerichtshofs in Zivilsachen, Köln, Berlin
BVerfGE	=	Entscheidungen des Bundesverfassungsgerichts, Tübingen
BVerwGE	=	Entscheidungen des Bundesverwaltungsgerichts, Berlin
DÖV	=	Die öffentliche Verwaltung, Stuttgart
DRZ	=	Deutsche Rechts-Zeitschrift, Tübingen
DVBl.	=	Deutsches Verwaltungsblatt, Köln, Berlin
Dz. U.	=	Dziennik ustaw, Warschau
GBl. der DDR	=	Gesetzblatt der DDR, Berlin
GRUR Ausl.	=	Gewerblicher Rechtsschutz und Urheberrecht, Auslands- und internationaler Teil, Weinheim/Bergstraße
HEZ	=	Höchstrichterliche Entscheidungen. Sammlung von Entscheidungen der Oberlandesgerichte ... in Zivilsachen, Heidelberg
Highlights	=	Highlights of Current Legislation and Activities in Mid-Europe, Washington D. C.
Int. Comp. L. Q.	=	The International and Comparative Law Quarterly, London

JbOstR	=	Jahrbuch für Ostrecht, Herrenalb
JR	=	Juristische Rundschau, Berlin
JW	=	Juristische Wochenschrift, Leipzig, Berlin
JZ	=	Juristenzeitung, Tübingen
MDR	=	Monatsschrift für deutsches Recht, Hamburg
Mtl. BAA	=	Amtliches Mitteilungsblatt des Bundesausgleichsamtes, Bad Homburg v. d. H.
NJW	=	Neue Juristische Wochenschrift, München, Berlin, Frankfurt/M.
Notes et Etudes Doc.	=	La Documentation française. Notes et Etudes Documentaires, Paris
OGHZ	=	Entscheidungen des Obersten Gerichtshofes für die Britische Zone in Zivilsachen, Berlin, Hamburg
pr. GS	=	Preußische Gesetzsammlung
Pravovedenie	=	Izvestija vysšich učebnych zavedenij. Pravovedenie, Leningrad
RabelsZ	=	Rabels Zeitschrift für ausländisches und internationales Privatrecht, Berlin, Tübingen
Rev. Contemp. L.	=	Review of Contemporary Law, Brüssel. Erscheint auch in einer französischen Ausgabe: Revue de droit contemporain. Zitiert nach der englischen Ausgabe. Hervorgegangen aus: Law in the Service of Peace; Le droit au service de la paix
Rev. int. dr. comp.	=	Revue internationale de droit comparé, Paris
RGBl.	=	Reichsgesetzblatt, Berlin
RGZ	=	Entscheidungen des Reichsgerichts in Zivilsachen, Berlin, Leipzig
ROW	=	Recht in Ost und West, Berlin
Sb.	=	Sbírka zákonů Československé socialistické republiky, Prag
Sl. l.	=	Službeni list Socialisticke Federativne Republike Jugoslavije, Belgrad
Soc. zak.	=	Socialističeskaja zakonnost', Moskau
Sov. gos. i pravo	=	Sovetskoe gosudarstvo i pravo, Moskau
Sov. just.	=	Sovetskaja justicija, Moskau
SP RSFSR	=	Sobranie postanovlenij Pravitel'stva RSFSR, Moskau
SP SSSR	=	Sobranie postanovlenij Pravitel'stva SSSR, Moskau
SZ SSSR	=	Sobranie zakonov Raboče-Krest'janskogo Pravitel'stva SSSR, Moskau
VVS RSFSR	=	Vedomosti Verchovnogo Soveta RSFSR, Moskau
VVS SSSR	=	Vedomosti Verchovnogo Soveta SSSR, Moskau
WGO	=	Die wichtigsten Gesetzgebungsakte in den Ländern Ost-, Südosteuropas und in den ostasiatischen Volksdemokratien, Hamburg
WiGBl.	=	Gesetzblatt der Verwaltung des Vereinigten Wirtschaftsgebietes, Frankfurt/M.

Sonstige Abkürzungen

Die Abkürzungen, die zur Bezeichnung sowjetischer Rechtsvorschriften Verwendung finden, werden im Gesetzesnachweis (S. 320–336) aufgelöst.

Das mit sigelartigen Kurzformen zitierte Schrifttum ist im Literaturverzeichnis (S. 337–372) zusammengestellt.

Im übrigen kommen in der Arbeit folgende Abkürzungen vor:

AN SSSR	= Akademija nauk SSSR (Akademie der Wissenschaften der UdSSR)
Bd.	= Band
Bespr.	= Besprechung
BGB	= Bürgerliches Gesetzbuch
BGH	= Bundesgerichtshof
BVerfGer	= Bundesverfassungsgericht
BVerwGer	= Bundesverwaltungsgericht
DDR	= Deutsche Demokratische Republik
Diss.	= Dissertation
Ebd.	= Ebenda
Ed.	= Editor(s)
GmbH	= Gesellschaft mit beschränkter Haftung
HGB	= Handelsgesetzbuch
i. d. F.	= in der Fassung
IPAN	= Institut prava Akademie nauk SSSR (Rechtsinstitut der Akademie der Wissenschaften der UdSSR)
Jg.	= Jahrgang
KG	= Kammergericht
KPdSU	= Kommunistische Partei der Sowjetunion
KPSS	= Kommunističeskaja Partija Sovetskogo Sojuza (KPdSU)
LG	= Landgericht
maschr. vervielf.	= maschinenschriftlich vervielfältigt
LGU	= Leningradskij Gosudarstvennyj Universitet (Leningrader Staatsuniversität)
MGU	= Moskovskij Gosudarstvennyj Universitet (Moskauer Staatsuniversität)
MVT	= Ministerstvo vnešnej torgovli (Ministerium für Außenhandel)
N. F.	= Neue Folge
OGH	= Oberster Gerichtshof für die Britische Zone
OLG	= Oberlandesgericht
OVG	= Oberverwaltungsgericht

pr.	=	preußisch
Red.	=	Redaktion, Redakteur
RG	=	Reichsgericht
RSFSR	=	Rossijskaja Sovetskaja Federativnaja Socialističeskaja Respublika (Rußländische Sowjetische Föderative Sozialistische Republik)
S.	=	Seite
SBZ	=	Sowjetische Besatzungszone
Sp.	=	Spalte
SSSR	=	Sojuz Sovetskich Socialističeskich Respublik (UdSSR)
s. v.	=	sub verbo
UdSSR	=	Union der Sowjetischen Sozialistischen Republiken
VG	=	Verwaltungsgericht
VGH	=	Verwaltungsgerichtshof
VIJuN	=	Vsesojuznyj institut juridičeskich nauk (Allunions-Institut für Rechtswissenschaften). Seit 1963: VNIISZ
VJuZI	=	Vsesojuznyj juridičeskij zaočnyj institut (Juristisches Allunions-Institut für Fernstudium)
VNIISZ	=	Vsesojuznyj naučno-issledovatel'skij institut sovetskogo zakonodatel'stva (Wissenschaftliches Forschungsinstitut auf Unionsebene für sowjetische Gesetzgebung)
ZGB	=	Zivilgesetzbuch
Ziff.	=	Ziffer
ZPO	=	Zivilprozeßordnung

I. Der hoheitlich gestaltete Vertrag als Gegenstand der Rechtsvergleichung

Der Staat greift in zunehmendem Maße in den Wirtschaftsablauf ein. Dies ist eine Erscheinung, die seit Jahrzehnten allenthalben zu beobachten ist. Der Vorgang, der häufig mit Begriffen wie Staatsintervention und Wirtschaftslenkung gekennzeichnet wird, berührt notwendigerweise die bestehende, auf Privatautonomie gegründete Rechtsordnung.

Die Konturen der hierdurch ausgelösten Problematik gewinnen in Staaten mit einer plangebundenen Wirtschaft besondere Schärfe. Sie dürfen aber nicht den Blick davor verstellen, daß der Einbruch hoheitlicher Lenkungsmaßnahmen in das Gebäude der Privatautonomie überall im Grunde auf dem uralten Problem des Ausgleichs zwischen Zwang und Freiheit, zwischen Lenkung und Eigeninitiative beruht. Es geht um die Frage, ob und wieweit an die Stelle einer privatautonomen Güterordnung eine staatliche Güterverteilung treten soll. Das Ringen um einen gerechten Ausgleich dieser widerstreitenden Ordnungsprinzipien hat in Ost und West in verschiedener Weise Ausdruck gefunden und zu unterschiedlichen Ergebnissen geführt.

Eine der Formen staatlicher Lenkung ist die Einwirkung auf zivilrechtliche Verträge. Sie kann sich äußern in der Anordnung eines Vertragsschlusses, in der Zuweisung eines Vertragspartners oder auch in der Vorgestaltung des Vertragsinhalts durch Verwaltungsakt. Als Beispiel aus dem deutschen und dem sowjetischen Recht sei etwa die Pflicht der Molkereien genannt, Milch an bestimmte, ihnen von der Verwaltung zugewiesene Milchhandlungen zu liefern[1]. Intensität und Gegenstand derartiger Eingriffe wechseln. In Kriegs- und Notzeiten werden sie besonders häufig eingesetzt. Es wäre aber verfehlt, das Phänomen der staatlichen Wirt-

---

[1] *Bundesrepublik Deutschland:* Milch- und Fettgesetz von 1951, Neufassung von 1952 (BGBl. 1952 I S. 811) (mit nachfolgenden Änderungen, zuletzt in BGBl. 1966 I 497) § 2. *Sowjetunion:* Instruktion vom 9. April 1966 über das Verfahren des staatlichen Ankaufes ... von Milch, Ziff. 2 (Text: Zakonodatel'stvo 1967, S. 186–194). Vgl. unten bei Anm. III 179.

schaftsintervention aus diesem Grunde als bloße Krisen- und Übergangserscheinung abzutun. Sie ist unter den Bedingungen einer Entwicklung zum modernen Industriestaat zu einem unverzichtbaren Instrument der Wirtschaftsführung geworden.

Die Möglichkeit privatrechtsgestaltender Hoheitsakte sah das traditionelle deutsche Zivilrecht nicht vor. Das klassische Ausnahmebeispiel war die Enteignung. Sie bewirkt eine zivilrechtliche Eigentumsübertragung kraft Verwaltungsakt. Nur widerwillig hat sich die Zivilrechtswissenschaft mit ihr abgefunden. Wenn der Eingriff als systemwidrig empfunden wurde, so lag das daran, daß die Privatautonomie als Grundlage des Zivilrechts galt und eine Einschränkung der Privatautonomie nur durch Gesetz, nicht aber durch die Verwaltung (wenn auch auf Grund eines Gesetzes) für zulässig gehalten wurde. Etwa seit der Zeit des Ersten Weltkrieges gerät diese starre Konstruktion unter dem Eindruck der wirtschaftlichen und gesellschaftlichen Veränderungen ins Wanken. Die Übergänge zwischen öffentlichem und privatem Recht beginnen sich zu verwischen. Für die deutsche Zivilrechtswissenschaft erschien das durch Verwaltungsakt begründete Rechtsverhältnis allerdings nach wie vor als Anomalie. Um diese systemwidrige Erscheinung gleichwohl zivilrechtlich zu bewältigen, prägte HEDEMANN 1919 den Begriff des „diktierten Vertrages“[2] und NIPPERDEY entwickelte 1920 seine Lehre vom Kontrahierungszwang[3]. Von der deutschen Rechtswissenschaft zur Zeit der nationalsozialistischen Herrschaft wurde der behördlich angeordnete Vertrag als ein „Gestaltungsmittel der völkischen Ordnung“ in Anspruch genommen und gepriesen. Nach dem Kriege wird das Rechtsinstitut dagegen nur widerwillig geduldet. Eine Beschäftigung mit ihm erscheint offenbar unzeitgemäß oder unfruchtbar[4]. Es wird als eine vorübergehende Erscheinung zur Behebung eines sozialen Notstandes angesehen[5]. Wider Erwarten ist das Phänomen des hoheitlich gestalteten Vertrages aus unserer Rechtswirklichkeit jedoch nicht verschwunden. Es fristet – dogmatisch gesehen – ein gleichsam illegitimes Dasein in der gegenwärtigen Rechtsordnung[6].

---

[2] HEDEMANN 1919, S. 17–18. Er sprach von der „höchst seltsame[n] Figur des diktierten Vertragsschlusses“. Über Einwände gegen den Begriff des „diktierten Vertrages“ siehe unten bei Anm. III 232.

[3] NIPPERDEY 1920.

[4] DILCHER läßt in seiner Antrittsvorlesung über Typenfreiheit und inhaltliche Gestaltungsfreiheit bei Verträgen die „Beschränkungen ... außer Betracht ..., die kraft hoheitlicher Intervention ... in die Freiheit der Vertragsgestaltung eingreifen, da staatlicher Interventionismus nicht in der Lage ist, Grundsatzentscheidungen eines bestehenden Zivilrechtssystems zu beseitigen“ (DILCHER 1960, S. 1041).

[5] Vgl. LARENZ 1967, Bd. 1, S. 38, 60.

[6] Vgl. die Nachweise unten bei Anm. IV 267.

In den Ländern mit einer planwirtschaftlichen Ordnung nimmt der hoheitlich gestaltete Vertrag dagegen eine zentrale Stellung im Gefüge der zivilrechtlichen Beziehungen ein. In der Sowjetunion fand die Praxis hoheitlicher Vertragsgestaltung insbesondere nach Einführung der Fünfjahrespläne (d. h. ab 1928) immer stärkere Verbreitung. Sie führte zur Herausbildung eines eigenen Vertragstyps zwischen sozialistischen (d. h. staatlichen, genossenschaftlichen und gesellschaftlichen) Organisationen. Im Schrifttum wird er von einigen Wirtschaftsvertrag, von anderen Planvertrag genannt[7]. Rechtlich geregelt ist er in den Zivilgesetzbüchern und in zahlreichen Sondervorschriften[8]. Daneben gibt es hoheitlich gestaltete Verträge, an denen Einzelbürger beteiligt sind, wie etwa den Zwangsmietvertrag. Diese Feststellungen dürfen auf der anderen Seite nicht zur irrigen Annahme führen, als ob alle Verträge, die in einer Planwirtschaft geschlossen werden, einer hoheitlichen Gestaltung unterliegen. Es gibt auch autonom vereinbarte Verträge[9].

Der hoheitlich gestaltete Vertrag nimmt in den einzelnen Rechtsordnungen verschiedene Formen an und erfüllt unterschiedliche Funktionen. Dennoch bleibt die Tatsache, daß er diesseits und jenseits der politischen Grenzen und unabhängig von den Ideologien der „herrschenden Klassen" zur Anwendung kommt. Dieser Umstand qualifiziert den hoheitlich gestalteten Vertrag zu einem Objekt der rechtsvergleichenden Forschung. Ja noch mehr: eine Untersuchung dieses Rechtsinstituts, die sich auf nur eine Rechtsordnung beschränkt, läuft Gefahr, sich einseitig und eng an besonderen nationalen Ausgestaltungen zu stoßen und darüber gemeinsame Strukturprinzipien und Eigengesetzlichkeiten zu übersehen.

1. ZUR FRAGE DER VERGLEICHBARKEIT HOHEITLICH GESTALTETER VERTRÄGE

Eine Untersuchung unter rechtsvergleichenden Aspekten stellt ein Wagnis dar, wenn die Vergleichung – wie hier – sich nicht im Rahmen einer homogenen Wirtschaftsstruktur hält, sondern die Grenzen eines Wirtschaftssystems verläßt. Eine solche „systemüberschreitende" Rechtsvergleichung ist zunächst von der Sache her schwierig, da der Vergleich

---

7 Zu diesen Begriffen siehe unten bei Anm. II 30.

8 Siehe unten bei Anm. II 58 ff., III 104 ff.

9 Hierüber unten bei Anm. II 28.

auf die Systembezogenheit des Untersuchungsgegenstandes eingehen muß und ihn nur so in seinem Wesens- und Funktionsgehalt erkennen kann. Darüber hinaus aber setzt sich eine solche Vergleichung Angriffen aus, wenn eines der untersuchten Systeme ideologisch (und damit auch im Bereich der Rechtswissenschaft) vom Gebot der „Parteilichkeit" ausgeht. Dann muß die Vergleichung die parteilich verschobenen Akzente zurechtrücken. Ein derartiges Unterfangen wird von den Anhängern der Parteilichkeit naturgemäß nicht geduldet.

Die Frage des Vergleichs im Bereich des Rechts wird in den sozialistischen und kapitalistischen Staaten verschieden beantwortet.

a) Der Standpunkt in den sozialistischen Staaten

„[J]ede Lehre von Staat und Recht hat ... stets einen klassenmäßigen, parteilichen Charakter." [10] „Der sogenannte bourgeoise ‚Objektivismus', als Ideologie der ‚Überparteilichkeit', ist lediglich eine Maske, hinter der die bourgeoise Parteilichkeit ihr Gesicht verbirgt ..." [11]. „Die marxistisch-leninistische Theorie ... entlarvt den wahren Kern des bourgeoisen ... Rechts. Sie richtet das Feuer ihrer Kritik gegen die antiwissenschaftlichen, reaktionären Theorien des ... Rechts, die das antinationale Wesen des bourgeoisen ... Rechts verschleiern" [12]. Die Kritik zeigt zugleich „die ganze Überlegenheit, welche die marxistisch-leninistische Wissenschaft vom ... Recht gegenüber der bourgeoisen ‚Wissenschaft' [und] das sowjetische sozialistische ... Recht gegenüber dem bourgeoisen ... Recht" auszeichnet [13]. Mit diesen und ähnlichen Feststellungen greift die sowjetische Rechtstheorie das Thema der Vergleichbarkeit an.

Das Gebot der Parteilichkeit bedeutet „den entschiedenen Kampf mit den bourgeoisen Lehren, die unermüdliche Propaganda der Ideen des Kommunismus" [14]. Dieses Gebot ergibt sich in der Sowjetunion aus dem Programm der KPdSU von 1961. Das Programm kann als ein Bestandteil der materiellen Verfassung angesehen werden. „[D]er ideologische Kampf", so heißt es im Programm, „ist der wichtigste Teil des Klassen-

---

[10] Aržanov M. A., in: Teorija gosudarstva i prava, Moskau, 1949, S. 22.

[11] Aržanov, ebd., S. 24.

[12] Kareva M. P., in: Teorija gosudarstva i prava, Moskau, 1955, S. 15.

[13] Aržanov M. A., in: Teorija gosudarstva i prava, Moskau, 1949, S. 23. Siehe auch unten Anm. I 24.

[14] Političeskij slovar'. Unter der Redaktion von B. N. Ponomarev, Moskau, 2. Aufl., 1958, S. 416 s. v. „Partijnost' ideologii".

kampfes des Proletariats ... [D]ie ideenmäßig-politisch wichtigste Waffe des Imperialismus ist der Antikommunismus, dessen Hauptinhalt die Verleumdung der sozialistischen Ordnung ist ...“ Hiervon ausgehend erhebt das Programm die Forderung: „Die Kommunistische Partei wird auch fortan das volksfeindliche, reaktionäre Wesen des Kapitalismus sowie jeden Versuch entlarven, die kapitalistische Ordnung zu beschönigen. Die Partei wird systematisch die großartigen Vorzüge des Sozialismus und Kommunismus vor dem seinem Ende entgegengehenden kapitalistischen System propagieren.“ [15]

Das Ziel kommunistischer Rechtsvergleichung muß hiernach sein, im Wege der Kontrastierung die Vorzüge des sozialistischen Rechts herauszustellen. Die Kontrastierung als Methode der Rechtsvergleichung ist als solche nicht neu. Sie wurde bereits 1672 von J. Fortescue angewandt, der in seinem Werk De Laudibus Legum Angliae die Vorzüge des englischen Rechts im Verhältnis zum römischen Recht hervorhob. Ohne Vorgang ist dagegen der Versuch, die Rechtsvergleichung zu benutzen, um den angeblich ausbeuterischen Charakter des bourgeoisen Rechts zu entlarven. Diese Forderung wird in der Tat von den führenden Rechtswissenschaftlern der Sowjetunion erhoben [16]. Der vergleichenden Methode kann in den Worten von Zivs „ein Recht auf Existenz ... zuerkannt werden“, aber „verständlicherweise“ nur, soweit sie „vollständig auf dem allgemein methodologischen Boden der gesamten marxistisch-leninistischen Gesellschaftswissenschaft steht“ [17].

Grundlegend für die sowjetische Auffassung über die Klassenabhängigkeit der Gesellschaftswissenschaften sind Gedanken, die Lenin als 24jähriger entwickelt hat. Er schrieb 1894: „Der Materialismus schließt sozusagen die Parteilichkeit mit ein, indem er bei jeder Wertung eines Ereignisses dazu zwingt, sich direkt und offen auf den Standpunkt einer bestimmten Gesellschaftsgruppe zu stellen.“ [18] Untersuchungen, welche die Rolle der Klassen als Träger historischer Prozesse ignorieren, führen nach Lenin notwendig zu einem abstrakten Dogmatismus [19]: „... nicht ein einziger

[15] Programma Kommunističeskoj partii Sovetskogo Sojuza, Moskau, 1961, 144 S., hier S. 51, 122; deutsche Übersetzung: Meissner B., Das Parteiprogramm der KPdSU 1903 bis 1961, Köln, 1962, S. 143–244; u. a.

[16] Wörtliche Zitate und weitere Nachweise bei Loeber 1961, S. 201–204. Die Notwendigkeit der Kontrastierung hebt auch Zivs hervor: Zivs 1964, S. 26, 28–29; vgl. Kosarev 1965, S. 83.

[17] Zivs 1964, S. 25; ähnlich: Kosarev 1965, S. 86.

[18] Lenin V. I., Sočinenija, Moskau, 4. Aufl., Bd. 1, 1941, S. 380–381.

[19] Vgl. ebd. S. 392, 396, 405, 415, 423, 478, 483.

lebendiger Mensch kann umhin, sich auf die Seite dieser oder jener Klassen zu stellen"[20]. Für Lenin gibt es also keine Wissenschaft, die außerhalb der Klassen und des Klassenkampfes steht. Jedes Bemühen um Objektivität muß daher in der Sowjetunion als ein Versuch erscheinen, die Wissenschaft von der Ideologie zu befreien und den Materialismus mit dem Idealismus in der Gesellschaftswissenschaft zu versöhnen[21].

Für die Rechtsvergleichung ergibt sich hieraus nach sowjetischer Auffassung, daß etwaige Ähnlichkeiten in der äußeren Form eines Rechtsinstituts nicht über die grundlegenden Unterschiede in Wesen, Inhalt und Zweck hinwegtäuschen dürfen[22]. Ihre ideologische Rechtfertigung finden diese Gedanken in der Lehre des historischen Materialismus über den geschichtsnotwendigen Wechsel gesellschaftlich-ökonomischer Formationen[23]. Auf dem Boden dieser Lehre behauptet KOSAREV 1965: „Beim Vergleich von Rechtssystemen ein und derselben gesellschaftlich-ökonomischen Formation rückt das Gemeinsame in den Vordergrund; beim Vergleich ... von Rechtssystemen verschiedener gesellschaftlich-ökonomischer Formationen treten ihre Unterschiede in den Vordergrund. So offenbart z. B. ein Vergleich des sozialistischen und des bourgeoisen Rechts die qualitativ höhere Stufe des sozialistischen Rechts."[24] Obligate Qualitätsberühmung führt nur zu leicht zu einer Schwarz-Weiß-Malerei. Sie kann, wie Beispiele aus

---

[20] Ebd., Bd. 2, 1946, S. 498; vgl. auch Bd. 10, 1947, S. 28; Bd. 31, 1955, S. 291 u. a.

[21] KAMMARI M., Voprosy filosofii 1958 No. 7 S. 3–19; deutsche Übersetzung: KAMMARI M., Die revisionistische Theorie über die „Befreiung" der Wissenschaft von der Ideologie: Deutsche Zeitschrift für Philosophie, Jg. 6 (1958) S. 686–707, hier S. 700; auszugsweise englische Übersetzung: JAWORSKY 1967, S. 427–440.

Aus der westlichen Literatur zur Parteilichkeit siehe: WETTER G., Der dialektische Materialismus, Freiburg, 5. Aufl., 1960, S. 313–318; DAHM H., Die marxistische Idee der Parteilichkeit: Jahrbuch für Psychologie ... 1965, S. 317–343; RAPP F., Parteilichkeit und Erkenntnis, Köln, 1967, 66 S. (Berichte des Bundesinstituts für ostwissenschaftliche und internationale Studien No. 67) mit weiteren Nachweisen. Über Parteilichkeit in der DDR: OERTEL D., Sanktioniertes Zivilrecht und privilegierte Stellung des Staatseigentums in Mitteldeutschland, Rechtswiss. Dissertation, Universität Göttingen, 1961, S. 95 bis 103.

[22] Statt vieler: ZIVS 1964, S. 29–31; ZIVS, in: LYON-CAENT 1964, S. 73; JAIČKOV K. K., in: Graždanskoe pravo 1966, S. 4; siehe auch unten bei Anm. I 223.

[23] Eine autoritative Darstellung der Lehren des dialektischen und historischen Materialismus sowie der politischen Ökonomie bringt das weitverbreitete Lehrbuch: Osnovy marksizma-leninizma, Moskau, 1. Aufl., 1960, 775 S.; 2. Aufl., 1962, 782 S.; 3. Aufl., 1965; englische Übersetzung der 1. Aufl.: Moskau, 1961, 890 S.; der 2. Aufl.: Moskau, 1964, 734 S.; deutsche Übersetzung der 1. Aufl.: Berlin, 1960, 839 S.

[24] KOSAREV 1965, S. 82. Ganz ähnlich argumentiert Kazimirčuk (KAZIMIRČUK 1965, S. 99–101, 121). Die These vom Sowjetrecht als „höchsten Typ des Rechts" wird u. a. in den Lehrbüchern über Rechtstheorie näher begründet.

der sowjetischen Literatur zeigen, in ihrer Einseitigkeit und Verzerrung – jedenfalls in der Vergangenheit – mitunter bis ins Groteske gesteigert sein. Nur wenige Autoren vermögen sich diesen ideologischen Forderungen zu entziehen. Denn die vergleichende Methode „als Verfahren materialistisch-dialektischer Forschung ... leugnet vor allem gerade die Idee einer politischen Neutralität bei der Bewertung staatlicher [und] rechtlicher Kategorien“ [25].

Das Postulat, parteilich zu werten und das bourgeoise Recht zu kritisieren, wird den sowjetischen Juristen immer von neuem eingeschärft [26]. Mitunter bildet ein konkreter Anlaß, etwa die objektivistische Äußerung eines Sowjetjuristen, den Ausgangspunkt einer Parteilichkeitskampagne. Ein Beispiel ist die ŠARGORODSKIJ-Affäre 1963 [27].

Professor ŠARGORODSKIJ, ein Leningrader Strafrechtler, hatte 1963 auf einer rechtswissenschaftlichen Tagung u. a. von „progressiven Elementen in der bourgeoisen Wissenschaft“ gesprochen und empfohlen, „einzelne in den kapitalistischen Ländern angewandte Methoden zur Bekämpfung der Kriminalität“ zu übernehmen [28].

Erinnert sei auch an den „Kampf gegen den Kosmopolitismus ... in der juristischen Literatur“, der Ende der vierziger Jahre im Zeichen der „Ždanovščina“ geführt worden ist [29].

---

[25] ZIVS 1964, S. 32, siehe auch S. 30; über Form und Inhalt S. 25, 29–30; ähnlich: KAZIMIRČUK 1965, S. 93, 110.

[26] Den äußeren Rahmen hierfür bieten Leitartikel, Referate über Parteibeschlüsse u. ä. Siehe z. B. aus den letzten Jahren: Sov. gos. i pravo 1956 No. 4 S. 3–14; ČCHIKVADZE, ebd. 1957, No. 3 S. 12–24, hier S. 23; 1959 No. 1 S. 3–13, hier S. 9, 12; 1959 No. 7 S. 143 bis 146, hier S. 144 (dazu LOEBER 1961, S. 201–202); 1960 No. 7 S. 45–56; Leitartikel mit dem Titel „Za vysokuju partijnost' v sovetskoj juridičeskoj nauke“ (Für eine hohe Parteilichkeit in der sowjetischen Rechtswissenschaft), 1964 No. 1 S. 3–11, hier S. 10–11; 1964 No. 9 S. 3–14, hier S. 7; vgl. ČCHIKVADZE, ebd. 1948 No. 10 S. 26–42; ARŽANOV M. A., Partijnost' marksistko-leninskoj teorii gosudarstva i prava, in: Teorija gosudarstva i prava, Moskau, 1949, S. 22–26 (gekürzte englische Übersetzung: JAWORSKY 1967, S. 376 bis 379); ZIVS 1960.

[27] Kommunist 1963 No. 16 S. 26–36, hier S. 28; Soc. zak. 1963 No. 11 S. 6–12, hier S. 8–10; Pravovedenie 1963 No. 4 S. 3–13, hier S. 12–13; Sov. gos. i pravo 1964 No. 1 S. 3–11, hier S. 9–11.

[28] Soc. zak. 1963 No. 11 S. 10. ŠARGORODSKIJ hat offenbar in diesem Zusammenhang seine Stellung als Chefredakteur der angesehenen Leningrader Rechtszeitschrift „Pravovedenie“ verloren (ab 1963 No. 3). Er hatte die Zeitschrift von ihrem ersten Jahrgang (1957) an redigiert.

[29] Kommunist 1946 No. 15 S. 1–10, hier S. 6–7; 1951 No. 7 S. 74–80; 1952 No. 7 S. 66–72; 1953 No. 2 S. 12; Sov. gos. i pravo 1949 No. 4 S. 9–15, 41–46; MOKIČEV, Soc. zak. 1949 No. 2 S. 5–12; ČCHIKVADZE, ebd. No. 5 S. 1–17; Leitartikel, ebd., No. 9 S. 2–3; u. a. Vgl. unten bei Anm. IV 180.

Für die Vergleichung auf dem Gebiet des Vertragsrechts bedeutet dies alles, daß vom Standpunkt der sowjetischen Wissenschaft ein Vergleich einzelner Vertragstypen zwar möglich ist, daß aber das Ergebnis schon von vornherein feststeht: ungeachtet etwaiger Ähnlichkeiten in der Form sind Inhalt und Funktion grundlegend verschieden.

Entsprechende Auffassungen werden, wenn auch nicht durchweg so kraß und unbedingt, in anderen sozialistischen Staaten vertreten[30]. Manche von ihnen zeichnen sich durch eine beachtliche Eigenständigkeit aus.

Zur Problematik der systemüberschreitenden Rechtsvergleichung sei u. a. verwiesen auf die Beiträge von BYSTRICKY (1962)[31], BOGUSZAK (1962)[32], KNAPP (1963)[33], JAKUBOWSKI (1963)[34], SVOBODA (1963)[35], SZABO (1963 und 1964)[36], EÖRSI (1964 und 1967)[37], MADL (1965)[38], KANDA (1965)[39], POSCH

[30] Zu den ersten internationalen Veranstaltungen, auf denen diese Probleme erörtert wurden, gehört das Warschauer Kolloquium der Association Internationale des Sciences Juridiques im Jahre 1958. Vgl. die Kongreßmaterialien: Le concept de la légalité dans les pays socialistes, Warschau, 1961, 414 S., hier S. 27, 328–329, 337–338, 352, 401. Aus westlicher Sicht hierzu: TOTH J., Comparative Law in Eastern Europe: Journal of the International Commission of Jurists, Jg. 6 (1965) S. 245–277; in der deutschen Ausgabe des Journals: S. 277–314.

[31] BYSTRICKÝ R., Za marxistickou srovnávaci pravovědu: Právník, Jg. 101 (1962) S. 625–637; deutsche Zusammenfassung: Wiener Quellenhefte zur Ostkunde, Reihe Recht, Jg. 5 (1962) S. 145–146.

[32] BOGUSZAK J., K otácze tzv. srovnávaci pravovědy: Právník, Jg. 101 (1962) S. 803–806.

[33] KNAPP, in: Tagung 1961, S. 119; KNAPP 1963; KNAPP V., K otázce socialistické srovnávaci právní vědy: Právník, Jg. 102 (1963) S. 391–402.

[34] JAKUBOWSKI J., Z problematyki metodologicznej badań prawno-porównawczych: Państwo i prawo 1963 No. 7 S. 3–17 (mit französischer und russischer Zusammenfassung).

[35] SVOBODA M., Ještě k „Marxistické srovnávací pravovědě": Právník, Jg. 102 (1963), S. 388–390.

[36] SZABÓ I., Az összehasonlító jogtudomány, in: Kritikai tanulmányok a modern polgári jogelméletröl, Budapest, 1963, S. 39–88; besprochen von B. HORVATH in: Österreichische Zeitschrift für öffentliches Recht, NF Jg. 16 (1966) S. 217–227, hier S. 218–222; SZABÓ I., La science comparative du droit, in: Annales Universitatis Scientiarium Budapestinensis, Sectio Juridica, Budapest, Bd. 5 (1964), S. 91–134.

[37] EÖRSI 1964; EÖRSI, Rev. int. dr. comp., Jg. 19 (1967) S. 397–418 (= Beitrag zum 7. Kongreß für Rechtsvergleichung in Uppsala 1966).

[38] MADL F., Diskussionsbeiträge, in: Aktual'nye voprosy 1966, S. 254–266, 414–436. Vgl. unten in Anm. I 93. MADL äußerte seine Ansichten auf einer Konferenz von Zivilrechtlern aus den sozialistischen Staaten Europas im Dezember 1965 in Szeged. Berichte über die Konferenz erschienen u. a. von BRATUS', Učenye zapiski (VNIISZ), Moskau, No. 8 (1966) S. 215–233 (über MADL S. 228–229) und von G. PFLICKE in: Vertragssystem 1966 S. 241–244. Nachweise für weitere 10 Berichte in: Aktual'nye voprosy 1966, S. 9–10.

[39] KANDA A., Základní problémy srovnávání právních systémů různých ekonomických soustav: Právnické Štúdie (Bratislava) 1965 S. 699–720 (mit russischer und französischer Zusammenfassung).

und PETEV (1966)[40], LUBY (1966)[41], ROZMARYN (1966)[42] sowie BLAGOJEVIĆ und JOVIĆIĆ (1966)[43].

Zum Teil setzen sich diese Autoren mit Gedanken auseinander, die der Verfasser zuvor (1961) zur Frage eines Vergleichs von Rechtsinstituten in Ländern mit verschiedener Wirtschaftsordnung entwickelt hat[44]. Ihre Argumente lassen sich kurz auf die Formel bringen, daß nicht die Form eines Rechtsinstituts, sondern sein Inhalt und seine Funktion entscheidend sind. Die Möglichkeit eines Vergleichs wird demgegenüber nur vereinzelt geleugnet[45].

Die Forderung nach Parteilichkeit in der Rechtsvergleichung ist in der Sowjetunion nicht immer – das sei abschließend erwähnt – mit gleicher Schärfe erhoben und mit derselben Linientreue befolgt worden. Zur Illustration genügt es, an die Arbeiten sowjetischer Autoren in den ersten 10 oder 15 Jahren der Sowjetmacht zu erinnern[46]. So manche von ihnen waren durch eine bemerkenswerte Toleranz und Sachlichkeit gekennzeichnet. Nach einer deutlichen Wendung zu einer „parteilichen" und damit „streitigen" Rechtsvergleichung in den dreißiger Jahren lassen sich auch in der nachfolgenden Zeit Schwankungen in der „Militanzkurve" beobachten[47].

---

[40] POSCH M. unter Mitarbeit von V. PETEV, Vergleichung in der Rechtslehre: Staat und Recht 1966 S. 86–99.

[41] LUBY S., Pohl'ad na buržoáznu porovnávaciu právnu vedu: Právny obzor (Bratislava), Jg. 49 (1966) S. 413–428.

[42] ROZMARYN S., Z teorii badań i prac prawno-porównawczych: Państwo i prawo 1966 No. 3 S. 397–414.

[43] BLAGOJEVIĆ B., JOVIĆIĆ M., La place du droit comparé dans le cadre général des études juridiques poursuivies en Yougoslavie: Le nouveau droit yougoslave 1966 S. 28–43 (englische Fassung: New Yugoslav Law 1966 S. 26–40).

[44] LOEBER 1961. Hier ist nicht der Ort, um die Diskussion fortzusetzen.

[45] Z. B. von ONDRIS K., in: Bibliography of Czechoslovak Legal Literature 1945–1958, Prag, 1959, S. 242.

[46] Zum diktierten Vertrag vgl. z. B. GORDON V. M., Sistema sovetskogo torgovogo prava, Char'kov, 2. (posthume, neubearbeitete) Aufl., 1927, S. 16–17 (französische Übersetzung: Paris, 1933); LANDKOF 1927 (unten bei Anm. I 108); ASKNAZIJ (unten Anm. IV 3 ff.); MARTYNOV (unten Anm. IV 20 ff.); ŠRETER (unten Anm. IV 34 ff.); RAEVIČ S. I., Graždanskoe pravo buržuazno-kapitalističeskogo mira v ego istoričeskom razvitii 1789–1926, Moskau, Leningrad, 1929, S. 179–180; PERETERSKIJ 1930, S. 140, 142–145; u. a. Siehe auch DMITREVSKIJ N., Učenie o dogovore v novejšej kodifikacii anglijskogo graždanskogo prava: Pravo i žizn' 1923 No. 5–6 S. 31–50 und unten bei Anm. IV 179.

[47] Aus der Literatur der dreißiger Jahre vgl. R[AEVIČ] S., Sofizmy buržuaznoj jurisprudencii i ich rol' v kačestve formy bor'by imperializma protiv SSSR, in: Graždanskoe pravo 1932, S. 206–222 und die unten in Anm. I 93 ff. aufgeführten Arbeiten. Gegenwärtig, in den sechziger Jahren, wird als Begründung für eine Beschäftigung mit dem bourgeoisen Recht auch der Gedanke der friedlichen Koexistenz herangezogen, z. B. von JAIČKOV K. K., in: Graždanskoe pravo 1966, S. 4.

b) Auffassungen in den kapitalistischen Staaten

Die marxistische Einstellung kann die Rechtsvergleichung außerhalb der sozialistischen Staaten nicht dazu zwingen, das sozialistische Recht als eine „res extra comparationem" zu respektieren. Ein Einfluß besteht nur insofern, als die Auseinandersetzung mit einer Rechtsordnung, deren Vertreter dem Gebot der Parteilichkeit unterworfen sind, sich aus dem Windschutz einer „friedlichen Rechtsvergleichung" begibt und Gefahr läuft, in die Arena einer „streitigen Rechtsvergleichung" hinausgetragen zu werden. Der „Überlegenheitstest" – ein legitimes Arbeitsmittel der Rechtsvergleichung – wird hier nur zu leicht zu einer durch ideologische und politische Vorstellungen geformten Waffe.

Klima, Stil und Arbeitsmittel einer systemüberschreitenden Rechtsvergleichung sind trotz ihrer offensichtlichen Bedeutung indessen nur vordergründige Probleme. Tiefer geht die Frage, ob das Zivilrecht und damit auch der Vertrag in einem Staat, der für sich in Anspruch nimmt, den Sozialismus errichtet zu haben [48], überhaupt in sinnvoller Weise den entsprechenden Instituten einer Rechtsordnung gegenübergestellt werden können, die auf dem Privateigentum und der Marktwirtschaft beruht. Die Zeit liegt noch nicht allzu fern, als man geneigt war anzunehmen, daß der Sozialismus das Privatrecht bekämpft und durch eine öffentlich-rechtliche Ordnung ersetzt. Diese Gedanken finden wir in den Schriften solcher namhafter Juristen wie Radbruch, Burckhardt und Nipperdey. Der Sozialismus will, schrieb Radbruch 1925, „daß das Privatrecht verschwinde und alles Recht öffentliches Recht werde: staatliche Gütererzeugung, staatliche Güterverteilung, wohl auch staatliche Kindererziehung..." [49]. Burckhardt entwickelte 1936 am Begriffsmodell des „vollständig sozialisierten Staates" die Konstruktion des „einstufigen Rechts", in dem die Rechtsetzung (die abstrakte Norm) ihre Bedeutung verliert; es bleibt allein die Rechtsanwendung, die durch konkrete Anordnungen

---

[48] Für die Sowjetunion siehe Verfassung von 1936 Art. 1; Programm der KPdSU von 1961, Einleitung: „Der Sozialismus hat in der Sowjetunion vollständig und endgültig gesiegt." Ebenso: Statut der KPdSU von 1961, Einleitung. Soweit in dieser Arbeit die Worte „sozialistisch" und „kapitalistisch" verwendet werden, geschieht dies ohne Aufwertung oder Abwertung dieser Begriffe. Die Wortwahl ermöglicht eine exaktere Abgrenzung als andere in Betracht kommende Bezeichnungen (vgl. Loeber 1961, S. 209 bis 210).

[49] Radbruch G., Einführung in die Rechtswissenschaft, Leipzig (1. Aufl., 1910), 2. Aufl., 1913, S. 46–47; 5.–6. Aufl., 1925, S. 71. Die 2. Aufl. erschien in einer russischen Übersetzung, etwa 1914. Vgl. auch unten bei Anm. IV 343.

und Dienstanweisungen vollzogen wird[50]. NIPPERDEY, schließlich, erklärte 1938: „Keine Kulturnation kann ein entwickeltes Privatrecht entbehren. Daher wird das Privatrecht auch vom Bolschewismus im Prinzip negiert.“[51]

Wollte man diese Ansichten als zutreffend hinnehmen, wäre ein Vergleich mit dem Sowjetrecht in der Tat ausgeschlossen oder läge jedenfalls außerhalb einer fruchtbaren Fragestellung. Die Praxis, wie sie uns in der Sowjetunion und in anderen kommunistisch regierten Staaten entgegentritt, hat die theoretischen Überlegungen jedoch nicht bestätigt. Das Zivilrecht hat letztlich alle sozialistischen Experimente und ideologischen Meinungskämpfe überlebt. Die These von der Unvereinbarkeit von Sozialismus und Privatrecht läßt sich nicht ohne Qualifizierung aufrechterhalten.

Es ist bezeichnend, daß RADBRUCH den oben zitierten Satz in einer späteren Auflage (1929) neu gefaßt hat. Eine weitere Änderung nahm ZWEIGERT vor, der die nach Radbruchs Tod (1949) erschienenen Neuauflagen besorgte. Der Satz lautet jetzt: Ein „marxistisches Rechtssystem konsequenter Prägung [ist] ein Rechtssystem, das kein Privatrecht mehr kennt, vielmehr auch Wirtschaft und Familie zu Teilen des öffentlichen Rechts macht: gesellschaftliche Gütererzeugung, gesellschaftliche Güterverteilung, Familienerziehung als anvertraute Gesellschaftsaufgabe...“[52].

Es hat sich gezeigt, daß eine rationelle Wirtschaftsführung – gleich, ob in einer sozialistischen oder kapitalistischen Gesellschaftsordnung – des zivilrechtlichen Instrumentariums und vor allem des Vertrages nicht entraten kann. Das Prinzip der planmäßigen Wirtschaftslenkung mag zwar dem Vertrag Funktionen verleihen, für die es in einer auf Privateigentum und Wettbewerb beruhenden Wirtschaftsordnung an Entsprechungen fehlt. Eine Funktionsverschiedenheit schließt die Möglichkeit eines Vergleichs für sich allein aber nicht aus. Im Gegenteil: sie regt zu einem Vergleich an.

In der außer-sowjetischen Literatur findet die Frage der Vergleichbarkeit keine einheitliche Beantwortung[53]. Die Diskussion leidet darunter, daß einzelne Autoren die „Vergleichbarkeit“ offenbar davon abhängig machen wollen, ob die untersuchten Rechtsinstitute Ähnlichkeiten aufweisen oder nicht. Wenn sie von Vergleichbarkeit sprechen, meinen sie also die Verwandtschaft der verglichenen Institute.

---

[50] BURCKHARDT W., Methode und System des Rechts, Zürich, 1936, S. 215–225. Vgl. unten bei Anm. IV 54.

[51] NIPPERDEY, in: Erneuerung 1938, S. 99.

[52] RADBRUCH G., Einführung in die Rechtswissenschaft, Leipzig, 7.–8. Aufl., 1929, S. 71; Stuttgart, 9. Aufl., 1952, S. 87; 11. Aufl., 1964, S. 88.

[53] Im Westen werden z. B. auch marxistische Standpunkte vertreten, wie etwa von: WEYL, MONIQUE et ROLAND, Y a-t-il une conception marxiste du „droit comparé“: La nouvelle critique (Paris) 1961 S. 140–149.

Nach einer Ansicht ist ein „Vergleich zwischen dem westlichen und dem sowjetischen Vertragssystem“ ausgeschlossen. Diese Meinung vertreten, wie es im Bericht über eine Ostrechtstagung in Bad Schwalbach im Jahre 1963 heißt, „viele deutsche Wirtschaftsjuristen“ [54]. Ihr neigt offenbar auch Bülck zu, wenn er ausführt: „Diese standardisierten Planverträge, die wie ‚Treibriemen‘ (Stalin) die Bewegung von oben nach unten einfach mitteilen, entziehen sich weithin dem Zugriff durch die gewohnten Rechtskategorien“ [55]. Die wohl überwiegende Auffassung geht jedoch dahin, daß der Vertrag in den sozialistischen und kapitalistischen Rechtsordnungen vergleichbar ist. Das gilt u. a. für die zahlreichen Autoren, die sich über den sowjetischen Wirtschaftsvertrag geäußert und ihn in dieser oder jener Weise qualifiziert haben [56]. Sie haben damit mindestens implicite eine Vergleichbarkeit bejaht. Als Beispiel sei Samson genannt, der für die DDR feststellt: „Alle ... politischen und ideologischen Versuche einer Begründung können es nicht verhindern, daß die vom Vertragsgesetz geregelten Schuldverhältnisse ... etwas prinzipiell Altes sind, alter Wein in neuen Schläuchen, nur mit der Besonderheit, daß man sich nicht am alten Wein, sondern an den neuen Schläuchen berauscht.“ [57]

Vereinzelt wird das Thema der Vergleichbarkeit ausdrücklich erörtert. Braga hält einen Vergleich des Vertrages für möglich, wenn „von den rechtstechnischen Funktionen des Vertrages“ ausgegangen wird [58]. Westen dagegen meint 1960, daß das sozialistische Zivilrecht „[b]ei aller Ähnlichkeit ... in der Form“ mit „westlichen Zivilrechten ... doch ... kaum auf eine Stufe gestellt werden“ kann, „weil es in seinen Grundprinzipien sich allzuweit von zivilrechtlichen Vorstellungen entfernt und insofern echter Ausdruck eines politischen Systems ist, das die ... Privatautonomie in weiten Bereichen des rechtsgeschäftlichen Verkehrs ... erheblich eingeschränkt hat“ [59]. Drei Jahre später äußert er sich optimistischer: das sowjetische Recht sei „durch eine Verschiebung ... [seines] Gegenstandes“, d. h. durch die Miterfassung wirtschaftsrechtlicher Materien, „in die Sphäre der Vergleichbarkeit“ gerückt [60]. Einen Vergleich auf dem Gebiet des Zivilrechts hält auch Jakobs für möglich [61].

---

[54] Tagung 1963, S. 166.

[55] Bülck 1962, S. 35.

[56] Siehe unten bei Anm. I 128 ff.

[57] Samson 1960, S. 126.

[58] Braga, Diskussionsbeitrag, wiedergegeben in: Tagung 1963, S. 166; siehe auch: Braga 1960, S. 73–74, 82.

[59] Westen 1960, S. 418.

[60] Westen, Referat, wiedergegeben in: Tagung 1963, S. 165; siehe auch: Westen 1963, S. 44–45, sowie: Westen K., Entstalinisierung und Sowjetrecht: Moderne Welt 1964 S. 115–126, hier S. 125 („Vordringen des Vertragsdenkens auf Kosten öffentlich-rechtlicher Formen obrigkeitlicher ... Lenkung“).

[61] Jakobs 1963, S. 108, 111.

Die Vergleichbarkeit vom Ergebnis her – von der Ähnlichkeit oder den Unterschieden der Rechtsinstitute – abhängig zu machen, erscheint unzulässig. Allein die Verwendung des gemeinsamen Begriffs „Vertrag" ist ausreichend, um als Grundlage und Rechtfertigung für einen Vergleich zu dienen, selbst wenn der Vergleich zum Ergebnis führen sollte, daß mit demselben Begriff inhaltlich Verschiedenes verstanden wird. Auch die Tatsache, daß der Vertrag in einem Fall in eine planwirtschaftliche, im anderen Fall in eine marktwirtschaftliche Ordnung eingebettet ist, ändert an der Möglichkeit eines Vergleichs nichts[62].

Eine andere Frage ist, ob ein (möglicher) Vergleich praktisch nützlich und wissenschaftlich ergiebig ist[63]. Nachdrücklich verneint wird die Frage von SANDROCK[64]. ZWEIGERT äußert hierzu folgende Gedanken:

> „Wieweit ... die Einbeziehung kommunistischer Systeme fruchtbar geschehen kann, ist unsicher... Die sonst allzu triviale methodische Regel, man dürfe nur Vergleichbares vergleichen, wird hier zu dem Problem, ob und inwieweit die Vergleichung von Rechtsordnungen heterogener Wirtschafts- und Sozialstruktur überhaupt noch auf ‚vergleichbare' Institutionen und Probleme trifft. Man denke etwa an Figuren wie ... [den] Vertrag..., wo die Vergleichbarkeit offenkundig weit problematischer ist als etwa im Felde der Gleichberechtigung der Geschlechter..." [65].

Zweifel hegt auch WESTEN, aber aus anderen Gründen. Er behauptet, daß aus dem sowjetischen Zivilrecht „trotz interessanter Neuansätze ... weder in methodischer noch in dogmatischer Hinsicht einstweilen Anregungen aufzugreifen" seien[66]. Die Skepsis von WESTEN erscheint angesichts der in dieser Arbeit verwerteten Materialien nicht begründet. Die Nützlichkeit vergleichender Untersuchungen über das Sowjetrecht betont dagegen SCHULTZE-VON LASAULX. Er meint, „daß die gegenwärtigen Ver-

---

[62] Wo die Grenzen der Vergleichbarkeit rechtlicher Erscheinungen verlaufen, braucht in diesem Zusammenhang nicht allgemein entschieden zu werden. In einem streng logischen Sinn sind die Grenzen jedenfalls recht weit gespannt. Vgl. auch ZIVS 1964, S. 32; EÖRSI 1964, S. 145.

[63] Über die Zwecke und Schwierigkeiten einer Rechtsvergleichung siehe u. a. LOEBER 1961, S. 217–229.

[64] Nach SANDROCK haben „die Untersuchungen über den Vertragsbegriff des sowjetzonalen Wirtschaftsrechts..., die ULRICH DROBNIG jüngst angestellt hat" [= DROBNIG 1960] „bewiesen", daß „die Rechtsvergleichung zur Bildung und Präzisierung unserer Begriffe ... nur wenig beitragen" kann: SANDROCK O., Über Sinn und Methode zivilistischer Rechtsvergleichung, Frankfurt/M., 1966, S. 59–60.

[65] ZWEIGERT 1960, S. 196.

[66] WESTEN, Referat, wiedergegeben in: Tagung 1963, S. 165; ebenso: WESTEN 1963, S. 45.

änderungen in der UdSSR auch vom Vertragsrecht her ein lohnendes Forschungsobjekt" seien[67]. Diese Ansicht teilt DROBNIG, wenn er in einer Rezension der Arbeit von KOLLMAR[68] schreibt: „Zu einer wirklich befriedigenden Lösung" der Frage, wie der „Zwiespalt zwischen Zivilrecht und Verwaltungsrecht" überbrückt werden kann, bedarf es der Rechtsvergleichung. „Das Thema" der Aushöhlung des Grundsatzes der Vertragsfreiheit durch öffentliche Mittel „verdiente, in viel weiterem Rahmen rechtsvergleichend behandelt zu werden" [69]. Einen weiteren Grund für die Nützlichkeit rechtsvergleichender Untersuchungen über das Recht kommunistisch regierter Staaten führt NEUHAUS an: Es gibt „kein besseres Mittel", so argumentiert er, „emotionale Elemente aus der juristischen und rechtspolitischen Diskussion auszuschalten, als den Nachweis der Verbreitung und Bewährung gleicher Lösungen für bestimmte Probleme in Ländern mit verschiedener Ideologie" [70].

Die Notwendigkeit der Rechtsvergleichung wird schließlich dadurch unterstrichen, daß innerstaatlich sowohl in der sowjetischen als auch in der deutschen Rechtswissenschaft ein Bedürfnis für eine weitere Klärung des gegenseitigen Verhältnisses von Zwang und Freiheit im Vertrag empfunden wird. In der Sowjetunion hieß es z. B. 1954 in einem programmatischen Leitartikel nach Stalins Tod in der führenden Rechtszeitschrift: „Die Frage des Verhältnisses von Planakt und Vertrag ist nicht im notwendigen Umfang bearbeitet worden" [71]. Zehn Jahre später (1964) wird an der gleichen Stelle, wiederum in einem richtungweisenden Beitrag, festgestellt: „... das Verhältnis von Plan und Vertrag, von administrativer Lenkung und wirtschaftlicher Tätigkeit, ... – das sind nur einige Fragen dieses Problems, die einer gründlichen Erforschung harren." [72] In der Bundesrepublik Deutschland weist REINHARDT auf die Dringlichkeit einer Beschäftigung mit den hoheitlichen und privaten Gestaltungskräften im Vertrag hin[73] und ESSER stellt mit Bedauern fest, daß „das Recht der

---

[67] SCHULTZE-VON LASAULX, Diskussionsbeitrag, wiedergegeben in: Tagung 1963, S. 164.

[68] KOLLMAR 1961.

[69] DROBNIG, RabelsZ Jg. 28 (1964) S. 763.

[70] NEUHAUS, RabelsZ Jg. 28 (1964) S. 563.

[71] Sov. gos. i pravo 1954 No. 6 S. 3–15, hier S. 7; deutsche Übersetzung: Rechtswissenschaftlicher Informationsdienst 1955 Sp. 69–82, hier Sp. 74.

[72] ČCHIKVADZE, Sov. gos. i pravo 1964 No. 9 S. 3–14, hier S. 10–11. Der Verfasser des Beitrages ist der damals neuernannte Direktor des führenden rechtswissenschaftlichen Forschungsinstituts der UdSSR. Die Feststellung, daß das Verhältnis von Plan und Vertrag „weder von der Theorie noch von der Praxis endgültig gelöst" sei, trifft auch Tančuk im Jahre 1967 (TANČUK, in: Chozjajstvennoe pravo, Moskau, 1967, S. 143).

[73] REINHARDT 1957, S. 116.

diktierten Verträge noch nicht voll ausgearbeitet" sei[74]. Die Notwendigkeit eines „internationalen Vergleichs" auf dem Gebiet der Planung unterstreicht KAISER: „In den nationalen Grenzen und Bedingtheiten gelangt das umfassende Phänomen der Planung ... niemals zu seiner vollen konkreten Gestalt." [75]

In konkreter Form hat sich die Frage der Vergleichbarkeit und Vergleichsbedürftigkeit des Vertrages in Rechtsordnungen mit verschiedenen Wirtschaftssystemen bei den Vorarbeiten zur Schaffung der „International Encyclopedia of Comparative Law" gestellt. Das allgemeine Problem, wie die sozialistischen Rechtsordnungen und insbesondere die von ihnen entwickelten speziellen Rechtsinstitute in der Enzyklopädie behandelt werden sollten, wurde auf einem in diesem Zusammenhang einberufenen Kolloquium 1965 in Hamburg erörtert[76]. Für den Planvertrag waren die Teilnehmer aus den sozialistischen Ländern der Auffassung, daß er sich nicht mit einem Vertrag im bourgeoisen Recht vergleichen lasse und daher in der Enzyklopädie getrennt behandelt werden müsse[77]. Die westlichen Rechtswissenschaftler stimmten dieser Meinung nur mit einigen Einschränkungen zu[78]. Man einigte sich schließlich auf einen mittleren Weg: die Grundzüge des Planvertrages werden in einem besonderen Kapitel zusammenfassend dargestellt werden; außerdem aber sollen die einzelnen Aspekte des Planvertrages nach Möglichkeit in die Sachkapitel der Bände über das Vertragsrecht integriert werden.

Wie bedeutsam eine rechtsvergleichende Beschäftigung mit dem Vertragsrecht sein kann, zeigen auch die Verhandlungen über eine Internationale Vereinheitlichung des Kaufrechts. An der Staatenkonferenz zur Erörterung des Entwurfs eines Einheitlichen Kaufgesetzes im April 1964 in Den Haag nahmen (unter insgesamt 28 Staaten) auch Bulgarien, Jugoslawien und Ungarn teil. Die Verschiedenheiten der Rechts- und Wirt-

---

[74] ESSER 1960, S. 37.

[75] KAISER J., in: Planung I. Recht und Politik der Planung in Wirtschaft und Gesellschaft. Hrsg. von J. H. KAISER, Baden-Baden, 1965, S. 13–14.

[76] Berichte über das Kolloquium und die Enzyklopädie erschienen u. a. in: Rev. int. dr. comp., Jg. 16 (1965) S. 911–913; Am. J. Comp. L., Jg. 14 (1965) S. 211–212 und Jg. 15 (1967) S. 412–415; Sov. gos. i pravo 1966 No. 2 S. 12–20, hier S. 13–16 (englische Übersetzung: Soviet Law and Government, Jg. 5 [1966] No. 1 S. 3–10); Int. Comp. L. Q., Jg. 16 (1967) S. 816–820; siehe auch RabelsZ, Jg. 31 (1967) S. 539–542, hier S. 542.

[77] EÖRSI G., Socialist Law and the International Encyclopedia of Comparative Law, Hamburg, 1965, S. 8, 10, 12–16 (maschr. vervielf.).

[78] Vgl. HAZARD J. N., Socialist Law and the International Encyclopedia: Harvard Law Review, Jg. 79 (1965) S. 278–302.

schaftssysteme erwiesen sich, wie es in einem Bericht des deutschen Delegationsleiters RIESE heißt, in der Konferenzarbeit nicht „als unüberwindliches Hindernis“ [79].

Es liegt auf der Hand, daß eine vergleichende Untersuchung zur Lösung auch einheimischer Rechtsprobleme beitragen kann. Im Ergebnis ist daher festzustellen, daß der diktierte Vertrag in verschiedenen Wirtschaftsordnungen nicht nur vergleichbar, sondern auch vergleichsbedürftig ist. Erst ein Vergleich kann die Frage beantworten, ob und wieweit er Ähnlichkeiten und Unterschiede aufweist, sei es in der Form oder nach Inhalt und Funktion.

2. DER STAND RECHTSVERGLEICHENDER UNTERSUCHUNGEN ZUM HOHEITLICH GESTALTETEN VERTRAG

Sind die Ziele der Rechtsvergleichung, wie wir gesehen haben, in Ost und West durchaus verschieden, kann es nicht wundernehmen, wenn auch die Ergebnisse auseinanderklaffen.

a) Ergebnisse der sowjetischen Rechtswissenschaft

Die sowjetische Auffassung vom hoheitlich gestalteten Vertrag im Recht bourgeoiser Staaten kann in einem Satz zusammengefaßt werden: Der Vertrag ist ein Mittel der Kapitalisten zur Ausbeutung der Werktätigen. Diese These wird in vielen, ja wohl in den meisten einschlägigen sowjetischen Publikationen wiederholt. Gewöhnlich dient sie als Begründung für die Behauptung, daß sich der sowjetische Vertrag „grundlegend“ vom bourgeoisen unterscheidet und in einem „polaren“ Gegensatz zu ihm steht. Auf eine Erfassung der vielfach stereotypen Äußerungen kann getrost verzichtet werden. Sie besäße keine sachdienliche Aussagekraft und käme einer bloß bibliographischen Aufzählung gleich. Wichtiger ist es, den Publika-

---

[79] RIESE O., Die Haager Konferenz über die Internationale Vereinheitlichung des Kaufrechts vom 2. bis 25. April 1964: RabelsZ, Jg. 29 (1965) S. 1–100, hier S. 4. Über die Beiträge der Vertreter der sozialistischen Staaten zu den Konferenzberatungen siehe S. 15, 21, 27–28, 39, 43, 50, 63, 76, 82, 84, 92–93, 95.

tionen nachzugehen, in denen die These aufgestellt und begründet worden ist. Zu den grundlegenden Arbeiten auf diesem Gebiet gehören die Schriften von STUČKA.

PETER STUČKA (1865–1932) hat an führender Stelle am Aufbau der sowjetischen Justiz mitgewirkt. Er war darüber hinaus ein revolutionärer Rechtswissenschaftler von Rang. Er kann als Begründer einer sowjetischen Zivilrechtslehre, ja überhaupt als Vater der sowjetischen Rechtswissenschaft angesehen werden. Aber bereits 20 Jahre nach der Oktoberrevolution wurde er zur „Unperson" erklärt. VYŠINSKIJ trat auf, um den Namen Stučkas aus der sowjetischen Rechtslehre auszulöschen. Erst nach Stalins Tod und seit dem Ende des Vyšinskij-Kultes werden Stučkas Verdienste wieder anerkannt; aber weite Teile seiner Lehre gelten nach wie vor als fehlerhaft[80].

Im Mittelpunkt der Vertragslehre von STUČKA steht der Gedanke der „Äquivalenz". Der Gegenwert des Austausches kann entweder objektiv durch den Arbeitswert oder subjektiv durch Vereinbarung bestimmt oder schließlich – im Monopolkapitalismus – einseitig diktiert werden. Der Sozialismus verwendet den Arbeitswert als Grundlage des Vertrages; im Kapitalismus dagegen ist der Vertrag ein Mittel zur Gewinnerzielung. Für STUČKA waren dies keine beziehungslos hingeworfenen Behauptungen. Er leitete sie aus dem historischen und dialektischen Materialismus ab[81]. Die Äquivalenzlehre ist seit den Tagen von VYŠINSKIJ verfemt. Nur in einer Beziehung besitzt sie weiterhin Gültigkeit – in der Deutung des Vertrages in den kapitalistischen Ländern. In dieser Frage ist die heutige sowjetische Rechtswissenschaft genau so revolutionär wie zu Zeiten Stučkas. Auffallend ist jedoch, daß sich die gegenwärtige Generation der Sowjetjuristen zur Begründung ihrer Ansichten über den bourgeoisen Vertrag nicht auf Stučka beruft; er wird vielmehr geflissentlich übergangen.

Die jetzt herrschende Lehre kann wie folgt kurz zusammengefaßt werden.

(1) Wesen des bourgeoisen Vertragsrechts

Das bourgeoise Vertragsrecht erscheint den sowjetischen Autoren als ein Ausdruck der Anarchie des kapitalistischen Wirtschaftslebens[82]. Die Entwicklung zum hoheitlich gestalteten Vertrag wird von ihnen als ein

---

[80] Näheres hierüber bei LOEBER 1965, S. 130–132.

[81] Siehe unten bei Anm. IV 73.

[82] FLEJŠIC 1948, S. 38; LUNC, in: Graždanskoe pravo 1949, S. 227; vgl. FLEJŠIC 1957, S. 152, 166.

Zeichen für den Zusammenbruch des Zivilrechts angesehen[83]. Sie ist ein Faktor der Zersetzung der bourgeoisen Gesetzlichkeit und offenbart die immer breiter werdenden Risse und Klüfte in der bourgeoisen Gesetzlichkeit, ihre tiefe Krise[84].

Die *Rechtsprechung* trägt das ihre dazu bei, um an der Zerstörung der Gesetzlichkeit mitzuwirken. Sie maßt sich – nach sowjetischer Auffassung – das Recht an, bestehende Verträge unter dem Vorwand veränderter Umstände (z. B. im Wege der Vertragshilfe) zu ändern oder aufzuheben. Von der Heiligkeit des Vertrages ist nichts mehr übriggeblieben. Der Willkür der monopolabhängigen Gerichte ist Tür und Tor geöffnet[85].

Die *Rechtswissenschaft* schließlich ist angeblich bestrebt, den Klassencharakter des Vertragsrechts zu vertuschen, um nicht „das tierische Gesicht des Kapitalismus zu entblößen". Sie verzerrt die Wirklichkeit und beschönigt die Ausbeutung der Werktätigen durch abgedroschene Phrasen über das Gemeinwohl[86]. Die einzelnen Rechtswissenschaftler erscheinen in der traurigen „Rolle eines Lakaien, der den sozialen Auftrag seines Herren, des Monopolkapitalisten, erfüllt" (mit diesen Worten charakterisierten GENKIN und NOVICKIJ das Werk von ENNECCERUS)[87]. Auf einen ähnlichen Ton sind auch die Stellungnahmen gestimmt, die in der sowjetischen Literatur zu den schuldrechtlichen Arbeiten von LARENZ[88], RAISER[89] und FLUME[90] erschienen sind[91]. Mit diesen Stellungnahmen erwarb sich ihr Autor – Frau Professor RABINOVIČ – „große Verdienste" in der „Entlarvung des reaktionären bourgeoisen Zivilrechts". So heißt es in einem Nekrolog für die inzwischen verstorbene Verfasserin[92].

(2) Mittel der Vertragsgestaltung

Die Vertragsfreiheit ist im bourgeoisen Recht nichts anderes als eine bloße Fiktion. Sie verdeckt die faktische Ungleichheit der Vertragspartner und dient als Maskierung für den härtesten wirtschaftlichen Druck. Die

---

[83] LUNC, in: Graždanskoe pravo 1949, S. 57.

[84] FLEJŠIC 1948, S. 43; LUNC, in: Graždanskoe pravo 1949, S. 57; MAJ 1953, S. 43; FLEJŠIC 1955, S. 5.

[85] LUNC, in: Graždanskoe pravo 1949, S. 233; NOVICKIJ 1950, S. 107; RABINOVIČ 1959, S. 160.

[86] MANFRID 1935, S. 12; NOVICKIJ 1950, S. 78, 105, 108; RABINOVIČ 1959, S. 131.

[87] GENKIN / NOVICKIJ 1949, S. 70; vgl. NOVICKIJ 1950, S. 105.

[88] LARENZ K., Lehrbuch des Schuldrechts, München, Berlin, 2. Aufl., Bd. 1–2, 1957.

[89] RAISER 1960. [90] FLUME 1960.

[91] Siehe die Besprechungen dieser Werke: RABINOVIČ 1959 und RABINOVIČ 1963.

[92] Nekrolog in Pravovedenie 1964 No. 1 S. 184–185, hier S. 184.

formale Gleichheit der Parteien bedeutet in Wirklichkeit Knebelung und Ausnutzung des Schwächeren. Nicht Vertragsfreiheit besteht, sondern Ausbeutungsfreiheit. Im gegenwärtigen Zeitabschnitt – der Periode des Monopolkapitalismus – läßt die Bourgeoisie sogar die Maske der Vertragsfreiheit fallen. Der Staat geht dazu über, die Ungleichheit der Partner auch rechtlich festzulegen und damit die Ausbeutung offen und ungeniert vorzunehmen. Kontrahierungszwang, Anschlußverträge, Formularverträge und diktierte Verträge sind das Ergebnis dieser Entwicklung. Jetzt fehlt nicht nur die tatsächliche, sondern auch die formale Vertragsfreiheit.

Etwa auf diese Leitsätze lassen sich die Äußerungen sowjetischer Juristen zurückführen[93]. Auf die historische Entwicklung, die STUČKA als Grundlage seiner Vertragstheorie gedient hatte, gehen nur wenige der Autoren ein[94]. Der hoheitlich gestaltete Vertrag wird als ein Mittel angesehen, das auf eine Unterwerfung des Vertragspartners gerichtet ist und ihm „unter härtester Ausbeutung" die „räuberischen Bedingungen des Monopolisten aufzwingt"[95]. Die Tatsache, daß der moderne Massenverkehr eine Typisierung der Verträge erfordert, wird erkannt; sie ändert aber an dem Urteil der sowjetischen Rechtswissenschaftler nichts. Der Massenverkehr dient, so wird behauptet, den Monopolen nur als Maske; in Wirklichkeit entspricht die Vereinheitlichung der Verträge den Interessen der Monopole[96]. Formulierungen, die Raum für Ausnahmen lassen oder in dieser oder jener Richtung qualifiziert sind, finden sich im Schrifttum selten.

---

[93] Die wichtigsten Quellen in zeitlicher Reihenfolge sind: PERETERSKIJ, in: Graždanskoe pravo 1932, S. 103–106; AMFITEATROV 1933, S. 186; Inostrannoe graždanskoe pravo 1933, S. 172; KARAVAJKIN 1934, S. 10–14, vgl. S. 14–16; RAEVIČ, in: Kurs 1935, Bd. 1, S. 56–57, 65–69; AMFITEATROV, in: Kurs 1935, Bd. 2, S. 14–32; VENEDIKTOV 1935, S. 9–11, 15–17; RUBINŠTEJN 1936, S. 137–139; GOJCHBARG 1937, S. 9; GENKIN / NOVICKIJ 1949, S. 10; LUNC, in: Graždanskoe pravo 1949, S. 228, 230, 232; NOVICKIJ 1950, S. 105; MAJ 1953, S. 40; CHALFINA 1954, S. 15, 119; FLEJŠIC 1955, S. 6; CHALFINA 1959, S. 72, 75; KABALKIN, in: Graždanskoe pravo, Teil 1, 1960, S. 413; FLEJŠIC 1960, S. 16; GENKIN, Sov. gos. i pravo 1964 No. 7 S. 29. Vgl. oben Anm. I 46.

Ähnliche Auffassungen wurden auch 1965 von ungarischen Juristen auf einer Konferenz in Szeged vertreten, z. B. von B. KEMENES (Aktual'nye voprosy 1966, S. 319–382, hier S. 358–369) und in Diskussionsbeiträgen von F. MADL (ebd., S. 254–266, 414–436, hier S. 433–436) und E. WEIS (ebd., S. 437–451, hier S. 438–441). MADL ruft zu einer mehr realistischen Betrachtung des bourgeoisen Vertragsrechts auf.

[94] AGARKOV 1940, S. 106–107; FLEJŠIC 1948, S. 38–39; LUNC, in: Graždanskoe pravo 1949, S. 57; NOVICKIJ 1950, S. 104–106; FLEJŠIC 1960, S. 16.

[95] NOVICKIJ 1950, S. 106.

[96] NOVICKIJ 1950, S. 107; FLEJŠIC 1948, S. 39.

(3) Zweck der Vertragsgestaltung

Der Zweck des Vertrages im bourgeoisen Recht besteht nach Ansicht der sowjetischen Juristen in der Aneignung und Verteilung des Mehrwertes. Die Arbeitsverträge mit den Werktätigen dienen zur *Erzielung* des Mehrwertes, die Verträge zum Umsatz der erzeugten Güter sind auf die *Realisierung* des Mehrwertes gerichtet[97]. Die Funktion der Aneignung des Mehrwertes tritt im diktierten Vertrag und den übrigen auf Vertragszwang beruhenden Verträgen in gesteigertem Maße in Erscheinung. Als solche werden vor allem die Arbeitsverträge, die Verträge der Versorgungsbetriebe (Elektrizität, Wasser, Gas, Transport usw.) und Verträge auf dem Gebiet des Außenhandelsrechts angesehen. Wesentlich ist hier, so heißt es, der planmäßige und organisierte Charakter der Ausbeutung, das Bestreben, maximale Gewinne zu erzielen[98]. Nach den Interessen der Verbraucher wird dagegen nicht gefragt. Der Vertragszwang ist und bleibt auch dann ein Instrument der Ausbeutung, wenn die Tarife oder sonstigen Vertragsbedingungen vom Staat bestätigt werden. Die mit der Staatsaufsicht beauftragten Beamten sind „selbst Aktionäre", so lautet die Begründung[99]. Die Finanzoligarchie diktiert die Tarife[100]. Unter dem Faschismus fand die Ausbeutung in Deutschland in besonders krasser und unverhohlener Weise statt[101]. Der Vorwurf der Ausbeutung wird um einige Nuancen schwächer im Zusammenhang mit dem Vertragszwang erhoben, der aus Anlaß des Krieges angewandt worden ist (Preiskontrolle, Rationierung usw.)[102]. Insgesamt gesehen, ist der hoheitlich gestaltete Vertrag nichts weiter als eine „Form zum legalen Aussaugen der Säfte schwacher und abhängiger Menschen durch die Kapitalisten"[103].

(4) Rechtsvergleichende Elemente in der sowjetischen Auffassung

Die flammende Anklage, die aus den hier in Extraktform wiedergegebenen sowjetischen Äußerungen spricht, gehört im Grunde in den Bereich

---

[97] GOJCHBARG 1937, S. 9; LIPECKER/ŠKUNDIN, in: Graždanskoe pravo 1938, Bd. 2, S. 33, 35; AGARKOV 1940, S. 17, 65, 79, 106; FLEJŠIC 1948, S. 38; MAJ 1953, S. 40, 43; FLEJŠIC 1955, S. 6; CHALFINA 1959, S. 73–74.

[98] GOJCHBARG 1937, S. 9; FLEJŠIC 1948, S. 39–40; GENKIN/NOVICKIJ 1949, S. 72; LUNC, in: Graždanskoe pravo 1949, S. 231; MAJ 1953, S. 41, 43; CHALFINA, in: Graždanskoe pravo 1966, S. 217–219.

[99] FLEJŠIC 1948, S. 39–40.

[100] LUNC, in: Graždanskoe pravo 1949, S. 231.

[101] MANFRID 1935, S. 8.

[102] LUNC/FLEJŠIC 1947, S. 293; LUNC, in: Graždanskoe pravo 1949, S. 231; FLEJŠIC 1948, S. 43–44; FLEJŠIC 1955, S. 8; FLEJŠIC 1960, S. 17; CHALFINA, in: Graždanskoe pravo 1966, S. 218.

[103] NOVICKIJ 1950, S. 105, ähnlich S. 108; ebenso GENKIN/NOVICKIJ 1949, S. 72.

der Sozialkritik und damit in das Gebiet der „politischen Ökonomie" oder der Soziologie und der Wirtschaftswissenschaft. Das wird auch am Charakter der verwendeten Argumente deutlich. Spezifisch rechtliche Erörterungen sind selten. Entsprechend fehlen auch weitgehend rechtsvergleichende Erwägungen. Um so mehr Aufmerksamkeit verdienen die wenigen Stellungnahmen rechtsvergleichender Art, die im sowjetischen Schrifttum zum bourgeoisen Vertrag anzutreffen sind.

Eine der frühesten Äußerungen stammt aus dem Jahre 1918 von GOJCHBARG, dem Mitschöpfer des ersten sowjetrussischen Zivilgesetzbuches von 1922. Nach Gojchbarg kann die „proletarische Staatsmacht ... nicht zulassen", daß Rechtsbeziehungen „auf dem Grundsatz der Vertragsfreiheit ... beruhen ... Das kann nicht einmal die bourgeoise Macht, die sich mit Rücksicht auf die Entwicklung der Wirtschaftsbeziehungen der Regelung bestimmter zivilrechtlicher Beziehungen annehmen mußte", etwa der Einstellung von Arbeitskräften oder der Vermietung von Wohnungen. In einer Gesellschaftsordnung, die „den Übergang zum vollen Kollektivismus" anstrebt, werden die Eingriffe der Staatsmacht weiter „intensiviert"[104]. GOJCHBARG befand sich mit dieser Auffassung im Einklang mit LENIN, der sich auch von der Vorstellung einer öffentlich-rechtlichen Wirtschaftsordnung leiten ließ. LENIN forderte 1922: „Nicht die geringste Möglichkeit darf vorbeigelassen werden, um die Einmischung des Staates in ‚zivile' Beziehungen zu *erweitern*"[105]. „Wir erkennen nichts ‚Privates' an; für uns ist *alles* im Bereich der Wirtschaft *öffentlichrechtlich* und nicht privat."[106] Diese Anschauung lag auch dem Zivilgesetzbuch der RSFSR von 1922 zugrunde. Anläßlich seiner Verabschiedung schrieb BRANDENBURGSKIJ, ein weiterer Mitautor dieser Kodifikation, im Jahre 1922:

> „In der bourgeoisen Wissenschaft ist die gesamte Rechtsauffassung auf dem Individualismus aufgebaut, woraus auch folgt, daß der Vertrag zwischen zwei Privatpersonen nichts anderes darstellt als lediglich die Willensübereinstimmung der Vertragspartner. Das ZGB der RSFSR hat mit der alten Auffassung

---

[104] GOJCHBARG A. G., Proletarskaja revoljucija i graždanskoe pravo: Proletarskaja revoljucija i pravo No. 1 (1918), S. 9–20; auszugsweise englische Übersetzung: JAWORSKY 1967, S. 57–68, hier S. 65; zitiert nach der Übersetzung. Vgl. in diesem Zusammenhang auch die Vertragslehre von ASKNAZIJ (unten bei Anm. IV 3 ff.), MARTYNOV (unten bei Anm. IV 20 ff.), ŠRETER (unten bei Anm. IV 34 ff.), GORDON (oben in Anm. I 45) und STUČKA (unten bei Anm. IV 74 ff.).

[105] LENIN V. I., Sočinenija, Moskau, 4. Aufl., Bd. 33, 1955, S. 176–177, hier S. 177. Hervorhebung im Original.

[106] Ebd., Bd. 36, 1957, S. 518. Kursiv im Original.

des unbedingten Schutzes der ... ,Willensfreiheit der Parteien' entschieden gebrochen... Das ZGB der RSFSR hat sogar den privatrechtlichen Beziehungen der einzelnen Bürger den Charakter des öffentlichen Rechts gegeben." Zwischen dem sowjetischen und bourgeoisen Recht liegt eine „tiefe Kluft". Das „bourgeoise Recht hält sich nach wie vor an das alte Prinzip der Nichteinmischung des Staates in die gegenseitigen Vermögensbeziehungen der Bürger. Unser Zivilgesetzbuch gestattet dem Staat, sich in privatrechtliche Beziehungen immer dann einzumischen, wenn das öffentliche Recht der proletarischen Republik hieran interessiert ist." [107]

Diese Auffassung findet in den folgenden Jahren ihren Widerhall im zivilrechtlichen Schrifttum. So stellt LANDKOF, ein namhafter Zivilist in der Ukrainischen SSR, im Jahre 1927 fest, daß das sowjetische Zivilrecht – im Gegensatz zu den westlichen Kodifikationen – nicht den Grundsatz der Vertragsfreiheit proklamiert. „In unseren Gesetzen", schreibt LANDKOF, „fehlt die Idee von der Vertragsfreiheit, genau so wie es eine Vertragsfreiheit in der Praxis selbst in den Staaten nicht gibt, wo sie durch Gesetz verkündet ist." [108]

Der Umbruch erfolgte in der Zeit der großen „Säuberungen", also in der Mitte der dreißiger Jahre. Im Jahre 1938 treten LIPECKER und ŠKUNDIN gegen die Anschauungen der „Schädlinge" und „Volksfeinde" auf, die darauf gerichtet waren zu beweisen, daß in den „Planverträgen" der „Wille der Parteien fehlt". LIPECKER und ŠKUNDIN behaupten, daß im Sozialismus „echte Vertragsfreiheit" besteht, während im bourgeoisen Recht „die Willenserklärungen der Vertragspartner von den kapitalistischen egoistischen Motivationen des Willens diktiert werden" [109].

Eine entgegengesetzte Auffassung vertritt KEČEK'JAN, ein Professor an der Moskauer Universität, nach dem Kriege. Das „Wesen der gesellschaftlichen und wirtschaftlichen Beziehungen" in der bourgeoisen Rechtsordnung besteht, schrieb er 1946, in der „breiten Selbständigkeit (,Autonomie') der Eigentümer"; sie ist „durch die ,Nichteinmischung'" des Staates in die Wirtschaftssphäre bedingt. Entsprechendes gelte für die „Vertragsfreiheit". In der Sowjetunion dagegen sei „die Autonomie der Wirtschaftsorganisationen durch verhältnismäßig enge Grenzen eingeschränkt". Für sie bestünden vielfach weder Partner- noch Inhaltsfreiheit bei der Vertragsgestaltung. Auch „die Autonomie der einzelnen Bürger der UdSSR ...

[107] BRANDENBURGSKIJ JA., Charakternye osobennosti našego Graždanskogo Kodeksa: Izvestija, 5. November 1922, No. 251 (1690) S. 2 Sp. 1–2.

[108] LANDKOF 1927, S. 220–221.

[109] LIPECKER/ŠKUNDIN, in: Graždanskoe pravo 1938, Bd. 2, S. 35; ähnlich ŠKUNDIN 1948 (b), S. 70.

kann nur ein relativ enges Feld für ihre Verwirklichung haben" [110]. Diese Ansicht brachte KEČEK'JAN eine scharfe Kritik ein. Gegen ihn wurde der Vorwurf erhoben, seine Ansicht sei „fehlerhaft" und die von ihm angestellte Analogie sei „antimarxistisch" [111]. Auf sicherem Boden bewegt sich demgegenüber BARU. Er erklärte 1957 unter Berufung auf MARX, daß im bourgeoisen Recht der Eintritt in Vertragsbeziehungen im Grunde eine Sache der Zufälligkeit sei und von der individuellen Willkür der Vertragspartner abhänge. Im Sowjetrecht dagegen „äußert sich die Freiheit der Parteien in der Möglichkeit, mit Sachkenntnis zu handeln". Die „Planaufgabe und nicht das Spiel eines Zufalls ist es, die es den sozialistischen Organisationen am meisten ermöglicht, zielstrebig und vollständig ihren Willen im Vertrag zu erklären" [112].

Zur speziellen Problematik des diktierten Vertrages äußert sich ZAGVJAZINSKIJ im Jahre 1933. Er erörtert die Rechtsnatur des Kaufvertrages über Waren mit staatlich festgesetzten Preisen. Nach seiner Ansicht müssen Versuche, derartige Verträge des Sowjetrechts mit dem „diktierten Vertrag" im bourgeoisen Recht zu vergleichen, „entschieden abgelehnt werden"; sie „sind absolut unzulässig". Zagvjazinskij meint, es wäre „lächerlich, von einem ‚diktierten Vertrag' zu sprechen", wenn die „diktierten Preise fast immer niedriger als die nichtdiktierten, also die Marktpreise sind" [113]. Eingehender und unter rechtsvergleichenden Gesichtspunkten befaßt sich NOVICKIJ mit dem diktierten Vertrag [114]. Seine Untersuchung findet sich in einer wenig bekannten, 1947 erschienenen Broschüre. Der diktierte Vertrag besitzt für das Sowjetrecht nach Ansicht von NOVICKIJ nicht den „Ausnahmecharakter", der ihm in Rechtsordnungen eigen ist, die auf einer Unterscheidung zwischen öffentlichem und privatem Recht beruhen. In der Sowjetunion, welche diese Teilung nicht kennt, tritt die

---

[110] KEČEKJAN S. F., O sisteme sovetskogo socialističeskogo prava: Sov. gos. i pravo 1946 No. 2 S. 41–50, hier S. 42–43.

[111] KUZ'MIN L., KALININ G., V storone ot aktual'nych problem: Kul'tura i žizn', 20. Juli 1946, S. 3.

[112] BARU 1957, S. 41–42. Ebenso: POKROVSKIJ B. V., in: MASEVIČ/MURZIN/POKROVSKIJ 1962, S. 72; vgl. auch unten bei Anm. IV 227, 231; der Verfasser ist nicht zu verwechseln mit dem vorrevolutionären Rechtswissenschaftler I. A. POKROVSKIJ (über den letzteren siehe Anm. IV 343).

Zur Frage, ob und in welcher Weise bei Wirtschaftsverträgen das Prinzip der Vertragsfreiheit in der Sowjetunion zum Tragen kommt, vgl. auch GENKIN, Sov. gos. i pravo 1939 No. 4 S. 28–40, hier S. 34; NOVICKIJ 1947, S. 40; NOVICKIJ, in: Istorija sovetskogo graždanskogo prava, Moskau, 1949, S. 41; VENEDIKTOV 1948, S. 491; LUNC, in: BRATUS'/LUNC 1954, S. 98; ŠVARC, Sov. just. 1960 No. 11 S. 11; MOŽEJKO 1962, S. 129; u. a.

[113] ZAGVJAZINSKIJ 1933, S. 247.

[114] Siehe im übrigen die oben in Anm. I 104 genannten Autoren.

Frage, wo die Grenzen für eine „Einwirkung auf die Willenserklärung der Parteien" verlaufen, nicht auf. Hier ist der Grad staatlicher Einwirkung allein eine „Frage der Zweckmäßigkeit, eine Frage der Befriedigung des volkswirtschaftlichen Lebens" [115].

Eine kurze vergleichende Betrachtung über den Standardvertrag fügt Novickij in ein drei Jahre später (zusammen mit Lunc) herausgegebenes Lehrbuch über die „Allgemeine Lehre des Schuldverhältnisses" ein [116]. Als Beispiele für dieses auf die Bedürfnisse des Massenverkehrs zugeschnittene Rechtsinstitut erwähnt er die Verträge zur Versorgung der Bevölkerung (etwa auf dem Gebiet des Transports), die Arbeitsverträge und die Kaufverträge großer Kaufhäuser.

Im *Sowjetrecht* hat die Typisierung der Vertragsbedingungen, schreibt Novickij, „ausschließlich das Ziel, die Formalisierung des Rechtsgeschäfts technisch zu erleichtern". Die Vertragsbedingungen enthalten „nach ihrem Inhalt auch nicht den Schatten irgendeiner Ausbeutung der Werktätigen". Sie sehen vielmehr „positiv Garantien der Interessen der Bürger vor". Sollten die Formulare eines Unternehmens ausnahmsweise diesem Erfordernis nicht entsprechen, so „entbehren sie rechtlicher Bedeutung": das sowjetische Gericht schützt die Interessen des Bürgers. Zum Beweis beruft sich Novickij auf das Oberste Gericht der UdSSR, das in einer Entscheidung von 1946 einem Bürger weitergehende Rechte zugebilligt hat, als sie im Formular seines Vertragspartners – eines Leihhauses – vorgesehen waren [117].

Im *bourgeoisen* Recht dagegen, so fährt Novickij fort, fixiert das monopolistische Unternehmen einseitig die Vertragsbedingungen des Anschlußvertrages. Die im voraus vorbereiteten Vertragsformulare unterliegen keiner Erörterung oder Änderung durch den Kunden. Der Werktätige ist genötigt, die vom Ausbeuter vorgeschriebenen Bedingungen widerspruchslos anzunehmen. Diese enthalten häufig Blankettformeln, wie etwa die Verweisung auf bestehende oder noch zu erlassende Instruktionen, interne Anordnungen usw. Die Standardisierung des Vertrages dient den Monopolunternehmen somit nur als ein „technisches Mittel, um den Werktätigen ihre räuberischen Bedingungen aufzuzwingen" [118].

---

[115] Novickij 1947, S. 36–37, vgl. S. 33. Siehe auch unten in Anm. V 88.

[116] Novickij 1950. Das Buch enthält längere Ausführungen über das bourgeoise Recht.

[117] Novickij 1950, S. 106. Fünf Jahre später entschied allerdings das gleiche Gericht, daß ein Vertrag, der vom Mustervertrag zum Nachteil des staatlichen Vertragspartners abweicht, unwirksam ist: Sudebnaja praktika Verchovnogo suda SSSR 1951 No. 8 S. 35–36.

[118] Novickij 1950, S. 105–107.

In ähnlicher Weise argumentiert NEDBAJLO, ein Kiewer Professor, im Jahre 1959. „In der Epoche des Imperialismus", schreibt er, „begannen die Monopole, die Vertragsbedingungen zu diktieren". So entstand der Anschluß- und Formularvertrag. Er bedeutet eine „Abkehr von der bourgeoisen Gesetzlichkeit" [119].

Dieser für das bourgeoise Recht wenig schmeichelhafte Vergleich verliert allerdings an Aussagekraft, wenn ihm die Kritik an die Seite gestellt wird, die in der Sowjetunion an den dort geltenden Musterverträgen geäußert wird. So bemängelte EFIMOV 1966 z. B., daß Dienstleistungsunternehmen nach den maßgebenden Musterverträgen und -regeln [120] nicht gegenüber den Bestellern für Verzug haften; andererseits hätten aber Mieter für die Nichtrückgabe eines gemieteten Gegenstandes eine Vertragsstrafe zu zahlen, die um ein Mehrfaches höher liegt als der Wert der Mietsache. EFIMOV fordert, „die Parteien ... rechtlich gleichzustellen" [121]. Die gleiche Kritik äußert SKRIPKO 1967 [122].

Der Planvertrag wird in der Sowjetunion als ein neues, dem bourgeoisen Recht unbekanntes Rechtsinstitut hingestellt [123]. Soweit Vergleiche unternommen werden, bewegen sie sich innerhalb des Rechts der sozialistischen Staaten. So sieht z. B. LUNC Parallelen zwischen der Einwirkung des Planaktes auf den Vertrag (einerseits) und dem Einfluß internationaler Vereinbarungen über Warenumsatz und Plankoordination auf die innerstaatlichen zivilrechtlichen Beziehungen der Wirtschaftsorganisationen (andererseits) [124]. Versuche, Ähnlichkeiten in der Entwicklung in soziali-

119 NEDBAJLO P. E., Sovetskie socialističeskie pravovye normy, L'vov [Lemberg], 1959, S. 134.

120 Die Musterverträge und -regeln werden von staatlichen Behörden genehmigt und für verbindlich erklärt („bestätigt"). Normativmaterialien, welche die Tätigkeit von Organisationen auf dem Gebiet des Handels regeln, sind gesammelt in: Pravila raboty 1965. Aus der Literatur: OSIPOVA, Sov. gos. i pravo 1960 No. 11 S. 70–72, hier S. 71; KATANJAN N. G., Dogovor podrjada s organizacijami bytovogo obsluživanija, Moskau, 1964, 76 S. Weitere einschlägige Quellen aus den Jahren 1962–1963 werden zitiert und kommentiert von ZILE Z., Law and the Distribution of Consumer Goods in the Soviet Union: University of Illinois Law Forum, Jg. 1964 No. 1 S. 212–276, hier S. 247, 255–256.

121 EFIMOV E. (Akademie der Wissenschaften der UdSSR) in einem Referat auf einer erweiterten Sitzung im Institut für Staat und Recht der Akademie der Wissenschaften der UdSSR in Moskau, wiedergegeben in einem Bericht von V. SKRIPKO in Soc. zak. 1966 No. 10 S. 89–90, hier S. 90.

122 SKRIPKO V., Dogovor bytovogo prokata: Sov. just. 1967 No. 24 S. 8–9, hier S. 9 Sp. 1.

123 ŠKUNDIN 1948 (b), S. 69; JOFFE 1957, Bd. 1, S. 265; MOŽEJKO 1962, S. 127; SZASZY 1964, S. 1472.

124 LUNC L., in: Sovetskij ežegodnik meždunarodnogo prava 1959, Moskau, 1960, S. 72–82, hier S. 75.

stischen und kapitalistischen Rechten – etwa in Richtung eines stärkeren Einflusses der Staatsgewalt auf die Vertragsgestaltung – festzustellen, erwecken unter sowjetischen Rechtswissenschaftlern Skepsis und Ablehnung [125]. So wird die von FRIEDMANN geäußerte „Idee einer Transformation des Vertrages" [126] verworfen [127].

b) Auffassungen nicht-sowjetischer Rechtswissenschaftler

Wenn für die sowjetische Rechtswissenschaft eine geschlossene und einheitliche Vorstellung vom bourgeoisen Vertrag charakteristisch ist, so trifft für die im „bourgeoisen" Lager vertretenen Meinungen über den sowjetischen Vertrag gerade das Gegenteil zu. Statt einer Einheitlichkeit in der Beurteilung finden wir hier ein buntes Mosaik durchaus verschiedener und häufig sich widersprechender Auffassungen. Aber nicht allein die Variationsbreite kennzeichnet die außerhalb der Sowjetunion vertretenen Meinungen über den sowjetischen Wirtschaftsvertrag, sondern auch deren Isolierung, die fehlende Beziehung untereinander. Die Autoren nehmen – von Ausnahmen abgesehen – keine Notiz voneinander [128]. Sie entwickeln ihre Ansichten oftmals, ohne die Vorleistungen ihrer Kollegen zu verwerten, mitunter wohl auch ohne sie zu kennen.

Im folgenden soll (erstmalig) ein Versuch unternommen werden, das Knäuel divergierender Ansichten zu entwirren. Unberücksichtigt bleiben in diesem Zusammenhang rein „auslandsrechtliche" Arbeiten, die sich darauf beschränken, das Recht der sowjetischen Wirtschaftsverträge darzustellen, ohne rechtsvergleichende Fragen aufzuwerfen oder zu behandeln.

Außer Betracht bleiben ferner Arbeiten von Rechtswissenschaftlern in den sozialistischen Staaten über den sowjetischen Wirtschaftsvertrag, da es insoweit an einer „systemüberschreitenden Rechtsvergleichung" fehlt [129].

---

[125] Vgl. ZIVS 1960. [126] Vgl. FRIEDMANN 1951, S. 44–70.

[127] Leitartikel in Sov. gos. i pravo 1956 No. 4 S. 3–14, hier S. 12.

[128] Zu den Ausnahmen gehört die kritische Besprechung einschlägiger Abschnitte im Buch von Guins (GUINS 1954, S. 117–120) durch BERMAN (in: Soviet Studies, Jg. 6 [1954–1955] S. 225–237, hier S. 230 und in: Columbia Law Review, Jg. 55 [1955] S. 795–807, hier S. 800), ferner die Kritik an Grzybowski (GRZYBOWSKI 1962, S. 85–97) durch BERMAN (in: New York University Law Review, Jg. 38 [1963] S. 425–430, hier S. 426). Im deutschen Schrifttum vgl. die mehrfachen Bezugnahmen auf die Arbeiten von DROBNIG, z. B. bei RAISER 1958, S. 2–3; RAISER 1960, S. 117; PLEYER 1963, S. 233; SANDROCK (oben in Anm. I 64) 1966.

[129] In Jugoslawien, dessen Wirtschaftssystem in wesentlichen Beziehungen von der

In Übereinstimmung mit dem Aufbau dieser Arbeit werden die vertretenen Ansichten in Äußerungen über Mittel und Zweck der Vertragsgestaltung gegliedert.

(1) Mittel der Vertragsgestaltung

Die Tatsache, daß die Vertragsfreiheit der Partner sowjetischer Planverträge eingeschränkt und mitunter auch ganz ausgeschlossen ist, wird selten ernstlich geleugnet. Lediglich KATZAROV meint: „L'autonomie de la volonté est conservée mais les contrats ‚servent au développement de l'édification de socialisme...'"[130]. Unterschiede ergeben sich dagegen in der Beurteilung des Sachverhalts. Einzelne Autoren begnügen sich mit der Feststellung, daß die Vertragsfreiheit beschränkt ist, ziehen hieraus aber keine Schlüsse, etwa über die Vertragsqualität der Planverträge[131]. Andere folgern aus der fehlenden Parteiautonomie der Parteien, daß den sowjetischen Planverträgen die Vertragsqualität fehlt (unten aa). Eine dritte Gruppe schließlich bejaht (ausdrücklich oder stillschweigend) den Vertragscharakter (unten bb).

aa) Parteiautonomie als Kriterium der Vertragsgestaltung

Eine Reihe von Wissenschaftlern will nur die Parteiautonomie als Mittel der Vertragsgestaltung anerkannt wissen. Sie leugnen demgemäß den Vertragscharakter der sowjetischen Planverträge. 1933 schrieb DOBRIN: The „passion of contract-making has spread to things which for an outsider seem to be the very opposite of anything contractual"[132]. GSOVSKI hat der Ansicht vom fehlenden Vertragscharakter der sowjetischen Planverträge, mit denen er sich eingehend beschäftigt hat, wohl am eindeutigsten Aus-

---

sowjetischen Wirtschaftsordnung abweicht (siehe unten bei Anm. II 247), ist dem sowjetischen Wirtschaftsvertrag u.. a. folgender Beitrag gewidmet: RADIŠIĆ J., Ugovor i ugovorna odgovornost u sovjetskom gradanskom pravu, in: Zbornik radova o stranom i uporednom pravu, Belgrad, No. 1 (1961) S. 171–187; französische Zusammenfassung: S. 188–191.

[130] KATZAROV 1958, S. 318–319. Eingehender zum Problem der Vertragsfreiheit: BERMAN 1963, S. 140–141. Zur Vertragsfreiheit im „bourgeoisen" Recht siehe u. a. SCHERRER W., Die geschichtliche Entwicklung des Prinzips der Vertragsfreiheit, Basel, 1948, 114 S.

[131] Zu ihnen gehören u. a. SCHLESINGER (Glasgow) 1951, S. 160, 204, 246, 255; MAURACH 1953, S. 14–15; SZIRMAI 1961, S. 22–23; BILINSKY und WESTEN, in: Tagung 1964, S. 151, 153 sowie ein großer Teil der Autoren, die sich allein über den Zweck der Vertragsgestaltung geäußert haben (siehe unten bei Anm. I 168 ff.).

[132] DOBRIN S., A propos the Soviet Maritime Code: Law Quarterly Review, Jg. 49 (1933) S. 249–267, hier S. 263. Kritisch dazu: SCHLESINGER (Glasgow) 1951, S. 160.

druck gegeben: „[M]utual contracts" of the „legal entities of the soviet government are in fact ... sham contracts"[133]. „[T]he very spirit of contracting is negated. Contract becomes a mere formality"[134]; „it is to an extent fictitious"[135]. „[C]ontracts between agencies [are] actually contracts in name only"[136]. Ähnlich hat sich GRZYBOWSKI geäußert. Er meint, die Planverträge haben „little in common with transactions under the rules of the civil law ... [T]ruly private law transactions are reduced to insignificant proportions"[137]. In diesem Sinne argumentiert auch SCHWIMANN: Die sozialistischen Rechte „negieren" grundsätzlich „die materielle Zweckautonomie einer ... vertraglichen Interessenkoordination"[138]. LANGROD kommt hinsichtlich des Wirtschaftsvertrages in den kommunistischen Ländern zum Ergebnis: „obstinacy in upholding the ‚civil-law' form becomes a fiction"[139]. Äußerst behutsam geht dagegen SCHLESINGER (Ithaca) vor. Er legt die Kriterien fest, nach denen eine Antwort zu finden wäre und erklärt nach einigen Vorbehalten: „If one ... defines contracts in functional terms, using such notions as *choice*, *freedom* or *market*, ... consideration of the Soviet type of agreements among state enterprises may well be precluded."[140] Eindeutiger in seiner Ablehnung des Vertragscharakters ist BÜLCK. Nach seiner Meinung kann man bei den „standardisierten Planverträge[n]" kaum „von privatrechtlichen Kaufverträgen" sprechen[141].

Am weitesten gehen DIRNECKER und KOLLMAR. Nach DIRNECKER hat die Lenkung des sowjetischen Wirtschaftslebens durch den Plan zur Folge, daß „die ... Freiheit der Vertragsparteien systematischer Beschneidung und Verletzung zu Gunsten des Staates" unterliegt. „An die Stelle eines freien ... Vertragsrechts tritt die staatliche Befehlswirtschaft." Der „Wirtschaftsplan ersetzt mit seinen bindenden ... Anordnungen die zivilrechtliche Vertragsfreiheit"[142]. Bei KOLLMAR kann man folgenden Satz lesen: „Die Einplanung des rechtsgeschäftlichen Verkehrs, wie sie in den totali-

---

[133] GSOVSKI 1948, Bd. 1, S. 392–393; mehr über Verträge: S. 415–459, vgl. auch S. 94 bis 101 und 390–406; ebenso: GSOVSKI 1959, Bd. 2, S. 1137–1139, 1146–1151.

[134] GSOVSKI 1948, Bd. 1, S. 437.

[135] Ebd., S. 438.

[136] Ebd., S. 436.

[137] GRZYBOWSKI 1962, S. 85–97, hier insbesondere S. 96; kritisch dazu: BERMAN (oben Anm. I 128).

[138] SCHWIMANN M., Die Institution der Geschäftsfähigkeit, Wien, 1965, S. 98. Ähnlich für die DDR wohl auch WESTMÄCKER, JZ 1964 S. 441–446, hier S. 446 („die Verdrängung des Rechtsfolgewillens ... durch die Planaufgaben" hat zur Folge, „daß sich die traditionelle Lehre ... vom Vertrage ... auflöst").

[139] LANGROD 1955, S. 363.

[140] SCHLESINGER (Ithaca) 1961, S. 69.

[141] BÜLCK 1962, S. 35.

[142] DIRNECKER 1955, S. 111–112.

tären Staaten gehandhabt wird, [führt] ... zur Aufhebung jeder wirklichen rechtsgeschäftlichen Privatautonomie." [143]

Mit einem bloßen Leugnen des Vertragscharakters ist es allein jedoch nicht getan. Diese Auffassung vermag nur zu bestehen, wenn zugleich versucht wird zu klären, wie die Erscheinungsform des Planvertrages positiv zu qualifizieren ist. Die Erklärung Dobrins kann offensichtlich nicht befriedigen. Er schreibt: A commercial contract between two Soviet state organizations „is much more in the nature of a plan, of an estimate...., than an agreement of wills" [144]. Gsovskis Deutung dagegen kommt der Wirklichkeit näher, wenn er ausführt: „Essentially such a contract is an administrative act of two subordinate agencies defining the details of the execution of an order by the superior." [145] Kiralfy spricht einen ähnlichen Gedanken aus. Der Zweck eines Vertrages, dessen Partner, Gegenstand und Bedingungen hoheitlich diktiert werden, „might seem more easily achieved by simple administrative orders" [146]. Unabhängig von Gsovski trifft auch Meder eine inhaltsgleiche Feststellung: die Verträge zwischen sozialistischen Organisationen tragen einen „öffentlichen Charakter", nämlich den „Charakter von Ausführungsbestimmungen zu verwaltungsrechtlichen Anordnungen"; diese Verträge regeln „öffentlich-rechtliche[r] Rechtsverhältnisse" [147]. Zu ähnlichen Ergebnissen wie Gsovski gelangt ferner Langrod. Er stellt fest: „such contracts are either internal technical instruments *sui generis* of cooperation between administrative units, or are absolutely standardized without any real content, more or less compulsory and automatic" [148]. Das Vorherrschen des verwaltungsrechtlichen Elements betont auch Guins: „Soviet administrative law ... absorbed the provisions of the civil law merely as the forms ... suitable for the organization of business relations...., but not as a foundation for freedom of initiative... Thus the Soviet law of contracts ... has become almost completely inoperative." [149]

bb) Hoheitlicher Vertragszwang als Mittel der Vertragsgestaltung

Andere sehen im sowjetischen Planvertrag einen diktierten Vertrag. Insoweit bejahen sie (mindestens implicite) die Vertragsqualität des so-

[143] Kollmar 1961, S. 147, vgl. S. 128.

[144] Dobrin (oben in Anm. I 132) 1933, S. 260.

[145] Gsovski 1948, Bd. 1, S. 436. Vgl. David unten bei Anm. I 155.

[146] Kiralfy 1966, S. 1122.

[147] Meder 1965, S. 303–304.

[148] Langrod 1955, S. 361.

[149] Guins 1954, S. 117–120, 400–401, hier S. 120. Kritisch dazu: Berman (oben Anm. I 128). Auf den verwaltungsrechtlichen Charakter der Sondervorschriften für Planverträge weist auch Eliachevitch 1938, S. 411 hin.

wjetischen Planvertrages. Der erste, der diese Ansicht außerhalb der Sowjetunion vertreten hat, war HEINRICH FREUND, der Begründer der deutschen Sowjetrechtsforschung[150]. In einem 1931 veröffentlichten Aufsatz schrieb Freund: Die „innerhalb des vergesellschafteten Sektors getätigten Verträge [haben] nicht den Charakter freier, sondern *diktierter* Verträge, womit das Vertragsrecht eine öffentlich-rechtliche Grundlage erhält und sich von dem Privatrecht entfernt“[151]. Die gleiche Meinung vertrat unter Berufung auf Freund auch MAKAROV 1940[152]. Ähnliche Erwägungen liegen offenbar den Ausführungen im Sammelwerk von ARMINJON, NOLDE und WOLFF zugrunde (sie geben den Rechtszustand von etwa 1936 wieder)[153]. Hiernach ist der Planvertrag kein Verwaltungsvertrag, sondern ein zivilrechtlicher Vertrag, auf den die allgemeinen zivilrechtlichen Vorschriften allerdings nur mit gewissen Ausnahmen Anwendung finden. Im übrigen sind „Les nombreux contrats-modèles du ‚système socialiste‘ ... indubitablement des contrats de vente dont aucune disposition n'est originale ni nouvelle“[154].

Nach dem Krieg äußert sich DAVID über den Planvertrag mit den Worten: „c'est, à certains égards, un contrat imposé“[155]. Nach Ansicht von DROBNIG „nähert sich“ der Planvertrag (in der Ostzone) „stark einem diktierten Vertrag“[156]. In einem ähnlichen Sinn haben sich SAMSON[157] und BRAGA[158] ausgesprochen. Auch RAINER weist in seiner Dissertation auf die Parallelen zum diktierten Vertrag hin[159]. GEILKE bezeichnet sie als „Zwangsverträge“[160]. Daneben verwenden einige Autoren den Begriff des „Kontrahierungszwanges“, z. B. DROBNIG[161], SAMSON[162] und unter Berufung auf ihn auch PROPP[163], ferner BRUNNER[164].

Aus dieser Charakteristik werden allerdings nicht immer die gleichen Folgerungen gezogen. TUNC vertritt die These von der Ähnlichkeit des sowjetischen Planvertrages mit den im Westen geläufigen Formen hoheit-

---

[150] Über FREUND siehe: RUKSER U., Heinrich Freund und das Ostrecht: Osteuropa-Recht, Jg. 6 (1960) S. 2–5.

[151] FREUND 1931, S. 703, vgl. S. 705, 707. Hervorhebung im Original.

[152] MAKAROV 1940, S. 775, vgl. S. 780–781.

[153] ARMINJON/NOLDE/WOLFF 1951, S. 337–358. Als Verfasser des Abschnitts über das Sowjetrecht ist vermutlich BARON NOLDE anzusehen.

[154] Ebd., S. 351–352.

[155] DAVID 1950, S. 328.

[156] DROBNIG 1953, S. 555.

[157] SAMSON 1960, S. 55–61, hier insbesondere S. 56–57, vgl. S. 36, 52.

[158] BRAGA 1960, S. 81 Anm. 37.

[159] RAINER 1957, S. 42, 48.

[160] GEILKE G., Das sowjetische Privatrecht und die Lehren des Marxismus, in: Seminar über das sowjetische Privatrecht, Hamburg, 1958, 32 S., hier S. 22 (maschr. vervielf.).

[161] DROBNIG 1960, S. 234.

[162] SAMSON 1960, S. 36, 52.

[163] PROPP 1964, S. 263.

[164] BRUNNER 1965, S. 117–118.

licher Vertragsgestaltung. Nach seiner Auffassung entwickelt sich das Vertragsrecht der sozialistischen und kapitalistischen Länder in gleicher Richtung: es entfernt sich von einer Autonomie der Parteien und nimmt immer stärker Elemente hoheitlicher Gestaltung in sich auf[165]. TUNC überträgt damit die Konvergenz-Theorie, die vielfach für den politischen, wirtschaftlichen und sozialen Bereich vertreten wird[166], auf das Gebiet des Vertragsrechts. Diese Auffassung teilt THOMAS RAISER im Hinblick auf den Wirtschaftsvertrag in der DDR[167]. Auf der anderen Seite stehen die zahlreichen Autoren, die auf die tiefgreifenden Unterschiede hinweisen. Die Unterschiede werden vor allem aus der verschiedenen Zweckbestimmung der Vertragsgestaltung hergeleitet.

(2) Zweck der Vertragsgestaltung

Die Auffassungen über die Funktion des Planvertrages lassen sich im wesentlichen in drei Gruppen zusammenfassen. Der Planvertrag dient nach *einer* Auffassung der Planerfüllung. Für *andere* stellt er ein notwendiges Instrument dar, um die Erfordernisse einer zentralen (und daher oft starren) Planung mit dem Gebot einer elastischen und rationellen Wirtschaftsführung in Einklang zu bringen. Eine *dritte* Lehrmeinung schließlich sieht im Planvertrag den Ausdruck des Kollektivinteresses, das sie dem Individualinteresse gegenüberstellt. Die drei Meinungen schließen sich nicht gegenseitig aus und werden nicht selten miteinander kombiniert.

Die Vertreter dieser Auffassungen gehen übereinstimmend (wenn auch mitunter unausgesprochen) davon aus, daß die genannten Funktionen eine Eigentümlichkeit des sowjetischen Planvertrages sind und ihnen kein entsprechender Zweck im Vertrag kapitalistischer Länder gegenübersteht. Keine Einmütigkeit herrscht indessen über die Folgerungen, die hieraus zu ziehen sind. Für die einen ergibt sich aus der Verschiedenheit der Funktionen ein „fundamentaler Unterschied" des Vertrages in Ost und West, für die anderen berührt sie die Ähnlichkeit des Rechtsinstituts nicht.

aa) Planerfüllungs-Funktion

Der Planvertrag hat nach einer weit verbreiteten (und auch in der Sowjetunion vertretenen) Meinung in erster Linie die Funktion, der Plan-

---

[165] TUNC, in: Tagung 1961, S. 118; TUNC 1962; TUNC, in: LYON-CAEN 1964, S. 74–75.
[166] Vgl. unten bei Anm. VI 1. Über die sowjetische Einstellung zur Konvergenztheorie siehe bei Anm. VI 5.
[167] RAISER 1967, S. 339.

erfüllung zu dienen[168]. In diesem Zusammenhang wird auch seine Funktion als Kontrollmittel hervorgehoben. Der Planvertrag besitzt also im Verhältnis zum Plan eine instrumentale, dienende und abgeleitete Funktion.

Als Vertreter dieser wohl herrschenden Auffassung seien aus der Nachkriegsliteratur (in zeitlicher Reihenfolge) u. a. genannt: SCHLESINGER (Glasgow)[169], DAVID[170], FRIEDMANN[171], DROBNIG[172], REINHARDT[173], LUDWIG RAISER (unter Berufung auf Reinhardt)[174], KATZAROV[175], PFUHL[176], MASNATTA (unter Berufung auf David)[177], BELLON[178], DAHM[179], BILINSKY[180], USCHAKOW[181], MAYER-MALY[182] und SCHWIMANN[183].

Auseinander gehen die Ansichten darüber, ob und wieweit die Planerfüllungsfunktion mit dem Begriff des Vertrages zu vereinbaren ist. Hier stehen sich – ebenso wie zur Frage der Mittel einer Vertragsgestaltung – zwei extreme Auffassungen gegenüber. Die *einen* leugnen die Vertragsqualität von Vereinbarungen, die lediglich Instrumente der Planerfüllung sind. Für *andere* hat der instrumentale Charakter dieses Verknüpfungsmittels keinen Einfluß auf die Vertragsqualität. Die Vertreter der vertragsfreundlichen Meinung weisen aber häufig auf die Unterschiede zwischen Form und Inhalt hin.

Der vertragsnegierenden Auffassung neigt DIRNECKER zu. „Der sowj[etische] Wirtschaftsvertrag in seiner bisherigen Gestalt" ist, so schreibt Dirnecker, „weit mehr als Instrument der Planung und Kontrollmittel der Planerfüllung anzusehen ... denn als echter Vertrag"[184]. In diesem Sinne ist auch PROPP zu verstehen. Er meint, daß die Planverträge (in der

[168] Vgl. unten bei Anm. IV 202.

[169] SCHLESINGER (Glasgow) 1951, S. 215, 246.

[170] DAVID 1950, S. 326; ebenso: DAVID 1954, S. 190; DAVID 1966, S. 269–272; deutsche Übersetzung: S. 272–274; DAVID, Vorwort zu: KHALIL 1967, S. VII.

[171] FRIEDMANN 1951, S. 65–66; ebenso: FRIEDMANN 1953, S. 89–90; FRIEDMANN 1959, S. 110 („contract ... serves mainly the purpose of administrative decentralisation, and of the accountancy of State enterprises to the political planners.") und S. 111 („contracts between Soviet enterprises ... are above all instruments of national planning...").

[172] DROBNIG 1951, S. 169–170; ebenso: DROBNIG 1953, S. 550, 555; DROBNIG 1960, S. 233–236, 240.

[173] REINHARDT 1957, S. 129.

[174] RAISER 1958, S. 2.

[175] KATZAROV 1958, S. 314–315, 317–319.

[176] PFUHL 1958, S. 76.

[177] MASNATTA 1962, S. 44.

[178] BELLON 1963, S. 50.

[179] DAHM 1963, S. 475–476 (für das Recht der DDR).

[180] BILINSKY, Arbeitsbericht, wiedergegeben in: Tagung 1964, S. 151.

[181] USCHAKOW A., Das sowjetische internationale Privatrecht, Köln, 1964, S. 37.

[182] MAYER-MALI 1965, S. 517.

[183] SCHWIMANN (oben in Anm. I 138) 1965, S. 98, vgl. auch S. 105.

[184] DIRNECKER, ROW 1959 S. 131–132, hier S. 132 (Besprechung des Buches: PFUHL 1958).

DDR) „nur in technischer Beziehung mit Verträgen verglichen werden [können], die in einer Marktwirtschaft zwischen autonomen Wirtschaftssubjekten abgeschlossen werden"[185]. Auf ähnlichen Erwägungen beruht das Argument von BÜLCK[186].

Die Vertragsqualität wird demgegenüber von MAURACH offenbar bejaht. Er erklärt, daß „der Begriff des Vertrages im Sowjetrecht" und „im deutschen Recht gleich" sei[187]. Vermutlich hat Maurach den Begriff des Vertrages als Willensübereinstimmung im Auge[188]. Weiter geht KIRALFY. Er sieht eine Verwandtschaft auch im Funktionellen: „The use of the contract form ... appears to be based on a desire to secure some of the advantages of material interest which exist in the West, in the sense that each State enterprise must keep vigilant watch on its co-contractors, ensuring that they perform their tasks..."[189].

Den Unterschied von Form und Inhalt hebt FRIEDMANN hervor: „Contracts under a plan are obviously different in substance."[190] Zur Begründung weist er auf die Mischung verwaltungsrechtlicher und zivilrechtlicher Elemente etwa bei der Ausgestaltung der Vertragssanktionen hin[191]. Im übrigen aber sieht Friedmann „little difference" zum Vertrag in nichtsozialistischen Rechtsordnungen[192]. BERMANS Urteil stimmt hiermit weitgehend überein: „It is apparent that ... contract law and administrative law are intertwined, and that although Soviet contract law is often quite similar to our own in terms of the rules of formation, breach, damages and the like, it fulfils a quite different function."[193]

DAVID neigt einer gegenteiligen Auffassung zu. Wenn man den Planvertrag mit Rechtsinstituten aus dem bourgeoisen Recht vergleicht, so ähnelt er – schreibt DAVID – mehr dem Verwaltungsvertrag (contrat administratif) als dem zivilrechtlichen Vertrag[194]. Den etwaigen Gemeinsamkeiten stehen aber grundlegende Unterschiede gegenüber. Sie ergeben sich vor allem aus dem Staatsplan, dem sozialistischen Eigentum und der Interessenübereinstimmung der Vertragspartner[195]. David betont daher

---

[185] PROPP 1964, S. 265.

[186] BÜLCK 1962, S. 35–36. Siehe das Zitat oben bei Anm. I 141.

[187] MAURACH, Diskussionsbeitrag, wiedergegeben in: Tagung 1963, S. 166.

[188] Siehe unten Anm. III 280.

[189] KIRALFY 1966, S. 1122.

[190] FRIEDMANN 1951, S. 65; ebenso: FRIEDMANN 1959, S. 110.

[191] FRIEDMANN 1951, S. 66 und FRIEDMANN 1953, S. 89; ähnlich: HIRSCH, AcP Bd. 159 (1960) S. 348–350, hier S. 349.

[192] FRIEDMANN 1953, S. 90.

[193] BERMAN 1959, S. 568.

[194] DAVID 1966, S. 274; deutsche Übersetzung: S. 276–277; ebenso: DAVID, Rev. int. dr. comp., Jg. 11 (1959) S. 272–276, hier 274 (Besprechung des Buches: CHALFINA 1954).

[195] DAVID 1966, S. 275; deutsche Übersetzung: S. 277.

immer wieder die „originalité profonde" des sowjetischen Planvertrages[196]. Ihm folgt BELLON[197]. Auf die Verschiedenartigkeit im Zweck weist auch DÖLLE hin: „Selbst in den sogenannten sozialistischen Staaten ... bedient man sich der Figur des Vertrages, stellt ihn freilich mehr in den Dienst eines obrigkeitlichen Dirigismus als in den der eigenverantwortlichen Privatautonomie." [198] ZWEIGERT sieht im Rahmen seiner Lehre von den Rechtskreisen in den „Eigenheiten des Vertrages" in den kommunistischen Systemen sogar ein „stilprägendes" Element[199].

bb) Stimulanzfunktion

Einzelne der Autoren, die das Charakteristikum des Planvertrages in seiner instrumentalen, der Planerfüllung dienenden Funktion erkannt haben, begnügen sich mit dieser Feststellung jedoch nicht. Sie verweisen auch auf die stimulierende Wirkung, welche von der Vertragskompetenz ausgeht. Das Recht des Vertragsschlusses gewährt den Unternehmensleitern eine gewisse Selbständigkeit und Autorität. Der Planvertrag erscheint hiernach als ein geeignetes Mittel, um die für eine gelenkte Wirtschaftsordnung notwendige Verbindung zwischen Direktive (von oben) und Initiative (von unten) herzustellen. Ein beredter Vertreter dieser Ansicht ist BERMAN. „Soviet contract law is ... a means both of central regulation of the economy and of exercise of initiative by the individual economic units. As a means of exercise of the individual initiative, Soviet contract law helps to overcome the rigidities which inhere in any highly centralized system of economic control." [200] In ähnlicher Weise argumentiert HAZARD 1953: „For the pragmatically minded the important feature ... of the contract ... is that it permits the State manager to exercise some initiative ... within the limitations of the plan." [201] Diese These wird durch

---

[196] DAVID 1950, S. 326, 329; DAVID 1954, S. 189–190; DAVID 1966, S. 268, 275; deutsche Übersetzung: S. 270, 277.

[197] BELLON 1963, S. 51.

[198] DÖLLE H., Probleme der Rechtsvereinheitlichung: Jahrbuch 1959 der Max-Planck-Gesellschaft, Göttingen, 1959, S. 43–68, hier S. 48.

[199] ZWEIGERT K., Zur Lehre von den Rechtskreisen, in: XXth Century Comparative and Conflicts of Law [Festschrift Yntema], Leyden, 1961, S. 42–55, hier S. 53; ZWEIGERT K., Stilelemente des sozialistischen Rechtskreises, in: Zbornik radova o stranom i uporednom pravu, Belgrad, No. 4 (1966) S. 541–554, hier S. 546, vgl. S. 547.

[200] BERMAN 1963, S. 144; siehe auch S. 101, 110, 123, 140–141 (in der 1. Auflage siehe S. 70–78, 247–249, 301 Anm. 2) sowie BERMAN in seiner Polemik mit GUINS (oben Anm. I 128).

[201] HAZARD 1953, S. 48.

die Ausführungen von MIHALY bestätigt[202]. Auch KIRALFY kommt zu diesem Ergebnis[203].

Eine weitere Verstärkung erfährt die Auffassung durch DAVID, der die psychologischen Gesichtspunkte in den Vordergrund rückt. Der Planvertrag spielt nach seiner Meinung „un rôle essentiellement psychologique"[204]. David stellt das psychologische Element sogar dem wirtschaftlichen Zweck des Vertrages im bourgeoisen Recht gegenüber und sieht hierin eines der Merkmale, das den sowjetischen Vertrag auszeichnet[205]. Entsprechende Gedanken vertritt im Anschluß an David auch BELLON[206].

cc) Soziologisch-politische Funktion

In den westlichen Betrachtungen über den Vertrag in den sozialistischen Rechten kehrt schließlich ein weiterer Gesichtspunkt immer wieder: der Vertrag wird in einen Zusammenhang mit dem Einzel- und Gesamtinteresse gebracht. Hierbei wird der Vertrag in den planwirtschaftlichen Ordnungen als ein Instrument zur Befriedigung des Gesamtinteresses angesehen, während der Vertrag in Staaten mit marktwirtschaftlicher Ordnung als ein Mittel zur Gestaltung des Individualwillens aufgefaßt wird. Diese Gegenüberstellung findet sich etwa bei PLEYER. Er hat sie in einer Untersuchung über „Vertrag und Wirtschaftsordnung" entwickelt[207] und in weiteren Beiträgen wiederholt[208]. Pleyer schreibt:

> „[D]ie Staaten mit *marktwirtschaftlicher* Ordnung" gehen „von dem einzelnen aus". Der Vertrag ist „das Mittel, mit dessen Hilfe die Einzelpersönlichkeit nach eigener freier Entscheidung ihr Dasein gestalten soll". „Juristisch formuliert sind die Vertragsabschluß- und die Vertragsausgestaltungsfreiheit

---

[202] MIHALY 1959, S. 326; über Mihaly siehe unten bei Anm. II 184; im gleichen Sinne wie Mihaly äußert sich auch FUJITA 1959, S. 30–31.

[203] KIRALFY 1966, S. 1122.

[204] DAVID 1950, S. 327–328; DAVID 1966, S. 270; deutsche Übersetzung: S. 272.

[205] Ebd. Vgl. oben bei Anm. I 196.

[206] BELLON 1953, S. 50.

[207] PLEYER 1963.

[208] PLEYER 1961 S. 1–2; PLEYER K., Wirtschaftsordnung und Arbeitsrecht: Zeitschrift für das gesamte Handelsrecht und Wirtschaftsrecht, Jg. 125 (1963) S. 81–124, hier S. 81, 83–84; PLEYER K., Zivilprozeß und Wirtschaftsordnung (Wirtschaftsrechtliche Betrachtungen zur Funktion des Zivilprozesses in der zentral gelenkten Wirtschaft der SBZ): Zeitschrift für Zivilprozeß, Jg. 77 (1964) S. 372–402, hier S. 374–375, 402; PLEYER K., Die „guten Sitten" in der Wirtschaftsordnung der SBZ: JR 1965 S. 241–244, hier S. 241 bis 242; PLEYER K., Grundfragen des mitteldeutschen Arbeitsrechts im Spiegel der Rechtsprechung: Recht der Arbeit 1967 S. 305–313, hier S. 305, 313; PLEYER K., Private und halbstaatliche Betriebe in der Zentralplanwirtschaft der SBZ: ROW 1967 S. 97–104, hier S. 97; PLEYER K., Zum Verhältnis von Zentralplanwirtschaft und Zivilrecht, in: Juristen-Jahrbuch, Bd. 8 (1967/68) S. 79–103, hier S. 79, 87–88.

die Charakteristika dieses Systems"[209]. Die marktwirtschaftliche „Ordnung" geht „prinzipiell von den ... Dispositionen der einzelnen aus..." und „koordiniert" sie „über freie Verträge"[210].

In „den Ostblockstaaten" dagegen geht man „nicht vom Rechtswert der Einzelpersönlichkeit, sondern vom Vorrang des Planes aus..."[211]. „[D]er Mensch wird als überwiegend dienender Teil einer größeren Gemeinschaft aufgefaßt, der er ... seine Interessen unterordnen muß"[212]. „Die *planwirtschaftlichen* Ordnungen sehen den Menschen ... nicht primär als Einzelnen, sondern als ein Glied des Ganzen, der Gesellschaft. Ihr ist er untergeordnet. Seine ... Erklärungen treten zurück hinter den Bedürfnissen der Allgemeinheit. Diese finden ihren Niederschlag in dem ... Plan... Damit ist ... der Vertrag als das ... individuelle Gestaltungsmittel dem Plan ... untergeordnet..."[213]. „Eine planwirtschaftliche Ordnung enthält ... überwiegend zwingende ... Regelungen, die freie Entscheidungen der Vertragspartner weitgehend ausschließen."[214]

Auf verwandten Gedanken beruht REINHARDTS Vergleich zwischen den Vertragsordnungen im deutschen Recht und im Recht der sozialistischen Staaten. Eine Vertragsordnung, die durch hoheitliche Gestaltung korrigiert und damit „veredelt" wird, unterscheidet sich nach seiner Meinung „grundlegend" von einer Vertragsordnung, deren Funktion nur darin besteht, den Plan zu konkretisieren[215]. Diese Unterschiede betont auch LUDWIG RAISER. Die „individuelle Initiative" wird, so schreibt er, „durch einen Gesamtplan ersetzt". Daher hat der Vertrag „nur noch eine sekundäre, den Plan ergänzende oder konkretisierende Bedeutung"[216]. In gleichem Sinne äußert sich BÜLCK: der „privatrechtliche Vertrag als Mittel zur selbstverantwortlichen Gestaltung der Lebensverhältnisse des Staates oder des einzelnen ist zu einem Instrument geworden, mit dem eine von der Gesamtheit her als gerecht und zweckmäßig verfügte Ordnung durchgesetzt wird"[217]. Ein besonders düsteres Bild malt KOLLMAR: „Die Einplanung des rechtsgeschäftlichen Verkehrs" würdigt „den Menschen zum bloßen Funktionär eines anonymen und vielfach fragwürdigen bürokratischen Staatsapparates herab. Die Auslöschung aller persönlichen Freiheit und privaten Initiative sind das traurige Ergebnis."[218] Andere Vorstellungen liegen demgegenüber der Konzeption DROBNIGS zugrunde. Drobnig geht zwar auch von einer Gegenüberstellung von Einzel- und

---

[209] PLEYER 1963, S. 234. Hervorhebung hinzugefügt.
[210] PLEYER 1965, S. 241.
[211] PLEYER 1963, S. 235.
[212] PLEYER 1965, S. 241.
[213] PLEYER 1963, S. 234. Hervorhebung hinzugefügt.
[214] Ebd., S. 241.
[215] REINHARDT 1957, S. 135, vgl. S. 129.
[216] RAISER 1958, S. 2–3.
[217] BÜLCK 1962, S. 35–36.
[218] KOLLMAR 1961, S. 147.

Gesamtinteresse aus. Er nimmt sie jedoch nur innerhalb ein- und derselben Wirtschaftsordnung vor. Für ihn ist der Vertrag in einer plangelenkten Wirtschaft ein „rechtlicher Exponent des Einzelinteresses", der zur „Befriedigung des Gesamtinteresses" eingespannt wird und „dem allgemeinen Zweck des Planes" dient. „Das Maß des echt Vertraglichen" am sowjetischen Planvertrag ist „zugleich ... [das] Maß für die Beachtlichkeit des Einzelinteresses im Gesamtinteresse" [219].

c) Die Schwächen einseitiger Betrachtungsweisen

Man ist versucht, die bunte Palette divergierender Auffassungen damit zu erklären, daß der Gegenstand äußerst komplex ist. Eine solche Begründung vermag jedoch für sich allein nicht zu befriedigen. Gesetzgebung und Rechtsprechung zum Vertrag in den beteiligten Ländern bieten genug objektive Daten für eine Bearbeitung. Wenn die Ergebnisse trotzdem in so verschiedenartiger und dazu widerspruchsvoller Weise ausfallen, liegt es nahe, nach weiteren Gründen zu fragen. Sie sind, so scheint es, vor allem auf methodischem Gebiet zu suchen. Die Vertreter der einzelnen, miteinander nicht in Einklang zu bringenden Auffassungen wenden verschiedene und in sich nicht einheitliche Kriterien an. Das ist zunächst für die Vertreter der sowjetischen und deutschen Rechtswissenschaft offensichtlich. Die sowjetischen Autoren sind dogmatisch an die marxistisch-leninistische Lehre gebunden und entwickeln daher andere Bewertungsmaßstäbe als ihre westlichen Kollegen. Aber auch die in den einzelnen „Lagern" gebräuchlichen Vergleichsmerkmale sind unter sich nicht einheitlich. Es erweist sich vielmehr, daß für die eigene Rechtsordnung diese, für die fremde Rechtsordnung dagegen häufig andere Kriterien verwendet werden.

Die *sowjetische* Lehre z. B. betrachtet den Vertrag in den kapitalistischen Staaten als ein Mittel zur Gewinnerzielung und damit zur Aneignung des Mehrwertes. Der Vertrag in der eigenen Rechtsordnung wird dagegen als ein Mittel zur Befriedigung der Bedürfnisse der Bevölkerung angesehen. Auch der hoheitlich gestaltete Vertrag in den beiden Rechtsordnungen wird in dieser Weise charakterisiert. Der Gegenüberstellung von Gewinn und Bedürfnisbefriedigung liegt die Vorstellung von den Unterschieden in der Eigentumsordnung zugrunde. Sie geht davon aus,

---

[219] Drobnig 1951, S. 170.

daß dort, wo die Produktionsmittel in Privateigentum stehen, der Vertrag notwendigerweise auch der Vermehrung des Privateigentums dient. Mit einer derartigen Vereinfachung ist aber allein deshalb nicht auszukommen, weil der Gewinn kein Selbstzweck ist. Wer Gewinn erzielt, verwendet ihn auch. Der Gewinn stellt somit letztlich selbst nur ein Mittel zur Bedürfnisbefriedigung dar. Ein Unterschied kann also nicht darin liegen, daß mit Hilfe des Vertrages in einem Fall Bedürfnisse befriedigt werden und im anderen Fall nicht. Die Verschiedenheit in der Eigentumsordnung kann dagegen insofern von Bedeutung sein, als sie die Entstehung von Bedürfnissen beeinflußt und ihre Art sowie den Umfang ihrer Befriedigung bestimmt.

Der Vorwurf der Einseitigkeit trifft auch einen Teil der Rechtswissenschaftler *außerhalb* der sozialistischen Staaten. Er gilt z. B. für einzelne Autoren, die den Vertragscharakter des sowjetischen Planvertrages leugnen oder jedenfalls grundlegende Unterschiede zum Vertrag in einer marktwirtschaftlichen Ordnung sehen. Sie vergleichen nämlich nicht einander entsprechende, sondern verschiedenartige Rechtsinstitute. Sie stellen einem diktierten Vertrag in der fremden Rechtsordnung den freien Vertrag in der eigenen gegenüber. Sie messen also Funktion und Qualität eines hoheitlich gestalteten Vertrages an den Eigenschaften, die einen autonom gestalteten Vertrag auszeichnen. Sie verwenden die Parteiautonomie als ein wesentliches oder sogar als entscheidendes Vergleichskriterium. Wer, wie GSOVSKI, vom fiktiven und Scheincharakter des sowjetischen Planvertrages spricht, geht davon aus, daß der Umfang der Vertragsfreiheit über die Vertragsqualität entscheidet. Andere rücken ein betriebswirtschaftliches Merkmal in den Vordergrund. Sie stellen die Planerfüllungsfunktion der Parteiautonomie gegenüber und leiten aus dieser Funktion die mangelnde oder andersartige Vertragsqualität der Planverträge in den sozialistischen Ländern ab. Eine dritte Gruppe schließlich benutzt die fehlende Parteiautonomie als ein Kriterium für soziologische Schlußfolgerungen. Sie verknüpft das Fehlen der Parteiautonomie im Planvertrag mit dem Wesen einer sozialistischen Gesellschafts- und Wirtschaftsordnung. Diese Ordnung ist, so heißt es, durch eine Unterordnung des Einzelwillens unter den Gesamtwillen gekennzeichnet.

Ein solches Vorgehen setzt sich dem Vorwurf der Inkonsequenz aus. Mit dieser Kritik soll keineswegs der Wert ökonomischer und soziologischer Untersuchungen als Erkenntnisquelle für die Rechtsvergleichung geleugnet werden. Die Bedenken richten sich vielmehr gegen die angewandte Vergleichsmethode. Wenn diktierte Verträge im fremden Recht dem freien

Vertrag im eigenen Recht gegenübergestellt werden, drängen sich naturgemäß grundlegende Unterschiede auf. Es fehlt am Versuch, einander entsprechende Vertragstypen zu vergleichen. Etwa vorhandene Parallelen werden nicht berücksichtigt. Zur Begründung verwendet PLEYER folgendes Argument: „Daß" in einer marktwirtschaftlichen Rechtsordnung „in einzelnen Fällen ein Abschlußzwang bejaht wird, ... ist nur eine Ausnahme, die das Prinzip [der Vertragsfreiheit] unberührt läßt" [220]. Er hält sich aus diesem Grunde für berechtigt, seine Folgerungen über den Vertrag als Ausdruck des Einzel- oder Gesamtwillens auf zwei verschiedenartige Vertragstypen zu stützen. Unausgesprochen liegt diesem Gedankengang vielleicht die Überlegung zugrunde, daß in einer Planwirtschaft der diktierte Vertrag häufig vorkommt, während in einer Marktwirtschaft der freie Vertrag zahlenmäßig überwiegt.

Eine solche Vorstellung ist weit verbreitet. Sie kann sich aber auf keine exakten Daten stützen. Bisher hat es noch niemand unternommen, den Anteil freier und diktierter Verträge in den einzelnen Rechtsordnungen zahlenmäßig festzustellen. Es steht dahin, ob das Ergebnis einer solchen „Rechtstatsachenforschung", soweit sie überhaupt durchführbar ist, die gängige Vorstellung bestätigen würde [221].

Ein quantitatives Merkmal könnte unter Umständen geeignet sein, die Vertragsordnung als Ganzes zu charakterisieren. Das gilt etwa, wenn häufig wiederkehrende Vertragsarten als typisch erkannt werden. Aber auch wenn sich der Planvertrag als ein „Stilelement" der sozialistischen Rechtsordnungen [222] und die Vertragsfreiheit als ein Charakteristikum der kapitalistischen Wirtschaftssysteme nachweisen läßt, so genügt dies rechtsvergleichend nicht. Zu einem Vergleich auf rechtlicher Ebene gehört auch, daß der Planvertrag entsprechenden oder ähnlichen Rechtsfiguren in einer marktwirtschaftlich orientierten Rechtsordnung gegenübergestellt wird.

Tatsächlich ist es durchaus zweifelhaft, ob der Planvertrag schlechterdings ein Stilelement der sozialistischen Staaten darstellt. Jugoslawien bietet ein eindrucksvolles Beispiel dafür, daß der Planvertrag keineswegs typisch für eine sozialistische Rechtsordnung sein muß. Die jüngsten Wirtschaftsreformen, vor allem in der Tschechoslowakei und Ungarn, weisen in die gleiche Richtung. Die Meinung, daß der Planvertrag für eine sozialistische Rechtsordnung typisch ist, ließe sich unbedingt nur aufrechterhal-

---

[220] PLEYER 1963, S. 234; ähnlich auch: PLEYER 1961, S. 2.

[221] Vgl. unten Anm. II 27, über die Gesamtzahl der sowjetischen Wirtschaftsverträge unten bei Anm. II 1, über freie Verträge in der Sowjetunion bei Anm. II 28.

[222] Siehe oben bei Anm. I 199.

ten, wenn man „Sozialismus“ mit „Administrativem Sozialismus“ gleichsetzt (damit wird jenes Wirtschaftssystem charakterisiert, das zu Stalins Zeiten entwickelt und angewendet worden ist). Heute trifft diese Gleichung längst nicht für alle sozialistischen Staaten zu. Deshalb sollte sich ein Vergleich nicht auf eine Gegenüberstellung von Planvertrag und freiem Vertrag beschränken. Eine solche Kontrastierung besäße für sich allein keine ausreichende Aussagekraft. Es empfiehlt sich vielmehr, den Vergleich auch auf Institute auszudehnen, die ähnliche Strukturen und Funktionen wie der Planvertrag aufweisen. Die sachnächste Entsprechung findet der Planvertrag im diktierten Vertrag.

3. ZUM PROBLEM VON FORM UND INHALT

Trotz aller Gegensätze in den Auffassungen sind sich wohl alle, die sich rechtsvergleichend mit dem Vertrag befaßt haben, in der Erkenntnis einig, daß die Unterscheidung zwischen Form und Inhalt von überragender Bedeutung ist. Die Meinungen gehen allerdings sogleich darüber auseinander, was unter Form und Inhalt zu verstehen ist.

Für die Rechtswissenschaftler der sozialistischen Staaten hat das Begriffspaar einen bestimmten ideologischen Gehalt. Er führt in die Tiefen der marxistischen Philosophie, in den historischen und dialektischen Materialismus und auch in die politische Ökonomie. Für den Bereich des Rechts kann das Problem in einem Satz etwa wie folgt angedeutet werden:

> Das Recht darf nicht von den materiellen (d. h. ökonomischen) Beziehungen getrennt werden, denn es ist nichts anderes als die Form, in der diese materiellen Beziehungen ihren Ausdruck finden.

Hieraus folgt, daß die Formen des Rechts, die einzelnen Rechtsinstitute, nicht neutral und abstrakt sind. Sie werden vielmehr durch die in der Gesellschaft wirkenden sozialen und wirtschaftlichen Kräfte geprägt. Sie besitzen einen bestimmten Klassencharakter. In der Sowjetunion ist zu diesem Fragenkomplex eine umfangreiche Literatur entstanden. Das Problem wird immer wieder in Arbeiten zur Rechtstheorie erörtert und ist insbesondere für den Begriff des „Rechtsverhältnisses“ erheblich.

Über das Wesen des Rechtsverhältnisses besteht in der sowjetischen Rechtswissenschaft keine Einigkeit. Die verschiedensten Auffassungen werden vertreten:

Das Recht regelt nur ideologische und keine materiellen Beziehungen;
das Recht regelt ideologische und materielle Beziehungen;
die ideologischen und materiellen Beziehungen verwandeln sich in rechtliche Beziehungen;
die materiellen Beziehungen bestehen neben den rechtlichen Beziehungen;
die materiellen Beziehungen erscheinen in der Form rechtlicher Regelungen [223].

Aus dieser stichwortartigen Übersicht wird deutlich, daß mit „Inhalt" zweierlei gemeint sein kann: auf der einen Seite die Verbindung zwischen der rechtlichen Regelung und den materiellen (ökonomischen) Beziehungen, auf der anderen Seite aber der Gegenstand der Rechtsbeziehung selbst. Der erstgenannte Inhalt greift in das Gebiet der Ideologie hinaus, der zweite Inhalt beschränkt sich dagegen auf den Bereich des Rechts.

Wir haben es also auf der einen Seite mit außerrechtlichen und auf der anderen Seite mit rechtlichen Elementen zu tun. Diese Unterscheidung ist auch für die Frage erheblich, was Form und Inhalt im Bereich der Vertragsbeziehungen ist. Anhänger der marxistischen Lehre neigen dazu, außerrechtliche (vor allem ökonomische) Kriterien anzuwenden, während sich die traditionelle Rechtswissenschaft im allgemeinen auf rechtliche Kriterien beschränkt.

Bei Anwendung *außerrechtlicher* Kriterien kann die Ansicht vertreten werden, daß die hoheitliche Gestaltung von Verträgen eine bloße Frage der (rechtlichen) Form ist; wenn die hoheitlich gestalteten Vertragsbeziehungen nach Zivilrecht und nicht nach Verwaltungsrecht abgewickelt werden, liegt diese Entscheidung ebenfalls auf formaler (rechtlicher) Ebene. Etwaige Ähnlichkeiten in der Form (im Recht) sind aber unerheblich, so läßt sich argumentieren, so lange als Unterschiede im Inhalt (in der materiellen Basis) bestehen. Der Inhalt wird durch die Eigentumsordnung be-

---

[223] Auf Einzelnachweise wird verzichtet. Ersatzweise wird auf die etwa 30 Titel zum Thema „Rechtsverhältnis" in der Zivilrechtsbibliographie von 1962 (Bibliografija 1962, S. 86–89) verwiesen. Zu ihnen gehören allein drei nach dem Krieg erschienene Monographien. Besonders ergiebig sind die Arbeiten von Joffe.

Zum Thema Form und Inhalt seien ergänzend u. a. folgende Beiträge genannt: Adorackij V., Ideologija (pravovaja), in: Enciklopedija, Bd. 2 (1925–1926) Sp. 13–36, hier Sp. 13–14; Bratus' 1937, S. 55; Vyšinskij 1938 (b), S. 34, 43; Aleksandrov N. G., Juridičeskaja norma i pravootnošenie, Moskau, 1947, 27 S.; Kratkij filosofskij slovar'. Unter der Red. von M. Rozental' und P. Judin, Moskau, 4. Aufl., 1954, S. 644–646 (s. v. Forma i soderžanie); Guliev V. E., in: Antikommunizm 1964, S. 52–77, hier S. 67 bis 70; ferner die Lehrbücher zur Rechtstheorie, z. B. Joffe O. S., Šargorodskij M. D., Voprosy teorii prava, Moskau, 1961, S. 81–85; Šejndlin B. V., in: Obščaja teorija gosudarstva i prava, Leningrad, 1961, S. 124–129. Aus der westlichen Literatur: Wetter G., Der dialektische Materialismus, Freiburg, 5. Aufl., 1960, S. 464–467.

stimmt. Wenn die Produktionsmittel in den kapitalistischen Staaten im Privateigentum stehen, so ergibt sich nach Auffassung der sowjetischen Marxisten bereits hieraus ein fundamentaler Gegensatz zur Sowjetunion, wo die Produktionsmittel Staatseigentum sind. Der Gegensatz erfaßt alle gesellschaftlichen Beziehungen und berührt daher auch den Bereich der hoheitlich gestalteten Verträge. Ein Planvertrag in der Sowjetunion und ein diktierter Vertrag in der Bundesrepublik Deutschland sind daher im Inhalt notwendigerweise verschieden, mögen sie sich auch in der Form ähnlich sein.

Geht man von *rechtlichen* Kriterien aus, entsteht ein anderes Bild. Dann sind unter „Form“ Erscheinungen zu verstehen, die Form im Sinne des Rechts sind, etwa die Form des Vertragsschlusses (mündlich, telefonisch, schriftlich usw.). Eine Frage des Inhalts wäre dagegen, ob die Vertragspartner Parteiautonomie genießen oder ob ihr Wille durch einen Verwaltungsakt verdrängt wird. Von inhaltlicher (materiellrechtlicher) Bedeutung wäre auch, ob das Zivilrecht oder das Verwaltungsrecht berufen ist, das hoheitlich gestaltete Vertragsverhältnis zu regeln. Soweit sich hierbei materiellrechtliche Ähnlichkeiten zwischen einem Planvertrag in der Sowjetunion und einem diktierten Vertrag in West-Deutschland ergeben, gehören diese in den Bereich des Inhalts und nicht der Form. Das gilt auch dann, wenn die wirtschaftliche Funktion des hoheitlich gestalteten Vertrages in Ost und West verschieden sein sollte.

Diese unterschiedliche Auffassung vom Inhalt des „Inhalts“ deckt sich zugleich mit der in Ost und West vorherrschenden Einstellung zur Rechtsvergleichung. Während die erste, *ideologisch*-bestimmte Inhaltsinterpretation für die sowjetische Rechtsvergleichung charakteristisch ist, kennzeichnet die zweite, *rechtlich* orientierte Inhaltsauffassung die Rechtsvergleichung in den kapitalistischen Staaten. Die „Entideologisierung des Rechts ist“ in den Worten von ZWEIGERT „ein Stilelement der europäischen Rechtskultur“ [224]. Es liegt auf der Hand, daß ein auf den rechtlichen Inhalt beschränkter Vergleich den Anforderungen eines ideologisch bestimmten Vergleichs nicht entspricht und als abstrakt oder formalistisch abgetan wird [225]. Das hindert den Verfasser aber nicht, seiner Arbeit die rechtliche Auslegung des Begriffs „Inhalt“ zugrunde zu legen. Zugleich ist der Ver-

---

[224] ZWEIGERT K., Neue Systeme und Lehrmittel der Rechtsvergleichung: RabelsZ Jg. 17 (1952) S. 397–406, hier S. 403.

[225] Vgl. u. a. ZIVS 1964, S. 29–31; GULIEV V. E., in: Antikommunizm 1964, S. 52–77, hier S. 67–70; KNAPP 1962, S. 496–498 sowie eine westliche Stellungnahme dazu: JAKOBS 1963, S. 109–111.

fasser – in Übereinstimmung mit den sowjetischen Rechtswissenschaftlern – davon überzeugt, daß sich eine vergleichende Untersuchung nicht mit der institutionellen Seite begnügen darf. Das Untersuchungsobjekt muß in den Gesamtzusammenhang der bestehenden Wirtschafts- und Gesellschaftsordnung gestellt werden[226].

[226] LOEBER 1961, S. 218 mit Begründung und Nachweisen. Siehe auch: BERNHARDT R., Eigenheiten und Ziele der Rechtsvergleichung im öffentlichen Recht: Zeitschrift für ausländisches öffentliches Recht und Völkerrecht, Jg. 24 (1964) S. 431–452, hier S. 438 (es ist notwendig, „die zu vergleichende Institution im Rahmen der gesamten jeweiligen Staatsordnung zu sehen").

II. Der Vorgang hoheitlicher Vertragsgestaltung

Auf eine Darstellung des im *deutschen* Recht vorgesehenen Verfahrens hoheitlicher Vertragsgestaltung wird verzichtet. Der Vorgang ist allgemein geläufig: eine Verwaltungsbehörde wirkt durch Erlaß eines Verwaltungsaktes auf die Begründung, Änderung oder Aufhebung eines Vertragsverhältnisses ein. Der Verwaltungsakt kann den Vertrag ganz oder teilweise vorgestalten, z. B. in Form einer Mieterzuweisung, oder ihn sogar ersetzen, z. B. als Mietverfügung. Entsprechendes gilt für Hoheitsakte der Justiz, etwa für Entscheidungen im Verfahren der richterlichen Vertragshilfe. Wesentlich ist stets das Element der Fremdgestaltung; der Hoheitsträger ist nicht Partner des von ihm gestalteten Vertragsverhältnisses. Er greift vielmehr von außen kraft Hoheitsgewalt ein. Auf diese Grundstruktur läßt sich die Vielfalt der einzelnen Anwendungsfälle hoheitlicher Vertragsgestaltung zurückführen.

Das Bild, das uns in den Rechten *sozialistischer* Staaten entgegentritt, ist ungleich bunter. Die Erklärung liegt auf der Hand: stehen die Wirtschaftsgüter zu einem wesentlichen Teil im Eigentum des Staates und wird auch der Wirtschaftsablauf fast durchweg durch staatliche Behörden planmäßig gelenkt, nimmt die Möglichkeit und auch das Bedürfnis für eine Differenzierung im Bereich der Vertragsgestaltung ganz andere Dimensionen an.

Über eine Verbreitung des hoheitlich gestalteten Vertrages liegen keine statistischen Unterlagen vor. Eine grobe Schätzung kann allenfalls für Wirtschaftsverträge – also unter Einschluß der freien Verträge – versucht werden. Anhaltspunkte hierfür hat VOLIN, der Stellvertretende Hauptarbiter der UdSSR, geliefert. 1962 berichtete er, daß „einige Unternehmen und Fabriken alljährlich 8 000–10 000 Verträge schließen"; es gibt – so fügte er hinzu – „nicht wenige" solche Betriebe[1]. Wenn man sich vergegenwärtigt, daß in einem Lande wie der Sowjetunion mehr als 200 000 Industrieunternehmen, 100 000 Baubetriebe, ferner Transportunternehmen und 500 000 Handelsorganisationen, schließlich

---

[1] VOLIN, in: Novoe ... 1962, S. 170.

auch 50 000 Kollektiv- und Staatswirtschaften bestehen und die meisten von ihnen auch als Vertragspartner auftreten, werden die Größenordnungen deutlich, die hier im Spiele sind[2]. Längst nicht alle dieser Verträge unterliegen in der Sowjetunion hoheitlicher Gestaltung[3].

Über die Art und Weise, wie der „Plan" auf die einzelnen Verträge einwirkt, bestehen im Westen mitunter unklare Vorstellungen. Eine Erläuterung scheint daher angebracht. Sie kann sich auf einige charakteristische, beständige und für das Vertragsrecht wesentliche Züge des Verfahrens beschränken. Zweckmäßigerweise ist hierbei vom Sowjetrecht auszugehen, ist es doch das Mutterrecht der Planverträge (unten 1)[4].

Für den Vorgang der hoheitlichen Vertragsgestaltung in den plangelenkten Wirtschaftsordnungen des Ostens genügt es im übrigen, auf die Rechtsgrundlagen und die vorhandene Literatur zu verweisen (unten 2). Diese Quellen gestatten (sachlich) einen Einblick in den Mechanismus des Plan- und Vertragssystems sowie in die Eigenheiten des Verfahrens hoheitlicher Vertragsgestaltung. Die Quellenhinweise ermöglichen ferner (räumlich) eine Orientierung über die Regelungen in den einzelnen sozialistischen Staaten, ihre Gemeinsamkeiten und Abweichungen im Verhältnis zum sowjetischen Modell. Die Bezugnahmen auf die vorhandenen Materialien und Vorarbeiten verfolgen den Zweck, die vorliegende Arbeit weitgehend von deskriptiven Darstellungen zu entlasten und damit den Lesestoff auf bisher unbearbeitete Bereiche zu beschränken.

Zu berücksichtigen ist hierbei allerdings zweierlei. Die vorhandenen Untersuchungen vermögen mit der Entwicklung kaum Schritt zu halten. Das Verfahren planwirtschaftlicher Lenkung ist ständigen Änderungen unterworfen. Hierzu zwingt die Dynamik, die im Wesen wirtschaftlicher Tätigkeit liegt. Sie tritt besonders augenfällig hervor, wenn Wirtschaftstätigkeit mit den Mitteln staatlicher Verwaltung ausgeübt wird. Dann schlägt sich jede Anpassung an neue Verhältnisse in verwaltungsrechtlichen Anordnungen nieder und bringt eine Änderung der Rechtslage mit sich. Die Wirtschaftsreformen in Osteuropa zeigen dies mit aller Eindringlichkeit.

Die vorhandene Literatur wird – und dies ist ein zweiter Vorbehalt – der wirtschaftlichen und rechtlichen Situation in den einzelnen Ländern

[2] Zahlennachweise bei Loeber 1964, S. 130–131. Über die Zahl der Liefer- und Versandanweisungen siehe unten in Anm. II 17.

[3] Über Leistungsbeziehungen ohne Vertragscharakter und Verträge ohne hoheitliche Gestaltung siehe Loeber 1964, S. 142–143, sowie unten nach Anm. III 78 sowie bei Anm. II 24.

[4] Hinweise zur Literatur über das sowjetische Planungssystem unten bei Anm. II 86.

nicht in gleichmäßiger Weise gerecht. Reichlich Material liegt für die UdSSR vor. Ebenso sind die Informationsmöglichkeiten über das Vertragsrecht der DDR – allein aus sprachlichen Gründen – günstig. Relativ reichhaltig sind die Quellen (auch in westlichen Sprachen) über das Vertragssystem von Polen, der Tschechoslowakei und von Ungarn. Etwas ungünstiger steht es mit Ländern wie Bulgarien und Rumänien. Spärlich sind die zugänglichen Quellen für Albanien und die asiatischen Volksdemokratien. Von diesen kommt der *Volksrepublik China* sicherlich die größte Bedeutung zu. Verstärkte Aufmerksamkeit verdient ferner die Wirtschaftsordnung, die in *Jugoslawien* geschaffen worden ist. Sie stellt eine praktikable Alternative gegenüber der planwirtschaftlichen Lösung im Osten und der marktwirtschaftlichen Systeme im Westen dar. Auf das Vertragsrecht dieser beiden Staaten soll daher im Anschluß an die Übersicht für die übrigen Länder gesondert eingegangen werden (unten 2 c und d).

1. PLAN, PLANAKT UND VERTRAG

Nach einer weitverbreiteten Auffassung dienen die Wirtschaftsverträge zwischen den sozialistischen Organisationen dazu, „den Plan" zu konkretisieren (sog. Feinplanung). Das ist richtig[5], verleitet aber zu der ebenso weitverbreiteten Vorstellung, daß es „der Plan" sei, der auf den Wirtschaftsvertrag einwirkt und ihn gestaltet. Diese Annahme trifft nicht zu. Sie übersieht eine wesentliche Etappe im Verfahren zur Konkretisierung des Planes oder läßt jedenfalls dieses Zwischenglied unerwähnt: es ist der „Planakt".

Die Terminologie der sowjetischen Zivilgesetzgebung ist nicht einheitlich. Art. 44 der Grundlagen (= ZGB RSFSR Art. 258) spricht vom „Planakt" (planovyj akt), während in Art. 4, 33 der Grundlagen (= ZGB RSFSR Art. 4, 168) vom „Akt der Planung" (akt planirovanija) und in Art. 34, 36 der Grundlagen (= ZGB RSFSR Art. 159, 191, 221) von „Planaufgabe" (planovoe zadanie) die Rede ist.

Der staatliche Wirtschaftsplan der UdSSR wirkt nur auf dem Umwege und in Gestalt einer ganzen Reihe zwischengeschalteter Planakte letztendlich auf die Wirtschaftsverträge der operativen Wirtschaftseinheiten ein.

---

[5] Vgl. oben bei Anm. I 168 und unten bei Anm. IV 202.

a) Plan und Planakt

„Der Plan“ hat schon deshalb keine unmittelbar vertragsgestaltende Wirkung, weil er in der Hauptsache nur aus Zahlen besteht, z. B. aus Produktionsziffern. Die Vorstellung von der vertragsgestaltenden Wirkung „des Planes“ ist auch unrichtig, weil es nicht einen Plan gibt, sondern eine Vielzahl von ihnen. In der Sowjetunion werden alljährlich ein Unionsplan und 15 Republikpläne in Gesetzesform verabschiedet; es werden ferner die Pläne der Ministerien, Komitees, Gebiete usw. beschlossen und schließlich mehrere Hunderttausend Unternehmenspläne bestätigt. Die Bestätigungsgesetze für die Pläne auf Unions- und Republiksebene erscheinen im Gesetzblatt[6]. Die Pläne selbst dagegen bleiben unveröffentlicht. Der letzte im Wortlaut bekannte Plan ist der Wirtschaftsplan der UdSSR für 1941. Ein Exemplar dieses Planes fiel während des Zweiten Weltkrieges der deutschen Wehrmacht in die Hände und ist 1951 in Baltimore nachgedruckt worden[7]. Zugänglich sind dagegen Zusammenfassungen der Perspektivpläne für längere Zeiträume, etwa die Fünfjahrespläne[8].

Die Pläne auf Unternehmensebene bestehen aus zahlreichen Einzelteilen, z. B. aus den für die Praxis besonders wichtigen Finanzplänen, ferner aus Produktions-, Absatz-, Bedarfsplänen usw. Für die Vertragsbeziehungen sind die Produktionspläne ohne unmittelbaren Belang. Die Produktion ist ein innerbetrieblicher Vorgang. Wesentlich in unserem Zusammenhang ist der Sektor der Verteilung der erzeugten Produktion. Nur hier, beim Absatz, entstehen zweiseitige Rechtsbeziehungen. Unter den verschiedenen Verteilerplänen haben die „Liefer- und Verteilerpläne“ der (den Einzelunternehmen) übergeordneten Behörden die relativ engste Beziehung zu den Wirtschaftsverträgen auf Unternehmensebene. Aber selbst diese Pläne, etwa der Liefer- und Verteilerplan einer Branchen-Hauptverwaltung, erzeugen keine unmittelbaren Rechtswirkungen für die (späteren) Vertragspartner. Sie bestehen, ebenso wie der Gesamt-Staatsplan, in der Hauptsache aus Zahlen. Der Liefer- und Verteilerplan enthält z. B. einerseits das Produktionsaufkommen der nachgeordneten Unter-

---

[6] Das Bestätigungsgesetz für den Unionsplan 1963 erschien z. B. in VVS SSSR 1962 No. 50 Pos. 525.

[7] Gosudarstvennyj plan razvitija narodnogo chozjajstva SSSR na 1941 god, Baltimore, 1951, 746 S.; besprochen durch J. Miller, Soviet Studies, Jg. 3 (1951–1952) S. 365–386.

[8] Nachweise für Textausgaben der ersten drei Fünfjahrespläne 1928–1942 bei Herman, Problems of Communism, Jg. 13 (1964) No. 6 S. 14 Anm. 1.

nehmen und andererseits dessen Verteilung, aufgeschlüsselt nach einzelnen Typen von Produktionsgütern [9].

Die Ausarbeitung der Pläne ist mit harten Verhandlungen mit der jeweils vorgesetzten Behörde verbunden. Der künftige Planverpflichtete ist bestrebt, sich gegen schwer erfüllbare Planaufgaben zu wehren, andererseits aber seine Bedarfsmeldung „zu verteidigen" [10]. Die Pläne entfalten ihre Rechtswirkung mit der Bestätigung. Sie erzeugen Rechte und Pflichten. Diese entstehen aber nur für die Behörden und Organisationen, an die der Plan gerichtet ist. Für Behörden und Organisationen, die dem Planadressaten unterstellt sind, treten unmittelbar keine Bindungswirkungen ein. Für sie ist nur der eigene, an sie selbst gerichtete Plan maßgebend. Die höherstufigen Pläne (etwa auf Unions- und Republiksebene) binden die unterstellten Organe also lediglich mittelbar, d. h. soweit sie über die Pläne der übergeordneten Organe in den eigenen Plan Eingang gefunden haben [11].

Der eigene Plan der Vertragspartner ist ihr jeweiliger Unternehmensplan [12]. Aber auch er enthält vornehmlich nur Zahlen [13]. Er benennt weder

---

[9] Diese sog. Bilanzierungsmethode, d. h. die Abstimmung der Aufkommens- und Bedarfsseite, ist von GROMAN, einem der Begründer der sowjetischen Planwirtschaft, entwickelt worden. Groman wurde eines der ersten Opfer der Säuberungsprozesse in den dreißiger Jahren. Über Groman siehe JASNY N., Vladimir Gustavovich Groman: Russian Review, Jg. 13 (1954) S. 52–58; Nachdruck: JASNY N., Soviet Industrialization 1928–1952, Chicago, 1961, S. 435–441; vgl. BRATUS' 1930, S. 147; BRATUS/GINCBURG 1934, S. 11. Zur Geschichte der sowjetischen Planung vgl. u. a. auch: SCHLESINGER (Glasgow) 1965.

[10] Vgl. TANČUK, in: Voprosy 1962, S. 113, 115; MAMUTOV, in: Pravovye voprosy 1964, S. 179, 182; MAMUTOV 1964, S. 147.

[11] Über die Rechtsnatur des Planes siehe aus dem *sowjetischen* Schrifttum der letzten Jahre u. a.: CHAJDAS, Sov. gos. i pravo 1961 No. 1 S. 37–46, hier S. 46; GOLUNSKIJ, ebd. No. 4 S. 21–36, hier S. 25; SAMOŠČENKO, ebd. 1962 No. 3 S. 77–86, hier S. 80; PRIBLJUDA/CHAJDAS, in: Pravovye voprosy 1964, S. 22–35; ZAMENGOF 1967, S. 80 mit weiteren Nachweisen. In den davorliegenden rund 30 Jahren sowjetischer Planwirtschaft sind nach den Angaben einer sowjetischen Bibliographie nur vier einschlägige Veröffentlichungen erschienen (Sovetskoe gosudarstvennoe pravo. Bibliografija 1917–1957, Moskau, 1958, S. 178).

Aus dem *westlichen* Schrifttum vgl. MEISSNER, JbOstR Jg. 2 (1961) Nr. 2 S. 7–29, hier S. 15–16; LUCAS R., Quellen und Formen des Sowjetrechts, Herrenalb, 1965 (Studien des Instituts für Ostrecht, München, Bd. 16), S. 63–68 und die dort zitierte Literatur; MAGGS P., Les aspects juridiques de la planification économique en U.R.S.S.: Annuaire de l'U.R.S.S. 1965, Paris, S. 231–257.

Über die Planung in Jugoslawien siehe unten bei Anm. II 279 ff.

[12] Er wird je nach dem Wirtschaftszweig Techpromfinplan, Strojfinplan, Torgfinplan usw. genannt.

[13] Muster eines „*Techpromfinplan*" finden sich in: Spravočnik rajonnogo rabotnika, Moskau, 1962, S. 333–359; Ekonomičeskaja gazeta 1965 No. 38 S. 24–26 und 1967

den Vertragsgegner noch bestimmt er den Inhalt der abzuschließenden Verträge. Er gibt nicht einmal darüber Auskunft, an wen die Produktion des Unternehmens zu liefern ist und auch nicht, von wem der Betrieb seine Rohstoffe und sonstigen Materialbedarf beziehen wird. Der Unternehmensplan begründet keine Beziehungen zu Lieferern oder Käufern. Rechtlich ist er insofern von Bedeutung, als an seine Erfüllung oder Nichterfüllung eine Reihe wirtschaftlich fühlbarer Folgen geknüpft sind, wie etwa der Prämienanspruch bei Planerfüllung. Aber diese Rechtswirkungen entstehen nur im Innenverhältnis zur übergeordneten Behörde, welche die Leistung des Unternehmens zu überwachen und zu bewerten hat. Auf das Verhältnis zu Dritten hat der Unternehmensplan keinen Einfluß; er äußert keine Außenwirkungen[14]. Seine Erfüllung ist rechtlich nicht erzwingbar[15]. Er tritt – wie FREUND bereits 1931 feststellte – „nur mittelbar ... in das Gebiet des Rechts“ [16].

In den Bereich der Vertragsgestaltung greift somit nicht „der Plan“ ein. Diese Funktion hat vielmehr der Planakt. Er ergeht je nach dem Wirtschaftszweig und den konkreten Leistungsbeziehungen in verschiedenen Formen. Er trägt Bezeichnungen wie Lieferanweisung, Versandanweisung, Kontingentzuteilung, Bauauftrag, Kreditzuteilung, Monatsfrachtplan usw.[17]. Die Planakte werden von Behörden erlassen, die gegenüber den Vertragspartnern verwaltungsrechtliche Befugnisse besitzen, vor allem von den vorgesetzten Behörden (z. B. von der Branchen-Hauptverwaltung in einem Ministerium) und deren Absatzorganisationen, von zentralen Absatzverwaltungen, ferner von der Staatsbank u. a. Die Planakte

---

No. 22 S. 21–28. Muster eines „*Strojfinplan*“ in: Zakanodatel'nye akty 1961, Bd. 2, S. 172–191. Vgl. auch die Anweisungen für die Aufstellung eines „Strojfinplan“: Ukazanija po sostavleniju strojfinplana i operativnomu planirovaniju (Metodičeskie rekomendacii), Moskau, 1966, 129 S., sowie: Strojfinplan stroitel'no-montažnogo upravlenija, Kiew, 1967, 100 S. Aus der Literatur über einen „*Torgfinplan*“: SOKOLOV F. M., LJUBIMOV A. N., Torgfinplan magazina, Moskau, 1967, 144 S., u. a.

[14] Siehe die von KRASNOV 1959 auf S. 167 wiedergegebene (unveröffentlichte) Arbitrageentscheidung.

[15] Vorgesehen sind dagegen disziplinar- und strafrechtliche Maßnahmen gegen verantwortliche Einzelpersonen.

[16] FREUND 1931, S. 703; ebenso: MAKAROV 1940, S. 775.

[17] Vgl. unten bei Anm. III 103 ff., 165. In der DDR kommen (z. B. im Bereich der Investitionsleistungsverträge) auch Bezeichnungen wie „Objektbeauflagung“ und „Aufgabenstellung“ vor.

Zur Illustration des Umfangs an technischer Arbeit, der mit dem Erlaß der Planakte zusammenhängt, sei erwähnt, daß allein „Sojuzglavmetall“ (die Unions-Hauptverwaltung für Metall) im Jahr über 400 000 Lieferanweisungen erläßt (BYČKOVSKIJ, Sov. gos. i pravo 1965 No. 10 S. 86–91, hier S. 87). Siehe auch die Zahlenangaben bei LOEBER 1964, S. 140 Anm. 56.

bilden die Grundlage für die Verträge, die von den Adressaten dieser Akte zu schließen sind[18].

Planakte sind Verwaltungsakte. Diese Feststellung ist für die rechtliche Erfassung des Verfahrens hoheitlicher Vertragsgestaltung in einer Planwirtschaft von wesentlicher Bedeutung. Sie ist der Schlüssel zum Verständnis des Vorgangs und die Grundlage für jeden Versuch einer rechtsvergleichenden Betrachtung.

b) Planakt und Vertrag

Wesentlich ist zugleich, daß die mannigfachen Spielarten der Planakte in durchaus unterschiedlicher Weise und Intensität auf die Vertragsbeziehungen einwirken. Das Verhältnis von „Plan und Vertrag" tritt uns daher insgesamt in einer bunten Vielfalt von Konstruktionen entgegen. Versucht man einige der am häufigsten verwendeten Varianten nach dem jeweiligen Gewicht der verwaltungs- und zivilrechtlichen Elemente zu ordnen, so ergäbe sich z. B. folgende (nicht erschöpfende) Übersicht. Sie gleicht einer Skala. Verfolgen wir sie nach links, begegnen wir Konstruktionen, in denen das Planelement überwiegt; auf der rechten Seite dagegen finden wir Figuren, die den Vertragselementen den Vorrang geben. In der Mitte steht der als Normalfall gedachte Planvertrag, der nach den Regeln des Zivilrechts geschlossen wird und durch einen Planakt „gestaltet" wird. Aus dem Planakt ergibt sich in der Regel Vertrags-Abschlußpflicht, Partnerpflicht und Inhaltspflicht[19].

Eine Mischung von mehr „Planakt" und weniger „Vertrag" charakterisiert den Planvertrag, der durch „Annahme einer Lieferanweisung" zustande kommt. Hier ist das vertragliche Element verkümmert. Die Partner der Beziehung „nehmen" einen für beide verbindlichen Planakt „an", d. h. sie remonstrieren nicht innerhalb eines bestimmten Zeitraumes und verlangen auch gegenseitig nicht ausdrücklich, einen schriftlichen Vertrag zu schließen. Die Leistungsbeziehung wird nach Vertragsrecht abgewickelt[20]. Am Ende dieser (linken) Hälfte der Skala finden wir schließlich eine rein verwaltungsrechtliche Beziehung: eine Verwaltungsbehörde ordnet durch Planakt an, daß ein ihr unterstelltes Unternehmen eine Leistung an ein

---

[18] Die einschlägigen sowjetischen Rechtsvorschriften werden unten bei Anm. II 58 ff. aufgeführt; siehe auch die Ordnung über das Produktionsunternehmen vom 4. Oktober 1965 Ziff. 61 und 66, sowie LOEBER 1964, S. 134–141.

[19] Siehe unten bei Anm. III 102.

[20] Siehe unten bei Anm. III 268.

anderes Unternehmen zu erbringen hat. Die beiden Unternehmen stehen unter sich in keinen zivilrechtlichen Beziehungen[21].

In die andere – vertragsfreundliche – Richtung weist zunächst der Planvertrag mit Weigerungsrecht. Der „Käufer" ist hier befugt, die an ihn im Vertragswege auf Grund eines Planaktes zu erbringende Leistung abzulehnen. Erweisen sich die vom „Käufer" angeführten Ablehnungsgründe als stichhaltig (z. B. die zugeteilten Güter werden nicht benötigt), so entfällt für ihn die Pflicht zum Vertragsschluß[22]. Weiteres Gewicht gewinnen die Vertragselemente, wenn sich die verwaltungsrechtliche Einwirkung auf die Vertrags-Abschlußpflicht und Partnerpflicht beschränkt, die Inhaltspflicht dagegen in bestimmtem Umfang gelockert wird. Das ist ein Merkmal der Planverträge, die unter Berücksichtigung von zuvor eingegangenen Bestellungen geschlossen werden. Sie kommen für die Lieferung von Verbrauchswaren und seit der Wirtschaftsreform von 1965 auch für die Lieferung von Produktionsgütern zur Anwendung. Die Partner dieser Verträge sind bei der Gestaltung des Vertragsinhalts im Rahmen der für sie maßgebenden Plankennziffern frei. Die Plankennziffern legen die im Planjahr zu erbringende Unternehmensleistung nach allgemeinen Merkmalen, also nur global, fest; sie bestimmen nicht unmittelbar den Inhalt der vom Unternehmen zu schließenden Verträge[23].

Nicht alle in einer Planwirtschaft von sozialistischen Organisationen geschlossenen Verträge werden durch Planakte vorgestaltet. Es gibt auch planakt-freie Verträge. Sie sind in der Sowjetunion z. B. vorgesehen für den Erwerb von Produktion und Waren, die nicht in die Liefer- und Verteilerpläne der übergeordneten Behörde aufgenommen sind. Meist handelt es sich um Materialien, die in genügender Menge vorhanden sind oder örtlich hergestellt werden. Die „Nomenklatur" der durch übergeordnete Behörden verteilten Produktion und Waren wird ständig geändert. Die Liste der auf Unionsebene verteilten Produktion enthielt für 1959 rund 1000 Titel, während die Nomenklatur auf der Ebene der Republiken und Volkswirtschaftsräte über 5000 Produktions- und Warentypen umfaßte[24]. 1962 waren es etwa 18 000 Erzeugnisse[25]; im Jahre 1966 war ihre Zahl

---

[21] Siehe unten bei Anm. III 88 und vgl. unten bei Anm. III 270 sowie Anm. V 75.

[22] Siehe unten bei Anm. III 131 und Anm. IV 334.

[23] Siehe unten bei Anm. III 118.

[24] Nachweise und weitere Angaben bei LOEBER 1964, S. 143 Anm. 68. Neuerdings vgl. die Verordnung der RSFSR vom 17. März 1966 Über Maßnahmen der Planung, Verteilung und Realisierung der Materialvorräte in der RSFSR (SP RSFSR 1966 No. 10 Pos. 44).

[25] Ekonomičeskaja gazeta 1962 No. 46 S. 8 Sp. 2.

auf insgesamt rund 20 000 gestiegen[26]. Es wäre aufschlußreich, das zahlenmäßige Verhältnis der hoheitlich gestalteten Verträge zu den planaktfreien Verträgen zu kennen. Angaben, die auch nur eine Schätzung gestatten, liegen nicht vor. Für eine „Rechtstatsachenforschung" bietet sich hier ein bisher völlig unbestelltes Feld[27].

Die Gestaltung der planakt-freien Verträge ist den Partnern überlassen. Eine Verwaltungsbehörde greift nicht ein. Auch „der Plan" der Vertragspartner hat, wie erwähnt, auf den Abschluß und Inhalt der Verträge keinen unmittelbaren Einfluß[28]. Zwar ist die gesamte Tätigkeit der sozialistischen Organisationen auf die Erfüllung ihres (eigenen) Planes gerichtet, hängt doch hiervon für die Betriebsangehörigen der Erwerb von Prämien und sonstigen Vorteilen und für die Unternehmensleitung auch die berufliche Karriere ab. Aber die Planerfüllung ist nur ein hinter dem Vertrag stehendes Motiv. Ebenso wie die Parteien in einer auf Privateigentum beruhenden Wirtschaftsordnung einen Vertrag in der Regel nur schließen werden, wenn dies zu ihrem Vorteil gereicht, so streben auch sozialistische Organisationen mit dem Vertrag einen Vorteil an. Der „Vorteil" ist in beiden Fällen allerdings nicht wesensgleich. Der Privateigentümer verfolgt mit dem Vertrag die Erfüllung selbst gesetzter (Plan)-Aufgaben, die staatliche (genossenschaftliche usw.) Organisation dagegen stellt ihre Vertragstätigkeit auf die Erfüllung staatlicher Planaufgaben

---

[26] Lagutkin V. (Stellvertretender Vorsitzender des Staatskomitees für material-technische Versorgung der UdSSR), in: Chozjajstvennaja reforma 1967, S. 60; Ekonomičeskaja gazeta 1966 No. 30 S. 18 Sp. 2. Auf einem Symposium in Warna 1967 wurden folgende Zahlen für die Sowjetunion genannt: die Plankommission erarbeitet Materialbilanzen und Verteilungspläne für etwa 2000 Erzeugnisse und das Staatskomitee für material-technische Versorgung bilanziert und verteilt 10 000 Erzeugnisse (Vertragssystem 1967 S. 764).

[27] Die Bedeutung der Rechtstatsachenforschung ist vor allem in den USA erkannt worden und wird dort z. B. von Conard und Rheinstein betrieben. Aus der Zeit vor dem Kriege siehe Nussbaum A., Fact Research in Law: Columbia Law Review, Jg. 40 (1940) S. 189–219; deutsche Übersetzung: AcP Bd. 154 (1955) S. 453–484. In der Bundesrepublik (vgl. JR 1965 S. 298–300) und in der Sowjetunion steht die Rechtstatsachenforschung noch in den Anfängen (vgl. jedoch z. B. die Beiträge über „Soziologie und Recht" in Sov. gos. i pravo 1964 No. 10 und 12, insbesondere No. 12 S. 14–19, ferner: Alekseev, Pravovedenie 1965 No. 1 S. 19).

[28] Siehe oben bei Anm. II 4 ff. sowie die Ordnung vom 4. Oktober 1965 Ziff. 21, 28, 48, 61, 66, 68. Über planakt-freie Verträge (neplanovye dogovory) siehe aus der sowjetischen Literatur u. a.: Jazev 1960, S. 33–34; Zamengof 1960, S. 62–64; Chajdas, in: Voprosy 1962, S. 35–36; Možejko 1962, S. 118–123, 130–132 (kritisch dazu: Zamengof, Soc. zak. 1962 No. 6 S. 92); Tančuk 1963, S. 114–117; Joffe, in: Dogovory 1964, S. 40–42, 69–70; Rabinovič N. V., in: Dogovory 1964, S. 118; Liberman 1965, S. 104–105, 109 bis 110; Liberman 1965 (a); Dmitriev 1965, S. 79; Skorochodov 1965. Siehe auch unten bei Anm. III 33.

ab. Das sei an einem Beispiel erläutert: Eine sowjetische Einzelhandelsorganisation kann selbst bestimmen, in welchen Zeitabständen und in welchen Mengen sie (nicht bewirtschaftete) Drogerieartikel vom Großhandelslager bezieht; in ihrer Entscheidung wird sie sich aber an dem für sie (und für die ihr unterstellten Geschäfte) maßgebenden „Plan des Warenumsatzes" orientieren.

Wenn die sozialistischen Organisationen in der Gestaltung ihrer planakt-freien Verträge nicht über den gleichen Umfang an Autonomie verfügen wie entsprechende Wirtschaftsträger in den kapitalistischen Ländern, so liegt der Grund hierfür nicht in einer Beschränkung ihrer Vertragsfreiheit, sondern in einer Beschränkung ihrer Rechtsfähigkeit. Sozialistische Organisationen verfügen nur über eine „spezielle Rechtsfähigkeit"; sie sind lediglich nach Maßgabe der für ihre Tätigkeit festgesetzten Ziele rechtsfähig[29].

„Der Plan" wirkt auf die Verträge sozialistischer Organisationen nach alledem in verschiedener Weise ein. Bei einer Vorgestaltung des Vertrages durch Planakt haben wir es mit einer *rechtlichen* Einwirkung des Planes zu tun; auf planakt-freie Verträge hat der Plan dagegen nur einen *wirtschaftlichen*, keinen rechtlichen Einfluß. Der Unterschied zwischen der rechtlichen und wirtschaftlichen Funktion des Planes wird nur allzu leicht übersehen. Die Folgen sind unzutreffende Verallgemeinerungen über den Vertrag in einer plangelenkten Wirtschaft. Ein unmittelbares Instrument der Planung ist der Vertrag (rechtlich) nur dann, wenn er durch einen Planakt vorgestaltet wird. Planakt-freie Verträge dagegen sind einer Fremdgestaltung nicht ausgesetzt und entsprechen (rechtlich) damit den autonom gestalteten Verträgen, wie sie auch in einer kapitalistischen Wirtschaftsordnung vorkommen.

Diese wesentliche Unterscheidung sollte auch terminologisch berücksichtigt werden. Der engere Begriff des *„Planvertrages"* bleibt im folgenden den durch Planakt vorgestalteten Verträgen vorbehalten, während der weitere Begriff des *„Wirtschaftsvertrages"* auch die planakt-freien Verträge sozialistischer Organisationen umfaßt[30].

Die rechtswissenschaftliche Literatur hat dem Planakt bisher wenig Aufmerksamkeit geschenkt. Selbst die Fachliteratur zu Fragen der Wirt-

---

[29] Grundlagen Art. 11; ZGB RSFSR Art. 26.

[30] Zum Begriff des Wirtschafts- und Planvertrages siehe vor allem JOFFE, in: Dogovory 1964, S. 3–12; ferner: BRATUS' 1953, S. 78; BRATUS'/LUNC 1954 S. 6; BRATUS' 1958, S. 52–53; andere verstehen unter dem Planvertrag auch Verträge über Produktion, die nicht planmäßig verteilt wird: GRIBANOV, Sov. gos. i pravo 1960 No. 3 S. 149; L'VOVIČ 1962, S. 80–81; MOŽEJKO 1962, S. 116–123 und die dort auf S. 117–118 genannte Literatur.

schaftsverwaltung übergeht die Planakte und ihre Problematik mit auffallender Gleichgültigkeit.

Im verwaltungsrechtlichen Schrifttum der *Sowjetunion* werden Lieferanweisungen und andere Planakte, wenn überhaupt, nur beiläufig erwähnt. Mehr Beachtung haben die Planakte im sowjetischen zivilrechtlichen Schrifttum gefunden[31]. An einer erschöpfenden und systematischen Darstellung fehlt es aber bisher. Einschlägige Monographien sind nicht erschienen. Im *Westen* sind die mit den Planakten zusammenhängenden Rechtsfragen bisher kaum beachtet worden. Sie werden von Gsovski, Hazard, Pfuhl gestreift. Bisher am eingehendsten hat sich Berman mit den Planakten befaßt[32].

Die Regelung in den anderen sozialistischen Staaten (außer Jugoslawien) ist trotz gewisser Abweichungen ähnlich. Auch hier ist es nicht der Plan, sondern der Planakt, der konkret auf Vertragsverhältnisse einwirkt. Der Gesetzeswortlaut läßt die Unterscheidung allerdings nicht immer genügend deutlich werden.

Eine klare Trennung wird weiter durch die Änderungen erschwert, welche die Wirtschaftsreformen in den letzten Jahren gebracht haben. Im Bereich des Vertragsrechts besteht die neue Tendenz darin, bei bestimmten Arten von Vertragsbeziehungen – vor allem bei Lieferverträgen – allmählich auf verwaltungsrechtliche Elemente zu verzichten und daher zivilrechtliche Elemente stärker zur Geltung zu bringen. In dem Maße, wie die unmittelbare Vertragsgestaltung durch „Planakte" in den Hintergrund tritt, gewinnen die Vertragspartner also mehr Freiheit zur eigenverantwortlichen Regelung ihrer Vertragsbeziehungen. Sie bleiben aber stets im Rahmen ihres „Planes" gebunden[33].

c) Die Erfassung des Vorgangs in den Zivilrechtskodifikationen

Das nicht immer leicht durchschaubare Verhältnis von Plan, Planakt und Vertrag hat in den einschlägigen Kodifikationen[34] wie folgt Ausdruck gefunden:

---

[31] Z. B. Venediktov 1948, S. 489, 627, 747, 752–754, 764; Škundin 1948, S. 157–159; Chalfina 1954, S. 124–144; Syrneva V. I., in: Pravovye voprosy 1959, S. 221–226; Nikitina 1960, S. 194, 199; Laptev, V. in: Pravovye voprosy 1964, S. 6–7; Pribljuda, ebd., S. 11–57; Cimmerman, ebd., S. 237–242. Vgl. auch unten bei Anm. V 223.

[32] Berman 1963, S. 107, 118, 137, 139; Berman, in: Konstantinovsky 1953, S. 26–28.

[33] Über die Wirtschaftsreformen unten bei Anm. II 37 ff.

[34] Quellenangaben für die einzelnen Gesetze folgen in der länderweisen Übersicht unten bei Anm. II 58 (UdSSR), 117 ff. (übrige sozialistische Staaten).

Abschlußpflicht

UdSSR: Entstehen Meinungsverschiedenheiten bei Abschluß eines Vertrages, der auf einer für beide Seiten verbindlichen Planaufgabe beruht, entscheidet die Arbitrage (Grundlagen Art. 34 = ZGB RSFSR Art. 166).

DDR: „Die Voraussetzungen ... zum Vertragsabschluß können durch ... Festlegungen ... wirtschaftsleitender Organe bestimmt werden" (Vertragsgesetz Art. 12). „Der Auftraggeber hat ein Vertragsangebot nach Vorliegen der für den Vertragsabschluß erforderlichen Voraussetzungen abzugeben" (Art. 16).

Polen: „Einheiten der vergesellschafteten Wirtschaft müssen ... an Vertragsschlüssen ... mitwirken und hierbei die sich aus den Volkswirtschaftsplänen ergebenden Pflichten ... berücksichtigen" (ZGB Art. 386). „Ist ... eine ... Einheit der vergesellschafteten Wirtschaft verpflichtet, .. einen Vertrag ... abzuschließen und sind gleichzeitig der Vertragsgegenstand festgelegt sowie eine Frist" für den Vertragsabschluß „bestimmt worden, ... so steht dem anderen Vertragspartner ein Anspruch auf Abschluß des Vertrages zu" (Art. 397).

Tschechoslowakei: Zentralorgane, Nationalausschüsse, übergeordnete Organe und die Staatsarbitrage „können" die von ihnen gelenkten Organisationen „anweisen, Wirtschaftsverträge zu schließen"; sie können diesen Organisationen auch „unmittelbar wirtschaftliche Verpflichtungen auferlegen" (Wirtschaftsgesetzbuch Art. 118, vgl. Art. 117).

Ungarn: Das ZGB in der geltenden Fassung sieht keine Abschlußpflicht vor[35]. Vor Einführung der Wirtschaftsreform bestimmte das ZGB:

> Die sozialistischen Organisationen sind „zur Festlegung ... ihrer gegenseitigen Pflichten im Interesse" der Planerfüllung „verpflichtet, unter sich Verträge über alle Leistungen auf dem Gebiet des Bauwesens, des Auftrages und der Warenlieferung (Planverträge) zu schließen" (ZGB Art. 397). Die „Planver-

[35] Das ZGB der Ungarischen Volksrepublik von 1959 ist im Zuge der Wirtschaftsreformen 1966 und 1967 geändert worden (siehe Anm. II 174).

träge müssen nach Bestätigung des Planes geschlossen werden... Durch das Verwaltungsorgan können die weiteren Bedingungen für den Vertragsschluß vorgesehen werden..." (Art. 398).

Bulgarien: Verwaltungsorgane „können Pflichten" zur Leistung oder zum „Abschluß eines Vertrages auferlegen" (Vertragsgesetz Art. 5). Sozialistische „Unternehmen müssen" unter bestimmten Voraussetzungen „Angebote auf Vertragsschluß annehmen"; berechtigte Inhaber aus Kontingentzuteilungen haben einen Anspruch auf Vertragsschluß (Art. 11).

Rumänien: Warenlieferungen usw. „dürfen nur auf Grund von Verträgen oder Bestellungen erfolgen, die zwangsweise zu schließen sind" (Vertragsgesetz Art. 1). Der Vertragsabschluß „findet unter unmittelbarer Leitung der zentralen Wirtschaftsorganisationen statt" (Art. 4).

Mongolei: Ähnlich wie die UdSSR (ZGB Art. 111).

Inhaltspflicht

UdSSR: „Der Inhalt eines Vertrages, der auf Grund einer Planaufgabe abgeschlossen wurde, muß dieser Aufgabe entsprechen" (Grundlagen Art. 34 = ZGB RSFSR Art. 159).

DDR: „Die Partner haben den Inhalt des Wirtschaftsvertrages in Übereinstimmung mit der sich aus den staatlichen Plänen ergebenden Zielsetzung eigenverantwortlich zu vereinbaren" (Vertragsgesetz Art. 34). „Ist in einem für beide Partner verbindlichen Planungsakt eine Leistungszeit bestimmt, so ist diese Vertragsinhalt" (Art. 15).

Polen: „Einheiten der vergesellschafteten Wirtschaft müssen" bei Vertragsschluß „die sich aus den Volkswirtschaftsplänen ergebenden Pflichten ... berücksichtigen" (ZGB Art. 386).

Tschechoslowakei: „Auf Verpflichtungen", die durch Anweisungen der Lenkungsorgane auferlegt werden, „finden die Vorschriften über Verpflichtungen aus Wirtschaftsverträgen Anwendung" (Wirtschaftsgesetzbuch Art. 118).

Ungarn: „Der Inhalt der Planverträge muß im Einklang mit den Notwendigkeiten festgesetzt werden, die sich aus einer Wirtschaftstätigkeit ergeben, welche die Zielsetzungen der Volkswirtschaftspläne verwirklicht“ (ZGB Art. 400).

Bulgarien: „... Vertragsbedingungen, ... die dem Planakt nicht entsprechen, ... müssen mit seinem Inhalt in Übereinstimmung gebracht werden“ (Vertragsgesetz Art. 6)[36].

Rumänien: „Verträge müssen ... eine Angabe des Dokuments enthalten, das die Parteien zum Abschluß des ... Vertrages ermächtigt“ (Vertragsgesetz Art. 2).

Mongolei: Ähnlich wie die UdSSR (ZGB Art. 111).

Änderungs- und Aufhebungspflicht

UdSSR: Wird „die Planauflage, auf der das Schuldverhältnis ... beruht“, aufgehoben, wird der Schuldner von der Verpflichtung zur Erfüllung frei (Grundlagen Art. 36 = ZGB RSFSR Art. 191, 221).

DDR: „Die Partner haben den Wirtschaftsvertrag zu ändern oder aufzuheben, wenn ... das in planmethodischen Bestimmungen vorgeschrieben wird“ (Vertragsgesetz Art. 20). „Das übergeordnete Organ“ kann „anweisen, daß anstelle eines Partners ein anderer Betrieb in den Wirtschaftsvertrag eintritt“ (Art. 21).

Polen: Wird „eine Einheit der vergesellschafteten Wirtschaft zur Änderung oder Aufhebung eines ... Vertrages ... verpflichtet“, so gelten die Vorschriften über den Abschluß und Inhalt von Verträgen „entsprechend“ (ZGB Art. 404).

Tschechoslowakei: Die Lenkungsorgane „können ... die Verpflichtungen gegebenenfalls ändern oder aufheben“ (Wirtschaftsgesetzbuch Art. 118). „Die Organisationen können eine Änderung oder Aufhebung der Verpflichtung vereinbaren, soweit dies nicht durch eine Rechtsvorschrift oder die Eigenart der Verpflichtung ausgeschlossen ist“ (Art. 125).

---

[36] Siehe auch Art. 9.

Ungarn: „Das Arbitragekomitee ... kann die Planverträge im volkswirtschaftlichen Interesse ändern, beenden und aufheben" (ZGB Art. 403).

Bulgarien: „... die Aufhebung oder Änderung einer" Plan-„Aufgabe hat die rückwirkende Beseitigung des Vertrages, seine Aufhebung für die Zukunft oder seine Änderung zur Folge" (Vertragsgesetz Art. 6). Ein „Planlenkungsorgan kann eine Novation" des Schuldverhältnisses „vorschreiben" (Art. 107).

Rumänien: ---

Mongolei: Ähnlich wie die UdSSR (ZGB Art. 143).

Die Wirtschaftsreformen haben die Geltung dieser Regelungen nicht berührt. Im Zeichen der Reformmaßnahmen sind aber in Teilbereichen zusätzlich neue Lösungen für die Verknüpfung von Plan und Vertrag erprobt und eingeführt worden.

d) Einfluß der Wirtschaftsreformen

Die in der Sowjetunion im Jahre 1965 eingeleitete Wirtschaftsreform hat auf dem Gebiet der Wirtschaftsverträge vor allem zu folgenden konkreten Beschlüssen und Maßnahmen geführt.

1. Der Anwendungsbereich für Planverträge, die unter Berücksichtigung von zuvor eingegangenen „Bestellungen" geschlossen werden, wird erweitert[37]. Im übrigen bleibt es bei den bisher verwerteten Typen von Planverträgen.

2. Auf Planverträge, die durch die bloße „Annahme von Lieferanweisungen" zustande kommen, soll jedoch „in der Regel" verzichtet werden[38].

3. Vorbereitet wird ein „allmählicher Übergang zur planmäßigen Verteilung" von Ausrüstungen, Materialien und Halbfertigwaren „im Wege des Großhandels"[39].

---

[37] Siehe unten bei Anm. III 118.

[38] Verordnung vom 4. Oktober 1965 Ziff. 10. Über Verträge, die durch die Annahme von Lieferanweisungen zustande kommen, siehe unten bei Anm. III 268.

[39] Direktiven des 23. Parteitages vom April 1966 (Text: XXIII S'ezd KPSS, Moskau, Bd. 2, 1966, S. 321–382, hier S. 329) Abschnitt II 5; wörtlich übernommen in: Verordnung vom 27. Januar 1967 Ziff. 1; siehe auch Verordnung vom 4. Oktober 1965 Ziff. 1 und vgl. Verordnung vom 8. August 1960 (Text: SP SSSR 1960 No. 14 Pos. 114) Ziff. 36.

Bisher stehen rund 620 Arten von Erzeugnissen in etwa 120 Großhandelsgeschäften zum Verkauf zur Verfügung[40]. Diese Neuerung erinnert an einen Vorschlag des sowjetischen Wirtschaftswissenschaftlers NEMČINOV (1894–1964). Er hatte sich dafür eingesetzt, die gesamte Versorgung der sozialistischen Organisationen im Wege des staatlichen Handels abzuwickeln[41].

4. Die Vertragsstrafen für Vertragsverletzungen sind erhöht worden[42].

Diese konkreten Reformmaßnahmen werden von einer Reihe von Forderungen mehr allgemeiner Art begleitet, die allerdings mit mehr oder weniger Nachdruck auch schon früher erhoben worden sind. Für den Bereich des Vertragsrechts sind vor allem folgende Forderungen wesentlich:

1. Die „direkten Beziehungen“ zwischen Hersteller und Verbraucher sollen verstärkt werden[43]. Ursprünglich war hiermit die Ausschaltung überflüssiger Zwischenglieder in der Kette der Vertragsbeziehungen gemeint. Mitunter wird mit dieser Bezeichnung jetzt aber auch die Freiheit der Unternehmen von „kleinlicher Bevormundung“ und von „unbegründeter Reglementierung“ durch die vorgesetzten Behörden verstanden[44]. So wird der Begriff „direkte Beziehungen“ vielfach als Synonym für das neue Planungssystem verwendet[45]. Der Ruf nach „direkten Beziehungen“ ist im übrigen nicht neu. Er wird schon seit Jahren immer wieder vorgebracht[46].

---

[40] LAGUTKIN V. (siehe oben Anm. II 26), in: Chozjajstvennaja reforma 1967, S. 61; Ekonomičeskaja gazeta 1967 No. 11 S. 31 Sp. 1.

[41] NEMČINOV V. S., Izvestija vom 10. Oktober 1961; NEMČINOV V. S., O dal'nejšem soveršenstvovanii planirovanija i upravlenija narodnym chozjajstvom, Moskau, 2. Aufl., 1965, S. 58. Nemčinovs Ansicht stieß damals auch im rechtlichen Schrifttum auf Kritik (siehe etwa TANČUK 1963, S. 114).

[42] Verordnung vom 4. Oktober 1965 Ziff. 10; Verordnung vom 27. Oktober 1967.

[43] Verordnung vom 4. Oktober 1965 Ziff. 5, 11; Ordnung vom 4. Oktober 1965 Ziff. 30; Methodische Anweisungen vom 2. Dezember 1966 Ziff. 3; Verordnung vom 27. Januar 1967 Ziff. 8; Ordnung vom 10. Juli 1967 Ziff. 28.

[44] Direktiven vom April 1966 (Textnachweis: oben in Anm. II 39), Abschnitt II 5.

[45] TANČUK 1965, S. 132; KLEJN 1967, S. 73.

[46] Verordnung vom 4. Mai 1955 No. 861 (Text: Zakonodatel'nye akty 1961, Bd. 1, S. 35–49, 355–359, 437–438; u. a.) Ziff. 10; Verordnung vom 17. April 1958 (Text: ebd., S. 337–339, 416–419; u. a.; deutsche Übersetzung: BORCHERS 1960, S. 81–86); Lieferordnung für Produktion von 1959 Ziff. 5; Lieferordnung für Waren von 1959 Ziff. 6; Verordnung vom 8. August 1960 (Text: SP SSSR 1960 No. 14 Pos. 114) Ziff. 36; Verordnung vom 13. Oktober 1961 Ziff. 8; Verordnung vom 30. Juni 1962 Ziff. 6; Verordnung vom 22. August 1963 Ziff. 7; Verordnungen vom 14. September 1963 und 30. Dezember 1963; Verordnung vom 14. September 1964.

Der Forderung nach „direkten Beziehungen“ wurde auch von den Arbitragebehörden Nachdruck verliehen. Siehe die Anordnungen der Staatsarbitrage der UdSSR in Sbornik No. 3 S. 83 (1949), 115 (1953), 129 (1955); No. 4 S. 6 (1955); No. 5 S. 35 (1957); No. 12 S. 7, 18 (1959); No. 15 S. 91 (1960); No. 16 S. 46 (1960) und die Instruktionsbriefe vom

2. Der Wirtschaftsvertrag soll das „Hauptdokument sein, das die Rechte und Pflichten der Parteien bei der Lieferung aller Arten von Produktion ... bestimmt". Das gilt auch für die Produktion, die „im zentralisierten Verfahren", also durch Planakte, verteilt wird[47]. Hieraus folgt, daß die Rolle des Vertrages insgesamt verstärkt werden soll[48]. Auch diese Forderung ist seit längerem bekannt[49].

3. Die vom Herstellerunternehmen angenommenen Bestellungen sollen bei der Aufstellung des Unternehmensplans berücksichtigt werden[50]. Der Vertrag erhält damit eine neue Funktion: er wird ein Mittel bei der „Formierung des Plans". Bisher beschränkte sich die Funktion des Vertrages im Verhältnis zum Plan darauf, den bereits erlassenen Plan zu konkretisieren[51].

Die Neuerungen gelten für Lieferverträge. Die Regelungen für andere Vertragstypen – etwa für Investitionsbauverträge, Transportverträge oder Kontraktationsverträge – sind von der Reform weit weniger berührt worden. Von einem generellen Verzicht auf hoheitliche Vertragsgestaltung kann daher bisher keine Rede sein.

Keine Lösung hat die Wirtschaftsreform für das Problem der „Plangewährleistung" gefunden, d. h. für die Frage, ob und wie die vorgesetzte Behörde gegenüber den ihr unterstellten Unternehmen für etwaige Planungsfehler haftet. Nach geltendem Recht besitzen die Unternehmen keinen rechtlich verfolgbaren Anspruch auf Ersatz der ihnen durch rechts- oder zweckwidrige Planakte entstandenen Schäden[52]. Die Arbitragebehörden scheiden insoweit als Kontrollinstanzen aus, da sie nicht befugt sind, fehlerhafte Planakte aufzuheben[53].

Wenn die Wirtschaftsreform das Recht der Wirtschaftsverträge bisher nur in einem relativ bescheidenen Umfang geändert hat, so wird dies in

---

6. Oktober 1962, 19. November 1963 und 14. November 1964.

Aus der Literatur: LUNC, in: BRATUS'/LUNC 1954, S. 61; CHALFINA, Sov. gos. i pravo 1957 No. 5 S. 34–39, hier S. 35; CHALFINA 1962, S. 123; ŠAPKINA 1965; TANČUK 1965, S. 140 mit weiteren Nachweisen.

[47] Verordnung vom 4. Oktober 1965 Ziff. 10.

[48] VERDNIKOV, Sov. gos. i pravo 1966 No. 4 S. 63–70, hier S. 68; VOLIN, Kommunist 1967 No. 9 S. 70–79, hier S. 71; SADIKOV, Sov. gos. i pravo 1967 No. 12 S. 75–83, hier S. 77; KLEJN 1967, S. 4, 9; u. a.

[49] Siehe die Nachweise aus den Jahren 1949–1963 bei LOEBER 1964, S. 166–169, ferner die Instruktionsbriefe vom 15. Oktober 1963, 14. November 1964 und 23. September 1965.

[50] Verordnung vom 4. Oktober 1965 Ziff. 5. Siehe unten bei Anm. III 118.

[51] Siehe unten bei Anm. IV 330, 341.

[52] Siehe unten bei Anm. V 321.

[53] Siehe unten bei Anm. V 219.

der juristischen Literatur der Sowjetunion als durchaus folgerichtig und sachnotwendig angesehen. Zur Begründung werden nach der gegenwärtig herrschenden Auffassung planwirtschaftliche Erwägungen angeführt. Man beruft sich auf das in der Sowjetunion so genannte „Gesetz der planmäßigen Entwicklung der Volkswirtschaft". Dieses Prinzip setzt in den Worten von JOFFE – einem namhaften Leningrader Zivilrechtler – die „Grenzen, bis zu denen die Vertragsfreiheit erstreckt werden soll und welche diese Freiheit nicht überschreiten darf"[54]. Das Gesetz der Planwirtschaft erfordert, so behauptet JOFFE in einem viel beachteten Artikel aus dem Jahre 1967, „daß Kapital von einem Unternehmen auf ein anderes nicht auf Grund der Initiative der einzelnen Wirtschaftseinheiten übertragen wird, sondern durch die Gesellschaft als Ganzes, in einem zentralisierten Verfahren..."[55]. Daher werden Kapitalinvestitionen „planmäßig" verteilt und dies „wird immer so bleiben". Die Mittel für Kapitalinvestitionen werden geschaffen, indem die Unternehmen ihre Erzeugnisse verkaufen und einen Teil des Gewinns in den Staatshaushalt abführen. Das Wirtschaftswachstum hängt also, so lautet JOFFES Gedankengang weiter, vom Umfang der Produktion und des Verkaufs ab. Aus diesem Grunde müssen auch die Lieferungen geplant werden. Dies ist nach JOFFE „eine objektive Folge der Planung von Kapitalinvestitionen, die im Sozialismus zwingend ist". An der Planung der Lieferungen wird auch dann noch festgehalten werden, wenn die gegenwärtig bestehenden Engpässe überwunden sind[56]. Entsprechend hieß es bereits 1965 in dem Leitartikel einer Leningrader Rechtszeitschrift, daß es gleichgültig sei, wieviel Freiheit den Partnern eines Planvertrages eingeräumt wird; der Käufer werde nämlich ohnehin niemals in der Lage sein, „planmäßig verteilte Erzeugnisse außerhalb des Planes zu erwerben"[57].

Wirtschaftsreformen werden, abgesehen von der Sowjetunion, auch in anderen sozialistischen Staaten durchgeführt. Am weitesten gehen wohl die Reformen in der *Tschechoslowakei* und *Ungarn*, die sich bereits dem jugoslawischen Modell nähern. Die *DDR* hat in zwei Etappen (1963 und 1965) zur Einführung eines Neuen Ökonomischen Systems angesetzt, das

---

[54] JOFFE 1967, S. 48.

[55] Ebd. Siehe auch die Diskussionen zu den (diesem Artikel zugrunde liegenden) Vorträgen in Pravovedenie 1967 No. 3 S. 152–155 und Sov. gos. i pravo 1967 No. 4 S. 132 bis 133. Vgl. ferner JOFFE, in: Učenye zapiski (VNIISZ), Moskau, No. 10 (1967) S. 41–53.

[56] JOFFE 1967, S. 51. Eine Planung, die auf einen maximalen Wirtschaftswachstum ausgerichtet ist, hat die Tendenz, immer neue Engpässe zu schaffen. Vgl. aber ALEKSEEV 1962, S. 121; KIRALFY 1966, S. 1122.

[57] Leitartikel, Pravovedenie 1965 No. 4 S. 3–14, hier S. 5.

sich offenbar gut bewährt. Nach anfänglicher Zurückhaltung haben 1967 auch *Rumänien* und *Bulgarien* den Weg von Wirtschaftsreformen beschritten. *Polen* ist über die bereits 1956 unternommenen Ansätze zu einer Änderung des bestehenden Wirtschaftslenkungssystems trotz mancher neuer Versuche nicht wesentlich hinaus gelangt. In *Albanien* stehen einschlägige Bemühungen wohl noch in den Anfängen. Bestrebungen zur Reform der Wirtschaftssysteme in den sozialistischen Staaten *Asiens* sind nicht bekannt geworden.

2. MECHANISMUS DES PLAN- UND VERTRAGSSYSTEMS

Als Ersatz für eine Darstellung des Planverfahrens und des Rechts der Wirtschaftsverträge soll eine Übersicht über die wesentlichen Rechtsquellen und die Literatur für die einzelnen sozialistischen Staaten dienen. Sie ermöglicht es, auf eine Wiederholung von Bekanntem oder doch jedenfalls Zugänglichem zu verzichten.

a) Sowjetunion

Das Vertragsrecht der Sowjetunion ist in den unionseinheitlichen „Grundlagen" von 1961 neu kodifiziert worden. Die Grundlagen bilden den Kern der Zivilgesetzbücher der 15 Einzelrepubliken, die 1964–1965 in Kraft getreten sind[58]. Diese Regelungen sind aber, was das Recht der Wirtschaftsverträge angeht, keineswegs erschöpfend. Sie stellen nur eine Zusammenfassung der wesentlichsten Grundsätze dar. Hinzu kommen eine große Zahl von Spezialvorschriften, auf die teilweise in den Grundlagen und Zivilgesetzbüchern verwiesen wird.

Zu ihnen gehören für *Lieferverträge* die Lieferordnung für Produktion und die Lieferordnung für Waren von 1959[59], ferner die Verordnungen vom

[58] Text- und Übersetzungsnachweise für diese und die folgenden Rechtsvorschriften im Gesetzesregister. Siehe auch unten bei Anm. V 166.

[59] Zur Lieferordnung für Produktion erschien 1962 ein Kommentar (besprochen von S. Palastina in Pravovedenie 1964 No. 2 S. 148–150). Zur Lieferordnung für Waren wurde 1965 ein gesonderter Kommentar veröffentlicht (zitiert von Zamengof 1967, S. 11, 109). Die Kommentare sind dem Verfasser nicht zugänglich gewesen.

30. Juni 1962, 22. August 1963 und 15. September 1964[60], sowie die Besonderen Lieferbedingungen[61]; für die Beziehungen zwischen Industrie und *Handel* ferner die Ordnung über die (vorvertrags-ähnliche) Bestellung von Verbrauchswaren vom 9. Mai 1964[62]; für *Investitionsbau*verträge die Regeln vom 24. August 1955; für *Projektierungs-* und Vermessungsverträge die Regeln vom 25. Mai 1959; für Verträge über *Forschungs-* und Konstruktionsarbeiten die Ordnung vom 7. September 1961; für *Transportverträge* die Vorschriften, die für den Eisenbahn-, Kraftfahrzeug-, Wasser- und Luftverkehr gelten[63]; für *Kredit*verträge die Instruktionen der Staatsbank, usw.

Weitere wesentliche Rechtsquellen sind die Instruktionen der Staatsarbitrage[64] sowie die staatlich bestätigten Musterverträge. Zu erwähnen sind auch die einschlägigen Vorschriften aus der Zeit vor der Neukodifizierung 1961, die bisher nur zu einem Teil aufgehoben worden sind[65]. Unter ihnen finden sich die jährlich neu erlassenen Verordnungen über den Vertragsschluß im folgenden Planjahr[66], eine Reihe von Vorschriften aus dem Jahre 1931, als die Grundlagen für das gegenwärtige Vertragssystem gelegt wurden[67] sowie die Verordnung vom 21. April 1949.

Das Vertragssystem ist eng mit dem Planverfahren und dem Recht der Wirtschaftsverwaltung verflochten. Die einschlägigen Vorschriften sind nicht zusammenhängend kodifiziert und in vielen, zum Teil ungenügend miteinander koordinierten Einzelnormen verstreut. Dies führt zu einer Unübersichtlichkeit und Unklarheit, die immer wieder den Ruf nach Abhilfe hat laut werden lassen[68].

---

[60] Aus der Literatur zu den drei letztgenannten Verordnungen siehe u. a.: Liberman 1962; Šapkina 1962; Efimočkin 1964; Šapkina 1965; Vedenin N. N., in: Aktual'nye voprosy 1964, S. 94–101.

[61] Texte: Položenija 1965.

[62] Aus der Literatur siehe u. a.: Brodskij 1964; Jachnina N., in: Aktual'nye voprosy 1964, S. 131–138; Morovskaja T., ebd. S. 139–150; Klejn 1967, S. 42–60. Über die zivilrechtliche Bestellung siehe unten bei Anm. V 195.

[63] Siehe die Nachweise unten bei Anm. III 49, 104 ff.

[64] Siehe hierzu unten bei Anm. V 168.

[65] U. a. durch die Verordnungen vom 6. Juli 1961 (siehe Sbornik No. 18 S. 14–17) und 25. Mai 1963 (siehe Sbornik No. 24 S. 48–49).

[66] Derartige Vorschriften ergingen vor allem in der Zeit von etwa 1933–1943. Teilweise enthalten sie Regelungen, die ihre Bedeutung auch nach Abschluß der jeweiligen Vertragskampagne bewahrten.

[67] Auf einen Einzelnachweis wird verzichtet. Ein großer Teil dieser und in der vorangegangenen Anmerkung genannten Vorschriften ist nachgedruckt in Textsammlungen wie: Možejko/Škundin 1948; Spravočnik 1951; Direktivy 1957; Zakonodatel'nye akty 1961; Dozorcev 1961; Chozjajstvennye dogovory 1962; englische Übersetzungen einiger dieser Quellen erschienen bei Hazard/Shapiro 1962 sowie in Soviet Statutes and Decisions Jg. 2 (1965) ff.; deutsche Übersetzungen bei Pfuhl 1958; Borchers 1960, u. a.

[68] Laptev/Zamengof 1964, S. 29 und die dort in Anm. 2 zitierten Quellen; Laptev, in: Pravovye voprosy 1964, S. 10; Mamutov, ebd., S. 204; Efimočkin 1964, S. 32–33;

Unter den über 300 Rechtsnormen, die Fragen der Planung und Wirtschaftsverwaltung regeln oder in diese Gebiete eingreifen[69], seien mindestens folgende Verordnungen aus der Nachkriegszeit aufgezählt:

29. August 1946	22. Mai 1957	7. April 1960
11. April 1953	29. August 1957	15. Juni 1960
2. August 1954	17. April 1958	13. Oktober 1961
4. Mai 1955 No. 861	4. Mai 1958	11. Januar 1963[70].
4. Mai 1955 No. 863	22. Januar 1959	
5. August 1955	22. Juni 1959	

Die Grundlage für die Wirtschaftsverwaltung ist ein Gesetz vom 2. Oktober 1965. Es ändert den von CHRUSCHTSCHOW mit Gesetz vom 10. Mai 1957 eingeführten Aufbau der Wirtschaftsverwaltung. Wesentlich sind auch die „Ordnungen" der einzelnen Behörden, die Planfunktionen ausüben, wie etwa des Gosplan, der Hauptverwaltungen für Versorgung und Absatz, der Ministerien und Komitees (jeweils auf Unions- und Republiksebene)[71], ferner die Ordnung über das Produktionsunternehmen von 1965[72]. Hinzu kommen die Vorschriften zur Durchführung der im Herbst 1965 eingeleiteten Wirtschaftsreform[73]. Dazu gehören u. a. die „Methodischen Anweisungen" zur Überführung der Industrieunternehmen auf das neue Planungssystem[74], die Ver-

GUS'KOVA 1965, S. 139; TANČUK 1965, S. 52; KLEJN 1967, S. 19 mit weiteren Nachweisen; vgl. unten bei Anm. V 176.

Im Jahre 1965 wurde der Gosplan der UdSSR beauftragt, den Entwurf einer „Ordnung über ... die Aufstellung, Bestätigung und die Heranführung von Kontrollziffern und Planaufgaben" an die Unternehmen auszuarbeiten (Verordnung vom 4. Oktober 1965 Ziff. 8).

[69] KLEJN 1967, S. 18.

[70] Anstelle von Einzelnachweisen wird auf die oben in Anm. II 67 genannten Textsammlungen verwiesen, ferner auf den Spravočnik partijnogo rabotnika, Moskau. Viele Einzelnachweise enthält die einschlägige Monographie von MAMUTOV 1964.

[71] Siehe z. B. die Allgemeine Ordnung über die Ministerien der UdSSR vom 10. Juli 1967.

[72] Ordnung vom 4. Oktober 1965. Aus der westlichen Literatur dazu: MAGGS P., Soviet Corporation Law: The New Statute on the Socialist State Production Enterprise: Am. J. Comp. L., Jg. 14 (1965) S. 478–489; LOEBER, Kodifikation des Unternehmensrechts, WGO 1966 S. 29–31.

[73] Grundlegend sind die Verordnungen vom 30. September und 4. Oktober 1965 (SP SSSR 1965 No. 19–20 Pos. 152 und 153). Die einschlägigen Verwaltungsvorschriften hierzu sind zusammengefaßt in der Sammlung: Sbornik ukazanij 1967. Über die Auswirkungen der Wirtschaftsreform von 1965 auf das System der Wirtschaftsverträge siehe oben bei Anm. II 37 ff.

[74] Methodische Anweisungen vom 2. Dezember 1966 zur Überführung von Unternehmen ... der Industrie. Hinzu kommen Methodische Anweisungen zur Überführung von Unternehmen einzelner Wirtschaftszweige, z. B. des Automobiltransports, des Dienstleistungsgewerbes; Text: Ekonomičeskaja gazeta 1967 No. 5 S. 21–28 und No. 20 S. 21–28.

waltungsanweisungen über die Gewinnverteilung und die Zahlungen an den Haushalt[75], über die Bildung und Verwendung der Unternehmensfonds[76] und über das Prämienwesen[77] in den bereits reformierten Wirtschaftszweigen.

Aufschluß über die Praxis und die Art und Weise, in der diese Vorschriften zur Anwendung kommen, bietet die *ökonomische Literatur*. Reiches Material bringen bereits die sowjetischen Lehrbücher über Wirtschaftsplanung[78], über Industrieunternehmen[79], über material-technische Versorgung[80], über den Absatz von Industrieproduktion[81], über die Finanzen der Unternehmen und Wirtschaftseinheiten[82] und über die Handels-

---

[75] Instruktionen vom 3., 6. und 25. März 1967 sowie Ordnung vom 12. April 1967. Texte: Sbornik ukazanij 1967, S. 85–135. Diese Vorschriften treten an die Stelle Vorläufiger Instruktionen vom 8. und 24. Februar 1966 sowie einer Vorläufigen Ordnung vom 4. Februar 1966. Texte: Ekonomičeskaja gazeta 1966 No. 17 S. 32; No. 21 S. 23 sowie No. 19 S. 20.

[76] Instruktion vom 15. April 1967 (Text: Sbornik ukazanij 1967, S. 70–84; tritt an die Stelle einer Vorläufigen Instruktion vom 4. Februar 1966, Text: Ekonomičeskaja gazeta 1966 No. 13 S. 29); Instruktion vom 7. Februar 1967 (Text: Sbornik ukazanij 1967, S. 247–255); Vorläufige Anweisungen vom 24. Februar 1966 (Ekonomičeskaja gazeta 1966 No. 11 S. 23 und No. 12 S. 36; Bjulleten'. Gosudarstvennyj Komitet ... po voprosam truda i zarabotnoj platy 1966 No. 4 S. 11 und 16).

[77] Sbornik ukazanij 1967, S. 60–69; Bjulleten'. Gosudarstvennyj Komitet ... po voprosam truda i zarabotnoj platy 1966 No. 4 S. 3–10; No. 5 S. 3–4; No. 9 S. 17–25; 1967 No. 4 S. 3–10; No. 5 S. 3–10.

[78] SOROKIN G. M., Planirovanie narodnogo chozjajstva SSSR, Moskau, 1961, 460 S.; französische Übersetzung: Moskau, 1966, 390 S.; englische Übersetzung: Moskau, 1967, 355 S.; Planirovanie narodnogo chozjajstva SSSR, Moskau, 1963, 623 S. (Moskovskij ... institut narodnogo chozjajstva im. G. V. Plechanova); Planirovanie narodnogo chozjajstva SSSR, Moskau, 1965, 608 S. (Vsesojuznyj zaočnyj finansovo-ekonomičeskij institut), u. a.

[79] Z. B. Ekonomika promyšlennych predprijatij. Učebnik, Moskau, 1. Aufl., 1956, 472 S.; 4. Aufl., 1964, 480 S. (Vysšaja partijnaja škola pri CK KPSS); Spravočnik ekonomista i planovika promyšlennogo predprijatija, Moskau, 1964, 700 S.

[80] ŠEJN P. A., Material'no-techničeskoe snabženie socialističeskogo promyšlennogo predprijatija, Moskau, 1. Aufl., 1954, 360 S.; 2. Aufl., 1959, 367 S. (deutsche Übersetzung der 1. Aufl.: Berlin, 1956, 303 S.); LOKŠIN E. JU., Planirovanie material'no-techničeskogo snabženija narodnogo chozjajstva SSSR, Moskau, 1952, 164 S. (deutsche Übersetzung: Berlin, 1953, 166 S.); Ekonomika material'no-techničeskogo snabženija. Učebnoe posobie. Verantwortlicher Red.: E. JU. LOKŠIN, Moskau, 1. Aufl., 1960, 512 S.; 2. Aufl., 1963, 512 S. (Moskovskij gosudarstvennyj ekonomičeskij institut); Spravočnik po material'no-techničeskomu snabženiju i sbytu, Moskau, 1963, 344 S.; ZAKRUŽNYJ A. A., Organizacija i planirovanie material'no-techničeskogo snabženija, Minsk, 1966, 171 S. (unter Verwertung von faktischem Material aus der Weißrussischen SSR), u. a.

Aus der juristischen Literatur zur material-technischen Versorgung siehe u. a.: MASEVIČ/MURZIN/POKROVSKIJ 1962; TANČUK 1965; JAKOVLEVA 1965.

[81] SMIRNOV P. V., TARAS'JANC R. B., Organizacija i planirovanie sbyta promyšlennoj produkcii v SSSR, Moskau, 1960, 392 S.

[82] Finansy predprijatij i otraslej narodnogo chozjajstva. Autorenkollektiv unter der Leitung von A. M. BIRMAN, Moskau, 1960, 576 S.

organisationen[83]. Hinzu kommt die Spezial- und Zeitschriftenliteratur. Eine weiterführende Bibliographie findet sich im Werk von SOROKIN, die auch die Literatur über die Planwirtschaftssysteme der Volksdemokratien berücksichtigt[84].

Auch die außer-sowjetische Literatur zum Wirtschafts- und Plansystem der UdSSR ist reich. Sie bietet eine ausreichende Orientierung sowohl über das sowjetische Wirtschaftssystem als Ganzes[85], als auch über Teilaspekte. Für die Frage des Zusammenspiels von Plan und Vertrag sind insbesondere von Bedeutung die Arbeiten über das Planverfahren[86], über die Materialversorgung und Güterverteilung[87], über die Wirtschaftsunternehmen[88] und

---

[83] GENKINA L. S. [u. a.], Planirovanie chozjajstvennoj dejatel'nosti gosudarstvennoj torgovoj organizacij. Učebnoe posobie, Moskau, 1955, 336 S.; SEREBRJAKOV S., Organizacija i technika sovetskoj torgovli. Učebnik, Moskau, 1956, 420 S. (deutsche Übersetzung einer früheren Auflage: Berlin, 1952, 578 S.).

[84] NORAKIDZE N., in: SOROKIN (oben Anm. II 78) 1961, S. 420–457 (umfaßt über 670 Titel aus der Zeit 1917–1960). Vgl. auch das Schrifttumverzeichnis in: KAMENICER S., KONTOROVIČ V., PIŠČULIN G., Organizacija i planirovanie promyšlennogo predprijatija, Moskau, 3. Aufl., 1963, S. 593–600 (umfaßt rund 160 Titel aus der Zeit 1957–1962). Im Westen erschienen u. a.: SCHWARTZ H., The Soviet Economy. A Selected Bibliography of Materials in English, Syracuse, 1949, 93 S.; Planification. Selection bibliographique W 821: Notes et Etudes Doc., No. 3318 (Supplément), 1966, 8 S.

[85] BOETTCHER E., Die sowjetische Wirtschaftspolitik am Scheideweg, Tübingen, 1959, 307 S.; NOVE A., The Soviet Economy. An Introduction. London, New York, 1961, 328 S. (mit späteren Auflagen) (deutsche Übersetzung: Wiesbaden, 1962, 376 S.); SPULBER N., Soviet Economy. Structure, Principles, Problems. New York, 1962, 311 S.; THALHEIM K., Grundzüge des sowjetischen Wirtschaftssystems, Köln, 1962, 175 S. (Abhandlungen des Bundesinstituts zur Erforschung des Marxismus-Leninismus, Bd. 1). Siehe auch: HENSEL K. P., Einführung in die Theorie der Zentralverwaltungswirtschaft, 2. Aufl., Stuttgart, 1959, 234 S.

[86] HIRSCH H., Mengenplanung und Preisplanung in der Sowjetunion, Basel, 1957, 195 S.; SCHENK F., Magie der Planwirtschaft, Köln, 1960, 286 S.; CAMPBELL R., Accounting in Soviet Planning and Management, Cambridge, 1963, 315 S.; BERNARD P., Destin de la planification soviétique, Paris, 1963, 331 S. (mit einer Bibliographie englisch- und französisch-sprachiger Titel auf S. 315–320); BERGSON A., The Economics of Soviet Planning, New Haven, Conn., 1964, 394 S.; BOETTCHER E., THALHEIM K., Planungsprobleme im sowjetischen Wirtschaftssystem. Ergebnisse einer Fachtagung. Berlin, 1964, 251 S.

[87] LEVINE H., The Centralized Planning of Supply in Soviet Industry, in: Joint Economic Committee, 86th Congress 1st Session, Comparisons of the United States and Soviet Economies, Part 1, Washington, D. C., 1959, S. 151–176; GOLDMAN M. I., Soviet Marketing. Distribution in a Controlled Economy, New York, 1963, 229 S. (deutsche Übersetzung: Frankfurt/M., 1964, 214 S.); BACKE-DIETRICH B., Der Binnenhandel mit Konsumgütern in der Sowjetunion, Berlin, 1965, 224 S. Siehe auch LOEBER 1964, S. 134 bis 141.

[88] BERLINER J., Factory and Manager in the USSR, Cambridge, 1957, 386 S.; GRANICK D., The Red Executive. A Study in Soviet Economic Planning. Garden City, 1960, 334 S.; RICHMAN B. M., Soviet Management, Englewood Cliffs, 1965, 279 S.;

das Bankwesen[89]. Die Planungssysteme der Sowjetunion und der anderen sozialistischen Staaten werden neuerdings (im Hinblick auf die in der nicht-sozialistischen Welt angewendeten Formen der Wirtschaftsplanung) auch in den Bereich der Rechtsvergleichung einbezogen[90].

Von besonderer Bedeutung für das Wirtschaftsvertragsrecht ist die Arbitragepraxis[91]. *Die Arbitrage* ist eine Verwaltungsbehörde, die zur Entscheidung von Streitigkeiten zwischen sozialistischen Organisationen berufen ist und in einem gerichtsähnlichen Verfahren tätig wird[92]. Es gibt etwa 115 Behörden der Staatsarbitrage und schätzungsweise 200 oder 300 Behörden der Amtsarbitrage (letztere entscheidet Streitigkeiten zwischen Organisationen, die ein und demselben Amt, etwa einem Ministerium, unterstellt sind). Die Zahl der alljährlich von der Arbitrage

---

VERRE E., L'entreprise industrielle en Union Soviétique, Paris, 1965, 266 S.; AZRAEL J. R., Managerial Power and Soviet Politics, Cambridge, Mass., 1966, 258 S.; MEYER, MONIQUE, L'entreprise industrielle d'Etat en Union Soviétique, Paris, 1966, 934 S.

[89] MENZ G., Das sowjetische Bankensystem, Berlin, 1963, 197 S. Vgl. unten bei Anm. IV 381 ff.

[90] Erwähnt seien etwa: Problemy prawne planowania gospodarczego. Red.: A. WOLTER, Warschau, 1964, 352 S. (behandelt Rechtsfragen der Planung in Ost und West und enthält einen rechtsvergleichenden Abschnitt auf S. 261–347); zu Recht weit bekannt ist die Reihe: Planung I (zitiert in Anm. I 75); Planung II, Begriff und Institut des Planes, hrsg. von J. H. KAISER, Baden-Baden, 1966, 371 S., jeweils mit weiteren Nachweisen; Band III dieser Reihe ist in Vorbereitung (siehe DVBl. 1967, S. 763); die Bände enthalten Tagungsreferate. Die staatliche Planung war auch ein Kongreßthema auf dem 7. Internationalen Kongreß für Rechtsvergleichung in Uppsala 1966 (siehe dazu EÖRSI in Anm. I 37). Vgl. auch: Der Plan ... 1960; FORSTHOFF 1961, S. 186–187; KRÜGER 1964, S. 131–133; SCHREDL K., Rechtsformen der Wirtschaftslenkung. Rechtswiss. Dissertation, Universität Würzburg, 1965, 152 S.

Hinweise auf die umfangreiche wirtschaftswissenschaftliche Literatur finden sich u. a. in den Zeitschriften: Economics of Planning (Oslo) und Osteuropa-Wirtschaft.

[91] Als Rechtsgrundlage dienen die Grundlagen Art. 34 und die Ordnung vom 17. August 1960; für die RSFSR: ZGB RSFSR Art. 166 und RSFSR-Ordnung vom 3. Dezember 1960. Das Verfahren richtet sich nach den Regeln vom 1. Juli 1963. Über die Amtsarbitrage in den Ministerien der UdSSR vgl. die Allgemeine Ordnung dieser Ministerien vom 10. Juli 1967 Ziff. 21. Über die Arbitrage siehe auch unten bei Anm. IV 359 ff.

[92] Über die Rechtsnatur der Arbitrage und ihr Verfahren siehe die bei LOEBER 1964, S. 132 Anm. 18 genannten Autoren sowie LOGINOV 1964. Aus dem westlichen Schrifttum über die sowjetische Arbitrage seien genannt: HAZARD J. N., Soviet Commercial Arbitration: International Arbitration Journal, Jg. 1 (1945) S. 8–17; YARESH L., Arbitration in the Soviet Union, New York, 1954, 119 S. (Research Program on the USSR, Mimeographed Series No. 52); DAVID 1954, S. 287–299; COLLARD D., State Arbitration in the USSR: Modern Law Review, Jg. 18 (1955) S. 474–483; JOHNSON E., Commercial Arbitration in the USSR: Soviet Studies, Jg. 11 (1959) S. 134–142; JOHNSON E., State Arbitration in the USSR, in: L'U.R. S.S., Droit, Economie, Sociologie, Politique, Culture, Paris, Bd. 1, 1962, S. 185–191.

entschiedenen Fälle dürfte nicht allzu weit von der Millionengrenze liegen[93].

Vor den ordentlichen Gerichten wurden – das sei hier zum Vergleich eingeschoben – 1964 etwa zwei Millionen Zivilsachen entschieden[94], während in der Bundesrepublik Deutschland 1961 rund eine Million Zivilsachen vor Gerichten erster Instanz schwebten[95].

Nur ein verschwindend geringer Teil der sowjetischen Arbitrageentscheidungen wird veröffentlicht. In der „Sammlung der Instruktionsanweisungen“ der Staatsarbitrage, die seit 1955 unregelmäßig erscheint, sind (in den bisher 26 Heften) rund 230 Entscheidungen der obersten Arbitragebehörden wiedergegeben worden[96]. Im außersowjetischen Schrifttum sind sie kaum behandelt worden[97]. Das hängt offenbar damit zusammen, daß nur wenige Exemplare der vorerwähnten „Sammlung“ in das Ausland gelangt sind. Über Vorkriegsentscheidungen der Arbitrage liegen dagegen verschiedene Untersuchungen vor[98].

Das *juristische Schrifttum* zum sowjetischen Wirtschaftsvertrag ist überaus umfangreich. Eine 1960 erschienene Bibliographie des sowjetischen Zivilrechts zählt an die 100 in der Sowjetunion veröffentlichte Titel auf[99]. Jakovleva führt 1965 in einer Monographie, die sich mit der Entwicklung der Vertragsbeziehungen in der staatlichen Industrie in den Jahren 1917 bis 1937 befaßt, nicht weniger als 700 Titel im Schrifttumsverzeichnis an[100]. Hinzu kommen Abhandlungen über die einzelnen Vertragsarten und Spezialfragen. Der Strom der Veröffentlichungen hat inzwischen weiter zugenommen. Nur eine Auswahl von ihnen wird im Rahmen dieser Arbeit zitiert.

---

[93] Die Quellen, auf denen diese Schätzung beruht, werden von Loeber 1964, S. 133 in Anm. 24 aufgeführt.

[94] Errechnet auf Grund der Angaben in Nedelja (Beilage zur Izvestija) 1965 No. 2 S. 4–5 und in Sov. gos. i pravo 1959 No. 2 S. 5. Vgl. auch Verchovnomu sudu SSSR 40 let, Moskau, 1965, S. 24.

[95] Statistisches Jahrbuch für die Bundesrepublik Deutschland 1963, S. 119. Die Bundesrepublik hat eine Bevölkerung von etwa 55 Millionen, die UdSSR von 225 Millionen.

[96] Sbornik No. 1 (1955) – No. 26 (1967). Auf weitere Quellen, in denen Arbitrageentscheidungen veröffentlicht werden, verweist Loeber 1964, S. 134 in Anm. 27.

[97] Eine Ausnahme bilden Hazard/Shapiro 1962, Bd. 2, S. 125–130; Berman 1963, S. 130–144; ferner Loeber 1964.

[98] Berman 1947; Konstantinovsky 1953; Hazard 1953, S. 45–59; Krynski G., Management Problems in Soviet Public Enterprises as Indicated by Arbitration Awards: American Slavic and East European Review, Jg. 12 (1953) S. 175–187.

[99] Bibliografija 1962, S. 216–227.

[100] Jakovleva 1965, S. 414–444. Von den etwa 715 Titeln entfallen rund 160 allein auf Lenin.

Auf eine Anzahl außer-sowjetischer Arbeiten zum Wirtschaftsvertrag wurde bereits[101] eingegangen. Zusätzlich sei hier noch eine gründliche Studie von ZILE erwähnt, die über das Recht des Handels mit Verbrauchsgütern orientiert[102]. Über ein ähnliches Thema ist zuvor auch in Belgien gearbeit worden[103]. Verwiesen sei schließlich auf einen Beitrag des Verfassers. Er bietet einen Überblick über das Recht der Planverträge und das ihnen vorangehende Planverfahren nach dem Stand von 1964, ferner eine Erörterung der Arbitragepraxis zu Fragen des Liefervertrages und seiner Erfüllung[104].

b) Andere sozialistische Staaten (außer China und Jugoslawien)

Das sowjetische Modell der Planwirtschaft und speziell des Planvertrages ist in seinen wesentlichen Zügen von den übrigen sozialistischen Staaten in Europa und Asien (mit Ausnahme von Jugoslawien) übernommen worden. Gewiß gab es hier und dort Abweichungen; sie änderten aber nichts an der Tatsache, daß sich insgesamt eine Rezeption des sowjetischen Vorbildes vollzogen hat[105]. Neuerdings findet im Zuge der Wirtschaftsreformen in Osteuropa wieder eine Auseinanderentwicklung statt.

Zeitlich vor der Neuordnung des Planungssystems, aber dennoch in einem Zusammenhang mit ihr stand eine lebhafte Diskussion um den Gegenstand des Zivilrechts. Anlaß hierzu war die sowjetische Neukodifizierung des Zivilrechts. Es ging um die Frage, ob das Wirtschaftsrecht (und damit auch der Wirtschaftsvertrag) als Bestandteil des Zivilrechts aufzufassen ist oder vom Zivilrecht abzutrennen ist. Ungarn, Polen und die Mongolei entschieden sich – ebenso wie die Sowjetunion – für die Konzeption eines einheitlichen Zivilrechts, die Tschechoslowakei dagegen zog ein gesondertes Wirtschaftsgesetzbuch vor. Die übrigen Staaten wählten eine Mittellösung, indem sie nur die Wirtschaftsverträge einer gesonderten gesetzlichen Regelung unterwarfen. Im übrigen halten sie an der Einheitlichkeit eines auch die Beziehungen im sozialistischen Sektor umspannen-

---

[101] Oben bei Anm. I 128–219. Hinzu kommen Arbeiten, die in den sozialistischen Staaten (außerhalb der UdSSR) veröffentlicht worden sind.

[102] ZILE (oben Anm. I 120) 1964.

[103] FRANK-OSSIPOFF Z., Les organes de direction du commerce intérieur et la planification en U.R.S.S.: Les Pays Communistes, Bulletin du Centre d'Etude des Pays de l'Est ... (Brüssel), Jg. 2 (1961) S. 133–171.

[104] LOEBER 1964.

[105] Zum Thema der Rezeption vgl. HAZARD J., The Soviet Legal Pattern Spreads Abroad: University of Illinois Law Forum, Jg. 1964 No. 1 S. 277–297, vgl. S. 292; SLAPNICKA H., Soviet Law as a Model. The People's Democracies in the Succession States: Natural Law Forum (Notre Dame) 1963 S. 106–121.

den Zivilrechts fest. Besondere Vertragsgesetze sind in Kraft in der DDR (1965), Bulgarien (1950), Rumänien (1949), Albanien (1956) und Nordkorea (1956)[106]. Hinzu treten eine große Zahl von Sondervorschriften für die einzelnen Arten der Wirtschaftsverträge.

Aus den Regelungen wird deutlich, daß das wesentliche Element der plangebundenen Verträge in den einzelnen Staaten – ebenso wie in der Sowjetunion – die Einwirkung eines Verwaltungsaktes ist. Er ist auf die Begründung, Änderung oder Beendigung eines konkreten Vertragsverhältnisses gerichtet. Hierin liegt ein gemeinsames, alle Typen hoheitlicher Vertragsgestaltung umspannendes Merkmal.

Eine zusammenfassende Darstellung des Wirtschaftsvertrages für 11 sozialistische Staaten in Europa und Asien (ohne Nord-Vietnam, Jugoslawien und Kuba) stammt aus der Feder von GENKIN nach dem Stande von Ende 1957. Sie erschien als Teil einer Einführung zu einem Sammelwerk über das Zivilrecht der Länder der Volksdemokratie[107]; in den Länderberichten wird jeweils auch auf den Wirtschaftsvertrag eingegangen. Den Versuch einer systematischen Erfassung der verschiedenen Erscheinungsformen des Wirtschaftsvertrages in den sozialistischen Staaten Europas unternimmt SZASZY (Budapest) in einem instruktiven Zeitschriftenaufsatz 1964[108]. Im Westen haben sich GRZYBOWSKI[109], OSUSKY[110], KORKISCH[111] und WAGNER[112] darum bemüht, eine verallgemeinernde Charakteristik des Vertragsrechts der sozialistischen Länder zu geben. Länderberichte für die einzelnen Staaten enthält ein umfangreiches, von GSOVSKI und GRZYBOWSKI redigiertes Sammelwerk (1959)[113]. Über die

---

[106] Über die Diskussion um die Selbständigkeit des Wirtschaftsrechts siehe unten bei Anm. V 175.

[107] GENKIN D. M. [u. a.], Graždanskoe pravo stran narodnoj demokratii. Unter der Red. von D. M. GENKIN, Moskau, 1958, 552 S., hier S. 38–46. Die Länderberichte für die asiatischen Volksdemokratien sind in deutscher Übersetzung erschienen: POSDNJAKOW W., Das Zivilrecht der asiatischen Länder der Volksdemokratie, Berlin, 1959, 123 S.

[108] SZASZY 1964.

[109] GRZYBOWSKI K., From Contract to Status: Seminar (Washington, D. C.), Jg. 11 (1953) S. 60–81; Nachdruck: Government, Law and Courts in the Soviet Union and Eastern Europe, V. GSOVSKI and K. GRZYBOWSKI, General Editors, London, Bd. 2, 1959, S. 1392–1409.

[110] OSUSKY S., Über das staatliche Vertragsrecht in den Satellitenstaaten: ROW 1957 S. 97–102; kritisch besprochen von U. DROBNIG in RabelsZ Jg. 25 (1960) S. 199–200.

[111] KORKISCH F., Das Privatrecht Ost-Mitteleuropas in rechtsvergleichender Sicht: RabelsZ Jg. 23 (1958) S. 1–30, hier S. 22–23.

[112] WAGNER W. J., The Law of Contracts in Communist Countries (Russia, Bulgaria, Czechoslovakia and Hungary): Saint Louis University Law Journal, Jg. 7 (1963) S. 292 bis 310.

[113] Government, Law and Courts (oben Anm. II 109), Bd. 2, 1959, S. 1125–1391

Wirtschaftssysteme von neun sozialistischen Staaten unterrichtet – ebenfalls in Form von Länderberichten – ein 1962 erschienenes Handbuch[114].

Die nachfolgenden Ausführungen beschränken sich auf eine kurze Übersicht der Rechtsgrundlagen der Wirtschaftsverträge in 13 sozialistischen Ländern und auf Literaturhinweise. Berücksichtigt wird das Schrifttum in anderen Sprachen als der jeweiligen Landessprache, da die einheimische Literatur nur wenigen Lesern im Westen zugänglich sein dürfte[115]. Nicht gesondert aufgeführt werden die Länderberichte in den genannten Sammelwerken von GENKIN (1958) und GSOVSKI/GRZYBOWSKI (1959)[116]. Aus dem Zweck der Übersicht folgt, daß eine Vollständigkeit nicht angestrebt wird.

(1) DDR

Rechtsgrundlage der Wirtschaftsverträge in der DDR ist das Vertragsgesetz von 1965[117] mit Durchführungsverordnungen[118]. Es tritt an die Stelle des Vertragsgesetzes von 1957[119], das seinerseits das Vertragsgesetz von 1951 ablöste[120].

(jeweils der Abschnitt: Contracts). Es fehlen Länderberichte für die DDR und die Volksdemokratien Asiens.

[114] Die Wirtschaftssysteme der Staaten Osteuropas und der Volksrepublik China, Berlin, Bd. 2, hrsg. von G. JAHN, 1962, 510 S. (Schriften des Vereins für Sozialpolitik, Bd. 23/II). Nicht berücksichtigt sind: Mongolei, Nord-Korea und Nord-Vietnam. Vgl. auch MARCZEWSKI J., Planification et croissance économique des Démocraties populaires, Paris, 1956, 572 S. (in 2 Bänden).

[115] Aus Gründen der Einheitlichkeit wird dieses Auswahlprinzip auch auf die DDR angewendet, obgleich das sprachliche Hindernis hier entfällt.

[116] Oben Anm. II 107 und 112.

[117] GBl. der DDR 1965 I S. 107; Nachdruck: Vertragssystem 1965 S. 175–192; Textausgabe: Gesetz über das Vertragssystem..., Berlin, 2. Aufl., 1966, 231 S. Der Text des Entwurfes zum Vertragsgesetz erschien in Vertragssystem 1964, Beilage zu No. 8, S. 1–20. Leiter der Gesetzgebungskommission zur Schaffung des Vertragsgesetzes von 1965 war Professor Dr. jur. habil. OSMAR SPITZNER, Vorsitzender des Staatlichen Vertragsgerichts beim Ministerrat und Verfasser einschlägiger rechtswissenschaftlicher Arbeiten; zu den Veröffentlichungen Spitzners gehört u. a. eine systematische Darstellung: SPITZNER O., Wirtschaftsverträge – sozialistische Wirtschaftsleitung, Berlin, 1965, 634 S., ein auf konkreten Fällen aufbauendes Anleitungsbuch: SPITZNER O., Der Wirtschaftsvertrag in der Praxis, Berlin, Bd. 1, 1966, 217 S.; Bd. 2, 1967, 223 S.; ein unter seiner Leitung verfaßter Kommentar (siehe Anm. II 118) sowie: SPITZNER O., Das Vertragsgesetz von 1965..., in: Zbornik radova o stranom i uporednom pravu, Belgrad, No. 4 (1966) S. 417–427.

[118] GBl. der DDR 1965 II S. 249, 250, 251, 255, 347, 385, 390, 431; Nachdruck: Vertragssystem 1965 S. 193–199 und 233–239 sowie Beilage zu No. 7 S. 1–4. Siehe auch: Kommentar zum Vertragsgesetz. Von einem Autorenkollektiv unter der Leitung von O. SPITZNER, Berlin, 1967, 644 S. Weiteres dazu gehöriges Material ist gesammelt in der Loseblattausgabe: Handbuch des Allgemeinen Vertragssystems. Hrsg. vom Staatlichen Vertragsgericht, Berlin, 2. Aufl., Bd. 1–4, 1960.

[119] GBl. der DDR 1957 I S. 627.

[120] GBl. der DDR 1951 S. 1141.

Die Neuregelung verwirklicht die Forderungen, die sich aus den „Richtlinien für das neue ökonomische System der Planung und Leitung der Volkswirtschaft" von 1963 ergeben[121]. Material über die Vertragspraxis enthält die vom Zentralen staatlichen Vertragsgericht seit 1957 herausgegebene Zeitschrift „Vertragssystem" mit den „Verfügungen und Mitteilungen" dieses Gerichts. Erwähnt sei auch die „Materialwirtschaft. Zeitschrift für Materialversorgung und Absatz" (1952–1962, seitdem „Die Wirtschaft") und andere Quellen. Die Literatur zum Plansystem und Wirtschaftsvertrag ist umfangreich. Hier soll nur auf das wichtigste außerhalb der DDR erschienene Schrifttum hingewiesen werden[122].

Über den Wirtschaftsvertrag der DDR sind in Moskau eine Monographie[123] und in der Bundesrepublik nicht weniger als vier Dissertationen erschienen[124]. Hinzu kommen eine Monographie von Pfuhl[125] und einschlägige Abschnitte in den Arbeiten von Blomeyer sowie von Marsch/Schwarzenbach[126]. Mit dem Wirtschaftsvertrag haben sich ferner Schlicht[127] und in den USA Grossfeld[128] beschäftigt. Das Vertragsgesetz von 1957 untersuchten Legien[129], Samson[130], Drobnig[131] und Pleyer[132]. Von Samson[133], Drobnig[134] und Pleyer[135] stam-

[121] GBl. der DDR 1963 II S. 453; Nachdruck (mit weiteren Materialien): Richtlinie für das neue ökonomische System der Planung..., Berlin, 1963, 192 S.; Weiterentwicklung des Systems durch Erlaß von 1966: GBl. der DDR 1966 II S. 53.

[122] Besonders eingegangen wird auf die vertragsrechtlichen Theorien von Posch (unten bei Anm. IV 238) und Such (unten bei Anm. V 27).

[123] Laptev V. V., Sistema chozjajstvennych dogovorov v Germanskoj Demokratičeskoj Respublike, Moskau, 1959, 208 S.

[124] Richter H., Die Entwicklung des Vertragssystems in der DDR, Rechtswiss. Diss., Universität Köln, 1955, 136 S.; Meschede A., Das Vertragssystem der sozialistischen Wirtschaft Mitteldeutschlands, Rechtswiss. Diss., Universität Köln, 1962, 202 S. (mit Literaturverzeichnis auf S. 192–201); Schneider E., Planung und Vertragssystem im Wirtschaftsrecht der Sowjetzone und der Sowjetunion, Rechtswiss. Diss., Universität Göttingen, 1963, 151 S. (mit Literaturverzeichnis auf S. V–XXII); Krevet R., Das Vertragsrecht in der mitteldeutschen Industrie, Köln, 1965, 141 S. (Abhandlungen zum Ostrecht, Bd. 4).

[125] Pfuhl E., Das allgemeine Vertragssystem in der volkseigenen Wirtschaft der SBZ Deutschlands, Berlin, 1952, 46 S. (Berichte des Osteuropa-Instituts an der Freien Universität Berlin, Heft 4).

[126] Blomeyer A., Die Entwicklung des Zivilrechts in der SBZ, in: Die Justiz in der Sowjetischen Besatzungszone Deutschlands, Bonn, 4. Aufl., 1959, S. 145–200, hier S. 160 bis 172 (Bonner Berichte aus Mittel- und Ostdeutschland); Marsch R., Schwarzenbach R., Die mitteldeutsche Staats- und Rechtswissenschaft und das „Neue Ökonomische System..." [Erlangen, 1965], 160 + 44 S., hier S. 106–158 (maschr. vervielf.).

[127] Schlicht 1963 und seine dort zitierten früheren Beiträge.

[128] Grossfeld B., Money Sanctions for Breach of Contract in a Communist Economy: Yale Law Journal, Jg. 72 (1963) S. 1326–1346 (betrifft das Recht der DDR).

[129] Legien R., Neues Schuldrecht in der Sowjetzone: JR 1958 S. 248–250.

[130] Samson B., Das neue Vertragsgesetz der SBZ und das BGB: ROW 1958 S. 93–96; Samson B., Das neue Vertragsrecht der DDR: Deutsche Richterzeitung 1959 S. 144–147.

[131] Drobnig 1960. Vgl. oben bei Anm. I 64.

[132] Pleyer 1963.

[133] Samson B., Grundzüge des mitteldeutschen Wirtschaftsrechts, Frankfurt/M., 2. Aufl., 1960, 146 S. (1. Aufl., 1953, unter dem Titel: Planungsrecht und Recht der

men auch weitere fruchtbare Arbeiten zum Thema. Das Vertragsgesetz von 1965 ist Gegenstand von Aufsätzen, die THOMAS RAISER und SAMSON zum Verfasser haben[136]. Der Vertragsgerichtsbarkeit ist eine Dissertation von VOGEL gewidmet[137]. Das Wirtschaftssystem der DDR behandeln unter juristischen Aspekten PFUHL[138] und HELLER[139], unter wirtschaftlichen Gesichtspunkten BOSCH[140], PROPP[141], THALHEIM[142] und andere.

(2) Polen

Der Wirtschaftsvertrag hat seine Rechtsgrundlage im neuen Zivilgesetzbuch von 1964[143]. Es enthält keine erschöpfende Regelung des Rechts der Wirtschaftsverträge, sondern läßt die Vorschriften in Kraft, welche die „Beziehungen zwischen Einheiten der vergesellschafteten Wirtschaft regeln"[144]. Hierzu gehören u. a. die Vorschriften über den Liefervertrag[145]; daneben bestehen, wie in den

---

volkseigenen Betriebe in der Sowjetischen Besatzungszone). Eine weitere einschlägige Arbeit von SAMSON wird unten in Anm. II 136 zitiert.

[134] DROBNIG 1951; DROBNIG 1953.

[135] Siehe die oben in Anm. I 170 zitierten Arbeiten sowie PLEYER K., Rechtsfragen der überbetrieblichen Zusammenarbeit im Neuen ökonomischen System der SBZ: Die Aktiengesellschaft, 1966 S. 207–212, 244–250, 280–283.

[136] RAISER 1967; SAMSON B., Das Gesetz über das Vertragssystem...: ROW 1967 S. 1–7.

[137] VOGEL P., Wesen und Aufgabe der staatlichen Vertragsgerichtsbarkeit in der SBZ, München, 1966, XXVII, 210 S. (Rechtswiss. Diss., Universität Münster).

[138] PFUHL E., Rechtsformen der sowjetzonalen Wirtschaftsplanung: JR 1959 S. 361 bis 366.

[139] HELLER F., Die Aufgabenstellung der wirtschaftsleitenden Verwaltung in der Sowjetzone...: JbOstR Jg. 6 (1965) No. 1 S. 7–23.

[140] BOSCH W., Marktwirtschaft – Befehlswirtschaft. Ein Vergleich der Wirtschaftsordnungen in West- und Mitteldeutschland, Heidelberg, 1960, 289 S.

[141] PROPP 1964.

[142] THALHEIM K., Die Wirtschaft der Sowjetzone in Krise und Umbau, Berlin, 1964, 191 S. (mit Literaturverzeichnis auf S. 184–190).

[143] Dziennik ustaw (abgekürzt: Dz. U.) 1964 No. 16 Pos. 93; deutsche Übersetzung: Zivilgesetzbuch der Volksrepublik Polen, Berlin, 1965, 287 S. (Berichte des Osteuropa-Instituts an der Freien Universität Berlin, Heft 69); russische Übersetzung: Graždanskij kodeks Pol'skoj Narodnoj Respubliki, Moskau, 1966, 375 S.

[144] Gesetz vom 23. April 1964 zur Einführung des Zivilgesetzbuches (Dz. U. 1964 No. 16 Pos. 94; deutsche Übersetzung, wie in Anm. II 143) Art. IX.

[145] Allgemeine Bedingungen für Verkaufsverträge, in Kraft gesetzt durch Anordnung vom 7. Oktober 1966 (Monitor Polski 1966 No. 57 Pos. 176, S. 551–558, geändert durch Anordnung vom 11. Januar 1967, Monitor Polski 1967 No. 6 Pos. 29). Die Allgemeinen Bedingungen für Verkaufsverträge sind bis auf weiteres analog auf Lieferverträge anzuwenden (Anordnung vom 7. Oktober 1966 § 6). Vorschriften zum Liefervertrag aus früherer Zeit sind zusammengefaßt in: Przepisy o dostawach między jednostkami gospodarki uspołecznionej, Warschau, 1961, 358 S. Mit Einführung des Zivilgesetzbuches wurden einzelne Bestimmungen des Dekrets vom 16. Mai 1956 über den Liefervertrag (Dz. U. 1956 No. 16 Pos. 87) aufgehoben (Einführungsgesetz von 1964 [oben Anm. II 144] Art. VII).

anderen sozialistischen Ländern, Sondervorschriften im Bereich des Wirtschaftsrechts[146]. Diesem Rechtsgebiet ist eine Spezialzeitschrift („Revue der Wirtschaftsgesetzgebung") gewidmet[147]. Seit 1956 ist man bemüht, das bestehende Plan- und Wirtschaftsverwaltungs-System zu verbessern und zu rationalisieren[148]. Einen Einblick in die Praxis gewähren – wie in den übrigen sozialistischen Staaten – die Entscheidungen der Arbitrage[149].

Über das polnische Plan- und Wirtschaftssystem unterrichten Monographien von Montias[150] und Feiwel[151]. Dem Wirtschaftsvertrag sind Zeitschriftenbeiträge von Wagner[152], G. Gralla[153] und E. Gralla[154] sowie Wolter[155] gewidmet. Aus früherer Zeit seien Aufsätze von Siekanowicz[156] erwähnt. Mit der Staatsarbitrage befassen sich Grodecki[157], Topinski[158] und Tureckij[159] in englischen, deutschen und russisch-sprachigen Beiträgen.

---

146 Eine Zusammenstellung der Vorschriften zum Planungssystem und zur Wirtschaftsverwaltung erschien 1959 in Englisch und Russisch: System of Planning and Administration of the Polish National Economy 1956–1958, Warschau, 1959 (Legislation of Poland, Bd. 6). Siehe auch das Verzeichnis einschlägiger Rechtsvorschriften in La gestion de l'entreprise en Pologne: Notes et Etudes Doc., No. 3280, 1966, S. 29–30.

147 Przeglad ustawodawstwa gospodarczego. Die Zeitschrift erscheint ab 1948.

148 Siehe z. B. die Entscheidungen des Zentralkomitees der Vereinigten Polnischen Arbeiterpartei vom Juli 1965 (Nowe drogi 1965 No. 8 S. 82–107).

149 Die Entscheidungen der Arbitrage für 1949–1958 sind als Sammelband erschienen: Orzecznictwo arbitrażowe za lata 1949–1958, Warschau, 1960, 240 S.

150 Montias J., Central Planning in Poland, New Haven, Conn., 1962, 410 S. Verwiesen sei auch auf: Osteuropa-Handbuch Polen. Hrsg. von W. Markert, Köln, 1959, 829 S., hier S. 367–524.

151 Feiwel G. R., The Economics of a Socialist Enterprise. A Case Study of the Polish Firm, New York, 1966, 414 S.

152 Wagner W., The Interplay of Planned Economy and Contract Rules in Poland: Am. J. Comp. L., Jg. 11 (1962) S. 348–375.

153 Gralla G., Fragen des polnischen Vertragsrechts: JbOstR, Jg. 5 (1964) No. 1 S. 131–146.

154 Gralla E., Das Vertragsrecht im neuen polnischen Zivilgesetzbuch: JbOstR, Jg. 6 (1965) No. 2 S. 123–146.

155 Wolter A., Les contrats dans l'économie socialisée: Droit Polonais Contemporain (Warschau), No. 6 (1966) S. 22–35.

156 Siekanowicz P., Poland. Transactions Between Government Owned Enterprises: Highlights, Jg. 2 (1954) S. 219–234; Siekanowicz P., Poland. Contracts in Postwar Poland, ebd., Jg. 5 (1957) S. 493–505.

157 Grodecki J., State Economic Arbitration in Poland: Int. Comp. L. Q., Jg. 9 (1960) S. 177–190.

158 Topinsky J., Economic Arbitration in the Planned Economy of Poland: Rev. Contemp. L., Jg. 12 (1965) No. 1 S. 9–26; Topinski, „Państwo i prawo" (Warschau) 1966 No. 1 S. 5–20 (deutsche Übersetzung [gekürzt] in Vertragssystem 1966 S. 305 bis 310); Topinski, Vertragssystem 1967 S. 371–373.

159 Tureckij M., Gosudarstvenny chozjajstvennyj arbitraž v Pol'skoj narodnoj respublike: Sov. just. 1964 No. 21 S. 25–27.

(3) Tschechoslowakei

Die tschechoslowakische Lösung zeichnet sich durch Eigenständigkeit aus. Der Wirtschaftsvertrag ist hier in einem Wirtschaftsgesetzbuch (von 1964) geregelt[160], das neben dem Zivilgesetzbuch (ebenfalls von 1964)[161] in Kraft ist. Vorgänger des Wirtschaftsgesetzbuches waren ein Gesetz über die Wirtschaftsverträge von 1950[162], eine Verordnung von 1955 über die Wirtschaftsverträge[163] und ein Gesetz über Wirtschaftsbeziehungen von 1958[164]. Von wesentlicher Bedeutung sind die Direktiven der Arbitragebehörden[165].

Das Planungssystem, das von Michal untersucht wird[166], ist in letzter Zeit Gegenstand weitgreifender Reformen[167]. Zu den treibenden Kräften der Reform gehört u. a. der Wirtschaftswissenschaftler Ota Šik[168].

Zahlreiche aufschlußreiche Studien über den Vertrag im tschechoslowakischen Recht verdanken wir Knapp[169]. Zum Wirtschaftsvertrag haben sich ferner

[160] Sbírka zákonů Československé socialistické republiky (fortan abgekürzt: Sb.) 1964 No. 109; französische Übersetzung: Bulletin de droit tchécoslovaque, Jg. 23 (1965) S. 43–162; russische Übersetzung: Chozjajstvennyj kodeks ČSSR, Moskau, 1966, 215 S. Aus der Literatur dazu: Karen O., Das tschechoslowakische Wirtschaftsgesetzbuch: Staat und Recht 1964 S. 1253–1267.

[161] Sb. 1964 No. 40; französische Übersetzung: Bulletin de droit tchécoslovaque, Jg. 22 (1964) S. 47–155; deutsche Übersetzung: Das Zivilgesetzbuch von 1964 ... der Tschechoslowakischen Sozialistischen Republik, Berlin, 1966, S. 9–157 (Berichte des Osteuropa-Instituts an der Freien Universität Berlin, Heft 75); russische Übersetzung: Graždanskij kodeks ČSSR, Moskau, 1966, 188 S. Über das ZGB von 1950 siehe unten Anm. V 337; zur Diskussion über die Selbständigkeit des Wirtschaftsrechts siehe unten bei Anm. IV 261 und Anm. V 173.

[162] Sb. 1950 No. 99; russische Übersetzung: Konstitucija i osnovnye zakonodatel'nye akty Čechoslovackoj Respubliki, Moskau, 1955, S. 488–493.

[163] Sb. 1955 No. 33.

[164] Sb. 1958 No. 69; deutsche Übersetzung: Rechtswissenschaftlicher Informationsdienst 1959 Sp. 350–384.

[165] Arbitráž. Přehled nejdůležitějších předpisů o arbitráži... Bearbeitet von V. Prcházka, Prag, 2. Aufl., 1960, 192 S.

[166] Michal J., Central Planning in Czechoslovakia, Stanford, 1960, 274 S.

[167] Siehe die Verordnungen in Sb. 1965 No. 90, 1965 No. 132 und 1966 No. 100 sowie die Rahmenbedingungen für die Wirtschaftsführung der Unternehmen, in Kraft ab 1. Januar 1967, Sb. 1966 No. 63; deutsche Übersetzung: Neue Richtungen in der Tschechoslowakischen Ökonomie, Prag, No. 6 (1966), 121 S.

[168] Vgl. Šik O., Ökonomie, Interessen, Politik. Übersetzung aus dem Tschechischen. Bearbeitet von O. Reinhold, Berlin, 1966, 506 S.; Šik O., Plan und Markt im Sozialismus, Wien, 1967, 384 S. (Übersetzung aus dem Tschechischen); englische Übersetzung: Prag, 1967, 382 S.

[169] Knapp V., Les contrats économiques dans le droit civil tchécoslovaque: Le Droit au Service de la Paix, No. 1 (1956) S. 25–37; englische Übersetzung: Law in the Service of Peace, No. 5 (1956) S. 24–37; spanische Übersetzung: Boletin del Instituto de Derecho Comparado de México, No. 30 (1957) S. 9–27; Knapp V., Zur rechtlichen Regelung der Liefer- und Abnahmebeziehungen: Rechtswissenschaftlicher Informationsdienst 1958 Sp. 499–511 (Übersetzung aus: Nova mysl 1958 No. 5 S. 436–447); Knapp V., La nouvelle loi sur les rapports économiques entre les organismes socialistes: Bulletin de

SPISIAK[170] und im Schrifttum außerhalb der Tschechoslowakei NOSEK[171] geäußert. Das Vertragsrecht der CSSR hat auch in Moskau Beachtung gefunden. Den Regelungen von 1958[172] und von 1964 ist je ein Zeitschriftenbeitrag gewidmet[173]. Mit Rücksicht auf die Wirtschaftsreformen muß die bisherige Literatur zu einem erheblichen Teil als überholt angesehen werden.

(4) Ungarn

Ungarn geht von der Einheit zwischen Zivil- und Wirtschaftsrecht aus und weist dem Wirtschaftsvertrag daher seinen Standort im Zivilgesetzbuch (von 1959) an[174]. Daneben gibt es Spezialregelungen, z.B. eine Verordnung über Lieferverträge von 1966[175].

Aufschluß über die ungarische Planwirtschaft gewährt eine kritische, 1957 in Ungarn entstandene Studie von KORNAI, die im Westen durch eine englische Übersetzung bekannt geworden ist[176]. Erwähnt seien ferner die Arbeiten von BALASSA[177] und LINDER[178]. Inzwischen hat Ungarn den Weg weitreichender

---

droit tchécoslovaque, Jg. 17 (1959) S. 29–43; italienische Übersetzung: Rivista del diritto commerciale, Jg. 58 (1960) S. 241–253; KNAPP V., La Réglementation juridique des rapports mutuels entre les entreprises nationales en droit tchécoslovaque: Revue de Droit International et de Droit Comparé, Jg. 38 (1961) S. 7–17; KNAPP 1963.

170 SPISIAK J., Die neue rechtliche Regelung der Wirtschaftsverträge: Rechtswissenschaftlicher Informationsdienst 1956 Sp. 221–235 (Übersetzung aus: Právny obzor, Bratislava, Jg. 38 [1955] S. 456–468).

171 NOSEK H., Czechoslovakia. Economic Contracts: Highlights, Jg. 3 (1955) S. 327 bis 333.

172 GRIBANOV V., MIRONOV V., Pravovoe regulirovanie chozjajstvennych otnošenii meždu socialističeskimi organizacijami v Čechoslovakii: Vestnik Moskovskogo Universiteta, Serija Pravo 1960 No. 1 S. 59–66.

173 STUNA S., Chozjajstvennyj kodeks i chozjajstvennoe pravo Čechoslovakii: Sov. gos. i pravo 1965 No. 1 S. 102–107 (STUNA ist Professor an der Wirtschaftshochschule in Prag). Vgl. ebd. 1961 No. 3 S. 129–130.

174 Deutsche Übersetzung: Zivilgesetzbuch der Ungarischen Volksrepublik, Budapest, 1960, 197 S.; englische und russische Übersetzung: Budapest, 1960, 200 bzw. 210 S.; französische Übersetzung: Revue de Droit hongrois 1960 No. 2 S. 3–160. Im Zusammenhang mit den Wirtschaftsreformen ist das ZGB von 1959 durch die Gesetzesverordnungen No. 3 von 1966 und No. 39 von 1967 geändert worden (Magyar Közlöny 1966 No. 11 und 1967 No. 96).

175 Verordnung No. 10 über Lieferverträge vom 14. Februar 1966, geändert durch Verordnung No. 44 vom 5. November 1967. Englische Übersetzung der Verordnung No. 10 von 1966: Hungarian Law Review 1967 No. 1 S. 47–63; französische Übersetzung: Revue de droit hongrois 1967 No. 1 S. 51–68. Dazu: Vertragssystem 1966 S. 497–508. Die neue Regelung tritt an die Stelle von Verordnung No. 206 von 1951 und No. 50 von 1955 über Lieferverträge. Weitere einschlägige Vorschriften werden zitiert von SZASZY 1964, S. 1473, 1478.

176 KORNAI J., Overcentralization in Economic Administration, London, 1959, 236 S. (das Originalwerk erschien 1957 in Budapest).

177 BALASSA B., The Hungarian Experience in Economic Planning, New Haven, 1959, 285 S.

178 LINDER W., Die kommunistische Planwirtschaft am Beispiel Ungarns, Zürich, 1964,

Wirtschaftsreformen beschritten[179]. Sie erfordern auch auf rechtlichem Gebiet einschneidende Neuregelungen.

Über den Wirtschaftsvertrag hat insbesondere Eörsi gearbeitet. Von ihm stammt eine umfangreiche einschlägige Monographie in ungarischer Sprache[180]. Über den Wirtschaftsvertrag unterrichtet im Westen Szaszy in seinem bereits erwähnten Beitrag[181] sowie Görgey[182] und Fülöp[183]. Die beiden Letztgenannten sind in der ungarischen Arbitrage an leitender Stelle tätig. Von Interesse ist auch Mihalys Arbeit über den Wirtschaftsvertrag[184]. Mihaly, ein ehemaliger Professor in Budapest, verwertet Erfahrungen, die er vor dem Volksaufstand (1956) in der ungarischen Wirtschaftsverwaltung gesammelt hat. Er hat ferner einen lesenswerten Beitrag über die Arbitragepraxis verfaßt[185]. Erwähnt seien darüber hinaus die Veröffentlichungen von Bedo[186], Niszalovsky[187], Kemenes[188], Sarandi[189] und Hellbling[190]. Neueren Datums ist ein informativer Aufsatz

---

143 S.; Linder W., Ungarn als Experimentierfeld der sozialistischen Planwirtschaft: Europa-Archiv 1964 S. 441–448.

[179] Beschluß des Zentralkomitees der Ungarischen Sozialistischen Arbeiterpartei über die Reform des Wirtschaftsmechanismus vom 25. Mai 1966, Népszabadság vom 29. Mai 1966; deutsche Übersetzung: Informationsbulletin des Zentralkomitees der Ungarischen Sozialistischen Arbeiterpartei (Budapest) 1966 No. 3 S. 18–54. Siehe auch den einschlägigen Beschluß vom November 1965, Népszabadság vom 21. November 1965.

[180] Eörsi G., A tervszerzödések (Planverträge), Budapest, 1957, 672 S. Siehe auch: Eörsi, Právník (Prag), Jg. 95 (1956) S. 232–245 und Państwo i prawo (Warschau) 1959 No. 10 S. 552–560.

[181] Szaszy 1964. Vgl. oben bei Anm. II 108.

[182] Görgey M., State Enterprises and Contractual Liability: Rev. Contemp. L., Jg. 10 (1963) No. 2 S. 58–71; Görgey M., Havasi G., A Reform of Delivery Contracts in Hungary: Hungarian Law Review 1966 No. 2 S. 5–18 (französische Ausgabe: Revue de droit hongrois 1966 No. 2 S. 5–19).

[183] Fülöp L., Die Aufgaben der Staatlichen Arbitrage der Volksrepublik Ungarn auf der Grundlage der neuen Liefervertragsordnung: Vertragssystem 1967 S. 306–309.

[184] Mihaly 1959.

[185] Mihaly Z., The Role and Activity of Arbitration Commissions in a Communist Economy. The Hungarian Experience: Am. J. Comp. L., Jg. 9 (1960) S. 670–680.

[186] Bedo A., Hungary. Planning of National Production in Hungary [and the Delivery Contract]: Highlights, Jg. 2 (1954) S. 357–366.

[187] Niszalovsky A., Aktuelle Fragen der Lieferverträge: Staat und Recht 1955 S. 588–607.

[188] Kemenes B., Die prinzipiellen Grundlagen des Vertragssystems im Ungarischen Zivilgesetzbuch, in: Das Ungarische Zivilgesetzbuch in fünf Studien, Budapest, 1963, S. 187–255; Kemenes B., Teoretičeskie osnovy dogovorov, in: Aktual'nye voprosy 1966, S. 323–382. Vgl. auch Czanadi G., ebd., S. 480–586.

[189] Sarandi I., Die Verträge über Produktion und Verwertung landwirtschaftlicher Erzeugnisse der Produktionsgenossenschaften: Acta Juridica (Budapest) 1963 No. 3–4 S. 187–222.

[190] Hellbling E. C., Das Schuldrecht des neuen Zivilgesetzbuchs Ungarns: Zeitschrift für Rechtsvergleichung, Jg. 5 (1964) S. 104–123 und Jg. 6 (1965) S. 135–181, hier insbesondere S. 147–151.

von BRUNNER[191]. Aber sämtliche dieser Beiträge sind zeitlich vor Einführung des neuen Wirtschaftsmechanismus erschienen. Sie geben daher nicht den gegenwärtigen Rechtszustand wieder.

(5) Bulgarien

In Bulgarien gibt es, ähnlich wie in der DDR, ein eigenes Vertragsgesetz (von 1950) mit nachfolgenden Änderungen[192]. Daneben ist ein spezielles Gesetz über Verträge zwischen sozialistischen Organisationen von 1963 in Kraft[193]. Über seine Anwendung entscheiden die Arbitragebehörden; die Sprüche des obersten Arbitrageorgans werden laufend veröffentlicht[194]. Über die bulgarische Arbitragepraxis unterrichten STALEV[195], VLAHOV[196] und SIPKOV[197]. Die Welle der Wirtschaftsreformen hat 1967 auch Bulgarien erreicht[198]. Die Beziehungen zwischen Industrie- und Handelsunternehmen sollen in Zukunft häufiger als bisher im Wege direkter Verträge abgewickelt werden[199].

---

[191] BRUNNER G., Die Planverträge im System des ungarischen Rechts: Osteuropa-Recht, Jg. 11 (1965) S. 106–128.

[192] Nachdruck in der Textausgabe: Dogovori i zad'lženija. Zusammengestellt von A. KOŽUCHAROV, Sofia, 1967, S. 7–88 (frühere Auflagen, teilweise unter abweichendem Titel, u. a. in den Jahren 1951, 1953 und 1965); russische Übersetzung des Gesetzes von 1950: Graždanskoe zakonodatel'stvo Narodnoj respubliki Bolgarii, Moskau, 1952, S. 78–172.

[193] Gesetz vom 24. Oktober 1963; Nachdruck: Dogovori i zad'lženija, Sofia, 1967, S. 89–107; deutsche Zusammenfassung: Wiener Quellenhefte zur Ostkunde, Reihe Recht, Jg. 8 (1965) S. 31–33. Einschlägig ist auch die Vorläufige Verfügung über den Abschluß von Verträgen, die als Grundlage für die Ausarbeitung von Plänen der sozialistischen Organisationen dienen, bestätigt durch Verordnung No. 10 vom 16. Februar 1965, geändert durch Verordnung No. 35 vom 12. Juli 1966 (Nachdruck: Dogovori i zad'lženija, 1967, S. 108–114).

[194] Arbitražna praktika na obščoto s'branie na V'rchovnija d'ržaven arbitraž 1960 –1961 g., Sofia, 1962, 164 S.; dasselbe für 1962–1963, Sofia, 1964, 234 S. Die Arbitrage hat ihre Rechtsgrundlage in einem Gesetz von 1950 (mit nachfolgenden Änderungen; zu den Novellen von 1965: Wiener Quellenhefte zur Ostkunde, Reihe Recht, Jg. 9 [1966] S. 118–119).

[195] STALEV J., State Arbitration in the Bulgarian People's Republic: Rev. Contemp. L., Jg. 9 (1962–1963) No. 2 S. 117–130 (mit Bibliographie auf S. 130).

[196] VLAHOFF I., Le tribunal d'arbitrage d'état dans la République populaire de Bulgarie: Rev. int. dr. comp., Jg. 11 (1959) S. 733–742.

[197] SIPKOV I., Bulgaria. Government Arbitration: Highlights, Jg. 5 (1957) S. 185 bis 194.

[198] Thesen des Zentralkomitees der Bulgarischen Kommunistischen Partei vom 4. Dezember 1965 über das neue Planungssystem (Rabotničesko delo vom 4. Dezember 1965; auszugsweise französische Übersetzung: Notes et Etudes Doc., No. 3367, 1967, S. 3–11); Grundlegende Bedingungen für die Leitung der Volkswirtschaft von 1966 (Rabotničesko delo vom 29. April 1966).

[199] Verordnung No. 44 des Zentralkomitees der KP Bulgariens und des Ministerrats vom 14. Oktober 1967 über die Erhöhung der Rentabilität der Wirtschaftsführung (D'ržaven vestnik 1967 No. 88 S. 1–5).

Einer der führenden Wissenschaftler auf dem Gebiet des bulgarischen Vertragsrechts ist VASILEV, der Direktor des Rechtsinstituts der bulgarischen Akademie der Wissenschaften[200]. Er hat auch im Westen publiziert[201]. Dem Wirtschaftsvertrag sind ferner Aufsätze von VLAHOV[202] und RISOFF[203] gewidmet. STAJNOV unterzieht die im Westen vertretenen Theorien zum Verwaltungsvertrag einer kritischen Untersuchung und stellt fest, daß dieses Rechtsinstitut auf den Planvertrag in den sozialistischen Rechten nicht paßt[204].

(6) Rumänien

In Rumänien gilt, ebenso wie in Bulgarien, ein eigenes Gesetz über Wirtschaftsverträge, und zwar schon seit 1949[205]. Hinzu kommen Spezialvorschriften z. B. über Lieferungen[206]. Daneben sind die Instruktionen der Arbitrage zu berücksichtigen[207]. Im übrigen ist das Zivilgesetzbuch von 1864 weiter in Kraft. Im Zuge der Wirtschaftsreform wird auch in Rumänien gefordert, mehr langfristige Verträge zu schließen, die Vertragsketten abzukürzen und sich stärker des Mittels der direkten Verträge zu bedienen[208].

---

[200] Von ihm stammt u. a. eine Studie über die Theorie des Planvertrages: VASILEV L., K'm teorijata na planovite dogovori, Sofia, 1951, 272 S. Die Arbeit lehnt sich stark an die Ergebnisse der sowjetischen Rechtswissenschaft an.

[201] VASSILEV L., Socialist Law and the Fulfilment of the State Economic Plan. An Attempt to Synthesize the Legislative Experience of the People's Republic of Bulgaria: Law in the Service of Peace, Jg. 4 (1957) No. 1 S. 43–79, insbesondere S. 62–71. Vgl. VASILEV, in: Tagung 1961, S. 119. Der Verfassername lautet nach den hier verwendeten Transliterationsregeln: VASILEV.

[202] VLAHOV I., Le système des contrats des organisations commerciales socialistes: Les Pays Communistes, Bulletin du Centre d'Etude des Pays de l'Est... (Brüssel), Jg. 4 (1963) S. 229–240; VLAHOV I., Le régime des contrats des organisations socialistes en Bulgarie: Rev. int. dr. comp., Jg. 17 (1965) S. 442–452. Die Transliteration des Verfassernamens wechselt (vgl. oben Anm. II 196).

[203] RISOFF ST., Bulgaria. Limitation of the Freedom of Contracts: Highlights, Jg. 4 (1956) S. 273–278.

[204] STAJNOV P., Teorijata za administrativnija dogovor i socialističeskoto pravo, in: Godišnik na Sofijskija universitet. Juridičeski fakultet, Bd. 56 No. 1 (1965) S. 1–69; französische Übersetzung: Revue du Droit public et de la science politique en France et à l'étranger, Jg. 82 (1966) S. 229–264. Vgl. unten bei Anm. III 51.

[205] Dekret No. 265 über den obligatorischen Abschluß schriftlicher Verträge und die Reglementierung der Verrechnung zwischen Unternehmen und Wirtschaftsorganisationen vom 25. Juni 1949, geändert durch Dekret No. 203 vom 5. Mai 1953. Text: Buletinul oficial 1949 No. 40 und 1953 No. 16; russische Übersetzung: Konstitucija i osnovnye zakonodatel'nye akty Rumynskoj narodnoj respubliki, Moskau, 1954, S. 229–238.

[206] Verordnung No. 2653 von 1954 über die Bedingungen der Lieferung von Erzeugnissen durch staatliche und genossenschaftliche Unternehmen, zuletzt geändert 1966 (Buletinul oficial 1966 Teil I No. 24 S. 153).

[207] Culegere de instrucţiuni date de primul arbitru de stat. Mit Erläuterungen von N. MANOLESCU und I. CIOARĂ, Bukarest, 1966, 387 S.

[208] Direktiven des Zentralkomitees der Rumänischen Kommunistischen Partei zur Vervollkommnung der Leitung und Planung der Volkswirtschaft. Entwurf vom Oktober 1967 (Scinteia vom 8. Oktober 1967; deutsche Übersetzung: Neuer Weg vom 10. Oktober

In und außerhalb Rumäniens sind vor allem IONASCU und BARASCH mit Veröffentlichungen über Wirtschaftsverträge hervorgetreten[209]. Von ihnen stammen auch Monographien über die vorvertraglichen Streitigkeiten sowie über die Theorie und Praxis des Wirtschaftsvertrages[210]. Verwiesen sei auch auf die Beiträge von EMINESCU[211] und ROMAN[212].

(7) Albanien

Die Wirtschaftsverträge sind im Dekret über das Recht der Schuldverhältnisse von 1956 geregelt[213]. Es ist Bestandteil des Zivilgesetzbuches, das 1954–1957 in Form von Einzelgesetzen erlassen worden ist. Darüber hinaus sind spezielle Vorschriften über Liefer-, Transport-, Bau- u. a. Verträge in Kraft[214], z. B. „Grundbedingungen" für Lieferverträge von 1966[215]. VOKOPOLA unterrichtet über die Staatsarbitrage[216] und Planverträge[217]; von ihm stammt auch ein Beitrag im Sammelwerk von GSOVSKI/GRZYBOWSKI[218].

1967, S. 1–8), Abschnitt VI. Aus der westlichen Literatur über Rumäniens Wirtschaftsentwicklung siehe neuerdings: MONTIAS J. M., Economic Development in Communist Rumania, Cambridge, Mass., 1967, XV, 327 S.

209 IONASCU T., BARASCH E., The Obligation to Conclude Economic Contracts: Rev. Contemp. L., Jg. 12 (1965) No. 1 S. 27–50; IONASCU T., BARASCH E., Les contrats économiques dans le droit de la République Socialiste de Roumanie: Rev. int. dr. comp., Jg. 17 (1965) S. 887–893; IONASCU T., BARASCH E., Les contrats économiques, in: Le régime et les institutions de la Roumanie, Brüssel, 1966, S. 83–96 (besprochen von S. POPESCU in Revue roumaine des sciences sociales. Série de sciences juridiques, Jg. 11 [1967] S. 119–127, hier S. 123–126).

210 IONASCU T., BARASCH E., Teoria si practica litigiilor precontractuale, Bukarest, 1962, 411 S.; IONASCU T., BARASCH E., Teoria generala a contractelor economice, Bukarest, Bd. 1, 1963, 430 S., Bd. 2, 1965, 639 S. (Institutul de cercetări juridice, Academia R. P. R.), besprochen in: Revue roumaine des sciences sociales, Série de sciences juridiques, Jg. 8 (1964) S. 245–253 (I. RUCAREANU); Rev. int. dr. comp., Jg. 17 (1965) S. 529 bis 533, 1042.

211 EMINESKU I. [Eminescu Y.], Kooperirovannye postavki v Rumynskoj Narodnoj Respublike: Sov. gos. i pravo 1964 No. 2 S. 108–111.

212 ROMAN E., Le reflet du principe du centralisme démocratique sur les rapports contractuels entre les organisations socialistes et son rôle dans le développement du système des contrats économiques: Revue roumaine des sciences sociales, Série de sciences juridiques, Jg. 9 (1965) S. 25–38.

213 Dekret No. 2359 vom 15. November 1956, geändert durch Gesetz vom 23. Juni 1965 (Gazeta zyrtare 1965 No. 4 S. 142), mit nachfolgenden Änderungen.

214 Einzelnachweise bei SCHWANKE R., Staat und Recht in Albanien: JbOstR, Jg. 2 (1961) No. 2 S. 187–202, hier S. 193, 198; SCHWANKE R., Das geltende Recht in Albanien: Österreichische Osthefte, Jg. 2 (1960) S. 126–133 und 210–217, hier S. 213, 217.

215 Reglement über die Grundbedingungen bei Lieferverträgen vom 21. Februar 1966 (Gazeta zyrtare 1966 No. 1 Pos. 9 S. 12). Das Reglement tritt an die Stelle einer Regelung von 1965 (Gazeta zyrtare 1965 No. 9 Pos. 10 S. 324).

216 VOKOPOLA K., Government Arbitration in Albania: Highlights, Jg. 6 (1958) S. 301–308.

217 VOKOPOLA K., Albania. Sovietization of Civil Law: Highlights, Jg. 6 (1958) S. 3–12, 49–55, hier S. 51–52.

218 Siehe Anm. II 112.

(8) Mongolei

Die Mongolei folgt dem sowjetischen Modell und behandelt die Wirtschaftsverträge als Bestandteil des Zivilrechts. Sie werden im Zivilgesetzbuch der Mongolischen Volksrepublik von 1963 geregelt[219]. Einschlägige, im Westen erschienene Literatur läßt sich nicht nachweisen.

(9) Volksdemokratische Republik Korea

Das Recht der Lieferverträge ist gesetzlich geregelt. Maßgebend ist eine „Ordnung über die Verträge zur Lieferung von Waren" vom 8. Juni 1956[220]. Literaturangaben können nicht gemacht werden.

(10) Demokratische Republik Vietnam

Das (oben genannte) sowjetische Sammelwerk von 1958 über das Zivilrecht der Volksdemokratien hat Vietnam unberücksichtigt gelassen, da „das Verfasserkollektiv ... über kein Material für dieses Land verfügte"[221]. Inzwischen hat POTJUKOV, ein Sowjetjurist, über den Wirtschaftsvertrag Nord-Vietnams gearbeitet. Er bringt eine Zusammenfassung der „Vorläufigen Ordnung über Wirtschaftsverträge" von 1960 und der „Vorläufigen Ordnung über die Entscheidung von Streitigkeiten aus Anlaß der Erfüllung von Wirtschaftsverträgen" von 1962[222]. Es kann auch auf einen Aufsatz über Planaufgaben aus nordvietnamesischer Feder verwiesen werden[223].

c) Volksrepublik China

Die Grundzüge des Rechts der Planakte und Wirtschaftsverträge finden wir auch in einer so andersgearteten Volkswirtschaft wie der chinesischen wieder. Der Einfluß des sowjetischen Modells ist unverkennbar[224]. Grob

[219] Text: Unen (Ulan Bator) 12.–14. März 1963; englische Übersetzung: The Civil Code of the Mongolian People's Republic, Washington, D. C., 1963, 127 S. (U. S. Department of Commerce) (maschr. vervielf.).

[220] Der Text ist nicht zugänglich. Eine inhaltliche Zusammenfassung der Ordnung bringt V. S. POZDNJAKOV im oben zitierten Sammelwerk: GENKIN (oben Anm. II 107) 1958, S. 334–336.

[221] GENKIN (oben Anm. II 107) 1958, S. 4.

[222] POTJUKOV A. G., Chozjajstvennye dogovory v Demokratičeskoj Respublike Vjetnam: Vestnik Leningradskogo Universiteta 1966 No. 17 (Ekonomika, filosofija i pravo No. 3) S. 100–107, hier S. 101, 103.

[223] PHAM THANH VINH, The Obligatory Nature of Planning Targets: Rev. Contemp. L., Jg. 12 (1965) No. 1 S. 82–99 (Nachdruck oder Übersetzung aus der Rechtszeitschrift der Demokratischen Republik Vietnam „State and Law" 1964 No. 2).

[224] „Die Staatsorgane aller Stufen und das ganze Volk müssen ... aufrichtig die Erfahrung des sowjetischen Volkes und der Völker der volksdemokratischen Länder, die sie beim Aufbau des Sozialismus gewonnen haben, studieren", heißt es in der Verordnung über den Ersten Fünfjahresplan vom 30. Juli 1955, Ziff. 5. Russische Über-

schematisiert stellt sich die planmäßige Materialversorgung und das Vertragssystem in Rotchina wie folgt dar.

1. Der Verteilerplan wird von Planbehörden auf verschiedenen Verwaltungsstufen ausgearbeitet[225]. Die Zuständigkeit richtet sich nach der Wichtigkeit des Erzeugnisses[226]. Grundlage für die Plangestaltung sind die Kontrollziffern für die Entwicklung der Volkswirtschaft, die alljährlich von den Zentralbehörden ausgegeben werden[227].

2. Der Verteilerplan wird nach der Bestätigung durch die zuständigen Organe Stufe für Stufe von oben nach unten an die operativen Wirtschaftsorganisationen, d. h. die Unternehmen, herangeführt[228].

3. Das Verbraucherunternehmen spezifiziert innerhalb von 20 Tagen nach Empfang des Verteilungsplanes seinen Bedarf, und zwar in Übereinstimmung mit den ihm im Plan zugeteilten Kontingenten. Die Spezifizierung erfolgt durch Aufgabe einer „Auftragsliste (nämlich eines konkreten Verteilungsplanes)“[229]. Dieses Dokument reicht der Verbraucherbetrieb bei der Absatzorganisation der übergeordneten Behörde ein.

---

setzung: Konstitucija i osnovnye zakonodatel'nye akty Kitajskoj Narodnoj Respubliki, Moskau, 1955, [fortan zitiert: Konstitucija ... 1955] S. 217.

[225] Verordnung über die Verbesserung der Planung vom 24. September 1958; russische Übersetzung: Konstitucija i osnovnye zakonodatel'nye akty Kitajskoj Narodnoj Respubliki 1954–1958, Moskau, 1959 [fortan zitiert: Konstitucija ... 1959], S. 309 sowie Osnovnye normativnye akty o mestnych organach ... Kitajskoj Narodnoj Respubliki, Moskau, 1959 [fortan zitiert: Osnovnye akty ... 1959], S. 486; Verordnung über die Industrieverwaltung vom 14. November 1957 Ziff. I 2 (russisch: Konstitucija ... 1959, S. 315 und Osnovnye akty ... 1959, S. 331); Verordnung über die Verbesserung der Materialverteilung vom 24. September 1958 (russisch: Osnovnye akty ... 1959, S. 483) und Verordnung über örtliche Plankommissionen vom 18. Februar 1956 Ziff. 2 und 4 (russisch: Osnovnye akty ... 1959, S. 228). Über die Materialverteilung vor Beginn des Ersten Fünfjahresplanes (1953–1957) siehe die Verordnungen vom 3. und 10. März 1950 (russisch: Konstitucija ... 1955 [oben Anm. II 224], S. 177 und 212).

[226] Verordnung über die Verbesserung der Materialverteilung vom 24. September 1958 Ziff. 1–3 (russisch: Osnovnye akty ... 1959 [oben Anm. II 225], S. 483); im Bereich des Handels wurde 1959 die Verteilung von 331 Warengruppen geplant, davon 38 durch Zentralstellen. Zur Verteilung der übrigen Waren werden Verträge auf Handelsmessen geschlossen. Dies ergibt sich aus einem Bericht des Handelsministeriums vom 10. März 1959 (Compendium of Laws and Regulations of the People's Republic of China, Peking, Bd. 9, 1959, in chinesisch; in englischer Übersetzung erschienen in Washington, D. C., 1962, hier S. 200).

[227] Verordnung über die Industrieverwaltung vom 14. November 1957 Ziff. II 1 (russisch: Konstitucija ... 1959 [oben Anm. II 225], S. 315 und Osnovnye akty ... 1959 [oben Anm. II 225], S. 331).

[228] Basic Problems in the Civil Law of the People's Republic of China. Institute of Civil Law, Central Political-Judicial Cadres' School, Peking, 1958 (in chinesisch); in englischer Übersetzung erschienen in Washington, D. C., 1961, hier S. 235 [fortan zitiert: Basic Problems 1958].

[229] Basic Problems 1958 (oben Anm. II 228), S. 235.

4. Die Absatzorganisation stellt innerhalb von 15 Tagen einen „Lieferplan“ zusammen, der Lieferer und Verbraucher für die einzelnen Lieferungen sowie die Vertragsbedingungen festlegt[230]. Dieser Plan wird dem Verbraucherbetrieb (und offenbar auch dem Lieferer) zugestellt.

5. Der Verbraucherbetrieb (applicant) muß nun innerhalb von 35 Tagen nach Zugang des Lieferplanes mit dem Lieferer einen dem Lieferplan entsprechenden „*konkreten*“ Liefervertrag schließen. Der Vertragsentwurf ist vom Lieferer auszuarbeiten. Der Vertragsschluß erfolgt in der Regel unter Beteiligung der Absatzorganisation, die den operativen Wirtschaftseinheiten (primary units) unmittelbare Instruktionen erteilt. Verbraucherorganisationen, die über keine selbständige Rechnungsführung verfügen (also bloße Stationen übergeordneter selbständiger Organisationen darstellen), schließen sogenannte „*direkte* Verträge“[231].

Das chinesische Planversorgungssystem kennt im Unterschied zur Sowjetunion auch das Institut der „*generellen* Verträge“. Diese werden zwischen den Absatzorganisationen und Versorgungsabteilungen der Zentralministerien geschlossen. Sie enthalten einen „konkreten Verteilerplan“ sowie einen Versorgungsplan und legen die Lieferer und Verbraucher für die in diesen Plänen aufgenommenen Erzeugnisse fest. Die generellen Verträge bilden die Grundlage für den Abschluß der „konkreten Verträge“ zwischen den Liefer- und Verbraucherbetrieben[232] (Direktverträge können dagegen unabhängig von den generellen Verträgen geschlossen werden). Die generellen Verträge haben sich in China nicht bewährt. Ihre Schwäche besteht darin, daß die Partner für die Erfüllung der Verträge nicht verantwortlich sind. In der Sowjetunion hat der gleiche Mangel seinerzeit (etwa 1954) zur Abschaffung der generellen Verträge geführt.

Zu einer Kodifizierung des auf die Wirtschaftsverträge anzuwendenden Rechts ist es bisher nicht gekommen. Als Ersatz müssen die „Vorläufigen Regeln über den Abschluß von Verträgen zwischen Behörden, Staatsunternehmen und Genossenschaften“ von 1950 dienen[233]. Hiernach sind „alle wichtigen Rechtsgeschäfte“ in der Form eines Vertrages vorzunehmen. Eine Abschrift des Vertrages ist der örtlichen Filiale der Volksbank von China vorzulegen (Art. 2). Die Bank ist im übrigen zur Kontrolle der

---

[230] Ebd. [231] Ebd., S. 236.

[232] Ebd. Für das Gebiet des Handels siehe die Verordnung über die Zentralisierung des Staatshandels vom 10. März 1950 Ziff. 15–18 (russisch: Konstitucija ... 1955 [oben Anm. II 224], S. 290).

[233] Russische Übersetzung: Konstitucija ... 1955 (oben Anm. II 224), S. 192–194.

Vertragsbeziehungen auch deshalb befähigt, weil die staatlichen Organisationen verpflichtet sind, ihre Geldmittel in der Bank zu halten und ihren Rechnungsverkehr über die Bank abzuwickeln[234]. Erfüllt eine der Parteien den Vertrag nicht, kann sich die andere an die vorgesetzte Behörde des vertragsbrüchigen Partners wenden und bitten, „die notwendigen Maßnahmen zu ergreifen". Erst wenn diese ohne Erfolg bleiben, kann der vertragstreue Partner „Klage vor dem Volksgericht erheben" (Art. 10). Eine Arbitrage ist – im Gegensatz zu den übrigen sozialistischen Staaten – in der Volksrepublik China nicht vorgesehen[235]. Hierin liegt eine wesentliche Abweichung.

Neben den „Vorläufigen Regeln" von 1950 gibt es Spezialregelungen für einzelne Arten von Wirtschaftsverträgen. Hierzu gehören etwa die „Vorläufigen Grundregeln für die Lieferung von Produktion des Ministeriums für Schwerindustrie" von 1956[236], für Investitionsbauverträge die Ordnungen von 1952 und 1954[237].

Als aufschlußreichste Quelle für das Recht der Wirtschaftsverträge erweist sich das (bisher offenbar einzige) Zivilrechts-Lehrbuch Rotchinas von 1958. Eine englische Übersetzung erschien 1961 in Washington[238]. Auf dem Material dieses Werkes baut DEKKERS auf[239]. Besonders hervorgehoben seien die Beiträge von POZDNJAKOV[240] und BELJAKOVA[241] in der Sowjetunion und von PFEFFER[242] und HSIAO[243] in den USA; erwähnt sei auch ein einschlägiger

---

234 POZDNJAKOV V. S., Graždanskoe pravo Kitajskoj Narodnoj Respubliki, in: GENKIN (oben Anm. II 107), 1958, S. 47–121, hier S. 118. Vgl. unten bei Anm. II 270 und Anm. IV 384.

235 COHEN J. A., Chinese Mediation on the Eve of Modernization: California Law Review, Jg. 54 (1966) S. 1201–1226, hier S. 1203–1204 mit Nachweisen.

236 BELJAKOVA A. M., Nekotorye voprosy graždanskogo prava Kitajskoj Narodnoj Respubliki, Moskau, 1961, 48 S., hier S. 45–46.

237 Ordnung von 1952 ist inhaltlich wiedergegeben bei POZDNJAKOV (oben Anm. II 234) 1958, S. 114–116; Ordnung von 1954 in russischer Übersetzung: Konstitucija ... 1955 (oben Anm. II 224), S. 221–243.

238 Basic Problems 1958 (oben Anm. II 228), S. 200–324.

239 DEKKERS, in: ENGELBORGHS-BERTELS M., DEKKERS R., Le République populaire de Chine, Bd. 1: L'histoire et le droit, Brüssel, 1963, 227 S. (Centre d'Etude des Pays de l'Est) [Les contrats: S. 188–193].

240 POZDNJAKOV (oben Anm. II 234) 1958, S. 102–119.

241 BELJAKOVA (oben Anm. II 236) 1961, S. 43–48.

242 PFEFFER R. M., The Institution of Contracts in the Chinese People's Republic: China Quarterly (London), April-Juni 1963, S. 153–177 und Juli-September 1963, S. 115–139; PFEFFER R. M., Contracts in China Revisited, With a Focus on Agriculture, 1949–63: China Quarterly, Oktober-Dezember 1966, S. 106–129.

243 HSIAO G. T., The Role of Economic Contracts in Communist China: California Law Review, Jg. 53 (1965), S. 1029–1060; HSIAO G. T., Communist China. Legal Institutions: Problems of Communism, Jg. 14 (1965) No. 2 S. 112–121 (S. 116–118: The Institution of Economic Contracts).

Absatz im Artikel von LEE[244]. Die übrige außerhalb der Volksrepublik China erschienene Literatur ist für das hier interessierende Verhältnis von Plan, Planakt und Vertrag wenig ergiebig. Eine Orientierung über das Gebiet der Planung und Wirtschaftsverwaltung bieten einige Sammelwerke[245] und Aufsätze[246].

d) Jugoslawien

Eine andere, von den bisherigen Lösungen wesentlich abweichende Regelung des staatlichen Einflusses auf die Güterbewegung hat als einziges sozialistisches Land Jugoslawien entwickelt. Sie zeigt, daß auch im Rahmen einer sozialistischen Wirtschaft eine Alternative zum sowjetischen Modell theoretisch denkbar[247] und praktisch zu verwirklichen ist. Das Bemerkenswerte an der jugoslawischen Lösung ist, daß sie eine marktwirtschaftlich orientierte Warenzirkulation mit dem gesellschaftlichen Eigentum an den Produktionsmitteln verbindet und zugleich am Grundsatz einer planmäßigen Entwicklung der Volkswirtschaft festhält. Hierauf beruht ihre Eigenständigkeit. Damit unterscheidet sie sich vom „administrativen Sozialismus" sowjetischer Prägung auf der einen Seite[248] und von

---

[244] LEE L., Chinese Communist Law. Its Background and Development: Michigan Law Review, Jg. 60 (1962) S. 439–472, hier S. 471.

[245] Contemporary China: Economic and Social Studies. Documents, Bibliography, ..., E. S. KIRBY, Editor, Hong Kong, Bd. 1 ff. (1955 ff.); CHAO, KUO-CHÜN, Economic Planning and Organization in Mainland China. A Documentary Study (1949–1957), Cambridge, 1959–1960, Bd. 1, 273 S.; Bd. 2, 184 S.; National Policy Machinery in Communist China, in: Report of the Committee on Government Operations United States Senate, 86th Congress 2d Session, Washington, D. C., 1960, S. 19–26; HANDKE W., in: Die Wirtschaftssysteme der Staaten Osteuropas und der Volksrepublik China (oben Anm. II 113), 1962, Bd. 2, S. 447–510; GINSBURGH V., La République populaire de Chine, Bd. 2: La planification et la croissance économique 1949–1959, Brüssel, 1963, 188 S. (Centre d'Etude des Pays de l'Est); CHANG, TSUNG-TUNG, Die chinesische Volkswirtschaft. Grundlagen, Organisation, Planung, Köln, 1965, 193 S.; PERKINS D. H., Market Control and Planning in Communist China, Cambridge, Mass., 1966, 304 S.; DONNITHORNE A., China's Economic System, London, 1967, 592 S.

[246] CHANG Y., Industrial Administration in Communist China: Western Political Quarterly, Jg. 9 (1956) S. 850–872; KIRBY E. S., Economic Planning in Communist China: Far Eastern Economic Review (Hong Kong), 1957 S. 737–741; ECKSTEIN A., Economic Planning, Organization and Control in Communist China: Current Scene. Developments in Mainland China (Hong Kong), Jg. 4 (1966) No. 21 S. 1–13.

[247] Ein autoritatives Dokument zur theoretischen Begründung der jugoslawischen Konzeption stellt das „Programm des Bundes der Kommunisten Jugoslawiens" von 1958 dar (deutsche Ausgabe: Belgrad, 1958), fortan zitiert: Programm von 1958.

[248] Im Programm von 1958 heißt es: „Die planmäßige Wirtschaft ... soll nicht bedeuten, daß die gesamte Gesellschaft in einen Mechanismus verwandelt werden soll, in dem jedem ausführlich und konkret vorgeschrieben ist, was er zu tun hat" (deutsche Ausgabe [oben Anm. II 247] S. 188).

den marktwirtschaftlichen Systemen des kapitalistischen Typus auf der anderen Seite[249].

Die Umstellung ist in Jugoslawien bekanntlich unter Bedingungen einer politischen Kampfsituation und im Ergebnis einer existenzbedrohenden Auseinandersetzung mit der Sowjetunion erfolgt. Wirtschaftlich hat sie nicht unerhebliche Erschütterungen und Schwierigkeiten zur Folge gehabt. Der Übergang ist aber geglückt und übt eine bemerkenswerte Ausstrahlungskraft auf die übrigen sozialistischen Staaten und auch auf manche Entwicklungsländer aus.

Rechtlich betrachtet, erscheinen insbesondere folgende Merkmale der jugoslawischen Lösung wesentlich:

1. Die Wirtschaftsorganisationen „betreiben ihre Geschäfte auf dem Markt selbständig und frei". So heißt es in Art. 1 des „Gesetzes über die Regelung der geschäftlichen Beziehungen auf dem Markt" von 1962[250]. Gebunden sind sie nur insofern, als eine „ungerechtfertigte Weigerung..., Verträge ... zu schließen", als ein Verstoß gegen „die guten geschäftlichen Sitten" angesehen wird. Für sie besteht also ein partnerseitiger Kontrahierungszwang[251].

Abweichungen vom Grundsatz der Vertragsfreiheit im Geschäftsverkehr der Wirtschaftsunternehmen bestehen ausnahmsweise für enge Bereiche auf Grund besonderer gesetzlicher Vorschriften. Hierzu gehört etwa die „Pflicht-

[249] Auf eine wirtschaftlich und politisch befriedigende Abgrenzung und Definition dieser vielumstrittenen Begriffe muß im Rahmen dieser Arbeit verzichtet werden. Im Zusammenhang mit dem vorliegenden Thema genügt es, wenn von den herkömmlichen, zugegebenermaßen grob vereinfachenden Begriffen der Markt- und Planwirtschaft ausgegangen wird. Vgl. unten nach Anm. IV 325.

[250] Fortan zitiert: Marktgesetz von 1962. Text: Službeni list SFRJ (abgekürzt: Sl. l.) 1962 No. 30 Pos. 401 S. 570, geändert 1962 (Sl. l. 1962 No. 53 Pos. 713 S. 902) und 1965 (Sl. l. 1965 No. 15 Pos. 308 S. 666); deutsche Übersetzung (Auszüge): GRUR Ausl. 1963 S. 545–550; englische Zusammenfassung: New Yugoslav Law 1963 No. 1–3 S. 127; französische Zusammenfasung: Le nouveau droit yougoslave 1963 No. 1–3 S. 140–141.

Das Prinzip der Vertragsfreiheit folgt im übrigen aus der Verfassung von 1963 Art. 9 Ziff. 3 (englische Übersetzung der Verfassung: Belgrad, 1963; französische Übersetzung: Notes et Etudes Doc., No. 3055, 1964; deutsche Übersetzung: Berichte des Osteuropa-Instituts an der Freien Universität Berlin, Heft 59, 1964). Vgl. auch unten bei Anm. II 257.

Das Programm von 1958 bestimmt hierzu: „Der Produzent und das Arbeitskollektiv [müssen] ... über eine höchstmögliche Selbständigkeit ... der Produktion und über bestimmte Fonds des Unternehmens verfügen" (deutsche Ausgabe [oben Anm. II 247], S. 166). „...Ein ... verhältnismäßig freier und gleichzeitig kontrollierter Markt [soll] eines der Instrumente des Gesellschaftsplanes ... sein" (ebd., S. 192).

[251] Marktgesetz von 1962 (oben Anm. II 250) Art. 26; wegen Nichtigkeit von Verträgen siehe Art. 31.

lieferung von Rohstoffen ... und anderen Waren zum Zweck der Sicherstellung ... bestimmter Bedürfnisse von gesamtstaatlicher Bedeutung"[252].

2. Die Unternehmen werden durch einen zivilrechtlichen Gründungsakt errichtet und besitzen eine eigene Rechtspersönlichkeit. Gründer können gesellschaftspolitische Gemeinschaften, Arbeitsorganisationen und andere selbstverwaltende Organisationen sowie Bürger sein[253]. In der Praxis treten gewöhnlich die Gemeinden (Kommunen) als Gründer auf[254]. Die Gründer haben das Vermögen der Organisation zu besorgen (Art. 13). Die Organisationen sind in ihrer Tätigkeit aber nicht an die Anordnungen der Gründer gebunden[255].

3. Die Mittel der Wirtschaftsorganisationen stehen im gesellschaftlichen Eigentum, nicht im Staatseigentum[256]. Die Unternehmen sind berechtigt, selbständig ihre Mittel zu nutzen und über sie zu verfügen[257]. Sie sind aber verpflichtet, die Erneuerung verbrauchter Mittel zu sichern, z. B. durch

---

[252] Gesetz über die Pflichtlieferung von Rohstoffen, Halbfabrikaten und anderen Waren zum Zweck der Sicherstellung der Befriedigung bestimmter Bedürfnisse von gesamtstaatlicher Bedeutung von 1965 (Sl. l. 1965 No. 57 Pos. 934 S. 1887); dazu Beschluß vom 10. Februar 1966 über die Pflichtlieferung von Kupfer u. a. für die Volksarmee (Sl. l. 1966 No. 8 Pos. 82 S. 133).

[253] Verfassung von 1963 (oben Anm. II 250) Art. 13, 15. Grundgesetz über das Unternehmen von 1965 (Sl. l. 1965 No. 17 Pos. 354 S. 813; Berichtigung: No. 20 S. 909), zuletzt geändert 1967 (Sl. l. 1967 No. 31 Pos. 449 S. 893) (fortan zitiert: Unternehmensgesetz von 1965) Art. 1, 4, 123; englische Übersetzung: Collection of Yugoslav Laws, Belgrad, Bd. 13 (1966), S. 15–97 und Bd. 17 (1967) S. 38–53 (mit Änderung von 1967) (Institute of Comparative Law); deutsche Übersetzung: Wiener Quellenhefte zur Ostkunde, Reihe Recht, Jg. 10 (1967) No. 1 Beilage, S. 1–16 und No. 3–4 S. 33–72. Siehe auch: Zbirka propisa o preduzecima, Zagreb, 1965, 327 S.

[254] Pretnar S., Das Unternehmen in Jugoslawien und seine Rechtsstellung: Osteuropa-Recht, Jg. 7 (1961) S. 233–257, hier S. 243.

[255] Marktgesetz von 1962 (oben Anm. II 250) Art. 52; Unternehmensgesetz von 1965 (oben Anm. II 253) Art. 126–127; Gesetz über die Mittel der Wirtschaftsorganisationen von 1953, mehrfach geändert, bereinigter Text von 1961 (Sl. l. 1961 No. 17 Pos. 299 S. 420), zuletzt geändert 1965 (Sl. l. 1965 No. 14 Pos. 284 S. 608; No. 56 Pos. 903 S. 1854), 1966 (Sl. l. 1966 No. 29 Pos. 363 S. 583) und 1967 (Sl. l. 1967 No. 1 Pos. 7 S. 10; No. 7 Pos. 69 S. 160 und No. 31 Pos. 449 S. 893) (fortan zitiert: Gesetz über die Mittel von 1953) Art. 5; englische Übersetzung: Collection of Yugoslav Laws, Belgrad, Bd. 17 (1967) S. 77–110; russische Übersetzung: Konstitucija i osnovnye zakanodatel'nye akty Federativnoj Respubliki Jugoslavii, Moskau, 1956, S. 478–514; französische Zusammenfassung: Le nouveau droit yougoslave 1962 No. 1–2 S. 102–103.

[256] Verfassung von 1963 (oben Anm. II 250) Art. 2; Gesetz über die Mittel von 1953 (oben Anm. II 255) Art. 4. Vgl. Lapenna I., Die Rechtsnatur des gesellschaftlichen Eigentums in Jugoslawien: Osteuropa-Recht, Jg. 8 (1962) S. 216–235.

[257] Verfassung von 1963 Art. 8, 15; Gesetz über die Mittel von 1953 (oben Anm. II 255) Art. 7–8, 96; Unternehmensgesetz von 1965 (oben Anm. II 253) Art. 19.

Einzahlungen in einen Amortisationsfonds[258]. Dem Unternehmen können die Rechte an den gesellschaftlichen Mitteln, die es verwaltet, weder entzogen noch beschränkt werden. Ausnahmen sind nur auf Grund eines Bundesgesetzes und gegen angemessene Entschädigung zulässig[259].

4. Die Handelsunternehmen kaufen und verkaufen die Waren zu Preisen, die sich auf dem Markt bilden[260]. Der „Dienst der gesellschaftlichen Preiskontrolle" kann aber die Preise für bestimmte Waren und Leistungen einer Kontrolle unterwerfen. In diesen Fällen ist eine Preiserhöhung nur in einem gesetzlich vorgeschriebenen Verfahren zulässig[261]. An die Stelle rechtswidrig vereinbarter Preise tritt kraft Gesetzes der kontrollierte Preis[262].

5. Die Wirtschaftsorganisationen treten miteinander in Wettbewerb; hierbei sind sie durch die Vorschriften gegen unlauteren Wettbewerb und gegen Absprachen zur Ausschaltung der freien Konkurrenz gebunden[263]. Bei Zahlungsunfähigkeit sind Zwangsvergleich und Konkurs vorgesehen[264]. Dies ist eine notwendige Konsequenz aus dem Grundsatz der Vertrags- und Wettbewerbsfreiheit.

---

[258] Verfassung von 1963 Art. 11, 15; Gesetz über die Mittel von 1953 (oben Anm. II 255) Art. 65–95; Unternehmensgesetz von 1965 (oben Anm. II 253) Art. 17; Gesetz über die Amortisationssätze für Grundmittel der Wirtschaftsorganisationen von 1963 (Sl. l. 1963 No. 52 Pos. 719 S. 981), zuletzt geändert 1965 (Sl. l. 1965 No. 20 Pos. 391 S. 901 und No. 57 Pos. 938 S. 1892, berichtigt 1966 No. 3 S. 66).

[259] Verfassung von 1963 Art. 15; Gesetz über die Mittel von 1953 (oben Anm. II 255) Art. 9; Unternehmensgesetz von 1965 (oben Anm. II 253) Art. 20, 29.

[260] Marktgesetz von 1962 (oben Anm. II 250) Art. 5; Gesetz über den Warenverkehr und Handelsdienstleistungen von 1965 (Sl. l. 1965 No. 16 Pos. 334 S. 750; Berichtigung: No. 21 S. 982) Art. 55.

[261] Gesetz über die gesellschaftliche Preiskontrolle von 1962 (Sl. l. 1962 No. 23 Pos. 402 S. 575), geändert 1965 (Sl. l. 1965 No. 15 Pos. 309 S. 666) Art. 1, 3–4.

[262] Marktgesetz von 1962 (oben Anm. II 250) Art. 31; Bukljas F., Privredno pravo sa osnovima prava, Zagreb, 1964, S. 12.

[263] Marktgesetz von 1962 (oben Anm. II 250) Art. 15–16, 23–25; über den Wettbewerb jugoslawischer Wirtschaftsorganisationen im Ausland siehe das Gesetz über den Verkehr von Waren und Dienstleistungen mit dem Ausland von 1962 (Sl. l. 1962 No. 27 Pos. 346 S. 493), geändert 1965 (Sl. l. 1965 No. 14 Pos. 279 S. 583); deutsche Übersetzungen: Die jugoslawische Außenwirtschaftsgesetzgebung im Zeichen der Wirtschaftsreform, Köln, 1967, S. 23–61 (Bundesstelle für Außenhandelsinformation, Sonderveröffentlichung ... No. 35); Auszug: GRUR Ausl. 1963 S. 550–552.

Aus der Literatur: Pretnar S., Der Wettbewerb im Rahmen der wirtschaftlichen Struktur Jugoslawiens: Internationaler Wettbewerb (Beilage zu: Wettbewerb in Recht und Praxis) 1960 S. 15–20, 24–26; Pretnar S., Das Wettbewerbsrecht in der neuen Marktordnung Jugoslawiens: GRUR Ausl. 1963 S. 536–545; Jovanović V., Das Verhältnis zwischen Kartellrecht und unlauterem Wettbewerb in Jugoslawien, GRUR Ausl. 1966 S. 188–197.

[264] Gesetz über den Zwangsvergleich und den Konkurs von 1965 (Sl. l. 1965 No. 15 Pos. 319 S. 703).

6. Die Wirtschaftsorganisationen sind berechtigt, sich zu Vereinigungen zusammenzuschließen. Dieses Recht ist durch das Verbot des Monopolmißbrauchs beschränkt[265].

Über diesen, für einen Wirtschaftler stalinscher Prägung unerhörten Neuerungen dürfen die fortbestehenden planwirtschaftlichen Elemente nicht übersehen werden. Nur eine Zusammenschau der (bisher für unvereinbar gehaltenen) Wirtschaftsprinzipien gestattet es, die charakteristischen Züge der jugoslawischen Lösung zu erkennen. In rechtlicher Hinsicht sind vor allem folgende Mittel der Wirtschaftslenkung von Bedeutung:

1. Die Wirtschaftsorganisationen haben einen Teil ihres Gewinnes an gesellschaftliche Investitionsfonds abzuführen[266]. Daneben sind auch Steuern zu entrichten.

2. Investitionen erfordern die Inanspruchnahme von Kredit. Als Kreditquelle kommen vor allem die Investitionsfonds des Bundes, der Länder und der Gemeinden in Betracht, die regelmäßig von den Banken verwaltet werden. Die Banken geben den Verwendungszweck der Investitionsfonds in öffentlichen Ausschreibungen bekannt und entscheiden über die Kreditanträge der Bewerber[267]. Hierdurch werden die Unternehmen (wirtschaft-

---

[265] Verfassung von 1963 (oben Anm. II 250) Art. 19, 30; Gesetz über die Zusammenschlüsse und geschäftliche Zusammenarbeit in der Wirtschaft von 1960 (Sl. l. 1960 No. 28 Pos. 404 S. 585) mit nachfolgenden Änderungen, zuletzt 1965 (Sl. l. 1965 No. 10 Pos. 160 S. 275; Berichtigung: No. 24 S. 1063) und 1967 (Sl. l. 1967 No. 31 Pos. 450 S. 894); englische Übersetzung (Auszüge): Collection of Yugoslav Laws, Belgrad, Bd. 17 (1967) S. 53–76; englische Zusammenfassung: New Yugoslav Law 1961 No. 1 S. 169; französische Zusammenfassung: Le nouveau droit yougoslave 1961 No. 1–3 S. 175–176. Aus der Literatur: Pretnar S., Das Recht der wirtschaftlichen Zusammenschlüsse in Jugoslawien: GRUR Ausl. 1959 S. 590–596.

[266] Gesetz über die Beiträge aus dem Ertrag der Wirtschaftsorganisationen von 1961 (Sl. l. 1961 No. 8 Pos. 61 S. 96); Gesetz über die Mittel von 1953 (oben Anm. II 255) Art. 13–24. Nachweis weiterer Vorschriften: Registar pravnih propisa ... 1945–1965, zusammengestellt von M. Mihailović und M. Plazinić, Belgrad, 1966, S. 315–322.

[267] Aus der Bankgesetzgebung: Gesetz über Banken und Kreditgeschäfte von 1965 (Sl. l. 1965 No. 12 Pos. 211 S. 392), geändert 1965 (Sl. l. 1965 No. 29 Pos. 492 S. 1166) und 1966 (Sl. l. 1966 No. 4 Pos. 42 S. 72 und No. 26 Pos. 277 S. 460); deutsche Übersetzung: Die jugoslawische Außenwirtschaftsgesetzgebung ... (oben Anm. II 263) 1967, S. 97–160; deutsche Zusammenfassung: Wiener Quellenhefte für Ostkunde, Reihe Recht, Jg. 8 (1965) S. 180–184. Vgl. die Gesetzessammlung: Bankarski i kreditni sistem Jugoslavije. Zbirka propisa, Belgrad, 1965, 483 S.

Aus der Literatur: Vučković M., Investitionsfinanzierung in Jugoslawien, in: Beiträge zum Bank- und Devisenrecht in Südosteuropa, München, 1965, S. 44–48 (Südosteuropa-Studien, Bd. 8); Reform of the Credit and Banking System: Yugoslav Survey, Jg. 6 No. 22 (1965) S. 3215–3236; Einführung, in: Die jugoslawische Außenwirtschaftsgesetzgebung ... (oben Anm. II 263) 1967, S. 14–20.

lich) gezwungen, ihre Investitionspläne den öffentlichen Investitionszwecken anzupassen. Rechtlich sind sie in der Investitionsplanung frei[268].

3. Die Wirtschaftsorganisationen sind verpflichtet, ihre Geldmittel in einer bankähnlichen Anstalt, dem „Dienst der gesellschaftlichen Buchhaltung" zu halten. Zahlungen sind ausschließlich über diesen Dienst zu leisten[269]. Dieses (auch in der Sowjetunion praktizierte) System der Zwangskontenführung ermöglicht eine lückenlose Finanzkontrolle[270].

4. Die Unternehmen legen ihre Betriebspläne und Arbeitsprogramme zwar selbständig fest[271]; ihre Entscheidung wird aber – mindestens mittelbar – durch die Gesellschaftspläne des Bundes, der Republiken usw. berührt[272]. Diese staatlichen Pläne bestimmen die Proportionen der Wirtschaftsentwicklung und werden durch jährliche Planvorschriften konkretisiert[273]. Über die Rechtsnatur der Pläne und ihren Rechtsnormcharakter besteht in Jugoslawien keine Einigkeit[274]. Fest steht, daß es sich nicht um Verwaltungsakte handelt. Sie äußern für die einzelnen Wirtschaftsorganisationen keine unmittelbar verpflichtenden Wirkungen. Entsprechend vorsichtig ist Art. 3 des Marktgesetzes von 1962 formuliert. Dort heißt es,

---

[268] Unternehmensgesetz von 1965 (oben Anm. II 253) Art. 18, 22; vgl. Grundgesetz über den Bau von Investitionsobjekten von 1961 (Sl. l. 1961 No. 45 Pos. 667 S. 925), geändert 1965 (Sl. l. 1965 No. 5 Pos. 36 S. 70).

[269] Verfassung von 1963 (oben Anm. II 250) Art. 31; Gesetz über die Buchhaltung der Wirtschaftsorganisationen von 1965 (Sl. l. 1965 No. 12 Pos. 215 S. 416) sowie Gesetz über die gesellschaftliche Buchhaltung von 1959, bereinigter Text von 1962 (Sl. l. 1962 No. 39 Pos. 539 S. 701), und 1965 (Sl. l. 1965 No. 23 Pos. 423 S. 1005). Im Programm von 1958 heißt es dazu: „Das Finanz- und Kreditsystem stellen mit den übrigen Mitteln der wirtschaftlichen Intervention einen Bestandteil der planmäßigen Ausrichtung der Wirtschaft dar" (deutsche Ausgabe [oben Anm. II 247], S. 187).

[270] Vgl. oben bei Anm. II 234 und unten bei Anm. IV 334.

[271] Unternehmensgesetz von 1965 (oben Anm. II 253) Art. 22.

[272] Verfassung von 1963 (oben Anm. II 250) Art. 26. Das Programm von 1958 bestimmt hierzu: „Die Pläne der Unternehmen [werden] ... im Rahmen ... der durch den Gesellschaftsplan vorgesehenen Maßnahmen aufgestellt... Die Unternehmen müssen in ihren Plänen selbständig die ... Beschlüsse über die Produktion und den Umsatz, über die Fonds, Investitionsanlagen, Kapazitätsausnützung, über die ... Erneuerung ... der Produktionsmittel, über das ... Einkommen der Arbeiter ... fassen" (deutsche Ausgabe [oben Anm. II 247], S. 188).

[273] Vgl. das Dekret über den Gesellschaftsplan (des Bundes) von 1965 (Sl. l. 1965 No. 5 Pos. 30 S. 33) und das Gesetz über wirtschaftsplanmäßige Maßnahmen im Jahre 1965 (Sl. l. 1965 No. 5 Pos. 31 S. 45; Berichtigung: No. 8 S. 201).

[274] Vgl. MILIJEVIĆ D., ANTONIJEVIĆ Z., Organizacija i upravljanje privrednim organizacijama, Belgrad, 1958, S. 30; PRETNAR S., Gospodarsko pravo FLRJ, Ljubljana, Bd. 2, 1962, S. 24.

daß die wirtschaftlichen Organisationen „in ihrer geschäftlichen Tätigkeit auf dem Markt die geltenden Vorschriften und Richtlinien der gesellschaftlichen Pläne ... beachten" müssen.

5. Die Tätigkeit der Wirtschaftsorganisationen ist im übrigen auf den Zweck des Unternehmens beschränkt. Die Unternehmen dürfen nur solche Geschäfte vornehmen, die zu ihrer registrierten „Grundtätigkeit" gehören[275].

Für das Gebiet des hier interessierenden Verhältnisses zwischen Plan und Vertrag ergibt sich aus dieser (allzu kurzen) Übersicht, daß der Plan nicht in individuelle und rechtsverbindliche Planakte transformiert wird, welche auf die Verträge der Wirtschaftseinheiten einwirken. Der Plan hat also keinen Einfluß auf die Geschäftsbeziehungen zwischen den einzelnen Wirtschaftsorganisationen[276]. Soweit den Unternehmen durch wirtschaftslenkende Maßnahmen Beschränkungen auferlegt werden, wirken sie sich im eigenen Betrieb, nicht aber im Verhältnis zu Dritten – etwa gegenüber den Vertragspartnern der Unternehmen – aus.

Außerhalb Jugoslawiens ist zum jugoslawischen Vertragsrecht ein Aufsatz von GOLDŠTAJN[277], im übrigen aber wenig veröffentlicht worden[278]. Aus der Literatur über Fragen der Planung in Jugoslawien sei auf die Arbeiten von SIROTKOVIĆ verwiesen[279]. In Englisch liegen Abhandlungen von WATER-

---

[275] Unternehmensgesetz von 1965 (oben Anm. II 253) Art. 157, 159. Aus der Literatur: ROSINA A., Umfang der Rechtsfähigkeit der Unternehmen: WGO 1964 S. 334 bis 350; GROZDANIĆ S., Administrative Management of Public Enterprises in Yugoslavia: Revue internationale des sciences administratives, Jg. 32 (1966) S. 43–57.

[276] ILIĆ A., Privredno pravo FNRJ, Sarajevo, 1959, S. 25–32; ähnlich bereits: BALOG N., Poslovi privrednog prava, Belgrad, 1952, S. 13–14.

[277] GOLDŠTAJN A., The Law of Sales in Yugoslavia, in: Law in Eastern Europe, Leiden, No. 14 (1967) S. 125–196. Professor GOLDŠTAJN war 1947–1959 Präsident des Obersten Wirtschaftsgerichtshofes in Belgrad und ist jetzt Vizepräsident der Außenhandels-Arbitragekommission in Belgrad sowie Dekan der Rechtswissenschaftlichen Fakultät in Zagreb.

[278] V. KAPOR (Novi Sad) hat auf der 8. Französisch-jugoslawischen Juristentagung 1965 über das Verhältnis von Vertrag und Plan in Jugoslawien referiert. Hierüber berichtet G. DURRY in Rev. int. dr. comp., Jg. 17 (1965) S. 943–947. Vgl. auch FINZGAR A., Die grundlegenden Neuerungen des jugoslawischen Zivilrechts: Juristische Blätter 1965 S. 134–141, hier S. 139–140; SCHWEISSGUTH E., Handelsusancen im Handelsvertragsrecht der SFR Jugoslawien: JbOstR, Jg. 5 (1964) No. 2 S. 187–211.

[279] SIROTKOVIĆ J., Problemi privrednog planiranja u Jugoslaviji, Belgrad, 1961, 413 S. (maschr. vervielf.); SIROTKOVIĆ J., Planiranje narodne privrede u jugoslavenskom sistemu samoupravljanja, Zagreb, 1966, 240 S.; siehe auch: JELIĆ B., Sistem planiranja u jugoslovenskoj privredi, Belgrad, 1962, 266 S.

STON[280], DABCEVIC-KUCAR[281], MACESICH[282], DJORDJEVIC[283], in Französisch von CAIRE vor[284]. Das Schrifttum zur Wirtschaftsordnung Jugoslawiens in westlichen Sprachen ist umfangreich[285]. Es erlaubt auch einen Einblick in die Wirtschaftsbeziehungen auf Unternehmensebene[286].

280 WATERSTON A., Planning in Yugoslavia, Baltimore, 1962 (mit einer Bibliographie auf S. 106–109).

281 DABCEVIC-KUCAR, Decentralized Socialist Planning: Yugoslavia, in: Planning Economic Development, EVERETT E. HAGEN, Editor, Homewood, Ill., 1963, S. 183–218 (mit Bibliographie auf S. 215–216).

282 MACESICH G., Yugoslavia. The Theory and Practice of Development Planning, Charlottesville, 1964, 227 S.

283 DJORDJEVIC J., Political and Legal Aspects of Planning in Yugoslavia: Rev. Contemp. L., Jg. 12 (1965) No. 2 S. 51–61.

284 CAIRE G., Techniques et problèmes de la planification yougoslave, in: CHAMBRE H., CAIRE G., Planification, régions et calculs économiques, Paris, 1962, S. 109–174 (Cahiers de l'Institut de science économique appliquée, Série G No. 16). Siehe auch: La planification yougoslave: Notes et Etudes Doc., No. 2929, 1962.

285 Siehe etwa: PEJOVICH S., The Market-Planned Economy of Yugoslavia, Minneapolis, 1966, 160 S. und aus der deutschsprachigen Literatur: MEIER V., Das neue jugoslawische Wirtschaftssystem, Zürich, 1956, 216 S.; WESSELY K., Jugoslawien, in: Die Wirtschaftssysteme der Staaten Osteuropas und der Volksrepublik China (oben Anm. II 113), Bd. 2, 1962, S. 327–445; DOBIAS P., Grundlagen des jugoslawischen Wirtschaftssystems, Weltwirtschaftliches Archiv, Bd. 99 (1967) S. 316–346.

286 TEICHERT J., Die kollektive Selbstverwaltung der Betriebe im Rahmen der Arbeiterselbstverwaltung in Jugoslawien, Rechtswiss. Diss., Universität Köln, 1959, 233 S.; SCHLEICHER H., Das System der betrieblichen Selbstverwaltung in Jugoslawien, Berlin, 1961, 465 S.; TECHTMANN W., Ansätze eines Mitbestimmungsrechts im kommunistischen Bereich, Wirtschafts- und sozialwiss. Diss., Universität Köln, 1962, S. 22–60; LEMAN G., Stellung und Aufgaben der ökonomischen Einheiten in den jugoslawischen Unternehmungen, Berlin, 1967, 141 S.

III. Mittel der Vertragsgestaltung

Das Bild des hoheitlich gestalteten Vertrages, wie er uns in dem Recht der sozialistischen Staaten, aber auch in dem Recht der Bundesrepublik Deutschland entgegentritt, zeigt nur wenig verwandte Züge mit dem Vertrag, der uns aus den geltenden Gesetzbüchern des Zivilrechts vertraut ist. Ja noch mehr: der hoheitlich gestaltete Vertrag verkehrt die freie Vereinbarung der Partner – nach herkömmlicher Auffassung das Kernstück eines Vertrages – geradezu in sein Gegenteil. An die Stelle der Vertragsfreiheit tritt der Vertragszwang. Damit scheint das Wesen des Vertrages negiert, der Begriff seines Inhalts beraubt zu sein. Es fehlen nicht Stimmen in der rechtswissenschaftlichen Lehre, die diese Aushöhlung des überkommenen Vertragsbegriffs mit Besorgnis oder gar mit Entrüstung feststellen.

Das Gefühl des Protestes enthebt uns aber nicht der Aufgabe, eine rechtssystematische Eingliederung des hoheitlich gestalteten Vertrages in die geltende Rechtsordnung anzustreben. Es handelt sich hierbei nicht nur um ein rechtstheoretisches Anliegen, sondern zugleich um eine praktische Notwendigkeit. Eine Eingliederung ist erforderlich, um eine sachgerechte Entscheidung über die Anwendbarkeit des Vertragsrechts zu treffen. In diesem Zusammenhang gewinnt auch die Frage nach der Vertragsqualität des hoheitlich gestalteten Vertrages an Bedeutung. Die bunte Vielfalt der hoheitlich gestalteten Verträge mit ihren verschiedenen Spielarten in den einzelnen Wirtschaftsordnungen steht einer Systematisierung nur scheinbar entgegen. Bei näherer Betrachtung lassen sich eine Reihe wiederkehrender Erscheinungsformen und Gestaltungsprinzipien erkennen.

1. KRITERIEN FÜR EINE SYSTEMATISIERUNG

Eine Systematik der hoheitlich gestalteten Verträge kann unter verschiedenen Gesichtspunkten versucht werden. Es bietet sich zunächst eine *„interne"* Gliederung der hoheitlich gestalteten Verträge an, also eine Unterscheidung nach den Mitteln und dem Zweck hoheitlicher Vertragseinwirkung. Eine solche Gliederung würde die nicht hoheitlich gestalteten Verträge außer acht lassen. Sie würde über Stellung und Eigenart dieses Rechtsinstituts im Gesamtsystem der Verträge (und darüber hinaus der Schuldverhältnisse) daher nichts auszusagen vermögen. Hierauf kommt es aber an, will man sich über Wesen und Berechtigung des hoheitlich gestalteten Vertrages Klarheit verschaffen.

Es scheint daher fruchtbarer, den hoheitlich gestalteten Vertrag in einen umfassenderen Rahmen einzuordnen und eine Gliederung unter Gesichtspunkten vorzunehmen, die auch für andere Arten der Vertragsgestaltung von Bedeutung sein können. Eine solche *„externe"* Betrachtungsweise hebt die Konturen der hoheitlichen und der privaten Gestaltungsformen, ihre Eigenheiten, aber auch ihre Gemeinsamkeiten, stärker hervor. Die gewonnenen Ergebnisse können zugleich der Diskussion um Verträge und andere Rechtsbeziehungen zugute kommen, die ebenfalls vom Modellfall des frei ausgehandelten, auf beiderseitiger Willensübereinstimmung beruhenden und rechtsgeschäftlich vereinbarten Vertrages abweichen. Hierzu gehören etwa die Schuldverhältnisse aus sozialtypischem Verhalten, die sogenannten Anschlußverträge, die auf Grund Allgemeiner Geschäftsbedingungen geschlossenen Verträge, die Anstaltsnutzungsverhältnisse usw.

Die hier vorgeschlagene Systematik verwendet Kategorien des Zivilrechts. Ihr Zweck ist es, den hoheitlich gestalteten Vertrag als Teil der geltenden Rechtsordnung zu erfassen und ihn in eine Beziehung zu anderen Schuldverhältnissen und damit auch zur traditionellen Vertragsordnung zu setzen[1].

Als ein gemeinsamer, die Gesamtheit aller Vertragstypen umspannender Gesichtspunkt erscheint der bereits mehrfach verwendete Begriff der

---

[1] Über Schuldverhältnisse aus sozialtypischem Verhalten siehe unten bei Anm. III 61 und Anm. IV 307, über Anschlußverträge bei Anm. I 116, über Allgemeine Geschäftsbedingungen bei Anm. III 68, über Anstaltsnutzungsverhältnisse bei Anm. III 46, über die richterliche Korrektur von Standardverträgen in Anm. III 255, über Anschlußverträge in der außer-sowjetischen Literatur u. a.: Tedeschi G., Hecht A. W., Les contrats d'adhésion en tant que problème de législation: Rev. int. dr. comp., Jg. 12 (1960), S. 574 bis 592; Lenhoff A., Contracts of Adhesion and the Freedom of Contract. A Comparative Study in the Light of American and Foreign Law: Tulane Law Review, Jg. 36 (1961–1962) S. 481–496; Wilson N. S., Freedom of Contract and Adhesion Contracts, Int. Comp. L. Q., Jg. 14 (1965) S. 172–193; Schröder G., Der Contrat d'adhésion und der Schutz des Adherenten vor unbilligen allgemeinen Geschäftsbedingungen im deutschen und französischen Recht, Rechtswiss. Diss., Universität Göttingen, 1967, XIII, 115 S.; Schmidt-Salzer J., Die „contrats d'adhésion" und die sog. Unterwerfung unter Allgemeine Geschäftsbedingungen, AcP Bd. 167 (1967) S. 504–514, sämtliche mit weiteren Nachweisen.

„Vertragsgestaltung". Mit diesem Ausdruck wird die Begründung, inhaltliche Bestimmung, Änderung und Aufhebung eines Vertrages oder vertragsähnlichen Schuldverhältnisses, kurz jede rechtlich erhebliche und auf ein konkretes Vertragsverhältnis gerichtete Einwirkung durch die Vertragspartner oder Dritte verstanden[2].

Die Tatsache, daß der Ausdruck Gestaltung auch im Zusammenhang mit dem einseitigen Gestaltungsrecht der Kündigung, Aufrechnung, Anfechtung usw. gebraucht wird, entzieht dem hier vorgeschlagenen Begriff nicht seine Existenzberechtigung. Wenn bereits die einseitige Einwirkung eines Vertragspartners ein Vertragsverhältnis „gestaltet", kann auch die einseitige Einwirkung eines Hoheitsträgers auf ein Vertragsverhältnis als Gestaltung aufgefaßt werden. Erst recht stellt die beiderseitige übereinstimmende Begründung, Inhaltsbestimmung und Beendigung von Vertragsverhältnissen eine Gestaltung dar. Eine Verwechslungsgefahr mit den einseitigen Vertragsgestaltungsmitteln besteht nicht.

Der hier verwendete Gestaltungsbegriff ist (im Gegensatz zum einseitigen Gestaltungsrecht) nicht auf die Einwirkung auf bereits vorhandene Schuldverhältnisse beschränkt. Er ergreift auch die Entstehung von Schuldverhältnissen. Hiermit und mit der Verschiedenartigkeit der Gestaltungskräfte hängt es zusammen, daß die Grundsätze, welche für einseitige Gestaltungsgeschäfte gelten (z. B. Bedingungsfeindlichkeit und Ausschluß der schwebenden Unwirksamkeit), auf den erweiterten Gestaltungsbegriff nicht passen[3].

Geht man vom Begriff der Vertragsgestaltung aus, so kann nach den Subjekten, Bereichen und Mitteln der Vertragsgestaltung unterschieden werden.

a) Abstrakte Vertragsregelung

Zur Frage der Subjekte der Vertragsgestaltung ist eine Vorbemerkung über die Rolle des Gesetzes als vertragsgestaltender Faktor am Platz. Das Gesetz ist es, das den Vertrag als Instrument des Rechtsverkehrs zuläßt. Es stellt die Grundlage für alle Vertragsgestaltungen dar, mögen sie durch rechtsgeschäftliche Erklärungen vorgenommen werden, das Ergebnis eines tatsächlichen Verhaltens der Parteien sein oder auf der Einwirkung von Staatsorganen beruhen. In diesem Sinne kann gerade das Gesetz als eine vertragsgestaltende Kraft verstanden werden[4]. Das Gesetz gestaltet Ver-

---

[2] Einen engeren Gestaltungsbegriff, der nur die Inhaltsfestsetzung erfaßt, verwendet HUBER 1953, Bd. 1, S. 79.

[3] Zum Gestaltungsrecht siehe neuerdings vor allem BÖTTICHER 1964.

[4] So betrachtet z. B. REINHARDT das Gesetz als eine der „Gestaltungskräfte" des

träge und Vertragsverhältnisse aber nur *abstrakt*. Es stellt allgemeine Regeln auf, die für eine unbestimmte Anzahl von Verträgen in gleicher Weise und unmittelbar gelten sollen. Das Gesetz kann z. B. für den Abschluß von Verträgen eine Form oder eine behördliche Genehmigung vorschreiben. Es kann auch zwingende Vorschriften über den Vertragsinhalt (etwa BGB § 276 II) enthalten. Aber nicht diese „abstrakte" Vertragsgestaltung ist hier gemeint. Sie steht über den Einzelverträgen und wird nicht Vertragsinhalt[5]. Gegenstand unserer Untersuchung ist demgegenüber die *konkrete*, d. h. individuelle Vertragsgestaltung, sei es durch die Vertragspartner oder durch eine Verwaltungs- oder Justizbehörde.

Im Interesse einer Unterscheidung soll die gesetzliche (abstrakte) Einwirkung auf Verträge fortan „Vertragsregelung", die individuelle (konkrete) Einwirkung dagegen „Vertragsgestaltung" genannt werden.

Die Grenzziehung kann Schwierigkeiten bereiten, wenn Elemente der Vertragsregelung und Vertragsgestaltung zusammentreffen. Die „Normierung" des Vertragsinhalts durch einen der Vertragspartner gehört zur Vertragsgestaltung, und zwar selbst dann, wenn sie in einer unbestimmten Zahl von Verträgen dieses Partners zur Anwendung kommen, wie etwa Allgemeine Geschäftsbedingungen. Das gilt auch, wenn die Allgemeinen Geschäftsbedingungen staatlich genehmigt werden. Das trifft z. B. für die Allgemeinen Versicherungsbedingungen zu[6]. Die Allgemeinen Deutschen Spediteurbedingungen stellen demgegenüber eine bloße Empfehlung dar[7]. Die Allgemeinen Geschäftsbedingungen gelten, auch wenn sie genehmigt sind, nicht unmittelbar, etwa kraft Gesetzes. Sie müssen vielmehr stets in die Einzelverträge übernommen werden. Eine normierte Wirkung tritt dagegen durch die Allgemein-Verbindlichkeitserklärung von Tarifverträgen ein[8]. Der normative Teil des Tarifvertrages gilt also unmittelbar und abstrakt wie ein Gesetz, so daß es einer Übernahme seines Inhalts

---

Vertrages: REINHARDT 1957, S. 120–121. Siehe andererseits HUBER 1953, Bd. 2 S. 307. Vgl. dazu NIPPERDEY 1924, S. 138. Insgesamt vgl. unten bei Anm. II 281.

[5] Aus der deutschen Literatur vgl. hierzu u. a. VOLKMAR D., Allgemeiner Rechtssatz und Einzelakt, 1962, 273 S. (Schriften zum öffentlichen Recht, Bd. 8).

[6] Aus der Literatur siehe insbesondere MÖLLER 1962, S. 319.

[7] Sie wurden von den beteiligten Wirtschaftsgruppen ausgearbeitet (KRIEN E., HAY E., Die Allgemeinen deutschen Spediteurbedingungen [ADSp.], Kommentar, Berlin, 1959, S. 63 Anm. 1). Die 1939 vom damaligen Reichsverkehrsministerium angeordnete Verbindlichkeit der ADSp. ist heute gegenstandslos, da sie sich nur an die Mitglieder der heute nicht mehr bestehenden Reichsverkehrsgruppe Spedition richtete. Vgl. BGH (1953), Versicherungsrecht 1954 S. 163.

[8] Tarifvertragsgesetz von 1949 i. d. F. des Bundesgesetzes von 1952 (BGBl. I 19), §§ 1, 4–5. Aus der jüngsten Literatur u. a. SPANNER, DÖV 1965 S. 154–158.

in die einzelnen Arbeitsverträge nicht bedarf. Die tarifvertraglichen Aspekte hoheitlicher Vertragsgestaltung bleiben in dieser Arbeit außer Betracht.

Eine weitere Einschränkung zur Klärung des Begriffs der Vertragsgestaltung ist erforderlich. Ein Vorgang, dessen Funktion sich darin erschöpft, eine im Gesetz vorgesehene Voraussetzung für die *Wirksamkeit* des Vertrages zu schaffen (oder negativ ausgedrückt: eine Unwirksamkeit auszuschließen), ohne selbst das Rechtsverhältnis zu begründen, inhaltlich zu bestimmen, zu ändern oder zu beenden, ist keine „Gestaltung" in dem hier verstandenen Sinne. Ein Beispiel wären die zwingend vorgeschriebene staatliche Genehmigung von Verträgen[9].

b) Konkrete Vertragsgestaltung

Als Subjekte der individuellen Vertragsgestaltung treten in erster Linie die Vertragspartner auf. Daneben erscheinen als Subjekte der Vertragsgestaltung auch Verwaltungsbehörden und Justizorgane, soweit sie zu einer gestaltenden Einwirkung auf Verträge befugt sind. Im Rahmen einer Vertragsvereinbarung können schließlich auch Dritte Subjekte der Vertragsgestaltung sein, z. B. auf Grund von § 317 BGB. Der hier folgenden Systematik wird eine Aufteilung der Vertragsgestaltung nach Subjekten zugrunde gelegt. Die Unterscheidung zwischen partnerseitiger und hoheitlicher Vertragsgestaltung wird ihrerseits nach den Mitteln der Vertragsgestaltung untergliedert.

Die einzelnen *Bereiche* der Vertragsgestaltung (Begründung, Inhaltsbestimmung und Abwicklung sowie ein- oder mehrseitige Verbindlichkeit der Gestaltung) werden im Zusammenhang mit den Mitteln der Vertragsgestaltung erörtert.

Für eine Erfassung der hoheitlich gestalteten Verträge ist eine Klassifizierung der Verträge nach den *Mitteln* der Vertragsgestaltung wesentlich. Überblickt man die in den verschiedenen Rechtsordnungen zur Anwendung kommenden Vertragstypen und sucht man sie danach zu ordnen,

---

[9] Genehmigungen sind z. B. vorgesehen im Grundstücksverkehrsgesetz von 1961 (BGBl. I 1091), in der Interzonen-Handelsverordnung von 1951 (BGBl. I 463), im Gesetz über den Binnenschiffsverkehr von 1953 (BGBl. I 1453). Aus der Literatur: KIECKEBUSCH K., Die öffentlich-rechtliche Genehmigung privater Rechtsgeschäfte: Verwaltungsarchiv, Jg. 57 (1966) S. 17–63, 162–174; THIELE W., Die Zustimmungen in der Lehre vom Rechtsgeschäft, Köln, 1966, S. 54–55.

durch welche Rechtsvorgänge sie begründet, inhaltlich bestimmt und abgewickelt werden, so zeigt sich, daß das Ergebnis der Vertragsgestaltung letztlich auf drei Grundformen zurückgeführt werden kann. Es sind dies: autonomer Vertrag, Nachvertrag und Vertragsersatz. Der autonome Vertrag beruht auf Parteiautonomie, die anderen zwei Vertragsarten beruhen auf Vertragszwang. Die Begriffe „Nachvertrag" und „Vertragsersatz" bedürfen der Erläuterung, und zwar nicht nur, weil es sich um vereinfachende Kurzbezeichnungen handelt, sondern auch, weil sie in diesem Zusammenhang und in dieser gegenseitigen Zuordnung bisher nicht verwendet worden sind.

(1) Der *autonome Vertrag* ist das herkömmliche Mittel der Vertragsgestaltung. Die Vertragsgesetzgebung wohl aller Rechtsordnungen geht von ihm als Normalfall aus. Das Recht zur autonomen Vertragsgestaltung steht allein den Vertragspartnern zu. Vertragsautonomie in einem *weiteren* Sinne bedeutet, daß die Vertragspartner die Vertragsgestaltung ohne die rechtliche Einwirkung Dritter vornehmen. Der Fall einer von beiden Vertragsparteien autonom vereinbarten Drittgestaltung des Vertrages (etwa auf Grund von § 317 BGB) beruht ebenfalls auf der Vertragsautonomie der Parteien und braucht aus diesem Begriff nicht ausgeklammert zu werden. Es handelt sich gleichsam um eine blanko abgegebene Vertragserklärung der Partner, die von einem Dritten ausgefüllt wird[10]. In einem *engeren* Sinne setzt Vertragsautonomie voraus, daß die Vertragspartner auch im Verhältnis zueinander autonom handeln, die Vertragsgestaltung also nicht einseitig von einem Vertragspartner zu Lasten des anderen vorgenommen wird. Die Abgrenzung zwischen Nachvertrag und Vertragsersatz gewinnt an Schärfe und Aussagekraft, wenn der engere Begriff der Vertragsautonomie zugrunde gelegt wird. Das geschieht im folgenden.

(2) Der *Vertragszwang* beschränkt die Vertragsautonomie. Ein Vertragszwang kann den Vertragspartnern von einem Hoheitsträger in Form eines Verwaltungs- oder Justizaktes auferlegt werden. Vertragszwang kann aber auch von einem Vertragspartner im Verhältnis zum anderen Partner ausgeübt werden. Ein Zwang, der unmittelbar aus dem Verhalten des Belasteten selbst herrührt (etwa aus rechtsgeschäftlicher Verpflichtung), scheidet aus dem Begriff des Vertragszwanges aus. Es muß sich um willensfremden Zwang handeln. Aus diesem Grunde beruht auch eine durch

[10] Setzt eine Behörde einen Preis auf Grund einer Parteivereinbarung nach § 317 fest, ist dies kein Verwaltungsakt: EYERMANN E., FRÖHLER L., Verwaltungsgerichtsordnung, Kommentar, München, Berlin, 4. Aufl., 1965, § 42 Anm. 26 S. 187.

Motivirrtum ausgelöste Vertragserklärung nicht auf „willensfremdem Vertragszwang“ [11].

Ein wesentliches Merkmal des Vertragszwanges ist, daß er den Vertrag (teilweise oder ganz) in einer für einen oder beide Vertragspartner verbindlichen Weise vorgestaltet oder gestaltet. Die Vorgestaltung erfordert einen Nachvertrag, die Gestaltung tritt als Vertragsersatz in Erscheinung.

aa) Nachvertrag

Liegt eine verbindliche Vorgestaltung vor, muß der Vertrag in einer dem Vertragszwang entsprechenden Weise nachvollzogen werden. Das geschieht durch Vereinbarung eines Nachvertrages. Der einem Nachvertrag vorangehende Vertragszwang stellt also ein vollzugsbedürftiges und damit nur mittelbares Vertragsgestaltungsmittel dar.

Der hier vorgeschlagene Ausdruck „Nachvertrag“ erinnert sprachlich an den „Vorvertrag“. Vor- und Nachvertrag weisen in der Tat verwandte Züge auf: beide erfüllen eine bloß dienende Funktion im Verhältnis zu einem vorrangigen anderen Rechtsakt. Über dieser Gemeinsamkeit dürfen aber die Unterschiede nicht übersehen werden: der Vorvertrag bezieht seine Funktion von einem Vertrag (dem Hauptvertrag), der Nachvertrag dagegen von einem einseitigen Akt. Der einseitige Akt besteht bei partnergestalteten Verträgen in einem Partnerzwang und bei hoheitlich gestalteten Verträgen in einem Hoheitsakt. Die Quelle der Rechtspflicht beruht folglich in einem Fall (beim Vorvertrag) auf Selbstbindung, im anderen Fall (beim Nachvertrag) auf willensfremdem Zwang.

Die Vertragsautonomie beschränkt sich beim Nachvertrag auf die Entscheidung, ob der Vertragszwang im Wege eines Nachvertrages vollzogen werden soll oder nicht. (Sie gestaltet außerdem die vom Vertragszwang nicht erfaßten Vertragsteile.) Im übrigen ist die Vertragsautonomie ausgeschlossen. Der Umfang der Vorgestaltung hängt vom Gegenstand der Beziehung ab. Je umfassender im Einzelfall die Vorgestaltung ist, um so geringer ist die Bedeutung des Nachvertrages.

Kommen die (künftigen) Vertragspartner dem Vertragszwang nicht nach, so gibt es – abgesehen von den indirekten Mitteln der Bestrafung und Belohnung – praktisch nur einen Weg, um den Vertragszwang durchzusetzen: der Vertrag wird ersetzt.

bb) Vertragsersatz

Der Vertragsersatz ist eine Vertragsgestaltung, die an die Stelle rechtsgeschäftlicher Vertragsgestaltung tritt, aber gleiche Wirkungen wie diese

[11] Vgl. unten bei Anm. III 103.

erzeugt. Die vertragsersetzende Gestaltung kann an ein tatsächliches oder rechtsgeschäftliches Verhalten der betroffenen Vertragspartner anknüpfen oder von einem Hoheitsträger vorgenommen werden. In letzterem Fall ist der Vertragsersatz häufig, aber nicht immer, ein Mittel, um den Widerstand des vertragsunwilligen Partners gegen einen ihm auferlegten Vertragszwang zu brechen; das kann geschehen, um das Entstehen eines Vertragsverhältnisses zu erzwingen oder um einen bestehenden Vertrag zu korrigieren. Der Vertragsersatz hat hier (ebenso wie der autonom gestaltete Vertrag) unmittelbar vertragsgestaltende Wirkung. Dann, aber auch nur insoweit, ist er seiner Funktion nach (im Unterschied zum autonomen Vertrag) ein *subsidiäres* Vertragsgestaltungsmittel; er kommt also zur Anwendung, wenn und nachdem der ursprüngliche Vertragszwang versagt hat. Im übrigen, vor allem im Bereich der partnergestalteten Verträge, ist der Vertragsersatz dagegen ein *primäres* Gestaltungsmittel. Hier dient er nicht der Durchsetzung von Vertragszwang, sondern der Unterstellung vertragsähnlicher Schuldverhältnisse unter das Vertragsrecht.

Kommt der Vertragsersatz zur Anwendung, verliert der rechtsgeschäftliche Wille des Partners in dem Umfang seine Erheblichkeit, als er sich auf den vom Vertragsersatz erfaßten Lebensvorgang bezieht. Diese Feststellung ist wichtig, um zu erkennen, daß die vertragsersetzende Gestaltung in Wirklichkeit nicht eine Partnererklärung fingiert, sondern sie verdrängt.

Das Mittel des Vertragsersatzes wird zur Erreichung sehr verschiedener Zwecke eingesetzt. Im partnergestalteten Bereich kommt er zum Ersatz unvollständiger oder unwirksamer Vereinbarungen vor; auf der Ebene hoheitlicher Vertragsgestaltung tritt er auf, um einen vorangegangenen, aber erfolglos gebliebenen Vertragszwang zu vollziehen. Darüber hinaus dient der Vertragsersatz – sowohl im partnerseitigen als auch im hoheitlichen Bereich – dazu, eine fehlende vertragliche Einigung oder einzelne Vertragserklärungen zu ersetzen. Er kann auch ein Mittel sein, um das Vertragsverfahren abzukürzen und zu vereinfachen [12].

Die Zahl der Verträge, die ausschließlich kraft Parteiautonomie gestaltet werden, nimmt ab. Entsprechend wächst der Anteil der Verträge, die durch Vertragszwang gestaltet sind. Häufig sind Kombinationen: ein und derselbe Vertrag wird teils kraft Vertragsautonomie geschlossen, teils im Weg des Vertragszwanges vorgestaltet oder gestaltet.

---

[12] Über ein Beispiel aus dem Sowjetrecht siehe unten bei Anm. III 268.

2. GLIEDERUNG NACH VERTRAGSGESTALTUNGSMITTELN

Die soeben erörterten Mittel der Vertragsgestaltung kommen sowohl in der traditionellen, partnerseitigen Vertragsordnung als auch im Bereich der hoheitlich gestalteten Verträge vor. Hieraus ergibt sich folgendes Schema für eine Einordnung von Vertragstypen nach dem Mittel der Vertragsgestaltung:

a) Partnergestaltete Verträge	b) Hoheitlich gestaltete Verträge
(1) autonomer Vertrag	(1) vertragslose Beziehung
(2) Nachvertrag	(2) Nachvertrag
(3) Vertragsersatz	(3) Vertragsersatz

Auf Privatautonomie beruht allein der Fall a 1. Die unter b 1 genannten Beziehungen besitzen keine Vertragseigenschaft.

Die partnergestaltete Hälfte des Schemas liegt außerhalb unseres Themas. Die Eigenart der hoheitlich gestalteten Verträge läßt sich aber besser (oder vielleicht nur) erkennen, wenn sie den ihnen entsprechenden Schwestertypen in der partnergestalteten Vertragsordnung gegenübergestellt werden.

a) Partnergestaltete Verträge

(1) Autonomer Vertrag

Der von den Vertragspartnern auf Grund der Privatautonomie allseitig frei und rechtsgeschäftlich gestaltete Vertrag wird vom Gesetz als Normalfall angesehen. In der Rechtswirklichkeit von heute stellt er vielfach nicht mehr die Regel, sondern eher eine Ausnahme dar[13]. Unstreitig ist sein Herrschaftsgebiet in Lebensbereichen, die jenseits der Daseinsvorsorge liegen[14]. Sie können positiv wohl am besten durch Stichworte wie Luxus und Liebhaberei umschrieben werden. Bei den Geschäften des täglichen Lebens dagegen kann schon zweifelhaft sein, ob hier noch ein stillschwei-

[13] Vgl. Friedmann 1959, S. 102: „Most contracts which govern our daily lives are of a standardised character."

[14] Der Begriff der Daseinsvorsorge wurde von Forsthoff 1938 entwickelt. Siehe dazu: Forsthoff 1961, S. 320–325, 357–360 und passim. Gegen diesen Begriff u. a. Raiser 1960, S. 125 Anm. 58.

gend geschlossener (rechtsgeschäftlicher) Vertrag oder bereits ein (tatsächlicher) Vertragsersatz vorliegt. Die Zweifel entfallen erst bei Verträgen, die aus dem Massenverkehr herausragen, etwa einem Leibrentenvertrag. Die steng individualisierte Leistung und Bedürfnisbefriedigung ist eines der wirtschaftlichen Merkmale für den allseitig und vollinhaltlich autonom gestalteten Vertrag. In diesem Rahmen besteht noch Veranlassung und zugleich die Freiheit für ein Ausspielen von Verhandlungspositionen, für ein Geben und Nehmen, für eine Einigung im Wege gegenseitigen Nachgebens.

(2) Partnerseitiger Nachvertrag

Der Vertragszwang ist ein überaus häufig angewendetes Mittel der Vertragsgestaltung. Seine Verbreitung wird nur zu leicht unterschätzt. Allerdings äußern nicht alle Erscheinungsformen des Vertragszwanges Wirkungen, die für den Zwangsunterworfenen rechtlich verbindlich sind. Hierauf kommt es nach der geltenden Rechtsordnung aber an. Das Kriterium der Verbindlichkeit des Vertragszwanges ist vor allem im Anwendungsbereich des Nachvertrages von Bedeutung.

Es muß in diesem Zusammenhang zwischen direktem (unten aa) und indirektem (unten bb) Vertragszwang unterschieden werden. Unterscheidungsmerkmal ist, ob dem Vertragsgegner ein durchsetzbarer Anspruch auf Vertragsgestaltung zusteht oder nicht. Diese Einteilung überschneidet sich zum Teil mit einer Gliederung nach der Quelle des Vertragszwanges. In einzelnen Fällen ist der Vertragszwang des Vertragsgegners auf eine Eigenbindung des Zwangsunterworfenen zurückzuführen (unten cc). Handelt es sich beim Vertragsgegner um einen Hoheitsträger, kommt es darauf an, ob er in gleich- oder übergeordneter Rechtsstellung auftritt (unten dd).

aa) Direkter Vertragszwang

Direkter Vertragszwang wird vom Vertragsgegner ausgeübt. Er wird üblicherweise mit dem Begriff „gesetzlicher Kontrahierungszwang" erfaßt. Diese Bezeichnung, die den Gegensatz zu dem durch Verwaltungsakt auferlegten Kontrahierungszwang ausdrücken soll, verdunkelt jedoch ein Merkmal des gesetzlichen Kontrahierungszwanges, das für ihn wesentlich ist. Der gesetzliche Kontrahierungszwang entsteht nämlich nicht durch Gesetz, sondern auf Grund eines bestimmten Partnerverhaltens. Das Gesetz bildet (wie bei allen Vertragsgestaltungsmitteln) lediglich die einschlägige Rechtsgrundlage. Der Vertragspartner übt den Vertragszwang durch „Geltendmachung" des ihm im Gesetz eingeräumten Rechts auf Vertragsgestaltung aus. Bis zur Geltendmachung handelt es sich um einen „verhaltenen Anspruch“ [15]. Die Entscheidung, ob der Berechtigte den Vertragszwang ausübt, steht ihm (wie jedem Anspruchsinhaber) rechtlich frei. Der gesetzliche Kontrahierungszwang besteht innerhalb einer Leistungsbeziehung gewöhnlich nur zugunsten eines Partners. Ein gegenseitiger Kontrahierungszwang ist dagegen im hoheitlich gestalteten Bereich bekannt [16].

Der mit dem Vertragszwang belastete Vertragspartner ist verpflichtet, dem Vertragszwang seines Partners (in den vom Gesetz angeordneten Grenzen) nachzukommen. In der Regel ist der Vertragszwang auf den Abschluß eines Vertrages gerichtet. Dann besteht die Pflicht des Zwangsunterworfenen darin, die Vertragsofferte des Begünstigten anzunehmen. Aus dem deutschen Recht können zahlreiche Beispiele angeführt werden. Sie reichen von der Pflicht der Versicherungsunternehmen, Haftpflichtversicherung für Kraftfahrzeughalter zu gewähren, bis zur Pflicht der Verwertungsgesellschaften, Nutzungsrechte an Urheberwerken einzuräumen [17].

Mitunter beschränkt sich der gesetzliche Kontrahierungszwang auf eine Partnerzuweisung, ohne zugleich einen Zwang zum Vertragsabschluß anzuordnen. Ein Beispiel ist die „Andienungspflicht“: der Zwangsunterworfene ist frei zu entscheiden, ob er einen Vertrag schließen will oder nicht; entschließt er sich hierzu, so muß er mit der hierfür gesetzlich festgesetzten Stelle kontrahieren [18].

Das Sowjetrecht kennt auch Fälle eines Kontrahierungszwanges [19]. Sie kommen im Verhältnis zu Bürgern allerdings nicht häufig vor. Die Er-

---

[15] Diesen Ausdruck prägte LANGHEINEKEN 1899. Er behandelte ihn eingehender 1903 und widmete ihm 1912 einen eigenen Beitrag: LANGHEINEKEN P., Der verhaltene Anspruch, in: Festgabe ... für WILHELM VON BRÜNNECK..., Halle, 1912, S. 27–56.

[16] Siehe unten Fall b 2 (bei Anm. III 95, 103). Über einen gegenseitigen Kontrahierungszwang im partnergestalteten Bereich siehe unten bei Anm. III 17.

[17] Gesetz über die Pflichtversicherung für Kraftfahrzeughalter von 1939 (RGBl. I 2223) § 3, Neufassung von 1965 (BGBl. I 213) (vgl. unten bei Anm. III 39); Gesetz über die Wahrnehmung von Urheberrechten ... von 1965 (BGBl. I 1294) § 11 Abs. 1; siehe auch Urheberrechtsgesetz von 1965 (BGBl. I 1273) §§ 36, 61. Weitere Beispiele werden in den Lehrbüchern und Kommentaren zum BGB angeführt.

[18] Eine Andienungspflicht besteht bei der Einfuhr bestimmter Waren (siehe unten bei Anm. III 180). Sie war auch in der Marktordnung des nationalsozialistischen Deutschlands vorgesehen (hierüber: BÜLCK 1940, S. 88–100). Für den Partner des Anbietungspflichtigen besteht eine Vertrags-Abschlußpflicht („Bezugspflicht“); insoweit liegt ein gegenseitiger Kontrahierungszwang vor (vgl. oben bei Anm. III 16).

[19] Das Rechtsinstitut wird in der sowjetischen Literatur selten behandelt. Es wird offenbar als ein Institut des bourgeoisen Rechts betrachtet. Ein Ansatz zur Erörterung von Fällen des Kontrahierungszwanges im Sowjetrecht findet sich, soweit ersichtlich, nur bei NOVICKIJ 1947, S. 35, 38–39. Vgl. unten Anm. III 32.

klärung hierfür ist in der bestehenden Wirtschaftsordnung zu suchen. Die Daseinsvorsorge, welche den Hauptanwendungsbereich für den Kontrahierungszwang liefert, liegt in der Sowjetunion in den Händen sozialistischer Organisationen. Diese sind zwar verwaltungsrechtlich (im Verhältnis zu ihren übergeordneten Behörden) zur Wahrnehmung ihrer Aufgaben und damit auch zur Versorgung der Bevölkerung verpflichtet. Der einzelne Bürger aber kann aus dieser (verwaltungsrechtlichen) Pflichtenstellung der Versorgungsunternehmen für sich keine (zivilrechtlichen) Rechte herleiten. Er besitzt gegenüber den Versorgungsunternehmen, die er im Vertragswege in Anspruch nehmen will, im allgemeinen kein durchsetzbares subjektives Recht. Er ist vielmehr von der Vertragsbereitschaft der Versorgungsunternehmen abhängig. Als Beispiel seien die für Handelsgeschäfte geltenden „Grundregeln“ angeführt[20]. Sie bestimmen, daß „die Waren im Geschäft allen Bürgern ... und auf gleicher Grundlage“ zu verkaufen sind. „Der Verkauf von Stückware erfolgt der allgemeinen Reihe nach“ (Ziff. 13). „Das Reservieren von Waren für die Bediensteten des Geschäfts oder für andere Personen ist verboten“ (Ziff. 18). Die Angestellten haben sich schriftlich zu verpflichten, die Grundregeln unbedingt einzuhalten (Ziff. 6). Verletzen sie diese Pflicht, etwa durch Zurückhalten von Mangelware, stehen dem benachteiligten Bürger keine zivilrechtlichen Rechtsbehelfe zu.

In der Literatur wird in diesem Zusammenhang eine Frage erörtert, die sich aus der Mangellage der Vor- und Nachkriegszeit ergeben hat und „eine große rechtliche Bedeutung im Einzelhandel“ hat: Kann ein Bürger verlangen, daß ihm die im Schaufenster ausgestellten Stücke einer Ware käuflich überlassen werden, wenn der Vorrat im Laden erschöpft ist? Es geht also um die Frage, ob die in Anspruch genommene Handelsorganisation insoweit unter einem Kontrahierungszwang steht. Eine Ministerialverordnung von 1935 bejaht dies[21]. Kotova, die Verfasserin einer Dissertation über den Kaufvertrag, meint, die Vorschrift sei eng auszulegen und erstrecke sich nur auf Schaufenster im Laden, nicht dagegen auf Schaufenster zur Straße[22]. Usmanov

---

[20] Grundregeln für die Tätigkeit von [Handels]Geschäften vom 2. August 1958, in der RSFSR vom 27. November 1958. „In anderen Unionsrepubliken gelten analoge Regeln“ (Pravila raboty 1961, S. 3). Vgl. auch die für Genossenschaftsorganisationen maßgebenden Vorschriften in: Spravočnik zavedujuščego rajonnym otdelom torgovli, Moskau, 1950, S. 126, 134.

[21] Vgl. Zivilgesetzbuch der Tschechoslowakei von 1964 (siehe oben Anm. II 161) Art. 239 Abs. 1.

[22] Kotova V. V., Pravovye voprosy dogovora rozničnoj kupli-prodaži, Avtorefrat dissertacii..., Moskau, 1954, S. 9; Kotova V. V., in: Pravovoe regulirovanie gosudarstvennoj torgovli SSSR, Moskau, 1957, S. 150–163, hier S. 153–154.

dagegen setzt sich (1960) für die Einbeziehung der Straßen-Schaufenster ein[23]. In einer späteren Schrift (1962) bezieht er die Gegenposition und schließt sich damit KOTOVA an[24].

Der Benachteiligte hat nur die Möglichkeit, auf dem Dienstwege verwaltungs- und disziplinarrechtliche Maßnahmen anzuregen (etwa durch Eintragung in das „Beschwerdebuch", das in den Geschäften auszuliegen hat).

In der UdSSR sind wenige Benutzungsverhältnisse mit Vertragszwang zugunsten des Bürgers ausgestattet. Zu diesen Ausnahmefällen gehört die Eisenbahn. Sie ist „verpflichtet, den Verkauf von Reisefahrkarten an den Passagier zu gewährleisten...". Der Passagier hat andererseits das „Recht..., eine Fahrkarte für einen beliebigen Wagen und Zug ... zu erwerben"[25]. Ein weiterer Fall des Kontrahierungszwanges zugunsten von Bürgern läßt sich im sowjetischen Wohnungsrecht nachweisen. Wohnrauminhaber genießen ein „bevorzugtes Recht auf Vertragsschluß" und auf Vertragsverlängerung über den von ihnen (tatsächlich) innegehabten Wohnraum[26]. Die Geltendmachung dieses Rechts begründet eine entsprechende Pflicht auf seiten der Hausverwaltung (oder des Hauseigentümers)[27]. Das geltende Wohnungsrecht kennt auch einen gerichtlich verfolgbaren Anspruch auf Änderung und Verlängerung von Mietverträgen[28]. Einschlägige Fälle bietet ferner das Versicherungsrecht. Leihhäuser z. B. haben die zum Pfand genommenen Sachen auf Rechnung des Verpfänders zu versichern[29]. Personen (zwischen 16 und 70 Jahren), die eine freiwillige Arbeiter-Unfallzusatzversicherung wünschen, haben einen Anspruch auf Vertragsschluß gegenüber „Gosstrach", der staatlichen Versicherungsorganisation[30]. Der Vertragszwang ergibt sich „auf der Grundlage der

---

[23] USMANOV O., Dogovor rozničnoj kupli-prodaži v gosudarstvennoj torgovle na sovremennom etape, Stalinabad [jetzt: Dušanbe], 1960, S. 30–31. Mit der Begründung, daß die Schaufensterware rechtlich ein Angebot darstellt, ebenso: L'VOVIČ JU. JA., Ochrana interesov pokupatelej, Moskau, 1966, S. 118–120.

[24] USMANOV O., Dogovor rozničnoj kupli-prodaži i ochrana prav pokupatelej, Dušanbe, 1962, S. 74–75.

[25] Satzung der Eisenbahnen der UdSSR vom 6. April 1964 Ziff. 123, 128.

[26] Gesetz über die Erhaltung des Wohnfonds vom 17. Oktober 1937 Art. 26. Entsprechende Rechte besitzen auch sozialistische Organisationen (ZGB RSFSR Art. 280).

[27] AGARKOV, in: Graždanskoe pravo 1944, Bd. 2, S. 316.

[28] ZGB RSFSR Art. 313–316, 328; dazu: Kon'kov, Sov. just. 1965 No. 13 S. 17–18.

[29] ZGB RSFSR Art. 198 Abs. 2.

[30] Regeln für Unfallversicherung, bestätigt durch das Finanzministerium der UdSSR am 1. Juli 1964 (Nachdruck: Normativnye materialy 1965, S. 489–493) §§ 1, 8.

Aufgaben, die Gosstrach gestellt sind und aus den Normen, die seine Tätigkeit regeln“[31].

Von größerer Bedeutung ist der Kontrahierungszwang im Verhältnis der sozialistischen Organisationen untereinander. Er wird von den Arbitragebehörden anerkannt[32]. Der Kontrahierungszwang greift ein, wenn eine sozialistische Organisation die ihr gewährte Vertragsfreiheit mißbraucht, z. B. einen Vertrag über die Lieferung von (nicht planmäßig verteilten) Waren mit einem Käufer ablehnt, der die Ware benötigt[33]. Ein Mißbrauch liegt nicht vor, wenn der Lieferer über keine ausreichenden Materialvorräte verfügt. Mitunter greifen die vorgesetzten Behörden der Parteien (anstelle der Arbitrage) ein, um zu entscheiden, ob die Partner zum Vertragsschluß verpflichtet sind. Der partnerseitige Kontrahierungszwang gewinnt somit auch für die Unternehmen an Bedeutung, die (ab 1965) in das neue System der Wirtschaftslenkung überführt worden sind[34].

Der Kontrahierungszwang ist nicht notwendig auf den Abschluß eines Vertrages gerichtet. Es gibt auch Fälle, in denen der Vertragszwang den Vertragsinhalt, eine Vertragsänderung oder Vertragsbeendigung zum Gegenstand hat. Als Beispiele kommen aus dem deutschen Recht die Fälle in Betracht, für deren Änderung oder Aufhebung (notfalls) Vertragshilfe vorgesehen ist, falls der Vertragszwang nicht zum gewünschten Ergebnis

---

[31] Chalfina 1954, S. 208. Im gleichen Sinne: Rajcher V. K., Obščestvenno-istoričeskie tipy strachovanija, Moskau, Leningrad 1947, S. 238; Grave/Lunc 1960, S. 26. Über die Rentenversicherung als einen Fall des zweiseitigen Kontrahierungszwanges im Versicherungsrecht siehe Istočniki 1961, S. 784 und Grave/Lunc 1960, S. 174–175. Vgl. unten bei Anm. III 76.

[32] Das berichtet Šapkina 1963, S. 147. Sie vermeidet allerdings den Ausdruck Kontrahierungszwang und spricht von Folgen, die sich aus „Rechtsmißbrauch“ ergeben. Die Zuständigkeit der Arbitrage zur Entscheidung von Streitigkeiten aus planakt-freien Verträgen beruht auf den in Anm. II 91 zitierten Quellen sowie auf der Verordnung vom 30. Juni 1962 Ziff. 11. Instruktionen zur Entscheidung derartiger Streitigkeiten gibt der Instruktionsbrief vom 6. Oktober 1962 Ziff. 14. Vgl. auch Instruktionsbrief vom 4. Juni 1959 (Sbornik No. 10 S. 6) Ziff. 5, aufgehoben 1965 (Sbornik No. 26 S. 91). Die Arbitrageorgane neigen dazu, sich der Entscheidung von Streitigkeiten aus planakt-freien Verträgen zu entziehen (Klejn 1967, S. 68).

[33] Eine ausdrückliche gesetzliche Grundlage fehlt. Šapkina beruft sich auf Grundlagen Art. 5 (inhaltsgleich mit ZGB RSFSR Art. 5). Aus der Literatur: Joffe, in: Dogovory 1964, S. 42; Pobirčenko 1964, S. 68–70; Liberman 1965 (a), S. 10; Skorochodov 1965; Tančuk 1965, S. 122–124; Klejn 1967, S. 65–66; Loeber 1966, S. 81–82. Siehe auch oben Anm. II 28.

[34] Liberman 1965, S. 10; Klejn 1967, S. 50–53. Zur Rechtslage bei Planverträgen siehe zwei Entscheidungen der Staatsarbitrage der RSFSR von 1966 in Sov. just. 1966 No. 20 S. 33; vgl. auch Sov. just. 1966 No. 11 S. 31 und Loeber 1964, S. 148–149 mit Nachweisen.

führt[35]. Häufig ist der Inhalt eines unter Kontrahierungszwang zustande gekommenen Vertrages weitgehend gesetzlich geregelt. Die Normierung soll die Beteiligten vor Mißbrauch des Vertragszwanges schützen[36].

Der Vertragszwang wird normalerweise durch Nachvertrag erfüllt. Weigert sich der Belastete, dem Vertragszwang nachzukommen, kann seine Mitwirkung an der Vertragsgestaltung (d. h. am Nachvertrag) durch Hoheitsakt ersetzt werden (Vertragsersatz)[37].

bb) Indirekter Vertragszwang

Der indirekte Zwang geht nicht vom Vertragsgegner und auch nicht von einem Hoheitsträger[38] aus, sondern folgt aus Verhältnissen und Bedürfnissen, die in der Person des Belasteten selbst liegen. Die Zwangslage kann sich darin äußern, daß der Belastete eine eigene Leistung erbringen oder eine fremde Leistung in Anspruch nehmen muß, die Rechtsordnung hierfür aber allein den vertraglichen Weg eröffnet.

Der Zwang zum Handeln kann sich auf Grund eines bestimmten Sachverhalts aus dem Gesetz oder unmittelbar aus tatsächlichen Verhältnissen ergeben. Ein Beispiel für einen *gesetzlich* bestimmten Sachverhalt, aus dem sich indirekt ein Vertragszwang ergibt, ist der Erwerb der Eigenschaft eines Kraftfahrzeughalters. Der Halter ist verpflichtet, eine Haftpflichtversicherung für das Fahrzeug zu nehmen[39]. Ein weiteres Beispiel ist die Pflicht eines Geschlechtskranken, sich ärztlich untersuchen und behandeln zu lassen[40]. Im Sowjetrecht ist vorgesehen, daß Arbeitnehmer, die für materielle Werte verantwortlich sind, einen „Vertrag über Vermögenshaftung bei Fehlbeständen" abzuschließen haben. Weigern sie sich, einen entsprechenden Vertrag zu unterzeichnen, können sie versetzt oder entlassen werden[41]. Die Versetzung eines Arbeitnehmers ist nur mit dessen

---

[35] Siehe etwa das Heimkehrergesetz von 1950 (BGBl. 221) § 26a; Bundesvertriebenengesetz von 1957 (BGBl. I 1215) § 83.

[36] Vgl. die Bundestarifordnung Gas von 1959 (BGBl. I 46). Zur Tarifordnung der Bundesbahn siehe neuerdings Ipsen K. 1964. Aus dem Sowjetrecht vgl. den Gastarif 1961 für Wohnungen ohne Gaszähler in der Stadt Moskau (Bjulleten' Ispolkoma Mosgorsoveta 1961 No. 11 S. 8–9).

[37] Siehe unten Fall b 3 (bei Anm. III 226).

[38] Der letztgenannte Fall wird unter b 2 behandelt (bei Anm. III 138).

[39] Gesetz über die Pflichtversicherung für Kraftfahrzeughalter von 1939 (RGBl. I 2223) § 1, Neufassung von 1965 (BGBl. I 213); vgl. oben bei Anm. III 17. Ein gesetzlicher Zwang zum Abschluß eines Versicherungsvertrages ist u. a. auch im Güterkraftverkehrsgesetz von 1952 (BGBl. I 697, mit nachfolgenden Änderungen) in § 27 vorgesehen. Vgl. auch das Beispiel aus dem Seerecht unten bei Anm. V 214.

[40] Gesetz über Geschlechtskrankheiten von 1953 (BGBl. I 700) § 3.

[41] Verordnung vom 29. Oktober 1930 Ziff. 2–3. Muster eines Vertrages: Bražnik/Ščeglov 1964, S. 90–91. Siehe auch: Kommentarij 1966, S. 296–303.

Zustimmung zulässig. Versagt er die Zustimmung, stellt dies einen Kündigungsgrund dar[42]. Weit häufiger sind die Fälle, in denen sich ein indirekter Vertragszwang unmittelbar aus *tatsächlichen* Verhältnissen, vor allem aus wirtschaftlichen Bedürfnissen, ergibt. Die meisten der zur Daseinsvorsorge notwendigen Güter und Leistungen lassen sich nur im Vertragswege beschaffen.

In beiden Fällen besitzt der Vertragsgegner keine rechtlichen Mittel, um den Zwangsunterworfenen zur Vertragsgestaltung anzuhalten. Formalrechtlich handelt der Zwangsunterworfene frei. Kommt er dem indirekten Vertragszwang nach, so sieht die Rechtsordnung den Vertrag als autonom vereinbart an. Es fehlt an einer auf fremdem Willen beruhenden, verbindlichen Vorgestaltung des Vertrages. Für einen „Nachvertrag" ist daher kein Raum.

Das gilt auch, wenn ein vom Vertragszwang mittelbar begünstigter Dritter vorhanden ist, etwa ein Unterhaltsberechtigter. Der Anspruch des begünstigten Dritten gegen den Zwangsunterworfenen geht nicht auf Vertragsgestaltung (Vertragsschluß usw.), sondern auf Leistung, d. h. unmittelbar auf Erfüllung der Pflicht, die dem Belasteten auferlegt ist. Nur das Resultat, nicht das Mittel ist für ihn erzwingbar.

Der indirekte Zwang liegt daher außerhalb des hier behandelten Problems des Vertragszwanges und gehört zum Bereich der Vertragsautonomie oder des partnerseitigen Vertragsersatzes[43].

Die ungehinderte und rücksichtslose Ausnutzung einer Zwangslage durch den Vertragsgegner kann zu Auswüchsen führen. Das ist eine bekannte Tatsache. Hier einzugreifen, war und ist die Aufgabe einer um soziale Gerechtigkeit besorgten Rechtsordnung. Zur Kontrolle des indirekten Vertragszwanges wird mitunter ein direkter Vertragszwang oder eine gesetzliche Normierung eingeführt. Diese Maßnahmen sollen einen Mißbrauch bei der Ausnutzung ungleicher Verhandlungspositionen ausschließen. Ein gesetzlich vorgesehener Fall im deutschen Recht ist § 25 des Kartellgesetzes[44]. Nach dem Zivilgesetzbuch der RSFSR von 1964 kann das Gericht ein Rechtsgeschäft für unwirksam erklären, „das ein Bürger infolge des Zusammentreffens schwieriger Umstände gezwungen war, zu äußerst ungünstigen Bedingungen vorzunehmen" (Art. 58). Eine entsprechende Möglichkeit sah auch das Zivilgesetzbuch der RSFSR von 1922

---

[42] Arbeitsgesetzbuch der RSFSR von 1922 Art. 37, 47.

[43] D. h. zu Fall a 1 und 3 (bei Anm. III 14 und 60).

[44] Gesetz gegen Wettbewerbsbeschränkungen von 1957 (BGBl. I 1081).

vor (Art. 33); der Gesichtspunkt der Ausbeutung (kabal'nost') durfte aber im Fall von Verträgen mit einem Staatsorgan nicht geltend gemacht werden[45]. Hierher gehören auch die Bestimmungen gegen den Zinswucher, die historisch gesehen wohl zu den ersten Fällen eines Schutzes wirtschaftlich unterlegener Vertragspartner gehören. In einem weiteren Sinne dient auch die Anfechtbarkeit von Willenserklärungen, die durch Täuschung und Drohung bestimmt worden sind, dem Ziel, gegen indirekten Vertragszwang zu schützen.

cc) Vertragszwang aus rechtsgeschäftlicher Selbstbindung

Ein Vertragszwang aus rechtsgeschäftlicher Selbstbindung, etwa aus einem bindenden Angebot, einem Vorvertrag oder einer Vereinbarung, die einem Dritten die Vertragsgestaltung überträgt (BGB § 317), ist rechtlich verbindlich. Er unterscheidet sich damit vom indirekten Vertragszwang aus tatsächlichem Verhalten (oben bb). Gemeinsam mit diesem ist aber, daß das Element des willensfremden Zwanges fehlt. Das Institut gehört zum Bereich der autonomen Vertragsgestaltung. Das gilt auch für die Fälle, in denen der Vertragsgegner rechtsgeschäftlich oder gesetzlich vorgesehene einseitige Gestaltungsrechte ausübt, etwa eine Kündigung ausspricht oder einen Rücktritt erklärt. Der willensfremde Vertragszwang, der hierin zum Ausdruck kommt, geht auf Bindungen zurück, die der Zwangsunterworfene selbst übernommen hat.

Wohl ebenso zu behandeln, wenn auch problematischer, ist ein Vertragszwang, der sich daraus ergibt, daß ein Vertragschließender die Vertragsgestaltung seinem Vertragspartner überläßt (BGB § 315). Eine solche Übertragung kann im Rahmen eines Vertrages den Geltungsgrund Allgemeiner Geschäftsbedingungen bilden. Das ist der Fall, wenn aus dem Verhalten des Kunden zu entnehmen ist, daß er dem Unternehmen eine Vertragsgestaltung nach Maßgabe von dessen Geschäftsbedingungen einräumt. Fehlt es dagegen an einem solchen Verhalten, stellt sich die Unterwerfung unter die Allgemeinen Geschäftsbedingungen (mangels eines Kontrahierungszwanges) als ein Vertragsersatz dar[46].

---

[45] Entscheidung des Obersten Gerichts der RSFSR von 1928, Sbornik dejstvujuščich raz'jasnenij Verchovnogo suda RSFSR, Moskau, 1. Aufl., 1930, S. 44 = 2. Aufl., 1931, S. 70 = 3. Aufl., 1932 S. 50 = 4. Aufl., 1935, S. 39.

[46] Siehe unten Fall a 3 (bei Anm. III 68). Zur Anwendung des in § 315 BGB enthaltenen Gedankens für die Frage der Wirksamkeit von Allgemeinen Geschäftsbedingungen siehe BGH (1962), BGHZ Bd. 38, S. 183 = NJW 1963 S. 99. Kritisch dazu: WITTKÄMPFER 1964, S. 687.

dd) Vertragszwang aus subordinationsrechtlicher Bindung

Stehen die Partner in einer Rechtsbeziehung nicht gleichgeordnet gegenüber, sondern im Verhältnis der Über- und Unterordnung, scheidet die Annahme eines Vertrages im allgemeinen aus. Es kann sich dann um ein Anstaltsnutzungsverhältnis oder eine andere verwaltungsrechtlich geregelte Beziehung handeln. Die Abgrenzung zum Vertragsverhältnis erweist sich in der Praxis als schwierig. Das liegt vor allem daran, daß es der Verwaltung im allgemeinen freisteht zu entscheiden, ob sie zur Erfüllung ihrer Aufgaben hoheitlich tätig wird oder auf das Privatrecht ausweicht. Der Hoheitsträger kann also gegenüber einem Bürger oft nach seiner Wahl als Organ der öffentlichen Gewalt oder als Vertragspartner auftreten. In welcher Eigenschaft er am Rechtsverkehr teilnimmt, läßt sich nicht immer mit Sicherheit feststellen. Die Abgrenzung bereitet insbesondere dann Schwierigkeiten, wenn Merkmale der Überordnung mit Vertragselementen verflochten sind.

Eine weitere Komplizierung erfährt das Problem durch den öffentlichrechtlichen Vertrag zwischen Hoheitsträgern und Privaten, der heute in Deutschland von Praxis und Lehre überwiegend als zulässig angesehen wird[47]. In der Sowjetunion sind verwaltungsrechtliche Verträge zwischen Behörde und Bürger demgegenüber nicht bekannt. Sie kommen nur für Beziehungen zwischen Behörden untereinander oder mit sozialistischen Organisationen in Betracht[48]. Ein Beispiel sind die Verträge, die zwischen Wirtschaftslenkungsbehörden (z. B. einem Ministerium) und den ihnen unterstellten Projektierungs-Organisationen zur Herstellung von Projektierungs- und Vermessungsarbeiten geschlossen werden[49]. Die Beziehungen zwischen Behörde und Bürger werden in der Sowjetunion entweder als verwaltungsrechtliches Unterordnungsverhältnis oder als zivilrechtlicher Vertrag aufgefaßt[50]. Die Bezeichnung „Verwaltungsvertrag" gilt

---

[47] Einen Überblick über den Stand der Meinungen bietet BULLINGER 1962, S. 31–90. Siehe u. a. auch: FORSTHOFF 1961, S. 249–258; WOLFF 1961, S. 230–237; KRÜGER 1964, S. 908–918.

[48] In der Literatur wird das Rechtsinstitut recht stiefmütterlich behandelt und nur selten erwähnt, etwa von: SPERANSKAJA 1928 und die dort auf S. 19 in Anm. 1 zitierten Quellen; EVTICHIEV/VLASOV 1946, S. 73; ALEKSANDROV 1947, S. 68, 72; KARASS 1952, S. 13, 34; VENEDIKTOV 1959, S. 69.

[49] Siehe die Regeln über Projektierungs- und Vermessungsverträge vom 25. Mai 1959 Ziff. 1. Aus der Literatur: BASIN 1962, S. 59; RASSUDOVSKIJ 1963, S. 55; BELJAVSKIJ A. V., in: Spravočnik 1963, S. 240–268; BASIN, Pravovedenie 1964 No. 1 S. 78–80.

[50] Einige, heute zum großen Teil wohl nicht mehr zutreffende Ausnahmen führt Speranskaja auf: SPERANSKAJA 1928, S. 20–22.

als odios; das Problem war lange Jahre „tabu“ und ist erst 1966 von JAMPOL'SKAJA neu zur Diskussion gestellt worden[51].

Die Abgrenzung zwischen einem verwaltungsrechtlichen und einem zivilrechtlichen Verhältnis hängt eng mit der immer neu erörterten Notwendigkeit einer Unterscheidung zwischen öffentlichem und privatem Recht und den hierfür maßgebenden Merkmalen zusammen[52]. In der Sowjetunion tritt das gleiche Problem unter einer anderen Bezeichnung auf. Dort geht es um die Unterscheidung zwischen Verwaltungs- und Zivilrecht[53]. Diese Problematik wird hier nicht näher erörtert. Im Rahmen einer Gliederung der partnerseitigen Vertragsgestaltungsmittel kommt es nur darauf an, den Vertragszwang von entsprechenden Rechtsfiguren in anderen Bereichen zu unterscheiden. Hierfür genügt es, wenn in Übereinstimmung mit der in Deutschland herrschenden Lehre über die Unterscheidung von öffentlichem und privatem Recht vom Merkmal der Gleich- und Überordnung ausgegangen wird.

Dieses Unterscheidungsmerkmal wird in der Sowjetunion als eine Unterscheidung nach der *Methode* gekennzeichnet. Daneben wird in der sowjetischen Lehre auch eine Trennung nach dem *Gegenstand* für wesentlich gehalten.

Das Ergebnis ändert sich nicht wesentlich, wenn die von anderen Theorien herausgearbeiteten Differenzierungsmerkmale zugrunde gelegt werden.

Zu den Erscheinungen, gegenüber denen eine Abgrenzung zum partnerseitigen Vertragszwang erforderlich ist, gehört vor allem der Zwang, der von einem übergeordneten Hoheitsträger im Rahmen eines Subordinationsverhältnisses mit dem Zwangsunterworfenen ausgeübt wird. Hier liegt nach herrschender Auffassung kein zivilrechtlicher Vertrag, sondern ein öffentlich-rechtliches Unterwerfungsverhältnis vor. Häufig handelt es sich um Fälle eines Anstaltsnutzungsverhältnisses. Beispiele sind etwa der Wehrdienst oder das Beamtenverhältnis, ferner die Enteignung, Maßnahmen nach dem Bundesleistungsgesetz, Rechtsbeziehungen des Bürgers mit der Post, dem Schlachthof, aus der Angestelltenversicherung und aus ähnlichen Rechtsverhältnissen.

Fehlt es an einem auf Unterordnung beruhenden Rechtszwang, so kann die Rechtsbeziehung als Vertrag gestaltet sein, selbst wenn ein Hoheitsträger an ihr beteiligt ist. Für einen gleichgeordneten (partnerseitigen) Vertragszwang ist dann in gleicher Weise Raum wie bei einem Vertrag

---

[51] JAMPOL'SKAJA C. A., O teorii administrativnogo dogovora: Sov. gos. i pravo 1966 No. 10 S. 132–136; vgl. oben bei Anm. II 204.

[52] Einen Überblick über den Stand der Meinungen gibt ZULEEG 1965, S. 26–46.

[53] Vgl. unten bei Anm. V 172.

unter Zivilrechtssubjekten. Als Beispiele seien genannt die Rechtsbeziehungen mit Transportunternehmen der öffentlichen Hand, mit staatlichen Banken, mit der Gemeinde als Unternehmer eines Privatmarktes[54] usw. Die Einordnung im einzelnen ist oft streitig. Die Frage, ob dieser oder jener Rechtsgestaltungstyp einen zivilrechtlichen Vertrag darstellt oder nicht, bedarf in unserem Zusammenhang keiner Entscheidung. Es geht hier nicht um die Rechtsnatur der einzelnen Rechtsfiguren, sondern um eine Systematisierung der Gestaltungsmittel in der Vertragsordnung. Im folgenden werden daher auch solche Rechtsbeziehungen mitbehandelt, deren Vertragscharakter streitig ist. Das gilt etwa für die Rechtsbeziehungen im Zusammenhang mit der Marktordnung[55], für die staatlichen Subventionen[56], die Aufnahme in ein staatliches Krankenhaus[57], die Ausübung eines Vorkaufsrechts der öffentlichen Hand[58], die Rechtsbeziehungen im Bereich des staatlichen Branntwein- und Zündwarenmonopols usw.

Bisher war von einem hoheitlichen Zwang die Rede, der das Verhältnis zwischen Hoheitsträger und Zwangsunterworfenen bestimmt. Daneben kommt auch ein Hoheitszwang vor, der auf das Verhältnis des Zwangsunterworfenen mit einem *Dritten* einwirkt. Diese Erscheinungsformen eines Vertragszwanges werden unten als Fall b 1 und b 2 erörtert[59].

(3) Partnerseitiger Vertragsersatz

Der Vertragsersatz ist, so wird allgemein angenommen, ein typisches Mittel der hoheitlichen Vertragsgestaltung (sog. diktierter Vertrag). Die Rechtsfigur begegnet uns aber auch im Bereich der partnergestalteten Verträge. Der Vertragsersatz als Vertragsgestaltungsmittel wird dadurch gekennzeichnet, daß er eine etwaige auf den Vertrag bezogene, mitunter widerstrebende oder unwirksame rechtsgeschäftliche Partnererklärung als irrelevant beiseite schiebt und an ihre Stelle einen anderen rechtlich relevanten Akt setzt oder genügen läßt. Im Bereich der hoheitlichen Vertragsgestaltung ist dieser andere neue Akt ein Verwaltungs- oder Justizakt. Im Bereich der partnergestalteten Verträge ist es das tatsächliche Partnerverhalten; es ersetzt fehlende, fehlerhafte oder sonst von der Rechtsordnung nicht anerkannte rechtsgeschäftliche Vertragserklärungen des Partners[60].

---

[54] Zu dem Beispiel der Gemeinde vgl. BVerwGer. (1964), DÖV 1964 S. 710–712.
[55] Siburg 1963.
[56] Vgl. für viele Zuleeg 1965.
[57] BGH (1951), BGHZ Bd. 4, S. 138, hier S. 152.
[58] Siehe Ebert, NJW 1956 S. 1621–1623.
[59] Unten bei Anm. III 79 und 92.
[60] BGH (1956), BGHZ Bd. 21, S. 319, hier S. 334.

Nicht alle Fälle des Vertragsersatzes beruhen auf Gesetz. Es gibt auch außergesetzliche Erscheinungsformen des Vertragsersatzes. Sie haben der Lehre besondere Schwierigkeiten bereitet. In der deutschen Literatur sind sie als „faktische Vertragsverhältnisse" (HAUPT), als „Schuldverhältnisse aus sozialtypischem Verhalten" (LARENZ) oder unter anderen Bezeichnungen bekannt[61].

aa) Vertragsersatz als Ausweg bei fehlender vertraglicher Einigung

Als Vorgang, an den die vertragsersetzende Wirkung geknüpft wird, kommen unvollständige oder unwirksame vertragliche Vereinbarungen in Betracht.

Beispiele für *unvollständige* Vereinbarungen beider Partner, an die das Gesetz vertragsersetzende Wirkungen knüpft, bietet das BGB. So gilt bei Werk-, Dienst- und Maklerverträgen eine angemessene Vergütung auch dann als vereinbart, wenn die Parteien keine Abrede hierüber getroffen haben (BGB §§ 613, 632, 653, 689). Mietverträge gelten als für unbestimmte Zeit vereinbart, wenn die Parteien unterlassen haben, sich über die Mietdauer zu einigen (BGB §§ 566, 568). Entsprechende Regelungen kennt auch das ZGB der RSFSR, etwa für die Dauer der Sachmiete (Art. 278–279), oder das Arbeitsgesetzbuch der RSFSR für die Dauer des Arbeitsverhältnisses[62]. Ein eigenartiger, nur nach außen wirkender Vertragsersatz ist im deutschen Zwangsvollstreckungsrecht vorgesehen. Hier gilt für Arbeit, die der Schuldner für einen Dritten unentgeltlich leistet, „eine angemessene Vergütung als geschuldet". Diese Fiktion gilt im Verhältnis des Gläubigers zum Empfänger der Arbeitsleistungen (ZPO § 850 h).

Ist ein Teil einer Vereinbarung *unwirksam,* ist im allgemeinen das ganze Rechtsgeschäft als unwirksam anzusehen[63]. In einer Reihe von Fällen tritt diese Wirkung jedoch nicht ein, vor allem, wenn zwingende Vorschriften über den Vertragsinhalt bestehen. Dann rückt die *gesetzlich* vorgeschriebene Abrede im Wege des Vertragsersatzes an die Stelle des unwirksamen

---

[61] Aus der deutschen Literatur über die faktischen Vertragsverhältnisse (seit der Schrift von SIEBERT 1958) siehe insbesondere: ESSER J., Gedanken zur Dogmatik der „faktischen Schuldverhältnisse": AcP Bd. 157 (1958–1959) S. 86–99; WIEACKER F., in: Göttinger Festschrift für das OLG Celle, Göttingen 1961, S. 263–286; FLUME, AcP Bd. 161 (1962) S. 52–76; NIKISCH A., in: Festschrift für HANS DÖLLE, Tübingen, Bd. 1, 1963, S. 79–102; DORN, NJW 1964 S. 799–804; vgl. unten bei Anm. IV 307.

[62] Arbeitsgesetzbuch der RSFSR von 1922 Art. 45; Nachdruck: Sbornik ... o trude 1960, S. 85.

[63] BGB § 140; ZGB RSFSR Art. 48, 60.

Teils der Vereinbarung. Das gilt z. B. für preisrechtlich unzulässige Vertragsbestimmungen. Sie werden kraft Gesetzes durch die preisrechtlich gebotene Vertragsbedingung ersetzt. Entsprechende Vorschriften sind im Bereich der Beförderungstarife anzutreffen[64]. Der Vertragsersatz kann auch eingreifen, wenn eine Preisabrede erst nachträglich (durch Gesetzesänderung) unzulässig wird. Das trifft in Deutschland z. B. für Mietpreisabreden zu, die durch den Abbau der Wohnungszwangswirtschaft berührt werden[65]. Regelungen für preiswidrige Vereinbarungen sieht auch das sowjetische Recht vor[66]. Zwei treffende Beispiele für einen Vertragsersatz enthält das ZGB der RSFSR. Sozialistische Organisationen dürfen untereinander Leihverträge nur für die Dauer eines Jahres abschließen. Vereinbaren sie eine längere Vertragszeit, tritt die gesetzliche Höchstdauer an die Stelle der gesetzwidrigen Abrede (Art. 343). Bestimmungen in Urheberverträgen, die vom bestätigten Mustervertrag zum Nachteil des Urhebers abweichen, sind unwirksam und werden durch die im Gesetz oder Mustervertrag festgelegten Bedingungen ersetzt (Art. 506).

Die *außergesetzlichen* Fälle eines Vertragsersatzes bei Unwirksamkeit der Vereinbarung liegen auf dem Gebiet des Arbeits- und Gesellschaftsrechts. Sie sind allgemein unter dem Stichwort „faktisches Arbeitsverhältnis" und „faktische Gesellschaft" bekannt. Rechtsprechung und Lehre in Deutschland knüpfen an diese Sachverhalte die Wirkungen eines Vertrages.

bb) Vertragsersatz als Anknüpfungsmittel zur Anwendung von Vertragsrecht

In den soeben erörterten Fällen werden die Parteien in einer rechtsgeschäftlichen Weise tätig; aber ihre Erklärungen sind mangelhaft – sie sind unvollständig oder unwirksam. Hiervon zu unterscheiden sind die Fälle, in denen sich die Parteien zwar mangelfrei, aber nicht rechtsgeschäftlich verhalten. Ein tatsächliches Verhalten kann, hierüber besteht Übereinstimmung, Wirkungen wie ein Vertrag äußern. Eine etwaige mit dem Verhalten in Widerspruch stehende Erklärung ist als ein venire contra factum proprium unbeachtlich[67]. Ein bekannter und praktisch wichtiger Anwen-

[64] Güterkraftverkehrsgesetz von 1952 (BGBl. I 697) § 22; Gesetz über den gewerblichen Binnenschiffsverkehr von 1953 (BGBl. I 1453) § 31. Aus der Literatur: Nipperdey 1924, S. 97; Huber 1953, Bd. 2 S. 307; Ipsen K. 1964, S. 341.

[65] Abbaugesetz von 1960 (BGBl. I 389) Art. 10 § 3a.

[66] Siehe z. B. zwei Arbitrageentscheidungen von 1959 und 1960 (Sbornik No. 10 S. 103 und No. 15 S. 112). Sie betreffen die Lieferung von Wein bzw. Baumaterialien zu (überhöhten) Preisen, welche die Bestimmungen der Preisliste verletzen. Über die Verbindlichkeit von Eisenbahntarifen siehe ZGB RSFSR Art. 378.

[67] Vgl. BGH (1956), BGHZ Bd. 21, S. 319, hier S. 335.

dungsfall ist die Inanspruchnahme von allgemein angebotenen Leistungen und Gütern. Es handelt sich um ein tatsächliches Verhalten, das in positivem Handeln zum Ausdruck kommt und eine vertragsersetzende Wirkung hervorbringt. In ähnlicher Weise kann auch die Hinnahme von Allgemeinen Geschäftsbedingungen erklärt werden [68]. Eine gesetzliche Grundlage für den Eintritt der vertragsersetzenden Wirkung fehlt. In der Rechtslehre versucht man, diese Wirkung aus dem Gedanken des Vertrauensschutzes oder der Verkehrssitte abzuleiten oder sich mit der Konstruktion stillschweigender Vereinbarungen zu helfen.

Das Gesetz knüpft an ein tatsächliches Verhalten nur ausnahmsweise rechtsgeschäftliche Wirkungen. Es handelt sich hierbei meist um ein Verhalten, das sich in einem Unterlassen, z. B. in einem Schweigen, äußert. Verwiesen sei beispielsweise auf das *Zustandekommen* eines Vertrages durch Annahme, ohne daß die Annahme erklärt werden muß (BGB § 151), auf das Schweigen beim Kauf auf Probe (BGB § 496), bei der Schenkung (BGB § 516) oder im Rahmen des Geschäftsbesorgungsverhältnisses eines Kaufmanns (HGB § 362). Im Urheberrecht knüpft das Gesetz an das tatsächliche Verhalten einer Partei (an die Zahlung einer Vergütung) die Einräumung eines Nutzungsrechts durch die andere Partei [69]. Auch das Sowjetrecht bestimmt, daß in einzelnen, gesetzlich bestimmten Fällen das Schweigen als Vertragserklärung genügt (ZGB RSFSR Art. 42) [70]. Ein Unterlassen kann ferner die *Auflösung* eines Vertrages bedeuten. So gelten z. B. Vorkriegsverträge des Deutschen Reiches als aufgelöst, wenn der Nachfolger des Reiches nicht erklärt, er wolle am Vertrag festhalten [71]. Positive Handlungen nicht-rechtsgeschäftlicher Natur, die Vertragswirkungen auslösen, sieht das Arbeitsrecht vor. Ein Lehrvertrag gilt z. B. als aufgelöst, wenn der Lehrling seinem Lehrherrn erklärt, er wolle zu einem anderen Gewerbe übergehen [72]. Das Arbeitsverhältnis eines Heimkehrers lebt wieder auf, wenn sich der Heimkehrer bei seinem alten Arbeitgeber „zurückmeldet“ [73]. In der Sowjetunion gilt ein Mietvertrag als aufgehoben, wenn der Mieter auszieht, um an einem anderen Ort „ständig“ zu wohnen. Der

---

[68] Soweit nicht BGB § 315 eingreift, vgl. oben bei Anm. III 46.

[69] Gesetz über die Wahrnehmung von Urheberrechten ... von 1965 (BGBl. I 1294) § 11 Abs. 2. Eine ähnliche Regelung sieht das Urheberrechtsgesetz von 1965 (BGBl. I 1273) in § 101 Abs. 1 Satz 3 vor.

[70] Eine Bestellung kann nach Ansicht der Staatsarbitrage unter Umständen auch ohne Annahme in ihren Wirkungen einem Vertrag gleichgestellt werden (Sbornik No. 11 S. 23–24 [1959]). Vgl. unten Anm. III 124.

[71] Allgemeines Kriegsfolgengesetz von 1957 (BGBl. I 1747) § 8.

[72] Handwerksordnung von 1953 (BGBl. I 1411) § 26.

[73] Heimkehrergesetz von 1950 (BGBl. 221) § 7.

Vertrag endet „mit dem Tag des Auszuges“ [74]. Die gleiche Rechtsfolge tritt ein, wenn ein Mieter zu mehr als sechs Monaten Freiheitsentziehung verurteilt worden ist. Der Vertrag gilt mit Beginn der Urteilsvollstreckung als aufgehoben [75].

Der Vertragsersatz als Mittel zur Anknüpfung an Vertragsrecht begegnet uns im Sowjetrecht ferner in Form der Zwangsversicherung. Sie erstreckt sich auf bestimmte Vermögenswerte (z. B. Vieh), die im Eigentum von Kollektivwirtschaften (Kolchose) und von Bürgern, also von nicht-staatlichen Wirtschaftsträgern, stehen. Die Zwangsversicherung entsteht kraft Gesetzes mit Erwerb der Gegenstände, welche der Versicherungspflicht unterliegen und dauert fort, solange die Vermögenswerte beim Versicherungsnehmer vorhanden sind [76]. Auch die Passagier-Unfallversicherung in der Sowjetunion ist ein einschlägiges Beispiel. Sie entsteht kraft Gesetzes nach Erwerb einer Fahrkarte mit der „Aufforderung zum Einsteigen“ in das Transportmittel und endet mit dem „Verlassen des [Bahnhofs-, usw.] Geländes“ [77].

Das geltende Recht verwendet in den genannten (außergesetzlichen und gesetzlichen) Fällen ein tatsächliches Verhalten als Anknüpfungsmittel zur Anwendung von Vertragsrecht. Es geht davon aus, daß sich das Vertragsrecht für die in Rede stehenden Partnerbeziehungen am besten eignet. Das gilt etwa für die vertraglichen Haftungsgrundsätze und die Regeln für die Abwicklung von Vertragsbeziehungen. Eine Anwendung der Vertragsvorschriften auf diese Lebenstatbestände läßt sich allerdings nur erreichen, wenn auf das Erfordernis rechtsgeschäftlicher Vertragserklärungen ver-

---

[74] ZGB RSFSR Art. 329 Abs. 2. Zieht der Mieter aus, um an einem anderen Ort „vorübergehend“ zu wohnen, kann das Gericht auf Antrag feststellen, daß der Mieter sein Wohnrecht (nach Ablauf von sechs Monaten seit dem Auszug) verloren hat. Das bestimmt eine Verordnung des Plenums des Obersten Gerichts der UdSSR vom 25. März 1964 in Ziff. 4 (Bjulleten' Verchovnogo suda SSSR 1964 No. 3 S. 22). Aus der Literatur: Komarov B. K., Prekraščenie dogovora žiliščnogo najma, Moskau, 1963, S. 16–17.

[75] ZGB RSFSR Art. 306 Ziff. 5.

[76] Gesetz vom 4. April 1940, Art. 1–2, 21, 23. Aus der Literatur siehe u. a.: Grave/Lunc 1960, S. 25–27, 65–87, 170–172; Schütte E., Das Versicherungswesen der Sowjet-Union, Berlin, 1966, S. 131–151, 163–183. Ein Dekret vom 28. August 1967 erweitert (in Art. 1) den Kreis der Gegenstände des Kolchosvermögens, das der Zwangsversicherung unterliegt (VVS SSSR 1967 No. 35 Pos. 481). Vgl. oben bei Anm. III 31.

[77] Regeln für die Passagier-Pflichtversicherung, bestätigt durch das Finanzministerium der UdSSR am 22. September 1960 (Nachdruck: Normativnye materialy 1965, S. 474 bis 476, Auszug) § 5. Dazu: Posse E. A., in: Astanovskij G. B. [u. a.], Ustav železnych dorog Sojuza SSR, Naučno-praktičeskij kommentarij, Moskau, 1966, S. 189–190. Vgl. ferner die Feuerversicherungspflicht für das Vermögen der Unternehmen, Behörden und Organisationen auf Grund der Verordnung vom 3. Februar 1938 (SP SSSR 1938 No. 7 Pos. 46, mit nachfolgenden Änderungen).

zichtet wird und man ein tatsächliches Verhalten genügen läßt. Die Realität des modernen Rechtsverkehrs mit seinem Streben nach größtmöglicher Rationalisierung zwingt dazu, diesen Einbruch in das traditionelle Vertragsrecht zuzulassen.

Nicht zum Vertragsersatz gehört ein Partnerverhalten, dessen Rechtsfolgen durch das öffentliche Recht bestimmt werden. So vermag die Erfüllung eines Tatbestandes, an den die Zwangsmitgliedschaft auf Grund des öffentlichen Rechts geknüpft ist, keinen Vertragsersatz hervorzubringen[78].

b) Hoheitlich gestaltete Verträge

(1) Vertragslose Beziehung

Für einen partner-autonomen Vertrag ist im Bereich der hoheitlich gestalteten Verträge naturgemäß kein Raum. Dennoch gibt es eine ihm entsprechende Rechtsfigur. Es handelt sich – wie beim autonomen Vertrag (S. 101) – um eine Beziehung zwischen gleichgeordneten Rechtssubjekten. Diese Beziehung wird – ähnlich wie beim hoheitlichen Vertragszwang (S. 120, 144) – durch hoheitliche Anordnung hergestellt. Sie ist aber kein Vertrag. Der Hoheitsträger begründet nämlich durch seine Anordnung nur Rechtsbeziehungen zwischen sich und den ihm unterstellten Adressaten der Anordnung, nicht aber zwischen den Adressaten untereinander.

Diese Rechtsfigur, die graphisch als Dreieck ohne Verbindungslinie zwischen den beiden Schenkeln gedacht werden kann, ist keine theoretische Konstruktion; sie kommt – wenn auch nicht oft – in der Praxis vor. Aus dem deutschen Recht kann z. B. auf Beziehungen zwischen Privatpersonen nach dem Bundesleistungsgesetz[79] und dem Flüchtlingsnotgesetz[80] verwiesen werden. Weitere Beispiele bieten etwa das Demontageausgleichsgesetz[81] oder das Bergrecht[82] und Polizeirecht[83]. Beziehungen dieser Art kamen auch im früher geltenden Recht vor[84].

---

[78] Vgl. den Gesamthafenbetrieb nach dem Gesetz über die Schaffung eines besonderen Arbeitgebers für Hafenarbeiter von 1950 (BGBl. 352) § 1 und die Jagdgenossenschaft nach dem Bundesjagdgesetz von 1961 (BGBl. I 304) § 9.

[79] Bundesleistungsgesetz von 1961 (BGBl. I 1770) §§ 8–9, 13, 17–18.

[80] Flüchtlingsnotgesetz von 1953 (BGBl. I 45) §§ 10, 13.

[81] Demontageausgleichsgesetz von 1948 (WiGBl. S. 33); dazu: Huber 1954, Bd. 2, S. 102–105, hier S. 104.

[82] Vgl. etwa die Abtretung nach dem pr. Berggesetz von 1865 § 135 oder die Zulegung nach der Verordnung über die Zulegung von Bergwerksfeldern von 1938 (RGBl. I 345) § 5. [83] und [84] s. Seite 118.

Der durch die Anordnung Belastete darf und soll allein auf Grund der Anordnung, also ohne einen Vertrag an den Begünstigten leisten. Der Begünstigte erbringt eine etwaige Gegenleistung nach Weisung der Behörde, von der die Anordnung ausgeht. Belasteter und Begünstigter besitzen keine Ansprüche gegeneinander. Die „Partner" der Beziehung erscheinen jeweils lediglich als „Adressen" für die Erledigung der hoheitlich angeordneten Leistung. Sie sind unter sich (horizontal) nicht verbunden. Eine Beziehung besteht nur (vertikal) zur übergeordneten Behörde, welche die Anordnung erlassen hat. Im Fall der Nichterfüllung der Anordnung kommen verwaltungsrechtliche Zwangsmittel zur Anwendung. Für die Geltendmachung zivilrechtlicher Sanktionen durch die Partner (etwa von vertraglichen Schadenersatzforderungen) ist kein Raum. Auch das Recht der Zivilklage ist ausgeschlossen. Es handelt sich um eine vertragslose Beziehung unter Gleichgeordneten, die ihrer Natur nach ein verwaltungsrechtliches Leistungsverhältnis darstellt.

Diesen Rechtsbeziehungen ist ein enteignungsrechtliches Element gemeinsam. Die Besonderheit liegt darin, daß die Enteignung nicht zugunsten des Staates, sondern zugunsten einer Einzelperson erfolgt. Vorgenommen wird die Maßnahme nur, wenn sie im öffentlichen Interesse liegt. Systematisch gehört sie in den Bereich der Wahrnehmung von Verwaltungsaufgaben durch die Heranziehung von Privatpersonen.

Ähnliche Erscheinungen kommen auch im Sowjetrecht vor[85]. Die Fälle, in denen einem Bürger eine Leistung zugunsten eines anderen Zivilrechtssubjekts aufgegeben wird, ohne daß gleichzeitig die Pflicht bestünde, die entstehenden Beziehungen in die Form eines Vertrages zu bringen, sind aber selten. Enteignungen finden in der Regel zugunsten des Staates und seiner Organe statt[86]. Häufiger sind entsprechende Beziehungen zwischen sozialistischen Organisationen. Hier tritt das enteignungsrechtliche Moment zurück. Es scheidet ganz aus, soweit der Staat der Eigentümer des Ver-

---

[83] Siehe § 21 des pr. Polizeiverwaltungsgesetzes von 1931 (sog. polizeilicher Notstand).

[84] Bekanntmachung über die Druckpapierherstellung für die Tagespresse von 1920 (RGBl. S. 1349).

[85] Die Möglichkeit einer vertragslosen (verwaltungsrechtlichen) Rechtsbeziehung zwischen Gleichgeordneten ist jedoch bestritten. Sie wird anerkannt vor allem von PETROV 1954 (mit Anführung von Beispielen aus dem positiven Recht); PETROV 1959, S. 80–95 und den auf S. 90 genannten Autoren; ferner BRODSKIJ 1964, S. 60.

[86] Vgl. z. B. die Verordnung über Erfindungen ... vom 24. April 1959 Art. 48. Über die verwaltungsrechtlichen Leistungspflichten, die während des Krieges bestanden haben, vgl. GRAVE K., in: Učenye zapiski (VIJuN), Moskau, No. 3 (1945) S. 97–106.

mögens der sozialistischen Organisationen ist[87]. Die Anordnungen der Verwaltungsbehörde haben hier somit den Charakter von Weisungen an unterstellte Dienststellen zur Regelung ihrer Tätigkeit. Als Beispiel für vertragslose, hoheitlich angeordnete Beziehungen sei die Übergabe von Gebäuden und Anlagen von einer Wirtschaftsorganisation an eine andere genannt[88]. Hierher gehören wohl auch die Lieferungen für die Staatsreserve[89].

Vertragslose Beziehungen können ferner durch Bedarfsmeldungen (zajavka) der Unternehmen für den folgenden Planzeitraum entstehen. Diese Anforderungen werden bei den Planbehörden eingereicht. Soweit die Planbehörde die Anforderung (z. B. als Lieferanweisung) an den Hersteller weitergibt, wird zwar ein Band zwischen Hersteller und Käufer geknüpft. Es stellt jedoch eine verwaltungsrechtliche Vorstufe des alsbald zu schließenden zivilrechtlichen Vertrages dar. Diese verwaltungsrechtliche Beziehung ist von der zivilrechtlichen Beziehung zu unterscheiden, die auf Grund von Bestellungen (zakaz) des Käufers beim Hersteller entsteht[90].

Mitunter werden vertragslose Beziehungen verwaltungsrechtlicher Art in „vertragliche" Beziehungen umgewandelt, indem auf ihre Abwicklung Vertragsrecht angewendet wird. Das Vertragsrecht gilt aber nur, soweit nicht (verwaltungsrechtliche und andere) Sondervorschriften vorgehen. Die Anknüpfung an das Vertragsrecht wird mit Hilfe eines vertragsersetzenden Tatbestandes hergestellt. Diese Beziehungen werden im Abschnitt über den Vertragsersatz (Fall b 3) behandelt[91].

---

[87] Nur die genossenschaftlichen Organisationen sind selbst Eigentümer ihres Vermögens.

[88] Eine Aufzählung der einschlägigen Vorschriften und eine nähere Regelung enthält der Instruktionsbrief der Staatsarbitrage vom 11. Dezember 1953 mit nachfolgenden Änderungen. Siehe ferner die Zusammenstellung in: Zakonodatel'nye akty 1961, Bd. 1, S. 269–278 und die Ordnung vom 4. Oktober 1965 Ziff. 20. Aus der Literatur: MORGULIS M. I., Voprosy peredači predprijatij, zdanij, sooruženij i oborudovanija v praktike Gosarbitraža, Moskau, 1962, 82 S.

[89] Nachweise bei LOEBER 1964, S. 142 Anm. 67. Über die Rechtsbeziehungen bei der Lieferung von Exportwaren siehe unten bei Anm. III 270 ff.

[90] Diese Deutung des Vorganges ist für die Bedarfsmeldung von „Waren für den Volksverbrauch" bestritten. Wie hier: BRODSKIJ 1964, S. 56–60; ähnlich ŠKUNDIN 1948, S. 153–156; BARU 1957, S. 38–40; nach Ansicht von CHALFINA (Sov. gos. i pravo 1957 No. 5 S. 36) hat die Bedarfsmeldung von Verbrauchswaren zivilrechtlichen Charakter. Ebenso NOVICKIJ, in: Voprosy sovetskogo graždanskogo prava v praktike suda i arbitraža, Moskau, 1959, S. 296–300. Vgl. unten bei Anm. V 75 und über Bestellungen unten bei Anm. III 127.

[91] Unten bei Anm. III 268 ff.

(2) Hoheitlich gestalteter Nachvertrag

Der behördlich angeordnete Vertragszwang bildet das eigentliche Kernstück der hoheitlichen Vertragsgestaltung. Er ist ihr wichtigstes und am häufigsten angewendetes Mittel. Der hoheitliche Vertragszwang ist ein typisches Instrument der Wirtschaftslenkung. Für Wirtschaftsordnungen, die auf dem Prinzip der zentralen Planung aufgebaut sind, ist er schlechthin unersetzlich. Aber auch in anderen Wirtschaftssystemen kann er nicht entbehrt werden, wenn immer das öffentliche Interesse eine Steuerung des Güter- und Leistungsverkehrs verlangt, sei es aus wirtschaftlichen, sozialen oder politischen Gründen.

Zum Wesen des hoheitlichen Vertragszwanges gehört eine „Vorgestaltung" des von den Betroffenen zu vollziehenden „Nachvertrages". Die behördliche Anordnung kann ferner auf einen bereits bestehenden Vertrag einwirken und dessen Änderung oder Beendigung anordnen. Auch in diesen Fällen muß der hoheitlichen Gestaltung ein Nachvertrag (z. B. über die Aufhebung des ursprünglichen Vertrages) folgen.

Ebenso wie beim partnerseitigen Vertragszwang kann auch hier zwischen direktem und indirektem Zwang unterschieden werden. Unterscheidungskriterium ist wiederum, ob dem vom Vertragszwang Begünstigten ein zivilrechtlicher Anspruch auf Vertragsgestaltung (Vertragsschluß usw.) zusteht oder nicht. Besitzt der Begünstigte diesen Anspruch, sprechen wir von direktem Vertragszwang.

Häufig muß sich der Begünstigte mit einem *indirekten* Vertragszwang begnügen. Dieser auf den ersten Blick befremdende Umstand erklärt sich daraus, daß der Verwaltungsakt als solcher dem Begünstigten noch keinen zivilrechtlichen Anspruch auf Vertragsschluß oder auf einen bestimmten Vertragsinhalt gewährt. Er ordnet in der Regel nur an, daß ein Partner (der Belastete) eine Leistung an den anderen Partner (den Begünstigten) zu erbringen hat. Mitunter bestimmt er auch, welche Gegenleistung der Inanspruchgenommene bei Erfüllung seiner verwaltungsrechtlichen Pflicht vom Begünstigten (nach Abschluß eines entsprechenden Vertrages) erwarten kann, z. B. zu welchem Preis er zu liefern hat. Selbst wenn ein korrespondierender weiterer Verwaltungsakt ergeht, der den Begünstigten zur Inanspruchnahme der Leistung legitimiert[92], erwirbt der Begünstigte hierdurch noch keinen zivilrechtlichen Anspruch gegen den Belasteten. Der Verwaltungsakt verpflichtet also, soweit das Gesetz nichts Abweichendes bestimmt, nicht unmittelbar zum Vertragsschluß. Den In-

[92] In der Sowjetunion z. B. die sog. Fonds-Mitteilung (Kontingentzuweisung).

anspruchgenommenen treffen zwar häufig verwaltungsrechtliche Pflichten, die ihm auferlegte Leistung im Vertragsweg zu erfüllen. Die Pflichten bestehen aber gegenüber übergeordneten Behörden, welche den Leistungspflichtigen lenken und beaufsichtigen[93]. Der Begünstigte kann aus den verwaltungsrechtlichen Pflichten des Zwangsunterworfenen für sich keine zivilrechtlichen Ansprüche herleiten.

Der Vertragszwang ergibt sich in diesen Fällen vielmehr mittelbar: Will der Zwangsunterworfene einen durchsetzbaren Anspruch auf die Gegenleistung seines Partners erwerben, muß er einen Vertrag mit ihm schließen. Ein Unternehmen, das seine Produktion an den in der Lieferanweisung bezeichneten Empfänger liefert, ohne zuvor mit ihm einen Vertrag geschlossen zu haben, riskiert, daß es ohne Bezahlung bleibt[94]. Entsprechendes gilt für den Begünstigten: liegt ihm daran, einen zivilrechtlichen Anspruch auf die Leistung des Inanspruchgenommenen zu erwerben, kann er dieses nur durch Vertragsschluß erreichen. Nicht der Anspruch des jeweiligen *Partners* zwingt hier zum Vertragsschluß, sondern das *eigene* Interesse an der Leistung des Partners.

Die Wirkung des Verwaltungsaktes liegt also in der Anordnung eines Leistungszwanges, d. h. im verwaltungsrechtlichen Bereich. Auf die zivilrechtlichen Beziehungen wirkt der Verwaltungsakt nur insoweit ein, als er die Partner indirekt zur Vertragsgestaltung zwingt. Der (zivilrechtliche) Vertragszwang stellt gleichsam einen „Reflex" aus dem (verwaltungsrechtlichen) Leistungszwang dar. Entsprechend besitzt der vom Leistungszwang Begünstigte auch nicht mehr als ein bloßes „Reflexrecht" auf Vertragsgestaltung gegenüber dem Leistungsverpflichteten (indirekter Vertragszwang).

Ein Anspruch auf Vertragsgestaltung steht dem Begünstigten dagegen dann zu, wenn das Gesetz ihm einen solchen gewährt. Das kommt insbesondere im Sowjetrecht vor. In diesen Fällen, also bei *direktem* Vertragszwang, bildet der Verwaltungsakt die Voraussetzung für das Entstehen eines partnerseitigen Anspruchs auf Vertragsgestaltung kraft Gesetzes. Der Vertragsschluß selbst, die Vertragsänderung oder Vertragsaufhebung liegen jedoch in den Händen der Partner der Beziehung. Sie werden durch den Verwaltungsakt zwar vorgestaltet, aber nicht ersetzt.

---

[93] Hierüber unten bei Anm. IV 353.

[94] Hierauf weist ein Instruktionsbrief der Staatsarbitrage vom 5. Januar 1951 hin (Sbornik No. 3 S. 92, 217, hier S. 218). Ganz Ähnliches läßt sich der deutschen Rechtsprechung entnehmen: siehe unten bei Anm. V 108.

aa) Direkter (zivilrechtlicher) Vertragszwang

Im Fall des direkten Vertragszwanges steht einem oder beiden Partnern das Recht zu, eine Vertragsgestaltung in Übereinstimmung mit der vorangegangenen hoheitlichen Anordnung zu verlangen. Dieses Recht ist als Anspruch ausgestattet und richtet sich gegen den jeweiligen Partner. Die Parteien treten sich also auf zivilrechtlicher Ebene gegenüber. Damit unterscheidet sich das Partnerverhältnis von der „vertragslosen Beziehung" (S. 117), die lediglich eine verwaltungsrechtliche Verknüpfung der Partner herbeiführt. Die Fälle, daß der Anspruch nur einem, nicht beiden Partnern zusteht, sind selten [95].

Zur Durchsetzung des direkten Vertragszwanges bedarf es, ebenso wie beim sogenannten gesetzlichen Kontrahierungszwang, einer Geltendmachung des Vertragsgestaltungsanspruches durch den Berechtigten [96]. Der Anspruch entsteht mit Erlaß des zugrunde liegenden Verwaltungsaktes. Es handelt sich also um einen auf Verwaltungsakt beruhenden (meist zweiseitigen) Kontrahierungszwang.

Hinter dem vom Partner ausgeübten direkten Vertragszwang steht der indirekte, von einem Hoheitsträger ausgehende Vertragszwang und begleitet ihn. Hierin liegt die Eigenart des direkten Vertragszwanges im hoheitsgestalteten Vertragsbereich. Der Vertragszwang wird im Regelfall also gleichsam in zwei Etappen ausgeübt: zunächst (indirekt) durch den Hoheitsträger und dann (direkt) durch den Partner der Leistungsbeziehung. Unterwerfen sich die Partner dem (verwaltungsrechtlichen) Leistungszwang der ersten Etappe und kommen sie auch dem (zivilrechtlichen) Vertragszwang der zweiten Etappe nach, so ist das Ergebnis ein Nachvertrag. Er stellt damit die dritte Etappe im Prozeß der Vertragsgestaltung dar. Er vereinigt in sich zwei vorausgegangene, ihrer Natur und ihrem Inhalt nach aber unterschiedliche Gestaltungsvorgänge. Kommt einer oder beide der Partner dem ihnen auferlegten Vertragszwang nicht nach, so wird der Nachvertrag durch einen Hoheitsakt ersetzt [97]. Die Vertragsgestaltung ist also stets ein dreistufiger Vorgang, gleichgültig ob der Vertragszwang freiwillig erfüllt wird oder nicht. Dieser komplexe Charakter des Nachvertrages erklärt die Schwierigkeiten, die seiner rechts-

---

[95] Ein einschlägiges Beispiel bietet das sowjetische Wohnungsrecht (siehe unten bei Anm. III 149).

[96] Siehe oben bei Anm. III 15.

[97] Über diese Erscheinung, die hier „Vertragsersatz" genannt wird, siehe unten bei Anm. III 226.

systematischen Erfassung entgegenstehen[98]. Einfacher verhält es sich mit dem Nachvertrag im partnergestalteten Bereich. Ihm geht nur eine Etappe – der zivilrechtliche partnerseitige Vertragszwang – voraus.

Die Erfüllung des direkten Vertragszwanges durch Vereinbarung eines Nachvertrages ist Sache der *Partner*. Die Vertragsgestaltung liegt meist im eigenen Interesse der Verpflichteten. Ohne einen Vertrag besäße der Leistende, wie erwähnt, keinen Anspruch gegen den Empfänger auf Bezahlung seiner eigenen Leistung. Abgesehen hiervon werden in der Sowjetunion Geldstrafen fällig, wenn eine Partei nicht fristgemäß die erforderlichen Verträge schließt. Der vertragswillige Partner muß die Geldstrafe vom säumigen Partner einziehen[99] und darf sie für sich vereinnahmen (nur in Ausnahmefällen fällt sie dem Staatsbudget an).

Die *Verwaltungsbehörde*, welche die gegenseitigen Leistungen anordnet, nimmt auf die Vertragsgestaltung durch die Partner unmittelbar keinen Einfluß. Worauf sie zu achten hat, ist, daß die im Verwaltungsakt bestimmte Leistung erbracht wird. Dennoch bleibt die zivilrechtliche Abwicklung nicht völlig den Parteien überlassen. Es gibt eine Reihe von Instanzen, welche die Tätigkeit der Leistungsverpflichteten lenken und überwachen. Zu ihnen gehören in der Sowjetunion die Arbitrage, die Staatsbank und die Finanzbehörden[100]. Hinzu kommt vor allem die vorgesetzte Organisation, etwa die Branchen-Hauptverwaltung (russische Abkürzung: Glavk) oder eine Produktionsvereinigung[101].

Die Verwaltungsbehörde, welche die Leistungsverpflichtung anordnet, kann unter Umständen mit der vorgesetzten Organisation identisch sein, etwa wenn es sich um wirtschaftlich unbedeutendere Produktion handelt, die örtlich verteilt wird.

A. Sowjetrecht

In der sowjetischen Wirtschaftspraxis spielt der direkte gegenseitige Vertragszwang eine erhebliche Rolle. Die Hauptanwendungsfälle liegen im Bereich der Planverträge. Ausgelöst wird der Vertragszwang durch die Lieferanweisung oder andere ihr entsprechende Verwaltungsakte[102]. Es handelt sich gewöhnlich um eine an den Lieferer gerichtete Anordnung,

---

[98] Über die Versuche einer Einordnung siehe unten im Kapitel V.

[99] Siehe unten bei Anm. IV 350.

[100] Über einzelne Befugnisse dieser Behörden siehe unten bei Anm. IV 353 ff.

[101] Klejn 1967, S. 135.

[102] Verordnung vom 4. Oktober 1965 Ziff. 5, 10; Ordnung vom 4. Oktober 1965 Ziff. 61, 66.

der ein korrespondierender, den Empfänger betreffender Planakt (etwa eine Kontingentzuteilung) gegenübersteht[103].

Zu den Verwaltungsakten gehören neben der Lieferanweisung z. B. das bestätigte Titelverzeichnis beim Investitionsbauvertrag[104], Entscheidungen der Regierung, thematische Pläne und Anordnungen vorgesetzter Behörden bei Verträgen über wissenschaftliche Forschungs- sowie Konstruktionsarbeiten[105], der Aufkaufsplan (plan zakupok) bei landwirtschaftlichen Kontraktationsverträgen[106], der monatliche Frachtplan bei Güterbeförderungsverträgen mit der Eisenbahn[107], mit Organisationen des Wasser-[108], Kraftverkehrs-[109] und Luft-

---

[103] Lieferordnung für Produktion von 1959 Ziff. 1, 7, 19; Lieferordnung für Waren von 1959 Ziff. 2, 8, 9, 18 und die Besonderen Lieferbedingungen (siehe die Sammlung: Položenija 1965); Instruktionsbrief vom 15. Oktober 1963 Ziff. 4.

[104] Grundlagen Art. 67; ZGB RSFSR Art. 368; Regeln vom 24. August 1955 Ziff. 1. Aus der Literatur siehe die Nachweise in der Bibliografija 1962 S. 287–297, sowie KARAVAJKIN A. A., in: Spravočnik 1963, S. 193–239; TOLSTOJ JU. K., in: Dogovory 1964, S. 202–318. Über Projektierungsverträge siehe oben bei Anm. III 49.

[105] Ordnung vom 7. September 1961 und weitere bei RING 1963, S. 67 aufgezählte Vorschriften. Aus der Literatur: RING 1963; BARAŠ 1963; BURMISTROV 1964; RING M. P., Dogovory na naučno-issledovatel'skie i konstruktorskie raboty, Moskau, 1967, S. 48–57 und die dort aufgeführten Verfasser. Vgl. unten bei Anm. V 261.

[106] Grundlagen Art. 51–52; ZGB RSFSR Art. 267–268; Verordnungen vom 28. Dezember 1961 (SP SSSR 1962 No. 1 Pos. 1) und vom 4. Januar 1966 (SP SSSR 1966 No. 2 Pos. 11; Nachdruck: Zakonodatel'stvo 1967, S. 113–116); Ordnung über das Verfahren beim Abschluß und für die Erfüllung von Kontraktationsverträgen ... vom 6. Januar 1966 (Zakonodatel'stvo 1967, S. 117–124); Instruktionsbrief der Staatsarbitrage der UdSSR vom 20. Juni 1966 (Sbornik No. 26 S. 100–102).
Die Kontraktationsverträge sind durch Verordnung vom 25. Februar 1961 (wieder) eingeführt worden. Davor erfolgte die Beschaffung landwirtschaftlicher Erzeugnisse im Wege der „Pflichtablieferungen". Über deren Rechtsnatur bestand keine Einigkeit. Aus der Literatur siehe die Nachweise in der Bibliografija 1962, S. 366–368 sowie VOVK JU. A., Dogovornye otnošenija kolchozov s organizacijami i predprijatijami, Moskau, 1962, S. 20–40; JAKOVLEV, Pravovedenie 1963 No. 3 S. 58–66; BACHOVKINA, Sov. gos. i pravo 1966 No. 3 S. 60–66.

[107] Grundlagen Art. 72–73; ZGB RSFSR Art. 373; Satzung der Eisenbahnen vom 6. April 1964. Aus der Literatur siehe u. a. ALEKSEEV S. S., Graždanskaja otvetstvennost' za nevypolnenie plana železnodorožnoj perevozki gruzov, Moskau, 1959, 176 S., ferner die Nachweise in der Bibliografija 1962, S. 305–315 sowie BELJAKOVA A. M., SAVIČEV G. P., in: Spravočnik 1963, S. 269–315; Ordanskij 1963; SMIRNOV V. T., POSSE E. A., in: Dogovory 1964, S. 319–409 (zugleich auch für andere Güterbeförderungsverträge). Die Rechtsnatur der Beförderungsverträge war vor ihrer Kodifizierung in den Grundlagen lange Zeit lebhaft umstritten.

[108] Satzung vom 15. Oktober 1955; Ordnung vom 3. Juli 1934 Ziff. 3; Ordnung vom 29. September 1934 Ziff. 2. Aus der Literatur siehe die Nachweise in der Bibliografija 1962, S. 316–325.

[109] Ordnung von 1955 Ziff. 1, 2. Aus der Literatur siehe RUBIN A. M., Pravovoe regulirovanie centralizovannych perevozok gruzov avtomobil'nym transportom, Moskau, 1960, 174 S.; JAZEV, in: Aktual'nye voprosy 1964, S. 151–164; BYKOV, Sov. gos. i pravo 1965 No. 4 S. 115–120 sowie die Nachweise in der Bibliografija 1962, S. 326–327.

transports[110], ferner etwa der Kreditplan[111] oder der Gas-[112] und Stromverteilungsplan[113].

Die Lieferanweisung und die ihr entsprechenden Planakte verpflichten dabei weder nach ihrem Wortlaut[114] noch sachnotwendig zum Vertragsschluß. Der Vertragszwang ergibt sich für die Adressaten vielmehr aus verschiedenen *Quellen*. Ein indirekter Zwang zum Vertragsschluß folgt zunächst aus dem Verwaltungsrecht. Die übergeordneten Staatsbehörden der Partner, die Arbitrage und die Bank überwachen im Rahmen ihrer Lenkungs- und Kontrollfunktionen auch die „Vertragsdisziplin"[115]. Indirekt ist ferner ein Vertragszwang, der seinen Ursprung in der Überlegung hat, daß der Leistende einen Anspruch auf die Gegenleistung nur im Vertragsweg erwerben kann. Hinzu tritt schließlich ein direkter Vertragszwang. Er ergibt sich aus dem zivilrechtlichen Anspruch auf Vertragsgestaltung (Vertragsschluß, usw.). Der Anspruch steht dem Partner der hoheitlich angeordneten Leistungsbeziehung zu und beruht auf dem positiven Recht[116].

Zur Erfassung der verschiedenartigen Quellen des Vertragszwanges wird in der sowjetischen Literatur häufig unterschieden zwischen der verwaltungsrechtlichen Pflicht gegenüber dem Staat und der zivilrechtlichen Pflicht gegenüber dem Partner[117].

---

[110] Luftgesetzbuch vom 26. Dezember 1961 Art. 90, 92; Regeln von 1959. Aus der Literatur siehe die Nachweise in der Bibliografija 1962, S. 325–326 und aus dem westlichen Schrifttum den informativen Beitrag von Sand P., Die Entwicklung des Luftfahrtrechts in der Sowjetunion: Osteuropa-Recht, Jg. 10 (1964) S. 157–210 mit weiteren Nachweisen.

[111] Siehe unten bei Anm. III 164.

[112] Regeln für die Lieferung von Gas von 1961 Ziff. 4 (Text: Položenija 1965, S. 688 bis 694). Aus der Literatur: Sadikov O. N., Pravovye voprosy gazosnabženija, Moskau, 1961, 189 S.

[113] Aus der Literatur: Korneev S. M., Dogovor o snabženii elektroenergiej, Moskau, 1956, 108 S. und die darin auf S. 5 angeführten Rechtsvorschriften; Byčkova, Sov. gos. i pravo 1964 No. 3 S. 112–116.

[114] Muster einer Lieferanweisung bei: Fasoljak 1961, S. 147.

[115] Siehe unten bei Anm. IV 353 ff. und 381 ff.

[116] Dies ist zwar nicht expressis verbis ausgesprochen, folgt aber unzweideutig aus den Grundlagen Art. 34 und ZGB RSFSR Art. 159, 166, sowie aus den in Anm. III 102 genannten Quellen. Es findet seine Bestätigung im Institut der vor-vertraglichen Arbitrage.

[117] Siehe z. B. Joffe 1958, Bd. 1, S. 393; Kabalkin, in: Graždanskoe pravo 1960, Bd. 1, S. 426; Chalfina 1963, S. 113, 118; Burmistrov 1964, S. 91 sowie die in Anm. IV 400–404 zitierten Autoren. Auf die janusköpfige Natur der Vertragsschlußpflicht verwies Such 1952 in der DDR (siehe unten in Anm. V 31). Sie wird auch von Szaszy, einem namhaften ungarischen Rechtswissenschaftler, betont: Szaszy 1964, S. 1476–1477 mit weiteren Nachweisen. Vereinzelt wird dagegen die verwaltungsrechtliche Natur der

Im übrigen muß beachtet werden, daß der Vertragszwang auch von seinem *Gegenstand* her Verschiedenheiten aufweist. Die Verwaltungsbehörden können im Wege des Vertragszwanges die gesamte Vertragsgestaltung erfassen, also den Abschluß anordnen, die Partner zuweisen und den Inhalt des Vertrages festlegen. Der Hoheitsträger kann sich aber auch mit Teilbereichen begnügen. So kann sich der Vertragszwang etwa nur auf die Abschlußpflicht und die Partnerzuweisung erstrecken; der Inhalt des Vertrages bleibt dann der Gestaltung der Partner überlassen. Ein Beispiel für einen gegenständlich beschränkten hoheitlichen Vertragszwang sind in der Sowjetunion die Planverträge, die unter Berücksichtigung zuvor eingegangener „Bestellungen" geschlossen werden. Diese Art von Planverträgen kommt bei der Lieferung von Verbrauchswaren und (seit der Wirtschaftsreform von 1965) auch von Produktionsgütern vor[118].

Die Parteien – Hersteller und Käufer – werden einander zugewiesen, und zwar durch einen „Verknüpfungsplan" (plan prikreplenija)[119]. Sodann „treffen die Herstellerunternehmen ... rechtzeitig" vor Beginn des Planjahres „Absprachen mit den Verbraucherunternehmen über ... die Lieferungen der Produktion und sammeln eingehende Bestellungen" (portfel' zakazov). Hierbei haben die Unternehmen „von den Kontrollziffern auszugehen", die „von der vorgesetzten Organisation festgesetzt" worden sind (und den Unternehmen als Direktive für deren Planaufstellung dienen, bis die „Plankennziffern" bestätigt werden)[120]. Die „staatlichen Planaufgaben" sowie die Bestellungen, die von den Herstellerunternehmen „angenommen" worden sind, bilden die Grundlage für den Produktionsplan des Herstellers[121]. Die vorgesetzte Be-

---

Vertragsschlußpflicht hervorgehoben, z. B. von Novickij 1950, S. 82–85; Novickij, in: Graždanskoe pravo 1950, Bd. 1, S. 361 (vgl. aber Anm. IV 401), und in Ungarn von Eörsi, einem der Schöpfer des ungarischen Zivilgesetzbuches von 1959 (zitiert nach Szaszy 1964, S. 1476 Anm. 14).

Aus der westlichen Literatur vgl. Nipperdey 1920, S. 86 (vgl. unten bei Anm. IV 278); Gieseke 1937, S. 393; Gülde H., Deutsches Recht 1942 S. 345–346 und Clemens, ebd. 1942 S. 1210–1214 (betr. das Reichsleistungsgesetz); Melzer 1952, S. 55, 58; Ipsen 1955, S. 602 Anm. 20; Rainer 1957, S. 41; Drobnig 1960, S. 234 (für das Recht der DDR und vgl. unten bei Anm. V 302); Schlesinger (Glasgow) 1962, S. 26.

Über die verwaltungsrechtliche Pflicht gegenüber dem Staat siehe unten bei Anm. IV 392.

[118] Vgl. oben bei Anm. II 50.

[119] Verordnung vom 13. Oktober 1961 Ziff. 8–9; Verordnung vom 30. Juni 1962 Ziff. 6 (betr. Produktion); Verordnung vom 22. August 1963 Ziff. 6 (betr. Verbrauchswaren); vgl. Ordnung vom 10. Juli 1967 Ziff. 28. In der Literatur wird auf die Verknüpfung hingewiesen von: Liberman 1965 (a), S. 9; Klejn/Tančuk, Sov. just. 1966 No. 18 S. 3–5, hier S. 4 Sp. 1; Verdnikov, Sov. gos. i pravo 1966 No. 4 S. 63–70, hier S. 68; Klejn 1967, S. 12, 50.

[120] Verordnung vom 4. Oktober 1967 Ziff. 1 (betr. Produktionsgüter).

[121] Für Produktionsgüter: ebd., Ziff. 5. Für Verbrauchswaren: Verordnung vom

hörde prüft die Pläne des Unternehmens und „bestätigt" sodann die „Plankennziffern" für das Unternehmen[122]. Eine der Plankennziffern umfaßt den „Umfang der abgesetzten Produktion", eine andere den „Umfang der Lieferungen an das Unternehmen", d. h. der „Materialien, die von der vorgesetzten Organisation verteilt werden"[123]. Die Lieferverträge zwischen Hersteller und Käufer werden gewöhnlich geschlossen, sobald die vorgesetzte Behörde die Plankennziffern bestätigt hat. Dies soll vor Beginn des Planjahres geschehen[124].

Rechtlich zeichnet sich dieser Typ von Planverträgen dadurch aus, daß der *Partnerzwang* mit Erlaß des Verknüpfungsplanes und der *Abschlußzwang* mit Bestätigung der Plankennziffern wirksam wird. Neben diese Formen hoheitlicher Vertragsgestaltung tritt ein partnerseitiger Abschlußzwang aus der vorangegangenen Bestellung des Käufers und aus ihrer Annahme durch den Hersteller. Parallel zum hoheitlichen Vertragszwang besteht also ein Abschlußzwang aus rechtsgeschäftlicher Selbstbindung[125]; dieser kommt allerdings erst mit Bestätigung der Plankennziffern zur Geltung und auch nur insoweit als die Bestellung durch die Kennziffern gedeckt wird[126]. Die Absprache vor der Planbestätigung trägt also nur einen vorläufigen Charakter. Ihre rechtliche Qualifizierung ist streitig[127]. In jedem Fall eröffnet das Bestellverfahren den Partnern eine gewisse Vertragsinhaltsfreiheit. Sie ist beschränkt, da sich die Bestellungen an den Kontrollziffern zu orientieren haben. Die Kontrollziffern enthalten in Zahlen ausgedrückte und nach allgemeinen Merkmalen berechnete Auflagen (in der DDR auch Planvorgaben genannt). Die Kontrollziffern führen somit zu einer „globalen" Einschränkung der Vertragsinhaltsfreiheit. Diese unterscheidet sich von einem „individuellen" Vertragsinhaltszwang, wie ihn ein Planakt, etwa eine Lieferanweisung, auslöst, der

---

8. August 1960 Ziff. 29; Verordnung vom 22. August 1963 Ziff. 2 (dazu: Instruktionsbrief vom 19. November 1963); Ordnung vom 4. Oktober 1965 Ziff. 30, 45.

[122] Verordnung vom 4. Oktober 1965 Ziff. 1.

[123] Methodische Anweisungen vom 2. Dezember 1966 Ziff. 6.

[124] Joffe 1967, S. 53; Klejn 1967, S. 47. Vgl. oben Anm. III 70.

[125] Vgl. oben bei Anm. III 46.

[126] Vorher ist die Bestellung unverbindlich. Der Käufer kann sie ohne Rechtsfolge zurücknehmen oder ändern. Joffe 1967, S. 52–53; Klejn 1967, S. 51, 134; Ekonomičeskaja gazeta 1966 No. 30 S. 18 Sp. 2; zweifelnd Bratus', Ekonomičeskaja gazeta 1967 No. 4 S. 16 Sp. 1. Vgl. Ordnung vom 9. Mai 1964 Ziff. 8, 12.

[127] Es werden eine verwaltungsrechtliche, eine zivilrechtliche und eine kombinierte Konstruktion vertreten. Nachweise bei Klejn 1967, S. 42–48; zusätzlich sei verwiesen auf die in Anm. III 90 genannten Autoren sowie auf: Klejn/Tančuk, Sov. just. 1966 No. 18 S. 3–5, hier S. 4; Klejn N. I., Zakazy na tovary narodnogo potrebitelja, in: Učenye zapiski (VNIISZ), Moskau, No. 9 (1966) S. 63–79; Pravovedenie 1967 No. 3 S. 153; Joffe 1967, S. 52–53.

einen konkreten Planvertrag gestaltet. Gleichwohl besteht eine enge Verbindung zwischen den Plankennziffern und dem Inhalt des Liefervertrages. Das wird deutlich, wenn die einschlägigen Plankennziffern nachträglich geändert werden. Eine solche Änderung wirkt notwendigerweise auf den „frei" festgelegten Inhalt des Liefervertrages ein. Hierdurch entstehen Störungen. Es ist daher verboten, Plankennziffern „ohne Abstimmung" mit dem Bestellunternehmen zu ändern [128].

Verträge unter Berücksichtigung zuvor eingegangener Bestellungen kommen in anderen sozialistischen Staaten bereits seit einiger Zeit zur Anwendung. In der Tschechoslowakei z. B. besteht der Zweck der Kapazitätsverträge darin, dem Lieferer eine Übersicht über die Anforderungen seiner Abnehmer und dadurch einen Ausgangspunkt für die Planung der Unternehmenskapazität zu verschaffen [129]. In der DDR sind bei der Ausarbeitung und Bestätigung der Pläne die abgeschlossenen Wirtschaftsverträge zu beachten [130].

Der Adressat des Verwaltungsaktes ist berechtigt, gegen die ihm auferlegte Pflicht zur Leistung zu remonstrieren. Er bleibt aber dem partnerseitigen Vertragszwang unterworfen, wenn die übergeordnete Verwaltungsbehörde eine Änderung des Verwaltungsaktes ablehnt. Günstiger steht sich (kraft ausdrücklicher Vorschrift) ein Unternehmen, dem Güter zugewiesen werden, die es nicht benötigt. Es ist befugt, den Abschluß eines Planvertrages zur Lieferung der für ihn überflüssigen Güter abzulehnen [131]. Besteht der Hersteller gleichwohl auf einem Vertrag, so prüft die Arbitrage, ob die Ablehnung des Käufers „begründet" ist. Stellt die Ablehnung einen „Mißbrauch" dar, wird die Arbitrage den Käufer trotz seiner Weigerung zum Vertragsschluß zwingen [132].

---

[128] Ordnung vom 9. Mai 1964 Ziff. 22; Ordnung vom 4. Oktober 1965 Ziff. 47.

[129] Aus der Literatur: Knapp 1963, S. 507–510, hier S. 507.

[130] Vertragsgesetz von 1965 (siehe Anm. II 117) §§ 4, 26. Aus der Literatur vgl. Drobnig 1960, S. 236–237.

[131] Lieferordnung für Produktion von 1959 Ziff. 14 (neue Fassung), Ziff. 58; Lieferordnung für Waren von 1959 Ziff. 13 (neue Fassung); Verordnung vom 30. Juni 1962 Ziff. 8 und Verordnung vom 22. August 1963 Ziff. 8; Ordnung über das Produktionsunternehmen vom 4. Oktober 1965 Ziff. 62; Instruktionsbriefe vom 6. Oktober 1962 Ziff. 11, vom 14. November 1964 Ziff. 6 (Produktion) und vom 19. November 1963 Ziff. 8–9 (Waren). Aus der Spruchpraxis der Arbitrage: Soc. zak. 1964 No. 4 S. 81.

Aus der Literatur u. a. Tančuk 1963, S. 116–119; Krylova 1963; Jakovleva 1963, S. 85–89; Gribanov 1964, S. 41–43; Murzin 1964, S. 12–14 (kritisch dazu: Klejn, Sov. gos. i pravo 1964 No. 10 S. 147); Pobirčenko 1964, S. 51–60; Efimočkin 1964, S. 33–37; Mamutov, in: Pravovye voprosy 1964, S. 189; Cimerman, ebd., S. 227; Sov. gos. i pravo 1965 No. 1 S. 127 sowie 128–129; Rovinskij 1967; Zamengof 1967, S. 44, 87. Vgl. unten bei Anm. IV 334.

[132] Instruktionsbrief vom 14. November 1964 Ziff. 6. Über das Ablehnungsrecht bei freien Verträgen siehe oben bei Anm. III 32.

Der direkte Vertragszwang ist im Sowjetrecht nicht auf Beziehungen zwischen sozialistischen Organisationen beschränkt. Er kommt auch im Verhältnis zu Einzelbürgern zur Anwendung. So kann eine Vertragspartei vom Gericht verpflichtet werden, ein formnichtiges Rechtsgeschäft in den Notariatsorganen formgerecht nachzuvollziehen[133]. Es wird die Verpflichtung nur aussprechen, wenn dem Vertragsgegner ein Anspruch auf Vornahme des Rechtsgeschäfts zusteht. Die gerichtliche Entscheidung stellt somit eine Maßnahme der Vollstreckung dar. Kommt der Schuldner der gerichtlich auferlegten Verpflichtung nicht nach, ordnet das Sowjetrecht einen Vertragsersatz an.

B. Deutsches Recht

Im deutschen Recht gibt es keine Parallelerscheinung zum sowjetischen Vertragszwang, der mit Erlaß von Lieferanweisungen und ähnlichen Planakten entsteht und zugleich Elemente des direkten wie des indirekten Zwanges enthält. Das ist mit Rücksicht auf die andersgeartete Wirtschaftsstruktur verständlich.

Dem sowjetischen Vorgang am nächsten kommt möglicherweise die Regelung in der deutschen Zündwarenproduktion. Es handelt sich um ein staatliches Monopol, das in mancher Hinsicht nach ähnlichen Gesichtspunkten ausgeübt wird, wie sie für staatseigene Unternehmen maßgebend sind. Dies führt auch zu einer Anwendung von Vertragszwang. Allerdings tritt die Lenkungsbehörde (die Monopolgesellschaft) hier zugleich als Vertragspartner auf. Das erschwert einen Vergleich.

Zur Herstellung von Zündwaren sind nur solche Unternehmen berechtigt, denen eine Beteiligungsziffer zusteht. Die Beteiligungsziffer gibt an, welche Zündwarenmenge vom einzelnen Unternehmer in einem bestimmten Zeitabschnitt hergestellt werden darf und soll und wie sie verteilt wird. Die Beteiligungsziffer wird durch die Monopolgesellschaft festgesetzt. Die Unternehmer sind verpflichtet, die hergestellten Zündwaren an die Monopolgesellschaft zu veräußern, während die Monopolgesellschaft ihrerseits verpflichtet ist, die festgesetzte Liefermenge durch möglichst gleichmäßige Abrufe abzunehmen[134].

Einen einseitigen direkten Vertragszwang sieht das deutsche Kartellrecht vor. Die Kartellbehörde kann die Aufnahme in eine Wirtschafts-

[133] Instruktionsbrief des Obersten Gerichts der RSFSR von 1927. Text: Graždanskij kodeks RSFSR, Moskau, 1961, S. 151–153, hier S. 152.

[134] Zündwarenmonopolgesetz von 1930 (RGBl. I 11) §§ 5, 7, 23; Vorläufige Durchführungsbestimmungen dazu von 1930 (RGBl. I 176) § 12.

oder Berufsvereinigung anordnen[135]. Der Vertragszwang ist hier auf eine Vereinbarung vereinsrechtlichen Charakters gerichtet und hat das Ziel, ungerechtfertigte Diskriminierungen zu bekämpfen. Die hoheitliche Anordnung hat keine vertragsersetzende Wirkung. Sie begründet für die Vereinigung eine (verwaltungsrechtliche) Pflicht, den Beitritt zu gestatten und gewährt dem Diskriminierten einen (zivilrechtlichen) Anspruch auf Aufnahme („Nachvertrag"), den er im Klagewege durchsetzen kann[136].

C. Rechtsnatur

Über die rechtssystematische Einordnung der Nachverträge, die auf Grund hoheitlichen Leistungszwanges und partnerseitigen Vertragszwanges geschlossen werden, besteht keine Einmütigkeit. In der Sowjetunion hat sich an dieser Frage ein mit viel Leidenschaft geführter Meinungsstreit entzündet. Er wurde praktisch 1961 durch Gesetz entschieden. Die Grundlagen von 1961 haben die zivilrechtliche Natur dieser Nachverträge anerkannt. Gleichzeitig haben die Grundlagen allerdings ein „Sonder-Vertragsrecht" geschaffen, das auf hoheitlich vorgestaltete Nachverträge anzuwenden ist. Es besteht in der Formulierung einiger Grundsätze über das Verhältnis von Planakt und Vertrag und den partnerseitigen Vertragszwang[137]. In der deutschen Literatur fehlt zur Rechtsnatur der hoheitlich vorgestalteten und auf direkten Vertragszwang zurückgehenden Nachverträge eine Stellungnahme. NIPPERDEY z. B. erfaßt diese Fälle in seiner Typenreihe nicht.

Die hoheitliche Vertragsgestaltung unter Zuhilfenahme des direkten Vertragszwangs verwendet Mittel, die dem Zivilrecht entlehnt sind; sie stellt vor allem die Prinzipien der Gegenseitigkeit und Entgeltlichkeit der Leistung in ihre Dienste und baut entsprechend auf dem Gedanken der Anspruchsgrundlage auf. Die materiellen (zivilrechtlichen) Interessen stehen im Vordergrund und überschatten den hoheitlichen (verwaltungsrechtlichen) Ursprung des Vertragszwanges. Einen deutlichen Gegensatz hierzu bildet die hoheitliche Vertragsgestaltung allein durch indirekten Zwang.

---

[135] Gesetz gegen Wettbewerbsbeschränkungen von 1957 (BGBl. I 1081) § 27.

[136] MÜLLER-HENNEBERG H., SCHWARTZ G., Gesetz gegen Wettbewerbsbeschränkungen. Gemeinschaftskommentar, Köln, 2. Aufl., 1963, § 27 Anm. 18, S. 803.

[137] Siehe unten bei Anm. V 166.

bb) Indirekter (verwaltungsrechtlicher) Vertragszwang

Eine hoheitliche Vertragsgestaltung, die lediglich auf indirektem Vertragszwang beruht, verzichtet auf die materiellen, in die Formen des Zivilrechts gegossenen Mittel des Anreizes. Sie setzt den Gehorsam der Zwangsunterworfenen voraus; wird diese Erwartung enttäuscht, greift sie auf den staatlichen Apparat zur Durchsetzung hoheitlicher Anordnungen zurück. Die Automatik eines kommerziellen Egoismus kommt nicht zum Tragen. Hoheitliche Momente überwiegen.

Der indirekte Vertragszwang trifft in der Regel nur einen der Partner der Leistungsbeziehung. Mitunter kommt aber auch ein beiderseitiger Zwang vor[138].

A. Einseitiger Vertragszwang

Der *einseitige* indirekte Vertragszwang verweist einen der (künftigen) Vertragspartner in die Rolle eines Zwangsverpflichteten und gewährt dem anderen die Stellung eines mittelbar Begünstigten. Vor Vertragsschluß besteht die Pflichtenstellung des Zwangsunterworfenen mangels abweichender gesetzlicher Regelung nur gegenüber dem anordnenden Hoheitsträger, nicht gegenüber dem Begünstigten. Sie ist daher verwaltungsrechtlicher, nicht zivilrechtlicher Natur. Entsprechend besitzt der Begünstigte keinen zivilrechtlichen „Anspruch“ gegen den Zwangsverpflichteten auf Vertragsgestaltung. Das folgt aus dem Grundsatz, daß ein Verwaltungsakt, der zugunsten eines Dritten ergeht[139], für diesen im allgemeinen keine subjektiven (öffentlichen) Rechte entstehen läßt[140]. Der Begünstigte bleibt zur Durchsetzung der ihm eingeräumten Wohltat auf die Rechtsbehelfe beschränkt, die ihm gegenüber der anordnenden Verwaltungsbehörde zustehen.

Ein bekanntes Beispiel für den einseitigen indirekten Vertragszwang ist die Mieterzuweisung im Rahmen einer Wohnungszwangswirtschaft.

---

[138] In der sowjetischen Literatur wird zum indirekten und einseitig verbindlichen Vertragszwang auffallend selten Stellung genommen. Siehe: Škundin 1948, S. 171; Gribanov 1953, S. 5, 10; Chalfina 1954, S. 141–144, 170–175; Amerchanov 1957, S. 24; Joffe, in: Joffe/Tolstoj 1962, S. 91–92; Burmistrov 1964, S. 91–93.

[139] Er ist in der Literatur als „janusköpfig“ bezeichnet worden, da er den einen belastet und den anderen begünstigt. Vgl. Zinser, DÖV 1953 S. 151; Haueisen, NJW 1964 S. 2037; Fromm 1965. Vgl. oben Anm. III 117.

[140] Hamann 1953, S. 141; Oeschger 1954, S. 125; Forsthoff 1961, S. 171, 495, vgl. S. 165; Bachof 1955, S. 295–296; Dörffler, NJW 1963 S. 14–19, hier S. 15; OVG Hamburg (1963), NJW 1964 S. 834; Alekseev 1959, S. 45; Mamutov 1964 (a), S. 49. Mit Bezug auf den Kontrahierungszwang: Nipperdey 1920, S. 90.

Nach deutschem Recht kann die Wohnungsbehörde verlangen, daß ein Hauseigentümer mit einem von mehreren ihm zur Auswahl benannten Wohnungssuchenden ein Rechtsverhältnis vereinbart (sog. „Mieterzuweisung") [141]. Der Wohnungssuchende besitzt gegenüber dem Hauseigentümer keinen zivilrechtlichen Anspruch auf Abschluß eines Mietvertrages. Er ist andererseits auch nicht verpflichtet, den ihm vom Hauseigentümer anordnungsgemäß angebotenen Mietvertrag abzuschließen [142].

Anders ist die Regelung des sowjetischen Wohnraumrechts. Mit Rücksicht auf die bestehende Wohnungszwangswirtschaft werden freie Wohnräume an Bürger nur durch Verfügung (sog. „Order") der zuständigen Wohnungsverwaltung zur Benutzung überlassen [143]. Das Recht zur Benutzung des Wohnraumes ist in einem schriftlichen Vertrag zu vereinbaren [144]. In der Praxis begnügen sich die Mietparteien allerdings häufig (wenn nicht gar meist) mit der „Order" der Wohnungsverwaltung und unterlassen es, einen schriftlichen Mietvertrag zu schließen [145]. Diese Übung hat Anlaß zu einem Meinungsstreit über die zivilrechtlichen Wirkungen der Order gegeben. Die Grundlage für das Wohnrecht wird von den einen in einem Verwaltungsakt (der Order) [146], von anderen im Mietvertrag [147], von dritten schließlich in einer Kombination von Verwaltungsakt und Vertrag gesehen [148]. Streitig ist auch, ob dem durch die Order Begünstigten

[141] Wohnraumbewirtschaftungsgesetz von 1953 (BGBl. I 97) § 15. Über die „Mietverfügung", die eine Form des Vertragsersatzes ist, siehe unten bei Anm. III 228.

[142] FELLNER/FISCHER 1956, Anm. 7 zu § 16. Der begünstigte Wohnungssuchende haftet aber unter Umständen aus dem Gesichtspunkt der culpa in contrahendo, ebd. Anm. 40.

[143] Gesetz vom 17. Oktober 1937 Art. 23. Vgl. unten Anm. V 222. Für Wohnräume in Häusern, die im persönlichen Eigentum von Bürgern stehen, ist eine „Order" nicht erforderlich. Über weitere Einzelheiten siehe u. a. TOLSTOJ JU. K., Sovetskoe žiliščnoe pravo, Leningrad, 1967, S. 15–21, 25–27, 30, 44, 53.

[144] Grundlagen Art. 56; ZGB RSFSR Art. 296, 299 (Art. 296 ist durch Dekret der RSFSR vom 23. November 1966 geändert worden, VVS RSFSR 1966 No. 48 Pos. 1276); Gesetz vom 17. Oktober 1937 Art. 24. Dazu: RSFSR-Instruktion über den Abschluß von Mietverträgen von 1947 (Text: Žiliščnye zakony 1957, S. 323–327).

[145] NOVICKIJ 1947, S. 38; NOVICKIJ 1950, S. 89; NEČECKIJ 1957, S. 147, 153; VASIL'EV 1960, S. 136; TOLSTOJ (oben Anm. III 143) 1967, S. 21.

[146] ASKNAZIJ 1940, S. 64, 71; ASKNAZIJ 1940 (a), S. 86; BRATUS', Diskussionsbeitrag, in: ŠKUNDIN 1948 (b), S. 71; VIL'NJANSKIJ 1958, S. 286; LANDKOF, in: Žiliščnoe i žiliščnostroitel'noe zakonodatel'stvo, Kiew, 3. Aufl., 1967, S. 134–135 (zur Herstellung wohnungsrechtlicher Beziehungen bedarf es außer der Order auch des faktischen Einzugs in den Wohnraum).

[147] NOVICKIJ 1947, S. 38; NOVICKIJ 1950, S. 89; BRAUDE/PERGAMENT, in: ASKNAZIJ 1956, zitiert von VASIL'EV 1960, S. 123; NEČECKIJ 1957, S. 147; VASIL'EV 1960, S. 127.

[148] AGARKOV 1940, 136; ŠKUNDIN, in: Graždanskoe pravo 1944, Bd. 2, S. 58; DEMBO, Sov. gos. i pravo 1956 No. 8 S. 88, hier S. 92; ASKNAZIJ 1956 unter Aufgabe seiner früheren Meinung (siehe oben Anm. III 146), zitiert von VASIL'EV 1960, S. 122; JOFFE 1957, S. 244; JOFFE 1958, S. 380; KRASAVČIKOV 1958, S. 128–129.

ein Anspruch auf Vertragsschluß gegen die (dem örtlichen Sowjet unterstellte) Hausverwaltung zusteht[149] oder nicht[150]. Die Frage dürfte jetzt unter Berücksichtigung des neuen Zivilgesetzbuches der RSFSR (Art. 299) positiv zu beantworten sein. Damit haben wir es mit einem direkten einseitigen Vertragszwang zu tun, der aus der hier erörterten Fallgruppe (indirekter Vertragszwang) ausscheidet.

Weitere Anwendungsfälle des indirekten einseitigen Vertragszwanges bietet das Arbeitsrecht. Ein Beispiel aus dem deutschen Recht ist die Pflicht zur Beschäftigung von Schwerbeschädigten[151]. Ihr steht keine entsprechende Arbeitspflicht auf seiten des Schwerbeschädigten gegenüber. Andererseits hat der Schwerbeschädigte auch keinen Anspruch auf Anstellung gegen den zwangsunterworfenen Arbeitgeber. Vor Vertragsschluß bestehen zwischen ihnen keine Rechtsbeziehungen. Die Sowjetunion verfügt über eine entsprechende Regelung für Kriegsinvaliden. Bei der Zuweisung sollen die Wünsche der Versehrten berücksichtigt werden[152]. Dem Kriegsinvaliden wird sogar ein Recht zur Auswahl des Arbeitsplatzes eingeräumt[153]. Dieses Privileg steht den übrigen Invaliden, die ebenfalls im Wege der Zuweisung in den Arbeitsprozeß eingegliedert werden, nicht zu[154]. Eine besondere Regelung gilt (oder galt) für „Kriegsinvaliden der 3. Gruppe". Hier steht nicht nur der Arbeitgeber, sondern auch der Invalide unter einem Beschäftigungszwang. Es handelt sich insoweit also um einen zweiseitig indirekten Vertragszwang. Kommt der Invalide der Arbeitspflicht nicht nach, kann ihm seine Invalidenrente entzogen werden[155]. Diese finanzielle Sanktion zur Durchsetzung der Arbeitspflicht erinnert an die deutsche Regelung für die Gewährung des Arbeitslosengeldes. Letzeres ist (für 24 Tage) zu ver-

---

[149] Dafür: Agarkov 1940, S. 136; Chalfina 1954, S. 175; Tolstoj (Anm. III 143) 1967, S. 21, 59.

[150] Vasil'ev 1960, S. 133.

[151] Schwerbeschädigtengesetz von 1961 (BGBl. I 1234) §§ 3, 10. Aus der Literatur: Becker 1962; Wilrodt/Neumann 1964; Spiecker F.-W., Das Arbeitsverhältnis nach dem Schwerbeschädigtengesetz, Rechtswiss. Diss., Universität Würzburg, 1965, XXII, 248 S. (photomech. vervielf.).

[152] Die Zuweisungen erfolgen auf Grund eines Quotensystems (Verordnung vom 6. März 1965 Ziff. 1); die Quote darf nicht mehr als 2 v. H. der Gesamtzahl der Beschäftigten betragen. Aus der Literatur: Leviant 1966, S. 180–186; Ostrovskij L. Ja., Kommentarij 1966, S. 25–26 in Anm. §§ 56–57.

[153] Instruktion der RSFSR vom 11. April 1944 Ziff. 4.

[154] Über die Arbeitszuweisung von (Zivil-)Invaliden siehe Ostrovskij, in: Kommentarij 1966, S. 24–25 in Anm. §§ 49–56 mit Nachweisen.

[155] Verordnung vom 20. Januar 1943 Ziff. 6. Die Fortgeltung dieser Ziffer ist zweifelhaft, da sie in einen (allerdings nur auszugsweisen) Nachdruck (Trudoustrojstvo 1963, S. 131, 148) nicht mitaufgenommen worden ist.

sagen, wenn der Arbeitslose sich weigert, eine Arbeit anzunehmen oder das Zustandekommen eines Beschäftigungsverhältnisses vereitelt[156]. Ein Unterschied zur sowjetischen Lösung besteht darin, daß der deutsche Arbeitslose zur Arbeit rechtlich nicht verpflichtet ist.

Das Sowjetrecht kennt weitere Formen der Arbeitszuweisung. Sie sind als *zweiseitiger* indirekter Vertragszwang ausgestaltet und werden daher weiter unten behandelt[157].

Gegenstand eines Vertragszwanges kann auch die hoheitlich angeordnete Entlassung, also die Vertragsbeendigung sein. So kann nach deutschem Recht das Versicherungsamt den Vorstand einer Krankenkasse dazu anhalten, von seinem Kündigungsrecht Gebrauch zu machen[158]. Das Bundesaufsichtsamt kann von einem Kreditinstitut die Abberufung eines Geschäftsleiters fordern, wenn letzterer nicht zuverlässig ist oder wenn ihm die fachliche Eignung fehlt[159]. Ähnliche Rechte besitzt das Patentamt als Aufsichtsbehörde gegenüber den Urheberrechts-Verwertungsgesellschaften[160]. Nach der Handwerksordnung kann die Verwaltungsbehörde dem Lehrherrn aufgeben, einen Lehrling zu entlassen[161]. Das Arbeitsgericht besitzt das Recht festzustellen, daß das Verlangen eines Betriebsrates, der Arbeitgeber solle einen bestimmten Arbeitnehmer entlassen, begründet ist. In diesem Fall wird der Arbeitgeber durch die Gerichtsentscheidung verpflichtet, die Entlassung unverzüglich vorzunehmen[162]. Ein entsprechendes Recht sieht das Arbeitsgesetzbuch der RSFSR von 1922 vor. Hiernach kann der Berufsverband (meist mit „Gewerkschaft" übersetzt) die Aufhebung eines „jeden Arbeitsvertrages" verlangen. Kommt der Arbeitgeber dem Verlangen nicht nach, entscheidet das für Arbeitsstreitigkeiten zuständige Organ[163].

---

[156] Gesetz über die Arbeitsvermittlung und die Arbeitslosenversorgung von 1927 (RGBl. I 187) (mit Änderungen) § 78. Vgl. auch Bundessozialhilfegesetz von 1961 (BGBl. I 815) § 25: hiernach verliert ein Hilfeempfänger einen Anspruch auf Hilfe, wenn er sich weigert, zumutbare Arbeit zu leisten.

[157] Siehe unten bei Anm. III 195.

[158] Reichsversicherungsordnung von 1911 § 357.

[159] Gesetz über das Kreditwesen von 1961 (BGBl. I 881) § 36.

[160] Gesetz über die Wahrnehmung von Urheberrechten ... von 1965 (BGBl. I 1294) § 19 Abs. 4.

[161] Handwerksordnung von 1953 (BGBl. I 1411) § 29.

[162] Betriebsverfassungsgesetz von 1952 (BGBl. I 681) § 66.

[163] Arbeitsgesetzbuch der RSFSR von 1922 Art. 49 (Text u. a.: Sbornik ... o trude 1960, S. 86); [Unions-]Verordnung vom 13. Mai 1929 (Text: ebd., S. 95) und Ordnung über die Entscheidung von Arbeitsstreitigkeiten vom 31. Januar 1957 (Text: ebd., S. 447 bis 455).

Zur Gewährung von staatlichen Krediten, Subventionen und anderen Geldansprüchen wird ebenfalls häufig die Form des einseitigen indirekten Vertragszwanges verwendet. Die vorangehende behördliche Anordnung besteht gewöhnlich in einem Bewilligungsbescheid. Sie stellt die erste Stufe der Zuwendung dar, während der (Darlehns- usw.)Vertrag die zweite Stufe bildet. Auf dem Boden dieses Sachverhalts hat IPSEN in Deutschland die sogenannte Zwei-Stufen-Lehre entwickelt[164]. Im Sowjetrecht gewähren die Banken auf diesem Wege den sozialistischen Organisationen Kredite. Grundlage hierfür ist der staatliche Kreditplan[165]. Die Wirtschaftslenkungsorgane legen in Übereinstimmung mit dem staatlichen Kreditplan die Höchstbeträge fest, bis zu denen für die einzelnen Organisationen Kredit zur Verfügung steht. Diese Entscheidung (sog. „Kreditlimit") wird der jeweils zuständigen Bank mitgeteilt[166]. Sie begründet für die Bank die (verwaltungsrechtliche) Pflicht, der Organisation bei Vorliegen der festgesetzten Bedingungen ein Darlehn zu gewähren und einen entsprechenden Darlehnsvertrag zu schließen. Das begünstigte Unternehmen wird durch den Bescheid aber nicht verpflichtet, den Kredit in Anspruch zu nehmen[167]. Der Bankbescheid gewährt ihm auf der anderen Seite auch keinen zivilrechtlichen Anspruch auf Abschluß eines Darlehnsvertrages[168]. Dieser Regelung entspricht im deutschen Recht etwa das Verfahren zur Gewährung öffentlicher Wohnungsbaudarlehn. Den Bewilligungsbescheid erläßt dieselbe Behörde, die auch den Darlehnsvertrag schließt. Sie tritt gleichsam mit einem Januskopf, einmal als Verwaltungsbehörde und ein anderes Mal als Zivilrechtssubjekt, auf[169]. Der Bewilligungsbescheid läßt für sich allein keine zivilrechtlichen Ansprüche zwischen

---

[164] Vgl. auch unten bei Anm. V 115.

[165] Grundlagen Art. 85; ZGB RSFSR Art. 393; Regeln vom 8. Oktober 1965 Ziff. 30, 36, 38. Aus der Literatur siehe die Nachweise in der Bibliografija 1962, S. 330–347 sowie CHALFINA 1954, S. 170–174; KORJAKOV 1960; POLONSKIJ E. G., in: Spravočnik 1963, S. 316–370; JOFFE, in: Dogovory 1964, S. 20; POLONSKIJ E. G., in: KOMPANEEC E. S., POLONSKIJ E. G., Primenenie zakonodatel'stva o kreditovanii rasčetach, Moskau, 1967, S. 86–197, hier insbesondere S. 104–110.

[166] Muster eines „Finanzierungslimits« in: Zakonodatel'nye akty 1961, Bd. 2, S. 112.

[167] Staatsbank Instruktion No. 1 von 1955 (Text: Sbornik ... materialov 1958, S. 338 bis 384), Ziff. 7, 361 (inzwischen geändert). Vgl. Grundlagen Art. 85 (= ZGB RSFSR Art. 393).

[168] Im einzelnen zum Teil bestritten. Wie hier: ŠVARCMAN 1938, S. 359; ŠKUNDIN 1951, S. 248; im wesentlichen auch CHALFINA 1954, S. 174 (teilweise abweichend CHALFINA in früheren Arbeiten); FLEJŠIC 1956, S. 210–211 und KORJAKOV 1960, S. 52, die gegen CHALFINA polemisieren. Siehe auch: JOFFE, in: Dogovory 1964, S. 17–20, 40.

[169] Zweites Wohnungsbaugesetz von 1956 (BGBl. I 523) (mit Änderungen) §§ 33, 42, 102. Für Hamburg siehe die Verwaltungsanordnung von 1957 (Amtlicher Anzeiger 1957 II 231) § 55.

der Behörde und dem Darlehnsempfänger entstehen; er begründet lediglich ein verwaltungsrechtliches Verhältnis. Der (zivilrechtliche) Vertragszwang besteht somit nur indirekt und trifft allein die bewilligende Behörde[170].

Das Element des einseitigen und indirekten Vertragszwanges tritt deutlicher hervor, wenn sich die Verwaltungsbehörde auf den Erlaß des Bewilligungsbescheides beschränkt und als Vertragspartner des Begünstigten einen Dritten (gewöhnlich eine Bank) einschaltet. Ein typisches Beispiel aus dem deutschen Recht sind die Lastenausgleichsdarlehn. Über ihre Bewilligung entscheidet das Ausgleichsamt, also eine Verwaltungsbehörde[171]. Auszahlung, Verwaltung und Überwachung des Darlehns liegt demgegenüber in den Händen eines Kreditinstituts[172]. Dieses hat nach Rechtskraft des Bewilligungsbescheides und vor Auszahlung des Darlehns mit dem Begünstigten einen Darlehnsvertrag zu schließen[173]. Diese Pflicht besteht gegenüber der Ausgleichsbehörde, nicht gegenüber dem Begünstigten. Entsprechend besitzt auch der Begünstigte keinen Anspruch gegen das Kreditinstitut. Eine Änderung des einmal geschlossenen Darlehnsvertrages (etwa durch Stundung oder Kündigung) ist nur mit Zustimmung der Behörde zulässig. Die Behörde gibt die erforderliche Erklärung aber nur im Innenverhältnis zur Bank ab; sie gilt, kraft ausdrücklicher Bestimmung, nicht als Verwaltungsakt gegenüber dem Darlehnsnehmer[174]. Aus der Anordnung der Behörde kann der Darlehnsnehmer also wiederum keine zivilrechtlichen Ansprüche gegen seinen Vertragspartner (die Bank) ableiten.

Einschlägig sind ferner die mannigfachen Rechtsbeziehungen auf Grund des Investitionshilfegesetzes. So wird z. B. der Aufbringungsschuldner gezwungen, einen Beitrag (in Höhe von 3,5 % des Gewinnes in den Jahren 1950–1951) an die „Industriebank Sondervermögen“ zu zahlen und dafür Wertpapiere zu übernehmen, die der Begünstigte (zur Abgeltung der In-

---

[170] Eine andere Frage ist, ob dem Antragsteller ein Anspruch auf Bewilligung der Subvention usw. zusteht. Ein solcher Anspruch kann sich aus dem mit Verfassungsrang ausgestatteten Gleichheitssatz ergeben. Vgl. Stern, JZ 1960 S. 558–559 u. a. Zur Frage, ob das verwaltungsrechtliche Verhältnis nach Abschluß eines Darlehnsvertrages fortbesteht oder untergeht, siehe unten bei Anm. V 127 ff.

[171] Lastenausgleichsgesetz von 1952 (BGBl. I 446) (mit nachfolgenden Änderungen) § 254.

[172] Weisung über Aufbaudarlehen für die gewerbliche Wirtschaft von 1958 (Mtl.BAA 1958 S. 502) (mit Änderungen) § 8; dazu: Durchführungsbestimmungen von 1962 mit Einschaltbestimmungen (Mtl. BAA 1962 S. 136) § 1. Entsprechende Bestimmungen sind für Aufbaudarlehen für die Landwirtschaft und für den Wohnungsbau ergangen.

[173] Durchführungsbestimmungen von 1962 zur Weisung § 22 mit Einschaltbestimmungen zur Weisung (oben Anm. III 172) § 4.

[174] Durchführungsbestimmung von 1962 zur Weisung (Anm. III 172) § 35.

vestitionsmittel) dem Sondervermögen zur Zeichnung angeboten hat[175]. Ein indirekter hoheitlicher Vertragszwang wird auch durch die Anbietungspflicht bei der Einfuhr von Getreide[176], Vieh und Fleisch[177], Zukker[178] sowie Milch und Fett[179] ausgelöst. Das gilt jedenfalls, wenn man in dem mit Schleusungsfunktionen versehenen „Übernahmevertrag" einen öffentlich-rechtlichen Vorgang sieht. Dann kann sich aus dem hoheitlichen Einfuhrgenehmigungsverfahren (indirekt) der Zwang ergeben, sich zur Abwicklung des Imports im Vertragswege der Dienste der „Frachten-Treuhänder GmbH" zu bedienen[180]. Deutet man den Übernahmevertrag zwischen Einfuhr- und Vorratsstelle und Importeur dagegen zivilrechtlich, so ist für die Annahme eines hoheitlichen Vertragszwanges kein Raum. In einem solchen Fall fehlt es an dem vorangegangenen, eine Vertragsgestaltung (indirekt) anordnenden Hoheitsakt.

Der Übernahmevertrag selbst ist, wenn man ihn zivilrechtlich auffaßt, nicht das Ergebnis eines hoheitlichen, sondern eines partnerseitigen Vertragszwanges. Der Vertragszwang (d. h. die Anbietungs- und Rückkaufspflicht) entsteht für den Importeur auf Grund des Gesetzes mit Erfüllung eines bestimmten Tatbestandes, hier der Einfuhr anbietungspflichtiger Waren.

Aufschlußreich ist die für die Milchwirtschaft geltende Regelung. Sie verbindet hoheitlichen und partnerseitigen Vertragszwang. Der *hoheitliche* Vertragszwang besteht darin, daß eine Landesbehörde den Milcherzeugern ihre Molkerei und den Molkereien ihre Milcherzeuger zuweist. Die Landesbehörde „bestimmt" auch die Partner für den Absatz der Milch, indem sie Molkereien und Milchhändler miteinander verknüpft. Zu dieser hoheitlichen Partnerzuweisung tritt sodann ein *partnerseitiger* Vertragsabschlußzwang. Die Molkereien sind nämlich „verpflichtet", Milch von den ihnen zugewiesenen Milcherzeugern abzunehmen. Die Abnahmepflicht entsteht, wenn und sobald die Milcherzeuger Milch „in den

---

[175] Gesetz über Investitionshilfe der gewerblichen Wirtschaft von 1952 (BGBl. I 7) §§ 5, 7, 30, 32. Dazu: BVerfGer (1954), BVerfGE Bd. 4, S. 7–26. Aus der Literatur siehe Ipsen 1952, ferner Huber 1954, Bd. 2, S. 230–244, u. a.

[176] Getreidegesetz von 1950, Neufassung von 1951 (BGBl. I 900) (mit nachfolgenden Änderungen). Aus der Rechtsprechung: VG Frankfurt (1957), NJW 1958 S. 195. Aus der Literatur siehe Ipsen 1955, ferner Modest 1953.

[177] Vieh- und Fleischgesetz von 1951 (BGBl. I 272).

[178] Zuckergesetz von 1951 (BGBl. I 47) (mit nachfolgenden Änderungen).

[179] Milch- und Fettgesetz von 1951, Neufassung von 1952 (BGBl. I 811) (mit nachfolgenden Änderungen, zuletzt in BGBl. 1966 I 497). Aus der Literatur: Hamann 1961.

[180] Vgl. Ipsen 1955, S. 597, 611–614. Die Frage nach der Rechtsnatur der Übernahmeverträge hat durch die EWG-Marktordnungsregelung an Aktualität verloren (vgl. Laumann, Deutsche Außenwirtschafts-Rundschau 1965 S. 161–164).

Verkehr bringen". In diesem Fall sind die Milcherzeuger ihrerseits verpflichtet, an die ihnen zugewiesene Molkerei zu liefern. Im Verhältnis zwischen Molkerei und Milchhändler bestehen entsprechende Liefer- bzw. Bezugspflichten[181]. Sie begründen zivilrechtliche Ansprüche auf Vertragsschluß (sog. Kontrahierungszwang). Ein *hoheitlicher* Vertragsabschlußzwang ist dagegen für Krisenzeiten vorgesehen. Dann können die Landesbehörden „zur Sicherung der Versorgung" Molkereien verpflichten, „bestimmte Mengen an Milch ... an andere Molkereien zu liefern"[182]. Der jeweilige Partner der Leistungsbeziehung besitzt hier, soweit ersichtlich, kein dieser Pflicht entsprechendes Recht auf Vertragsabschluß. Es handelt sich daher insoweit um einen hoheitlichen, aber lediglich indirekten Vertragszwang.

Weiter sei auf das Siedlungsrecht verwiesen. Die Siedlungsbehörde kann anordnen, daß Siedlungsunternehmen ein Vorkaufsrecht ausüben[183], oder daß Landgemeinden und Gutsbezirke Arbeitern Gelegenheit zur Pacht geben[184]. Die Landgemeinde ihrerseits kann das nötige Pachtland im Wege der Zwangspachtung in Anspruch nehmen[185]. Die Siedlungsbehörde kann ferner verlangen, daß Hypothekenbanken Landesrentbriefe annehmen[186]. Verwaltungsbehörden sind befugt, den Eigentümer eines Grundstücks aufzufordern, das Grundstück einem gemeinnützigen Unternehmen (oder juristischen Personen des öffentlichen Rechts) zur Nutzung durch Kleingärtner zu überlassen[187]. Auch die Ausgabe von Heimstätten, die einen hoheitsähnlichen Vorgang darstellt, und der zivilrechtliche Heimstättenvertrag gehören in diesen Zusammenhang[188].

Weitere Fälle eines einseitigen indirekten Vertragszwanges im deutschen Recht sind die Pflicht zur Ablieferung von Krabben[189], die Frachtzuweisung unter Binnenschiffern[190], die gerichtliche Beiordnung eines

[181] Milch- und Fettgesetz von 1951 (siehe oben Anm. III 179) §§ 1–2.

[182] Ebd. § 5.

[183] Reichssiedlungsgesetz von 1919 (RGBl. 1429) mit Änderungen von 1961 (BGBl. I 1091) § 14.

[184] Ebd., § 22.

[185] Ebd., § 24.

[186] Gesetz zur Ergänzung des Reichssiedlungsgesetzes von 1935 (RGBl. I 1), geändert 1961 (BGBl. I 1091) § 3.

[187] Kleingarten- und Kleinpachtlandordnung von 1919 (RGBl. 1371) § 5. Die Vorschrift gilt fort, wie aus ihrer Aufnahme in das BGBl. III (Sammlung des Bundesrechts) Folge 29 (1962) unter No. 235–1 zu entnehmen ist.

[188] Reichsheimstättengesetz i. d. F. von 1937 (RGBl. I 1291) mit Änderungen von 1953 (BGBl. I 720).

[189] Fischgesetz von 1955 (BGBl. I 567) § 8.

[190] Gesetz über den gewerblichen Binnenschiffsverkehr von 1953 (BGBl. I 1453) § 18.

Anwalts zur Vertretung einer Partei[191]. Verbreitet ist auch ein indirekter Vertragszwang, der im Wege des Verbots mit Genehmigungsvorbehalt ausgeübt wird. Verwaltungsrechtliche Maßnahmen dieser Art sehen etwa das Außenwirtschaftsgesetz[192] und die Vorschriften über den Interzonenhandel vor. Letztere bestimmen z. B., daß Bezugsgenehmigungen nur erteilt werden, wenn keine Nebenabreden bestehen und keine Verpflichtungen gegenüber Dritten begründet werden[193]. Nach diesen Vorschriften sind Leistungsverträge allgemein genehmigt, wenn ein angemessenes Entgelt vereinbart ist und die Zahlungsbedingungen handelsüblich sind[194].

B. Zweiseitiger Vertragszwang

Beispiele für einen *zweiseitigen* indirekten Vertragszwang bietet das sowjetische Institut der „Arbeitszuweisung". Es ist „eine der Garantien zur Gewährleistung" des (in der Verfassung vorgesehenen) „Rechts auf Arbeit"[195]. Das geltende Recht sieht neben den Maßnahmen zur Arbeitseingliederung von Invaliden[196] vor allem Arbeitszuweisungen für Absolventen von Bildungsanstalten sowie allgemein für Jugendliche und im übrigen auch für „Parasiten" vor. In eine besondere Kategorie fällt die „Arbeitszuweisung im Wege des gesellschaftlichen Appells" und die „Organisierte Anwerbung von Arbeitern".

Absolventen von Bildungsanstalten

An den sowjetischen Hoch- und Fachschulen bestehen Verteilungskommissionen, die nach Anhörung der Absolventen, aber in Übereinstimmung mit staatlichen Verteilungsplänen über die Arbeitszuweisung beschließen. Der Absolvent ist verpflichtet, sich auch dann am zugewiesenen

---

191 Bundesrechtsanwaltsordnung von 1959 (BGBl. I 565) § 48.

192 Außenwirtschaftsgesetz von 1961 (BGBl. I 481) § 9, 11.

193 § 1 der 8. DVO von 1952 (BAnz. v. 4. September 1952 No. 171) zur Interzonenverordnung von 1951 (BGBl. I 463).

194 Interzonenhandels-Runderlaß No. 27 von 1954 (BAnz. Nr. 180), ergänzt 1960 (BAnz. Nr. 183) Ziff. 6. Das System des Verbots mit Erlaubnisvorbehalt im Interzonenhandel ist nach Ansicht des Bundesverfassungsgerichts verfassungsrechtlich nicht zu beanstanden (BVerfGer [1965], BVerfGE Bd. 18 S. 353 = Deutsche Außenwirtschaftsrundschau 1965 S. 85–87).

195 Ordnung vom 1. Oktober 1963, Ziff. 1; Ostrovskij L. Ja., in: Kommentarij 1967, S. 22 in Anm. § 44.

196 Siehe oben bei Anm. III 152.

Arbeitsort einzufinden, wenn er mit der Verteilung nicht einverstanden ist. Er erhält bei der Entlassung aus der Hochschule eine „Bescheinigung über die Arbeitszuweisung", die von der vorgesetzten Behörde seines künftigen Arbeitgeber-Unternehmens (in der Regel einem Ministerium) ausgestellt ist[197]. Das Unternehmen hat den Absolventen auf der Grundlage dieses Verwaltungsaktes bei sich einzustellen und mit ihm einen Arbeitsvertrag zu schließen[198]. Der junge Spezialist muß mindestens drei Jahre an der zugewiesenen Arbeitsstelle arbeiten. Dem Arbeitgeber ist es verboten, den Zugewiesenen während dieser Zeit ohne Genehmigung der vorgesetzten Behörde zu entlassen[199].

Ein entsprechendes Verfahren wird auf Absolventen von Abend- und Fern-Hoch(fach)schulen[200] sowie auf Aspiranten[201] angewendet. Es ist auch für Absolventen von berufstechnischen Schulen vorgesehen[202].

Arbeitsplätze für Jugendliche

Die Arbeitseingliederung von Jugendlichen ist Sache von staatlichen Kommissionen auf örtlicher Ebene. Die Kommissionen werden auf Grund von „Plänen der Arbeitseingliederung der Jugend" tätig. Aus den Plänen ergibt sich, wieviele Jugendliche die einzelnen Unternehmen und Organisationen zu beschäftigen haben (die Kontingente werden mit Hilfe eines Quotensystems individuell festgelegt). Die Arbeitszuweisung erfolgt durch die Kommission. Sie ist für das Unternehmen im Rahmen der Quote ver-

---

[197] Ordnung vom 1. Oktober 1963 Ziff. 8–9, 11, 21.

[198] In der Literatur ist streitig, ob das Arbeitsverhältnis bereits mit der „Arbeitszuweisung" oder erst mit dem unternehmensinternen „Einstellungsbefehl" oder dem Arbeitsvertrag begründet wird. Aus der Literatur: Paškov 1966, S. 158–164 mit Nachweisen; Abžanov K., Trudovoj dogovor po sovetskomu pravu, Moskau, 1964, S. 74; Tolkunova V. N., in: Sovetskoe trudovoe pravo, Moskau, 1965, S. 122–124.

[199] Ordnung vom 1. Oktober 1963 Ziff. 27; die Ordnung unterscheidet sich nicht wesentlich von den vorangegangenen Ordnungen vom 12. September 1957 (Sbornik ... o trude 1960, S. 115–122) und von 1955 (Vysšaja škola 1957, S. 205–210). Zur Rechtsprechung siehe unten bei Anm. V 217–218.

Aus der Literatur: Aleksandrov N. G., in: Sovetskoe trudovoe pravo, Moskau, 1949, S. 82, 131–135 (deutsche Übersetzung: Berlin, 1952); Aleksandrov N. G., Sovetskoe trudovoe pravo, Moskau, 1954, S. 144, 161–165; Savičev, Sov. just. 1966 No. 12 S. 14–15; Leviant 1966, S. 164–175; Paškov 1966, S. 156–173; Orlovskij Ju. P., Pravovoe regulirovanie trudoustrojstva graždan v SSSR, Sov. gos. i pravo 1967 No. 8 S. 35–43 mit weiteren Nachweisen.

[200] Ostrovskij L. Ja., in: Kommentarij 1966, S. 15–16 in Anm. §§ 9, 11 mit Nachweisen.

[201] Ebd., S. 18–19 in Anm. §§ 21–25 mit Nachweisen.

[202] Ebd., S. 14–15 in Anm. §§ 4–7 mit Nachweisen.

bindlich[203]. Ein Vertragszwang ist hier erforderlich, da Unternehmen mitunter nur ungern Jugendliche bei sich als Arbeitskräfte beschäftigen.

„Gesellschaftlicher Appell"

Die „Arbeitszuweisung im Wege des gesellschaftlichen Appells" gilt als eine „neue sozialistische Form" für die „Heranziehung zur Arbeit und für die planmäßige Neuverteilung von Arbeitskräften"[204]. Sie liegt gewöhnlich in den Händen der Jugendorganisation „Komsomol".

Wer dem Ruf folgt, erhält außer einem Marschbefehl des Komsomol (putevka) eine „Bescheinigung über die Arbeitszuweisung", die von der vorgesetzten Behörde des künftigen Arbeitgeber-Unternehmens ausgestellt ist[205]. Aus diesem Verwaltungsakt folgt die Pflicht des Unternehmens, die Zugewiesenen einzustellen, auszubilden und unterzubringen[206].

Die Besonderheit der vorliegenden Form der Arbeitszuweisung liegt im andersartigen Ursprung des Vertragszwanges für den Zugewiesenen. In den bisherigen Fällen entstand der verwaltungsrechtliche Vertragszwang auf Grund eines gesetzlich geregelten Tatbestandes, etwa des Abschlusses einer Bildungsanstalt. Hier dagegen besteht für den Zugewiesenen ursprünglich kein verwaltungsrechtlicher Vertragszwang. Er wird erst durch (freiwillige) Unterwerfung unter die planmäßige Arbeitszuweisung begründet[207].

„Parasiten"

„Personen, die sich einer gesellschaftlich nützlichen Arbeit entziehen und ein gesellschaftswidriges parasitäres Leben führen" (kurz: Parasiten),

---

[203] Verordnung vom 12. September 1957 Ziff. 2; Verordnung vom 4. Dezember 1963 No. 1186 (SP SSSR 1963 No. 21 Pos. 208); Verordnung vom 2. Februar 1966 (SP SSSR 1966 No. 3 Pos. 26) Ziff. 11 (zitiert nach Ostrovskij, in: Kommentarij 1966, S. 23 in Anm. § 46); Verordnung der RSFSR vom 14. Dezember 1963 (SP RSFSR 1963 No. 22 Pos. 148) Art. 1. Aus der Literatur: Leviant 1966, S. 175–180; Ivanov V. G., Pravovye voprosy trudoustrojstva molodeži: Pravovedenie 1967 No. 3 S. 94–102.

[204] Ostrovskij, in: Kommentarij 1966, S. 21 in Anm. § 38. Aus der Literatur siehe auch: Leviant 1966, S. 88–95; Paškov 1966, S. 173–182.

[205] Ostrovskij, in: Kommentarij 1966, S. 22 in Anm. § 41. Die einschlägigen Rechtsvorschriften sind wohl verwaltungsrechtlicher Natur. Bekannt ist nur eine Verordnung vom 14. Juni 1957 „Über den gesellschaftlichen Appell an die Jugend im Jahre 1957 ..." (Nachdruck: Direktivy 1957, Bd. 4, S. 741–742). Siehe im übrigen Ostrovskij, in: Kommentarij 1966, S. 21–22 in Anm. §§ 38–43.

[206] Ostrovskij, in: Kommentarij 1966, S. 22 in Anm. § 42; Verordnung vom 14. Juni 1957 (Textnachweis in Anm. III 205) Ziff. 4.

[207] Insofern besteht eine Ähnlichkeit zur Arbeitspflicht der Jugendlichen, die auf eigenen Antrag eine Arbeit zugewiesen erhalten. Siehe oben bei Anm. III 203.

können einem Arbeitszwang unterworfen werden. Voraussetzung ist, daß der „Parasit“ zuvor von der Miliz oder einer gesellschaftlichen Organisation aufgefordert worden ist, innerhalb eines Monats Arbeit anzunehmen und der „Parasit“ dieser Aufforderung nicht nachgekommen ist. Die Arbeitszuweisung wird hier vom Vollzugskomitee des örtlichen Sowjets vorgenommen. Die Unternehmen, denen der „Parasit“ überstellt wird, sind verpflichtet, die „Arbeitseingliederung zu gewährleisten“ [208].

*

Ein direkter (zivilrechtlicher) Vertragszwang besteht in allen diesen Fällen einer Arbeitszuweisung nicht. Weder der künftige Arbeitgeber noch der künftige Arbeitnehmer besitzen im Verhältnis zueinander einen zivilrechtlichen Anspruch auf Abschluß eines Arbeitsvertrages. Die Parteien bleiben insoweit auf die Mittel beschränkt, die das Verwaltungsrecht zur Verfügung stellt. Es handelt sich daher um „indirekten Vertragszwang“.

Als Beispiel eines *zweiseitigen* indirekten Vertragszwanges aus dem deutschen Recht wäre das Institut der hoheitlichen „Beanstandung“ von Verträgen zu nennen. Es begegnet uns z. B. im Kartellrecht, im Landpachtrecht und im Bereich des Zündwarenmonopols [209]. Die Beanstandung soll die Vertragspartner veranlassen, den Vertrag in Übereinstimmung mit der hoheitlichen Anordnung zu bringen. Sie verleiht den Partnern aber keinen gegenseitigen (zivilrechtlichen) Anspruch, von der Gegenseite eine Änderung des Vertrages in dem von der Behörde gewünschten Sinne zu verlangen. Erzielen die Partner keine Einigung, kann der Vertrag von der Behörde ganz oder teilweise für unwirksam erklärt werden (Kartellrecht), oder er gilt mit Ablauf einer behördlich gesetzten Frist als aufgehoben (Landpachtrecht) [210]. Die beanstandeten Bedingungen können vom Verwaltungsorgan auch durch abweichende Bestimmungen ersetzt werden (Zündwarenmonopolrecht). Es bleibt also bei einem indirekten (verwaltungsrechtlichen) Vertragszwang. Entsprechendes gilt u. a. für die hoheitliche Anordnung einer Krankenhausbehandlung. Das Gesundheitsamt kann z. B. einen Geschlechtskranken anweisen, sich zur Behandlung in ein

---

[208] Dekret der RSFSR vom 4. Mai 1961 (VVS RSFSR 1961 No. 48 Pos. 273) i. d. F. des Dekrets der RSFSR vom 20. September 1965 (VVS RSFSR 1965 No. 38 Pos. 932) Art. 1, 5. Entsprechende Vorschriften sind in den anderen Unionsrepubliken in Kraft.

[209] Gesetz gegen Wettbewerbsbeschränkungen von 1957 (BGBl. I 1081) §§ 12, 17 Abs. 2, §§ 19, 22 Abs. 4; Landpachtgesetz von 1952 (BGBl. I 343) § 5; Zündwarenmonopolgesetz von 1930 (RGBl. I 11) § 9.

[210] Lange R. [u. a.], Landpachtrecht, Kommentar, München..., 2. Aufl., 1955, Anm. 57 zu § 5, S. 48. Vgl. unten bei Anm. III 261.

Krankenhaus zu begeben. Die Anweisung bindet auch das Krankenhaus, das verpflichtet ist, den ihm zugewiesenen Geschlechtskranken zu behandeln[211]. Allerdings kann hier und in anderen Fällen zweifelhaft sein, ob die hoheitlich angeordnete Rechtsbeziehung überhaupt zivilrechtlichen (vertraglichen) Charakter hat[212].

Eine bemerkenswerte Parallelform zum indirekten (verwaltungsrechtlichen) Vertragszwang hat sich in der Sowjetunion entwickelt. Die Eigenart dieses Instituts besteht darin, daß der Vertragszwang nicht rechtlicher, sondern „gesellschaftlicher" Natur ist. Nicht ein Verwaltungsakt begründet den Vertragszwang, sondern eine „Kampagne". Formal wird der Vertrag „auf freiwilliger Grundlage" geschlossen; tatsächlich werden die Vertragserklärungen aber durch einen mehr oder minder starken moralischen Druck ausgelöst. Ein Beispiel ist die „Organisierte Anwerbung von Arbeitern"[213]. Sie dient dazu, den Arbeitskräftebedarf in den fernen östlichen und nördlichen Gegenden des Landes sicherzustellen. Vollzogen wird die Anwerbung, indem der Übersiedlungswillige vor dem örtlichen Bevollmächtigten der staatlichen Arbeitskräfte-Verwaltung[214] einen individuellen Arbeitsvertrag mit dem Unternehmen schließt, dem er zugewiesen wird[215]. Der Bevollmächtigte handelt beim Vertragsschluß als Vertreter dieses Unternehmens. Der Arbeitsvertrag entspricht einem Mustervertrag. Die Zahl der anzuwerbenden Arbeiter ist in staatlichen Anwerbungsplänen festgelegt[216].

---

[211] Gesetz über ... Geschlechtskrankheiten von 1953 (BGBl. I 700) §§ 3, 23.

[212] Vgl. oben bei Anm. III 55.

[213] Die rechtliche Regelung ist dürftig. Auszugehen ist von einer Verordnung vom 21. Mai 1947 über das Verfahren bei der organisierten Anwerbung von Arbeitern (auszugsweise Veröffentlichung in: Direktivy 1957, Bd. 3, S. 205–209). OSTROVSKIJ erwähnt (in: Kommentarij 1966 auf S. 20 in Anm. §§ 30–32) eine einschlägige unveröffentlichte Verordnung vom 28. November 1957 und eine (hier nicht zugängliche) Instruktion der RSFSR vom 3. März 1962. Der Text einer Instruktion vom 18. Februar 1949 über die Arbeiteranwerbung ist abgedruckt in: Trudovye rezervy SSSR. Sbornik oficial'nach materialov, Moskau, 1950, S. 334–343. Aus der Literatur: LEVIANT 1966, S. 68–88; PAŠKOV 1966, S. 139–156.

[214] Die Organisationsformen für die staatliche Arbeitskräfte-Verwaltung haben häufig gewechselt. Gegenwärtig bestehen „Staatskomitees für die Nutzung von Arbeitskräften" auf Republiksebene (Verordnung vom 22. Dezember 1966, SP SSSR 1967 No. 1 Pos. 1, zitiert von KONJACHIN/SOJFER, Sov. just. 1967 No. 23 S. 14–15, hier S. 14 Sp. 1).

[215] OSTROVSKIJ, in: Kommentarij 1966, S. 20 in Anm. § 31; PAŠKOV 1966, S. 148. Nach einer früheren Quelle wird der Vertrag „im Namen" der Arbeitskräfte-Verwaltung „und des entsprechenden Unternehmens" geschlossen: Verordnung vom 21. Mai 1947 (Textnachweis: oben in Anm. III 213) Ziff. 8.

[216] Eine Sonderregelung gilt für „Spezialisten", denen die Bevollmächtigten der Arbeitskräfte-Verwaltung eine Arbeit zuweisen; diese schließen vor den Bevollmächtig-

Rechtlich betrachtet, fehlt es hier an einem auf fremdem Willen beruhenden Eingriff in die Vertragssphäre des *Angeworbenen.* Diese Sonderform liegt daher insoweit außerhalb eines Vertragszwanges. Es gilt jedoch das gleiche wie für den indirekten Vertragszwang, der sich im partnergestalteten Bereich aus tatsächlichen Verhältnissen ergibt: wer lebensnotwendige Güter im Vertragswege erwirbt, handelt auch dann „frei“, wenn der wirtschaftliche (indirekte) Vertragszwang unabweisbar ist[217]. Aus dieser Übereinstimmung ließe sich das Argument ableiten, daß der wirtschaftliche Zwang in einer kapitalistischen Wirtschaftsordnung eine Entsprechung im gesellschaftlichen Zwang einer sozialistischen Wirtschaftsordnung findet. Derartige Verallgemeinerungen sind aber gefährlich und bedürfen jedenfalls einer Qualifizierung, allein schon mit Rücksicht auf Jugoslawien[218].

Auf seiten des *Unternehmens,* dem der Angeworbene zugewiesen wird, besteht offenbar eine verwaltungsrechtliche Pflicht zur Annahme der Vertragsofferte des Übersiedlungswilligen. Sie folgt aus dem Anwerbungsplan[219]. So gesehen, handelt es sich bei der „organisierten Anwerbung von Arbeitern“ um einen Sonderfall des einseitigen indirekten (verwaltungsrechtlichen) Vertragszwanges.

Eine lockere Form der Arbeitszuweisung ist für Studenten und Berufsschüler vorgesehen, die zu landwirtschaftlichen Arbeiten eingesetzt werden (Ernteeinsatz). Ihr geht zwar auch eine „Kampagne“ voraus, die von staatlichen und gesellschaftlichen Organisationen gesteuert wird. Die Anwerbung wird aber nicht durch Bevollmächtigte der Arbeitskräfte-Verwaltung vorgenommen. Sie liegt vielmehr in den Händen der landwirtschaftlichen Unternehmen selbst[220]. Die Angeworbenen sind wie Arbeiter auf Zeit zu entlohnen[221].

(3) Hoheitlich gestalteter Vertragsersatz

Der Vertragsersatz im Bereich der hoheitlichen Vertragsgestaltung wird im Anschluß an Nipperdey häufig nur als ein Mittel angesehen, um einen

---

ten der Arbeitskräfte-Verwaltung keine Arbeitsverträge: Ostrovskij, in: Kommentarij 1966, S. 27 in Anm. § 27; Paškov 1966, S. 119, 145, 148.

217 Siehe oben nach Anm. III 42.

218 Siehe oben bei Anm. II 250 ff.

219 Verwaltungsrechtlicher Natur ist z. B. die Pflicht des Unternehmens, die Unterbringung der Zugewiesenen rechtzeitig vorzubereiten: Verordnung vom 21. Mai 1947 (Textnachweis: oben in Anm. III 213) Ziff. 8. Vgl. Paškov 1966, S. 144, 149, 163.

220 Paškov 1966, S. 121.

221 Verordnung des Staatskomitees des Ministerrats der UdSSR für Arbeits- und Lohnfragen vom 27. August 1966 No. 497 (Bjulleten'. Gosudarstvennyj Komitet ... po voprosam truda i zarabotnoj platy 1966 No. 11 S. 7–8) Ziff. 1.

partnerseitigen (sog. gesetzlichen) oder behördlich angeordneten Kontrahierungszwang gegen vertragsunwillige Partner durchzusetzen. Der Vertragsersatz kommt jedoch nicht lediglich als Vollstreckungsmaßnahme zur Anwendung. Er ist auch ein Mittel, um Verträge oder Vertragsteile entbehrlich zu machen, über deren Bedingungen sich die Parteien nicht zu einigen vermochten. Der Vertragsersatz kann ferner als ein Mittel eingesetzt werden, um die Anwendbarkeit des Vertragsrechts auf Partnerbeziehungen auszudehnen, die keine vertragliche Grundlage besitzen. Insofern besteht eine Symmetrie zum Vertragsersatz im partnergestalteten Bereich. Diese drei verschiedenartigen Zwecke werden gesetzestechnisch meist im Wege der Fiktion erreicht. Nur selten verwendet der Gesetzgeber Formulierungen, aus denen hervorgeht, daß hier in Wirklichkeit Erklärungen der Partner durch andere Tatbestände ersetzt werden[222]. Der vertragsersetzende Tatbestand ist ein Hoheitsakt oder ein tatsächliches Verhalten der Partner.

Der hoheitliche Vertragsersatz ist in den beiden erstgenannten Fallgruppen ein subsidiäres Vertragsgestaltungsmittel. Er greift ein, wenn ein Versagen vorausgegangen ist. Das Versagen kann darin bestehen, daß ein Verwaltungsakt nicht zum erstrebten Nachvertrag geführt hat oder daß die Parteien nicht in der Lage waren, eine Einigung zu erzielen. Im Fall des Vertragsersatzes als Anknüpfungsmittel zur Anwendung von Vertragsrecht liegen Vertragserklärungen der Partner nicht vor. Hier ist der Vertragsersatz daher ein primäres Gestaltungsmittel.

aa) Vertragsersatz als Mittel zum Vollzug von Vertragszwang

Für den Vertragsersatz als Vollstreckungsmittel hat sich die Bezeichnung „diktierter Vertrag" eingebürgert. Er dient der Vollziehung sowohl des partnerseitigen (gesetzlichen) Kontrahierungszwanges als auch des behördlich angeordneten Vertragszwanges. Beide Fallgruppen, so unterschiedlich sie ihrer Herkunft nach auch sein mögen, folgen materiellrechtlich den gleichen für den Vertragsersatz geltenden Grundsätzen. Prozessual sind dagegen mitunter verschiedene Regelungen vorgesehen. Es empfiehlt sich daher, sie auseinanderzuhalten.

---

[222] Z. B. ZPO § 896; Landpachtgesetz von 1952 (BGBl. I 343) § 11.

A. Vollzugsmittel für partnerseitigen Vertragszwang

Die materiellrechtliche Grundlage für den Vertragsersatz stellt hier das Gesetz dar, das den Vertragszwang vorsieht[223]. Soweit ausdrückliche Gesetzesvorschriften fehlen, folgt der Anspruch (des vom Vertragszwang begünstigten Vertragspartners) auf Vertragsersatz aus allgemeinen Grundsätzen, im deutschen Recht etwa aus dem Verbot der sittenwidrigen Ausnutzung einer Monopolstellung (§ 826 BGB).

B. Vollzugsmittel für hoheitlichen Vertragszwang

Der vertragsersetzende Verwaltungsakt ist der Reihenfolge nach der zweite Hoheitsakt, der zur Gestaltung ein und desselben Vertrages ergeht. Das Nacheinanderschalten von zwei Hoheitsakten ist erforderlich, wenn und soweit der erste Hoheitsakt seinen unmittelbaren Zweck – den Nachvertrag – nicht erreicht hat. Der zweite Hoheitsakt ersetzt somit nach der hier verwendeten Terminologie den Nachvertrag, nicht einen autonom gestalteten Vertrag. Die Notwendigkeit, einen Vertrag zu ersetzen, kann sich bei hoheitlichem Vertragszwang ergeben, wenn sich der Verpflichtete gegen einzelne durch den Vertragszwang vorgestaltete Vertragsbedingungen sträubt oder wenn er einen Vertragsschluß (Vertragsänderung oder -aufhebung) überhaupt ablehnt. Für beide Fälle gelten die gleichen materiellen und prozessualen Grundsätze. Der Vollzug ist aber verschieden, je nachdem ob direkter oder indirekter Vertragszwang vorausgegangen ist.

Vollzug von direktem Vertragszwang

Liegt direkter hoheitlicher Vertragszwang vor, ist der Vollzug in erster Linie Sache des begünstigten Partners. Er besitzt materiellrechtlich einen Anspruch gegen den Verpflichteten auf Vertragsgestaltung (in der Regel auf Vertragsschluß), und zwar in Übereinstimmung mit dem vorangegangenen Verwaltungsakt. Prozessual ist er befugt, ein Verfahren zur Vollstreckung des Vertragszwanges einzuleiten.

Mitunter ist der Begünstigte hierzu nicht nur berechtigt, sondern sogar verpflichtet. Das gilt z. B. im Sowjetrecht für die auf einem Planakt beruhenden Lieferverträge. Hier hat der Begünstigte auf Vollzug des Ver-

---

[223] Vgl. oben bei Anm. III 18.

tragszwanges hinzuwirken. Die Geltendmachung seines Vertragsgestaltungsanspruches ist also nicht in sein Belieben gestellt. Die Pflicht besteht gegenüber dem Staat[224].

Prozeßrechtlich sind meist Zivilgerichte oder gerichtsähnliche Verwaltungsbehörden zuständig. In der Sowjetunion richtet sich die Zuständigkeit danach, ob sozialistische Organisationen oder Bürger am Vertrag beteiligt sind. Über Streitsachen zwischen Wirtschaftsorganisationen entscheidet die Arbitrage. Vertragsstreitigkeiten, an denen Bürger beteiligt sind, werden dagegen vor Zivilgerichten verhandelt[225]. Die Entscheidung der Arbitrage (des Gerichts) ersetzt die Vertragserklärungen der Parteien[226].

Die Rechte des Begünstigten befreien die anordnende Behörde nicht von ihrer verwaltungsrechtlichen Pflicht, ihrerseits ebenfalls auf einem Vollzug der befohlenen Leistung zu bestehen. Die Behörde kann und muß sich hierzu der Mittel bedienen, die ihr im Verhältnis zu unterstellten Organisationen zustehen. Hierzu gehören etwa Dienstaufsichts- und Disziplinarmaßnahmen, einschließlich der Mittel eines finanziellen Anreizes, wie Lohn und Strafe[227].

Vollzug von indirektem Vertragszwang

In den Fällen des indirekten Vertragszwanges liegt die Vollziehung allein in den Händen der Verwaltungsbehörde. Dies schließt nicht aus, daß der Begünstigte ein Vorgehen der Verwaltung anregen und auf eine Vollstreckung drängen kann. Dem Begünstigten steht aber kein Anspruch auf Vollzug des Vertragszwanges zu, weder gegenüber der Verwaltung noch gegenüber dem Verpflichteten. Als Beispiel aus dem deutschen Recht kann die „Mieterzuweisung" dienen. Weigert sich der verpflichtete Hauseigentümer, einen Mietvertrag zu schließen, hat der zugewiesene „Mieter" keinen zivilrechtlichen Anspruch gegen den Verpflichteten. Er besitzt auch kein durchsetzbares Recht gegenüber der Wohnungsbehörde, den Erlaß

[224] Siehe oben bei Anm. III 117 und unten bei Anm. IV 392.

[225] Vgl. Grundlagen des Zivilprozesses Art. 1, 4; Ordnung über die Staatsarbitrage der UdSSR vom 17. August 1960; Grundlagen Art. 34; ZGB RSFSR Art. 166. Für das Wohnraumrecht siehe Vasil'ev 1960, S. 133; dagegen: Chalfina 1954, S. 175. Über die Arbitrage vgl. bei Anm. II 92, IV 359.

[226] Eine ausdrückliche Vorschrift dieses Inhalts gibt es im Sowjetrecht nicht. Die vertragsersetzende Wirkung ergibt sich aber aus dem Zusammenhang und Sinn der einschlägigen Regelungen; für die Arbitrage siehe oben Anm. II 91 und die Instruktionsbriefe vom 5. Januar 1951 (Sbornik No. 3 S. 93) und vom 15. Oktober 1963 Ziff. 14.

[227] Vgl. unten bei Anm. IV 373 ff.

einer vertragsersetzenden „Mietverfügung" zu verlangen. Er ist vielmehr auf unechte Rechtsbehelfe, wie Remonstration und Dienstaufsichtsbeschwerde, angewiesen[228].

Vertragszwang, der nicht den Abschluß, sondern die Änderung oder Aufhebung eines bestehenden Vertrages zum Gegenstand hat, folgt aus den Beanstandungsbescheiden[229]. Ihre Durchsetzung erfolgt ebenfalls mit verwaltungsrechtlichen Mitteln.

bb) Vertragsersatz als Ausweg bei fehlender vertraglicher Einigung

Diese Erscheinungsform des Vertragsersatzes steht in ihrer Bedeutung dem Vertragsersatz als Vollstreckungsmittel in keiner Weise nach. Gleichwohl hat sie bisher weniger Beachtung gefunden. NIPPERDEY hat sie nicht in seine Betrachtung einbezogen. Der von ihm verwendete Begriff des „diktierten Vertrages" erstreckt sich (nur) auf den Vertragsersatz als Mittel zum Vollzug hoheitlich angeordneten Kontrahierungszwanges[230].

Von anderen wird der Begriff des diktierten Vertrages in einem weiteren Sinne verstanden, der, abgesehen vom Vertragsersatz, auch die Vorgestaltung eines Nachvertrages umfaßt[231]. Diese uneinheitliche und daher verwirrende Auslegung ist möglich, da der Ausdruck trotz (oder wegen) seiner Plastik sachlich unscharf ist. Er schließt nicht mit hinreichender Deutlichkeit den Vertragszwang aus, der sich auf eine bloße Vorgestaltung beschränkt. Aus diesem Grunde wird in dieser Arbeit der allgemeinere Begriff der Vertragsgestaltung vorgezogen und auf seiner Grundlage zwischen partnerseitigem und hoheitlichem Nachvertrag und Vertragsersatz unterschieden[232].

Die hierher gehörenden Rechtsinstitute lassen sich grob in fünf Gruppen gliedern und unter dem gemeinsamen Gesichtspunkt des Vertragsersatzes zusammenfassen:

A. Vertragsersatz als Mittel der Rechtsverfolgung
B. Vertragsersatz als Mittel der Streitschlichtung

---

[228] Wohnungsbewirtschaftungsgesetz von 1953 (BGBl. I 97) §§ 15–16. Über die Mieterzuweisung siehe oben bei Anm. III 141.

[229] Siehe oben bei Anm. III 209.

[230] NIPPERDEY 1920, S. 129. Bei der von Nipperdey erörterten Verbindlichkeitserklärung von arbeitsrechtlichen Schiedssprüchen handelt es sich um einen Fall der Vollziehung von Kontrahierungszwang (NIPPERDEY 1920, S. 119–123; NIPPERDEY 1924, S. 100–101).

[231] Z. B. HEINEMANN 1928, S. 338; BÜLCK 1940, S. 61; ESSER 1960, S. 37; OGH (1949), OGHZ Bd. 2 S. 352, hier S. 355 = NJW 1950 S. 24.

[232] Zur Kritik am Begriff des diktierten Vertrages siehe PALANDT(-DANCKELMANN), BGB, München, 26. Aufl., 1967, Einl. vor § 241 Anm. 1 b; SOERGEL/SIEBERT(-MEZGER),

C. Vertragsersatz als Mittel des Härteausgleichs
D. Vertragsersatz als Mittel der Gefahrenabwehr
E. Vertragsersatz als Mittel zur Wahrnehmung von Verwaltungsaufgaben.

Ein weiteres sie verbindendes Merkmal, das sie zugleich vom Vertragsersatz als Vollzugsmittel unterscheidet, besteht in einem Negativen: es fehlt an einem vorangegangenen Vertragszwang. Der Vertragsersatz erscheint in diesen Fällen also nicht als Ausweg bei Versagen eines Vertragszwanges. Voraussetzung für seine Anwendung ist vielmehr ein Versagen der Partner, sich über einen ihrer freien Entscheidung überlassenen Vertrag zu einigen. Der Vertragsersatz tritt hier daher nicht an die Stelle eines Nachvertrages, sondern an die Stelle eines autonom gestalteten Vertrages.

A. Vertragsersatz als Mittel der Rechtsverfolgung

Der Vertragsersatz erscheint als Maßnahme zur Vollziehung von Ansprüchen, die der Schuldner im Wege rechtsgeschäftlicher *Selbstbindung* zu erfüllen übernommen hat. Er unterscheidet sich dadurch vom Vertragsersatz zum Vollzug partnerseitigen oder hoheitlichen, also *willensfremden* Vertragszwanges.

Dieser Vertragsersatz wird im deutschen Recht vom Zivilgericht nach § 894 ZPO durch Urteil geschaffen. Auch in der Sowjetunion kann die Vereinbarung eines Vertrages (oder seine Änderung und Aufhebung) durch eine gerichtliche oder Arbitrageentscheidung ersetzt werden[233]. Aus dem Sowjetrecht seien folgende Fälle angeführt:

1. Das Gericht stellt fest, daß der Schuldner verpflichtet sei, einen Vertrag zu schließen. Wenn sich der Schuldner (Verkäufer) trotz Aufforderung nicht zur gesetzlich vorgesehenen notariellen Bestätigung des Vertrages im Notarkontor einfindet, kann das Notarkontor bescheinigen, „daß der Verkauf ... nach diesem Akt formgerecht erfolgt ist“[234].

2. Hat eine Vertragspartei ein Rechtsgeschäft erfüllt, das notarieller Bestätigung bedarf, entzieht sich aber die andere Partei der notariellen Form-

BGB, Stuttgart, 9. Aufl., Bd. 1, 1959, Vor § 145 Anm. 5 c, S. 528 (nicht mehr in der 10. Aufl., 1967, vgl. Vor § 145 Anm. 76 ff.). Vgl. unten bei Anm. IV 279.

[233] Nach einer Auffassung stellen die Entscheidungen „juristische Tatsachen“ dar, die Rechtsbeziehungen erzeugen, ändern und aufheben können. Loginov dagegen meint, daß die Gerichts- und Arbitrageentscheidungen lediglich feststellende und konkretisierende Funktionen besitzen. Siehe Loginov 1964, S. 23–40, hier S. 29, 32, 36 und die dort zitierte Literatur.

[234] Muster eines Notariatsaktes über den Zwangsverkauf auf Grund einer Gerichts-

gebung, so ist das Gericht berechtigt, das Rechtsgeschäft auf Antrag für wirksam zu erklären[235].

3. In zivilrechtlichen Arbeitsstreitigkeiten hat das Gericht die „Richtigkeit“ der Gründe für die Entlassung eines Arbeitnehmers zu überprüfen und gegebenenfalls das Arbeitsverhältnis des Arbeitnehmers „wiederherzustellen“. Eine Vollstreckung ist allerdings nur möglich, soweit der Arbeitgeber den Entlassungsbefehl aufhebt und den Arbeitnehmer zur Arbeit zuläßt. Geschieht dies nicht, steht dem Arbeitnehmer Arbeitslohn für die versäumte Arbeitszeit zu[236]. Das Gericht kann auch Disziplinarmaßnahmen anregen[237].

4. In prozessualer Hinsicht gilt folgendes. Ist der Schuldner zur Vornahme bestimmter Handlungen verurteilt und weigert er sich, sie vorzunehmen, so übergibt der Gerichtsvollzieher die Sache dem Volksgericht. Dieses bestimmt dann das Verfahren zur Vollstreckung der Entscheidung[238]. Das Gericht wird, wie Fall 2 zeigt, soweit möglich, selbst eine vertragsersetzende Entscheidung fällen.

B. Vertragsersatz als Mittel der Streitschlichtung

Ein hoheitlicher Vertragsersatz kann sich als notwendig erweisen, wenn sich die Parteien über den Inhalt eines Vertrages nicht einigen können, die Vertragsgestaltung aber im öffentlichen Interesse liegt. Hierzu einige Beispiele aus dem deutschen Recht:

---

entscheidung: Zakonodatel'stvo o notariate. Sbornik oficial'nych materialov, Moskau, 1960, S. 382–383.

[235] ZGB RSFSR Art. 47. Diese Bestimmung gab es im ZGB RSFSR von 1922 nicht.

[236] Verordnung des Plenums des Obersten Gerichts der RSFSR von 1962 (Bjulleten' Verchovnogo suda RSFSR 1963 No. 2 S. 7) Ziff. 9, 11; vgl. Verordnung des Plenums des Obersten Gerichts der UdSSR von 1957 (Bjulleten' Verchovnogo suda SSSR 1957 No. 5 S. 18) Ziff. 20.

[237] Abramov S. N., in: Naučno-praktičeskij kommentarij k Osnovam graždanskogo sudoproizvodstva Sojuza SSR i sojuznych respublik, Moskau, 1962, S. 198. Muster einer Bescheinigung über die Wiederherstellung in der Arbeit, ausgestellt vom Gewerkschaftskomitee mit Bestätigung des Gerichtsvollziehers über die Ausführung, findet sich in: Processual'nye dokumenty po graždanskim delam. Zusammengestellt von L. I. Gazijanc, Moskau, 1961, S. 144.

[238] Zivilprozeßgesetzbuch der RSFSR von 1964 Art. 406. Vor 1964 sah eine Instruktion des Justizministeriums der UdSSR vom 28. September 1939 in Ziff. 94 eine entsprechende Regelung vor. Es ist anzunehmen, daß die letztgenannte Vorschrift inzwischen aufgehoben ist.

1. Kommt zwischen Mieter und Vermieter keine Einigung über die Vertragsbedingungen zustande, unter denen ein Mietverhältnis (nach widersprochener Kündigung) fortgesetzt wird, kann das Gericht die Vertragsbedingungen durch Urteil bestimmen (BGB § 566 a)[239].

2. Können sich nach einer Ehescheidung die bisherigen Ehegatten nicht darüber einigen, wer von ihnen die Ehewohnung künftig bewohnen und wer den Hausrat erhalten soll, regelt das Amtsgericht die Rechtsverhältnisse an der Wohnung und am Hausrat. Es kann u. a. ein Mietverhältnis begründen und den Mietzins festsetzen oder bestimmen, daß ein Ehegatte an Stelle des anderen in ein Mietverhältnis eintritt[240].

3. Kommt ein Vertrag über kassenärztliche Versorgung zwischen Krankenkasse und einer kassenärztlichen Vereinigung nicht zustande und scheitern Vermittlungsverhandlungen, so setzt das Schiedsamt den Inhalt des Vertrages fest[241].

4. Hat der Betriebsrat gegen die Einstellung eines Arbeitnehmers Bedenken und verweigert er daher seine Zustimmung zur Einstellung, kann er das Arbeitsgericht anrufen. Stellt das Arbeitsgericht fest, daß ein Grund zur Verweigerung der Zustimmung vorliegt, endet das (vorläufige) Arbeitsverhältnis spätestens 14 Tage nach Rechtskraft[242]. Ähnliche vertragsersetzende Befugnisse hat auch die Einigungsstelle zur Beilegung von Meinungsverschiedenheiten zwischen Arbeitgeber und Betriebsrat. Die Einigungsstelle ist aber kein Hoheitsträger, und ihre Entscheidung bindet die Parteien nur, wenn sie sich ihr unterwerfen. Dieser Fall scheidet hier daher aus[243].

5. Wohl aber gehört die vorläufige Regelung hierher, die das Seemannsamt treffen kann, wenn zwischen Reeder und Seemann Streitigkeiten über den Rückbeförderungsanspruch des Seemanns nach Vertragsbeendigung entstehen[244].

Der schlichtende hoheitliche Vertragsersatz ist auch dem sowjetischen Recht bekannt:

---

[239] Aus der Literatur vgl. BELLINGER C.-H., Die richterliche Gestaltung des Mietverhältnisses, Düsseldorf, 1963, 126 S.

[240] Hausratsverordnung von 1944 (RGBl. I 256) §§ 1–2, 5–6, 8–10.

[241] Reichsversicherungsordnung von 1911 § 368 h.

[242] Betriebsverfassungsgesetz von 1952 (BGBl. I 681) §§ 61–62.

[243] Betriebsverfassungsgesetz §§ 50, 56. Ähnlich verhält es sich mit dem Einigungsvorschlag, den die Schiedsstelle beim Patentamt über die Vergütung für eine Arbeitnehmererfindung unterbreiten kann. Der Vorschlag gilt vom Arbeitgeber und Arbeitnehmer als angenommen, wenn die Parteien nicht widersprechen (Gesetz über Arbeitnehmererfindungen von 1957 [BGBl. I 756] § 34).

[244] Seemannsgesetz von 1957 (BGBl. II 713) § 72.

1. Meinungsverschiedenheiten der Parteien über den Inhalt frei zu vereinbarender Verträge können von der Arbitrage entschieden werden. Das gilt auch für die – freier Vereinbarung zugänglichen – Teile eines im übrigen durch Planakt vorgestalteten Vertrages[245].

2. Streitigkeiten, die beim Wohnungstausch auftreten, können auf Antrag vom Zivilgericht entschieden werden[246]. Das Gericht ist auch befugt, eine Vereinbarung über die Zimmernutzung, die (mit Rücksicht auf die Wohnungsnot) zwischen den einzelnen Mitgliedern einer Mietpartei geschlossen worden ist, rechtsgestaltend zu ändern[247].

C. Vertragsersatz als Mittel des Härteausgleichs

Für die soeben erörterten Fälle eines Vertragsersatzes ist, ebenso wie für die hier folgende Gruppe, ein schiedsgerichtsähnliches Element charakteristisch. Gleichwohl erscheint es zweckmäßig, beide Gruppen voneinander abzugrenzen. Ein Unterschied liegt in der Art, wie die schutzwürdigen Interessen unter den Partnern verteilt sind.

Beim schlichtenden Vertragsersatz (B) stehen sich im allgemeinen zwei rechtlich, wirtschaftlich und sozial gleichrangige Partner gegenüber. Gerade die fortbestehende Gleichrangigkeit ist es, welche die notwendige vertragliche Einigung erschwert. Die Interessen der Parteien erscheinen gewöhnlich in gleicher Weise schutzwürdig.

Die Fälle des ausgleichenden Vertragsersatzes (C) dagegen sind durch eine nachträglich eingetretene Ungleichheit der ursprünglich gleichrangigen Partner gekennzeichnet. Häufig beruht die Ungleichheit auf Ereignissen, die von keinem der Partner verschuldet sind, die aber den einen von ihnen stärker betroffen haben als den anderen. Hier erscheint das Interesse des Benachteiligten schutzwürdiger als das seines Partners. Die nachträglich eingetretene Ungleichheit erfordert eine vertragliche Neuregelung. Scheitert sie, ist Vertragshilfe am Platz.

Es besteht aber kein Zwang zur Neuregelung. Die gesetzlichen Bestimmungen, welche eine Vertragshilfe vorsehen, legen den Vertragsparteien eine Revision ihrer Beziehungen zwar nahe, begründen aber in der Regel weder einen direkten noch einen indirekten Vertragszwang. Es fehlt an der erforderlichen

---

245 Grundlagen Art. 34; ZGB RSFSR Art. 166. Siehe auch oben Anm. III 32.

246 ZGB RSFSR Art. 325 III; Vasil'ev 1960, S. 133.

247 Verordnung des Plenums des Obersten Gerichts der UdSSR 1963 (Bjulleten' Verchovnogo suda SSSR 1963 No. 6 S. 30).

Bestimmtheit des Zwanges. Umfang und Inhalt der Neuregelung werden durch das Gesetz in der Regel nicht bestimmt. Erst wenn sich ein Vertragsgegner einer Neuregelung widersetzt, entsteht für dessen Partner das Recht, eine Neugestaltung der Beziehung durch richterlichen Vertragsersatz zu beantragen.

Das zeigen folgende Beispiele aus dem deutschen Recht:

1. Vertragshilfe können Heimkehrer beanspruchen. Das Gericht kann Leistungen, die während der Kriegsgefangenschaft des Heimkehrers fällig geworden sind, im Wege der Vertragshilfe stunden, herabsetzen oder erlassen[248].

2. Auch für Vertriebene ist ein Vertragshilfeverfahren vorgesehen[249].

3. Das Entschuldungsamt kann bei Forderungen, die zur Abwicklung landwirtschaftlicher Entschuldung umgewandelt worden sind, die Tilgung anderweitig festsetzen[250].

4. Die Flurbereinigungsbehörde kann im Rahmen einer Flurbereinigung auf Antrag des Pächters einen Ausgleich des Pachtzinses anordnen und unter Umständen auch das bestehende Pachtverhältnis zum Jahresende auflösen[251].

5. Pachtverhältnisse kann auch die Siedlungsbehörde aufheben, wenn das Pachtgrundstück an einen Vertriebenen veräußert worden ist. Der bisherige Nutzungsberechtigte (Pächter) ist gegebenenfalls zu entschädigen[252]. Dieser Fall unterscheidet sich von den vorhergehenden insofern, als der Vertragsersatz (die Vertragsaufhebung) hier nicht dem benachteiligten Vertragspartner (dem Pächter) zugute kommt, sondern einem Dritten (dem Vertriebenen). Es ist daher folgerichtig, wenn dem Benachteiligten eine Entschädigung zugebilligt wird.

6. Eine Vertragshilfe kann auch angebracht sein, um Ungleichheiten zu berichtigen, die aus währungspolitischen Maßnahmen entstanden sind. Das Gericht kann eine rechtsgestaltende Entscheidung treffen, um Verbindlichkeiten zu regeln, die vor der Währungsreform (1948) begründet worden sind[253].

---

[248] Heimkehrergesetz von 1950 (BGBl. 224) (mit nachfolgenden Änderungen) § 26 a.

[249] Bundesvertriebenengesetz von 1957 (BGBl. I 1215) § 83.

[250] Gesetz zur Abwicklung landwirtschaftlicher Entschuldung von 1952 (BGBl. I 203) § 6, 8.

[251] Flurbereinigungsgesetz von 1953 (BGBl. I 591) § 70.

[252] Bundesvertriebenengesetz von 1957 (BGBl. I 1215) §§ 58, 61.

[253] Vertragshilfegesetz von 1952 (BGBl. I 198) §§ 1, 15. Eine Übersicht über die Rechtsprechung des BGH zum Vertragshilferecht bringt Pikart, Wertpapier-Mitteilungen 1965 S. 302–309. Zur Kritik an einer „Vertragshilfe contra legem" siehe Wittkämpfer 1964, S. 688 und vgl. oben Anm. III 46.

7. Vertragshilfeähnlich ist auch das Verfahren, das im Landpachtrecht vorgesehen ist. Hier ist das Gericht befugt, in einen bestehenden Pachtvertrag einzugreifen, wenn während der Laufzeit des Vertrages Änderungen eingetreten sind und „infolgedessen die gegenseitigen Verpflichtungen ... in ein grobes Mißverhältnis geraten" sind. Das Gericht kann den Pachtvertrag entsprechend ändern[254].

8. Systematisch dürfte auch die richterliche Korrektur von Standardverträgen hierher gehören[255].

In der Sowjetunion ist der Vertragsersatz als Mittel des Härteausgleichs nicht verbreitet. Angeführt werden kann etwa die Befugnis des Gerichts, eine unverhältnismäßig hohe Vertragsstrafe herabzusetzen[256].

D. Vertragsersatz als Mittel der Gefahrenabwehr

In den bisher aufgeführten Fällen bestand ein öffentliches Interesse an der hoheitlichen Vertragsgestaltung. Es war sogar die Voraussetzung für die vertragsgestaltende Tätigkeit eines Justiz- oder Verwaltungsorgans. Zugleich lag der hoheitliche Vertragsersatz im Interesse einer Partei, mitunter sogar beider Parteien. Die Vertragsgestaltung erfolgte in der Regel auf Antrag der interessierten Partei.

In eine vierte Gruppe des hoheitlichen Vertragsersatzes lassen sich schließlich eine Reihe von Fällen zusammenfassen, in denen das Interesse der unmittelbaren Verhandlungspartner an der hoheitlichen Vertragsgestaltung relativ gering, das öffentliche Interesse dafür um so stärker ist. Das zuständige Staatsorgan wird hier meist von Amts wegen vertragsersetzend tätig. Hierzu einige Beispiele aus dem deutschen Recht:

1. Die Aufsichtsbehörde kann den Geschäftsplan eines Versicherungsunternehmens mit Wirkung für bestehende Versicherungsverhältnisse ändern oder aufheben[257]. Eine solche Entscheidung hat privatrechtliche

---

[254] Landpachtgesetz von 1952 (BGBl. I 343) § 7; siehe auch §§ 8–9, 11, 14.

[255] Über dieses weitschichtige Problem siehe u. a. HECHT W. A., Der standardisierte Vertrag als rechtsdogmatisches und rechtspolitisches Problem: Zeitschrift für Schweizerisches Recht, Jg. 101 [N. F. Jg. 79] (1960) S. 47–70; AUER E., Die richterliche Korrektur von Standardverträgen, Bern, 1964, 103 S.; Literatur über Anschlußverträge ist oben zitiert in Anm. III 1.

[256] ZGB RSFSR Art. 190. „In außerordentlichen Fällen" sind auch die Arbitrageorgane berechtigt, den Umfang einer Sanktion herabzusetzen (Verordnung vom 27. Oktober 1967 Ziff. 31).

[257] Versicherungsaufsichtsgesetz von 1901 (RGBl. I 139) § 81a, eingefügt durch Änderungsgesetz von 1937 (RGBl. I 269); diese Bestimmung ist nicht typisch nationalsoziali-

Wirkung, soweit der Geschäftsplan Vertragsbestandteil ist und zugleich Allgemeine Versicherungsbedingungen umgestaltet werden. Die Versicherungsbedingungen gelten in der neuen Fassung, sobald die Änderung rechtskräftig ist, und zwar auch, ohne daß die Versicherungsnehmer auf die Änderung hingewiesen werden[258]. Ist eine Lebensversicherungsunternehmung „für die Dauer nicht mehr imstande..., ihre Verpflichtungen zu erfüllen", ist die Aufsichtsbehörde auch befugt, diese Verpflichtungen herabzusetzen, ohne daß sich die Prämien des Versicherungsnehmers ändern[259].

2. Ein Verwaltungsakt vermag auch einen gesellschaftsrechtlichen Auflösungsbeschluß zu ersetzen. Ein solcher Eingriff ist im Bereich des Bankwesens vorgesehen, z. B. wenn „Gefahr für die Sicherheit der dem Kreditinstitut anvertrauten Vermögenswerte besteht"[260].

3. Die Landwirtschaftsbehörde ist befugt, Landpachtverträge zu beanstanden, wenn die „Bewirtschaftung eines Grundstücks gefährdet erscheint". Kommen die Partner der Aufforderung, den Vertrag aufzuheben oder zu ändern, nicht nach, gilt der Vertrag als aufgehoben[261].

4. Der Heimarbeitsausschuß kann Vertragsbedingungen für alle Beteiligten festsetzen. Die Festsetzung hat die Wirkung eines Tarifvertrages[262]. Er soll der Gefahr einer Ausbeutung entgegenwirken. Diese Form des Vertragsersatzes unterscheidet sich vom Tarifvertragsrecht insofern, als die Festsetzung hier nicht durch die Tarifpartner, sondern durch eine dritte Stelle erfolgt.

5. Kann der Vorstand einer Krankenkasse eine Beamten- oder Angestelltenstelle nicht besetzen, weil ein Anstellungsbeschluß nicht zustande kommt, so bestellt das Versicherungsamt auf Kosten der Kasse widerruflich die erforderlichen Personen[263].

---

stisches Recht und daher weiterhin gültig. Das entschied der Bundesgerichtshof (1951), BGHZ Bd. 2 S. 55, hier S. 57.

[258] BGH (1951), BGHZ Bd. 2, S. 55, hier S. 57–58; BGH (1952), BGHZ Bd. 6, S. 373, hier S. 376.

[259] Versicherungsaufsichtsgesetz von 1901 (RGBl. I 139) § 89. Zum Verfahren siehe die 3. DVO dazu von 1953 (BGBl. I 75) §§ 7–8.

[260] Gesetz über das Kreditwesen von 1961 (BGBl. I 881) § 38.

[261] Landpachtgesetz von 1952 (BGBl. I 343) § 5. Vgl. oben bei Anm. III 210.

[262] Heimarbeitsgesetz von 1951 (BGBl. I 191) § 19.

[263] Reichsversicherungsordnung von 1911 § 350.

E. Vertragsersatz als Instrument zur Wahrnehmung von Verwaltungsaufgaben

Während der Vertragsersatz in den bisherigen Fällen im Interesse des Schwächeren oder der Allgemeinheit angewendet wird, gibt es auch vereinzelte Fälle, in denen dieses Rechtsinstitut als Mittel zur Wahrnehmung von Verwaltungsaufgaben eingesetzt wird. Es handelt sich gewöhnlich um die hoheitliche Korrektur eines bestehenden Vertrages. Ein Beispiel aus dem deutschen Recht bietet das Bundessozialhilfegesetz von 1961. Hiernach kann der Träger der Sozialhilfe durch Verwaltungsakt bewirken, daß ein Anspruch, den ein Hilfeempfänger gegen einen anderen besitzt, auf den Träger übergeht. In der Regel dürfte es sich um gesetzliche Unterhaltsansprüche handeln. Der Gesetzeswortlaut schließt aber vertragliche Ansprüche nicht aus. Die Ermächtigung ist nur insoweit eingeschränkt, als der Anspruch „für die Zeit" bestanden haben muß, „für die Hilfe gewährt wird" [264]. Aus dem Sowjetrecht läßt sich eine urheberrechtliche Entscheidung des Obersten Gerichts der UdSSR von 1944 anführen. Aus dem Urteil kann folgender Leitsatz entnommen werden: Hat ein Urheber von einem Verlag einen Honorarvorschuß erhalten, wird das Werk sodann aber „auf Anordnung der Direktivorgane" in den thematischen Plan eines anderen Verlages aufgenommen, so ist der Urheber nicht zur Rückzahlung des Vorschusses verpflichtet. Er muß sich jedoch den Vorschuß auf das vom neuen Verlag zu zahlende Honorar anrechnen lassen [265].

In beiden Fällen kann von Vertragsersatz gesprochen werden. Er wird verwendet, um in die zivilrechtlichen Beziehungen zweier Vertragspartner einzugreifen: einer von ihnen ist der Verwaltungsbehörde untergeordnet, während der andere außerhalb dieses verwaltungsrechtlichen Verhältnisses steht. Das gleiche Ziel ließe sich durch Erlaß einer hoheitlichen Anordnung erreichen, welche die Vertragspartner direkt oder indirekt zum Abschluß eines vertragsändernden Nachvertrages zwingt. Der vertragsersetzende Verwaltungsakt bedeutet demgegenüber eine arbeitssparende Vereinfachung.

cc) Vertragsersatz als Anknüpfungsmittel zur Anwendung von Vertragsrecht

Der Vertragsersatz dient nicht nur im partnerseitigen Bereich als ein Mittel zur Anwendung von Vertragsrecht [266]. Während die Partnerbezie-

---

[264] Bundessozialhilfegesetz von 1961 (BGBl. I 815) § 90.

[265] Sudebnaja praktika Verchovnogo suda SSSR 1944 No. 10 S. 22–23.

[266] Siehe oben bei Anm. III 60.

hung, die dem Vertragsrecht unterstellt werden soll, dort durch ein tatsächliches Verhalten der Parteien zustande kommt, entsteht sie hier auf Grund eines Verwaltungsaktes. Die Verwaltungsbehörde verpflichtet die Partner zu gegenseitigen Leistungen. Die hoheitliche Anordnung erzeugt aber nur eine (verwaltungsrechtliche) Beziehung zwischen der Verwaltungsbehörde und dem jeweiligen Partner, nicht zwischen den Partnern untereinander[267]. Dieser beziehungsleere Raum wird mit Hilfe des Vertragsersatzes ausgefüllt. Der Vertragsersatz bewirkt, daß sich die Partner künftig wie Vertragsparteien gegenüberstehen und ihre Beziehungen durch das Vertragsrecht geregelt werden.

An den vertragsersetzenden Tatbestand werden (ebenso wie im partnergestalteten Vertragsbereich) die denkbar geringsten Anforderungen gestellt. Er braucht nicht auf die Herbeiführung einer Vertragsbeziehung gerichtet zu sein und auch nicht eine Einigung über die Anwendbarkeit des Vertragsrechts erkennen zu lassen. Es genügt, wenn die Partner den Hoheitsakt, welcher die verwaltungsrechtliche Leistungsbeziehung anordnet, „annehmen". Sie brauchen die Annahme nicht einmal dem Partner dieser Beziehung zu erklären. Die Funktion der „Annahme" erschöpft sich darin, als Anknüpfungsmittel für die Anwendung von Vertragsrecht zu dienen. Die Rechtsnatur der zugrunde liegenden Beziehungen vermag die „Annahme" nicht zu ändern. Sie verleiht ihr keinen oder bestenfalls einen äußerst dünnen zivilrechtlichen Gehalt und verdeckt nur notdürftig ihren verwaltungsrechtlichen Charakter.

Ein anschauliches Beispiel bietet das Sowjetrecht. Die Adressaten einer Lieferanweisung können die erforderlichen Lieferverträge schließen, indem sie die Lieferanweisung (also einen Verwaltungsakt) „annehmen". Verweigert einer der Partner die Annahme, so ist hierin nicht die Ablehnung einer Vertragsofferte, sondern die Remonstration gegen einen Verwaltungsakt zu sehen. Die Partner brauchen die „Annahme" nicht der Gegenseite zu erklären. Lediglich verwaltungsintern sind sie gehalten, auf der Lieferanweisung zu vermerken, daß sie „angenommen" ist. Für Streitigkeiten aus diesem Lieferverhältnis ist die Arbitrage zuständig.

Das Rechtsverhältnis wird in den Rechtsvorschriften[268] sowie in der

---

[267] Hier sogenannte „vertragslose Beziehung" (Fall b 1). Siehe oben bei Anm. III 79.

[268] ZGB RSFSR Art. 160, 265; Lieferordnung für Produktion von 1959 (i. d. F. von 1962) Ziff. 10; Verordnung vom 30. Juni 1962 Ziff. 4; Verordnung vom 22. August 1963 Ziff. 13; Ordnung vom 4. Oktober 1965 Ziff. 61; Instruktion vom 18. Dezember 1962 Ziff. 4, 5, 10 (Produktion); Instruktion vom 30. Dezember 1963 Ziff. 4, 7, 9 (Waren); Instruktionsbriefe vom 6. Oktober 1962 Ziff. 6; vom 15. Oktober 1963 Ziff. 5; vom 19. November 1963 Ziff. 11 (Waren) und vom 14. November 1964 Ziff. 8 (Pro-

Praxis und Theorie[269] als zivilrechtliches Vertragsverhältnis aufgefaßt. Diese Vertragsform weist eine Verwandtschaft mit dem Vertragsersatz als Mittel zur Vollziehung eines Vertragszwanges auf. In beiden Fällen wird ein hoheitlich vorgestalteter Nachvertrag ersetzt. Ein Unterschied liegt aber darin, daß hier der Vertragsersatz ohne einen zweiten Verwaltungsakt zustande kommt. Als vertragsersetzender Tatbestand dient statt dessen ein Partnerverhalten.

In der Sowjetunion kommen auch weitere Erscheinungsformen dieser Art des Vertragsersatzes vor. Eine davon dient der Regelung von Beziehungen, die bei der Lieferung von Exportwaren zwischen dem Lieferanten und der zuständigen sowjetischen Außenhandelsorganisation entstehen[270]. Die Beziehungen beruhen auf einer Anordnung der Planbehörde, welche das zum Export vorgesehene Warenkontingent festlegt. Sie bestimmt auch die Partner des Lieferverhältnisses, die in der Regel beide juristische Personen des Zivilrechts sind. Auf der Grundlage dieses Verwaltungsaktes ist die Außenhandelsorganisation verpflichtet, dem Lieferunternehmen eine „Lieferanweisung-Bestellung" zu erteilen. Dieses Dokument enthält die Lieferbedingungen, die sich unmittelbar aus dem Planakt ergeben. Soweit der Planakt einzelne Lieferbedingungen offen läßt, sind diese von den Parteien vor Ausgabe der Lieferanweisung-Bestellung „abzustimmen". Sodann werden die Lieferbedingungen vom Besteller im vorgenannten Dokument einseitig festgelegt[271]. Für eine „Annahme" der Bestellung und damit für einen Vertragsschluß ist kein Raum. Auch die etwaige „Abstimmung" einzelner, vom Planakt offen gelassener Lieferbedingungen trägt nicht den Charakter einer vertraglichen Vereinbarung, sondern hat eher die Funktion einer Information und Konsultation. Auf das Verhältnis findet das Recht der Lieferverträge Anwendung, soweit die Regelung

---

duktion). Brief der Staatsarbitrage der UdSSR vom 19. März 1966 (Soc. zak. 1966 No. 9 S. 89–90).

[269] Tarnovskaja 1962, S. 68; Šapkina 1963, S. 141–142; Chalfina 1963, S. 162 (anders noch Chalfina 1962, S. 68); Masevič 1964, S. 51–52; Krylova 1964; Vedenin N. N., in: Aktual'nye voprosy 1964, S. 97–98; a. M. Škundin 1948, S. 89 (für den damals vorgesehenen analogen Fall der Lieferung von Schwarzmetall); Tančuk 1965, S. 169 bis 175. Vgl. auch Sbornik No. 11 S. 23–24 (1959). Kritisch zur Praxis der Annahme von Lieferanweisungen: Najvidelis 1964; Chalfina, in: Učenye zapiski (VNIISZ), Moskau, No. 10 (1967) S. 54–65, hier S. 63; vgl. ferner Sov. just. 1965 No. 1 S. 32; Liberman 1965, S. 110; Gus'kova 1965, S. 118, 130. Siehe auch Loeber 1964, S. 144–145.

[270] Verordnung vom 3. Oktober 1940 über die Lieferbedingungen für Exportwaren. Dazu: Lieferordnung für Produktion von 1959 Ziff. 4 und Lieferordnung für Waren von 1959 Ziff. 3. Im früher geltenden Recht gab es weitere Arten von Partnerbeziehungen, für die eine ähnliche Regelung wie bei Exportverhältnissen galt, z. B. für die Lieferung von Schwarzmetall (vgl. unten bei Anm. V 75).

[271] Iščenko 1960, S. 37.

in Spezialvorschriften (etwa in den Lieferbedingungen für Exportwaren) unvollständig ist[272]. Streitigkeiten aus der Lieferbeziehung werden nicht von der Arbitrage verhandelt, sondern im Verwaltungswege entschieden[273].

Die Rechtsnatur dieser Beziehung ist in der sowjetischen Rechtslehre bestritten. Nach einer Auffassung handelt es sich um ein Vertragsverhältnis[274]. Die Partnerbeziehungen würden hiernach den Charakter eines hoheitlich gestalteten Nachvertrages besitzen (S. 120). Die Ansicht erscheint nicht überzeugend, da ein Nachvertrag in der Praxis nicht geschlossen wird. Die wohl herrschende Meinung will die Partnerbeziehungen als Schuldverhältnis aufgefaßt wissen, das durch einen einseitigen und für den Verpflichteten verbindlichen Akt begründet wird. Allerdings gehen die Ansichten darüber auseinander, welche Rechtsnatur diesem Akt zukommt. Nach einer zivilistisch gefärbten Auffassung liegt ein „einseitiges Rechtsgeschäft" vor. Es soll in der von der Außenhandelsorganisation ausgehenden „Lieferanweisung-Bestellung" bestehen, die den Verwaltungsakt der Planbehörde (= die Festlegung der Exportkontingente) konkretisiert[275]. Im Gegensatz zu dieser gewollt erscheinenden Konstruktion betrachtet eine verwaltungsrechtlich orientierte Meinung nicht nur die Anordnung der Planbehörde, sondern auch die mit einer Lieferanweisung verbundene Bestellung der Außenhandelsorganisation als Verwaltungsakt[276]. Die Vertreter dieser Auffassung gehen davon aus, daß der zugrunde liegende Planakt die Bestellerorganisation mit verwaltungsrechtlichen Befugnissen gegenüber dem Partner der Lieferbeziehung ausstattet[277]. Die Außenhandelsorganisation handelt also, wenn man Begriffe des deutschen Verwaltungsrechts anwendet, als beliehener Unternehmer.

---

[272] Gribanov, in: Graždanskoe pravo 1961, S. 92.

[273] Sbornik No. 18 S. 5–6 (1961).

[274] Rajcher 1958, S. 129–130; Ovsienko 1957, S. 70 für den Fall der Lieferung von Metall (= zweiseitiges Rechtsgeschäft) (vgl. aber S. 59, 61, 62); Kartužanskij spricht von einer „vertragslosen Lieferung", die ihrem Wesen nach aber Vertragscharakter hat. Er stellt sie der „nicht-vertraglichen Lieferung" gegenüber (Kartužanskij 1951, S. 101 bis 107). Vgl. Venediktov 1947, S. 112 Anm. 1.

[275] Agarkov 1940, S. 126–128 (für den im damals geltenden Recht vorgesehenen analogen Fall der Lieferung von Schwarzmetall); Agarkov, in: Graždanskoe pravo 1944, Bd. 1, S. 298; Škundin 1948, S. 89–92, 165–167; Škundin 1948 (a), S. 95–97; Novickij 1950, S. 364 und wohl auch Novickij 1947, S. 47; Alekseev 1959, S. 42; Švarc/Masljaev, in: Graždanskoe pravo 1960, S. 397; Pozdnjakov, in: Pravovoe regulirovanie 1961, S. 62–67, hier S. 66.

[276] Zacepin, in: Pravovye voprosy 1955, S. 91–96; Joffe 1958, Bd. 1, S. 379–380; Kaminskaja, in: Graždanskoe pravo 1959, S. 384; Sadikov, Pravovedenie 1959 No. 4 S. 155 (= Rezension des Buches: Rajcher 1958).

[277] Ausgesprochen wird dieser Gedanke ausdrücklich von Zacepin, in: Pravovye voprosy 1955, S. 96.

Die verwaltungsrechtliche Auffassung wird dem Sachverhalt am ehesten gerecht und kommt dem Wesen der Beziehung am nächsten. Bei der Begründung des Leistungsverhältnisses ist die Mitwirkung der Partner auf die „Hinnahme" des Verwaltungsaktes beschränkt. Die Hinnahme bedeutet die Entscheidung, gegen den Verwaltungsakt nicht zu remonstrieren. Sie stellt nicht etwa die „Annahme" einer annahmebedürftigen Partnererklärung dar. Der Lieferer, der von seinem Partner (der Außenhandelsorganisation) eine als Lieferanweisung erteilte Bestellung erhält, kann diese nur hinnehmen, nicht annehmen.

Nichts anderes gilt für den vorangegangenen Fall, in dem vom Zustandekommen eines (Nach-)Vertrages durch beiderseitige „Annahme" eines Verwaltungsaktes die Rede war[278]. Auch hier wird in Wirklichkeit nicht eine zivilrechtliche Willenserklärung angenommen, sondern ein Verwaltungsakt hingenommen. Ein Unterschied besteht nur insoweit, als es sich hier um einen *einheitlichen* Verwaltungsakt handelt, während bei der Lieferanweisung für Exportwaren der Verwaltungsakt für einen der Partner (das Lieferunternehmen) *zweigeteilt* ist: er besteht einerseits in der Anordnung der Planbehörde und andererseits in der Lieferanweisung der (mit Hoheitsbefugnissen beliehenen) Außenhandelsorganisation. Letztere setzt einzelne im Planakt nicht hinreichend bestimmte Lieferbedingungen fest. Es ist also die an einen Partner der Leistungsbeziehung delegierte (verwaltungsrechtliche) Befugnis zur Konkretisierung eines Planaktes, die das Export-Lieferverhältnis charakterisiert. Gemeinsam ist beiden Fällen indessen, daß die Leistungsbeziehung (mindestens subsidiär) nach Vertragsrecht abgewickelt wird. Die Anknüpfung an das Vertragsrecht wird mit Hilfe eines vertragsersetzenden Tatbestandes hergestellt. Er besteht – hier wie dort – in der Hinnahme eines Planaktes. Ohne die Einschaltung dieses Vertragsersatzes und die damit erreichte Unterstellung eines verwaltungsrechtlichen Verhältnisses unter Vertragsrecht läge eine „vertragslose Beziehung" vor (S. 117).

Das deutsche Recht kennt derartige Formen des Vertragsersatzes nicht. Wohl aber verzichtet es mitunter auf die (hoheitlich vorgestaltete) Vertragserklärung für einen der Vertragspartner. Einen solchen Fall sieht das Bundesleistungsgesetz vor. Hiernach genügt der Leistungsbescheid einer Anforderungsbehörde als Vertragsangebot des Bedarfsträgers[279]. Im übrigen werden im deutschen Recht ähnliche Ergebnisse mit Hilfe des öffentlich-rechtlichen Vertrages erreicht.

---

[278] Oben bei Anm. III 268.

[279] Bundesleistungsgesetz von 1961 (BGBl. I 1770) § 14.

3. ERWEITERTER VERTRAGSBEGRIFF

Der hoheitlich gestaltete Vertrag ist, das folgt aus der vorangegangenen Übersicht, ein Sammelbegriff. Er umfaßt verschiedenartige Typen von Rechtsbeziehungen. Sie unterscheiden sich untereinander nicht nur nach dem Anteil des Willens der Vertragspartner, sondern auch nach den Mitteln der Vertragsgestaltung. Diese Mittel bilden ein vielgliedriges, einander zugeordnetes System von Maßnahmen der Staatsgewalt zur Einwirkung auf zivilrechtliche Verträge.

Diese Feststellung mag für eine Erkenntnis des Wesens des hoheitlich gestalteten Vertrages wesentlich sein. Für die Frage der Eingliederung des hoheitlich gestalteten Vertrages in die bestehende Vertragsordnung genügt sie jedoch nicht. Hierzu bedarf es einer Klärung, welche Züge der hoheitlich gestaltete Vertrag mit den übrigen Vertragstypen teilt und worin er sich von ihnen unterscheidet.

Gemeinsam mit der Gruppe der partnergestalteten Verträge ist vor allem das Element des *Vertragszwanges.* Unter den Bedingungen unseres gegenwärtigen Wirtschafts- und Sozialgefüges kommt der Vertragszwang bei vielen Verträgen zur Anwendung, sei es im Wege des Nachvertrages oder im Wege des Vertragsersatzes. Das gilt auch für die partnergestalteten Verträge. Das wesentliche am hoheitlich gestalteten Vertrag ist also nicht das Zwangselement. Kennzeichnend für ihn ist vielmehr die *Drittgestaltung.* Die Vertragspartner werden zurückgedrängt, und an ihre Stelle tritt ein Hoheitsträger, der den Vertrag mit Wirkung für die Vertragspartner vorgestaltet oder gestaltet. Dieses Merkmal trifft auf die partnergestalteten Verträge nicht zu. Die Drittgestaltung höhlt den Vertrag noch weiter aus, ja man könnte meinen, daß sie ihm auch die letzte Hülle nimmt. Wenn schon das Zwangselement mit dem Begriff des Vertrages unvereinbar erscheint, so wird hier noch die Eigengestaltung beseitigt.

Überblickt man den Reigen der freien und erzwungenen, der eigen- und fremdgestalteten Vertragsarten, stellt sich unwillkürlich die Frage, was diese verschiedenen, so heterogen anmutenden Erscheinungsformen des „Vertrages" überhaupt noch untereinander verbindet und zu einem einheitlichen Rechtsinstitut zusammenfügt. Die Tatsache, daß sie vom Gesetz vielfach als Verträge bezeichnet werden und der allgemeine Sprachgebrauch sich an diese Terminologie anschließt, genügt für sich allein offensichtlich nicht.

Negativ steht zunächst fest, daß die *Einigung* – die Grundlage des traditionellen Vertrages – nicht ein alle Vertragstypen umfassendes Merkmal ist. Bei den zwangsgestalteten Verträgen fehlt die Vereinbarung oder sie tritt in nur verkümmerter Form auf. Ebensowenig ist die *rechtsgeschäftliche* Vertragsgestaltung ein allen Vertragsarten gemeinsames Merkmal. Schließlich entfällt auch die *Eigengestaltung* als eine Vertragsvoraussetzung, wenn die hoheitlich gestalteten Verträge mit in die Betrachtung einbezogen werden. Was also bleibt aus dem traditionellen Vertragsbegriff noch übrig[280]?

Übrig bleibt zunächst ein Merkmal, das den üblichen Vertragsdefinitionen meist unausgesprochen zugrunde liegt: es ist die rechtliche Beziehung zwischen mehreren Rechtssubjekten. Um diese Beziehung aber gegen andere Rechtsbeziehungen, die nicht als Verträge bezeichnet und behandelt werden, abzugrenzen, muß sie durch mindestens zwei weitere, im traditionellen Vertragsbegriff implizite mitenthaltene Elemente ergänzt werden. Es ist dies einmal das Merkmal der individuellen Gestaltung der Beziehung und zum anderen das Merkmal der Gleichordnung der Partner, die an der Beziehung teilnehmen. Der „Vertrag", wie er in der Rechtswirklichkeit vorkommt, erscheint somit (lediglich) als eine gestaltete und gleichgeordnete Rechtsbeziehung mehrerer Rechtssubjekte. Mit einem derart erweiterten Vertragsbegriff kann sowohl der übliche partnergestaltete Vertrag als auch die hoheitlich gestaltete Spielart des Vertrages erfaßt werden. Zugleich ermöglicht er eine Abgrenzung zu anderen Rechtsinstituten. Das sei nachstehend kurz erläutert.

a) Merkmal der „Gestaltung"

Unter Gestaltung wird in Übereinstimmung mit der oben durchgeführten Systematik die individuelle und konkrete Ordnung eines Rechtsverhältnisses, also seine Begründung, inhaltliche Bestimmung, Änderung oder

---

[280] Im Sowjetrecht wird als Vertrag ein zwei- oder mehrseitiges Rechtsgeschäft angesehen, d. h. also Handlungen von Bürgern und Organisationen, die auf Begründung, Änderung oder Aufhebung ziviler Rechte und Pflichten gerichtet sind. Der Vertrag ist als geschlossen anzusehen, wenn die Parteien in allen wesentlichen Punkten Übereinstimmung erzielt haben (Grundlagen Art. 14, 34; ZGB RSFSR Art. 41, 160). Im deutschen Recht werden unter Verträgen mehrseitige Rechtsgeschäfte verstanden, bei denen die Rechtswirkung durch zusammenstimmende Willenserklärungen mehrerer Rechtssubjekte hervorgebracht wird (vgl. BGB § 305 und die Kommentare dazu).

Aufhebung verstanden. Es genügt in diesem Zusammenhang, wenn nur eine der möglichen Vertragsgestaltungen, etwa nur der Vertragsschluß vorliegt, die Leistungsbeziehung im übrigen aber (abstrakt) normiert ist. Der Umfang der Gestaltung hat auf den Vertragscharakter der Beziehung keinen Einfluß. Das Merkmal der Gestaltung gestattet es, den Vertrag gegenüber dem gesetzlichen Schuldverhältnis, der ihrem Wesen nach wohl am nächsten verwandten Rechtsbeziehung, abzugrenzen. Das gesetzliche Schuldverhältnis ist ebenfalls eine gleichgeordnete Leistungsbeziehung. Sie wird aber nicht individuell und konkret von den Partnern oder von einem Hoheitsträger *gestaltet*; sie ist vielmehr durch allgemein wirkende, zwingende Vorschriften abstrakt *geregelt*.

Für das Merkmal der Gestaltung ist auf der anderen Seite nicht wesentlich, *wer* die Gestaltung vornimmt. Eine Beziehung, die einseitig von einem Partner (etwa durch Allgemeine Geschäftsbedingungen) gestaltet wird, ist ebenso ein Vertrag wie eine Rechtsbeziehung, die hoheitlich vorgestaltet ist (etwa durch eine Lieferanweisung oder durch die Arbitrage). Daher ist sowohl eine willenseigene als auch eine willensfremde Vertragsgestaltung geeignet, den Begriff des Vertrages (in einem weiteren Sinn) zu erfüllen.

Unerheblich ist auch, *wie* die Gestaltung erfolgt, solange es nur eine „Gestaltung" im Gegensatz zur Regelung ist. Es macht also für den Vertragsbegriff keinen Unterschied, ob die Beziehung rechtsgeschäftlich (etwa durch Vertrag kraft autonomer Willensübereinstimmung) oder tatsächlich (etwa durch sozialtypisches Verhalten) oder hoheitlich (durch Verwaltungsakt) gestaltet wird. Bei der tatsächlichen Vertragsgestaltung ist allerdings erforderlich, daß die in Frage stehenden Handlungen (oder Unterlassungen) auf eine gegenseitige Verknüpfung der Partner gerichtet sind. Fehlt es hieran, so kann von einer „Gestaltung" der Leistungsbeziehung (will man dem Sprachgebrauch nicht Gewalt antun) keine Rede sein[281].

b) Merkmal der „Gleichordnung"

Zur Gleichordnung gehört, daß die Partner der Rechtsbeziehung in ihrem gegenseitigen Verhältnis materiell-rechtlich und formal die gleiche Rechtsstellung einnehmen. Aus dem Vertragsbegriff scheiden somit Beziehungen aus, deren Partner sich im Verhältnis der Über- und Unter-

---

[281] Es liegt dann unter Umständen ein gesetzliches Schuldverhältnis vor. Insgesamt vgl. oben bei Anm. III 4 ff.

ordnung gegenüberstehen. Derartige Rechtsbeziehungen werden von dem für das Über- und Unterordnungsverhältnis maßgebenden Recht – in der Regel vom Verwaltungsrecht (und nicht vom Vertragsrecht) – beherrscht. Das Merkmal der Gleichordnung dient also dazu, den Vertrag z. B. vom Anstaltsnutzungsverhältnis, aber auch von anderen auf dem öffentlichen Recht beruhenden Beziehungen abzugrenzen.

c) Merkmal der „Rechtsbeziehung"

Die Rechtsbeziehung als notwendiges Vertragsmerkmal bedeutet die gegenseitige und rechtlich bindende Verknüpfung von Rechtssubjekten. Gegenstand der Verknüpfung ist die Festlegung von Pflichten und Rechten der Partner der Beziehung. Die Verknüpfung muß gegenseitig sein, braucht aber nicht unbedingt ein gegenseitig verpflichtendes Verhältnis zu begründen. Es kommen auch einseitig verpflichtende Beziehungen als „Verträge" vor. Rechtsverhältnisse ohne gegenseitige Verknüpfung der Partner, wie etwa die öffentlich-rechtliche Lieferpflicht (Fall b 1), erfüllen dagegen nicht den Vertragsbegriff. Aus dem gleichen Grund gehören auch Eingriffe, wie die Enteignung zugunsten Privater, nicht hierher. Ebensowenig entsprechen einseitige Rechtsgeschäfte (z. B. die Auslobung oder Schuldverhältnisse aus Inhaberschuldverschreibungen), einseitige Tathandlungen (wie Geschäftsführung ohne Auftrag, die Gemeinschaft, das Hervorrufen eines Rechtsscheines), Rechtsverletzungen (Schuldverhältnisse aus unerlaubter Handlung) und tatsächliche Zustände (ungerechtfertigte Bereicherung, Schuldverhältnisse aus Besitz) dem Erfordernis der gegenseitigen Partnerverknüpfung. Wohl aber kann eine zweiseitige, also auf gegenseitige Partnerverknüpfung gerichtete Tathandlung einen „Vertrag" darstellen[282].

Die Untersuchung zeigt, daß die verbreitete Übung, nicht nur autonom vereinbarte, sondern auch erzwungene, einseitig oder hoheitlich gestaltete Rechtsbeziehungen unter den gemeinsamen Oberbegriff des Vertrages zusammenzufassen, zu einem befremdenden Ergebnis führt. Sie erzeugt eine Rechtsfigur des Vertrages, die mit der ursprünglichen Bedeutung dieses Rechtsinstituts nur noch weniges gemeinsam hat. Die Frage ist berechtigt, ob ein derart verdünnter „Vertrags"begriff nützlich und sinnvoll ist. Wir

---

282 Vgl. die Vertragsverhältnisse aus sozialtypischem Verhalten (Fall a 3; siehe oben bei Anm. III 60).

sind geneigt, die Frage zu verneinen. Im Interesse einer klaren Begriffsbildung, aber auch aus praktischen Gründen, wäre es zweckmäßiger, die mit dem Vertragsbegriff nicht zu vereinbarenden Erscheinungsformen der „gestalteten und gleichgeordneten Rechtsbeziehung" auszuscheiden und als vertragsähnliche Schuldverhältnisse zu bezeichnen. Das gilt insbesondere für den hoheitlich gestalteten Vertrag[283].

[283] Hierüber unten bei Anm. V 330.

IV. Zweck der Vertragsgestaltung

Wenn die bisherige Betrachtung Aufschluß darüber gegeben hat, in welcher Weise sich der hoheitlich gestaltete Vertrag von sonstigen Verträgen unterscheidet und welchen Platz er im System der Vertragsgestaltungsmittel einnimmt, so ist damit noch wenig über seine Aufgaben ausgesagt. Hierauf kommt es aber gerade im Rahmen einer rechtsvergleichenden Untersuchung an. Erst recht gilt dies für einen Vergleich von Rechtsinstituten aus zwei unterschiedlichen Wirtschaftsordnungen. Hier kann auch bei Ähnlichkeit im Institutionellen Verschiedenheit im Funktionellen vorliegen. Der Systematik der Mittel muß daher eine Behandlung des Zwecks der Vertragsgestaltung an die Seite gestellt werden. Das Problem hängt aufs engste mit der Frage nach Sinn und Wesen des Vertrages überhaupt zusammen. Breite und Tiefe der Thematik gebieten eine Beschränkung auf einige für den hoheitlich gestalteten Vertrag wichtige Gesichtspunkte.

1. HOHEITLICHE VERTRAGSGESTALTUNG ALS PROBLEM DER VERTRAGSLEHRE

Die privatrechtliche Lebensgesinnung beruht – wie von Hippel erklärt – auf dem „Wille[n] und [der] Bereitschaft des freien Mannes, über die ihn angehenden und seiner Beurteilung zugänglichen Lebensfragen selber zu bestimmen“ [1]. Das aus der freien Selbstbestimmung des Individuums abgeleitete Verständnis des Vertrages stellt ein Gemeingut der traditionellen Zivilrechtslehre dar. Der Vertrag ist ein Ausdruck der vom Staat geschützten und den Rechtssubjekten gewährten Privatautonomie.

---

[1] Hippel F. von, Zum Aufbau und Sinnwandel unseres Privatrechts, Tübingen, 1957, S. 17. Siehe auch: Hippel F. von, Das Problem der rechtsgeschäftlichen Privatautonomie, Tübingen, 1936; Hippel F. von, Die Perversion von Rechtsordnungen, Tübingen, 1955.

Ein Rechtsinstitut wie den hoheitlich gestalteten Vertrag vermag diese Auffassung vom Vertrag allerdings nicht befriedigend zu erklären. Zahlreiche Rechtswissenschaftler haben versucht, die gegensätzlichen Elemente – den Hoheitsbefehl und die Privatautonomie – auf dem Boden des Vertragsrechts in Einklang zu bringen. Eine Reihe nach Inhalt und Methode unterschiedlicher Theorien ist entstanden.

Die nachfolgende Übersicht der wichtigsten unter ihnen beruht auf der deutschen und sowjetischen Literatur. Die Werke der deutschen und sowjetischen Rechtslehre können als repräsentatives Beispiel für die Bemühungen dienen, das gleiche Problem unter verschiedenen politischen, wirtschaftlichen und ideologischen Voraussetzungen zu lösen. An einer Systematisierung der Lehrmeinungen über den hoheitlich gestalteten Vertrag hat es bisher in diesen beiden Ländern gefehlt[2].

a) Vertragstheorien in der Sowjetunion

Die Auseinandersetzung um die Vertragsproblematik erfuhr in der Sowjetunion um die Zeit, als die staatliche Wirtschaftsplanung in Form der Fünfjahrespläne einsetzte, also gegen Ende der zwanziger Jahre, eine neue Belebung. Damals, im Zeichen der forcierten Industrialisierung und Kollektivierung, wurde der Unterschied zwischen dem freien Vertrag und den neuen, durch den Plan bestimmten Formen des Güteraustausches besonders augenfällig. In der Sowjetunion war es aber nicht nur das Vordringen des Planes und damit die wirtschaftliche Entwicklung, die zu einem Neudurchdenken der überkommenen Vertragslehre zwang. Der Anspruch der kommunistischen Ideologie, zu einer mit der materialistischen Weltanschauung in Einklang stehenden Deutung des Rechts und des Planes zu gelangen, diente als ein weiterer Grund, Überkommenes in Frage zu stellen. Diese beiden Antriebskräfte prägten und prägen auch heute die Bemühungen der sowjetischen Juristen um ein neues Verständnis des Vertrages.

Im folgenden wird zunächst auf die Lehren eingegangen, die von traditionellen Vorstellungen ausgehen, um sodann die revolutionären marxistischen Theorien und schließlich die als Reaktion hierauf entwickelten, heute

---

[2] Für Deutschland vgl. die Lehrbücher von Esser 1960 und Larenz 1964 sowie Enneccerus/Nipperdey 1960. In der Sowjetunion war eine Beschäftigung mit abweichenden Lehrmeinungen lange Jahre fast nur in polemischer und anklageähnlicher Form möglich. Das galt auch für die Vertragslehre. Auf die Vertragslehre ist neuerdings vor allem Joffe eingegangen, z. B. Joffe 1957, Bd. 1, S. 259–261, 265–268; Bd. 2, S. 245 bis 247, 249, 254, ferner Gavze 1959, S. 79–84; Gavze 1961, S. 17–21 und passim.

vertretenen Auffassungen darzustellen. Diese Reihenfolge erleichtert nicht nur das Verständnis, sondern entspricht auch der historischen Entwicklung.

Viele der sowjetischen Lehrmeinungen der früheren Jahrzehnte sind in Schriften entwickelt worden, die heute bibliographische Seltenheiten darstellen. Nur wenige von ihnen sind in deutschen Bibliotheken vorhanden. In diesen Fällen erschien es angebracht, die Autoren, soweit wie möglich, selbst sprechen zu lassen.

(1) Der Vertrag als rechtsgeschäftliche Vereinbarung

Eine der zeitlich frühesten Äußerungen zum Verhältnis von Vertrag und Plan stammt von ASKNAZIJ[3], einem Leningrader Rechtsgelehrten[4]. Asknazijs Auffassung stimmt mit den traditionellen Vorstellungen vom Vertrag als rechtsgeschäftliche Vereinbarung überein. In einem 1926 erschienenen Abriß des sowjetischen Wirtschaftsrechts erklärte er: die Schuldverhältnisse zwischen Wirtschaftsunternehmen, die auf Grund von Anweisungen der Planorgane entstehen, „entbehren nach ihrem realen Inhalt ... völlig des Vertragscharakters – die Autonomie der Beteiligten ... ist hier völlig beseitigt“[5]. Dennoch wird diesen Beziehungen die Form eines Vertrages gegeben[6]. Während das Vermögen und die Tätigkeit der Wirtschaftseinheiten einem öffentlich-rechtlichen Regime unterworfen sind, verfügen sie auf der anderen Seite in einzelnen Bereichen des Wirtschaftsablaufs über eine erhebliche Autonomie. Es erweist sich also, daß „zivilrechtliche und öffentliche Elemente miteinander verflochten sind“; aber die öffentlich-rechtlichen Elemente sind es, welche die Plansphäre charakterisieren[7].

Die gleichen Ansichten vertrat ASKNAZIJ bald darauf in einer 1927 in Leningrad unter dem Titel „Das Zivilrecht und die regulierte Wirtschaft“ erschienenen Schrift[8]. Sie stellt zusammen mit dem in der gleichen Schrift veröffentlichten Beitrag von MARTYNOV[9] wohl die erste Spezialunter-

[3] ASKNAZIJ 1926, S. 5–16; ASKNAZIJ 1926 (a). Über PAŠUKANIS und STUČKA, die sich teilweise noch vor ASKNAZIJ zum Thema geäußert haben, siehe unten bei Anm. IV 47, 74.

[4] Eine Würdigung der Verdienste von ASKNAZIJ als Professor erschien in Sov. just. 1941 No. 18 S. 14–15. Siehe unten S. 373.

[5] ASKNAZIJ 1926, S. 9; ebenso ASKNAZIJ 1926 (a), S. 35.

[6] Ebd.

[7] ASKNAZIJ 1926, S. 15. Das Buch Asknazijs von 1926 ist u. a. durch STUČKA besprochen worden (Revoljucija prava 1927 No. 3 S. 184–187). STUČKA bezeichnet den Gedanken der Verflechtung von Plan- und Warenwirtschaft als richtig, beanstandet aber das Fehlen einer revolutionären Dialektik.

[8] ASKNAZIJ 1927. Über Besprechungen siehe unten Anm. IV 31.

[9] Siehe unten Anm. IV 20.

suchung über die Rechtsprobleme dar, die durch die Planwirtschaft neu aufgeworfen worden sind. ASKNAZIJ grenzt die Warenwirtschaft mit den ihr wesensgemäßen autonomen Beziehungen von der Planwirtschaft ab, die „regulierte" Beziehungen erzeugt [10]. In der Sowjetunion besteht nach seiner Meinung aber keine volle Planwirtschaft (wie etwa zur Zeit des Kriegskommunismus, als die Warenbeziehungen vollständig beseitigt waren), sondern eine Planwirtschaft, die daneben auch Warenbeziehungen zuläßt, also eine Art Mischform [11]. In der Warenwirtschaft bleibt – selbst unter den Bedingungen einer „sozialistischen Einkreisung" (wie in der Sowjetunion) – das Zivilrecht und insbesondere der Vertrag weiterhin wirksam. Im Bereich der regulierten Beziehungen dagegen verwandelt sich das Wesen des Vertrages. Er gehört hier nur noch formell dem Zivilrecht an, im Grunde handelt es sich um eine verwaltungsrechtliche Beziehung [12]. Wenn nicht nur der Vertragsschluß erzwungen, sondern auch die Essentialia des Vertrages durch die Planorgane festgelegt werden, wenn diese den Vertrag sogar ändern können und wenn schließlich an die Seite der vermögensrechtlichen Haftung auch eine disziplinäre und strafrechtliche Verantwortlichkeit tritt, dann sind die Beziehungen nur noch in die technische Form eines Vertrages gekleidet. Wo die Parteiautonomie aufhört, gibt es kein Zivilrecht mehr [13]. Asknazij setzt sich daher für die Schaffung eines öffentlichen Wirtschaftsrechts ein, das Gebiete wie Industrierecht, Bodenrecht und Genossenschaftsrecht umfassen soll [14].

Den Gegensatz von Planregulierung und Autonomie hebt ASKNAZIJ auch in einem 1929 veröffentlichten Beitrag hervor [15]. Die zwischenbetrieblichen Beziehungen, die durch Planakt begründet werden, können (nur) „mit diesen oder jenen Vorbehalten durch zivilrechtliche Begriffe erfaßt werden" [16]. Sie lassen z. B. Ansprüche entstehen, die den zivilrechtlichen Ansprüchen „nahestehen". Rechtsgrundlage der Beziehung ist aber der Verwaltungsakt. Er äußert seine Wirkungen bereits vor und unabhängig vom Vertragsschluß. Soweit der Verwaltungsakt den Inhalt des Vertrages zwangsweise vorbestimmt, ist der Vertrag „gleichgültig". Hieraus erklärt sich, daß zwar Planorgane, nicht aber die Partner zu einer Änderung des Vertrages befugt sind. Die Bedeutung des Vertrages liegt vor allem in der Auferlegung einer vermögensrechtlichen Haftung. Diese genügt für sich

---

[10] ASKNAZIJ 1927, S. 10; ähnlich ASKNAZIJ 1926 (a), S. 32.

[11] ASKNAZIJ 1927, S. 13.

[12] Ebd., S. 19, 22, 46, 48, 50.

[13] Ebd., S. 46–50.

[14] ASKNAZIJ 1926 (a), S. 38, 40.

[15] ASKNAZIJ 1929, S. 20–21, 25–26, 34–35.

[16] Ebd., S. 28.

allein aber nicht. Daher muß zur Vertragserfüllung auf die Partner zusätzlich auch mit verwaltungsrechtlichen Mitteln eingewirkt werden[17].

Eine gewisse Verwandtschaft mit den Auffassungen von Asknazij zeigt eine Studie von ČEREPACHIN über den Vertragszwang im sowjetischen Transportrecht aus dem Jahre 1929. Für Čerepachin hat ein „vertraglicher Zwang", der von „Organen der öffentlichen Gewalt" in Gestalt eines „hoheitlichen Befehls" ausgeht und gegen „ein einzelnes wirtschaftendes Subjekt gerichtet ist", „öffentlich-rechtlichen Charakter" [18]. Der in Ausführung des Vertragszwanges geschlossene Vertrag „fällt dagegen im Sinne der durch ihn hergestellten Rechtsbeziehungen unter die Geltung der allgemeinen Normen des privaten Vertragsrechts" [19].

MARTYNOV, der Mitautor von Asknazij in der erwähnten ersten Schrift zu Rechtsfragen der Planwirtschaft (1927)[20], sieht den Vertrag ebenfalls als rechtsgeschäftliche Vereinbarung an und leugnet entsprechend den zivilrechtlichen Charakter der „Vertragsbeziehungen" in der regulierten Wirtschaft. Er begnügt sich aber nicht mit dieser negativen Feststellung, sondern wirft im Anschluß an ASKNAZIJ die Frage auf, welche Rechtsbeziehungen dem Planbereich eher adäquat sind als der zivilrechtliche Vertrag. Mit dieser Fragestellung haben ASKNAZIJ und MARTYNOV den Anstoß für die Konzeption eines sowjetischen Wirtschaftsrechts gegeben.

In den Augen von MARTYNOV ist ein Vertrag, der durch Planbehörden gestaltet wird und nicht auf Vertragsfreiheit beruht, „unfrei". Er ist lediglich ein „technisches Hilfsmittel". Es fehlt die „Seele des Vertrages" – die Parteiautonomie[21]. Das trifft sogar für den „freien Vertrag" zwischen sozialistischen Wirtschaftsorganisationen zu. Die Selbstbestimmung der Parteien ist hier, so argumentiert MARTYNOV, nur eine äußerliche; im Grunde sind sie unfrei – sie erfüllen im Vertragswege ihren Plan. Die Zielbindung schafft zwischen ihnen eine andere Beziehung, als sie zwischen zwei privaten Unternehmen bestehen würde, die um ihre eigenen und einander entgegengesetzten Interessen kämpfen[22]. Diese Gedanken wiederholt und erläutert MARTYNOV in einem Referat auf der 2. Fachtagung der Wirtschaftsjuristen der UdSSR im Jahre 1927[23]. „Dort wo es keine Autonomie [der Willensäußerung], keine Selbstbestimmung gibt, da finden wir auch keine Verträge im eigentlichen Sinne des Zivilgesetzbuches" [24]. MAR-

[17] Ebd., S. 35–37; ähnlich: ASKNAZIJ 1926 (a), S. 35.

[18] ČEREPACHIN 1929, S. 4.

[19] Ebd., S. 6. Daher meint Čerepachin auf S. 5, daß der zwangsweise Vertragsschluß „auf der Grenze zwischen öffentlichem und privatem Recht liegt".

[20] MARTYNOV 1927. [21] MARTYNOV 1927, S. 100. [22] Ebd., S. 101.

[23] MARTYNOV 1928, S. 47, 50. [24] Ebd., S. 57.

TYNOV beruft sich für die Richtigkeit dieser Feststellung auf die Praxis und Literatur[25]. Im regulierten Wirtschaftsbereich bleibt vom Vertrag „nur das Element der rechtlichen Bindung" übrig. Dieses „Moment muß logisch von der Vertragsautonomie abgegrenzt werden". Bei den Verträgen, die durch einen Verwaltungsakt (Planakt) vorbestimmt werden, gibt es keine „Vertragsautonomie", sondern nur eine „Vertragstechnik"[26]; hier bleibt „nur die Form eines Vertrages", die „Technik des vertraglichen Austausches übrig". Das Zivilgesetzbuch bietet für den Austausch im staatlichen Wirtschaftssektor nur in dieser technischen Hinsicht eine „adäquate" Regelung. Im übrigen fehlt es an einem Recht für den staatlichen Wirtschaftssektor. Dieses Recht muß erst geschaffen werden und es sollte nicht in das Zivilgesetzbuch eingefügt werden[27]. Das Recht der Planwirtschaft wird andererseits auch nicht durch das öffentliche Recht gedeckt. Mit dem Hinweis, daß der Staat mit Hilfe von Verwaltungsakten auf zivilrechtliche Verträge einwirkt, ist das Spezifische der planwirtschaftlichen Beziehungen noch nicht erklärt[28]. Die „organisierte Wirtschaft" läßt vielmehr ein eigenes und neues Recht der regulierten Beziehungen entstehen; das gilt insbesondere für die Planwirtschaft sowjetischer Prägung[29]. Für ein „öffentliches Wirtschaftsrecht" tritt auch LEBEDEV leidenschaftlich ein. Es solle die Beziehungen zwischen den staatlichen Unternehmen regeln und insoweit das Zivilgesetzbuch verdrängen[30].

Die Schriften von ASKNAZIJ und MARTYNOV sind in der sowjetischen Literatur aus dem marxistischen Lager zum Teil heftig kritisiert worden[31]. In der Zeit der Säuberungen wurden sie auch zu einer Zielscheibe von Angriffen mit politischen Untertönen[32]. Jetzt, dreißig Jahre später, werden die Bemühungen von ASKNAZIJ und MARTYNOV um einen Zugang zu den

---

[25] MARTYNOV zitiert (ebd.) die Meinung des Rates der Kongresse des Börsenhandels: „Der Begriff des ‚Plan'-Rechtsgeschäfts enthält einen gewissen Widerspruch" (Eženedel'nik sovetskoj justicii 1926 No. 2 S. 51) und von ŠKLJAR, der von einem bloßen „Schein des Vertrages" und von einem „unnötigen Spiel" mit Verträgen spricht (Voprosy promyšlennogo prava, Moskau, 1925, S. 77).

[26] MARTYNOV 1928, S. 57.

[27] Ebd., S. 58–59.

[28] Ebd., S. 97–98.

[29] Ebd., auch MARTYNOV 1927, S. 102, 108.

[30] LEBEDEV 1927, S. 11–13.

[31] Verhältnismäßig positiv war die Besprechung von STUČKA (Revoljucija prava 1928 No. 1 S. 150–153); er beanstandet aber das Fehlen einer dialektischen Betrachtungsweise. Kritisch äußerte sich RAEVIČ (Sovetskoe pravo 1928 No. 2 S. 117–119); noch schärfer sind die Bemerkungen von BRATUS' 1930, S. 161, 163–167.

[32] Die „Entlarvung" begann auf dem 1. Allunionskongreß der marxistischen Staats- und Rechtswissenschaftler 1931 (VENEDIKTOV 1935, S. 11); es folgten LIPECKER 1933, S. 74 und vor allem schließlich BRATUS'/GINCBURG 1934, S. 14–16; BRATUS'/GINCBURG, in: Kurs 1935, Bd. 1, S. 211–213; BRATUS' 1937, S. 52–53; BRATUS', in: Graždanskoe pravo 1938, Bd. 1, S. 40.

neuen Problemen anerkannt, ihre Methode und ihr Ergebnis aber weiterhin als unrichtig verworfen[33].

(2) Der Vertrag als technisches Instrument des Austauschverkehrs

„Dort wo das Wasser der Regulierung fließt, da verlöscht das Feuer der Autonomie", stellte Šreter 1927 fest[34]. Mit diesem bildhaften Vergleich schloß sich Šreter[35], ein führender Wirtschaftsjurist der zwanziger Jahre[36], den Vorstellungen von Asknazij und Martynov über den Gegensatz von Plan und Autonomie an. Er unterschied sich aber von seinen Leningrader Kollegen durch eine abweichende Deutung des Vertrages. Wenn Asknazij die Verträge im Planbereich als *verwaltungs*rechtliche Erscheinungen charakterisiert hatte und Martynov ihnen durch die Herausarbeitung neuer, *wirtschafts*rechtlicher Prinzipien gerecht werden wollte, so glaubte Šreter mit herkömmlichen *zivil*rechtlichen Kategorien auskommen zu können. Er sieht im Vertrag nichts weiter als ein „technisches Instrument". Der Vertrag läßt sich daher nach Šreter ohne weiteres auch im Bereich der regulierten Wirtschaft verwenden. Die Notwendigkeit, ein neues, der regulierten Wirtschaft entsprechendes Recht zu schaffen, besteht für ihn nicht. Er will sich darauf beschränken, das Zivilgesetzbuch mit einigen, den staatlichen Austauschverkehr regelnden Vorschriften zu ergänzen.

Šreter hebt den Vertragscharakter der von den Planbehörden angeordneten Verträge hervor und meint, daß sie ihren zivilrechtlichen Charakter auch dann nicht verlieren, „wenn alle wesentlichen Vertragsbedingungen diktiert werden". Dann „haben wir es mit den im Westen sogenannten Zwangsverträgen zu tun"[37]. Diese zivilistische Konstruktion begründet Šreter mit dem Argument, daß die planregulierten Beziehungen nach wie vor auf der Ware-Geld-Beziehung beruhen. Sie erfordern die Erhaltung des Zivilrechts, denn nur dieses entspricht dem Äquivalenzprinzip, das einer Warenwirtschaft immanent ist. Das bestätigt auch die Wirtschafts- und Arbitragepraxis, die zur Regelung der plangebundenen Vertragsbeziehungen (allerdings mit gewissen Einschränkungen) das Zivilgesetzbuch heranzieht[38]. Die Anwendung des Zivilrechts im Plansektor ist möglich, so lautet Šreters Gedankengang weiter, da die Form des

---

[33] Joffe 1957, Bd. 1, S. 261, 266. [34] Šreter 1928 (a), S. 62.

[35] In deutscher Schreibweise wohl Schroeter.

[36] Šreter war in der Auslandsabteilung des Obersten Volkswirtschaftsrates der UdSSR tätig und auch als Professor für Wirtschaftsrecht bekannt (siehe unten S. 378).

[37] Šreter 1928, S. 257; ähnlich: Šreter 1927, S. 23. Vgl. oben bei Anm. I 104 ff.

[38] Šreter 1927, S. 22; Šreter 1928, S. 33–34, 253, 256–257.

Schuldverhältnisses und des Rechtsgeschäfts nichts weiter ist als eine Organisationsmethode. Es ist ein „ausdrucksloses Instrumentarium", das über keinen inneren sozialen Gehalt verfügt[39]. Welche Methoden zur Anknüpfung von Warenbeziehungen angewendet werden, ist gleichgültig. Das Anknüpfungsmittel besitzt als solches kein Ziel. Es stellt lediglich ein „organisatorisches Instrumentarium" dar. Die gesellschaftlichen Aufgaben, die mit ihm erfüllt werden, bestimmen diejenigen, die sich seiner bedienen[40]. Als Grundlage für diese Deutung dient Šreter eine Unterscheidung der Normen des Wirtschaftsrechts danach, ob sie die Interessen von Einzelpersonen schützen oder den Umsatz organisieren. Während der Interessenschutz vornehmlich für eine kapitalistische Wirtschaft typisch sei, rücken „unter den Bedingungen einer zunehmend vergesellschafteten Wirtschaft die organisatorischen Funktionen des Rechts immer mehr an die erste Stelle". Soweit die Normen des Vertragsrechts auf Rechtsgeschäfte zwischen Staatsunternehmen angewendet werden, „verwandeln sie sich ihrem Wesen nach ... ganz in Organisationsnormen, denn alle Vertragspartner vertreten im Grunde nur ein einheitliches Interesse des Staates"[41]. Ein Zwang, im Planbereich auf die Normen des öffentlichen Rechts überzugehen, besteht somit für Šreter nicht[42].

Šreter mußte, ähnlich wie Asknazij und Martynov, eine scharfe Kritik aus den Reihen der Juristen hinnehmen, die für sich in Anspruch nehmen, den Marxismus-Leninismus zu vertreten[43]. Sie warfen ihm vor, mit Hilfe formaljuristischer Konstruktionen ein System bourgeoiser Rechtsauffassungen entwickelt und in das sowjetische Wirtschaftsrecht eingeschleppt zu haben. Šreter sah sich zu Beginn der Säuberungen (1933) schließlich gezwungen, Teile seiner Lehre zu widerrufen. Die Charakterisierung des Rechtsgeschäfts als ein „ausdrucksloses Instrumentarium" be-

---

[39] Šreter 1928, S. 34; ähnlich bereits: Šreter 1927, S. 22.

[40] Šreter 1928 (a), S. 66.

[41] Šreter 1928, S. 26.

[42] Ebd., S. 33–34.

[43] Stučka in Revoljucija prava 1928 No. 6 S. 135–138 (eine vernichtende Besprechung); ebd., No. 3 S. 122; Bratus' 1930, S. 159, 161–163; Resolution des 1. Allunionskongresses der marxistischen Staats- und Rechtswissenschaftler: Sovetskoe gosudarstvo i revoljucija prava 1931 No. 3 S. 143–153, hier S. 146; Stučka, ebd., 1931 No. 5–6 S. 86; Lipecker 1933, S. 83; Zagvjazinskij 1933, S. 228–229; Bratus'/Mikolenko, in: Graždanskoe pravo 1938, Bd. 1, S. 37; Škundin, in: Graždanskoe pravo 1940, S. 110; Joffe 1957, Bd. 1, S. 266.

Bemerkt sei, daß Bratus' viele Jahre später (1953) den Vertrag als „Organisationsakt" charakterisierte (Bratus' 1953, S. 83; dagegen Baru 1957, S. 47). Bratus' nannte den Vertrag auch ein „Instrument" der planmäßigen Produktionsverteilung (Bratus', in: Naučnaja sessija 1953, S. 58).

zeichnet Šreter jetzt als eine „höchst unglückliche Formulierung". „Ich stimme mit meinen Kritikern überein", schreibt er, „daß ich mit dieser Formulierung das klassenmäßige Wesen des Rechts ausgelöscht habe". Er gesteht ferner ein, daß seine Gegenüberstellung von Plan und Autonomie „undialektisch und unrichtig" gewesen sei[44].

Šreter konnte damals nicht ahnen, daß sich seine Ansichten noch nach Jahrzehnten als lebensfähig erweisen sollten. Seine zivilrechtliche Konzeption der Wirtschaftsbeziehungen im Planbereich liegt (unausgesprochen) der heute in der Sowjetunion herrschenden Lehre von der Einheitlichkeit des Zivilrechts zugrunde[45]. Šreters Auffassung vom Vertrag als eines Instrumentariums, das in allen Gesellschaftsformationen verwendbar ist, wurde inzwischen von einem führenden Rechtswissenschaftler der Tschechoslowakei bestätigt. Er erklärte 1953, allerdings ohne sich auf Šreter zu berufen: „Die alten, in einer Sklaverei-Gesellschaft entstandenen Vertragsformen eignen sich letzten Endes für jede warenerzeugende Gesellschaft."[46]

(3) Der Vertrag als Ausdruck von Interessengegensätzen

Eine Revolution auf dem Gebiet der Rechtstheorie, die ihre Wellen auch über die Grenzen der Sowjetunion schlug, lösten Pašukanis und die Anhänger seiner Schule aus. Die Auffassungen von Pašukanis zum Vertrag sind Bestandteil seiner umfassenden marxistischen Rechtstheorie[47]. Sie hat auch im Westen viel Aufmerksamkeit auf sich gelenkt. Sein rechtstheoretisches Hauptwerk, das seinen Ruhm begründete, ist in deutscher, englischer, italienischer, japanischer und serbischer Übersetzung erschienen[48]. Radbruch bezeichnet es in einer Rezension als ein „bedeutende[s]" und „hervorragende[s] Buch", das „weit ideenreicher ist, als diese Besprechung

---

[44] Brief an die Redaktion der Zeitschrift Sovetskoe gosudarstvo 1934 No. 2 S. 142 bis 143, hier S. 143.

[45] Vgl. unten bei Anm. V 172.

[46] Knapp V., Občansko-pravní smlouvy – aktivni síla výstavby socialismu, in: Sbornik studii z občanskeho prava, Prag, 1953, S. 120–222, hier S. 177 (zitiert von Korkisch 1958, S. 23).

[47] Der wissenschaftliche Nachlaß von Pašukanis ist umfangreich. Eine Bibliographie seiner Werke fehlt bisher. Neben seinem rechtstheoretischen Hauptwerk (Pašukanis 1928) sei besonders auf einen 1929 erschienenen Zeitschriftenaufsatz verwiesen, der im gegebenen Zusammenhang von Bedeutung ist. In der Sowjetunion wird er totgeschwiegen und im Westen ist er kaum bekannt (zitiert: Pašukanis 1929).

[48] Siehe die Nachweise im Literaturverzeichnis bei: Pašukanis 1928.

erkennen lassen kann"[49]. PAŠUKANIS' Werke waren immer wieder der Gegenstand von Untersuchungen, Auseinandersetzungen[50] und Rezensionen[51]. Nach PAŠUKANIS liegt das Wesen des Rechts in der Gegensätzlichkeit privater Interessen begründet[52]. Die Träger dieser Interessen stehen sich als Besitzer von Waren gegenüber, die sie untereinander austauschen[53]. In einer Gesellschaft, in der ein Interessengegensatz fehlt, wo also eine Einheit im Ziel besteht (wie etwa im Kommunismus), wird es kein Recht geben: zur Ordnung der gesellschaftlichen Beziehungen werden dann technische Regeln genügen[54]. An die Stelle des Marktes und der Beziehungen zwischen Warenbesitzern wird die planmäßig organisierte Produktion und Verteilung treten[55]. Als eine „öffentlich-rechtliche Norm", als eine „Form der vom Menschen entfremdeten und über ihm stehenden Macht" werden die technischen Anordnungen nur denjenigen erscheinen, welche die gesellschaftlichen Beziehungen weiterhin als ein „Mittel für ihre persönlichen Ziele" auffassen[56].

Für das Vertragsrecht folgt aus dieser kühnen Konzeption:

1. Die Beziehungen der Träger privater Interessen, der Warenbesitzer, finden ihren juristischen Ausdruck im Vertrag. Daher stellt der Vertrag einen der zentralen Begriffe im Recht dar[57].

2. Die Beziehungen zwischen Produktionseinheiten, die nicht durch den Markt verbunden sind und nicht als Warenbesitzer auftreten, werden dem-

[49] RADBRUCH, Archiv für Sozialwissenschaft und Sozialpolitik, Jg. 64 (1930) S. 617 bis 620, hier S. 617, 620.

[50] DOBRIN S., Soviet Jurisprudence and Socialism: Law Quarterly Review, Jg. 52 (1936) S. 402–424; BURCKHARDT W., Methode und System des Rechts, Zürich, 1936, S. 163, 219; GSOVSKI V., The Soviet Concept of Law: Fordham Law Review, Jg. 7 (1938) S. 1–44; GSOVSKI 1948, Bd. 1, S. 166–175 und passim (siehe Index); FULLER L., Pashukanis und Vyshinsky. A Study in the Development of Marxian Legal Theory: Michigan Law Review, Jg. 47 (1949) S. 1157–1166; SCHLESINGER (Glasgow) 1951, S. 152–165, 202–204 und passim (siehe Index); KELSEN H., The Communist Theory of Law, New York, 1955, S. 89–129 und passim (siehe Index); BERMAN 1963, S. 26–29 und passim (siehe Index); LAPENNA I., State and Law. Soviet and Yugoslav Theory, New Haven, 1964, S. 3, 20–21 und passim (siehe Index).

[51] KORSCH K., Archiv für die Geschichte des Sozialismus und der Arbeiterbewegung, Jg. 15 (1930) S. 301–310; KRAFT J., Zeitschrift für öffentliches Recht, Jg. 12 (1932) S. 165 bis 167; SAUERLÄNDER, Leipziger Zeitschrift für deutsches Recht, Jg. 26 (1932) S. 977; PETRASCHEK K., Kritische Vierteljahresschrift für Gesetzgebung und Rechtswissenschaft, Jg. 26 [62] (1933) S. 42–54; RADBRUCH (siehe oben Anm. IV 49) und andere.

[52] PAŠUKANIS 1928, S. 37.

[53] Ebd., S. 41, 57, 64, 68.

[54] Ebd., S. 38, 54, 81. Ausführlicher: PAŠUKANIS 1929, S. 35–36. Vgl. oben bei Anm. I 50.

[55] PAŠUKANIS 1928, S. 79.

[56] Ebd., S. 81.

[57] Ebd., S. 57, 72, 80; über Anschlußverträge S. 89.

gegenüber unmittelbar, d. h. auf Grund von Plänen und anderen technischen, konkreten Anweisungen geregelt. Die Wirtschaftseinheiten unterliegen einer administrativ-technischen Leitung und sind in ihren Beziehungen einem allgemeinen Wirtschaftsplan untergeordnet[58]. Eine rechtsgeschäftliche Vereinbarung zwischen den Wirtschaftsträgern ist nicht erforderlich. Die Vermögensverschiebung stellt sich nicht als ein juristischer, sondern als ein technisch-organisatorischer Akt dar[59].

3. In der Übergangszeit, d. h. solange zwischen den einzelnen Unternehmen noch eine marktmäßige Verbindung besteht, bleibt die Form des Rechts und damit auch des Rechtsgeschäftes (Vertrages) bestehen. Aber die administrativ-technische Leitung wird sich im Laufe der Zeit verstärken[60]. Die Sphäre des Güterumsatzes und die Sphäre des Planes werden (solange sie nebeneinander bestehen) nicht durch eine unüberwindliche Wand getrennt. Es entsteht vielmehr ein „Grenzgebiet" zwischen beiden[61].

Pašukanis hat mit seiner Theorie das Rechtsdenken und teilweise sogar die Rechtspraxis nachhaltig beeinflußt. Der ideologisch explosive Kern der Lehre von Pašukanis und seine weittragenden rechtspolitischen Konsequenzen riefen aber Gegenkräfte auf den Plan. Auf dem Hintergrund der innenpolitischen Entwicklung zur totalitären Diktatur stalinscher Prägung erlangten die Gegenkräfte immer größeres Gewicht. Nach dem Sturz Bucharins (1929)[62] und der dadurch ausgelösten ideologischen Säuberung sah sich Pašukanis 1930 genötigt, Selbstkritik zu üben. Seine These, daß dort, wo die Vertragsbeziehungen verschwinden, das Recht endet und die Technik beginnt, verwarf er als unrichtig[63]. Kurz darauf räumte Pašukanis auf dem in vieler Hinsicht als Wendepunkt bedeutsamen „1. Allunionskongreß der marxistischen Staats- und Rechtswissenschaftler" von 1931 auch ein, die Marktbeziehungen überbewertet zu haben[64]. Fünf Jahre später, unter dem Eindruck der politischen Säuberungen, verwarf Pašukanis schließlich die Ansicht, das Recht könne keinen sozialistischen Inhalt haben[65]. Er mußte sogar so weit gehen, seine Auffassung, daß das Recht im Sozialismus abzusterben beginne, als „opportunistischen Unsinn" zu kennzeichnen[66]. Diese Selbstkritik bewahrte Pašukanis aber nicht vor dem

[58] Ebd., S. 80; ausführlicher: Pašukanis 1929, S. 34.

[59] Pašukanis 1929, S. 34.

[60] Pašukanis 1928, S. 80.

[61] Pašukanis 1929, S. 35.

[62] Über Bucharin: Heitmann S., Knirsch P., N. I. Bucharin, Berlin, 1959, 93 S. (Bibliographische Mitteilungen des Osteuropa-Instituts an der Freien Universität Berlin, Heft 1).

[63] Pašukanis 1930, S. 43.

[64] Pašukanis 1931, S. 23–24.

[65] Pašukanis 1936, S. 8.

[66] Ebd., S. 7.

Schicksal, das über ihn hereinbrechen sollte[67]. Er wurde 1937 verhaftet und ist ein Opfer der „Säuberungen" geworden. Pašukanis wurde zum Volksfeind und Schädling „an der Rechtsfront" erklärt, ohne daß diese Anschuldigungen je in einem öffentlichen Gerichtsprozeß gegen ihn vorgebracht und bewiesen worden wären[68]. Seine Lehre wurde fortan in den Schmutz getreten[69]. Erst einige Jahre nach Stalins Tod war die Zeit für die Feststellung reif, daß Pašukanis kein Verräter gewesen ist[70]. Sein Name als einer der größten Rechtsgelehrten, den die Sowjetunion hervorgebracht hat, ist seither aber noch nicht wiederhergestellt worden[71].

(4) Der Vertrag als Mittel der Gewinnaneignung

Der erste Versuch[72], eine revolutionäre, auf der Grundlage des Marxismus aufbauende Vertragslehre zu entwickeln, stammt von Stučka[73]. Stučkas Ziel war es, eine klassenmäßige Deutung des Vertrages im bour-

---

[67] Zur Kritik an Pašukanis bis zu seinem Sturz siehe u. a.: Resolution des 1. Allunionskongresses der marxistischen Staats- und Rechtswissenschaftler: Sovetskoe gosudarstvo i revoljucija prava 1931 No. 3 S. 143–153, hier S. 147–148; Gincburg, in: Kurs 1935, Bd. 1, S. 100–101, 105, 111–112.

[68] Vgl. Hazard [der damals am Juristischen Institut in Moskau studierte], in: Soviet Legal Philosophy, Introduction by John N. Hazard, Cambridge, 1951, S. XXXII.

[69] Vyšinskij 1937, S. 5, 11, 13–19; Vyšinskij 1938, S. 24, 26, 36–37, 47; Vyšinskij 1938 (a), S. 25–27, 29, 46, 180–181; Bratus' 1937, S. 48–50, 54, 63; Bratus', in: Graždanskoe pravo 1938, Bd. 1 S. 39–42 und viele andere.

In der westlichen Literatur jener Zeit wird über den Sturz von Pašukanis u. a. berichtet von: Hazard J. N., Cleansing Soviet International Law of Anti-Marxist Theories: American Journal of International Law, Jg. 32 (1938) S. 244–252; Maurach R., Zur neuesten Wandlung in der allgemeinen Rechtslehre, im Strafrecht und im Völkerrecht der Sowjetunion: Zeitschrift für osteuropäisches Recht, N. F. Jg. 3 (1936–37) S. 737–755.

[70] Leitartikel in Sov. gos. i pravo 1956 No. 6 S. 3–11, hier S. 10; hierzu: Hazard J. N., Pashukanis is no Traitor: American Journal of International Law, Jg. 51 (1957) S. 385–388.

[71] Pašukanis' Name wird allerdings mitunter erwähnt, wobei auch auf seine Verdienste hingewiesen wird, z. B. in Sov. gos. i pravo 1956 No. 10 S. 85; 1962 No. 4 S. 15; 1963 No. 7 S. 121, 123; No. 11 S. 75–76. Daneben stehen Äußerungen, in denen die Vorwürfe der „Fehlerhaftigkeit" seiner Theorien wiederholt werden, z. B. Bogdanov O. V., Tumanov V. A., Sov. gos. i pravo 1957 No. 3 S. 148; Joffe 1957, Bd. 1, S. 265 bis 266; Tumanov V. A., in: Antikommunizm 1964, S. 36. Mit der Lehre von Pašukanis hat sich seit seiner „Rehabilitierung" 1956 auseinandergesetzt: Strogovič M., K voprosu o postanovke otdel'nych problem prava v rabotach P. I. Stučki, N. V. Krylenko, E. B. Pašukanisa, in: Voprosy obščej teorii sovetskogo prava, Moskau, 1960, S. 384–405, hier S. 395–399.

[72] Auch Pašukanis hat den Vertrag als zentrales Institut im Rahmen seiner kommunistischen Rechtstheorie behandelt. Sein Anliegen war aber anderer Art (siehe oben bei Anm. IV 53).

[73] Siehe oben bei Anm. I 81 und Loeber 1965, S. 134–137.

geoisen Recht zu geben und damit zugleich das Fundament für eine Vertragslehre im Sowjetrecht zu legen. Um diese doppelte Aufgabe zu lösen, hat er ein umfassendes Gedankengebäude errichtet.

Im Westen hat STUČKAS Vertragslehre kaum Beachtung gefunden. Von Stučkas Schriften sind, soweit feststellbar, nur Auszüge aus seiner Monographie über die revolutionäre Rolle des Rechts übersetzt worden[74]. Die englischsprachige Forschung ist auf einige Theorien Stučkas eingegangen, vor allem in den Arbeiten von SCHLESINGER[75], HAZARD[76] und KELSEN[77]; in Frankreich hat STOYANOVITCH den rechtsphilosophischen Arbeiten von Stučka Aufmerksamkeit geschenkt[78]. Diese Autoren setzen sich aber nur am Rande[79] mit Stučkas Auffassungen zum Vertrag auseinander. Die Sowjetrechtsforschung in beiden Teilen Deutschlands ist vor[80] und nach dem Kriege so gut wie ganz am Werk von Stučka vorbeigegangen[81]. STUČKA wird, wenn überhaupt, gewöhnlich nur als Verfechter des Gedankens vom Absterben des Rechts erwähnt. In diesem Zusammenhang wird sein Name vielfach mit dem von PAŠUKANIS verknüpft. Die Entwicklung hat diese Voraussage nicht bestätigt. Stučka und Pašukanis erscheinen daher im westlichen Schrifttum meist in der Rolle falscher Propheten, über deren Theorien die Geschichte mitleidig lächelnd hinweggeschritten ist. Tatsächlich liegt die Bedeutung ihrer Rechtslehren jedoch nicht so sehr in ihren Voraussagen als in der Deutung des überkommenen und im Aufbau eines neuen Rechts.

Fest steht, daß der Beitrag STUČKAS das Gesicht der sowjetischen Rechtswissenschaft entscheidend geprägt hat. Die äußere Entwicklung und der geistige Wandel der letzten Jahrzehnte haben zwar manches Wesentliche an diesem Gesicht geändert, aber nicht alle seine Züge bis zur Unkenntlichkeit auszulöschen vermocht. So manches in der sowjetischen Rechtslehre

---

[74] STUČKA 1921. Neuerdings ist auch ein Auszug aus Stučkas Aufsatz über das proletarische Recht (STUČKA 1919) in Englisch erschienen.

[75] SCHLESINGER (Glasgow) 1951.

[76] HAZARD J., in: Soviet Legal Philosophy, Cambridge, 1951; HAZARD J., Settling Disputes in Soviet Society, New York, 1960.

[77] Kelsen H., The Communist Theory of Law, London, 1955, S. 62–76.

[78] STOYANOVITCH K., La Philosophie du droit en U.R.S.S. (1917–1953), Paris, 1965, S. 43–68, 135–138.

[79] SCHLESINGER (Glasgow) 1951, S. 154, 204; GSOVSKI 1948, Bd. 1, zitiert Stučka mehrfach (siehe Index), ohne sich jedoch mit seiner Lehre im Zusammenhang auseinanderzusetzen.

[80] Vor dem Kriege erschien eine Besprechung des Zivilrechtslehrbuches von STUČKA in der Zeitschrift für Ostrecht, Jg. 3 (1929), S. 643–646.

[81] Ein Beispiel ist die Monographie SCHNEIDER 1964. Die Lehre STUČKAS wird in 5 Zeilen dargelegt (S. 63).

geht noch heute (bewußt, unbewußt oder jedenfalls uneingestanden) auf die Grundlagen zurück, die STUČKA vor nunmehr vierzig Jahren gelegt hat.

STUČKA geht, ebenso wie PAŠUKANIS [82], von einer Gegenüberstellung von Recht und Technik aus. Er sieht insbesondere einen Gegensatz zwischen Zivilrecht und Plan [83]. Das Zivilrecht ist für STUČKA eine Form für den (vertraglichen) Austausch von Waren, nicht aber für die (vertraglose) planmäßige und unentgeltliche Versorgung [84]. Dort wo (planmäßig) verteilt wird, ist das Recht schon abgestorben, schreibt Stučka [85]. Im Hinblick auf dieses kommunistische Endziel sieht Stučka einen Prozeß der Verwandlung von Recht in Technik voraus. Er weigert sich allerdings vorauszusagen, wann anstelle des Rechts nur die Technik die menschlichen Beziehungen regeln würde und warnt davor, zu früh von einem Absterben des Rechts zu sprechen [86]. Für die Übergangsperiode entsteht – und hierin unterscheidet er sich von PAŠUKANIS [87] – zunächst „proletarisches Recht" [88]. Dieser heute anachronistisch anmutende Ausdruck ist insofern bemerkenswert, als die gegenwärtig übliche Bezeichnung „Sowjetrecht", wie STUČKA 1927 erwähnt, ursprünglich „eine Art Schimpfwort" der bourgeoisen Juristen war [89]. Eines der Merkmale des „proletarischen" Rechts ist das Vorhandensein eines Planes. Es handelt sich um einen staatlichen, durch Gesetz bestätigten Plan; der Staat wird im Planbereich also (noch) mit

[82] STUČKA weist auf Gemeinsamkeiten mit den Auffassungen von PAŠUKANIS hin in: Enciklopedija, Bd. 3, 1927, Sp. 108 (s. v. Objazatel'stvennoe pravo); STUČKA 1930 (b), S. 183; STUČKA 1931 (a), S. 70, 71, 75. Über Unterschiede vgl. unten Anm. 87.

[83] STUČKA 1919, S. 33; STUČKA 1924, S. 72; STUČKA, Kurs 1927, Bd. 1, S. 37, 70, 122, 147, 157, 162–165, 221; STUČKA 1930 (a), S. 201, 203.

[84] STUČKA, Kurs 1931, Bd. 1 [= 2. Aufl.], S. 172–178, 251 (abweichend STUČKA, Kurs 1927, Bd. 1 [= 1. Aufl.], S. 162–165, 221); STUČKA 1929 (b), S. 224; STUČKA 1931 (c), S. 7.

[85] STUČKA, in: Enciklopedija, Bd. 3, 1927, Sp. 276 (s. v. Perechodnyj period); STUČKA 1928, S. 123; STUČKA 1931 (a), S. 76.

[86] STUČKA, Kurs 1927, Bd. 1, S. 72–73 (= STUČKA, Kurs 1931, Bd. 1 [= 2. Aufl.], S. 75–76); STUČKA 1928, S. 134; STUČKA 1930 (a), S. 199, 201, 203. Er revidierte damit seine frühere Auffassung, denn 1919 hatte er (voreilig) das Absterben des Rechts auf den Tag des Sieges der Revolution datiert (STUČKA 1919, S. 32).

[87] STUČKA weist auf Unterschiede zu den Auffassungen von Pašukanis hin in: STUČKA, Kurs 1927, Bd. 1, S. 47–51 (= STUČKA, Kurs 1931, Bd. 1 [= 2. Aufl.], S. 48–52); STUČKA 1927, S. 147–150; STUČKA 1931 (a), S. 77–81, 85–87; STUČKA 1931 (b), S. 41–43. Über Gemeinsamkeiten vgl. oben Anm. 82.

[88] STUČKA 1919, S. 33; STUČKA 1924, S. 54–55, 64–65, 70, 78; STUČKA 1925, S. 108 bis 110; STUČKA 1927, S. 150; STUČKA, in: Enciklopedija, Bd. 2, 1927, Sp. 925 (s. v. Sovetskoe pravo) und Sp. 1593 (s. v. Juridičeskij socializm); STUČKA, Kurs 1927, Bd. 1, S. 11–12, 37–38, 65–73, 119–122; STUČKA 1930 (a), S. 199, 201, 203.

[89] STUČKA, in: Enciklopedija, Bd. 3, 1927, Sp. 921 (s. v. Sovetskoe pravo).

rechtlichen Mitteln tätig[90]. Die Planwirtschaft verwirklicht eine einheitliche Organisation von Produktion und Tausch. Für ein Zivilrecht, dessen Anwendungsbereich sich auf kapitalistische „Oasen" beschränkt, ist auf die Dauer kein Raum. Der einheitlichen Organisation von Produktion und Tausch muß ein „einheitliches sowjetisches Zivil- oder Wirtschaftsrecht" entsprechen[91]. Das öffentliche Recht wird über das private Recht siegen[92].

aa) Stučkas Vertragslehre

Zur Überwindung des Gegensatzes von Zivilrecht und Plan schlägt Stučka 1929 (d. h. nach Beginn des ersten Fünfjahresplanes) eine Zweiteilung vor. Der Anwendungsbereich des Zivilrechts soll auf den privaten Sektor beschränkt werden, während zur Regelung der Beziehungen im sozialistischen Wirtschaftsbereich ein neuer Rechtszweig – das Wirtschaftsverwaltungsrecht – berufen sein soll[93].

Das Vertragsprinzip bezieht sich nur auf die zivilrechtliche Sphäre, d. h. auf den Bereich, der nicht einer unmittelbaren Planregulierung unterworfen ist[94]. Die Vertragsbeziehungen beruhen auf dem Gedanken der Äquivalenz. Dieser Begriff des Gegenwertes bildet das Kernstück der Vertragslehre Stučkas[95]. Er leitet das Prinzip der Äquivalenz aus den Schriften von Marx ab[96]. Der Gegenstand der Äquivalenz hat sich nach Stučka im

[90] Stučka 1930 (a), S. 199; Stučka, Kurs 1931, Bd. 1 [= 2. Aufl.], S. 176 (fehlt in Stučka, Kurs 1927, Bd. 1 [= 1. Aufl.]).

[91] Stučka 1924, S. 55; siehe auch S. 54, 58, 64–65, 70, 78; Stučka, in Enciklopedija, Bd. 1, 1925, Sp. 726 (s. v. Graždanskoe pravo); Stučka, Kurs 1927, Bd. 1, S. 121; revidierte Fassung in: Stučka, Kurs 1931, Bd. 1 [= 2. Aufl.], S. 128.

[92] Stučka, Kurs 1927, Bd. 1, S. 71 (die Forderung, auch öffentlich-rechtliche Beziehungen in das Zivilgesetzbuch aufzunehmen, fehlt in Stučka, Kurs 1931, Bd. 1 [= 2. Aufl.], S. 74); Stučka, Kurs 1931, Bd. 3, S. 10 und Stučka, Kurs 1931, Bd. 1, S. 177; Stučka 1931 (a), S. 75, 83–84.

[93] Stučka 1929 (a), S. 81; Stučka 1929 (b), S. 226–227, 232; Stučka 1929 (c), S. 10; Stučka, Kurs 1929, Bd. 2, S. 221; Stučka 1930 (a), S. 201–202; Stučka 1930 (b), S. 184; Stučka, Kurs 1931, Bd. 1 [= 2. Aufl.], S. 89 (fehlt in Stučka, Kurs 1927, Bd. 1 [= 1. Aufl.], S. 85) und Stučka, Kurs 1931, Bd. 3, S. 9–10; Stučka 1931 (b), S. 46; Stučka 1931 (c), S. 5.

[94] Stučka, Kurs 1931, Bd. 1 [= 2. Aufl.], S. 77. In Stučka, Kurs 1927, Bd. 1 [= 1. Aufl.], S. 165, hieß es noch, daß der Plan auf der Grundlage der Vertragsfreiheit im Rahmen des Zivilgesetzbuches durch das Arbeitsäquivalent vervollständigt und berichtigt wird. Stučka 1931 (a), S. 83–84.

[95] Stučka rechnet sich die Herausarbeitung des Äquivalenzprinzips als Hauptverdienst an: Stučka 1931 (a), S. 75. Über das Äquivalenzprinzip: Stučka, Kurs 1927, Bd. 1, S. 193–202 (= Stučka, Kurs 1931, Bd. 1 [= 2. Aufl.], S. 221–231) und passim; Stučka 1931 (a), S. 81–85; Stučka 1931 (b), S. 43–45.

[96] Im übrigen verweist Stučka darauf, daß er zur Lösung des Äquivalenzproblems im Vertrag die Arbeiten von Pašukanis verwendet habe; Stučka 1931 (a), S. 75.

Lauf der Zeit gewandelt. In Anpassung an die Lehren des historischen Materialismus unterscheidet er fünf Etappen in der Entwicklung des Vertrages.

1. In der ersten Entwicklungsperiode, die Stučka als *„einfache Warenproduktion"* kennzeichnet, werden im Wege des Vertrages äquivalente Güter ausgetauscht. Der Tauschwert der Güter beruht auf einer objektiven Größe – dem Arbeitswert – und damit auf einem gerechten Maßstab[97]. Gegenstand der Aneignung sind die Ergebnisse eigener persönlicher Arbeit. Die Einführung von Lohnarbeit leitet zur nächsten Entwicklungsstufe über.

2. Mit der Entfaltung des kapitalistischen Marktes, also in der Periode des *industriellen Kapitalismus,* bestimmt nicht mehr der (objektive) Arbeitswert, sondern die (subjektive) Vereinbarung der Partner die Äquivalenz des Austausches. Statt der gegenseitigen Versorgung ist nunmehr die Erzielung von Gewinn der Zweck des Austausches. Folglich setzt sich der Gegenwert jetzt aus den Produktionskosten und dem durchschnittlichen Gewinn zusammen. Grundlage für die vertragsmäßige Festlegung des Gegenwerts ist das Prinzip der Vertragsfreiheit. Dieses Prinzip, das mit der bourgeoisen (d. h. französischen) Revolution zum Sieg gelangt, beruht auf der formalen Gleichheit der Vertragspartner. Tatsächlich aber ist die Vertragsfreiheit eine Fiktion, denn sie verdeckt die wirtschaftliche Ungleichheit der Parteien; sie verschleiert die Klassengegensätze[98].

3. Gegen Ende des 19. Jahrhunderts tritt an die Stelle des industriellen Kapitalismus mit der für ihn charakteristischen Wettbewerbsfreiheit der *Monopolkapitalismus.* Der Gegenwert wird nun nicht mehr im Wege des Vertrages vereinbart, sondern einseitig diktiert. Er umfaßt außer den Produktionskosten nicht den durchschnittlichen, sondern einen überhöhten Gewinn. Die formale Gleichheit der Partner wird aufgehoben. Die tatsächliche Ungleichheit, d. h. die Überlegenheit des kapitalistischen Partners, wird rechtlich verankert. Kontrahierungszwang, Anschlußvertrag, Formularvertrag und diktierter Vertrag sind das Ergebnis[99].

---

[97] Stučka 1921, S. 106; Stučka 1927, S. 147; Stučka, Kurs 1927, Bd. 1, S. 51, 158 und Stučka, Kurs 1929, Bd. 2, S. 216–217, 220; Stučka 1929 (c), S. 4–5, 8, 10, 15–18; Stučka 1931 (a), S. 75.

[98] Stučka 1919, S. 30; Stučka 1924, S. 77; Stučka, in: Enciklopedija, Bd. 1, 1925, Sp. 725 (s. v. Graždanskoe pravo); Stučka, in: Enciklopedija, Bd. 3, 1927, Sp. 110 (s. v. Objazatel'stvennoe pravo); Stučka, Kurs 1927, Bd. 1, S. 48, 52–53, 158, 162, 200 (= Stučka, Kurs 1931, Bd. 1 [= 2. Aufl.], S. 49, 54, 168, 172, 228); Stučka, Kurs 1929, Bd. 2, S. 216, 220; Stučka 1929 (b), S. 223; Stučka 1929 (c), S. 4–5, 8, 10, 15–18; Stučka 1930 (c), Sp. 743; Stučka, Kurs 1931, Bd. 1 [= 2. Aufl.], S. 175 (fehlt in Stučka, Kurs 1927, Bd. 1 [= 1. Aufl.], S. 163); Stučka 1931 (a), S. 75.

[99] Stučka 1921, S. 119; Stučka, in: Enciklopedija, Bd. 1, 1925, Sp. 969 (s. v. Dogo-

4. Mit Errichtung der *Diktatur des Proletariats* in der Sowjetunion sind die Voraussetzungen geschaffen, um zu einer gerechten Austauschgrundlage – dem Arbeitswert – zurückzukehren[100]. An die Stelle der Vertragsfreiheit tritt die Arbeitspflicht[101]. Es gibt zwar noch den vertraglich vereinbarten Gegenwert. Seine Grenzen aber sind im Gesetz bestimmt[102] und der Richter ist befugt, in Vertragsbeziehungen einzugreifen. Er kann, wenn nötig, auch gegen den Buchstaben des Vertrages entscheiden[103].

Vom Zivilrecht trennen sich allmählich größere oder kleinere Splitter ab und gehen in das Wirtschaftsverwaltungsrecht über[104]. Das Schuldrecht wird nur noch geduldet[105]. Vom Vertragsrecht bleibt lediglich ein Rest übrig[106]. Für den Kauf ist im Sozialismus kein Raum. Er ist ein bourgeoises Institut. Der Sozialismus erkennt nur die direkte Versorgung an[107].

Die Wirtschaftsbeziehungen im sozialistischen Sektor tragen einen Plancharakter. Sie stehen damit in einem polaren Gegensatz zu dem anarchischen Charakter der Wettbewerbsbeziehungen im privaten Wirtschaftssektor. Die Durchsetzung des Planprinzips vollzieht sich gegen Bestrebungen um eine möglichst breite Anwendung des (zivilrechtlichen) Vertrages in den Beziehungen zwischen den einzelnen Zellen des sozialistischen Sektors. Im Ergebnis dieser Auseinandersetzung, die Züge eines Klassenkampfes aufweist[108], wird das Zivilrecht immer stärker vom Planelement durchdrungen[109], so daß es mit jedem Tag weiter zusammenfällt[110]. Das (private) Zivilrecht ist auf die Beziehungen im privaten Wirtschaftssektor und teilweise auf die intersektoralen Beziehungen beschränkt[111]. Im sozialistischen Sektor demgegenüber nehmen die (Wirtschaftsverwaltungs-)

---

vor); Stučka 1927, S. 151; Stučka, Kurs 1927, Bd. 1, S. 34, 54; Stučka, Kurs 1929, Bd. 2, S. 217, 220; Stučka 1929 (c), S. 5; Stučka 1931 (a), S. 92.

100 Stučka, Kurs 1927, Bd. 1, S. 201 (= Stučka, Kurs 1931, Bd. 1 [= 2. Aufl.], S. 229).

101 Stučka 1919, S. 30–31.

102 Stučka, Kurs 1927, Bd. 1, S. 201 (= Stučka, Kurs 1931, Bd. 1 [= 2. Aufl.], S. 229); Stučka 1931 (a), S. 83; Stučka 1931 (b), S. 45.

103 Stučka, Kurs 1929, Bd. 2, S. 303; Stučka 1929 (b), S. 226; Stučka 1929 (c), S. 16–17.

104 Stučka 1929 (c), S. 9–10, 20; Stučka, Kurs 1931, Bd. 1 [= 2. Aufl.], S. 128 (vgl. demgegenüber Stučka, Kurs 1927, Bd. 1 [=1. Aufl.], S. 71, 121); Stučka, Kurs 1931, Bd. 3, S. 11.

105 Stučka 1921, S. 119.

106 Stučka 1919, S. 33 (= Stučka, Kurs 1927, Bd. 1, S. 36; Stučka, Kurs 1931, Bd. 1 [2. Aufl.], S. 37).

107 Stučka 1929 (b), S. 226.

108 Stučka, Kurs 1931, Bd. 3, S. 10; Stučka 1931 (b), S. 44.

109 Stučka 1931 (a), S. 75.

110 Stučka 1929 (a), S. 81.

111 Stučka, Kurs 1931, Bd. 3, S. 10; Stučka 1931 (b), S. 46.

Verträge bereits eine neue Funktion an. Ihr Ziel ist nicht (mehr) der Gegenwert, sondern die Versorgung der Massen. Sie beruhen auf dem Plan[112]. Das zeigen die Generalverträge zwischen den Produktions- und Absatzorganisationen. Sie stehen auf der Grenze des Absterbens des Zivilrechts und gehören voll zum Wirtschaftsverwaltungsrecht[113].

Auf der anderen Seite ist dieser Prozeß noch nicht abgeschlossen. Solange die von Lenin 1922 eingeführte „Neue Ökonomische Politik" eine gewisse Freiheit des Handels in bestimmten Grenzen und unter staatlicher Regulierung zuläßt, muß das Vertragsprinzip neben dem Planprinzip erhalten bleiben. Es tritt in einer zusammengesetzten „plan-vertraglichen" Kombination auf. „Aber beide Grundsätze beruhen vorläufig auf ein und demselben Äquivalent" – dem Arbeitswert. In einem Fall wird er durch den Plan, im anderen durch den Vertrag festgesetzt[114]. In Zukunft wird der Vertrag durch die Satzung ersetzt werden. Aus den Satzungen wird sich ein standardisiertes Recht entwickeln, ähnlich wie im alten Rom, wo die Zivilgesetze aus konkreten Verträgen entstanden sind[115].

5. Im *Kommunismus* schließlich ist kein Raum mehr für den Vertrag. Die planmäßige Versorgung der Bevölkerung macht einen zivilen Rechtsverkehr entbehrlich[116]. Dort, wo die „Interessen vereint" sind, besteht kein Bedürfnis für einen Vertrag[117].

Die Theorien von Stučka beherrschten in den ersten rund fünfzehn Jahren der Sowjetmacht die sowjetische Rechtswissenschaft. Wenn sie auch nicht ohne Widerspruch geblieben sind, so deckten sie sich doch in den wesentlichen und ideologisch erheblichen Fragen mit der Meinung der politisch maßgebenden Kreise. Insbesondere die jüngere Generation der Sowjetjuristen stand unter dem Einfluß von Stučka (und Pašukanis). Deren Ansichten lagen z. B. den frühen Arbeiten von Venediktov[118] und

---

[112] Stučka, Kurs 1929, Bd. 2, S. 220–221; Stučka, Kurs 1931, Bd. 1 [= 2. Aufl.], S. 174 (fehlt in Stučka, Kurs 1927, Bd. 1 [= 1. Aufl.], S. 163) und Stučka, Kurs 1931, Bd. 3, S. 106.

[113] Stučka, Kurs 1929, Bd. 2, S. 220–221; Stučka 1930 (c), Sp. 744; Stučka, Kurs 1931, Bd. 3, S. 106.

[114] Stučka 1931 (a), S. 82 und Stučka 1931 (c), S. 6, unter Berufung auf eine von Stalin 1929 gegen Bucharin gerichtete Äußerung über die doppelte Natur der Neuen Ökonomischen Politik (Stalin J. V., Sočinenija, Moskau, Bd. 12, 1949, S. 43–44).

[115] Stučka 1929 (a), S. 80; Stučka 1929 (b), S. 226; Stučka, Kurs 1931, Bd. 3, S. 11; vgl. Stučka, Kurs 1927, Bd. 1, S. 159–160, 171 (= Stučka, Kurs 1931, Bd. 1 [= 2. Aufl.], S. 169–170, 183).

[116] Stučka, Kurs 1929, Bd. 2, S. 221; Stučka 1931 (a), S. 75; Stučka 1931 (c), S. 6.

[117] Stučka, Kurs 1929, Bd. 2, S. 219.

[118] Venediktov 1928.

BRATUS'[119] – um nur zwei, später zu großem Ansehen gelangte Zivilisten zu nennen – zugrunde. BRATUS' z. B. schrieb 1930:

> Die planbestimmten Rechtsgeschäfte verwandeln sich im Bereich des Wirtschaftsverwaltungsrechts, das durch Planprinzip und Unterordnung charakterisiert ist, in eine organisatorische Verbindung der Unternehmen. Der private Güterumsatz wird durch planmäßige Verteilung ersetzt, und zwar auf Grund des Arbeitsäquivalents, nicht eines vertraglichen Äquivalents. Die Beziehungen zwischen den Unternehmen verbinden nicht mehr Rechtssubjekte; sie verwandeln sich in „Nicht-Recht", in eine organisatorische Struktur der Wirtschaft[120].

Die Bedeutung der Schule STUČKA läßt sich auch aus ihrem Einfluß auf die Praxis ablesen. Er wird gerade auf dem Gebiet des Vertragsrechts deutlich. Die Arbitragebehörden gingen Ende der zwanziger Jahre dazu über, Verträge zwischen den Wirtschaftsorganisationen nach eigenem Ermessen unter dem Gesichtspunkt wirtschaftlicher Zweckmäßigkeit zu ändern, zu verlängern oder aufzuheben. Sie betrachteten den Vertrag nicht mehr als eine unter rechtlichem Schutz stehende freie Vereinbarung, sondern als bloße Form. Die Folge war eine deutliche Einengung des Anwendungsbereichs für Verträge in den Jahren 1929 und 1930. Erst nach Durchführung der Kreditreform 1931 kam es zu einer Wiederbelebung der Vertragsarbeit der Wirtschaftsorganisationen[121].

bb) Die Verfemung von STUČKA

Die Wellen, die der Sturz BUCHARINS (1929) auslöste, erreichten auch das Werk von STUČKA und PAŠUKANIS. Das Feuer der Kritik richtete sich in erster Linie gegen PAŠUKANIS. Die Lehre STUČKAS wurde in ihrer Gesamtkonzeption noch nicht in Zweifel gezogen, wohl aber einzelne seiner Thesen angegriffen. Stučka setzte sich mit den Vorwürfen in einem Beitrag auseinander, in dem ein Ton der Verbitterung nicht zu überhören ist[122]. Mit den Jahren gewann die Kritik an Schärfe[123].

STUČKA mußte darüber hinaus erleben, daß er 1930 aus der Leitung der Zeitschrift „Sowjetstaat und die Revolution des Rechts", die er 1925 als

[119] BRATUS' 1930. [120] Ebd., S. 154–155.

[121] Einschlägiges Material bringt GAVZE 1959, S. 69–94.

[122] STUČKA 1931 (a). Siehe auch STUČKA 1931 (b). In diesen Schriften behandelt STUČKA vor allem die Kritik, die auf dem 1. Allunionskongreß der marxistischen Staats- und Rechtswissenschaftler laut geworden ist. Vgl. die Kongreßresolution in: Sovetskoe gosudarstvo i revoljucija prava 1931 No. 3 S. 143–153, hier S. 147–148.

[123] GINCBURG L., Vvedenie, in: Sbornik materialov po chozjajstvenno-administrativnomu pravu, Moskau, 1931, S. 10–11; BRATUS'/GINCBURG 1934, S. 17; GINCBURG L., in:

erste marxistische Rechtszeitschrift gegründet hatte, entfernt wurde[124]. Schon vorher (1929) hatte STUČKA im Zusammenhang mit einer Reorganisation der Moskauer juristischen Institute auch den Posten als Leiter der Sektion für Rechts- und Staatstheorie der Kommunistischen Akademie verloren[125].

Den Wendepunkt brachte die Zeit um die Mitte der dreißiger Jahre, die im Leben der Sowjetunion in vieler Hinsicht zu grundlegenden Umwälzungen führte. An die Stelle einer „Revolution des Rechts", wie sie von STUČKA vorangetrieben worden war, trat ein extremer Gesetzespositivismus. Im Jahre 1937 übernahm VYŠINSKIJ die Rolle eines Diktators auf dem Rechtssektor. Er hat sie für die nächsten rund fünfzehn Jahre – wie heute in der Sowjetunion allgemein zugegeben wird – zum Schaden der sowjetischen Rechtswissenschaft und der sozialistischen Gesetzlichkeit ausgeübt. Seine erste Aufgabe bestand darin, die Schule PAŠUKANIS zu liquidieren. Diejenigen, die den Vorwurf fürchten mußten, zu seinen Anhängern zu zählen, beeilten sich, ihre früher geäußerten Auffassungen zu widerrufen. Zu ihnen gehörten auch VENEDIKTOV[126] und BRATUS'[127].

STUČKA blieb das erniedrigende Ritual der Selbstbezichtigung erspart. Er war 1932 gestorben[128]. Seine Verdienste als Rechtswissenschaftler wurden ihm aber posthum durch VYŠINSKIJ aberkannt[129]. In VYŠINSKIJS Polemik stimmten auch andere Rechtswissenschaftler, unter ihnen BRATUS'[130], ein.

Die Anklage VYŠINSKIJS gegen STUČKA enthielt, wenn man sie ihres mit anmaßendem Pathos vorgetragenen ideologischen Beiwerks entkleidet, vor allem drei sachliche Aussagen:

1. STUČKA identifiziert das Recht mit den Produktions- und gesellschaftlichen Beziehungen[131];

Kurs 1935, Bd. 1, S. 105, 111–112; BRATUS'/GINCBURG, ebd., S. 215–216; VENEDIKTOV 1935, S. 12–13; RUBINŠTEJN 1933, S. 20–23; ZAGVJAZINSKIJ 1933, S. 229–230.

[124] STUČKA 1964, S. 715 Anm. 36; STALGEVIČS A., in: Laikabiedru atminas 1965, S. 202; GRINBERG O., in: O teoretičeskom nasledii 1965, S. 15. Das gleiche Schicksal ereilte nach sieben Jahren auch STUČKAS Nachfolger in der Redaktion: E. B. PAŠUKANIS (siehe oben bei Anm. IV 68).

[125] STUČKA 1964, S. 713 Anm. 28; STALGEVIČS A., in: Laikabiedru atminas 1965, S. 210; HAZARD J. N., in: Soviet Legal Philosophy, Cambridge, 1951, S. XXV.

[126] VENEDIKTOV 1940, S. 36; VENEDIKTOV 1948, S. 6, 615–618.

[127] BRATUS' 1937, S. 53. Vgl. unten bei Anm. IV 158.

[128] Die Zeitschrift Sovetskaja justicija (Sowjetjustiz) würdigte STUČKAS Verdienste in einer ihm gewidmeten Sondernummer 1932 No. 9.

[129] VYŠINSKIJ 1937, S. 9–13; VYŠINSKIJ 1938, S. 17, 21–24; VYŠINSKIJ 1938 (a), S. 30–32.

[130] BRATUS' 1937, S. 53; BRATUS', in: Graždanskoe pravo, 1938, Bd. 1, S. 40–41.

[131] VYŠINSKIJ 1938, S. 17, 21.

2. er sieht im sowjetischen Zivilrecht rezipiertes bourgeoises Recht[132] und leugnet damit die revolutionäre Rolle des Sowjetrechts[133];
3. er will die planunterworfenen Wirtschaftsbeziehungen im sozialistischen Sektor aus dem Zivilrecht ausklammern und einem neuen Rechtszweig, dem Wirtschaftsrecht, unterstellen[134].

In diesen Auffassungen Stučkas erblickte Vyšinskij ein System schwerwiegender politischer und ideologischer Abweichungen.

Dies ist das Urteil, das Vyšinskij über das wissenschaftliche Erbe von Stučka sprach:

1. In Stučkas Arbeit finden sich „eine Reihe ernster Fehler [und] antileninscher Thesen, die eine entstellte Vorstellung vom Wesen und der Bedeutung des Sowjetrechts ... vermitteln[135]. Durch die Identifizierung des Rechts mit den Produktionsbeziehungen löst Stučka das Recht in der Wirtschaft auf, sinkt er „in den Sumpf des ökonomischen Materialismus ab“[136].
2. Stučka wiederholt mit seiner Auffassung vom bourgeoisen Charakter des sowjetischen Zivilrechts anti-leninsche Hirngespinste von Zinov'ev und Bucharin[137]. Er entstellt damit grob die marxistische Lehre[138].
3. Die Auffassung vom Wirtschaftsrecht geht in ihren Wurzeln auf die „verfaulte Schädlingstheorie von Pašukanis zurück“[139]. Sie führt zur „rechtsopportunistischen Theorie“ des Zweisektorenrechts, zu einer groben Entstellung der Lehre von Marx-Engels-Lenin[140]. Die Beseitigung des sowjetischen Zivilrechts ist eine Folge „der Schädlingsarbeit der Volksfeinde, die das Zivilrecht liquidiert und an seine Stelle das sowjetische ‚Wirtschaftsrecht‘ gesetzt haben. Dies war eine Mischung trotzkistisch-bucharinscher Hirngespinste auf dem Gebiet des Rechts, verbunden mit Kunstgriffen, die von den allerreaktionärsten bourgeoisen Juristen entlehnt sind.“[141]

1938 weist Vyšinskij die sowjetischen Juristen an, die zivilistische Literatur „endgültig vom antimarxistischen, antileninistischen Kram zu reinigen“[142]. Er meint damit die Werke von Stučka und anderer „Schäd-

---

[132] Vyšinskij 1937, S. 10; Vyšinskij 1938, S. 22.
[133] Vyšinskij 1938, S. 21. [134] Ebd., S. 22–23.
[135] Vyšinskij 1937, S. 9; Vyšinskij 1938, S. 17.
[136] Vyšinskij 1938, S. 30, 32, 171.
[137] Vyšinskij 1937, S. 11. [138] Vyšinskij 1938, S. 21.
[139] Vyšinskij 1937, S. 11 = Vyšinskij 1938, S. 22.
[140] Vyšinskij 1938, S. 12 = Vyšinskij 1938, S. 23.
[141] Vyšinskij 1938, S. 55, 187 (These 38).
[142] Vyšinskij 1938 (a), S. 56, 187 (These 40).

linge und Verräter, die für eine Zeit die theoretische Erarbeitung des Sowjetrechts in ihren Händen monopolisiert hatten"[143]. Stučkas Werke sind von nun an mit dem Makel antimarxistischer Abweichung behaftet. Sie existieren für die sowjetische Rechtswissenschaft nicht mehr. Wird eine seiner Veröffentlichungen herangezogen, so nur, um die Vorwürfe Vyšinskijs zu wiederholen und damit die eigene Rechtgläubigkeit unter Beweis zu stellen. Stučkas Schriften werden zu einer bibliographischen Seltenheit. Der nach Stučkas Tod einmütig gefaßte und feierlich verkündete Beschluß des Volkskommissariats für Justiz, eine vollständige Sammlung seiner Werke herauszugeben[144], ist nie verwirklicht worden.

Man begnügte sich aber nicht damit, STUČKAS Schriften auf den „historischen Schuttabladeplatz zu befördern"[145]. Auch sein Name und das Andenken an ihn wurden ausgelöscht. In Veröffentlichungen zur Geschichte des sowjetischen Rechts wird Stučkas Name unterdrückt[146]. Das Material, das der Biograph Stučkas – der in Moskau lebende lettische Kommunist PAUL DAUGE – über das Leben Stučkas zusammengetragen hatte, wird beschlagnahmt und Dauge selbst verhaftet[147]. Der Name Stučkas, der dem „Moskauer Institut für Sowjetrecht" 1932 auf einstimmigen Beschluß des Justizkommissariats verliehen worden war[148], wird aus der Institutsbezeichnung gestrichen[149].

cc) Der Kampf um eine Wiederherstellung des Ansehens von STUČKA

Die Rehabilitierung eines als antimarxistisch verfemten Autors wie STUČKA mußte selbst nach dem Tode Stalins als ein schwieriges und heikles Unterfangen erscheinen. Dennoch rührten sich Kräfte, die nach dem 20. Parteikongreß (1956) auf eine Wiederherstellung des Ansehens von Stučka hinarbeiteten. Eine erste Initiative entwickelte das Zentralkomitee

---

[143] VYŠINSKIJ 1938 (a), S. 16, 56, 187 (These 40); vgl. GRINBERG O., in: O teoretičeskom nasledii 1965, S. 14–15.

[144] Text des Beschlusses in: Sovetskaja justicija 1932 No. 9 S. 24; vgl. S. 6, 30, 34, 39, 40; No. 10 S. 24.

[145] VYŠINSKIJ 1938 (a), S. 181. Vgl. ABRAMOV S. N., in: O teoretičeskom nasledii 1965, S. 247.

[146] KOŽEVNIKOV M., Istorija sovetskogo suda (1917–1947), Moskau, 1948, 384 S.; vgl. S. 25, 35; in der 2. Aufl. dieser Monographie (1957) wird STUČKA an den entsprechenden Stellen genannt, vgl. S. 20, 29.

[147] DAUGE P., P. Stučkas dzive un darbs (P. Stučkas Leben und Werk), Riga, 1958, S. 7.

[148] Text des Beschlusses in: Sovetskaja justicija 1932 No. 9 S. 24; vgl. S. 6, 23, 25.

[149] KLAVA G. u. a., in: STUČKA 1964, S. 12; ABRAMOV S. N., in: O teoretičeskom nasledii 1965, S. 247.

der Kommunistischen Partei Lettlands. Es beschloß 1956, „die besten Werke von P. I. Stučka herauszugeben[150]. Den Anstoß zu einer Auseinandersetzung mit der Lehre Stučkas gab sodann ein Leitartikel der führenden sowjetischen Rechtszeitschrift[151]. Er wendet sich gegen die „verbreitete fehlerhafte Meinung, als ob bis etwa 1937–1938 die Wissenschaft des Sowjetrechts sich im wesentlichen auf einem politisch fehlerhaften Weg entwickelt hätte". Die von Vyšinskij verurteilte Schädlingsarbeit in der Rechtswissenschaft wird, so heißt es weiter, „fälschlicherweise mit der Tätigkeit früher namhafter Vertreter der sowjetischen Rechtswissenschaft wie P. I. Stučka, N. V. Krylenko[152], E. B. Pašukanis, N. I. Čeljapov und anderer in Verbindung gebracht".

Der Ausdruck „fehlerhaft" (ošibočno) besitzt in der Sowjetunion – das sei hier eingeflochten – eine bestimmte Bedeutung. Gemeint ist eine ideologische Abweichung und damit ein politischer Fehler. Die Pflicht, fremde „Fehler" aufzudecken und eigene „Fehler" zu berichtigen, gehört zum Stil geisteswissenschaftlicher Diskussion in der Sowjetunion. Das Denken in Kategorien von „fehlerhaft" und „richtig" ist das notwendige Attribut einer Staatsideologie, die den Wahrheitsanspruch erhebt.

Neuen Auftrieb erhält die Auseinandersetzung um Stučka durch den 22. Parteikongreß (1961). Er gibt den Anstoß dazu, die Kampagne zur Aufdeckung der Fehler in den Lehren von Vyšinskij zu verstärken. Vyšinskijs Rolle im sowjetischen Rechtsleben war bereits 1956 Gegenstand der Kritik gewesen[153]. Das Rechtsinstitut der Akademie der Wissenschaften, das seit 1955 den Namen Vyšinskijs führte[154], ließ diesen Titel ab 1960 wieder fallen[155]. Vyšinskij (1883–1954) ist also in der gleichen Weise wie seinerzeit Stučka posthum geehrt und auch entehrt worden – eine bemerkenswerte Parallelität.

---

[150] Dies teilte der Dozent der Lettländischen Universität G. Klava auf einer Sitzung im Rechtsinstitut der Akademie der Wissenschaften der UdSSR in Moskau im Februar 1956 mit (Sov. gos. i pravo 1956 No. 3 S. 131). Der Beschluß ist acht Jahre später (1964) verwirklicht worden (mit der Veröffentlichung des Sammelwerkes: Stučka 1964).

[151] Sov. gos. i pravo 1956 No. 6 S. 3–11, hier S. 9–10.

[152] Krylenko (1885–1938) ist im Ergebnis der „Säuberungen" um das Leben gekommen. Das Rechtsinstitut der Akademie der Wissenschaften der UdSSR widmete Krylenko 1960 aus Anlaß seines 75. Geburtstages eine Sondersitzung (Sov. gos. i pravo 1960 No. 9 S. 130). Zum 80. Geburtstag von Krylenko erschienen Würdigungen in Sov. gos. i pravo 1965 No. 6 S. 21; Soc. zak. 1965 No. 6 S. 58 und Sov. just. 1965 No. 10 S. 28. Entsprechende Ehrungen für Stučka und Pašukanis hat das Institut bisher nicht veranstaltet.

[153] Sov. gos. i pravo 1956 No. 2 S. 6; siehe auch No. 4 S. 127 u. a.

[154] Sov. gos. i pravo 1955 No. 2 S. 137; vgl. den Nekrolog, ebd., 1954 No. 8 S. 10–12.

[155] Sov. gos. i pravo ab 1960 No. 6.

Eine zielbewußte Bewegung zur Wiederherstellung des guten Namens von STUČKA hatte sich inzwischen in der Juristischen Fakultät der Universität Lettlands organisiert[156]. Sie hat mit gewissen Vorurteilen und Bedenken auf seiten mancher sowjetischer Juristen zu kämpfen, die einer uneingeschränkten Rehabilitierung Stučkas zumindest zurückhaltend gegenüberstehen[157].

Die Gründe, die zur Vorsicht mahnen, liegen auf der Hand. Das Werk Stučkas offenbart nur zu augenfällig, wieweit sich die heutige Rechts- und Wirtschaftsordnung der Sowjetunion von den Zielen entfernt hat, zu denen einst die Garde Lenins im Namen der Revolution aufgebrochen ist. Die Vorstellungen, die damals den im Geist des Marxismus erzogenen Sowjetführern vorschwebten, sind heute begraben. Was sie einst als bourgeoise Anschauungen bekämpften, gilt jetzt als zwingende Forderung wirtschaftlicher Effektivität. Das hier behandelte Beispiel des Vertrages in der Zivilrechtslehre illustriert diesen Wandel in eindringlicher Weise. Für STUČKA und seine bolschewistischen Zeitgenossen war der zivilrechtliche Vertrag ein Mittel zur Aneignung des Mehrwertes, ein Instrument zur Gewinnerzielung. In einer sozialistischen Wirtschaft, die ein Gewinnstreben ausschließt, sollte der Vertrag nach Stučkas Meinung seinen zivilrechtlichen Charakter verlieren und allenfalls als verwaltungsrechtliches

---

[156] Zu den Juristen, die sich für eine positive Wertung des wissenschaftlichen Erbes von STUČKA einsetzen, gehören vor allem Landsleute und ehemalige Schüler Stučkas. Nachweise finden sich bei LOEBER 1965, S. 142–146. Ergänzend sei darauf hingewiesen, daß (der dort auf S. 146 genannte) A. STALGEVIČS auch aus Lettland stammt (Laikabiedru atminas 1965, S. 290; vgl. Petera Stučkas Latvijas Valsts Universitate 40 gados [1919 bis 1959], Riga, 1959, S. 109, 111, 236).

Die Referate, die 1964 auf der (von den „Juristen der Universität" Lettlands veranstalteten) Konferenz über das rechtswissenschaftliche Erbe STUČKAS in Riga gehalten wurden, sind inzwischen im Druck erschienen: O teoretičeskom nasledii 1965. Weitere Veranstaltungen und Veröffentlichungen, in denen STUČKAS Werk gewürdigt wird, fanden aus Anlaß der 100. Wiederkehr seines Geburtstages im Jahre 1965 statt (siehe unten S. 379). Hieran waren wiederum die Landsleute und ehemaligen Schüler Stučkas maßgeblich beteiligt.

[157] Nachweise bei LOEBER 1965, S. 146–147. Die von der Rigaer Konferenz 1964 (siehe Anm. IV 156) beschlossene Empfehlung an das Bildungsministerium der UdSSR, zum 100. Geburtstag von STUČKA im Juli 1965 eine wissenschaftliche Konferenz auf Unionsebene einzuberufen und den Staatsverlag für juristische Literatur in Moskau zu bitten, die rechtswissenschaftlichen Werke Stučkas neu herauszugeben (ebd., S. 144), ist nicht verwirklicht worden. Es fällt auch auf, daß STUČKA bei der Feier des 40jährigen Bestehens des Obersten Gerichts der RSFSR (1963), dessen erster Vorsitzender er 1923 bis 1932 gewesen ist, mit keinem Wort erwähnt worden ist (ABRAMOV S. N., in: O teoretičeskom nasledii 1965, S. 247–248) (vgl. oben Anm. IV 146). Bei der Feier des 40jährigen Bestehens des Obersten Gerichts der UdSSR (1964) wurde STUČKA dagegen genannt (Verchovnomu sudu SSSR 40 let, Moskau, 1965, S. 13; vgl. auch Bjulleten' Verchovnogo suda SSSR 1967 No. 5 S. 15).

Mittel zur Erbringung von Versorgungsleistungen fortbestehen. Folgerichtig strebte STUČKA eine öffentlich- (d. h. verwaltungs-)rechtliche Ordnung der Wirtschaftsbeziehungen an. Hierauf beruhte sein Gedanke eines Wirtschaftsverwaltungsrechts. Seine Konzeption war ebenso logisch wie radikal. In der Praxis hat sich eine rein verwaltungsrechtliche Wirtschaftsordnung, wie die Erfahrung der Sowjetwirtschaft zeigt, nicht bewährt. Es fehlt die für jedes Wirtschaften wesentliche „materielle Interessiertheit" der beteiligten Wirtschaftsträger. Daher wird den sozialistischen Unternehmen eine immer größere Autonomie zur vertraglichen Regelung ihrer Beziehung eingeräumt. Die Verträge nehmen damit mehr und mehr zivilrechtliche Züge an. In gleichem Maße verliert sich das Bild, das einst Stučka vorschwebte.

Nur in einer Beziehung besitzt die Vertragslehre STUČKAS nach wie vor volle Gültigkeit – in der Deutung des bourgeoisen Vertrages. Hier hat sich nichts gewandelt. In dieser Frage ist die heutige sowjetische Rechtswissenschaft genauso revolutionär wie zu Zeiten Stučkas – eine auffallende Diskrepanz.

(5) Der Wirtschaftsvertrag als Mittel zur planmäßigen Organisation von Wirtschaftsbeziehungen

Die Kritik, die um 1930 an den Konzeptionen von PAŠUKANIS und STUČKA einsetzte, eröffnete den Weg für neue Versuche zur Deutung des Vertrages. Zu den Rechtswissenschaftlern, die sich in dieser Richtung besonders hervorgetan haben, gehörte (neben den bereits zitierten BRATUS' und VENEDIKTOV) vor allem AMFITEATROV, später Professor an der Universität Moskau. Alle drei Autoren standen ursprünglich unter dem Einfluß von PAŠUKANIS und STUČKA[158]. Während sich BRATUS' und VENEDIKTOV – den Zeichen der Zeit folgend – von den Ideen ihrer Lehrer abwendeten, beteiligte sich AMFITEATROV nicht am Kesseltreiben gegen die „fehlerhaften" Ansichten von PAŠUKANIS und STUČKA.

Die wesentlichsten Arbeiten AMFITEATROVS zur Vertragslehre erschienen in den Jahren 1932 bis 1935. Die Anerkennung seiner Leistungen auf

---

[158] AMFITEATROV wurde von Vyšinskij in dessen Anklageschrift gegen die Schädlinge an der Rechtsfront (1937) als ein Schüler von Stučka bezeichnet (VYŠINSKIJ 1937, S. 13). BRATUS' vertrat, wie er selbst berichtet, Anfang der dreißiger Jahre die Zwei-Sektoren-Idee von Stučka (BRATUS', in: Novoe 1962, S. 210; siehe auch BRATUS' 1937, S. 53). Die Arbeit VENEDIKTOVS, die sein wissenschaftliches Ansehen begründete (VENEDIKTOV 1928), baute auf den Theorien von Pašukanis auf (siehe die Selbstkritik Venediktovs, zitiert in Anm. IV 126).

diesem Gebiet fand ihren äußeren Ausdruck in der Ernennung Amfiteatrovs zum Vorsitzenden einer Kommission zur Ausarbeitung eines unionseinheitlichen Vertragsgesetzes. 1934 legte die Kommission nach etwa achtmonatiger Vorarbeit dem Rat der Volkskommissare der UdSSR den Entwurf einer „Ordnung über die Vertragsbeziehungen zwischen Staatsorganisationen..." vor[159]. Das Projekt hat nie Gesetzeskraft erlangt. Die politische Entwicklung, die schließlich zum Sturz Pašukanis' führte, besiegelte das Schicksal dieses, heute bereits der Vergessenheit anheimgefallenen Dokuments der sowjetischen Vertragslehre.

Der Kern der Lehre Amfiteatrovs besteht in einer Verknüpfung des Planelements mit dem Vertragsbegriff. Amfiteatrov sieht im Vertrag eine „Form ... der organisierten Planerfüllung"[160], ein „Produkt geplanter Organisation von Wirtschaftsbeziehungen"[161]. Er stellt ihn damit dem bourgeoisen Vertrag gegenüber, der eine Ausdrucksform der Anarchie der kapitalistischen Wirtschaft sei[162]. Aus der Konstruktion Amfiteatrovs folgt für den Vertragsbegriff vor allem folgendes:

1. Die planmäßige Organisation der Wirtschaftsbeziehungen verdrängt die Vertragsfreiheit; sie zwingt zu einem Wandel in der Anschauung über die Vereinbarung als Grundlage des Vertrages[163]. Die Offerte hat nicht mehr die Bedeutung, die ihr unter Bedingungen der Vertragsfreiheit zukommt[164].

2. Die Verpflichtungen der Vertragsparteien bestehen nicht nur im Verhältnis zueinander, sondern auch im Verhältnis zum Staat[165].

3. Der Vertrag ist ein Mittel, um gegenseitige Verantwortung der Wirtschaftsorganisationen zu begründen und damit die „Kontrolle durch den Rubel" zu ermöglichen. Dieses in der Sowjetunion als „wirtschaftliche Rechnungsführung" bezeichnete Prinzip bildet neben dem Plan ein Grundelement des sowjetischen Vertrages[166].

Die Konzeption Amfiteatrovs gilt dem Wirtschaftsvertrag, also dem Vertrag zwischen sozialistischen Organisationen. Auf Verträge, an denen Bürger beteiligt sind, paßt sie nicht[167]. Amfiteatrov ist daher genötigt, die

---

159 Text: Amfiteatrov 1934, S. 51–63.

160 Amfiteatrov 1934, S. 7.

161 Amfiteatrov, in: Kurs 1935, Bd. 2, S. 37, 39, 41; Amfiteatrov 1934, S. 15–16, vgl. S. 21, 28; siehe auch Amfiteatrov 1932, S. 49, 52; Amfiteatrov 1933, S. 187; Amfiteatrov 1933 (b), S. 2.

162 Amfiteatrov 1933, S. 186.

163 Amfiteatrov, in: Kurs 1935, Bd. 2, S. 38, 41.

164 Amfiteatrov 1933 (b), S. 3; Amfiteatrov 1934, S. 28.

165 Amfiteatrov, in: Kurs 1935, Bd. 2, S. 38.

166 Amfiteatrov 1934, S. 14; Amfiteatrov, in: Kurs 1935, Bd. 2, S. 37–38.

167 Als Unterscheidungsmerkmal verwendet Amfiteatrov neben der Planeinwirkung

letztgenannten Verträge auszuklammern und in eine „Zivilverträge“ benannte Sondergruppe abzuschieben[168].

Bei näherem Zusehen erweist sich die Auffassung Amfiteatrovs als nicht so neuartig, wie er sie wohl selbst verstanden wissen wollte. Auffallend sind die Parallelen zur Lehre ŠRETERS. Gemeinsam ist beiden Auffassungen mindestens dreierlei:

1. Die Aufspaltung in Verträge im sozialistischen Sektor (Planverträge) und im privaten Bereich (Zivilverträge).

2. Die Hervorhebung des instrumentalen Charakters der Verträge im sozialistischen Sektor und das Eingeständnis, daß hier das Willensmoment im Vertrage zurücktritt oder sogar entfällt.

3. Die Anwendbarkeit des Zivilrechts auf Planverträge[169]. Hierin befindet sich AMFITEATROV im Gegensatz zu ASKNAZIJ und MARTYNOV einerseits und PAŠUKANIS andererseits. Diese Autoren verwiesen die im Planwege regulierten Beziehungen in das Verwaltungsrecht.

Als Abweichung gegenüber ŠRETERS Konstruktion bleibt somit nur übrig: Plan und Recht sowie Plan und Vertrag werden von AMFITEATROV nicht einander gegenübergestellt, sondern als Einheit aufgefaßt[170]. Hierin unterscheidet sich Amfiteatrov auch von PAŠUKANIS und STUČKA. Ähnliche, aber nicht durchweg identische Meinungen wie Amfiteatrov vertraten RUBINŠTEJN[171], LIPECKER[172], BRATUS'[173] und VENEDIKTOV[174].

AMFITEATROVS Theorie geriet nach dem Sturz von PAŠUKANIS in Verruf. Zu ihren Kritikern gehörten u. a. BRATUS', der seine eigenen entgegengesetzten früheren Ansichten selbstkritisch berichtigte[175]. AMFITEATROV selbst wurde 1937 seiner Stellung als Rechtslehrer enthoben[176] und offenbar verhaftet, bald darauf aber wieder freigelassen. 1938–1939 trat er

---

auch den Vertragsgegenstand, der sich entweder auf sozialistisches oder auf persönliches Eigentum beziehen kann. AMFITEATROV führt diese Unterscheidung allerdings nicht konsequent durch.

[168] AMFITEATROV, in: Kurs 1935, Bd. 2, S. 39; siehe auch AMFITEATROV 1933, S. 187 bis 188 Anm. 10.

[169] Jedoch nicht des ZGB: AMFITEATROV 1934, S. 8.

[170] AMFITEATROV 1934, S. 17.

[171] RUBINŠTEJN 1933, S. 23–26; RUBINŠTEJN 1936, S. 136–144.

[172] LIPECKER 1933, S. 74–76, 82–84.

[173] BRATUS' 1930, S. 154–155; vgl. BRATUS' 1936, S. 115–116.

[174] VENEDIKTOV 1935, S. 9, 15–17.

[175] BRATUS' 1937, S. 53–54, 58–61; BRATUS'/MIKOLENKO, in: Graždanskoe pravo 1938, Bd. 1, S. 42–43. Bereits vor dem Sturz Pašukanis' übten Kritik: ZAGVJAZINSKIJ 1933, S. 232; RUBINŠTEJN 1936, S. 143–144; BRATUS' 1936, S. 115–116.

[176] HAZARD J. N., in: Soviet Legal Philosophy, Cambridge, 1951, S. XXXII.

mit keinen neuen Arbeiten an die Öffentlichkeit. In den darauf folgenden Jahren wandte er sich anderen Rechtsfragen zu. 1951 ist er gestorben. Amfiteatrovs Konstruktion ist auch nach dem Kriege Gegenstand von Kritik gewesen[177].

(6) Der Vertrag als Mittel der Bedürfnisbefriedigung

AMFITEATROVS Erklärung konnte in ihrer einseitigen Betonung des Planprinzips und der Verweisung des zivilrechtlichen Vertrages auf den zweiten Platz nicht befriedigen. 1940 trat MICHAIL AGARKOV in einer Monographie mit einer neuen Vertragstheorie hervor[178]. Sie hat trotz mancher Kritik im einzelnen allgemein Anerkennung gefunden und stellt bis heute die herrschende Lehre dar. Sie ist aber nicht nur aus diesem Grunde von Bedeutung. Sie kann als einer der wesentlichsten Beiträge gewertet werden, welche die sowjetische Zivilistik zur Rechtswissenschaft beigesteuert hat. Die Bedeutung der Lehre AGARKOVS beschränkt sich keineswegs auf die Sowjetunion. Sie ist auch allgemein von rechtsdogmatischem und rechtsvergleichendem Interesse.

AGARKOV setzt sich ausgiebig mit den Ergebnissen der bourgeoisen Rechtswissenschaft auseinander. Er argumentiert scharf, aber sachlich. Dadurch unterscheidet er sich wohltuend von der Mehrzahl seiner Kollegen, die – wenn immer sie bourgeoises Recht behandeln – in eine polemische Schwarz-Weiß-Malerei auszuweichen pflegen. Die Tatsache, daß AGARKOV der Versuchung widerstanden hat, in den üblichen abwertenden Ton einzufallen, muß um so höher gewertet werden, als ihm in der Fachpresse früher vorgeworfen worden war, aus dem Lager der bourgeoisen Juristen zu kommen (BRATUS' hatte ihn 1930 als „Fahnenwechsler" und „pravožiznenec" apostrophiert)[179]. AGARKOV, damals Professor an der

[177] JOFFE 1957, Bd. 1, S. 261, 267–268; GAVZE 1961, S. 19–21. In der westlichen Literatur hat sich mit AMFITEATROV, soweit ersichtlich, bisher nur Schlesinger kurz beschäftigt: SCHLESINGER (Glasgow) 1951, S. 204.

[178] AGARKOV 1940.

[179] BRATUS' 1930, S. 156. „Smenovechovcy" (Fahnenwechsler, wörtlich: Umsteller der Ackerpfähle) wurden in den zwanziger Jahren bisherige Gegner der Sowjetherrschaft genannt, die dazu übergingen, sich gegenüber dem neuen Regime loyal zu verhalten. Die Bezeichnung „Fahnenwechsler" ist unmittelbar verknüpft mit einer 1921 in Prag unter dem Titel „Smena Vech" erschienenen Aufsatzsammlung rußländischer Emigranten.

Pravo i žizn' (Recht und Leben) war eine 1922–1928 in der Sowjetunion veröffentlichte Rechtszeitschrift, die vorwiegend von Juristen alter Schule herausgegeben und getragen wurde. Diese Juristen und ihre Veröffentlichungen waren häufig das Ziel von Angriffen in der Zeitschrift Revoljucija prava (Revolution des Rechts), die, wie schon

Moskauer Universität, widmet längere Partien seiner Arbeit insbesondere der deutschen und französischen Gesetzgebung und Rechtswissenschaft. Daneben berücksichtigt er unter anderem das schweizerische und englische Recht. Er stellt seinen Betrachtungen häufig auch einen Exkurs in das Römische Recht und die Pandektenwissenschaft voran. Hierdurch erfährt seine Untersuchung eine Breite und Tiefe, die sie aus der Masse der sowjetischen Veröffentlichungen heraushebt. Allerdings wurde gerade diese Arbeitsweise später als „ernster Mangel“ gerügt. NOVICKIJ sah ihn in der „formal-dogmatischen Methode“, mit der „nicht wenige Seiten geschrieben wurden“ und erhob den Vorwurf, AGARKOV habe die „bourgeoisen Theorien allzu eingehend und oft objektivistisch“ dargelegt[180]. Auch BARU beklagt sich darüber, daß AGARKOV unpassende Analogien vorgenommen und zweifelhafte Parallelen zu Instituten des Römischen und bourgeoisen Rechts gezogen habe[181].

Die Monographie AGARKOVS zur Vertragslehre ist im Westen, man kann wohl ohne Übertreibung sagen, schlechthin unbekannt geblieben. Sie erschien 1940 als Institutsveröffentlichung in nur 400 Exemplaren und ist in keiner westlichen Bibliothek vorhanden[182].

AGARKOVS Studie ist einer Erörterung über den Zweck der Schuldverhältnisse gewidmet. Er beginnt sie mit einer Untersuchung darüber, was die bourgeoise Rechtswissenschaft zu diesem Problem beigetragen hat. Er beendet sie mit der Feststellung, daß dieser Beitrag sich in formallogischen Deduktionen erschöpft und daher nicht genügt. „Die richtige Fragestellung erfordert eine dialektische Betrachtungsweise“, behauptet Agarkov[183]. Die Frage nach dem Zweck der Schuldverhältnisse wird im bourgeoisen Recht,

---

ihr Titel zeigt, traditionellen Rechtsauffassungen den Kampf angesagt hatte. Die Streitgespräche zwischen den beiden Zeitschriften erscheinen wie ein letztes Aufflackern wissenschaftlicher Freiheit, bevor sich das Dunkel stalinscher Gleichschaltung über die sowjetische Rechtswissenschaft legte.

[180] NOVICKIJ 1950, S. 31. Diese Kritik muß im Zusammenhang mit dem damals mit großer Heftigkeit geführten, von ŽDANOV eingeleiteten Kampf gegen den „Kosmopolitismus“ in Wissenschaft und Kunst gesehen werden. Drei Jahre vorher hatte NOVICKIJ den Wert der Arbeit AGARKOVS noch uneingeschränkt anerkannt (NOVICKIJ 1947, S. 42, 46 und passim). Vgl. oben bei Anm. I 28.

[181] BARU 1957, S. 48.

[182] Das Buch wurde, soweit feststellbar, bisher nur von LANGROD und MASNATTA zitiert. Die Zitate beruhen offenbar auf (nicht mitangeführten) Sekundärquellen (LANGROD 1955, S. 360; MASNATTA 1962, S. 55). Masnatta gibt den Titel von Agarkovs Buch ohne Ort, mit dem Erscheinungsjahr 1954 und (nur) in spanischer Sprache an. Eine spanische Übersetzung ließ sich aber nicht ermitteln. Agarkovs Buch wird auch erwähnt von KATZAROV 1958, S. 315.

[183] AGARKOV 1940, S. 81.

so führt er aus, durch die auf dem Römischen Recht beruhende Lehre über die causa der Zuwendung bestimmt. Hiernach kann eine Zuwendung erfolgen entweder causa credendi oder causa solvendi oder causa donendi [184]. Die Frage ist sodann, insbesondere von der deutschen Rechtswissenschaft, dahin erweitert worden, ob das Schuldverhältnis auf die Vornahme einer bestimmten Handlung (oder Unterlassung) gerichtet ist oder die Erreichung eines bestimmten Erfolges zum Zweck hat [185]. Die vor allem von HARTMANN [186] und OERTMANN [187] vertretene Meinung stellt sich auf den letztgenannten Standpunkt. Der Erfolg besteht nach HARTMANN, der die späteren Auffassungen „in bedeutendem Maße bestimmt hat", in der „Befriedigung eines bestimmten privaten Interesses" [188].

AGARKOV räumt ein, daß diese für die bourgeoise Wissenschaft „äußerst charakteristischen Ansichten sehr viele feine und wertvolle Bemerkungen" enthalten. Die Fragestellung der bourgeoisen Verfasser „im ganzen" befriedigt ihn jedoch nicht [189]. Agarkov sieht vor allem folgende Mängel:

1. es fehlt eine sozial-klassenmäßige Analyse darüber, was dieses „private Interesse" darstellt;

2. es fehlt eine Klärung der Beziehungen zwischen dem privaten Zweck und dem Zweck der herrschenden Klassen, der Beziehungen zwischen Einzelperson und Gesellschaft;

3. die bourgeoise Rechtswissenschaft verbindet den Zweck des Schuldverhältnisses mit Fragen der Erfüllung des Schuldverhältnisses, schweigt aber über die Bedeutung des Zweckes für die Frage der Entstehung von Schuldverhältnissen;

4. durch die formal-logische Gegenüberstellung von Handlung und Erfolg wird die gegenseitige Beziehung zwischen diesen Begriffen aus den Augen verloren [190].

Diese Mängel haben sich auch auf die Klassifizierung der Grundlagen für die Entstehung von Schuldverhältnissen ausgewirkt. Nach AGARKOV hat weder die Pandektenwissenschaft noch das deutsche BGB oder die neuere Literatur eine befriedigende Klassifizierung hervorgebracht [191]. Die

---

[184] Ebd., S. 74.

[185] Ebd., S. 75. Agarkov zitiert: SIBER H., Rechtszwang im Schuldverhältnis, Leipzig, 1903, S. 278; OERTMANN P., Leistungshandlung und Leistungserfolg: Zeitschrift für das gesamte Handelsrecht und Konkursrecht, Jg. 93 (1929) S. 356–398, hier S. 361.

[186] HARTMANN G., Die Obligation. Untersuchungen über ihren Zweck und Bau, Erlangen, 1875, S. 37.

[187] OERTMANN (Anm. IV 185) 1929, S. 371.

[188] HARTMANN (Anm. IV 186) 1875, S. 37.

[189] AGARKOV 1940, S. 78, vgl. S. 75.

[190] AGARKOV 1940, S. 78–81.

[191] Ebd., S. 98–99.

herkömmliche, auf das Römische Recht[192] zurückgehende und von den Pandektisten entwickelte Einteilung in Schuldverhältnisse aus Vertrag und Delikt (und aus anderen rechtserheblichen Tatsachen) ist von der Frage nach dem Zweck des Schuldverhältnisses losgelöst. Dieses beziehungslose Einteilungssystem erfährt die notwendige Ergänzung erst durch die Lehre von den juristischen Tatsachen, auf die sie verweist[193].

AGARKOV findet die Richtigkeit seiner Kritik durch eine Reihe französischer, deutscher, schweizer, englischer und vorrevolutionärer russischer Autoren bestätigt. Aus der deutschen Literatur geht AGARKOV[194] auf die Veröffentlichungen von ENNECCERUS[195], LEONHARD[196], HECK[197], KRESS[198] und GIERKE[199] ein. Im Ergebnis stellt AGARKOV fest, daß die bourgeoise Rechtswissenschaft die traditionelle Einteilung des Römischen Rechts zwar erweitert habe. Sie lasse neben Schuldverhältnissen aus Vertrag auch solche aus Rechtsgeschäften zu und erkenne außervertragliche Schuldverhältnisse an[200]; sie habe es aber versäumt, die Klassifikation mit dem Zweck der Schuldverhältnisse zu verbinden. Insbesondere sei es ihr nicht gelungen, den Vertrag als Spiegel der ökonomischen Beziehungen der kapitalistischen Gesellschaft zu erfassen[201].

Den bourgeoisen Theorien stellt AGARKOV nun seine Auffassung gegenüber. Er formuliert für das Sowjetrecht drei Hauptkategorien des Zwecks von Schuldverhältnissen. Schuldverhältnisse dienen entweder der Planerfüllung und Bedürfnisbefriedigung oder dem Vermögensschutz oder der Einkommensverteilung.

---

[192] Ebd., S. 88–89.

[193] Ebd., S. 99. AGARKOV wirft in diesem Zusammenhang VON HIPPEL vor, er gehe von unrichtigen methodologischen Voraussetzungen aus. Einerseits leugne von Hippel den Begriff einer juristischen Tatsache, andererseits stelle er die Tatsache der Vornahme von Rechtsgeschäften fest (HIPPEL F. VON, Zur Gesetzmäßigkeit juristischer Systembildung, Berlin, 1930, S. 3–10; HIPPEL F. VON, Das Problem der rechtsgeschäftlichen Privatautonomie, Tübingen, 1936, S. 23, 74). Damit führe von Hippel den Begriff der juristischen Tatsache als „äußerst dürftig getarnte Kontrabande" wieder in seine Arbeit ein (AGARKOV 1940, S. 87–88, 105).

[194] AGARKOV 1940, S. 99–103.

[195] ENNECCERUS/KIPP/WOLFF, Lehrbuch des Bürgerlichen Rechts, Marburg, 12. Bearbeitung, Bd. 1², S. 74 (§ 250) [richtig muß das Zitat wohl lauten: 12. Bearbeitung, Bd. 2, 1932, S. 106 (§ 250)].

[196] LEONHARD F., Allgemeines Schuldrecht des BGB, München, Leipzig, 1929, S. 259 bis 260.

[197] HECK P., Grundriß des Schuldrechts, Tübingen, 1929, S. 243 (Nachdruck: Aalen, 1958).

[198] KRESS H., Lehrbuch des allgemeinen Schuldrechts, 1929, S. 18–24, 35–67; KRESS H., Lehrbuch des besonderen Schuldrechts, München, Berlin, 1934, S. VI.

[199] GIERKE O., Deutsches Privatrecht, München, Bd. 3, 1917, S. 110–117.

[200] AGARKOV 1940, S. 103.

[201] Ebd., S. 105–106.

aa) Planerfüllung und Bedürfnisbefriedigung[202]

Der Zweck von Schuldverhältnissen sozialistischer Organisationen ist die Planerfüllung und, soweit Bürger an den Schuldverhältnissen beteiligt sind, außerdem die Befriedigung ihrer Bedürfnisse. Die Bürger verfolgen mit den von ihnen eingegangenen Schuldverhältnissen ihre eigenen konkreten Zwecke der Bedürfnisbefriedigung. Der Zweck der Schuldverhältnisse ist allgemein mithin die Befriedigung der Bedürfnisse der Gesellschaft und ihrer einzelnen Glieder[203]. Die Planerfüllung ihrerseits ist von zentraler Bedeutung, da sie die Voraussetzung für die Befriedigung der Bedürfnisse der Bürger ist und zu einem wesentlichen Teil mit den von den Bürgern verfolgten Zwecken zusammenfällt. Der Plan ist der Ausdruck des Willens der Werktätigen. Daher entstehen Schuldverhältnisse, deren mittelbarer Zweck die Planerfüllung ist, durch Willensakte, die auf die Herstellung solcher Beziehungen gerichtet sind[204]. Sie können sowohl zivilrechtlicher (Rechtsgeschäft, Vertrag) als auch verwaltungsrechtlicher (Verwaltungsakt) Natur sein. Sie sind eng miteinander verbunden[205]. Verwaltungsakte sind für die Entstehung von Schuldverhältnissen in folgenden Fällen von Bedeutung:

1. der Verwaltungsakt verpflichtet zur Übergabe einer Sache oder Verrichtung einer Arbeit, und zwar ohne vorherige Eingehung eines privatrechtlichen Schuldverhältnisses[206];
2. der Verwaltungsakt verpflichtet zur Vornahme eines Rechtsgeschäfts[207];
3. der Verwaltungsakt genehmigt ein Rechtsgeschäft[208];
4. der Verwaltungsakt bestimmt Planaufgaben, verpflichtet aber nicht zur Vornahme eines Rechtsgeschäfts. Das Schuldverhältnis entsteht hier auf Grund von Rechtsgeschäften des Vertragspartners[209].

bb) Vermögensschutz[210]

Der Zweck des Schuldverhältnisses kann der Schutz von Vermögen sozialistischer Organisationen und der Bürger sein. Das Schuldverhältnis kann damit dem Schutz von sozialistischem oder persönlichem Eigentum

---

202 Ebd., S. 81, 111–114, 115–138.
203 Ebd., S. 81.
204 Ebd., S. 112–113. Willensakte sind juristische Akte, d. h. Willensäußerungen, die auf die Entstehung, Änderung oder Beendigung von Rechtsbeziehungen gerichtet sind (ebd., S. 113).
205 Ebd., S. 113–115. 206 Ebd., S. 115–118. 207 Ebd., S. 116, 118–130.
208 Ebd., S. 116, 131–132. 209 Ebd., S. 116, 132–137.
210 Ebd., S. 81–82, 114–115, 138–160.

dienen. Hierzu gehören vor allem die Schuldverhältnisse aus unerlaubter Handlung und ungerechtfertigter Bereicherung[211], ferner verschiedene Regreßansprüche, z. B. des in Anspruch genommenen solidarisch haftenden Schuldners oder Bürgen, des Versicherers, Ansprüche im Bereich des Wechsel- und Scheckrechts[212]. Charakteristisch für diese Schuldverhältnisse ist, daß ihre Entstehung an das Vorliegen eines tatsächlichen Sachverhalts und nicht an die Abgabe von Willenserklärungen gebunden ist[213].

cc) Einkommensverteilung[214]

Eine dritte und letzte Gruppe von Schuldverhältnissen ist auf die Herbeiführung einer Vermögensstellung gerichtet, die dem Bürger eine Befriedigung seiner Bedürfnisse gestattet. Der Zweck dieser Schuldverhältnisse ist somit „sozialistische Verteilung", d. h. die Verteilung eines für die Bedürfnisbefriedigung bestimmten Teils des Volkseinkommens unter die Bürger[215]. Die Verteilung erfolgt durch das Eingehen von Schuldverhältnissen, z. B. von Unterhaltsverpflichtungen oder von Verpflichtungen zur Bezahlung des Werks von Erfindern und Urhebern[216]. Ferner gehören hierzu die (über das zivilrechtliche Gebiet hinausgehenden) Verpflichtungen zur Bezahlung von Arbeitsentgelt, Pensionen (Renten) und Sozialversicherung[217]. Grundlage für die Entstehung dieser Schuldverhältnisse ist nicht immer ein Vertrag. In Betracht kommt z. B. auch die Tatsache schöpferischer Arbeit (bei der Nutzung eines bereits veröffentlichten Urheberrechts) oder familienrechtlicher Beziehungen (im Falle der Minderjährigkeit, Arbeitsunfähigkeit, u. a.). Ein Vertrag ist (nur) dann die Grundlage, wenn das Wesen des Rechtsverhältnisses eine Sicherstellung persönlicher Interessen des Bürgers verlangt[218].

AGARKOVS Lehre vom Zweck der Schuldverhältnisse hat, abgesehen von gelegentlicher Kritik[219], allgemein Zustimmung gefunden[220]. Sie ist Ge-

[211] Ebd., S. 81–82, 139–154, 154–158.

[212] Ebd., S. 158–160. [213] Ebd., S. 114–115, 160.

[214] Ebd., S. 82, 115, 161–168.

[215] Ebd., S. 82, 112, 115, 161. Das Volkseinkommen wird zunächst zur Reproduktion verwandt. Im übrigen dient es der Befriedigung der Bedürfnisse der Bürger, und zwar teils durch Einräumung des Rechts zur Nutzung von sozialistischem Eigentum, teils durch Übertragung von persönlichem Eigentum. Letzteres geschieht durch die Auszahlung von Arbeitsentgelt.

[216] Ebd., S. 162–166.

[217] Ebd., S. 82, 115. Die über das Zivilrecht hinausgehenden Verpflichtungen gehören zum Arbeits-, Kolchos- und Sozialversicherungsrecht.

[218] Ebd., S. 166–168.

[219] Z. B. NOVICKIJ 1950, S. 75–76.

[220] Vgl. CHALFINA 1954, S. 115–120. Rezensionen über AGARKOVS Buch sind – wohl

meingut der sowjetischen Zivilrechtswissenschaft geworden[221]. AGARKOV starb 1947. Die 15. Wiederkehr seines Todestages (1962) war der Anlaß für eine Würdigung seines Werkes. Sie drückt die Wertschätzung aus, die Agarkov in der sowjetischen Rechtswissenschaft genießt[222].

(7) Der Vertrag als Ausdruck der Interesseneinheit

Die Lücke, welche der Ausfall der verfemten Theorien von PAŠUKANIS und STUČKA sowie die Kritik an den sonstigen Vertragstheorien (ASKNAZIJ, MARTYNOV, ŠRETER, AMFITEATROV, u. a.) gerissen hat, hat AGARKOV nur zum Teil geschlossen. Er behandelt zwar das Ziel der Schuldverhältnisse und erörtert das gegenseitige Verhältnis von Planakt und Vertrag als Grundlage für die Entstehung von Schuldverhältnissen[223]. Die Frage aber, in welcher Weise die hoheitliche Planaufgabe mit der freien Vereinbarung, die nach wie vor als entscheidendes Merkmal eines Vertrages angesehen wird, in Einklang gebracht werden kann, blieb offen. Die Diskussion verlagerte sich auf die Frage des Gegenstandes des Zivilrechts[224]. Dann begann der Krieg und andere Probleme rückten in den Vordergrund. Die Zeit nach dem Krieg war für die Rechtswissenschaft durch eine vom Stalinregime aufgezwungene Sterilität gekennzeichnet. Erst nach Stalins Tod erfuhr die Vertragslehre neues Leben.

1954 trat CHALFINA mit einer Konstruktion hervor, die eine Erklärung für die Verbindung von Hoheitsakt und rechtsgeschäftlicher Vereinbarung im gemeinsamen Rechtsinstitut des Vertrages bringen sollte[225]. CHALFINAS Theorie beruht auf vier Thesen:

1. Freiheit im marxistischen Sinne bedeutet die „Freiheit, im Einklang ... mit der erkannten Notwendigkeit zu handeln".

2. Der Staat leitet die Tätigkeit und den Willen der sozialistischen

---

aus kriegsbedingten Gründen – nicht erschienen. Die Auseinandersetzung mit ihm findet im allgemeinen Schrifttum, in Lehrbüchern, Monographien und Zeitschriftenbeiträgen statt.

[221] Sie liegt z. B. auch den üblichen Klassifizierungen der Entstehungsgründe von Schuldverhältnissen zugrunde. Hierüber unten bei Anm. V 93.

[222] Pravovedenie 1962 No. 3 S. 188–189. Über Nachrufe auf AGARKOV und Würdigungen siehe unten S. 373.

[223] Siehe oben bei Anm. IV 202 und unten bei Anm. V 33.

[224] Das hing mit dem damals (1936–1940) zur Erörterung stehenden Entwurf eines unionseinheitlichen Zivilgesetzbuches zusammen. Die Diskussion wurde 1946–1948 fortgesetzt.

[225] Es genügt, die Konstruktion hier kurz zusammenzufassen, da CHALFINAS Buch in deutscher Übersetzung vorliegt. Über Chalfinas Auffassung zum Geltungsgrund der Planverträge siehe unten bei Anm. V 38.

Organisationen auf der Grundlage der von ihm erkannten Entwicklungsgesetze, d. h. in Richtung einer Erfüllung der Pläne zum Aufbau des Kommunismus.

3. Der Staat hilft den sozialistischen Organisationen durch diese Zielsetzung, ihren Willen zu bilden und schafft damit die Bedingungen für eine „echte Freiheit der Willensäußerung".

4. Der Wille einer juristischen Person wird durch ihre Satzung, die Planaufgaben und Anweisungen ihrer vorgesetzten Organe bestimmt[226].

Den naheliegenden Einwand, daß sich der Wille der sozialistischen Organisationen als Vertragspartner nicht immer deckt[227], versucht CHALFINA mit dem Hinweis auf die vorvertragliche Arbitrage auszuräumen. Die Arbitrage ist berufen, führt sie aus, festzustellen, was im konkreten Fall dem Willen des Staates entspricht und welche Organisation sich in ihrer Willensbildung vom Staatswillen entfernt hat. Der Gegensatz im Willen sozialistischer Organisationen sei folglich kein wirklicher, sondern nur ein scheinbarer[228]. Die Konstruktion läßt sich, wie CHALFINA auch selbst in einer Anmerkung zugibt, nur halten, wenn man anerkennt, daß die Planaufgabe den Inhalt des Willens des Unternehmens darstellt[229].

CHALFINAS Auffassung bezieht sich nur auf die Wirtschaftsverträge sozialistischer Organisationen. Sie trifft also nicht für Verträge zu, an denen Bürger beteiligt sind. Diese geben – nach Chalfina – den freien Willen der Bürger wieder, wobei die „echte Freiheit der Willenserklärung" durch die sozialistische Gesellschaftsordnung gewährleistet wird[230].

Eine Wiederholung der Gedankengänge von Chalfina findet sich bei POKROVSKIJ[231]. Zu den Anhängern der Lehre Chalfinas dürften auch NEČECKIJ[232] und MASEVIČ[233] zu zählen sein. Beide vertreten ähnliche Gedanken wie CHALFINA, berufen sich aber nicht auf sie. Ablehnend verhält sich dagegen NOVICKIJ. Er wendet sich gegen die Behauptung CHALFINAS, der Interessengegensatz zwischen sozialistischen Organisationen sei kein wirklicher, sondern nur ein scheinbarer. „Eine solche Beleuchtung der Frage ist allzu ‚rosa'", bemerkt er. Tatsächlich haben die einzelnen sozialistischen Organisationen, wie NOVICKIJ feststellt, ihre „besonderen Interessen". Das erklärt die Möglichkeit „einiger (natürlich nicht antagonisti-

[226] CHALFINA 1954, S. 75, 78–80.
[227] Vgl. auch oben bei Anm. I 112.
[228] CHALFINA 1954, S. 63–64.
[229] Ebd., S. 81 in der Anm. zu S. 80.
[230] Ebd., S. 67.
[231] POKROVSKIJ B. V., in: MASEVIČ/MURZIN/POKROVSKIJ 1962, S. 62–78, insbesondere S. 67–72. Vgl. auch oben bei Anm. I 112.
[232] NEČECKIJ 1957, S. 150.
[233] MASEVIČ 1964, S. 64–65.

scher) Interessengegensätze" unter den Staatsorganisationen[234]. Auch die Rezensenten des Buches von CHALFINA beanstanden, daß Chalfinas Theorie die Entstehung von Streitigkeiten zwischen sozialistischen Organisationen nicht zu erklären vermag[235]. DOZORCEV wirft CHALFINA vor, ihre Behauptung vom scheinbaren Charakter der Streitigkeiten führe von der Wirklichkeit weg und gehe im Grunde einer Antwort aus dem Wege[236]. Kritisch äußert sich auch MOŽEJKO[237].

(8) Der Vertrag als Konkretisierung eines allgemeinen Rechtsverhältnisses (eine in der DDR entwickelte Lehre)

Einen bemerkenswerten Beitrag zur Diskussion um die Vertragsproblematik hat der Jenaer Professor MARTIN POSCH geliefert[238]. Seine Gedanken haben insofern praktische Bedeutung erlangt, als sie die Vorarbeiten für das künftige Zivilgesetzbuch der DDR beeinflußt haben. Die von Posch 1959 für eine Neugestaltung des Kaufrechts entwickelten Grund-

---

234 NOVICKIJ 1955, S. 88; vgl. NOVICKIJ 1951, S. 53.

235 ANTIMONOV [u. a.], Sov. gos. i pravo 1954 No. 6 S. 128–132, hier S. 130; AMERCHANOV, Soc. zak. 1954 No. 9 S. 82–85, hier S. 84.

236 DOZORCEV 1955, S. 147–148.

237 MOŽEJKO 1962, S. 20–27 (dazu: ZAMENGOF, Soc. zak. 1962 No. 6 S. 93). Die Frage der angeblichen Übereinstimmung der Interessen sozialistischer Organisationen wird auch im außer-juristischen Schrifttum erörtert. Die Möglichkeit eines Auseinanderfallens dieser Interessen wird *bejaht* von MICHAJLOV M., Problemy interesov v socialističeskoj ekonomike: Voprosy ekonomiki 1965 No. 4 S. 62–78, hier S. 67–74 (vgl. die Zusammenfassung in Ekonomičeskaja gazeta 1965 No. 22 S. 6) und *verneint* von BORISOV E., Edinstvo ekonomičeskich interesov obščestva, predprijatija i trudjaščegosja: Kommunist 1965 No. 11 S. 49–59. Beispiele für ein Auseinanderfallen der Interessen bringen die „Autoren vieler Briefe" an die Redaktion der Ekonomičeskaja gazeta (Wirtschaftszeitung) (1965 No. 24 S. 7 Sp. 3). Auf das Vorhandensein von Interessengegensätzen zwischen Staat und Unternehmen läßt sich schließen, wenn – wie GRIGORJEVA (in Finansy SSSR 1965 No. 8 S. 57–58) berichtet – eine Wirtschaftsverwaltungsbehörde nachträglich eine Änderung des Gewinnplanes eines Unternehmens zu Lasten der Staatskasse verfügt, um dem Unternehmen zu einem Prämienanspruch zu verhelfen.

Zum Begriff des „Interesses" siehe neuerdings MAL'CEV, Sov. gos. i pravo 1965 No. 10 S. 19–26; GRIBANOV, ebd. 1967 No. 1 S. 49–56; ZAV'JALOV, ebd. 1967 No. 7 S. 80–83; MARTYNENKO P. F., in: Konkretno-sociologičeskie issledovanija v pravovoj nauke, Kiew, 1967, S. 112–124, hier S. 112–116; ŠKREDOV V. P., Ekonomika i pravo, Moskau, 1967, S. 63, jeweils mit weiteren Nachweisen, sowie GLEZERMAN G. E., Interes kak sociologičeskaja kategorija: Voprosy filosofii 1966 No. 10 S. 15–26; ČCHIKVADZE V. M., Gosudarstvo, demokratija, zakonnost', Moskau, 1967, S. 298–308; KULIEV T. A., Problema interesov v socialističeskom obščestve, Moskau, 1967, 181 S.

238 POSCH 1961. Dieser Arbeit gingen einschlägige Zeitschriftenartikel von Posch voraus. Zu den wichtigeren unter ihnen gehören die Beiträge in: Neue Justiz 1959 S. 450 bis 456 und 837–841; Staat und Recht 1960 S. 1768–1789 und 1961 S. 15–35. Näheres über die Lehre Poschs kann in diesen allgemein zugänglichen Schriften nachgelesen werden.

sätze wurden von der zuständigen Gesetzgebungskommission als Arbeitsgrundlage verwendet und bestätigt. Posch gehört auch selbst dieser Kommission sowie der „Grundkommission für das ZGB" an[239]. Poschs Lehre ist allerdings auf Widerstand gestoßen und Drews erhebt den Vorwurf, sie habe „die Gesetzgebungsarbeit zeitweilig desorganisiert"[240]. Tatsächlich hat sie die Arbeiten am Entwurf des ZGB, wie Schlicht feststellt, um mehr als zwei Jahre verzögert[241].

Grundlage der Lehre von Posch ist die Vorstellung von einem allgemeinen Rechtsverhältnis. Es verbindet die Bürger eines sozialistischen Staates mit dessen Organen[242], umfaßt aber nicht die Beziehungen der sozialistischen Organisationen untereinander und auch nicht die Beziehungen zwischen den Bürgern[243]. Das allgemeine Rechtsverhältnis beruht auf Gesetz und besteht vor allem im Recht des Bürgers zur Mitgestaltung gesellschaftlicher Verhältnisse[244]. Im zivilrechtlichen Bereich steht diesem Recht eine Pflicht der sozialistischen Organisationen zur bedarfsgerechten Versorgung der Bevölkerung gegenüber[245]. Das allgemeine Rechtsverhältnis wird (u. a.) im Rahmen der Befriedigung der Bedürfnisse der Bevölkerung konkretisiert[246]. Diese Konstruktion bildet die Basis für das eigentliche Anliegen Poschs: die „Realaktlehre" (die Bezeichnung stammt nicht von ihm; sie entstand in der Diskussion um Poschs Thesen).

Aus dem Bestehen eines allgemeinen Rechtsverhältnisses folgt nach der Auffassung von Posch, daß die Konkretisierung nicht notwendig einen Vertrag voraussetzt[247]. „Die Inanspruchnahme" von Bedarfsgütern ist „zunächst Realvorgang"[248]. Die „Inanspruchnahme der Verkaufsleistung.. macht den Kauf ipso jure wirksam und begründet die äquivalente Gegenleistung"[249]. Auch das Eigentum geht mit der Übergabe „ipso jure" über[250]. Vom Vertrag will Posch nur dort sprechen, „wo wirklich Vereinbarungen

---

239 Posch 1961, S. 153, 229.

240 Drews, Neue Justiz 1962 S. 670.

241 Schlicht 1963, S. 20.

242 Posch 1961, S. 65–66, 112, 179.

243 Ebd., S. 95, 189, 191.

244 Ebd., S. 63, 65–67, 72, 128–129, 159–173.

245 Ebd., S. 153, auch S. 67, 72, 79, 177. Posch begründet seine Konstruktion im einzelnen unter Heranziehung der Lehren des Marxismus, vor allem über Eigentum und Arbeit, Mehrwert und Aneignung, Ware und Geld, Anarchie und Entfremdung, usw. Siehe ebd., S. 95–97, 102–108, 174–179 und passim.

246 Ebd., S. 115, 129, 131, 133, 136, 174, 177, 193; über die Bedürfnisbefriedigung S. 96–97, 112, 128.

247 Ebd., S. 126, 129, 136–138, 192, 195.

248 Ebd., S. 174.

249 Ebd., S. 186, siehe auch S. 116 und über das Äquivalenzprinzip S. 104–107, 126, 176.

250 Ebd., S. 186, 196.

geschlossen werden", „insbesondere", wenn „Leistungsversprechen und einzelne Leistungen zeitlich auseinanderfallen" [251]. Posch beseitigt also den Vertrag als Anspruchsgrundlage [252]. Was bleibt, ist der Vertrag als „gemeinschaftliche selbstverpflichtende Gestaltung gegenseitiger Verhaltensregeln" [253]. Mit seiner Lehre meint POSCH als überflüssig entbehren zu können: die Konstruktionen stillschweigender Vertragsabschlüsse und schlüssiger Willenserklärungen [254], die culpa in contrahendo und das Geschäft, wen es angeht, die Unterscheidung zwischen gesetzlichen und vertraglichen Schuldverhältnissen sowie zwischen Haftung aus Delikt und aus Vertrag [255], ferner die Unterscheidung zwischen Verpflichtungs- und Verfügungsgeschäft [256] und schließlich die Rechtsinstitute der ungerechtfertigten Bereicherung und der Geschäftsführung ohne Auftrag [257]. Die Irrtumsregelung glaubt er durch eine Umtausch-(Rücktritt-)Regelung ersetzen zu können [258]. Entbehrlich wird auch der Ausschließungscharakter des Eigentums [259].

Bestehen bleibt demgegenüber der Wirtschaftsvertrag. Er tritt neben den zivilrechtlichen Vertrag und kann nicht auf einen Realvorgang, auf die bloße Konkretisierung eines allgemeinen Rechtsverhältnisses zurückgeführt werden. Posch erwähnt drei Gründe:

1. der Wirtschaftsvertrag ist ein „wirklicher" Vertrag, nicht bloß „juristische Denkschablone";
2. der Wirtschaftsvertrag ist ein „notwendiges" Mittel zur Planerfüllung und Kontrolle;
3. die Wirtschaftsverträge lassen sich nicht in gleicher Weise wie Zivilrechtsverträge vereinheitlichen [260].

Ein weiterer, von POSCH allerdings nicht erwähnter Grund ist das Fehlen eines allgemeinen Rechtsverhältnisses zwischen den sozialistischen Organisationen untereinander. Die Möglichkeit, das Zivilrecht auf Grund des Realakt-Gedankens umzugestalten, besteht daher nur, wenn das Wirtschaftsrecht (und damit auch der Wirtschaftsvertrag) aus dem Zivilrecht abgesondert wird. Posch setzt sich nachdrücklich für diese Trennung ein [261]. Er weicht damit von der in der UdSSR seit 1961 gesetzlich festgelegten Regelung ab.

Bemerkenswert ist in diesem Zusammenhang, daß die Gedanken von

---

[251] Ebd., S. 137, 174, dazu S. 133–134.
[252] Ebd., S. 129, 136.
[253] Ebd., S. 133.
[254] Ebd., S. 122, 132, 135–138, 193.
[255] Ebd., S. 123, 130.
[256] Ebd., S. 110, 114–115, 195.
[257] Ebd., S. 130.
[258] Ebd., S. 134.
[259] Ebd., S. 112.
[260] Ebd., S. 131–132, 135.
[261] Ebd., S. 7, 39–42, 51–54, 131–135, 144, 199. Vgl. unten bei Anm. V 173.

POSCH zum Teil im Wirtschaftsgesetzbuch der Tschechoslowakei von 1964 verwirklicht worden sind. Die neue Kodifikation beruht auf der Trennung des Wirtschaftsrechts vom Zivilrecht und behandelt die zur Versorgung der Bevölkerung notwendigen Beziehungen zwischen Staatsunternehmen und Bürger als „Dienste". Dieses Rechtsinstitut kann an die Stelle des Vertrages treten[262].

Die Kritik, die in der DDR an der Lehre POSCHS geübt worden ist, erscheint gegenüber den gedankenreichen und mit viel Überzeugungskraft vorgetragenen Konstruktionen Poschs etwas farblos. Der wesentlichste, bisher vorgebrachte Einwand ist, daß in den von Posch als Realakt behandelten Fällen in Wirklichkeit doch Vertragserklärungen abgegeben werden. Aus diesem Grunde sei die Lehre vom allgemeinen Rechtsverhältnis überflüssig[263] und die Realaktlehre unrealistisch und unrichtig[264]. Bemerkenswert ist, daß die Theorien POSCHS verwandte Züge und teilweise sogar Parallelen zu früheren in Ost und West vertretenen Lehrmeinungen aufweisen. POSCH bezieht sich aber nicht auf diese Vorarbeiten. Die Vorstellung einer vertragslosen Versorgung der Bevölkerung findet sich z. B. bei PAŠUKANIS und STUČKA. Beide sahen im Plan ein Mittel zur Überwindung des Vertragsdenkens. STUČKA wollte – ähnlich wie POSCH – den Vertrag durch gesetzliche Schuldverhältnisse ersetzen. Der Gedanke der Konkretisierung allgemeiner Rechtsverhältnisse findet sich auch bei ALEKSANDROV[265]. Im Westen haben sich für eine stärkere Durchsetzung des Vertragsrechts mit zwingenden Normen u. a. L. RAISER, NIPPERDEY und F. VON HIPPEL eingesetzt. Der Gedanke des allgemeinen Rechtsverhältnisses erinnert im übrigen an JELLINEKS Lehre von den subjektiven öffentlichen Rechten des Bürgers und dem status positivus gegenüber der Staatsgewalt.

Die Konstruktion POSCHS gerät durch die von ihm vorgenommene Abgrenzung ihres Anwendungsbereichs ins Schwanken. Posch verwendet zur Abgrenzung einerseits das Merkmal des zeitlichen Auseinanderfallens von Versprechen und Leistung. Auf der anderen Seite aber nimmt er auch eine Trennung nach den Subjekten der Leistungsbeziehung vor. Die Verträge

---

[262] Zivilgesetzbuch der Tschechoslowakei von 1964 (Textnachweis: oben in Anm. II 118) Art. 224; siehe auch Art. 239.

[263] HOFMANN/PÜSCHEL, Staat und Recht 1962 S. 1343, 1350–1358, hier S. 1356.

[264] PÜSCHEL, Neue Justiz 1962 S. 36. Weitere kritische Stimmen: OSCHATZ, ebd., 1961 S. 640; BERGMANN, ebd., 1962 S. 540; DORNBERGER, ebd., S. 668; DREWS, ebd., S. 670; GRANDKE, Staat und Recht 1962 S. 306, hier S. 307; DREWS/SCHUMANN, Staat und Recht 1962 S. 1566, hier S. 1571.

[265] Siehe unten bei Anm. V 7.

des privaten Handels will er in seine Lehre einbeziehen, die Verträge der Wirtschaftsorganisationen untereinander dagegen ausklammern[266]. Die von ihm für diese unterschiedliche Behandlung angeführten Gründe erscheinen gesucht und wenig überzeugend. Sie stellen, so scheint es, das schwächste Glied in der Kette seiner Argumente dar.

b) Vertragstheorien in Deutschland

Nicht allein die sowjetischen Rechtswissenschaftler empfanden das Vordringen des hoheitlich gestalteten Vertrages als einen Anruf, die Vertragslehre neu zu durchdenken. In der deutschen Literatur ist das Problem seit langem ein Gegenstand der Diskussion. Die Lehrmeinungen, die im deutschen Schrifttum zum Vertragsrecht vertreten worden sind, brauchen hier nicht im einzelnen wiedergegeben zu werden. Die Quellen sind – im Gegensatz zur sowjetischen Literatur – zugänglich und bekannt. Sie können ohne weiteres nachgelesen werden. Notwendig ist allein das Herausheben einiger wesentlicher Züge, um Unterschiede und Gemeinsamkeiten zur sowjetischen Diskussion deutlich werden zu lassen, kurz um einen Bezug zwischen der sowjetischen und deutschen Rechtslehre herzustellen. Hieran hat es bisher gefehlt. Nicht einmal ein Versuch hierzu wurde unternommen. Die einzige Ausnahme stellt die Studie AGARKOVS dar.

(1) Der Vertrag als rechtsgeschäftliche Vereinbarung

Rechtswissenschaftler, welche die Privatautonomie als Grundlage des Vertrages und darüber hinaus des gesamten Zivilrechts verstehen, müssen, wenn sie folgerichtig vorgehen, den hoheitlich gestalteten Vertrag aus dem Bereich der Vertragsordnung verweisen. Soweit gehen sie im allgemeinen jedoch nicht. Sie betrachten den hoheitlich gestalteten Vertrag nur als einen „Fremdkörper" im „Gesamtgefüge des Privatrechts"[267]. Als Beispiele seien einige Äußerungen zitiert: Für ESSER stellen die diktierten Verträge auf Grund der Bewirtschaftungsgesetze einen „systemfremden Einbruch in die Vertragsfreiheit" dar[268]. Ähnlich urteilt LARENZ. Die auf

[266] POSCH 1961, S. 189–190 und 131–135.

[267] LARENZ 1967, Bd. 1, S. 38. Auf etwa der gleichen Linie liegt das Bundesverfassungsgericht, wenn es die Marktordnung als einen „Fremdkörper in der freien Wirtschaft" bezeichnet: BVerfGer (1965), BVerfGE Bd. 18, S. 315, hier S. 327. Vgl. ferner BGH (1950), NJW 1951 S. 109 = MDR 1951 S. 97.

[268] ESSER 1960, S. 37.

privatrechtsgestaltender Anordnung der Staatsgewalt beruhenden Verträge sind nach seiner Meinung zwar „als äußerstes Mittel unerläßlich", zugleich aber auch unerquicklich und unbefriedigend. Der diktierte Vertrag ist die „Negation des Vertragsbegriffs" [269]. HIRSCH fragt, ob die hoheitliche Vertragsgestaltung nicht zur „Aufhebung der Vertragsordnung" führt und einen „Vertrags"typ hervorbringt, der nur noch heteronom gestaltet wird [270]. Eine Entwicklung in dieser Richtung suchte MOLITOR bereits vor vier Jahrzehnten aufzuhalten. 1923 beschloß er eine Untersuchung über den Vertragszwang mit den Worten: „Vor der zwecklosen und unsinnigen Rechtsform des Vertragszwanges [kann] nicht genügend gewarnt werden." [271]

Diese und zahlreiche andere Autoren sind sich auf der anderen Seite darüber im klaren, daß die Privatautonomie für sich allein nicht geeignet ist, „Vertragsgerechtigkeit" zu gewährleisten. Die Einsicht, daß der Vertrag als Mittel der „Richtigkeitsgewähr" [272] dann versagt, wenn sich wirtschaftlich und sozial ungleiche Partner einander gegenüberstehen, hat sich allgemein durchgesetzt [273].

(2) Der Vertrag als Ergebnis eines Zusammenwirkens privater und hoheitlicher Gestaltung

NIPPERDEY gebührt das Verdienst, die Fragen, die sich aus der Einwirkung der Staatsgewalt auf die Vertragsordnung ergeben, erstmalig in ihrer Breite aufgeworfen und beantwortet zu haben [274]. Im Mittelpunkt seiner Untersuchung steht das damals als neuartig empfundene Institut des Kontrahierungszwanges [275]. Den „diktierten Vertrag" behandelt NIPPERDEY mehr am Rande, und zwar als Mittel zur zwangsweisen Durchsetzung eines Kontrahierungszwanges [276], der eine „normale" oder „anomale Güterbewegung" zum Ziel hat [277]. Zur Erfassung dieser Vertragsarten unter-

---

[269] LARENZ 1967, Bd. 1, S. 38, 45.

[270] HIRSCH, AcP Bd. 159 (1960) S. 348–350, hier S. 349, in einer Besprechung von: REINHARDT 1957.

[271] MOLITOR 1923, S. 32.

[272] Dieser Begriff stammt von Schmidt-Rimpler: SCHMIDT-RIMPLER 1941, S. 157.

[273] HAUPT 1943, S. 86; REINHARDT 1957, S. 116; RAISER 1958, S. 4; DILCHER 1960, S. 1042; RAISER 1960, S. 118; FLUME 1960, S. 142; DAHM 1963, S. 467; LARENZ 1967, Bd. 1, S. 46.

[274] NIPPERDEY 1920; dazu: NIPPERDEY 1924, S. 100.

[275] Der Kontrahierungszwang entspricht nach der hier verwendeten Terminologie dem „partnerseitigen Nachvertrag".

[276] In dieser Arbeit „hoheitlich gestalteter Vertragsersatz" genannt.

[277] NIPPERDEY 1920, S. 119–129.

scheidet NIPPERDEY zwischen ihren öffentlich-rechtlichen Wurzeln und ihrem privatrechtlichen Gegenstand[278]. Der Wert dieser Unterscheidung liegt darin, daß sie eine zivilrechtliche Behandlung des Kontrahierungszwanges und des diktierten Vertrages gestattet und diesen Instituten damit eine Heimstatt im Schuldrecht anweist. Nipperdeys Lehre hat trotz anfänglicher Kritik[279] schließlich allgemein Zustimmung und Anerkennung gefunden[280].

Eine dogmatische Vertiefung erfuhr die Lehre vom Zusammenwirken persönlicher und hoheitlicher Gestaltungskräfte im Vertrag viele Jahre später einerseits durch die Verwaltungsrechtswissenschaft, andererseits durch die Zivilistik. WOLFF führt den Begriff des „Verwaltungsprivatrechts" ein, der ihm eine Deutung des Doppelcharakters der hier behandelten Erscheinungen erlaubt[281]. Die Ursprünge dieser Auffassung dürften bei FLEINER zu suchen sein, der bereits 1906 auf die Verflechtung ursprünglich privatrechtlicher Institute mit öffentlich-rechtlichen Elementen hingewiesen hat. Er sprach von „gemischten Rechtsverhältnissen" [282]. REINHARDT geht an das Problem von der zivilrechtlichen Seite heran. Das hoheitliche Element in der Vertragsgestaltung dient nach REINHARDT dem Ausgleich von Ungerechtigkeiten, die sich aus der wirtschaftlichen und sozialen Ungleichheit der Vertragspartner ergeben können. Die hoheitlichen Vertragsgestaltungskräfte führen daher in den Worten REINHARDTS zu einer „veredelten Vertragsordnung" [283].

Die Lehre vom Zusammenwirken persönlicher und hoheitlicher Gestaltungskräfte im Vertrag liegt – ausgesprochen oder unausgesprochen – auch den Darstellungen zugrunde, welche die in der Rechtswirklichkeit vorkommenden Vertragsarten nach dem Anteil des Parteiwillens an der Vertragsgestaltung gliedern. Diese Gliederung geht auf LARENZ zurück[284] und hat sich heute wohl allgemein durchgesetzt[285]. Hiernach wird unterschieden zwischen

1. Verträgen, die von den Partnern vollinhaltlich autonom gestaltet werden,

---

[278] Ebd., S. 86. Vgl. oben bei Anm. III 117 und unten bei Anm. V 101.

[279] Siehe z. B. MOLITOR 1923, S. 15 und die in BÜRCKNER 1930, S. 67–68 angeführten Autoren. Nipperdey nahm zur Kritik Stellung in: NIPPERDEY 1924, S. 100–101. Vgl. oben bei Anm. III 232.

[280] Vgl. HEDEMANN 1955.

[281] WOLFF 1961, Bd. 1, S. 87–88.

[282] FLEINER 1906, S. 10.

[283] REINHARDT 1957, S. 135.

[284] LARENZ 1936, S. 33–36; Ansätze in: LARENZ 1935, S. 489–490; jetzt LARENZ 1967, Bd. 1, S. 47–57.

[285] Vgl. z. B. ESSER 1960, S. 30–42; DAHM 1963, S. 465–475.

2. Verträgen, die auf einem tatsächlichen Verhalten der Parteien beruhen, also keine rechtsgeschäftliche Willenserklärung voraussetzen, etwa Schuldverhältnisse aus sozialtypischem Verhalten,

3. Verträgen, die ohne eine Willenserklärung abgeschlossen werden, deren Inhalt aber durch die Parteien rechtsgeschäftlich bestimmt wird, z. B. Verträge unter Kontrahierungszwang,

4. Verträgen, deren Inhalt ohne Zutun der Parteien bestimmt wird, die aber nur mit Willen der Parteien geschlossen werden, z. B. der normierte Vertrag,

5. und schließlich Verträgen, bei denen weder Abschluß noch Inhalt auf dem Willen der Parteien beruht, wie der diktierte Vertrag.

(3) Der hoheitlich gestaltete Vertrag als Staatsakt

Von anderen, nämlich allein öffentlich-rechtlichen Positionen, geht BÜRCKNER aus. Er bezeichnet „alle privatrechtlichen Erklärungsversuche des privatrechtsgestaltenden Staatsakts" als einen Fehlschlag. Nach seiner Ansicht liegen „keine Zwangsverträge oder sonstige Privatrechtsgeschäfte, sondern Staatsakte vor" [286]. Ebenso hält KROEBER Versuche, den diktierten Vertrag als Vertragsfiktion zu deuten, für unfruchtbar. Er meint, der diktierte Vertrag könne „zwangloser" durch „die Rechtsfigur des privatrechtsgestaltenden Staatsaktes erklärt" werden [287].

Die Versuche einer öffentlich-rechtlichen Deutung sind übrigens nicht auf die hoheitlich gestalteten Verträge beschränkt. Auch in den faktischen Vertragsverhältnissen meinte z. B. LÖNING öffentliches Recht vor sich zu haben [288]. Die öffentlichrechtliche Betrachtungsweise folgt den Traditionen der Lehre von OTTO MAYER, der den Dualismus zwischen Verwaltungs- und Zivilrecht zu überwinden suchte.

(4) Der Vertrag als Gestaltungsmittel der völkischen Ordnung

Zur Zeit der nationalsozialistischen Herrschaft sah die deutsche Rechtslehre im Vertrag ein „Gestaltungsmittel der völkischen Ordnung". Die einzelnen Vertragspartner haben, so heißt es damals, die Aufgabe, die völkische Ordnung „mitzugestalten" [289]. Jeder Vertrag wird von der „völ-

---

[286] BÜRCKNER 1930, S. 113.

[287] KROEBER 1931, S. 35. Vgl. bei Anm. V 97.

[288] LÖNING G., „Faktische Verträge" oder Öffentliches Recht: Zeitschrift der Akademie für Deutsches Recht, Jg. 9 (1942) S. 289–293. Vgl. unten bei Anm. IV 308.

[289] BÜLCK 1940, S. 2, 57; ebenso KRAUSE 1937, S. 411; ähnlich: NIPPERDEY, in: Erneuerung 1938, S. 99–100; HENSELING 1942, S. 27.

kischen Gesamtordnung ... beherrscht"[290]. Der „Vertrag nimmt im nationalsozialistischen Rechtsdenken nicht die erste, sondern die zweite Stelle ein: ihm geht die völkische Ordnung vor"[291]. Der Pflichtgedanke erscheint als ein das Vertragsrecht beherrschendes Rechtsprinzip[292]. Vertragliche Schuldverhältnisse werden folglich nicht mehr als Ausdruck eines „Interessengegensatzes", sondern als „eine durch gemeinsame Zwecke bestimmte Verbindung" verstanden, die auch dem Gläubiger Pflichten auferlegt[293]. Ähnlich äußert sich NIPPERDEY: der Vertrag ist ein Mittel, „um höheren Zwecken der Gemeinschaft zu dienen"[294]. Entsprechend definiert LARENZ den Vertrag als ein „Verhältnis unter Gemeinschaftsgliedern"[295] und E. R. HUBER erhofft sich eine Erneuerung der Privatrechtsordnung durch eine „Gebundenheit des Gemeinrechts". Er setzt sich (unter Bezugnahme auf die Lehre von LARENZ über die gebundene Rechtsstellung der Volksgenossen) für einen „gebundenen Vertrag" ein[296]. SCHMIDT-RIMPLER sucht verwandte Gedanken durch den Ausdruck „Gliedhaftigkeit des Einzelnen in der Gemeinschaft" zu umschreiben. Aus ihr soll folgen, daß der Vertrag von der Gemeinschaft „eingesetzt wird", nicht aber den Vertragspartnern zum „Selbsteinsatz" dient[297]. BÜLCK prägt den Begriff der „geordneten Vertragsfreiheit". Sie beruht, wie er schreibt, auf einer Bindung der Vertragsparteien an einen übergeordneten Gemeinschaftswillen und tritt an die Stelle der (ungeordneten) Privatautonomie[298]. Die staatlich überwachte Gruppenregelung kann und muß zur „Veredelung der Willensherrschaft" führen[299]. Die Einschränkung der Vertragsfreiheit ist ein Mittel sachgerechter Ordnung des Gemeinschaftslebens, das die Vertragsfreiheit überwindet[300]. Der Vertrag darf folglich nicht – wie es im Entwurf zum deutschen „Volksgesetzbuch" von 1942 heißt – „zur Ausbeutung eines anderen Volksgenossen" ausgenutzt werden (Grundregeln Art. 15)[301].

Praktische Verwirklichung fanden diese Forderungen zunächst in den Andienungs- und Ablieferungspflichten im Rahmen der Reichsnährstandsverwaltung. Später, vor allem während des Krieges, wurden zahlreiche Leistungspflichten auch für die meisten anderen Wirtschaftsbereiche ein-

[290] SIEBERT 1936, S. 247. [291] LARENZ 1935, S. 491.
[292] BÜLCK 1940, S. 36–37; ebenso WIEACKER 1937, S. 24.
[293] SIEBERT 1937, S. 206.
[294] NIPPERDEY, in: Erneuerung 1938, S. 104; vgl. S. 106.
[295] LARENZ 1935, S. 490.
[296] HUBER, in: Erneuerung 1938, S. 58.
[297] SCHMIDT-RIMPLER, in: Erneuerung 1938, S. 82, 85, 91.
[298] BÜLCK 1940, S. 2, 56. [299] LANGE 1934, S. 61.
[300] LARENZ 1935, S. 489; ähnlich WIEACKER 1937, S. 22.
[301] Volksgesetzbuch ... Entwurf. Vorgelegt von J. HEDEMANN [u. a.], 1942.

geführt. Die staatliche Wirtschaftslenkung veranlaßte GIESEKE bereits 1937 zur Frage, ob der Vertrag durch neue, vor allem öffentlich-rechtliche Rechtsinstitute ersetzt werden soll oder ob eine bloße Umgestaltung des Vertrages vorzuziehen sei. In einem auf dem internationalen Kongreß für Rechtsvergleichung in Den Haag gehaltenen Referat entschied er sich für die zweite Alternative (das Referat trug den bemerkenswerten Titel „Die Einwirkungen der Planwirtschaft auf die Institute des Privatrechts"). GIESEKE meinte, es genüge, wenn der Vertrag mit öffentlich-rechtlichen Elementen durchsetzt werde[302]. Daß und in welcher Weise dies tatsächlich geschehen ist, geht mit aller Deutlichkeit aus der Studie von BÜLCK hervor[303].

(5) Der Vertrag als ein durch Privatakt geschaffenes Rechtsverhältnis

Der Zusammenbruch des nationalsozialistischen Staates offenbarte die Hohlheit der aufdringlichen Gemeinschaftspostulate. Er führte zu einer Ernüchterung auch auf dem Gebiet der Vertragslehre.

BÄRMANN war wohl der Erste nach dem Kriege, der mit seiner Forderung nach Befreiung des Vertrages aus seiner „konsensualistischen Enge" die Diskussion um den Vertragsbegriff neu aufnahm[304]. Nicht mehr die Willenseinigung ist beim Vertrag entscheidend, behauptet Bärmann, sondern das (bloße) Zusammenstimmen von Erklärungen[305]. Diese von BÄRMANN 1948 nur andeutungsweise geäußerten Gedanken hat LUDWIG RAISER (1960) zu einer umfassenden Lehre entwickelt. Raiser wendet sich gegen die aus dem Römischen Recht stammende, auf der Isolierung des Einzelnen beruhende Auffassung vom Vertrag als Willensübereinstimmung („genetische Vertragslehre"). Nicht das einzelne Rechtssubjekt, sondern das Rechtsverhältnis soll nach seiner Meinung Grundlage der Vertragslehre sein. Der Vertrag besitzt hiernach die Funktion, Rechtsverhältnisse durch Privatakt zu begründen („funktionelle Vertragslehre"). Entscheidend ist die von den Parteien selbst geschaffene Ordnung; die Willenseinigung tritt im Massenverkehr demgegenüber zurück. Die Vertragsfreiheit besteht oft nur in der Freiheit, sich auf Situationen einzulassen („verdünnte Vertragsfreiheit")[306].

---

[302] GIESEKE 1937, S. 398.
[303] BÜLCK 1940.
[304] BÄRMANN 1948, S. 86.
[305] Ebd., S. 88.
[306] RAISER 1960.

(6) Vertragsverhältnisse aus sozialtypischem Verhalten

Gesonderter Erwähnung bedarf die von HAUPT begründete Lehre von den faktischen Vertragsverhältnissen[307]. Sie versucht, die in der Rechtswirklichkeit vorkommenden Leistungsbeziehungen des Massenverkehrs (mit zweifelhaftem Vertragscharakter) und die Dauerschuldverhältnisse im Arbeits- und Gesellschaftsrecht (ohne Vertragsgrundlage) rechtsdogmatisch zu erfassen und ihre Problematik auf dem Boden des Zivil- und Vertragsrechts zu bewältigen[308]. Haupts Lehre ist von LARENZ weiterentwickelt worden. Von Larenz stammt die heute geläufige Bezeichnung des „Vertrages aus sozialtypischem Verhalten“[309]. SIMITIS hat den Begriff der faktischen Vertragsverhältnisse in einer, wie mir scheint, sachlich nicht gerechtfertigten Weise erweitert. Er versteht darunter nicht nur das vertragsersetzende (faktische) Partnerverhalten, sondern auch die hoheitliche Vertragsgestaltung. So betrachtet er z. B. das Mietverhältnis kraft Staatsakt als eine „Spielart“ der faktischen Vertragsverhältnisse[310]. Er faßt diese verschiedenartigen Erscheinungen unter einem gemeinsamen Aspekt zusammen. Diesen sieht er im Spannungsverhältnis zwischen rechtlicher Gleichheit und wirtschaftlicher Ungleichheit[311]. SIEBERT hat die Diskussion in einer wohlabgewogenen Studie wieder auf ihren Kern zurückgeführt[312]. Nach der in der vorliegenden Arbeit verwendeten Gliederung werden die Verträge aus sozialtypischem Verhalten unter dem Begriff des „partnergestalteten Vertragsersatzes“ zusammengefaßt.

c) Bilanz: Vordringen eines instrumentalen Vertragsdenkens

Überblickt man die bunte Reihe der Lehrmeinungen, so zeigt sich, daß sich die Privatautonomie als Grundlage und Kern eines jeden Vertrages letzthin eben doch nicht mit einem hoheitlich gestalteten Vertrag in Einklang bringen läßt. Soweit der hoheitlich gestaltete Vertrag als Vertrag verstanden wird, geschieht dies um einen Preis, der den Begriff des Vertrages selbst wieder in Frage stellt.

Die theoretischen Lösungen lassen sich, wenn man sie ihres Beiwerkes entkleidet, auf den Versuch zurückführen, zwei im Grunde unvereinbare

---

307 HAUPT 1943. Für Literaturhinweise siehe oben Anm. III 61.

308 Über einen öffentlich-rechtlichen Deutungsversuch der faktischen Vertragsverhältnisse siehe oben bei Anm. IV 288.

309 LARENZ 1967, Bd. 1, S. 33–36.

310 SIMITIS 1957, S. 420–422, hier S. 421.

311 Ebd., S. 533 und passim.

312 SIEBERT 1958.

Elemente – hoheitliche Gewalt und private Autonomie – im Begriff des Vertrages dadurch zu harmonisieren, daß man die Parteiautonomie der Hoheitsgewalt opfert. Nur der Deckmantel für den Opfervorgang wechselt. Die einen degradieren den Vertrag zu einem bloßen Ordnungsinstrument, andere „veredeln" die Vertragsordnung mit Hilfe hoheitlicher Gestaltungskräfte, die dritten fingieren einen gemeinsamen Willen der Vertragspartner zur Ausführung des hoheitlichen Vertragszwanges, die vierten schließlich resignieren und finden sich mit der Feststellung ab, daß im Begriff des hoheitlich gestalteten Vertrages ein unlöslicher Widerspruch besteht.

Eine volle Harmonie ist letztlich nur zu erreichen, wenn auf das eine der feindlichen Elemente verzichtet wird. Hierzu eröffnen sich drei Möglichkeiten. Die erste ist die konsequenteste, aber auch die radikalste: Der Vertrag wird abgeschafft. Diese Lösung versuchte PAŠUKANIS theoretisch zu begründen. Die anderen zwei Möglichkeiten lassen sich mit der Rechtswirklichkeit besser vereinen: die eine von ihnen klammert den hoheitlich gestalteten Vertrag aus dem Vertragsbegriff aus und erklärt ihn entweder zu einem „vertragsähnlichen" oder zu einem verwaltungsrechtlichen Schuldverhältnis. Dieser autonomie-freundlichen und damit zivilistischen Lösung steht eine autonomie-feindliche und damit publizistische Alternative gegenüber: der Vertragsbegriff wird so erweitert, daß er auch den hoheitlich gestalteten Vertrag in sich aufnehmen kann. Welche dieser Lösungsvarianten den Vorzug verdient, ist eine Frage, die nach ihrem Sinngehalt und ihren Konsequenzen weit über das Gebiet des Vertragsrechts hinausreicht. Sie wirft nicht nur Grundprobleme der Rechtssystematik und Rechtstheorie auf, sondern führt auch in die Tiefen der Rechts- und Staatsphilosophie. Die über das Vertragsrecht hinausragende Problematik kann im Rahmen der vorliegenden Arbeit nicht behandelt werden. Hier geht es nur darum, die denkbaren Lösungen aufzuzeigen und unter ihnen diejenigen auszuwählen, die den Ansprüchen der Vertragstheorie und den Bedürfnissen der Vertragspraxis am ehesten entsprechen.

(1) Erweiterung des Vertragsbegriffs

Ein Vergleich der sowjetischen und deutschen Versuche, zu einem neuen Verständnis des Vertrages zu gelangen, läßt unschwer eine gewisse Ähnlichkeit, ja Parallelität zwischen ihnen erkennen. Die auf Privatautonomie gegründeten Theorien in beiden Ländern sind nicht in der Lage und weigern sich daher auch, die hoheitliche Vertragsgestaltung als einen Bestandteil der Vertragsordnung anzuerkennen. In der Suche nach einem Ausweg zeigt die Vertragslehre hier und dort deutlich die Tendenz, sich von einem voluntaristischen Vertragsbegriff zu lösen und an seine Stelle eine instrumentale Auffassung vom Vertrag zu setzen. Unterschiede bestehen demgegenüber vor allem in der Rolle, welche dem Vertrag als Instrument der Rechtsordnung in der Sowjetunion und in Deutschland zugedacht wird. Aber selbst hier werden manche Gemeinsamkeiten deutlich.

Wenn man sich mit groben Vereinfachungen begnügt, lassen sich den instrumentalen Auffassungen ŠRETERS die funktionellen Theorien von BÄRMANN und RAISER an die Seite stellen. Auch ŠRETERS Charakterisierung des Vertrages als „technisches Instrumentarium" findet sich in ähnlichen Formulierungen im deutschen Schrifttum wieder. KRAUSE bezeichnet den Vertrag als „technisches Mittel" zur Bewältigung des Güteraustausches[313] und FLUME spricht vom Vertrag als „technischem Mittel" des Gesetzesvollzuges[314]. Eine verwaltungsrechtliche Deutung des hoheitlich gestalteten Vertrages, wie sie von den Deutschen BÜRCKNER und KROEBER vertreten wird, findet sich, allerdings in einem wesentlich anderen Gewand, bei PAŠUKANIS und STUČKA wieder. Die Forderung, den Vertrag ganz in den Dienst der von der Staatsführung verfolgten Zwecke zu stellen, kommt in den Theorien zum Ausdruck, die in der Sowjetunion zur Zeit des 2. Fünfjahresplanes (AMFITEATROV) und in Deutschland unter dem nationalsozialistischen Regime entwickelt worden sind. Auch die heute in den beiden Ländern verbreiteten Auffassungen über Wesen und Zweck des Vertrages (AGARKOV und REINHARDT) weisen trotz ihrer inhaltlichen Unterschiede, einige Gemeinsamkeiten auf: Sie bemühen sich, die persönlichen und hoheitlichen Gestaltungskräfte im Vertrag in eine sachgerechte und abgewogene gegenseitige Beziehung zu setzen und dadurch einen Einklang zwischen diesen im Grunde schwer zu vereinbarenden Elementen herzustellen. Gegenüber den Theorien, die einseitig entweder die Parteiautonomie oder die hoheitliche Einwirkung in den Vordergrund rücken, nehmen diese Theorien einen vermittelnden Standpunkt ein. Sie versuchen, die gegensätzlichen Elemente miteinander zu kombinieren und zu einer Synthese zu verbinden. Für die Theorie CHALFINAS von der Identität zwischen hoheitlichem und partnerseitigem Vertragsgestaltungswillen gibt es eine Entsprechung im deutschen Schrifttum der Hitlerzeit. SIEBERT folgerte aus der These von der völkischen Ordnung als Vertragsgestaltungsmittel, daß das Schuldverhältnis nicht mehr einen Interessengegensatz ausdrückt,

---

[313] KRAUSE 1937, S. 409.
[314] FLUME 1960, S. 144.

sondern die Parteien zu einem gemeinsamen Zweck verbindet[315]. Ähnliche Gedanken vertrat WIEACKER: Das Schuldverhältnis erschöpft sich nicht in der Befriedigung gegenläufiger Interessen; es bedeutet vielmehr eine Zweckgemeinschaft[316]. Schließlich besteht auch eine gewisse Verwandtschaft zwischen der Realakt-Theorie von POSCH und den Lehren von den faktischen Vertragsverhältnissen. Mag die Verwandtschaft auch nur entfernt sein, so läßt sich eine gemeinsame Herkunft doch nicht leugnen: Ausgangspunkt beider Theorien ist die Leistungsbeziehung auf mangelnder vertraglicher Grundlage und das Bestreben, diese Rechtsbeziehung zivilrechtlich zu erfassen.

Der gemeinsame Nenner, auf den alle diese Bemühungen gebracht werden können, ist – wie erwähnt – das Zurückdrängen des voluntaristischen Elements im Vertrag und das Hervorheben seines instrumentalen Charakters. Hierin liegt in der Tat der einzige Ausweg, soll ein so verbreitetes Vertragsgestaltungsmittel wie der (partnerseitige und hoheitliche) Vertragszwang nicht aus der Vertragsordnung ausgeklammert, sondern in diese eingegliedert werden. Wie wenig fruchtbar Versuche sind, einen anderen Ausweg – eine dritte Lösung – zu finden, zeigt die Theorie CHALFINAS, die eine Identität zwischen Vertragsautonomie und Vertragszwang annimmt. Dieser Konstruktion haftet ein gekünstelter Charakter an. Sie läßt sich mit der Rechtswirklichkeit nur schwer vereinbaren.

Geht man von dem Ziel aus, den hoheitlich gestalteten Vertrag in die Vertragsordnung einzufügen, so muß die Eignung der einzelnen Theorien danach beurteilt werden, in welchem Umfang ihnen eine Lösung dieser Aufgabe gelingt. An diesem Maßstab gemessen, vermag die Kombinationstheorie von AGARKOV am ehesten zu befriedigen. Sie überdeckt die autonomie-widrige Fremdgestaltung von Verträgen durch das Kriterium des Vertragszweckes und verbindet damit die beiden so verschiedenartigen Komponenten der Vertragsgestaltung unter übergreifenden Gesichtspunkten. In der deutschen Rechtswissenschaft wird zwar auch versucht, den hoheitlich gestalteten Vertrag in die Vertragsordnung zu integrieren. Als Bindeglied erscheint hier aber in erster Linie die Form des Vertrages selbst und der Vorgang seiner Gestaltung. Das wird in der Lehre von den Gestaltungskräften im Vertrag deutlich[317]. Der Zweck der Schuldverhältnisse bleibt im Schatten. Nur NIPPERDEY berücksichtigt den Vertragszweck durch seine Unterscheidung zwischen normalem und anomalem Güter-

---

[315] SIEBERT 1937, S. 206. [316] WIEACKER 1937, S. 22.

[317] Vgl. REINHARDT 1957 und die herkömmliche Gliederung der Verträge (oben bei Anm. IV 284).

umlauf[318]. Diese Begriffe decken sich aber nicht durchweg mit dem Anwendungsbereich der partnerseitig und hoheitlich gestalteten Verträge. Das zeigt allein die Übersicht über die verschiedenen Arten des hoheitlich gestalteten Vertragsersatzes.

Das Ziel, die zivil- und verwaltungsrechtlichen Vertragsgestaltungsmittel durch ein einigendes Band zusammenzufassen, schwebt der funktionellen Vertragslehre RAISERS offenbar nicht vor. Die Funktion des Vertrages besteht nach Raiser (nur) darin, im herrschaftsfreien Raum zwischenmenschliche Beziehungen durch Selbstbestimmung der Parteien rechtlich zu ordnen oder, anders ausgedrückt, Rechtsverhältnisse durch Privatakt zu begründen[319]. Diese Begriffsbestimmung schließt den hoheitlich gestalteten Vertrag aus. Sie weist ihm einen Platz außerhalb der Vertragsordnung an.

Die Theorien, welche den Vertrag vornehmlich in den Dienst des Staates stellen (AMFITEATROV und die Vertragslehre im nationalsozialistischen Deutschland) erscheinen in ihrer Einseitigkeit wenig befriedigend. Sie vermögen zwar den hoheitlich gestalteten Vertrag als Bestandteil der Vertragsordnung zu erklären, tun aber den autonom gestalteten Verträgen Gewalt an.

Die zur Erklärung der vertragslosen Leistungsbeziehungen entwickelten Lehren (POSCH und HAUPT) erfassen nicht den hoheitlich gestalteten Vertrag[320]. Hierin liegt eine Schwäche der Konstruktion von POSCH. Er erkennt den Vertragscharakter von Zivilrechtsbeziehungen zwischen Bürger und Staat nur an, soweit im Einzelfall wirklich etwas vereinbart wird. Den wirtschaftsrechtlichen Beziehungen zwischen den sozialistischen Organisationen gesteht Posch dagegen auch dann Vertragscharakter zu, wenn die Planaufgabe im Einzelfall keinen Raum für Vereinbarungen läßt. Die Theorien über die vertragslosen Leistungsbeziehungen vermögen somit nichts Wesentliches zu den hier erörterten Fragen nach der Stellung des hoheitlich gestalteten Vertrages im Rahmen der geltenden Vertragsordnung beizutragen.

(2) Ausgliederung des hoheitlich gestalteten Vertrages

Die Alternative zu den bisher behandelten Lösungsversuchen besteht – wie ausgeführt – in der Ausgliederung des hoheitlich gestalteten Vertrages aus der Vertragsordnung. Zu diesem Ergebnis gelangen einerseits

[318] NIPPERDEY 1920, S. 36–85. Vgl. oben bei Anm. IV 277.

[319] RAISER 1960.

[320] Eine Ausnahme bildet die Auffassung von SIMITIS. Vgl. oben bei Anm. IV 310.

die Verfasser, die im hoheitlich gestalteten Vertrag ein Instrument des Verwaltungsrechts sehen (Pašukanis, Bürckner) und andererseits die auf Parteiautonomie beruhenden Vertragstheorien (Asknazij, Larenz u. a.). Nach den zuletzt genannten Auffassungen handelt es sich beim hoheitlich gestalteten Vertrag lediglich um ein vertragsähnliches Schuldverhältnis. Diese Umschreibung kann sich als nützlich erweisen, wenn sie mit einem positiven und konkreten Inhalt erfüllt wird. Dann ergibt sich die notwendige Zuordnung des hoheitlich gestalteten Vertrages. Voraussetzung hierfür ist die Klärung mindestens zweier Aspekte des hoheitlich gestalteten Vertrages. Der erste liegt auf theoretischem Gebiet. Es bedarf einer Untersuchung über die *Zwecke* des hoheitlich gestalteten Vertrages. Sie kann Aufschluß darüber geben, ob und wodurch sich der hoheitlich gestaltete Vertrag vom partnergestalteten Vertrag nach seiner Funktion unterscheidet. Der zweite Aspekt ist mehr praktischer Natur. Es ist festzustellen, ob und wieweit der hoheitlich gestaltete Vertrag einem *Sonderrecht* untersteht, das von dem für die partnergestalteten Verträge maßgebenden Recht abweicht[321].

2. ZWECK DES HOHEITLICH GESTALTETEN VERTRAGES

Die Feststellung, daß der Vertrag mehrere Personen für Zwecke des Güter- und Leistungsaustausches miteinander verbindet[322], ist zu allgemein, um Aufgaben und Funktion des hoheitlich gestalteten Vertrages aufzudecken. Das Merkmal der Austauschbeziehung als Vertragszweck trifft nämlich nicht nur auf den partnerseitig, sondern auch auf den hoheitlich gestalteten Vertrag zu. Ein Unterschied besteht nur darin, wer die Leistungsbeziehung wünscht: die Vertragspartner oder die Staatsgewalt.

Es bedarf also anderer, engerer Unterscheidungskriterien. Agarkov sieht den Zweck der sowjetischen *Wirtschaftsverträge* darin, sowohl der Bedürfnisbefriedigung als auch der Planerfüllung zu dienen. Die Verträge, an denen *Bürger* als Einzelpersonen beteiligt sind, sind (auf der Seite der Bürger) nach seiner Ansicht nur auf Bedürfnisbefriedigung gerichtet. Soweit sich diese Deutung auf den Zweck des hoheitlich gestalteten Vertrages in der Sowjetunion bezieht, stimmt sie mit der Rechtswirklichkeit überein und erscheint überzeugend[323]. Die Auffassung Agarkovs vermag dagegen

---

[321] Hierüber unten im Kapitel V.

[322] Vgl. Enneccerus/Lehmann 1958, S. 1; Esser 1960, S. 9; Pleyer 1963, S. 233; Larenz 1967, Bd. 1, S. 1.

[323] Das Merkmal der Planerfüllung als Vertragszweck bedarf allerdings einer näheren Präzisierung. Siehe unten bei Anm. IV 241 ff.

nicht den Zweck des hoheitlich gestalteten Vertrages in marktwirtschaftlich orientierten Ländern zu erklären, da es hier an einem für die einzelnen Wirtschaftsträger verbindlichen Staatsplan fehlt. Für die sowjetische Rechtswissenschaft ist der Zweck zwar schnell erklärt: in den kapitalistischen Ländern dient der diktierte Vertrag – so wird behauptet – den Monopolkapitalisten als Mittel zur Ausbeutung der Werktätigen[324]. Diese Ansicht ist jedoch, vorsichtig ausgedrückt, anfechtbar, insbesondere, wenn sie ohne nähere Qualifizierung vertreten wird[325]. Sie erfordert eine Nachprüfung.

a) Zweck des hoheitlich gestalteten Vertrages in der Sowjetunion

Die Formel Agarkovs, daß der Wirtschaftsvertrag sowohl der Bedürfnisbefriedigung als auch der Planerfüllung dient, verdeckt eine seiner Besonderheiten. Sie läßt nicht erkennen, daß der Wirtschaftsvertrag mit der Wahrnehmung der beiden Funktionen zugleich ein Instrument in den Händen ein und desselben Hoheitsträgers, nämlich des Staates in seiner Eigenschaft als Wirtschaftsorganisation ist. Der Staat, vertreten durch die vorgesetzten Behörden der einzelnen Unternehmen, ist der gemeinsame Träger der Vertragspartner. Er verfügt als Dienstherr über weitgehende Verwaltungs- und Disziplinarbefugnisse gegenüber den Vertragspartnern. Der Staat ist darüber hinaus der alleinige Eigentümer der im Vertragswege ausgetauschten Güter. Er weist insoweit verwandte Züge mit einem Großunternehmen auf, das eine Vielzahl unselbständiger Betriebe zusammenfaßt und lenkt.

Gleichwohl sind Agarkovs Feststellungen über den Zweck der Wirtschaftsverträge zutreffend. Das liegt daran, daß die Vorstellung vom Sowjetstaat als einem einzigen riesigen Wirtschaftsunternehmen nicht in allen Konsequenzen mit der Wirklichkeit übereinstimmt. Dieses Bild mag zwar zum Verständnis der sowjetischen Wirtschaftsordnung beitragen. Es eignet sich aber nicht, um Zweck und Wesen des Wirtschaftsvertrages zu erklären, wie er in der Praxis zur Anwendung kommt. Auf die Vertragsebene übertragen, würde die Vorstellung bedeuten, daß der Staat mit sich selbst kontrahiert, daß die Wirtschaftsverträge nichts weiter sind als eine irreführende Bezeichnung für interne Akte der Güterbewegung zwischen einzelnen Stationen ein und desselben Wirtschaftssubjekts. Tatsächlich läßt

---

[324] Hierüber oben bei Anm. I 65.

[325] Vgl. den Abschnitt „Zweck des hoheitlich gestalteten Vertrages in Deutschland" unten bei Anm. IV 410 ff., 425 ff.

sich eine Zentralverwaltungswirtschaft für einen Wirtschaftskörper von der Größe der Sowjetunion nicht in reiner Form verwirklichen. Sie bleibt – ebenso wie die Marktwirtschaft – eine Modellvorstellung. Harte wirtschaftliche Notwendigkeiten zwingen zur Auflösung des Modells und zur Anerkennung lebensfähiger Wirtschaftseinheiten. Damit ist auch der Boden geschaffen, auf dem der Vertrag als Rechtsinstitut zur Verbindung selbständiger Rechtsträger existieren kann, ja noch mehr: die Schaffung dezentralisierter Wirtschaftsorganisationen verlangt gebieterisch nach einer Rechtsform, in der die gegenseitigen Beziehungen dieser Organisationen auf einer gleichgeordneten und die Partner verpflichtenden Weise abgewickelt werden können. Diese Rechtsform ist der Vertrag oder jedenfalls ein vertragsähnliches Schuldverhältnis.

Der Zweck der sowjetischen Wirtschaftsverträge kann hiernach aufgegliedert werden in Funktionen, die sie gegenüber den staatlichen Planbehörden zu erfüllen haben und solche, die gegenüber dem Vertragspartner wirksam werden sollen.

(1) Vertragsfunktionen im Verhältnis zur Planbehörde

1931, bald nach Einführung der gesamtstaatlichen Planung, definierte MOLOTOV den Zweck des Wirtschaftsvertrages mit folgenden Worten: „Der Vertrag ist das beste Mittel zur Verbindung des Wirtschaftsplanes mit den Prinzipien der wirtschaftlichen Rechnungsführung“ [326]. Diese Formulierung wird von VENEDIKTOV als „klassisch“ gerühmt [327] und kehrt in zahlreichen sowjetischen Veröffentlichungen zum Vertrag wieder [328]. Eine Legaldefinition der Vertragsfunktion findet sich im Vertragsgesetz der DDR von 1965. Es bezeichnet den Wirtschaftsvertrag als „ein Instrument der Planung und Leitung der Volkswirtschaft“ [329]. Diese Charakterisierung reicht in ihrer Allgemeinheit aber nicht aus, um die Vertragsfunktionen im einzelnen hervortreten zu lassen. In der Sowjetunion (und auch in anderen sozialistischen Staaten) kommt als Vertragszweck in erster Linie die *Konkretisierung* des Planes (Planaktes) in Betracht. Diese Auffassung ist allgemein anerkannt [330]. Lediglich VIL'NJANSKIJ nimmt an, daß der Ver-

[326] MOLOTOV V., V bor'be za socializm. Reči i stat'i, Moskau, 2. Aufl., 1935, S. 258.

[327] VENEDIKTOV 1948, S. 488.

[328] Seit dem Sturz von Molotov (1957) wird eine Bezugnahme auf den Urheber der Formel vermieden. Kritik an einer Gegenüberstellung von Plan, Vertrag und Rechnungsführung äußert MASEVIČ, Sov. gos. i pravo 1965 No. 8 S. 84–85.

[329] Vertragsgesetz der DDR von 1965 § 3 (siehe oben Anm. II 117).

[330] Verordnung vom 22. August 1963 Ziff. 1; Instruktionsbriefe vom 15. Oktober 1963 Ziff. 1; vom 19. November 1963 Ziff. 4 und vom 14. November 1964 Ziff. 10; Sbornik No. 21 S. 94 (1962); No. 22 S. 42, 46, 53 (1962). Aus der Literatur: AMFITEATROV,

trag nicht den Plan, sondern das Schuldverhältnis konkretisiere[331]. Er meint offenbar das zwischen der Planbehörde und dem Vertragspartner bestehende verwaltungsrechtliche Schuldverhältnis.

Streitig ist demgegenüber, ob der Wirtschaftsvertrag auch die Funktion hat, den Plan (Planakt) zu *berichtigen*. Die Frage wird von einer Reihe namhafter Autoren bejaht[332]. Sie wird z. B. akut, wenn der Planakt, etwa die Zuteilung von Rohstoffen, nicht dem Produktionsplan des Empfängers entspricht. Dann wird eine Entscheidung darüber erforderlich, ob der Käufer im Vertrag die Lieferung einer geringeren Gütermenge vereinbaren darf, als ihm durch Planakt zugeteilt worden ist. Nach der, wie mir scheint, zutreffenden Gegenmeinung ist der Vertrag nur ein Mittel zur *Kontrolle* des Planes (Planaktes). Er kann den Plan (Planakt) aber nicht selbst unmittelbar berichtigen[333].

Inzwischen hat der Streit einiges an Aktualität verloren, da dem Empfänger 1962 das Recht eingeräumt worden ist, nicht benötigte, ihm aber durch Planakt zugeteilte Produktion zu verweigern[334]. Soweit der Planakt auf Grund dieser Weigerung geändert wird, entfällt auch der Vertragszwang. In den Fällen jedoch, in denen die Weigerung mißbräuchlich ist und daher von der Arbitrage nicht berücksichtigt wird[335], bleibt es beim allgemeinen Grundsatz. Dieser besagt, daß sich der Inhalt des Vertrages nach der Planaufgabe zu richten hat[336]. Insoweit besitzt der Vertrag auch weiterhin keine Planberichtigungsfunktion[337].

---

in: Kurs 1935, Bd. 2, S. 38; GENKIN, in: Naučnaja sessija 1953, S. 57; NOVICKIJ, ebd., S. 58; BRATUS', Diskussionsbeitrag, in: ŠKUNDIN 1948 (b), S. 71; BRATUS' 1953, S. 83; BRATUS' in: BRATUS'/LUNC 1954, S. 9, 14; BRATUS', Voprosy ekonomiki, 1960 No. 9 S. 73–82, hier S. 78; CHALFINA 1954, S. 19; NOVICKIJ 1955, S. 93; BARU 1957, S. 42; MOŽEJKO 1962, S. 114, 140; JOFFE 1965, S. 27–29; TANČUK 1965, S. 59; u. a.

331 VIL'NJANSKIJ 1958, S. 315.

332 BRATUS' 1953, S. 79, 83–84; BRATUS', in: Naučnaja sessija 1953, S. 58, 65; BRATUS', in: BRATUS'/LUNC 1954, S. 9 (einschränkend: der Vertrag hat nur Signal-Funktion); BRATUS' 1958, S. 52; AMERCHANOV, Soc. zak. 1954 No. 9 S. 82; FLEJŠIC 1954, S. 28; STEPANENKO/BASIN, Sov. gos. i pravo 1956 No. 1 S. 49; ŠVARC, in: Graždanskoe pravo 1960, Bd. 1, S. 387; TANČUK, in: Voprosy 1962, S. 137; KRYLOVA 1963, S. 74; LIBERMAN 1965, S. 107.

333 CHALFINA 1952, S. 51; CHALFINA 1954, S. 22; NOVICKIJ 1955, S. 91; DOZORCEV 1955, S. 137; BARU 1957, S. 44–47; VIL'NJANSKIJ 1958, S. 315; MOŽEJKO 1962, S. 140; CHALFINA 1963, S. 30–35 (gegen NOVICKIJ 1955 und DOZORCEV 1955); JOFFE, in: Dogovory 1964, S. 25–27; ŠAPKINA, Sov. just. 1964 No. 7 S. 28.

334 Hierüber oben bei Anm. III 131.

335 Siehe oben bei Anm. III 132.

336 Grundlagen Art. 34; ZGB RSFSR Art. 159. Dazu: ZAMENGOF 1967, S. 44–46, vgl. S. 87–88.

337 Aus der Literatur: LIBERMAN 1965, S. 107; ZAMENGOF 1967, S. 44–46, vgl. S. 87–88; sowie die oben in Anm. III 131 genannten Verfasser.

Eng zusammen hiermit hängt die Frage, ob der Wirtschaftsvertrag ein „abschließendes *Glied der Planung*" darstellt. Das wird von Bratus' behauptet[338], von anderen aber verneint[339]. Sie weisen mit Recht auf die dienende Rolle des Vertrages im Verhältnis zum Planakt hin. Dieser Grundsatz hat im Zuge der Wirtschaftsreform allerdings insofern eine gewisse Abwandlung erfahren, als diejenigen Lieferverträge, die unter Berücksichtigung zuvor eingegangener Bestellungen geschlossen werden, in den Planungsprozeß eingegliedert sind[340]. Der Bestand an vorliegenden Bestellungen dient (neben den staatlichen Planaufgaben) als Grundlage für den Produktionsplan des Herstellerunternehmens. Insofern läßt sich davon sprechen, daß der Planvertrag auch eine Funktion bei der Planaufstellung hat, mag sie auch nur von untergeordneter Bedeutung sein[341].

Die breite Aufmerksamkeit, die das sowjetische Schrifttum der Funktion des Vertrages im Verhältnis zur Planbehörde geschenkt hat, steht in einem auffallenden Gegensatz zu den relativ spärlichen Äußerungen über die Funktion des Vertrages im Verhältnis der Vertragspartner zueinander.

(2) Vertragsfunktionen im Verhältnis zum Vertragspartner

In einer Wirtschaftsordnung, die auf dem staatlichen Eigentum an den Produktionsmitteln beruht, ist der Vertrag eine notwendige Voraussetzung für ein rationelles Wirtschaften. Die Tätigkeit der einzelnen Wirtschaftseinheiten läßt sich praktisch nur lenken und überwachen, das Ergebnis ihrer Tätigkeit nur erfassen und in Geld messen, wenn

1. der Gesamtfonds des staatlichen Eigentums in wirtschaftlich und rechtlich abgrenzbare Einzelteile aufgespalten wird und
2. die Verwalter dieser Eigentumsteile wie selbständige Wirtschaftskörper einander gegenübertreten.

---

338 Bratus' 1953, S. 83; Bratus', Voprosy ekonomiki 1960 No. 9 S. 73–82, hier S. 78; ebenso: Laptev, Sov. gos. i pravo 1959 No. 4 S. 75–76; Laptev, in: Voprosy 1962, S. 14; Mamutov 1964, S. 176–177; Tarnovskaja 1964, S. 47–49.

339 Baru 1957, S. 46; Vil'njanskij 1958, S. 314–315; Kabalkin, in: Graždanskoe pravo 1960, Bd. 1, S. 425; Jakovleva 1962, S. 246–247.

340 Siehe oben bei Anm. III 119 und vgl. bei Anm. V 145.

341 Auf diese Funktion des Vertrages wird in der Literatur neuerdings immer wieder hingewiesen: Gus'kova 1965, S. 131 (mit weiterem Nachweis); Liberman 1965, S. 103 bis 104; Liberman 1965 (a), S. 9; Volin, Kommunist 1967 No. 9 S. 70–79, hier S. 73; Bratus', Ekonomičeskaja gazeta 1967 No. 4 S. 16 Sp. 1; Sadikov, Sov. gos. i pravo 1967 No. 12 S. 75–83, hier S. 77–78; Vasil'eva, Sov. just. 1967 No. 5 S. 13–14, hier S. 13 Sp. 1; Joffe 1967, S. 47; Klejn 1967, S. 9–10, 44, 62–65. Vorsichtiger, teilweise zweifelnd, äußern sich dagegen Byčkovskij, Sov. gos. i pravo 1965 No. 10 S. 86–91, hier S. 90 (Zweifel bei Mangelwaren); Verdnikov, ebd. 1966 No. 4 S. 63–70, hier S. 66–68 (in erster Linie Konkretisierungsfunktion); Šelestov, ebd. 1966 No. 8 S. 52–54, hier S. 53 (nicht „in allen Fällen").

Dieses wird durch die Rechtsinstitute der juristischen Person und des Vertrages erreicht. Ökonomisch liegt ihnen ein Prinzip zugrunde, das in der Sowjetunion „wirtschaftliche Rechnungsführung" (chozrasčet) genannt wird. Es bedeutet im Grunde, daß die einzelnen Wirtschaftsunternehmen so wirtschaften dürfen und sollen, als ob sie für eigene Rechnung handeln. Die wirtschaftliche Rechnungsführung legalisiert also den Betriebsegoismus (allerdings nur im Rahmen der für den Betrieb verbindlichen Planaufgaben).

Eine Wirtschaftsordnung, die das Staatseigentum in dieser Weise aufsplittert und verselbständigt, kann den Vertrag als Mittel des Güter- und Leistungsaustausches nicht entbehren. Das gilt selbst dann, wenn die Unternehmen, welche das Staatseigentum nutzen und verwalten, einer straffen staatlichen Planwirtschaft unterliegen. Die von den sowjetischen Kommunisten ursprünglich geforderte[342] und von den Liberalen befürchtete[343] Verdrängung des Zivilrechts im Sozialismus und seine Ersetzung durch eine öffentlich-rechtliche Ordnung ist mit der Realität wirtschaftlicher Erfordernisse nicht zu vereinbaren. Das gilt jedenfalls für den Sozialismus sowjetischer Prägung[344].

AGARKOV ist wohl der erste in der Sowjetunion gewesen, der sich in diesem Sinne für ein Fortbestehen des Zivilrechts eingesetzt hat. Eine 1920 in Irkutsk erschienene, heute aber in Vergessenheit geratene Schrift über den „Wert des Privatrechts" schloß AGARKOV mit dem Bekenntnis, daß das Privatrecht auch im Sozialismus dazu berufen sei, die individuelle Freiheit zu garantieren[345]. Als die Existenzberechtigung des Zivilrechts mit Einführung der staatlichen Wirtschaftsplanung von verschiedenen Seiten in Zweifel gezogen wurde, trat AGARKOV 1928 auf einer Konferenz von Wirtschaftsjuristen, die hierüber diskutierten, in einem geistvollen Plädoyer für eine Beibehaltung des Zivilrechts ein[346]. Dieser Konferenzbeitrag diente BRATUS' als Anlaß, AGARKOV vorzuwerfen, Agarkov habe den „geschickten Versuch unternommen, das Zivilrecht zu verewigen"[347].

---

342 Siehe die Lehren von STUČKA und PAŠUKANIS oben bei Anm. IV 54, 74 und vgl. die einschlägigen Äußerungen von LENIN im Frühjahr 1922 (oben bei Anm. I 105).

343 Vgl. oben bei Anm. I 49. Aus der Zeit vor der Oktoberrevolution siehe: POKROVSKIJ I. A., Osnovnye problemy graždanskago prava, Petrograd, 1917, S. 17. IOSIF ALEKSEEVIČ POKROVSKIJ (etwa 1860–1920) war einer der letzten großen Zivilisten des vorrevolutionären Rußland. Siehe den Nachruf auf ihn in Pravo i žizn' 1922 No. 1 S. 43–51 (N. N. POLJANSKIJ) und die Würdigung in Vestnik sovetskoj justicii 1925 No. 12 S. 473–475 (A. E. SEMENOVA).

344 Vgl. oben bei Anm. I 52 und nach Anm. IV 325.

345 AGARKOV 1920, S. 30.

346 AGARKOV 1928, S. 74–76. Vgl. hierzu MARTYNOV 1928, S. 97–98.

347 BRATUS' 1930, S. 161.

aa) Vorzug und Schwäche des Vertrages

Der Zweck des Vertrages zwischen sozialistischen (d. h. staatlichen und genossenschaftlichen) Wirtschaftsorganisationen besteht zunächst darin, *entgeltliche* Beziehungen herzustellen. Diese Funktion ist keineswegs so selbstverständlich, wie es auf den ersten Blick erscheinen mag. Die staatlichen Wirtschaftsorganisationen sind rechtlich nichts anderes als mit Teilrechtsfähigkeit ausgestattete Sondervermögen eines einheitlichen Rechtsträgers – des Staates. Es wäre also denkbar, daß die Beziehungen dieser Organisationen untereinander unentgeltlich abgewickelt werden. Das ist z. B. bei der Übergabe von Anlagevermögen (im Gegensatz zu Umlaufvermögen) auch tatsächlich der Fall[348]. Wenn dagegen für den Austausch von Umlaufvermögen und von Leistungen der Vertrag vorgeschrieben ist, so deshalb, weil er den anderen in Betracht kommenden Mitteln zur Herstellung von Leistungsbeziehungen – etwa der verwaltungsrechtlichen Anordnung – offenbar überlegen ist[349].

Der *Vorzug* des Vertrages besteht vor allem darin, daß er die Vertragspartner auf Grund des ihm immanenten Äquivalenzprinzips zur gegenseitigen Kontrolle bei der Erfüllung ihrer jeweiligen Planaufgaben anhält. Neben die verwaltungsrechtliche (vertikal wirkende) Gehorsamspflicht tritt somit eine Kontrolle auf gleichgeordneter (horizontaler) Ebene. Die den Vertragspartnern in die Hand gegebenen Kontrollmittel sind der Vertragsnatur entsprechend dem Zivilrecht entlehnt und bestehen vor allem in der gegenseitigen Haftung für Nicht- oder Schlechterfüllung der Vertragspflichten.

Die Verwendung des Vertragsinstruments gewährleistet für sich allein allerdings noch nicht automatisch eine wirksame Kontrolle der Planerfüllung auf Partnerebene. Die *Schwäche* des Vertrages liegt darin, daß er die Vertragspartner zur Wahrnehmung ihrer Vertragsansprüche (und damit auch zur gegenseitigen Kontrolle) zwar berechtigt, aber nicht verpflichtet. Der eine oder andere Vertragspartner kann z. B. von der Geltendmachung seiner Vertragsansprüche absehen, um hierdurch andere, außerhalb des Vertrages liegende Vorteile zu erlangen. Der Vertrag kann als Plankontrollmittel nur dann wirksam sein, wenn ein etwa entgegenstehendes Partnerermessen ausgeschaltet ist. Um dieses zu erreichen, ist zweierlei not-

---

[348] Siehe oben bei Anm. III 88.

[349] Über die Vorzüge des Vertrages im Vergleich zu verwaltungsrechtlichen und unentgeltlichen Partnerbeziehungen siehe u. a. LOEBER 1964, S. 165–166, 173–174.

wendig: erstens müssen die Vertrags*pflichten* gegenüber dem Partner durch entsprechende Pflichten gegenüber dem Staat verstärkt und diesen sogar vorangestellt werden; zweitens muß den Partnern die Wahrnehmung ihrer Vertrags*rechte* zu einer Pflicht gegenüber dem Staat gemacht werden. Konkret bedeutet dies vor allem, daß der Gläubiger verpflichtet sein muß, die für den Fall der Nicht- oder Schlechterfüllung des Vertrages vorgesehenen Sanktionen anzuwenden. Die Sanktionen bestehen gewöhnlich in der Geltendmachung von Vertragsstrafen. Eine Wahrnehmung dieser Pflicht impliziert (nach dem im Sowjetrecht geltenden Prinzip der realen Vertragserfüllung) im allgemeinen auch ein Bestehen auf der ordnungsgemäßen Erfüllung des Vertrages[350].

Eine Pflicht zur Geltendmachung von Vertragsansprüchen ist auch dem deutschen Recht bekannt, gehört hier aber offenkundig zu den Ausnahmen. Ein Beispiel bietet das Güterkraftverkehrsrecht. Ein Unternehmen, das ein Beförderungsentgelt unter Tarif berechnet hat, ist verpflichtet, den Unterschiedsbetrag nachzufordern und erforderlichenfalls gerichtlich geltend zu machen[351]. Die Überwachung liegt bei der Bundesanstalt für Güterfernverkehr[352].

bb) Überwachung durch Staatsorgane

Die Erfüllung der Pflichten gegenüber dem Staat wird durch hierfür zuständige Staatsorgane überwacht. Es handelt sich in erster Linie um die vorgesetzte Behörde des verpflichteten Partners, die Arbitrage, die Staatsbank und die Finanzorgane. Zu den Mitteln der Überwachung gehört zunächst die Nachprüfung; ergibt sie eine Verletzung der Pflichten gegenüber dem Staat, sind die erwähnten Behörden berechtigt und verpflichtet, entsprechende Zwangsmaßnahmen zu ergreifen oder zu veranlassen. Hierbei leisten sie sich gegenseitig Amtshilfe. Die Verwaltungsmaßnahmen, welche das Sowjetrecht zur Durchsetzung der „Vertragsdisziplin" vorsieht, bilden ein umfassendes System. Die wichtigsten von ihnen seien kurz dargestellt.

Die *vorgesetzte Behörde* (z. B. eine Branchen-Hauptverwaltung) hat

---

[350] Siehe unten bei Anm. V 246. Die Leistung der Vertragsstrafe befreit nicht von der Vertragserfüllung. Sie tritt auch neben etwaige Schadensersatzforderungen (siehe unten bei Anm. V 235, 237).

[351] Güterkraftverkehrsgesetz von 1952 (BGBl. I 697, mit nachfolgenden Änderungen) § 23.

[352] Ebd. Über die Wirtschaftsaufsicht im Recht der Bundesrepublik Deutschland siehe: STEIN E., Die Wirtschaftsaufsicht, Tübingen, 1967, XIV, 292 S.

„den Abschluß der Wirtschafts- und Werkverträge zu lenken und ihre Erfüllung zu kontrollieren“ [353].

Die vorgesetzten Behörden sind „verpflichtet, den ihnen unterstellten Unternehmen … zu verbieten…, Lieferungen materieller Werte ohne den Abschluß von Verträgen vorzunehmen…“ [354]. „Bei Fehlen eines Vertrages“ ist auch die „Ausführung von Bau- und Montagearbeiten durch Bauunternehmen und die Finanzierung dieser Arbeiten verboten“ [355].

Die Lenkungsbefugnisse erstrecken sich bis in den zivilprozessualen Bereich. Die vorgesetzte Behörde ist berechtigt, bei den Arbitragebehörden zu beantragen, daß diese über Vertragsstreitigkeiten eines unterstellten Unternehmens entscheiden [356], und zwar auch dann, wenn das Unternehmen selbst eine solche Entscheidung nicht wünscht. Im übrigen nimmt die vorgesetzte Behörde ihre Kontrollfunktionen durch den Hauptbuchhalter in den einzelnen Unternehmen wahr. Der Hauptbuchhalter wird nämlich nicht vom Unternehmensleiter, sondern von der vorgesetzten Behörde ernannt und untersteht ihr in fachlicher Hinsicht unmittelbar. Dem Unternehmensleiter ist er nur administrativ unterstellt [357]. Der Hauptbuchhalter ist verpflichtet, darüber zu wachen, daß die Ansprüche aus Nicht- und Schlechterfüllung von Verträgen ordnungsgemäß in den Bilanzen erscheinen und rechtzeitig geltend gemacht werden [358].

Die *Arbitrage* ist nicht nur eine Behörde zur Beilegung von Vertragsstreitigkeiten zwischen sozialistischen Organisationen; sie hat auch „operative“ und „erzieherische“ Verwaltungsfunktionen auszuüben [359]. Diese kommen augenfällig im „Amtsbetrieb“ zum Ausdruck, der das Verfahren

---

[353] Allgemeine Ordnung der Ministerien der UdSSR vom 10. Juli 1967 Ziff. 53; Ordnung des Ministeriums für den Bau von Elektrowerken vom 17. Dezember 1960 Ziff. 4; Lieferordnung für Produktion von 1959 Ziff. 6; Lieferordnung für Waren von 1959 Ziff. 7; Ordnung über die Verbreitung … periodischer Veröffentlichungen von 1961 (Text: Položenija 1965, S. 695) Ziff. 5. Vgl. auch die inzwischen vermutlich aufgehobene Ordnung des Volkswirtschaftsrates vom 26. September 1957 Ziff. 47; ähnlich auch: Ordnung des Allrußländischen Volkswirtschaftsrates vom 25. April 1961 Ziff. 9.

[354] Verordnung vom 21. August 1954 Ziff. 24.

[355] Regeln vom 8. Oktober 1965 Ziff. 18.

[356] Ordnung vom 17. August 1960 Ziff. 6; Ordnung vom 3. Dezember 1960 Ziff. 7; Ordnung vom 3. Dezember 1960 (a) Ziff. 9.

[357] Ordnung vom 6. November 1964 Ziff. 5 und 8.

[358] Ebd., Ziff. 10; Ordnung vom 12. September 1951 Ziff. 46–48.

[359] Vgl. Verordnung vom 22. August 1963 Ziff. 21; Sbornik No. 3 S. 15 (1955); No. 15 S. 81, 84, 86 (1960); No. 16 S. 45 (1960); No. 19–20 S. 13 (1962); No. 21 S. 90 (1962); No. 22 S. 46 (1962); aus der Literatur: GIZATULLIN, Sov. gos. i pravo 1965 No. 3 S. 107 bis 112.

der Arbitragebehörden beherrscht[360]. Die Arbitrage hat das Recht und die Pflicht, vor allem in folgenden Fällen von Amts wegen tätig zu werden:

1. Im vor-vertraglichen Verfahren soll die Arbitrage den gesamten Vertragstext prüfen und sich nicht auf die Vertragsbedingungen beschränken, über deren Inhalt sich die Parteien nicht einigen können; Vertragsklauseln, die den Lieferbedingungen und anderen Vorschriften widersprechen, sind von Amts wegen zu streichen[361].

2. Liegen Angaben vor, daß ein Unternehmen die „Planvertragsdisziplin oder Forderungen der wirtschaftlichen Rechnungsführung verletzt hat", hat die Arbitrage im Interesse des geschädigten Partners gegen den Schuldner Klage zu erheben[362]. Die Klage kann auf Vertragsschluß[363] oder auf Zahlung einer Vertragsstrafe (z. B. für die Nicht- oder Schlechterfüllung von Vertragsverpflichtungen)[364] gerichtet sein. Derartige Klagen sollen der Tendenz zur gegenseitigen „Amnestie", die im Verhältnis der Partner mitunter zu beobachten ist, entgegenwirken[365]. Die Vertragsstrafe kann zugunsten des Geschädigten eingezogen oder auch in das Unionsbudget abgeführt werden[366].

3. Die Arbitrage kann zur Entscheidung der Klage „Materialien und Umstände der zu entscheidenden Sache unmittelbar im Unternehmen nachprüfen"[367].

4. Die Arbitrage kann Dritte als Beklagte zum Prozeß hinzuziehen[368].

---

[360] Als Rechtsgrundlage hierfür dient Ziff. 2 der Ordnungen vom 17. August 1960, 3. Dezember 1960 und 3. Dezember 1960 (a).

[361] Sbornik No. 3 S. 119–121 (1953); No. 5 S. 35 (1957); No. 8 S. 7 (1958). Aus der Literatur: Murzin 1964; Pobirčenko 1964; u. a.

[362] Quellen wie in Anm. IV 356 sowie Regeln vom 1. Juli 1963 Ziff. 4, 62 und Instruktionsbrief vom 4. Oktober 1958; ferner: Sbornik No. 3 S. 120 (1953); No. 12 S. 7 (1959); No. 15 S. 80 (1960); No. 22 S. 59 (1962). Die Entscheidung einer konkreten, von Amts wegen erhobenen Klage ist veröffentlicht in Sbornik No. 5 S. 54 (1957). Aus der Literatur: Rodčenko, Sov. gos. i pravo 1965 No. 10 S. 91–94.

[363] Sbornik No. 3 S. 6 (1949) und S. 124 (1953); No. 6 S. 13 (1957).

[364] Sbornik No. 3 S. 142 (1952); S. 152 (1952), S. 164–165 (1952), S. 184 (1950); No. 5 S. 35–36 (1957); No. 19–20 S. 12, 15 (1962), S. 48 (1962); No. 21 S. 86 (1962); No. 22 S. 8 (1962) und S. 55 (1962).

[365] Ebd. sowie Sbornik No. 3 S. 184 (1950) und S. 261 (1951).

[366] Auch wenn ein Gläubiger von sich aus eine Vertragsstrafe geltend macht, kann die Arbitrage anordnen, daß die Vertragsstrafe dem Staatsbudget zufließen soll und zwar, wenn der Gläubiger selbst Rechtsvorschriften verletzt hat (Ordnung vom 17. August 1960 Ziff. 6 in der 1962 geänderten Fassung; Sbornik No. 22 S. 6).

[367] Ordnung vom 17. August 1960 Ziff. 9; Ordnung vom 3. Dezember 1960 Ziff. 10; Ordnung vom 3. Dezember 1960 (a) Ziff. 12; vgl. Sbornik No. 3 S. 246 (1947).

[368] Regeln vom 1. Juli 1963 Ziff. 21.

5. Sie ist nicht an die Anträge der Parteien gebunden und kann über die Anträge hinausgehen[369].

6. Sie kann zur Sicherung der Klageforderung von Amts wegen den dinglichen Arrest in das Vermögen des Beklagten anordnen[370].

7. Die Entscheidung der Arbitrage kann von der übergeordneten Arbitrageinstanz von Amts wegen auf ihre Richtigkeit nachgeprüft werden[371].

8. Die Arbitrage hat Rechtsverletzungen und Unregelmäßigkeiten an staatliche und gesellschaftliche Organe zu „signalisieren"[372]. In Betracht kommt vor allem die vorgesetzte Behörde, die daraufhin Disziplinarmaßnahmen ergreifen, z. B. eine Entlassung[373] oder eine Verwarnung aussprechen kann[374]. Sie kann auch im übrigen eingeschaltet werden, um sicherzustellen, daß unrechtmäßig verbrauchte Materialien an den Berechtigten zurückgegeben werden[375]. In geeigneten Fällen sind die „Signale" auch den zuständigen Parteiorganen[376], der Staatsanwaltschaft[377] oder der Kontrollkommission[378] zuzuleiten. Die Arbitragebehörden werden immer wieder an diese Amtspflichten erinnert[379]. Auf der anderen Seite sollen sie sich aber nicht die Funktionen von Planbehörden anmaßen[380].

Die *Staatsbank*, schließlich, ist auch eingesetzt, um die „Einhaltung der Vertragsdisziplin" zu überwachen[381]. Sie „prüft ... die Erfüllung der Vertragspflichten" ihrer Kunden[382] und wendet bei Verletzung von Zahlungs-

---

369 Ebd. Ziff. 85.

370 Ebd. Ziff. 71.

371 Ordnung vom 17. August 1960 Ziff. 18; Ordnung vom 3. Dezember 1960 Ziff. 18; Ordnung vom 3. Dezember 1960 (a) Ziff. 19; Regeln vom 1. Juli 1963 Ziff. 113.

372 Ordnung vom 17. August 1960 Ziff. 5 und 14; Ordnung vom 3. Dezember 1960 Ziff. 6 und 15; Ordnung vom 3. Dezember 1960 (a) Ziff. 8 und 17; Regeln vom 1. Juli 1963 Ziff. 128–132.

373 Sbornik No. 15 S. 124 (1960). Vgl. Venediktov 1948, S. 631.

374 Sbornik No. 9 S. 27 (1959); No. 10 S. 97 (1959).

375 Vgl. den bei Krasnov 1959, S. 78, 87 wiedergegebenen Fall.

376 Sbornik No. 12 S. 9 (1959); No. 16 S. 49 (1960) = Soc. zak. 1961 No. 3 S. 90; Sbornik No. 19–20 S. 17 (1962); No. 22 S. 50 (1962).

377 Eine Verletzung der Vertragsdisziplin kann strafbar sein, wenn sie z. B. den Tatbestand des „Verkaufs minderwertiger Waren" (StGB RSFSR von 1960 Art. 157) oder der „Nichterfüllung von Plänen und Aufgaben zur Lieferung von Produktion" (Dekret vom 24. April 1958) erfüllt.

378 Sbornik No. 8 S. 5 (1958).

379 Sbornik No. 3 S. 319 (1940), S. 111 (1953), S. 115 (1953, teilweise aufgehoben 1961; Sbornik No. 18 S. 25) und S. 120 (1953), ferner S. 7–8, 14, 126, 143, 149, 152, 164, 166, 188, 198, 212, 239, 244, 319–346; Sbornik No. 5 S. 36 (1957); No. 9 S. 10 (1959); No. 10 S. 89 (1959); No. 15 S. 117 und 121 (1960); No. 19–20 S. 13, 17, 49 (1962); No. 22 S. 44, 47, 51 (1962).

380 Über das Verhältnis zu den Planbehörden siehe unten bei Anm. V 219.

381 Instruktion No. 2 vom 28. Mai 1960, Präambel und Ziff. 768.

382 Satzung vom 29. Oktober 1960 Ziff. 66 ž.

pflichten finanzielle Sanktionen an[383]. Die Staatsbank ist zur Ausübung dieser Kontrollfunktionen sehr wohl in der Lage, da die sozialistischen Organisationen verpflichtet sind, ihre Geldmittel in der Staatsbank zu halten[384], Zahlungen (über 10 Rubel) nur über sie zu leisten[385] und alle ihre Rechnungen der Staatsbank zum Inkasso vorzulegen[386].

Die Zwangskontenführung hat in der Bundesrepublik Deutschland eine Entsprechung. Der Bund und die Länder haben ihre „flüssigen Mittel" bei der Deutschen Bundesbank einzulegen[387].

Die Staatsbank der UdSSR kann auf diese Weise nachprüfen, ob die Adressaten von Planakten ihrer Pflicht zum Vertragsschluß nachgekommen sind. Sie nimmt z. B. nur solche Rechnungen zur Einziehung entgegen, die eine Bezugnahme auf den zugrunde liegenden Vertrag enthalten[388]. Entsprechende Befugnisse stehen der „Strojbank" (Bau-Investitionsbank) zu[389]. Im übrigen hat die Staatsbank ähnliche Signalisierungsfunktionen wie die Arbitrage[390].

Nicht zuletzt sind auch die *Finanzbehörden* aufgerufen, die Vertragsdisziplin zu stärken. Sie überprüfen die buchhalterische Abrechnung der Forderungen aus Verträgen[391].

cc) Pflichten zur Wahrnehmung von Vertragsrechten

Aus diesem Querschnitt wird deutlich, daß die Pflichten der Partner gegenüber dem Staat verwaltungsrechtlicher Natur sind und mit verwaltungsrechtlichen Mitteln erzwungen werden[392]. Sie sind mit zivilrechtlichen Pflichten gekoppelt. Aus der Kumulierung der Pflichten darf allerdings nicht auf ihre Identität geschlossen werden. Die Pflichten gegenüber dem Staat und dem Vertragspartner sind ihrem Wesen nach voll-

[383] Verordnung vom 21. August 1954 Ziff. 3–11; Instruktion No. 2 vom 28. Mai 1960 Ziff. 768–783.

[384] Verordnung vom 23. Juli 1931 Ziff. 7; Satzung vom 29. Oktober 1960 Ziff. 37, 46–47; Instruktion No. 15 vom 4. Dezember 1954. Vgl. oben bei Anm. II 234, 270.

[385] Ordnung vom 15. Januar 1949 Ziff. 1–7; Instruktion No. 15 vom 4. Dezember 1954.

[386] Instruktion No. 2 vom 28. Mai 1960 Ziff. 48–52; Satzung vom 29. Oktober 1960 Ziff. 36–45.

[387] Gesetz über die Deutsche Bundesbank von 1957 (BGBl. I 745) § 17.

[388] Instruktion No. 2 vom 2. Mai 1960 Präambel und Ziff. 48–52; Verordnung vom 21. August 1954 Ziff. 24–26, 32; Sbornik No. 3 S. 210 (1955).

[389] Regeln vom 8. Oktober 1965, siehe vor allem Ziff. 2, 8–9, 18, 29, 33, 40–52.

[390] Verordnung vom 21. August 1954 Präambel und Ziff. 1.

[391] Maletin 1952, Bd. 1, S. 482, 506 und Bd. 2, S. 527, 530.

[392] Die Staatsbank verfügt in der Sowjetunion auch über verwaltungsrechtliche Befugnisse.

ständig und dem Inhalt nach teilweise verschieden. Was den Inhalt betrifft, ist zwischen der Pflicht zur Vertragserfüllung und der Pflicht zur Geltendmachung der Vertragsrechte zu unterscheiden. Die Pflicht zur Vertragserfüllung besteht sowohl gegenüber dem Vertragspartner als auch gegenüber dem Staat. Inhaltlich handelt es sich um einander entsprechende Pflichten. Die Pflicht zur Wahrnehmung der Vertragsrechte besteht dagegen nur gegenüber dem Staat. Das zivilrechtliche Vertragsrecht stipuliert eine solche Pflicht nicht.

Der Versuch zu einer kodifikatorischen Festlegung beider Pflichten wurde 1934 in der Sowjetunion unternommen. Der Entwurf einer Ordnung über die Vertragsbeziehungen zwischen sozialistischen Organisationen sah vor:

Art. 58 Die Ausnutzung aller im Vertrag oder Gesetz vorgesehenen Formen zur Sicherung der Vertragserfüllung ist eine Pflicht des interessierten Partners.

Art. 59 Die Hauptformen der Sicherung der Vertragserfüllung sind [Vertrags]strafe und Schadenersatz...

Art. 65 Die ordnungsgemäße Erfüllung des Vertrages durch die Wirtschaftsorganisationen stellt ihre unmittelbare Pflicht gegenüber dem Staat dar[393].

Der Entwurf ist nie in Kraft getreten. Das geltende sowjetische Zivilrecht enthält keine positivrechtlichen Vorschriften, die eine Pflicht zur Geltendmachung von Ansprüchen anordnen[394]. Eine gesetzliche Festlegung hat die Pflicht aber in Ungarn erfahren[395].

Rajcher kennzeichnet die Vertragserfüllungspflicht gegenüber dem Staat als die „neue Qualität der Schuldnerpflicht im Sowjetrecht“[396]. In der gegenüber dem Staat bestehenden Pflicht zur Geltendmachung von Vertragsrechten sieht er die „neue Rolle des Gläubigers im Sowjetrecht“[397]. Mit einigen Einschränkungen hat seine Ansicht auch Zustimmung gefunden[398]. Die neue Schuldner- und Gläubigerstellung erhebt die sowjetische Vertragsdisziplin in den Worten Rajchers „auf eine noch höhere ideenmäßig-politische Ebene“[399].

---

393 Entwurf einer Vertragsordnung von 1934, Text: Amfiteatrov 1934, S. 51–63.

394 Vgl. ZGB RSFSR Art. 168.

395 Ungarisches Zivilgesetzbuch von 1959 Art. 404 (siehe Anm. II 174).

396 Rajcher 1958, S. 59.

397 Ebd., S. 74.

398 Siehe die Rezensionen von Sadikov, Desjatkov und Šapkina, angeführt im Literaturverzeichnis unter Rajcher 1958.

399 Rajcher 1958, S. 59.

Vor RAJCHER hatte bereits AGARKOV 1940 das für die Wirtschaftsverträge charakteristische Nebeneinanderbestehen einer zivilrechtlichen Vertragspflicht mit einer verwaltungsrechtlichen „Pflicht gegenüber dem Staat" herausgearbeitet[400]. Nach AGARKOV und unter Verwendung seiner Gedanken haben sich dann vor allem NOVICKIJ[401], ferner ŠKUNDIN[402], LUNC[403] und andere mit dem Problem beschäftigt[404].

Die Praxis zeigt, daß die Partner die ihnen auferlegten Pflichten gegenüber dem Staat nicht immer mit dem gewünschten Eifer und Nachdruck wahrnehmen. Einzelne Wirtschaftsorganisationen neigen dazu, die Verträge als bloße Formalität aufzufassen[405]. Sie begnügen sich mitunter damit, im Vertrag pauschal auf die Planaufgabe zu verweisen, anstatt sie zu konkretisieren[406]. Im Fall von Vertragsverletzungen besteht gelegentlich die Tendenz, Vertragsstrafen nicht geltend zu machen (sog. „Amnestie") oder untereinander aufzurechnen. Auf diese Weise wird erreicht, daß die Vertragsstrafe nicht in der Bilanz des Schuldners erscheint und damit der vorgesetzten Behörde nicht zur Kenntnis gelangt[407]. Gegen diese und andere Übel führt die Arbitrage (und die übrigen Organe) einen unermüdlichen Kampf. In immer neuen Instruktionen werden die vorkommenden Mängel gerügt und Maßnahmen zu ihrer Beseitigung angeordnet[408]. Wenn den Bemühungen der Arbitrage bisher kein durchschlagender Erfolg beschieden war, so liegt die Annahme nahe, daß die im geltenden Recht vorgesehenen Anreize, konkrete Verträge zu schließen

---

[400] AGARKOV 1940, S. 65–66. Vgl. oben bei Anm. III 117 und unten bei Anm. V 31.

[401] NOVICKIJ 1947 (a), S. 27–28; NOVICKIJ 1951, S. 52, 54; NOVICKIJ 1955, S. 89, 105. Vgl. auch die in Anm. III 117 zitierten Arbeiten von NOVICKIJ aus dem Jahre 1950.

[402] ŠKUNDIN 1948, S. 130–136.

[403] LUNC 1950, S. 392–394 und LUNC, in: Graždanskoe pravo 1950, Bd. 1, S. 414–415.

[404] Aus dem Schrifttum der letzten Jahre seien erwähnt: CHALFINA 1954, S. 158; GENKIN 1956, S. 38; BARU 1957, S. 44, 57; ALEKSEEV 1959, S. 45; TANČUK, in: Voprosy 1962, S. 137; MOŽEJKO 1962, S. 114; ZAMENGOF 1963, S. 37; JOFFE, in: Dogovory 1964, S. 57–65, vgl. S. 29.

[405] Siehe die Nachweise bei LOEBER 1964, S. 166–169, vgl. S. 146–147; ferner: Leitartikel, Sov. gos. i pravo 1965 No. 12 S. 3–11, hier S. 6; GUS'KOVA 1965, S. 130.

[406] Verordnung vom 22. August 1963 Ziff. 1; Instruktionsbriefe vom 6. Oktober 1962 Ziff. 4; vom 15. Oktober 1963 Ziff. 3; vom 19. November 1963 Ziff. 4; vom 14. November 1964 Ziff. 2–3; vom 23. September 1965 (Sbornik No. 26 S. 93–94) sowie die Nachweise bei LOEBER 1964, S. 168–169, ferner FREJDMAN, Sov. gos. i pravo 1956 No. 8 S. 23; ROMAŠKIN, ebd. 1960 No. 12 S. 9; TARNOVSKAJA 1962, S. 66–67. Vgl. auch Lieferordnung für Produktion von 1959 Ziff. 11 und Lieferordnung für Waren von 1959 Ziff. 11.

[407] Näheres hierzu bei LOEBER 1964, S. 169–171. Außer den dort genannten Quellen siehe auch: Spravočnik 1964, S. 312, 492; BRAŽNIK/ŠČEGLOV 1964, S. 226, 241, 310, 402; zur Praxis ferner Sov. gos. i pravo 1964 No. 7 S. 13–15; Ekonomičeskaja gazeta 1965 No. 49 S. 30 und 1967 No. 14 S. 15. Über die Vertragsstrafe siehe unten bei Anm. V 235.

[408] Nachweise bei LOEBER 1964, S. 166–169.

und fällige Vertragsstrafen zu fordern, nicht wirksam genug sind. Dieses wiederum mag seinen Grund letztlich darin haben, daß eine verwaltungsrechtliche Zusatzpflicht für sich allein nicht ausreicht, um ein bestimmtes zivilrechtliches Verhalten zu erzwingen.

dd) Planerfüllung und Bedürfnisbefriedigung als Vertragszweck

Bisher war von den durch Planakt gestalteten Verträgen zwischen sozialistischen Organisationen die Rede. Der Zweck, der mit ihrer Hilfe angestrebt wird, trifft offensichtlich nicht ohne weiteres auf Verträge zwischen Bürgern zu, und zwar auch dann nicht, wenn sie auf Grund staatlicher Anordnung geschlossen werden. Das erklärt sich bereits daraus, daß den Partnern eines solchen Vertrages gewöhnlich kein gegenseitiger Vertragsgestaltungsanspruch eingeräumt wird. Entsprechend ist auch keine vor-vertragliche Arbitrage vorgesehen. Der hoheitliche Vertragszwang wirkt im Verhältnis der Partner zueinander nur indirekt. Der Begünstigte ist im übrigen nicht verpflichtet, seine Rechte aus dem Vertrag geltend zu machen. Damit treffen zwei wesentliche Merkmale, die den hoheitlich gestalteten Vertrag zwischen sozialistischen Organisationen kennzeichnen, auf entsprechende Verträge unter Beteiligung von Bürgern nicht zu.

Hieraus ergeben sich Unterschiede im Zweck des Vertrages. Der Zweck eines hoheitlich gestalteten Vertrages zwischen sozialistischen Organisationen besteht in der Planerfüllung, d. h. konkret in der Ausführung eines Verwaltungsaktes im Vertragswege. Diese (verwaltungsrechtliche) Pflicht trifft beide Partner der Leistungsbeziehung. Daneben kann der Vertrag auch den (zivilrechtlichen) Zweck der Bedürfnisbefriedigung haben, vor allem wenn der Planakt auf Betreiben eines der Beteiligten ergeht (z. B. mit dem Ziel der Materialversorgung oder des Produktionsabsatzes) und von ihm (durch direkten Vertragszwang) durchgesetzt wird. Die Bedürfnisbefriedigung als Vertragszweck tritt aber gegenüber der Planerfüllung zurück, wenn der Planakt von Amts wegen und ohne Rücksicht auf die Anträge der Beteiligten erlassen wird.

Anders steht es beim Vertrag unter Beteiligung eines Bürgers. Hier richtet sich der Verwaltungsakt, der im Vertragswege zu erfüllen ist, in der Regel nur gegen einen Partner. Für den anderen Teil entstehen keine Pflichten; er wird lediglich begünstigt (einseitiger indirekter Vertragszwang). Der Vertrag dient somit vorwiegend der Befriedigung eines Bedürfnisses, und zwar des einseitig Begünstigten[409]. Insoweit ergeben sich

[409] In der sowjetischen Literatur wird dem Zweck des hoheitlich gestalteten Vertrages, an dem Bürger beteiligt sind, geringe Aufmerksamkeit gewidmet. Zu den wenigen

weitgehende Parallelen zum Zweck des hoheitlich gestalteten Vertrages in einer kapitalistischen Rechtsordnung. Auf diese wird im folgenden eingegangen.

b) Zweck des hoheitlich gestalteten Vertrages in Deutschland

Die Zwecke, die mit hoheitlich gestalteten Verträgen in einem marktwirtschaftlich orientierten Staat wie der Bundesrepublik Deutschland verfolgt werden, sind – der pluralistischen Struktur dieses Staates entsprechend – mannigfach und verschiedenartig. Sie auf eine einzige Formel bringen zu wollen, käme, soweit das überhaupt möglich ist, einer groben Vereinfachung gleich. Nur so viel läßt sich allgemein sagen: Der hoheitlich gestaltete Vertrag ist ein subsidiäres Vertragsgestaltungsmittel. Er kommt dann zur Anwendung, wenn die partnerseitige Vertragsgestaltung als Mittel zur Herstellung gleichgeordneter Leistungsbeziehungen versagt[410]. Wann ein Versagen vorliegt, läßt sich nicht allgemeingültig festlegen. Die Anschauungen hierüber wechseln von Land zu Land und von Zeit zu Zeit. Sie sind wesentlich von gesellschaftlichen, wirtschaftlichen, politischen sowie sonstigen Bedingungen und Einflüssen abhängig. Ähnliche Erwägungen treffen vielfach auch für die Anordnung eines Kontrahierungszwanges zu.

Reinhardt verwendet den Gesichtspunkt des „öffentlichen Interesses" als Maßstab[411]. Dieser Begriff kann in seiner Abstraktheit allerdings sehr Verschiedenes bedeuten. Das öffentliche Interesse kann (wie in der Sowjetunion behauptet wird) mit den Interessen der herrschenden Klasse zusammenfallen; es kann aber auch (wie der deutsche Gesetzgeber für sich in Anspruch nehmen wird) die Interessen der wirtschaftlich schwächeren Kreise zum Gegenstand haben. Welchen Inhalt das öffentliche Interesse auch haben mag, entscheidend ist stets die Frage, in welcher Weise und wie stark das Wohl des Einzelnen gefährdet sein muß, bevor das Gemeinwohl

---

Autoren, die auf die Frage eingegangen sind, gehört Agarkov (Agarkov 1940, S. 136). Dagegen behandelt z. B. Novickij in einer einschlägigen Studie bei der Erörterung von Verträgen unter Beteiligung von Bürgern nur den autonom vereinbarten Vertrag (Novickij 1951, S. 48–49, 52–53, 100–103). Als Zweck der unter Kontrahierungszwang geschlossenen Verträge nennt Gordon „die Interessen der Gesellschaft" (Gordon 1924, S. 9).

410 Einen Katalog von sechs Fällen, in denen der Vertrag als „Mechanismus" für die „Richtigkeitsgewähr" versagt, führt Schmidt-Rimpler auf (Schmidt-Rimpler 1941, S. 157–158).

411 Reinhardt 1957, S. 123.

berührt und damit ein hoheitlicher Eingriff in individuelle Vertragsbeziehungen gerechtfertigt ist. Es geht also um die Grenze zwischen einer für das Gemeinwohl noch unschädlichen und einer sie bereits berührenden Beeinträchtigung des Einzelwohls. Oder umgekehrt ausgedrückt: Es kommt darauf an, welchen Grad die Gefährdung des Einzelwohls erreichen muß, um das Wohl des einzelnen zu einem Gegenstand des öffentlichen Interesses zu erheben. Der zuverlässigste Weg, um diese Grenze festzustellen, ist induktiv vorzugehen und die im geltenden Recht vorgesehenen hoheitlich gestalteten Verträge zu untersuchen. Ein derartiger Versuch ist für das Recht Westdeutschlands, soweit bekannt, bisher nicht unternommen worden.

Die einschlägigen Fälle lassen sich zunächst danach unterscheiden, ob der hoheitlich gestaltete Vertrag dem Schutz des Einzelbürgers[412], dem Interesse von Wirtschaftsunternehmen oder schließlich dem Staat und der Allgemeinheit dient.

(1) Der hoheitlich gestaltete Vertrag zugunsten des Einzelbürgers

Der hoheitlich gestaltete Vertrag dient den Interessen des Einzelbürgers in verschiedener Richtung: Er kann seinen notwendigen Bedarf gewährleisten, ihn vor Ausbeutung schützen, einen Streit schlichten oder ihm helfen, seine Ansprüche zwangsweise durchzusetzen.

aa) Gewährleistung notwendigen Bedarfs

Der herkömmliche und geradezu „klassische" Zweck des hoheitlich gestalteten Vertrages ist die Verteilung knapper Güter. Die Notwendigkeit zur Verteilung ergibt sich vor allem im Fall wirtschaftlicher und sozialer Notstände, etwa als Folge eines Krieges. Die Verteilung erfolgt gewöhnlich im System einer öffentlichen Bewirtschaftung und hat einen gerechten Ausgleich zum Ziel. Fast alle einschlägigen Vorschriften des deutschen Rechts sind nach Überwindung der Mangellage inzwischen aufgehoben worden. Ein Überbleibsel aus der Notzeit ist die Mieterzuweisung im Rahmen der Wohnraumbewirtschaftung[413].

Heute bedient sich der Staat zur Sicherstellung einer bedarfsgerechten Versorgung der Bevölkerung anderer Mittel. In weiten Bereichen kann er sich auf steuer-, bank- und außenhandelspolitische Maßnahmen, also auf

---

[412] Gemeint ist der Bürger als Konsument, der sich den Produzenten, Handels- und Versorgungsunternehmen gegenübersieht.

[413] Siehe oben bei Anm. III 141, 228.

indirekte Mittel der Einflußnahme, beschränken. Mit dem Ziel der Bedarfsdeckung greift der Staat in Vertragsbeziehungen heutzutage vor allem ein, um sicherzustellen, daß den Bürgern der Anschluß an die öffentlichen Versorgungs- und Verkehrsnetze zu gleichen Bedingungen offensteht. Entsprechendes gilt auch für sonstige an die Öffentlichkeit gerichtete Netze, wie etwa den Rundfunk. Das Mittel des Eingriffs ist hier aber nicht der hoheitlich gestaltete Vertrag, sondern die Einführung eines gesetzlichen Kontrahierungszwanges für die Unternehmen. Hinzu kommt die Überwachung und teilweise auch die Festsetzung der Anschlußbedingungen, vor allem der Benutzungstarife.

Der hoheitlich gestaltete Vertrag zur Bedarfsdeckung beschränkt sich heute somit auf Einzelfälle. Hierzu gehört etwa der Vertragszwang zur Überlassung von Grundstücken zur Nutzung durch Kleingärtner[414]. Unter den Gesichtspunkt der Bedarfsdeckung in einem weiteren Sinne kann auch die richterliche Beiordnung eines Rechtsanwalts für eine Partei erfaßt werden[415].

bb) Schutz vor Ausnutzung wirtschaftlicher Ungleichheit

Beim Vertragszwang auf dem Gebiet der Daseinsvorsorge stehen positive, leistungsgewährende Züge im Vordergrund. Die hoheitlich gestalteten Verträge zum Schutz gegen Ausnutzung wirtschaftlicher Ungleichheit tragen vorwiegend einen abwehrenden, mißbrauch-verhütenden Charakter.

Der Einzelbürger ist in Gefahr, ausgebeutet zu werden, wenn er in seinen Vertragsbeziehungen einem wirtschaftlich stärkeren Partner gegenübersteht. Die wirtschaftliche Überlegenheit kann verschiedene Gründe haben. Die Gefahr einer Ausnutzung entsteht bereits, sobald die Nachfrage (z. B. des Arbeitnehmers) starrer als das Angebot (z. B. des Unternehmers) ist. Wirtschaftlich stärker ist also, wer in seiner Nachfrage elastischer ist, d. h. eher in der Lage ist, zur Deckung seines Bedarfs auf Alternativen zurückzugreifen, kurz – wer ausweichfähiger ist.

Längst nicht alle Fälle wirtschaftlicher Überlegenheit rechtfertigen nach positivem Recht einen hoheitlichen Eingriff in die Vertragsordnung. Ein solcher ist nur dann vorgesehen, wenn die Gefahr eines Mißbrauchs wirtschaftlicher Stärke besonders naheliegt und der Mißbrauch darüber hinaus für den Benachteiligten höchst unbillige und schwerwiegende Folgen haben kann. Das trifft vor allem zu, wenn dem wirtschaftlich Schwächeren über-

---

414 Siehe oben bei Anm. III 187.

415 Bundesrechtsanwaltsordnung von 1959 (BGBl. I 565) § 48.

haupt keine oder nur unzureichende Ausweichmöglichkeiten offenstehen. Der wirtschaftlich Schwächere kann einem Vertragspartner gegenüberstehen, der konkurrenzlos ist, also ein Monopol besitzt. Je starrer die Nachfrage nach den Monopolerzeugnissen ist, um so größer ist die Abhängigkeit der Verbraucher. Monopolunternehmen neigen dazu, den Verkaufspreis für ihre Erzeugnisse und Leistungen höher festzusetzen, als er sich unter Wettbewerbsbedingungen ergeben würde. Der Staat greift daher mit einer Kontrolle der Preise und sonstiger Geschäftsbedingungen der Monopole ein. Das Monopolunternehmen wird in der Regel auch einem Kontrahierungszwang unterworfen[416].

Die wirtschaftliche Ungleichheit entsteht hier durch die bevorzugte Stellung eines Partners (des Monopols) gegenüber den anderen Wirtschaftsteilnehmern. Es gibt umgekehrt auch Fälle, in denen die wirtschaftliche Gleichheit dadurch gestört wird, daß ein Vertragspartner besonders benachteiligt ist. Ein solcher Partner ist ebenso und vielfach noch stärker eines Schutzes bedürftig wie die einem Monopol gegenüberstehenden Verbrauchermassen. Eine hoheitliche Gestaltung einzelner Typen von Verträgen ist z. B. vorgesehen zugunsten von Schwerbeschädigten[417] und von Heimarbeitern[418].

In diesen Zusammenhang gehört auch der Schutz geschäftsunkundiger Vertragspartner vor Ausbeutung. Ein Schutz soll durch eine Staatsaufsicht vor allem über die Wirtschaftszweige erreicht werden, deren Geschäftsgegenstand für den nicht vorgebildeten Kunden oft undurchsichtig bleibt, z. B. für das Bank- und Versicherungsgewerbe.

Der Gesetzgeber hat zur Vermeidung von Ausbeutung auf Grund bitterer Erfahrung auch in die Beziehungen zwischen Arbeitgeber und Arbeitnehmer eingegriffen. Das Recht der Tarifverträge liefert ein beredtes Zeugnis hierfür. Meist erfolgt der Eingriff durch normative (abstrakte) Vertragsregelung[419].

---

[416] Siehe oben bei Anm. III 18, 36, 44. Das *italienische* Recht erklärt Haftungsbeschränkungen in Allgemeinen Geschäftsbedingungen für unwirksam (Zivilgesetzbuch von 1942, Art. 1341). Es bestimmt ferner, daß die einzelnen Klauseln der Geschäftsbedingungen im Zweifel zugunsten des Kunden auszulegen sind (Art. 1370; über Musterverträge: Art. 1342). In der *Schweiz* ist ein Vertragspartner, der „übervorteilt" worden ist, befugt, die Vertragserfüllung zu verweigern (vgl. Schweizerisches Obligationenrecht von 1911 Art. 21).

[417] Schwerbeschädigtengesetz i. d. F. von 1961 (BGBl. I 1234) § 10.

[418] Heimarbeitsgesetz von 1951 (BGBl. I 191) § 19.

[419] Insoweit liegt der Vorgang außerhalb unseres Themas. Siehe oben bei Anm. I 7. Über das Schlichtungsverfahren bei Festsetzung der Vergütung für Arbeitnehmererfindungen siehe oben Anm. III 243.

Die bisher erörterten Fälle hoheitlicher Vertragsgestaltung sind durch ihren präventiven Charakter gekennzeichnet. Daneben greift der Staat auch berichtigend in Vertragsbeziehungen ein. Hierzu kann z. B. Veranlassung bestehen, wenn eine wirtschaftliche Ungleichheit zwischen den Parteien nach Vertragsschluß eingetreten ist und diese für den Benachteiligten eine besondere Härte darstellt. Die Ungleichheit wird dann durch hoheitliche Anordnung beseitigt oder gemildert. Es handelt sich also um einen gesetzlich vorgesehenen Anwendungsfall der clausula rebus sic stantibus. Die nachträgliche Korrektur des Vertragsverhältnisses erfolgt häufig im Wege richterlicher Vertragshilfe[420]. Eine ähnliche Funktion erfüllt auch das Mittel der hoheitlichen „Beanstandung" von Verträgen[421].

cc) Streitschlichtung und Gewährung von Rechtsschutz

Der Zweck des Schutzes vor Ausnutzung einer Machtstellung entfällt, wenn sich die Partner in annähernd gleichen Positionen gegenüberstehen und keiner von ihnen bereit ist, sich den vom Gegner geforderten Vertragsbedingungen zu unterwerfen. Normalerweise müssen dann die Partner auf eine vertragliche Regelung verzichten. Unter Umständen aber kann der Gesetzgeber eine vertragliche Einigung zwischen ihnen für wesentlich halten. In einem solchen Fall sieht er eine staatliche Hilfe zur Überwindung der festgefahrenen Vertragsverhandlungen und damit zur Lösung des Streites vor. Gewöhnlich ist es der Richter, der mit der streitschlichtenden Aufgabe betraut ist. Er erfüllt sie im Wege richterlicher Vertragshilfe. Als Beispiele seien die im Zusammenhang mit dem hoheitlichen Vertragsersatz erwähnten Fälle einer Mietverlängerung (BGB § 566 a) und Hausratverteilung[422] genannt. Das Moment der Streitschlichtung überwiegt auch in der Entscheidung des Arbeitsgerichts, die über das Verlangen eines Betriebsrates, der Arbeitgeber solle einen Arbeitnehmer entlassen, befindet[423]. Entsprechendes gilt für die Entscheidung des Seemannsamtes zur Regelung des Rückbeförderungsanspruches von Seeleuten[424].

Der hoheitlich gestaltete Vertrag dient schließlich dem Rechtsschutz des Einzelnen. Der Staat greift ein, um Rechtsansprüche eines Beteiligten durchzusetzen. Das Hauptbeispiel ist § 894 ZPO.

---

[420] Siehe oben bei Anm. III 248 ff.

[421] Siehe oben bei Anm. III 209.

[422] Siehe oben bei Anm. III 239. Das Motiv der Gewährleistung notwendigen Bedarfs tritt in diesen Fällen gewöhnlich gegenüber der Streitschlichtung zurück.

[423] Siehe oben bei Anm. III 162. [424] Siehe oben bei Anm. III 244.

(2) Der hoheitlich gestaltete Vertrag zugunsten von Wirtschaftsunternehmen

Es wäre verfehlt anzunehmen, daß der hoheitlich gestaltete Vertrag nur dem Einzelinteresse des Bürgers als Verbraucher dient. Er ist auch ein Mittel, um die Bedürfnisse der Wirtschaftsunternehmen sicherzustellen und ihre Interessen zu schützen. Sie sollen hier insoweit gesondert behandelt werden, als sie spezielle Formen zeitigen, die beim hoheitlich gestalteten Vertrag zugunsten des Einzelbürgers (als Verbraucher) nicht auftreten. Das empfiehlt sich auch, um auf diese Weise eine Auseinandersetzung mit der sowjetischen Behauptung zu erleichtern, der hoheitlich gestaltete Vertrag diene allein den Interessen der Monopole[425].

Die Zwecke hoheitlicher Vertragsgestaltung zugunsten von Wirtschaftsunternehmen lassen sich annähernd in die gleichen Fallgruppen zusammenfassen, wie sie soeben skizziert worden sind.

aa) Gewährleistung notwendigen Bedarfs

Der hoheitlich gestaltete Vertrag als Mittel zur Bedarfsdeckung findet im Bereich der Beziehungen zwischen Wirtschaftsunternehmen eine Entsprechung. Zur Behebung von Mangellagen und Krisensituationen bestehen innerhalb einzelner Wirtschaftszweige Ausgleichspflichten. Sie werden im gesamt-volkswirtschaftlichen Interesse begründet. Insoweit unterscheiden sie sich vom Härteausgleich zugunsten von Einzelbürgern, der zur nachträglichen Korrektur bestehender Verträge angewendet wird. Die Ausgleichspflichten werden vielfach in Form hoheitlich gestalteter Verträge erfüllt und durchgesetzt. So sehen etwa die Vorschriften zur Regelung der landwirtschaftlichen Marktordnung einen Preisausgleich zwischen bevorzugten und benachteiligten Unternehmen sowie eine Preisschleuse bei Einfuhren aus dem Ausland zur Sicherung des inländischen Marktes vor[426]. Ein bekanntes Beispiel für eine Ausgleichspflicht ist auch das Gesetz über die Investitionshilfe[427]. Eine Maßnahme zum Ausgleich unterschiedlich belasteter Unternehmer stellt ferner die Verteilung des Frachtgutes in der Binnenschiffahrt dar[428]. Hoheitlich gestaltete Verträge kommen auch unabhängig von einer Ausgleichspflicht vor. Ein typisches Beispiel sind die staatlichen Subventionen, soweit sie in Form von Nachverträgen abgewickelt werden[429].

---

[425] Zur sowjetischen Behauptung siehe oben bei Anm. I 80 ff.

[426] Siehe oben bei Anm. III 176 ff. [427] Siehe oben bei Anm. III 175.

[428] Siehe oben bei Anm. III 190.

[429] Vgl. oben bei Anm. III 164, 171. USTERI verwendet zur Kennzeichnung dieser

Der Vertragszwang, der dem Bürger einen Anschluß an die öffentlichen Netze gewährleisten soll, stellt gleichzeitig ein Mittel dar, um sicherzustellen, daß die Unternehmen, welche die Netze betreiben, für ihre Leistung eine angemessene Gegenleistung erhalten. Das geschieht in der Regel durch die Bestätigung der Geschäftsbedingungen der Unternehmen, häufig auch durch Festsetzung von Preisen und Tarifen.

bb) Schutz vor Ausnutzung wirtschaftlicher Ungleichheit

Eine der wichtigsten Funktionen des hoheitlich gestalteten Vertrages in diesem Bereich ist der Schutz der Wettbewerbsfreiheit. Die Kartellbehörde kann Verträge, welche die wirtschaftliche Bewegungsfreiheit der Marktunternehmen einschränken, mit sofortiger Wirkung oder zu einem zukünftigen Zeitpunkt für unwirksam erklären [430]. Sie kann ferner marktbeherrschende Unternehmen, die beim Abschluß von Verträgen ihre Marktstellung mißbräuchlich ausnutzen, auffordern, den Mißbrauch abzustellen; sie ist auch befugt, das mißbräuchliche Verhalten zu untersagen und Verträge für unwirksam zu erklären [431]. In diesen Fällen greift die Kartellbehörde in vertragsvernichtender Weise ein. Daneben kann sie zur Beseitigung von Diskriminierungen auch vertragsbegründend tätig werden, indem sie z. B. die Aufnahme eines Unternehmens in eine Wirtschaftsvereinigung anordnet [432].

cc) Streitschlichtung und Gewährung von Rechtsschutz

Der hoheitlich gestaltete Vertrag als Mittel der Streitschlichtung kommt im Bereich der Sozialversicherung vor. Der Inhalt eines Vertrages zwischen einer Krankenkasse und einer kassenärztlichen Vereinigung kann, falls die Vertragsverhandlungen scheitern, vom Schiedsamt festgesetzt werden [433].

Der hoheitlich gestaltete Vertrag kann schließlich, ebenso wie bei den Einzelbürgern, auch den Wirtschaftsunternehmen als Mittel der Zwangsvollstreckung dienen.

Art von hoheitlicher Verwaltung den Begriff „Selbstentfaltungshilfe" (Usteri 1964, S. 214).

[430] Gesetz gegen Wettbewerbsbeschränkungen von 1957 (BGBl. I 1081) §§ 12, 18, 19, 22 Abs. 4.

[431] Ebd. § 22.

[432] Ebd. § 27; siehe oben bei Anm. III 135.

[433] Siehe oben bei Anm. III 241.

(3) Der hoheitlich gestaltete Vertrag zugunsten des Staates und der Allgemeinheit

Es gibt eine Reihe von hoheitlich gestalteten Vertragstypen, die nicht unmittelbar zum Schutz des Einzelbürgers oder zugunsten benachteiligter Wirtschaftsunternehmen geschaffen sind. Sie sind vielmehr (positiv) auf Ziele gerichtet, die der Gesamtheit zugute kommen sollen; sie haben (negativ) die Abwehr von Schäden zum Zweck, die der Allgemeinheit drohen. Der einzelne nimmt an diesem Vertragszweck nur als Mitglied der Gesamtheit teil.

Ein Prototyp dieser Verträge ist der auf einer Planaufgabe beruhende Planvertrag des Sowjetrechts. Er dient der Planerfüllung, wobei der Plan die bestmögliche Bedürfnisbefriedigung im gesamtstaatlichen Rahmen zum Ziel hat. Welcher Art die gesamtstaatlichen Bedürfnisse sind, bestimmen die Planer. Der Planvertrag ist also auf die Erreichung gesamtstaatlicher Planziele gerichtet.

Im deutschen Recht kommen Verträge dieser Art nicht vor. Es kann allenfalls auf die hoheitlich angeordneten Verträge verwiesen werden, die Leistungspflichten zugunsten staatlicher Wirtschaftsträger festsetzen. Es kann sich um Leistungen an staatliche Monopole handeln, wie etwa die Ablieferungspflicht der Branntweinhersteller und Zündholzproduzenten[434]. Verwandt mit diesen Fällen sind einzelne Leistungspflichten auf dem Gebiet des Bergrechts. Im Wege des hoheitlich gestalteten Vertrages kann der Staat ferner Leistungspflichten auf Grund des Bundesleistungsgesetzes anordnen. Sie lassen die Nähe zum Enteignungsrecht deutlich werden.

Soweit die Leistungspflicht nicht unmittelbar zugunsten eines öffentlichen Rechtsträgers besteht, sondern der Allgemeinheit zugute kommen soll, haben die im deutschen Recht vorgesehenen hoheitlich gestalteten Verträge vorwiegend eine schadenabwehrende Funktion. Nur in diesem Sinne sind sie auf die Erreichung gesamtstaatlicher Zielsetzungen gerichtet. Beispiele für hoheitliche Eingriffe in Vertragsbeziehungen mit dem Ziel einer Abwehr von Gefahren für den Sozial- und Wirtschaftskörper sind die hoheitliche Anordnung zur Herabsetzung der Versicherungsleistungen[435], zur Einstellung von Krankenkassenpersonal[436], zur Entlassung von Geschäftsleitern von Banken[437] oder zur Behandlung Geschlechtskranker[438].

---

[434] Vgl. oben bei Anm. III 133.

[435] Siehe oben bei Anm. III 257.

[436] Siehe oben bei Anm. III 263.

[437] Siehe oben bei Anm. III 260.

[438] Siehe oben bei Anm. III 211.

c) Bilanz: Ausgleichs- und Vorteilsfunktion des hoheitlich gestalteten Vertrages

Aus dieser Übersicht wird deutlich, daß der hoheitlich gestaltete Vertrag mit seiner vorsorgenden, berichtigenden, gefahrabwendenden und rechtssichernden Funktion ein Mittel darstellt, das für eine um sozialen Frieden bemühte Rechtsordnung unentbehrlich ist. Unterschiede ergeben sich nur insofern, als in einem Staat diese, in einem anderen Staat jene Funktion des hoheitlich gestalteten Vertrages stärker zur Anwendung gelangt.

Es ist nicht leicht, einen gemeinsamen Nenner zu finden, auf den der Zweck des hoheitlich gestalteten Vertrages in den verschiedenen Rechtsordnungen und in seinen vielgestaltigen Ausprägungen zurückgeführt werden kann. Vielleicht gibt es ihn auch nicht. Auffallend ist jedoch eine Eigenschaft, die den hoheitlich gestalteten Vertrag *zugunsten von einzelnen* (im Gegensatz zum Staat) kennzeichnet: es ist seine ausgleichende Funktion. Der hoheitlich gestaltete Vertrag soll z. B. bei gefährdeter Versorgung eine möglichst gerechte Verteilung gewährleisten. Er soll ferner bestehende wirtschaftliche Ungleichheiten beseitigen oder mildern und im übrigen durch Schlichtung und Anspruchsdurchsetzung Elemente der Befriedigung in die zwischenmenschlichen Beziehungen tragen.

Der hoheitlich erzwungene Ausgleich verfolgt das Ziel, dort einzugreifen, wo die Vertragsfreiheit versagt. Das ist der Fall, wenn und soweit einem der Vertragspartner ein Ausgleich verwehrt wird, der aus Gründen sozialer Gerechtigkeit dringlich erscheint. Zu diesem Versagen kann es kommen, da die Vertragsfreiheit die Vereinbarung von Vertragsbedingungen zum eigenen Vorteil gestattet und Verträge auch dann sanktioniert, wenn dem Vorteil der einen Partei kein adäquater Vorteil der anderen Partei gegenübersteht.

Eine Grenze ist durch das Verbot der Sittenwidrigkeit gezogen. Das Sowjetrecht sieht eine Unwirksamkeit von Rechtsgeschäften vor, die ein Bürger „infolge des Zusammentreffens schwieriger Umstände" gezwungen war, „zu äußerst ungünstigen Bedingungen" vorzunehmen [439].

Die von den jeweiligen Vertragspartnern angestrebten und erzielten Vorteile sind vielfach schon deshalb ungleich, weil der „Grenznutzen" der im Vertragswege erworbenen Ansprüche für sie verschieden groß ist. Das Gesetz von der relativen Abnahme des Bedürfnisses im Verhältnis zum

[439] ZGB RSFSR Art. 58; vgl. oben bei Anm. III 45.

Grad der Befriedigung entfaltet auch hier, wenn auch in einem anderen Zusammenhang, seine Wirkung[440].

Wenn man Vergröberungen in Kauf nimmt, können die hoheitlich gestalteten Verträge zugunsten von Einzelnen also dahin charakterisiert werden, daß sie ausgleichenden Zwecken dienen. Sie sind nicht primär vorteilsgerichtet, wie die partnerseitig gestalteten Verträge. Der hoheitlich gestaltete Vertrag bringt einer Partei in der Regel zwar auch einen Vorteil. Dieser Vorteil wird aber erst gewährt, nachdem die Staatsgewalt die Dringlichkeit des Bedürfnisses geprüft hat. Der Ausgleichszweck konsumiert also gleichsam den Vorteilszweck.

Die Vorteils- und Ausgleichsmerkmale gelten in gleicher Weise auch für die Verträge des Sowjetrechts, soweit *Bürger* an ihnen beteiligt sind. Verträge unter Bürgern unterscheiden sich – abgesehen von dem enger begrenzten Bereich ihrer Anwendung in der UdSSR – nicht von entsprechenden Verträgen in anderen Ländern. Das Streben, möglichst vorteilhafte Verträge zu schließen, ist Sowjetbürgern genauso eigen wie Vertragspartnern in anderen Teilen der Welt[441]. Diese Tatsache können auch die sowjetischen Juristen nicht wegdiskutieren, die einen „polaren Gegensatz" zwischen Verträgen im Recht sozialistischer und kapitalistischer Länder behaupten[442]. Ebenso haben auch die zugunsten von Einzelpersonen angeordneten Verträge Ausgleichsfunktionen, wie die Beispiele aus dem sowjetischen Wohnungs- und Arbeitsrecht zeigen[443].

Etwas anderes gilt für den hoheitlich gestalteten Vertrag, an dem *keine Bürger* beteiligt sind und der auf *gesamtstaatliche Ziele* gerichtet ist. In diesem Bereich paßt das Merkmal des Ausgleichs nicht ohne weiteres. Hier verfolgt die Staatsgewalt mit ihrem Eingriff vielfach andere Zwecke. Das wird am sowjetischen Planvertrag deutlich. Der staatliche Plan, der mittelbar auf die Planverträge einwirkt, läßt keine ausgleichsbedürftigen Ungleichheiten zu; etwa vorhandene Ungleichheiten sind entweder geplant und daher nicht ausgleichsbedürftig, oder aber sie sind planwidrig und damit rechtswidrig. Charakteristisch für die sowjetischen Planverträge ist vielmehr das Element des „Vorteils", und zwar eines Vorteils für den Staat. Die Behörden des Staates bestimmen, was für die Volkswirtschaft und damit für die Gesellschaft als vorteilhaft anzusehen ist. Sie konkreti-

---

[440] Diese Beobachtung ist in der Volkswirtschaftslehre als „zweites Gossensches Gesetz" bekannt.

[441] Vgl. Art. 408 ZGB RSFSR, der bei der Erfüllung des Kommissionsauftrages auf den „Vorteil" abstellt.

[442] Vgl. oben bei Anm. I 80 ff.

[443] Siehe oben bei Anm. III 143, 195 ff.

sieren dieses Ziel in Form der (im Vertragsweg zu erfüllenden) staatlichen Planaufgaben. Die Vertragspartner nehmen am Vorteil des Staates nur im Rahmen der eigenen für sie verbindlichen staatlichen Pläne teil[444]. Es handelt sich also um einen geplanten Vorteil. Im übrigen ist den Unternehmen das Anstreben eines Vorteiles durch günstige Vertragsvereinbarungen weitgehend verwehrt, da sie an staatlich festgesetzte Preise gebunden sind. Soweit eine Preisbindung besteht, können außerplanmäßige Gewinne nur durch Kostensenkungen erzielt werden. Letztere liegen außerhalb der Vertragsebene. Das Merkmal des „Staatsvorteils" als Zweck der Planverträge würde erst entfallen, wenn die Vertragspartner nicht an Staatspläne und Staatspreise gebunden sind. Die gegenwärtig unternommenen Versuche, die Starrheit der Planung zu lockern und die Wirtschaftstätigkeit durch zusätzliche „ökonomische Hebel" anzuregen, stellen bemerkenswerte Schritte in dieser Richtung dar[445].

Diese Feststellungen lassen sich bis zu einem gewissen Grade auf hoheitlich gestaltete Verträge zugunsten des Staates in einer kapitalistischen Rechtsordnung übertragen. Der Einzelne nimmt am „Vorteil" des Staates, der mit Verträgen dieser Art verfolgt wird, höchstens mittelbar und lediglich im Rahmen der staatlichen Daseinsvorsorge teil.

---

[444] Vgl. oben bei Anm. II 12. Über das Gesamtwohl vgl. unten bei Anm. VI 7.
[445] Siehe oben bei Anm. II 33 und 37.

V. Sonderrecht der hoheitlich gestalteten Verträge

Der hoheitlich gestaltete Vertrag unterscheidet sich nach Mittel und Zweck von den partnergestalteten und insbesondere von den autonom gestalteten Verträgen. Das hat die bisherige Untersuchung gezeigt. Diese Sonderstellung des hoheitlich gestalteten Vertrages wirft eine Reihe von Fragen auf. Zu ihnen gehört zunächst der Geltungsgrund. Ist der Hoheitsakt oder der Vertrag oder eine Kombination beider der Geltungsgrund des hoheitlich gestalteten Vertrages? Die Frage ist u. a. für die Fälle der Nichtigkeit, Anfechtung und Änderung hoheitlicher und privatrechtlicher Erklärungen von praktischer Bedeutung (unten 1). Hiermit hängt auch das Problem der Konkurrenz verwaltungsrechtlicher und vertragsrechtlicher Beziehungen eng zusammen (unten 2). Ein weiterer praktischer Aspekt bedarf der Klärung: Welchen Inhalt hat das auf den hoheitlich gestalteten Vertrag anzuwendende Recht (unten 3)? Die Erörterung mündet schließlich in die Frage nach der Vertragsqualität des hoheitlich gestalteten Vertrages aus (unten 6).

1. GELTUNGSGRUND DES NACHVERTRAGES

Wenn der Vertrag in der Rechtspraxis auf eine „gestaltete und gleichgeordnete Rechtsbeziehung" reduziert ist und es hierbei keinen Unterschied macht, ob die Gestaltung von beiden oder nur von einem Partner oder gar von einem Dritten – einem Hoheitsträger – vorgenommen wird, so liegt die Frage nahe, welcher Tatbestand dann eigentlich den Geltungsgrund für den Vertrag bildet[1]. Ist es die autonome Willenseinigung der

[1] Diese Frage ist zu unterscheiden vom Problem, welche Stellung dem Vertrag im Rahmen der Schuldrechtsordnung zukommt. Hierzu unten bei Anm. V 330. Zum Vertrag als gestaltete und gleichgeordnete Rechtsbeziehung siehe oben S. 162–165.

Vertragsparteien, die für den partnergestalteten Vertrag von der Rechtsordnung als Geltungsgrund anerkannt wird[2]?

Die Frage ist im Falle des Vertragsersatzes relativ einfach, und zwar negativ zu beantworten. Hier treten an die Stelle der Parteivereinbarung gleichwertige Surrogate. Parteivereinbarung und Vertragsersatz stehen somit gleichsam auf gleicher Ebene. Je nach den tatsächlichen Voraussetzungen werden sie untereinander ausgetauscht.

Problematisch wird die Frage nach dem Geltungsgrund im Falle der zwangsweisen Vorgestaltung des Vertrages. Das Ergebnis einer Vorgestaltung ist im Normalfall der Nachvertrag. Während der Vertragsersatz an die Stelle der Parteivereinbarung tritt und damit auch in dessen Funktion als Geltungsgrund einrückt, steht es beim Nachvertrag anders. Hier erheben sich Zweifel, ob der Nachvertrag einen geeigneten und vollwertigen Geltungsgrund für das Vertragsverhältnis abgibt. Die Bedenken beruhen auf der Überlegung, daß der Nachvertrag lediglich eine Vorgestaltung nachvollzieht. Die für die Vertragsgestaltung entscheidenden Elemente liegen also zeitlich vor dem Nachvertrag; sie werden nicht durch den Nachvertrag geschaffen.

Die Meinungen zur Rechtswirkung von Vorgestaltung und Nachvertrag (sowie über ihr gegenseitiges Verhältnis) gehen auseinander. Es handelt sich keineswegs um eine nur akademische Frage. Ihre Lösung ist auch von praktischer Bedeutung, insbesondere für die Entscheidung, welche Rechtsfolgen bei Nicht- oder Schlechterfüllung des angeordneten Vertragszwanges und des Nachvertrages eintreten. Es werden Fragen wie Rechtsweg, Haftung, Schadenersatz und Vollstreckung akut. Es geht um das Problem, welchem Rechtszweig die Rechtsfolgen entnommen werden sollen, insbesondere, ob sie nach verwaltungsrechtlichen oder zivilrechtlichen Grundsätzen zu beurteilen sind.

Die Diskussionen in der Sowjetunion und in Deutschland sind verschiedene Wege gegangen. Das ist erklärlich. In der Sowjetunion entzündete sich der Meinungsstreit an den Wirtschaftsverträgen. Im Vordergrund stehen also die Rechtsbeziehungen der sozialistischen Organisationen untereinander. In Deutschland wird das Problem dagegen vor allem für das Verhältnis zwischen Verwaltung und Bürger behandelt.

Im folgenden werden eine Reihe der bisher entwickelten Auffassungen behandelt. Die Namen für die einzelnen Theorien stammen nicht von ihren Urhebern, sondern wurden geprägt, um Bezugnahmen zu erleichtern.

---

[2] Vgl. Raiser 1958, S. 1; Flume 1960, S. 142.

a) Theorien in der Sowjetunion

Die Diskussion ist besonders leidenschaftlich in der Sowjetunion geführt worden. Dort verdichtete sich das Thema zum Problem von „Plan und Vertrag" und damit zu einer Frage, die angesichts der geltenden Staats- und Wirtschaftsordnung hohe Aktualität besitzt. Sie ist nicht nur für die Schuldrechtslehre von zentraler Bedeutung, sondern ganz allgemein für die Systematik des Rechts. Am Problem von Plan und Vertrag entzündet sich immer wieder der Streit um die Abgrenzung von Verwaltungs- und Zivilrecht[3]. Die Frage stellt darüber hinaus einen Aspekt des umfassenderen Problemkreises von „Plan und Recht" dar, der heute genauso wie in der Sturm- und Drangzeit nach der Oktoberrevolution an den Grundlagen des Sowjetsystems rührt und weit in das Gebiet von Politik und Ideologie übergreift. Das wird am Schicksal von Pašukanis deutlich. Das Verhältnis von Plan und Recht war einer der Bausteine im Gedankengebäude, das Pašukanis errichtet hatte. Die Lösung, die er vertrat, begründete nicht nur seinen Ruhm, sondern führte – knapp 15 Jahre später – auch zu seinem Sturz und mittelbar zu seiner physischen Vernichtung[4].

Das Problem von Plan und Vertrag ist nach wie vor eines der wichtigsten Themen, die der sowjetischen Rechtswissenschaft gestellt sind[5]. Die rechtswissenschaftliche Diskussion um diese Frage ist seit über 25 Jahren im Gange. Fast alle namhaften Zivilisten haben sich an ihr beteiligt.

Grundlegend und alle anderen Arbeiten überragend ist das Werk von Agarkov, einem der bedeutendsten sowjetischen Zivilisten. Er war der erste, der das Problem von Plan und Vertrag in seiner ganzen Tiefe aufgegriffen, behandelt und zu lösen versucht hat. Alle nachfolgenden Arbeiten bauen trotz mancher Korrektur im einzelnen auf Agarkov auf.

Als Geltungsgrund des hoheitlich gestalteten Vertrages kommt der Verwaltungsakt, der Nachvertrag oder beides zusammen in Betracht. Die Lösungsversuche lassen sich letztlich in eine dieser drei vorstellbaren Alternativen unterbringen. Gleichwohl ist eine Darstellung der zahlreichen, in den verschiedenen Rechtskreisen vertretenen Auffassungen schwierig, da manche der Autoren ihre Meinungen so vielfach qualifiziert haben, daß ihr Standort nicht immer mit Sicherheit festgestellt werden kann.

---

[3] Hierüber unten bei Anm. V 172.
[4] Siehe oben bei Anm. IV 68.
[5] Siehe oben bei Anm. I 71.

(1) Nur-Verwaltungsakt-Theorie

Ein Vertreter der Nur-Verwaltungsakt-Theorie in der Sowjetunion ist ALEKSANDROV. Er unterschied in einem 1947 veröffentlichten Beitrag „Zur Rolle des Vertrages für die rechtliche Regelung der gesellschaftlichen Beziehungen" zwischen normschaffenden Verträgen (wie sie im Völker-, Verwaltungs- und Arbeitsrecht vorkommen) und den rechtsgeschäftlichen Verträgen[6].

Es bedarf einer Wiedergabe der Auffassung ALEKSANDROVS, da der Band, in dem sein Beitrag erschienen ist, nur selten in westlichen Bibliotheken anzutreffen ist.

Während der erste Vertragstyp abstrakte Normen schafft, erzeugt der letztgenannte Vertrag nach ALEKSANDROV konkrete subjektive Rechte und Pflichten. Er umfaßt drei Gruppen.

Die *erste* Gruppe ist dadurch gekennzeichnet, daß zwar Abschlußfreiheit besteht, aber keine Inhaltsfreiheit. Der Inhalt wird (nur) durch zwingende Normen oder Verwaltungsakte festgesetzt.

Die *zweite* Gruppe der rechtsgeschäftlichen Verträge beruht nicht nur auf Abschlußfreiheit, sondern auch auf Inhaltsfreiheit. Sie liegt vor, wenn das vertraglich geschaffene Rechtsverhältnis (nur) durch dispositive oder Blankettnormen geregelt ist.

Die *dritte* Gruppe schließlich umfaßt Verträge, die teils durch zwingende Normen und Verwaltungsakte, teils durch dispositive Vorschriften geregelt sind. Soweit in dieser Vertragsgruppe Norm oder Verwaltungsakt den Vertragsinhalt nicht hinreichend festlegen, muß der Vertrag durch die Partner konkretisiert werden, obgleich die „Parteien bereits durch ein Rechtsverhältnis kraft Verwaltungsakt verbunden sind" und obgleich ihre „Rechte und Pflichten in allgemeinen Zügen bereits auf Grund des Verwaltungsaktes entstanden sind". Ein solcher Vertrag stellt aber „nicht mehr eine selbständige juristische Tatsache" dar; er dient lediglich der Ergänzung eines Verwaltungsaktes, indem er zusammen mit letzterem einen zusammengesetzten Tatbestand bildet[7]. Der Verwaltungsakt begründet also nach ALEKSANDROV eine Rechtsbeziehung zwischen den Parteien, indem er den Vertrag als juristische Tatsache ersetzt. Den Parteien verbleibt nur die Konkretisierung eines bereits bestehenden Rechtsverhältnisses.

---

[6] ALEKSANDROV 1947.

[7] ALEKSANDROV 1947, S. 75.

Wesentlich ist nun, wie ALEKSANDROV hervorhebt, daß Verträge auf Grund zwingender Normen (erste Gruppe) durch andere juristische Tatsachen, etwa einen Verwaltungsakt, ersetzt werden können (z. B. Arbeitsverhältnis). Bei den durch dispositive Normen geregelten Verträgen ist ein Ersatz dagegen nicht (zweite Gruppe) oder nur hinsichtlich der zwingend vorgeschriebenen Vertragsbestandteile (dritte Gruppe) möglich[8].

Den praktischen Anwendungsbereich der drei Vertragsgruppen umschreibt ALEKSANDROV wie folgt: Verträge der zweiten Gruppe sind für das bourgeoise Zivilrecht charakteristisch; in der sowjetischen Gesellschaft kommen sie vor allem nur zur Regelung vermögensrechtlicher Beziehungen der Bürger untereinander vor. In der sozialistischen Wirtschaft gewinnen die Verträge der ersten und dritten Gruppe überragende Bedeutung[9].

Die Auffassung ALEKSANDROVS wird im sowjetischen Schrifttum überwiegend abgelehnt[10]. Als erster wandte sich ŠKUNDIN – der Verfasser einer 1948 erschienenen Monographie über das Schuldverhältnis der Warenlieferung und anderer einschlägiger Arbeiten – gegen ALEKSANDROV. Die Konstruktion ALEKSANDROVS führt im Grunde dazu, stellt Škundin fest, die Notwendigkeit der Vertragsform insoweit zu leugnen, als Partner und Inhalt des Vertrages bereits durch die Planaufgabe oder zwingende Normen festgelegt sind[11]. Eine solche Auffassung sei nicht zutreffend. Nach ŠKUNDIN ist das Schuldverhältnis, das die Parteien vor Vertragsschluß miteinander verbindet, nicht identisch mit dem Schuldverhältnis, das nach Vertragsschluß zwischen ihnen besteht. Durch Vertragsschluß konkretisieren die Partner nicht einfach ein unabhängig vom Vertrag bereits bestehendes Schuldverhältnis, sondern begründen ein neues Schuldverhältnis. Letzteres ist zwar auf das gleiche Ziel (nämlich die Erfüllung der Planaufgabe) gerichtet, unterscheidet sich aber nach Umfang und Inhalt der Rechte und Pflichten. Zur Begründung führt ŠKUNDIN an, daß für die Nichterfüllung des vor Vertragsschluß durch Verwaltungsakt begründeten Schuldverhältnisses nur Schadenersatz verlangt werden könne, während für die Nichterfüllung des auf Vertrag beruhenden Schuldverhältnisses daneben auch noch eine Vertragsstrafe vorgesehen sei. Im übrigen sei die

---

[8] Ebd., S. 74–75.

[9] Ebd., S. 76.

[10] Keine Einwendungen gegen ALEKSANDROVS Auffassung zum Verhältnis von Vertrag und Verwaltungsakt erhob A. E. PAŠERSTNIK in einer im übrigen kritischen Besprechung (Sovetskaja kniga 1947 No. 7 S. 83–87, hier S. 87).

[11] ŠKUNDIN 1948, S. 163; ŠKUNDIN 1948 (b), S. 69.

Vereinbarung der Partner das eigentlich konstitutive Merkmal des Vertrages und das gelte auch für den Planvertrag [12].

Für Škundin stellt diese Kritik offenbar eine Abkehr von seiner eigenen, früher vertretenen Ansicht dar. 1940 schrieb er, daß die Planaufgabe „zivilrechtliche Beziehungen begründet", sofern die Planaufgabe für beide Seiten verbindlich ist und durch das Vertragsverhältnis (lediglich) „verstärkt" wird [13].

In ähnlicher Weise wie Škundin 1948 argumentieren auch andere Autoren, mitunter unter Wiederholung seiner Gedanken. Wenn der Planvertrag lediglich ein Mittel zur Konkretisierung eines bereits bestehenden Schuldverhältnisses ist, dann „verliert der Vertrag seine Hauptbedeutung", schreibt Insarova [14]; dann wird die Rolle des Vertrages in den Worten von Novickij „herabgemindert" [15] und – wie sich Flejšic ausdrückt – „unterbewertet" [16] und „verkleinert" [17]. Zur Begründung führt Novickij, ein 1958 verstorbener Professor des Zivilrechts an der Universität Moskau, an, daß der Verwaltungsakt in zivilrechtlicher Hinsicht nicht ein Lieferverhältnis, sondern die Verpflichtung begründe, einen Vertrag zu schließen [18]. Chalfina weist darauf hin, wohin die Auffassung Aleksandrovs führt, wenn sie zu Ende gedacht wird: Sie lasse einen Vertrag überhaupt entbehrlich erscheinen, sofern nur der Verwaltungsakt hinreichend konkret ist [19]. Das könne aber nicht richtig sein, da der Verwaltungsakt eine Haftung im Verhältnis der Parteien untereinander nicht begründe [20]. Auf etwa den gleichen Gedanken beruht die Kritik, die Joffe, ein Professor an der Universität Leningrad, an Aleksandrov übt [21]. Joffe erläutert sie durch den Hinweis, daß eine Lieferung, die ohne Vertrag erfolgt, die Erfüllung einer verwaltungsrechtlichen, nicht aber einer zivilrechtlichen Pflicht darstelle.

Einige Autoren nehmen daran Anstoß, daß Aleksandrov im Verwaltungsakt einerseits die Rechtsgrundlage für das Schuldverhältnis erblickt, andererseits aber von einem „zusammengesetzten Tatbestand" als

[12] Škundin 1948, S. 164–165.
[13] Škundin 1940, S. 90.
[14] Insarova 1950, S. 9.
[15] Novickij 1950, S. 82.
[16] Flejšic 1954, S. 36–37.
[17] Nikitina 1960, S. 200.
[18] Novickij 1950, S. 82. Kritisch dazu Dunevič 1956, S. 183, der wiederum Novickij vorwirft, die Rolle des Verwaltungsaktes herabzumindern.
[19] Chalfina 1954, S. 152. Možejko meint aber, daß auch beim vollständigsten Verwaltungsakt immer eine „bedeutende Menge verschiedener Bedingungen ... nachbleibt, die durch den Vertrag nicht nur konkretisiert, sondern begründet werden müssen" (Možejko 1962, S. 127).
[20] Chalfina 1954, S. 153; ähnlich auch Chalfina 1963, S. 105. Vgl. unten bei Anm. V 47.
[21] Joffe 1957, Bd. 2 S. 249; Zusammenfassung in: Joffe 1958, Bd. 1, S. 315.

Geltungsgrund spricht. FLEJŠIC sieht hierin einen Widerspruch[22]. Auf diesen Widerspruch verweisen auch BARU[23] und MOŽEJKO[24], allerdings ohne sich auf FLEJŠIC zu berufen. Andere Kritiker stellen auf das positive Recht ab. Sie räumen zwar ein, daß ALEKSANDROVS Auffassung mit der zur Zeit der Veröffentlichung (1947) herrschenden Praxis in Einklang gestanden habe[25], behaupten aber, daß sie das geltende Recht verletze. Das treffe insbesondere nach Erlaß einschlägiger Vorschriften im Jahre 1949 und später zu[26].

Wenn ALEKSANDROV im eigenen Lande für seine Lehre auch keine Anhänger hat finden können, so steht er dennoch nicht allein. Die Einführung der Planwirtschaft in anderen Ländern regte zu Konstruktionen an, die zumindest eine Verwandtschaft mit den Auffassungen ALEKSANDROVS aufweisen. Es war HEINZ SUCH, heute einer der führenden Zivilrechtler der DDR, der im Jahre 1949 mit Ansichten an die Öffentlichkeit trat[27], die ALEKSANDROVS Gedanken nahekommen. Such bezieht sich aber nicht auf ALEKSANDROV. Wahrscheinlich hat er ALEKSANDROVS Arbeit damals nicht gekannt[28], denn SUCHS Monographie ist „aus einem Vortrag im privatrechtlichen Seminar des Herrn Professor Dr. DE BOOR im Wintersemester 1946/47" entstanden[29].

SUCH meint, daß der Lebensvorgang, der sich aus Anordnungen der Planungsstelle ergibt, nicht mit dem herkömmlichen Rechtsinstitut des Vertrages erfaßt werden könne[30]. Auch eine Aufspaltung des Vertragsbegriffs in einen (öffentlich-rechtlichen) Begründungsvorgang und ein (zivilrechtliches) Vertragsverhältnis, wie es NIPPERDEY u. a. versucht hätten, biete keine befriedigende Lösung[31]. Die Verfügung der Planungsstelle, die dem Lieferer einen Bedarfsträger zuweist, lasse ein einheitliches

---

[22] FLEJŠIC 1954, S. 36–37.

[23] BARU 1957, S. 49.

[24] MOŽEJKO 1962, S. 125 Anm. 1.

[25] JOFFE 1957, Bd. 2 S. 249.

[26] Ebd.; CHALFINA 1954, S. 152; KABALKIN, in: Graždanskoe pravo 1960, Bd. 1, S. 425.

[27] SUCH 1949. Angaben über die wissenschaftliche Laufbahn von SUCH in Vertragssystem 1967, S. 508.

[28] ALEKSANDROVS Beitrag erschien Anfang 1947. SUCH schloß seine Monographie, wie er im Vorwort vom Juli 1948 erwähnt, im Dezember 1947 ab; sie wurde erst 1949 veröffentlicht.

[29] SUCH 1949 im Vorwort.

[30] SUCH 1949, S. 61, 64, 66–69. Der Verwaltungsakt passe ebenfalls nicht, da hier das Verhältnis zwischen Lieferer und Bedarfsträger, nicht aber zwischen Verwaltungsbehörde und Lieferer in Frage steht, ebd., S. 61.

[31] Ebd., S. 67. Drei Jahre später aber hebt SUCH hervor, daß die Verpflichtung zum Vertragsschluß zwei Seiten hat: die „verwaltungsrechtliche Pflicht gegenüber dem Staat" ist „zugleich eine zivilrechtliche Verpflichtung gegenüber dem anderen Vertragspartner".

Lebensverhältnis entstehen. „Die Unterschiede im Begründungsvorgang" dieses „Rechtsverhältnisses sind, verglichen mit dem eines Kaufvertrages, so erheblich, daß eine besondere Bezeichnung mit eigenem begrifflichem Inhalt angebracht erscheint". SUCH nennt es „Lieferverhältnis" [32]. Es sei kein Vertrag [33]. Nach der Auffassung von Such ist die „rechtsgeschäftliche Abrede nicht mehr konstitutiv für den Austauschakt". Das Scheitern einer Vereinbarung verhindere nicht das Entstehen der Leistungsverpflichtung [34]. Die rechtsgeschäftliche Mitwirkung der Beteiligten sei dem „objektiven Gesamtzusammenhang" untergeordnet, der durch die Wirtschaftspläne gestaltet und durch die Anordnungen der Planungsstelle konkretisiert werde [35].

Für SUCH entstehen die Leistungsverpflichtungen also unmittelbar aus verwaltungsrechtlichen Anordnungen, und zwar horizontal: im Verhältnis der Partner der Leistungsbeziehung untereinander. Insoweit berührt sich Such mit ALEKSANDROV. Zugleich geht SUCH über die (ein Jahrzehnt später) von POSCH entwickelte Realaktlehre hinaus, indem er ein nichtrechtsgeschäftliches Lieferverhältnis für den plangelenkten Bereich der Wirtschaftsunternehmen untereinander annimmt, während POSCH ein allgemeines Rechtsverhältnis nur für die Beziehungen zwischen Staat und Bürger anerkennen will [36].

SUCH hat seine Konstruktion offenbar bald aufgegeben. In seinen späteren Arbeiten bezieht er sich nicht auf seine 1949 erschienene Monographie. Er übergeht sie auch in seiner umfangreichen und gedankenreichen Arbeit von 1967 über den Liefervertrag. Such betrachtet die „neuen Verträge" dem „gesellschaftlichen Inhalt nach" als „Formen der Realisierung des Volkswirtschaftsplanes". Er sieht in ihnen „Rechtsgeschäfte im Sinne des Planungsrechts, weil die Willenserklärungen ... die erforderliche Konkretisierung des Planzweckes sind" [37].

(2) Nur-Vertrags-Theorie

Diametral entgegengesetzt ist die Auffassung, daß nicht der Verwaltungsakt, sondern (nur) der Vertrag der Geltungsgrund des hoheitlich gestalteten Vertrages ist. Der hartnäckigste Verfechter dieser Auffassung

SUCH H., Die Bedeutung des Vertragssystems für die Zivilrechtsprechung, in: Protokoll der 1. theoretischen Konferenz über Fragen des Zivilrechts am 15. März 1952, Berlin, 1952, S. 8–35, hier S. 13. Vgl. oben bei Anm. III 117 und IV 400.

[32] Ebd., S. 63.

[33] Ebd., S. 63, 66, 69.

[34] Ebd., S. 64–65.

[35] Ebd., S. 65, 69.

[36] Vgl. oben bei Anm. IV 242.

[37] SUCH 1950, S. 245. Vgl. SUCH 1967, S. 10, 53.

ist CHALFINA. Neben ihr gibt es eine Reihe anderer Autoren, die als Anhänger dieser Theorie anzusehen sind. Sie vertreten ihren Standpunkt aber nicht immer mit der gleichen Überzeugungskraft und Konsequenz[38].

CHALFINA unterscheidet unter den Staatsakten, die zivilrechtliche Wirkungen erzeugen, drei Gruppen:

1. Akte, die unmittelbar eine zivilrechtliche Leistungspflicht und zugleich einen Zwang zum Vertragsschluß begründen, z. B. die Frachtbeförderungspflicht aus dem Monatsplan der Eisenbahn[39],

2. Akte, die einen gegenseitigen Vertragszwang (aber keine zivilrechtliche Leistungspflicht) erzeugen, wie etwa die Lieferanweisung[40],

3. Akte, die einen einseitigen Vertragszwang begründen, wie z. B. die Order einer Wohnungsbehörde[41].

Das Hauptgewicht ihrer Argumentation liegt auf der Fallgruppe 2. CHALFINA leugnet hier – und das ist der Kern ihrer Lehre –, daß der Planakt (Verwaltungsakt) eine zivilrechtliche Lieferpflicht oder andere zivilrechtliche Pflichten erzeugt. Diese können nach ihrer Ansicht nur durch Vertrag begründet werden. CHALFINA gesteht dem Verwaltungsakt lediglich zu, daß er den Adressaten eine zivilrechtliche Pflicht zum Vertragsschluß auferlegt[42]. CHALFINA muß allerdings zugeben, daß ein planändernder Verwaltungsakt in der Praxis eine automatische Änderung des Vertrages zur Folge hat, also auch ohne entsprechende Vereinbarung der Parteien wirksam ist[43]. Diese Praxis widerspricht ihrer Ansicht nach dem positiven Recht. CHALFINA will eine Vertragsänderung nur auf Grund einer Vereinbarung der Parteien zulassen, die entweder ausdrücklich oder stillschweigend (etwa durch Beiheften des Bescheides über die Planänderung zum Vertragsformular) erfolgen kann[44]. Im übrigen liegen nach CHALFINA die Wirkungen des Verwaltungsaktes allein auf verwaltungsrechtlichem Gebiet.

Aus der Nur-Vertrags-Theorie ergibt sich eine für die Praxis wichtige und auf ihrer Grundlage nicht einfach zu lösende Frage: Was ist der Geltungsgrund für vertragslose Lieferungen? Derartige Lieferungen kommen tatsächlich vor, zum Teil in Übereinstimmung mit dem geltenden Recht,

---

[38] CHALFINAS offenbar erste Äußerung zum Thema stammt aus dem Jahre 1951 (vgl. den Konferenzbericht in Sov. gos. i pravo 1951 No. 10 S. 74). Es folgte ein Artikel 1952 (CHALFINA 1952).

[39] CHALFINA 1954, S. 144–151.

[40] Ebd., S. 151–170.

[41] Ebd., S. 170–175. Vgl. oben bei Anm. III 112.

[42] CHALFINA 1954, S. 84, 158–159; CHALFINA 1963, S. 113–116.

[43] CHALFINA 1952, S. 52; CHALFINA 1954, S. 165–166; CHALFINA 1963, S. 112, 117, 185–190.

[44] CHALFINA 1963, S. 112, 185–190. Vgl. unten bei Anm. V 299.

teilweise unter seiner Verletzung. Eine vertragslose Lieferung kann zu Beginn des Planjahres rechtmäßig sein, und zwar in der Zeit bis zum Ablauf der für den Vertragsschluß vorgeschriebenen Frist. Rechtswidrig ist sie dagegen bei Verletzung der Vertragsabschlußpflicht. CHALFINA sucht einen Ausweg in der Konstruktion eines durch konkludente Handlung (Lieferung und Annahme) geschlossenen Vertrages. Sie muß aber einräumen, daß ein solcher (formloser) Vertrag von der Rechtsordnung nicht geschützt wird und daher nicht zwangsweise durchgesetzt werden kann[45]. Etwas anderes gilt für die Annahme einer Lieferanweisung, die gemäß ausdrücklicher Rechtsvorschrift[46] die Kraft eines Vertrages erlangt[47]. CHALFINA ist sich darüber im klaren und betont immer wieder, daß der Planakt das beherrschende Element sei, das Vertragsabschluß und Vertragsinhalt bestimmt[48]. Hiermit sucht sie dem von ihren Kritikern erhobenen Vorwurf[49] zu begegnen, ihre Auffassung bedeute eine Herabminderung der Bedeutung des Planes.

CHALFINAS Lehre wird von einer Reihe von Autoren geteilt. Sie betrachten sich allerdings nicht ausdrücklich als Anhänger ihrer Lehre; sie vertreten nur im Ergebnis gleiche Auffassungen. Zu ihnen gehören BARU[50], KAMINSKAJA[51], VIL'NJANSKIJ[52], NIKITINA[53] und MASEVIČ[54]. CHALFINA selbst beruft sich[55]. Zur Stützung ihrer Theorie auf einen 1953 von BRATUS' veröffentlichten Beitrag[56]. In ihm spricht BRATUS' davon, daß Planakte nicht den Vertrag ersetzen, sondern nur zum Vertragsschluß verpflichten und daß es der Vertrag ist, der die Lieferpflicht erzeugt. BRATUS' enthält sich aber einer Stellungnahme zum Meinungsstreit. 1957 erläutert BRATUS' seine Ansicht dahin, daß die Partner mit Vertragsschluß nicht nur eine zivilrechtliche Verpflichtung begründen, sondern auch eine verwaltungsrechtliche Pflicht erfüllen[57].

[45] CHALFINA 1954, S. 160; CHALFINA 1963, S. 116–117. Für Verträge zwischen sozialistischen Organisationen ist die Schriftform vorgeschrieben (siehe unten Anm. V 191).

[46] Instruktion vom 18. Dezember 1962 und Instruktion vom 30. Dezember 1963; vgl. oben Anm. III 268.

[47] CHALFINA 1963, S. 162. Vor Erlaß der Vorschrift vertrat Chalfina die Ansicht, daß die bloße Hinnahme eines Verwaltungsaktes einen Vertrag nicht darstellen könne (CHALFINA 1962, S. 68). Vgl. oben bei Anm. V 20.

[48] CHALFINA 1954, S. 161; CHALFINA 1963, S. 117–118, 166.

[49] JOFFE 1957, Bd. 2 S. 252; MOŽEJKO 1962, S. 137. Dagegen Replik Chalfinas: CHALFINA 1963, S. 117 Anm. 47 und S. 167 Anm. 48.

[50] BARU 1957, S. 60.

[51] KAMINSKAJA, in: Graždanskoe pravo 1959, Bd. 1, S. 382.

[52] VIL'NJANSKIJ 1958, S. 286, vgl. S. 315.

[53] NIKITINA 1960, S. 199, 201, 209.

[54] MASEVIČ 1964, S. 50.

[55] CHALFINA 1954, S. 158 Anm. 1.

[56] BRATUS' 1953, S. 81, vgl. S. 82.

[57] BRATUS' 1958, S. 46 (Ausgabe 1957, S. 94).

Die Kritik an CHALFINAS Theorie setzt – abgesehen vom allgemeinen Vorwurf der Unterbewertung des Planes[58] und des Widerspruches mit der Praxis[59] – vor allem an drei Punkten ein:

1. CHALFINA ist inkonsequent, wenn sie dem Verwaltungsakt einerseits die Wirkung abspricht, zivilrechtliche Liefer- und Leistungspflichten zu erzeugen, andererseits aber annimmt, daß der Verwaltungsakt den Parteien eine zivilrechtliche Pflicht zum Vertragsschluß auferlegt. Sie erkennt damit an, daß der Verwaltungsakt *vor* Vertragsschluß zivilrechtliche Wirkungen habe; es sei dann nicht einzusehen, warum er solche Wirkungen nicht auch *nach* Vertragsschluß besitzen könne[60].

2. Wenn in der vertragslosen Lieferung und ihrer Annahme durch den Empfänger ein konkludenter Vertrag zu erblicken sei, wie CHALFINA behauptet, dann verwandelt sich jede vertragslose Lieferung zu einer vertraglichen, falls sie nur erfüllt wird. Dadurch wird der Unterschied zwischen vertraglichen und vertragslosen Lieferungen verwischt[61].

3. Die Planakt-Änderung hat entgegen der Ansicht von CHALFINA unmittelbare und automatische Wirkung auf den Wirtschaftsvertrag. Auf diesem Standpunkt steht die Arbitragepraxis. Eine Erfüllung des alten Vertrages ohne Rücksicht auf die Planänderung würde zu planakt-widrigen Lieferungen führen und dem geltenden Recht (Grundlagen Art. 34) widersprechen[62].

(3) Verwaltungsakt- und Vertrags-Theorie (Kombinationstheorie)

Geltungsgrund der hoheitlich angeordneten Leistungsbeziehungen ist weder der Verwaltungsakt allein, noch der Vertrag allein, sondern ein aus Verwaltungsakt und Vertrag „zusammengesetzter Tatbestand“. Auf

---

[58] Siehe oben bei Anm. V 49.

[59] ZAMENGOF 1963, S. 35 Anm. 5.

[60] JOFFE 1957, Bd. 2, S. 252; dazu Replik von CHALFINA 1963, S. 111: JOFFES Theorie diene ihm zur Rechtfertigung der unmittelbaren Vertragsänderung durch Planänderung; hierin liege eine Inkonsequenz.

[61] FLEJŠIC 1954, S. 42–43; dazu Replik von CHALFINA 1963, S. 116–117: Von einer Verwischung könne keine Rede sein, da die konkludente Vereinbarung eine Abgrenzung ermöglicht; VAKSBERG u. a. machen demgegenüber in einer Rezension von CHALFINA 1963 (in Sov. gos. i pravo 1964 No. 4, S. 138) geltend: Der bloße Wunsch, in Lieferbeziehungen zu treten, genügt nicht. Es ist Schriftform erforderlich. Bei vertraglosen Lieferungen wird die Vertragsstrafe zugunsten der Staatskasse eingezogen (Sbornik No. 22, S. 7 [1962]).

[62] VAKSBERG [u. a.], Sov. gos. i pravo 1964 No. 4 S. 138 unter Berufung auf Sbornik No. 14 S. 58–59 (1960).

diese Kurzformel kann die von Agarkov 1940 begründete und heute in der Sowjetunion herrschende Lehre gebracht werden. Agarkov entwickelte die Theorie in seiner bereits erwähnten Studie von 1940[63].

Agarkov erörtert im Zusammenhang mit den Schuldverhältnissen, die auf Planerfüllung und Bedürfnisbefriedigung gerichtet sind[64], die Verwaltungsakte, welche für die Entstehung schuldrechtlicher Beziehungen von Bedeutung sind. Er unterscheidet drei Fallgruppen.

aa) Die erste von ihnen umfaßt Verwaltungsakte, die ein Rechtsgeschäft *genehmigen*[65]. Rechtsgeschäfte, zu deren Vornahme eine verwaltungsrechtliche Genehmigung erforderlich ist, bestehen nach Agarkov aus einem „zusammengesetzten Tatbestand". Er setzt sich zusammen einerseits aus der Willenserklärung der Parteien und andererseits aus dem die Genehmigung enthaltenden Verwaltungsakt. Diese zwei Teile existieren getrennt voneinander. Sie fließen nicht in ein Rechtsgeschäft zusammen, wie etwa Offerte und Annahme beim Vertragsschluß. Sie sind aber einander zugeordnet. Das äußert sich darin, daß nur beide Teile des Tatbestandes zusammen die vorgesehene Rechtswirkung erzeugen[66].

bb) Der Begriff des „zusammengesetzten Tatbestandes" dient Agarkov dazu, auch das Verhältnis derjenigen Verwaltungsakte zum Vertrag zu erklären, die eine *Verpflichtung* zur Vornahme eines *Rechtsgeschäfts* begründen. Zu diesen Verwaltungsakten, die im sowjetischen Schuldrecht „eine überragende Bedeutung besitzen", gehören vor allem die „Akte zur Planung der Versorgung"[67]. Agarkov leitet aus den 1940 in Kraft befindlichen Vorschriften den Grundsatz ab, daß die Lieferanweisung eine Verpflichtung zum Vertragsschluß sowohl für das Lieferunternehmen als auch für das Verbraucherunternehmen begründet[68].

Diese Verpflichtung zum Vertragsschluß verhält sich zu dem auf ihrer Grundlage geschlossenen Vertrag nicht etwa wie ein Vorvertrag zum Hauptvertrag. Agarkov stellt folgende Unterschiede fest:

1. Zum Abschluß eines Vertrages bedarf es nicht notwendig eines Vorvertrages. Anders im Planbereich: Hier ist ein Liefervertrag ohne vorangehende Lieferanweisung unzulässig.

---

[63] Agarkov 1940. Ihren wesentlichen Inhalt gab er in gekürzter Form im Zivilrechtslehrbuch von 1944 wieder: Agarkov, in: Graždanskoe pravo 1944, Bd. 1, S. 300 bis 316, insbesondere S. 314–315.

[64] Siehe oben bei Anm. IV 202.

[65] Agarkov 1940, S. 131–132.

[66] Agarkov 1940, S. 132. Als Quelle beruft sich Agarkov auf Tuhr A. von, Der Allgemeine Teil des Deutschen Bürgerlichen Rechts, Bd. II, Erste Hälfte, 1914, S. 151 bis 152.

[67] Agarkov 1940, S. 118–119.

[68] Ebd., S. 119–121.

2. Die Partner eines Vorvertrages können sich gegenseitig von ihren Vertragsverpflichtungen befreien. Dieses Recht haben die Adressaten einer Lieferanweisung nicht[69].

3. Vor- und Hauptvertrag erzeugen voneinander gesonderte Rechtswirkungen. „Die Lieferanweisung ... und der auf ihrer Grundlage geschlossene Vertrag stellen [demgegenüber] ein einheitliches Ganzes, ein System juristischer Handlungen dar, die auf ein Ziel – auf die Erfüllung der Planaufgabe – gerichtet sind. Zusammen mit dem Vertrag stellt die Lieferanweisung einen einheitlichen zusammengesetzten Tatbestand dar, der gegenseitige Lieferverpflichtungen der Parteien erzeugt." Ohne die Lieferanweisung kann der Liefervertrag diese Wirkungen nicht hervorrufen[70].

4. Der Vorvertrag verpflichtet (nur) zum Abschluß des Hauptvertrages. Die Lieferanweisung dagegen verpflichtet die Parteien darüber hinaus, auch „alle Maßnahmen zu ergreifen, die notwendig sind..., um die Erfüllung [des Liefervertrages] zu gewährleisten, d. h. die Planaufgabe zu verwirklichen". Wenn sich der Vertragsschluß aus diesem oder jenem Grund verzögert, haben die Parteien also gleichwohl die zusätzliche Pflicht, „alles von ihnen Abhängige zu tun, damit der ... [Liefervertrag] ordnungsgemäß erfüllt wird"[71].

Die Lieferanweisung und der auf ihr beruhende Vertrag stellen somit, wie AGARKOV hervorhebt, „zwei aufeinanderfolgende und unlöslich miteinander verbundene Stadien" eines einheitlichen Vorganges dar, nämlich des Überganges bewirtschafteter Produktion von einem Unternehmen auf ein anderes[72]. Diese Konstruktion belegt Agrakov mit einer Reihe von Arbitrageentscheidungen[73]. Er zitiert auch Verwaltungsweisungen, aus denen hervorgeht, daß zur Entstehung schuldrechtlicher Verpflichtungen die Lieferanweisung allein nicht ausreicht; der Vertrag muß hinzutreten[74]. Allerdings muß AGARKOV einige Ausnahmen zulassen. Eine „besondere Lage" nimmt (nach dem 1940 geltenden Recht) die Metallproduktion ein. Sie wurde damals ohne Verträge geliefert. Es genügte eine Bestellung des Verbrauchers[75]. AGARKOV erfaßt dieses Rechtsverhältnis als schuldrechtliche Beziehung auf Grund eines einseitigen Rechtsgeschäfts (nämlich der

[69] Ebd., S. 122. [70] Ebd., S. 123. [71] Ebd.

[72] Ebd., S. 123–124. Auf S. 125 spricht AGARKOV von zwei aufeinanderfolgenden „Etappen".

[73] Ebd., S. 124–125. [74] Ebd., S. 125.

[75] Die Bestellung war vom Lieferer zur Erfüllung anzunehmen. Die Annahme war aber nicht mit der Annahme einer Vertragsofferte gleichzusetzen; sie besaß keinen zivilrechtlichen Charakter. Vgl. oben bei Anm. III 90. Zur jetzigen Rechtslage für die Lieferung von Metallproduktion: GUS'KOVA 1965, S. 119–131.

Bestellung)[76]. Auch die Frachtbeförderung auf Grund von Transportplänen der Eisenbahn betrachtet AGARKOV als ein schuldrechtliches Verhältnis, das durch ein einseitiges Rechtsgeschäft des Absenders – der Übergabe der Fracht zur Beförderung – entsteht[77].

cc) AGARKOV behandelt schließlich auch die Verwaltungsakte, die *unmittelbar* eine Leistungspflicht auferlegen, deren Erfüllung jedoch keinen Vertrag und auch kein einseitiges Rechtsgeschäft voraussetzen[78]. Die von ihm angeführten Beispiele (Absatz von Kraftfahrzeugen, u. a.) treffen heute nicht mehr zu. Derartige Rechtsbeziehungen werden, wie AGARKOV zutreffend feststellt, im bourgeoisen Recht öffentlich-rechtlich verstanden[79].

Die sowjetische Rechtswissenschaft hat zu AGARKOVS Lehre ausgiebig Stellung genommen. Fast jeder einschlägige Lehrbuchabschnitt oder sonstige Beitrag setzt sich mit seinen Auffassungen auseinander. Hier kann das Echo, das Agarkov gefunden hat, nur kurz registriert werden.

Zu den uneingeschränkten Anhängern AGARKOVS gehört ŠKUNDIN. Er ging in seinen Veröffentlichungen wiederholt auf das Verhältnis von Plan und Vertrag ein[80] und stützte sich hierbei gewöhnlich auf AGARKOV, z. B. in seinem Beitrag zu einem Zivilrechts-Lehrbuch, das vier Auflagen erlebte[81], und vor allem in seinem Buch über das Liefer-Schuldverhältnis im Sowjetrecht (1948)[82] sowie in anderen Veröffentlichungen[83]. Andere Autoren teilen die Auffassung AGARKOVS zum Verhältnis von Plan und Vertrag mit mehr oder weniger großen Einschränkungen. Unter ihnen sind z. B. zu nennen: DOZORCEV[84], ALEKSEEV[85], KABALKIN[86] und MOŽEJKO[87].

---

[76] AGARKOV 1940, S. 126–127. Vgl. dazu ŠKUNDIN 1948, S. 89–91; OVSIENKO 1957, S. 61, 70. Dagegen wendet sich KARTUŽANSKIJ, der die Beziehung als „vertragslose Lieferung" mit Vertragscharakter auffaßt (KARTUŽANSKIJ 1951, S. 103–105; vgl. oben Anm. III 274).

[77] AGARKOV 1940, S. 128–131, hier S. 131.

[78] Ebd., S. 116–118. Einige Jahre später (1946) verwendet AGARKOV in diesem Zusammenhang den Begriff des „verwaltungsrechtlichen Rechtsgeschäfts"; siehe AGARKOV M. M., Ponjatie sdelki po sovetskomu graždanskomu pravu: Sov. gos. i pravo 1946 No. 3–4 S. 41–55, hier S. 52.

[79] AGARKOV 1940, S. 118. Nach KARTUŽANSKIJ haben aber auch diese Beziehungen Vertragscharakter (KARTUŽANSKIJ 1951, S. 102–103); vgl. oben Anm. III 274 und Anm. V 76.

[80] Erstmalig wohl in einem Aufsatz: ŠKUNDIN 1940.

[81] ŠKUNDIN, in: Graždanskoe pravo 1940, 1945, 1947, 1950(a).

[82] ŠKUNDIN 1948, S. 139, 160–165 (kritisch dazu: MOŽEJKO 1962, S. 130; CHALFINA 1963, S. 119; OVSIENKO 1957, S. 59, 61).

[83] Z. B. ŠKUNDIN 1947; ŠKUNDIN 1948 (a); ŠKUNDIN 1948 (b).

[84] DOZORCEV 1955, S. 144.

[85] ALEKSEEV 1959, S. 38–39, 43–45; dazu: CHALFINA 1963, S. 113; LAPTEV, in: Voprosy 1962, S. 14 Anm. 3.

[86] KABALKIN, in: Graždanskoe pravo 1960, Bd. 1 S. 428.

[87] MOŽEJKO 1962, S. 127–135; kritisch: CHALFINA 1963, S. 117.

Novickij widmet dem von Agarkov behandelten Thema eine kleine, inhaltlich aber gehaltvolle Studie über die „Pflicht zum Vertragsschluß" (1947)[88]. Sie ist im Westen unbekannt geblieben[89]. In dieser Arbeit sieht Novickij, ähnlich wie Agarkov, die Lieferanweisung und den Liefervertrag „als Stufen einer besonderen Leiter", die zur Erfüllung des Volkswirtschaftsplanes begangen wird (Stufentheorie)[90]. Zur Erfassung des Verhältnisses von Verwaltungsakt und Vertrag unternimmt Novickij, ebenfalls wie Agarkov, einen Vergleich mit dem Vorvertrag. Er stellt vier Unterschiede fest; drei davon decken sich mit den Abweichungen, die bereits Agarkov herausgearbeitet hatte. Als zusätzlichen Unterschied hebt Novickij die vorherige inhaltliche Festlegung des Liefervertrages hervor. Während die Partner eines Vorvertrages, so führt er aus, berechtigt sind, im Hauptvertrag auch neue Vertragsbedingungen zu vereinbaren, sind die Partner einer Lieferanweisung an die in ihr enthaltenen Bedingungen gebunden. Der von ihnen geschlossene Vertrag weist daher Ähnlichkeiten mit einem Schuldverhältnis auf, das unmittelbar auf Grund eines einseitigen Rechtsgeschäfts (einer Bestellung) entsteht[91]. Die „durch den Verwaltungs(plan)akt diktierte Verpflichtung" zum Vertragsschluß kann somit, folgert Novickij, „tatsächlich ein Beispiel dafür darstellen, daß die Parteien sich der Pflicht gegenübersehen, einen Vertrag unabhängig davon zu schließen, ob sie einen solchen Vertrag wollen oder nicht"[92].

Auf der Grundlage der Lehre Agarkovs haben andere Autoren neue Konstruktionen entwickelt. Joffe hält die Kombinationstheorie Agarkovs für die „einzig richtige", wendet sich aber gegen dessen Auffassung, der Planakt verpflichte die Adressaten im Verhältnis zueinander dazu, „alles zu seiner Erfüllung Erforderliche zu tun". Wenn eine solche Verpflichtung bestände, dann wäre – so meint Joffe – der Vertrag nur eine Formalität[93]. Nach Joffes Ansicht genügt es, einen aus Verwaltungsakt und Vertrag zusammengesetzten Tatbestand als Geltungsgrund anzunehmen. Er leugnet also, daß je eines der beiden Elemente für sich selbständige Rechts-

---

[88] Novickij 1947. Auffallenderweise bezieht sich Novickij nicht auf diese Schrift in seinen kurz danach veröffentlichten Beiträgen zum gleichen Gegenstand: Novickij 1950, S. 82–85 und Novickij, in: Graždanskoe pravo 1950, Bd. 1, S. 361. Vgl. oben bei Anm. I 115.

[89] Novickijs Arbeit von 1947 erschien in einer Auflage von 500 Exemplaren und ist in keiner westlichen Bibliothek zu finden.

[90] Novickij 1947, S. 45.

[91] Ebd., S. 46–48. Novickij nennt das einseitig entstehende Schuldverhältnis einen „Vertrag unmittelbar auf Grund von ‚Allgemeinen Bedingungen'" (ebd., S. 47).

[92] Ebd., S. 48.

[93] Joffe 1957, Bd. 1 S. 252–253; Joffe, in: Dogovory 1964, S. 12.

wirkungen erzeugt. JOFFE billigt ihnen eine Rechtswirkung erst und nur dann zu, wenn Verwaltungsakt und Vertrag zusammentreffen, also kumuliert werden (Kumulationstheorie)[94].

Die Kritik an AGARKOVS Konstruktion fällt mit den Argumenten zusammen, die von den Anhängern der monistischen Theorien (der Nur-Verwaltungsakt-Theorie und der Nur-Vertrags-Theorie) sowie den soeben erörterten Spielarten der dualistischen Theorie vorgebracht werden. Sie darzulegen, hieße daher zu wiederholen.

Trotz aller Einwendungen hat sich der Kern der Lehre AGARKOVS allgemein durchgesetzt. Seine Konstruktion liegt der üblichen Klassifizierung von Schuldverhältnissen zugrunde. In den sowjetischen Zivilrechts-Lehrbüchern heißt es mehr oder weniger übereinstimmend, daß Schuldverhältnisse entstehen aus:

1. Vertrag
2. Verwaltungsakt und Vertrag
3. nur aus Verwaltungsakt
4. einseitigen Willenserklärungen.

Hinzu kommen die traditionellen „gesetzlichen" Schuldverhältnisse, etwa aus unerlaubter Handlung, ungerechtfertigter Bereicherung usw.[95]. Diese Gliederung ist auch von den Zivilrechtskodifikationen übernommen worden[96].

b) Theorien in Deutschland

Die in Deutschland zur Frage des Geltungsgrundes des hoheitlich gestalteten Vertrages vertretenen Auffassungen lassen sich – ebenso wie in der Sowjetunion – in drei Hauptgruppen gliedern: die Verwaltungsakt-Theorie, die Vertrags-Theorie und die kombinierten Theorien. Sie decken sich zum Teil mit den zum Zweck der Vertragsgestaltung entwickelten Lehrmeinungen. Es genügt hier, die einzelnen Theorien kurz zusammenzufassen. Die Quellen können nachgelesen werden.

---

[94] Kritisch zur Möglichkeit der Kumulation: CHALFINA 1963, S. 107, 111 Anm. 39.

[95] AGARKOV, in: Graždanskoe pravo 1938, Bd. 2, S. 13; AGARKOV, in: Graždanskoe pravo 1944, Bd. 1, S. 295–297; ŠKUNDIN, in: Graždanskoe pravo 1940, S. 94; ŠKUNDIN, in: Graždanskoe pravo 1945, S. 98–101; ŠKUNDIN, in: Graždanskoe pravo 1947, S. 145; ŠKUNDIN, in: Graždanskoe pravo 1950, S. 234–236; NOVICKIJ, in: Graždanskoe pravo 1950, Bd. 1 S. 357–358; NOVICKIJ 1950, S. 71–78 (geringfügig abweichend); VIL'NJANSKIJ 1958, S. 284–287; JOFFE 1958, Bd. 1, S. 378–383; KAMINSKAJA, in: Graždanskoe pravo 1959, Bd. 1, S. 381–382; ŠVARC, in: Graždanskoe pravo 1960, Bd. 1, S. 394–400 (geringfügig abweichend).

[96] Vgl. Grundlagen Art. 4, 33; ZGB RSFSR Art. 4, 158.

(1) Nur-Verwaltungsakt-Theorie

Die verwaltungsrechtliche Betrachtungsweise des hoheitlich gestalteten Vertrages hat ihre Heimstätte in der Schweiz[97]. In Deutschland hat sie auch Anhänger gefunden. Zu ihnen gehört ZULEEG; er lehnt Schuldverhältnisse kraft Verwaltungsakt ab. Er will Rechtsbeziehungen, die sich aus Subventionsgewährung, Übernahmeverträgen und Einweisungen in Krankenhäuser ergeben, verwaltungsrechtlich verstanden wissen[98]. SIBURG vertritt eine entsprechende Auffassung für die Übernahmeverträge der Einfuhr- und Vorratsstelle[99]. Vor dem Kriege hatten sich bereits BÜRCKNER und KROEBER für eine öffentlich-rechtliche Auffassung vom diktierten Vertrag ausgesprochen[100].

(2) Nur-Vertrags-Theorie

Das Gegenstück der verwaltungsrechtlichen Theorie ist die zivilrechtliche Auffassung. Sie ist 1920 von NIPPERDEY mit seiner Schrift über Kontrahierungszwang und diktierten Vertrag begründet worden. Nipperdey trennt die öffentlich-rechtliche Wurzel des diktierten Vertrages von dessen privatrechtlichem Gegenstand. Auf diese Weise hat er den diktierten Vertrag für das Zivilrecht gewonnen und erhalten. Hierin sieht HEDEMANN ein entscheidendes Verdienst[101].

Die deutsche Rechtsprechung ist NIPPERDEY auf dem von ihm vorbereiteten Weg gefolgt. Anlaß zur praktischen Anwendung ergab sich insbesondere im Zusammenhang mit der Bewirtschaftung während und nach dem Kriege. Zur Frage des Geltungsgrundes des hoheitlich gestalteten Vertrages lassen sich aus höchstrichterlichen Entscheidungen folgende Grundsätze ableiten.

aa) Der Verwaltungsakt ergeht im Rahmen eines verwaltungsrechtlichen Unterwerfungsverhältnisses und hat eine verwaltungsrechtliche Leistungspflicht zum Gegenstand. Gleichzeitig zwingt er zum Abschluß eines Rechtsgeschäfts[102]. Im übrigen ist es den Parteien überlassen, auf welchem privatrechtlichen Wege sie der öffentlich-rechtlichen Lieferpflicht

[97] Das gilt jedenfalls für Subventionsverhältnisse. Vgl. SCHINDLER D., Die Bundessubvention als Rechtsproblem, Zürich, 1951, S. 123, 132–140; IMBODEN M., Der verwaltungsrechtliche Vertrag, Basel, 1958, S. 158–162, 208–210.

[98] Siehe oben bei Anm. III 55, 176.

[99] SIBURG 1963.

[100] Siehe oben bei Anm. IV 286.

[101] HEDEMANN 1955, S. 252–253.

[102] RG (1941), RGZ Bd. 167, S. 281, hier S. 285 = Deutsches Recht 1942, S. 135; ähnlich OGH (1949), OGHZ Bd. 2, S. 92, hier S. 98. Vgl. oben bei Anm. III 117.

im einzelnen nachkommen[103]. So erfolgt z. B. die Abwicklung eines Lenkungsplanes, nach dem importierte Waren verteilt werden, in Form privatrechtlicher Rechtsgeschäfte[104]. Hieraus ergibt sich auf der anderen Seite, daß der Verwaltungsakt, wie es in einer Entscheidung heißt, für sich allein kein „unmittelbares Verpflichtungsverhältnis mit dem Inhalt eines Kaufvertrages" begründet[105]. Die verwaltungsrechtliche Pflicht kann aber nach Auffassung des Bundesgerichtshofes eine „vor-vertragliche Bindung" auslösen[106]. Denkbar ist auch, daß sich die Parteien bereits kraft Verwaltungsakt und ohne eigene Mitwirkung gegenüberstehen[107].

bb) Der Verwaltungsakt ordnet nach Ansicht des Gerichts nur Pflichten an. Der Adressat des Verwaltungsaktes erlangt durch ihn keinen Anspruch auf Vergütung gegen den Partner der hoheitlich angeordneten Leistungsbeziehung. Einen solchen Anspruch erwirbt der Pflichtige erst auf Grund eines Vertrages[108]. Auf einem ähnlichen Standpunkt steht die sowjetische Arbitragepraxis[109].

cc) Der auf Grund eines Verwaltungsaktes geschlossene Vertrag ist und bleibt ein zivilrechtlicher Vertrag. Der hoheitliche Leistungszwang berührt nicht den zivilrechtlichen Charakter des Vertrages[110]. Auch die Tatsache, daß der vertragsgestaltende Verwaltungsakt die Vertragsfreiheit der Partner einschränkt oder gar ausschließt, nimmt ihm nicht seinen zivilrechtlichen Charakter[111].

---

[103] BGH (1950), NJW 1951 S. 109 = MDR 1951 S. 97 = BB 1951 S. 97; ähnlich: OGH (1949), OGHZ Bd. 2, S. 352, hier S. 355 = NJW 1950 S. 24; OLG Koblenz (1948), DRZ 1949 S. 17, hier S. 18.

[104] BGH (1951), NJW 1951 S. 437, hier S. 438.

[105] OGH (1949), OGHZ Bd. 2, S. 92, hier S. 98.

[106] BGH (1951), NJW 1951 S. 437, hier S. 438.

[107] OGH (1949), OGHZ Bd. 2, S. 352, hier S. 355 = NJW 1950 S. 24. Das Gericht bezeichnet diese Art von Leistungsverhältnis mindestens mißverständlich als „diktierten Vertrag" (in diesem Sinn wohl auch LG Hagen [1947], MDR 1947 S. 66 = BB 1947 S. 227). Zutreffender wäre es, von einer vertragslosen Leistungsbeziehung oder gegebenenfalls von einem Vertragsersatz zu sprechen. Vgl. auch Ipsen 1955, S. 606 sowie oben bei Anm. III 232.

[108] OGH (1948), OGHZ Bd. 1, S. 194, hier 196; BGH (1951), MDR 1952 S. 155 = JR 1952 S. 106 = BB 1952 S. 42 = Lindenmaier/Möhring, Nachschlagewerk des BGH, München, Berlin [1952], No. 1 zu § 284 BGB; BGH (1951), BGHZ Bd. 1, S. 75 = NJW 1951 S. 270 = BB 1951 S. 149.

[109] Siehe oben bei Anm. III 94.

[110] KG (1922), JW 1923 S. 765; RG (1941), RGZ Bd. 167, S. 281, hier S. 285 = Deutsches Recht 1942 S. 135; BGH (1950) = NJW 1951 S. 109 = MDR 1951 S. 97 = BB 1951 S. 97; BGH (1951), MDR 1952 S. 155 = JR 1952 S. 106 = BB 1952 S. 42; BGH (1956), BGHZ Bd. 20, S. 77; OLG Koblenz (1948), DRZ 1949 S. 17; OLG Hamburg (1951), BB 1951 S. 516.

[111] BGH (1950), NJW 1951 S. 109 = MDR 1951 S. 97 = BB 1951 S. 97; BGH (1951), BGHZ Bd. 1, S. 75 = NJW 1951 S. 270 = BB 1951 S. 149.

Das Schrifttum hat die Konstruktion NIPPERDEYS im wesentlichen übernommen[112]. Entsprechend unterscheidet die herrschende Lehre beim diktierten Vertrag zwischen dem öffentlich-rechtlichen Entstehungsgrund und dem privatrechtlichen Vollzugsgeschäft[113]. Sie hält das Rechtsverhältnis nicht deshalb für öffentlich-rechtlich, weil es durch einen Verwaltungsakt begründet wird[114].

Als der Staat nach dem Kriege zum Zweck der Wirtschaftslenkung in immer stärkerem Maße auch das Mittel der Subventions- und Kreditgewährung einsetzte, zeigte sich erneut die Aktualität der Frage des Geltungsgrundes. Die bisher erarbeiteten Ergebnisse konnten Verwendung finden, soweit die staatliche Zuwendung durch Einschaltung eines Dritten (etwa einer Bank) abgewickelt wird. Dann kommt es zum Abschluß eines durch die hoheitliche Bewilligung vorgestalteten Subventionsvertrages[115].

Tritt der Hoheitsträger dagegen unmittelbar mit dem Begünstigten in Rechtsbeziehungen, fehlt es an dem für den hoheitlich gestalteten Vertrag charakteristischen Merkmal der Fremdgestaltung. Der Hoheitsträger ist dann Vertragspartner, nicht Dritter. Der Bürger steht im übrigen rechtlich unter keinem Vertragszwang, wenn es sich um eine ihn begünstigende Rechtsbeziehung handelt. Insoweit liegt die Auseinandersetzung um den Geltungsgrund von Verträgen aus hoheitlicher Subventionsgewährung außerhalb der hier behandelten Fragen.

IPSEN zerlegt den Vorgang der Subventionsgewährung in den Verwaltungsakt und den Vertrag, und zwar auch dann, wenn der Hoheitsträger tatsächlich nur eine Willenserklärung abgibt. Diese Zwei-Stufen-Theorie eröffnet dem Subventionsbewerber sowohl einen verwaltungsrechtlichen als auch einen zivilrechtlichen Rechtsschutz.

Nach einer von FLESSA vertretenen Gegenmeinung stellt der begünstigende Hoheitsakt lediglich einen internen Fiskalakt dar. Nach außen tritt die Bewilligungsbehörde (bei Abwicklung über eine Drittstelle) hiernach

---

[112] Nipperdey selbst hat sie in ENNECCERUS/NIPPERDEY 1958, S. 1000 bestätigt und erläutert.

[113] LARENZ 1935, Bd. 1 S. 35–36; SIEBERT 1953, S. 236–237; SCHEUNER in: Staatliche Intervention 1954, S. 30; IPSEN 1955, S. 600, 606; GYGI 1956, S. 10; ISAY 1959, S. 418; ESSER 1960, S. 37; SIBURG 1963, S. 83; PALANDT(-DANCKELMANN), BGB, München, 26. Aufl., 1967, Einl. vor § 241 Anm. 1 b. Weiter können die Autoren angeführt werden, welche die Verträge nach dem Anteil des Partnerwillens gliedern (siehe oben bei Anm. IV 284).

[114] HERRNRITT R. H., Grundlehren des Verwaltungsrechts, Tübingen, 1921, S. 254; SIEBERT 1953, S. 224; ENNECCERUS/LEHMANN 1959–1960, S. 412, u. a.

[115] Vgl. oben bei Anm. III 164. Aus der Literatur über Subventionen unter Einschaltung von Kreditinstituten siehe ZULEEG 1965, S. 89–95 (vgl. ZULEEG 1959, S. 127–134).

nicht in Erscheinung[116]. Diese Konstruktion schneidet also dem Betroffenen einen Rechtsschutz gegen den Hoheitsakt ab. Hierdurch soll eine von FLESSA befürchtete Verwirrung im Falle eines Widerrufs des Verwaltungsaktes vermieden werden.

Nach einer dritten Meinung liegt in der leistungsgewährenden Entscheidung (Bewilligung) des Hoheitsträgers ein Verwaltungsakt und zugleich eine zivilrechtliche Vertragserklärung (einstufig gemischte Theorie). Sie bezieht sich auf Rechtsbeziehungen zwischen der Verwaltung und dem Bürger, denen das Moment der Fremdgestaltung fehlt. Sie stehen außerhalb unseres Zusammenhanges[117].

Die Zwei-Stufen-Lehre IPSENS gehört zur Vertragstheorie. Sie trennt, ähnlich wie NIPPERDEYS Lehre, den Vertrag vom hoheitlichen Bewilligungsvorgang ab und räumt ihm selbständige zivilrechtliche Bedeutung ein. Der Vertrag erscheint also als vollwertiger Geltungsgrund des Schuldverhältnisses. Entsprechendes gilt naturgemäß auch für die Konzeption von FLESSA.

(3) Kombinationstheorien

Eine natürliche Reaktion auf die einseitigen Theorien stellen die Versuche dar, Verwaltungsakt und Vertrag als zusammengehörige, einander bedingende Elemente eines einheitlichen Sachvorganges zu begreifen. Eine Zuordnung von Verwaltungsakt und Vertrag kann unter persönlichen, zeitlichen und sachlichen Gesichtspunkten vorgenommen werden.

Die Zuordnung von Verwaltungsakt und Vertrag im *persönlichen* Bereich verwendet den Gedanken der Vertretung. Es wird so angesehen, als ob der Hoheitsträger den zwangsunterworfenen Vertragspartner vertritt. Diese Konstruktion kommt im Bergrecht vor. Bestellt eine Gewerkschaft trotz Aufforderung des Oberbergamtes keinen Repräsentanten, so kann die Bergbehörde die Anstellung vornehmen[118]. Sie handelt hierbei „als Vertreter der Gewerkschaft“[119]. Für das Gebiet des Arbeitsrechts ist die Vertreterkonstruktion von KASKEL entwickelt worden. Er suchte mit

---

[116] FLESSA 1954; FLESSA 1957; FLESSA, DÖV 1959 S. 107 (Urteilsanmerkung); FLESSA, DVBl. 1960 S. 137 (Urteilsanmerkung); offenbar auch KEGEL, JZ 1951 S. 385, hier S. 394.

[117] Einen Überblick über den Stand der Meinungen mit Nachweisen bietet ZULEEG 1965, S. 7–12.

[118] Pr. Berggesetz von 1865 § 127.

[119] MIESBACH H., ENGELHARDT D., Bergrecht. Kommentar, Berlin, 1962, Anm. 3 b zu § 127 pr. Berggesetz, S. 312.

ihrer Hilfe die Rechtswirkungen zu erklären, die von einem Beschluß der Schlichtungsbehörde in Arbeitsstreitigkeiten ausgehen[120]. Er betrachtete die Verwaltungsbehörde als „Pfleger" der Partei. Gegen diese Theorie läßt sich einwenden, daß die Verwaltungsbehörde mit ihrer Entscheidung öffentliche Aufgaben erfüllt und nicht die Interessen einer Vertragspartei vertritt. Sie handelt also als Hoheitsträger und leitet ihre Befugnisse aus der Hoheitsgewalt, nicht aber aus der Rechtsstellung des ihm unterworfenen Vertragspartners ab[121].

Eine *zeitliche* Zuordnung von Verwaltungsakt und Vertrag würde dem tatsächlichen Hergang entsprechen. Beide Akte folgen im allgemeinen zeitlich aufeinander. Hierauf baut die bereits erwähnte Zwei-Stufen-Lehre auf. Sie führt aber nicht zu einer Zusammenfassung, sondern zu einer Trennung von Verwaltungsakt und Vertrag. Sie kann daher nicht als Kombinationstheorie verstanden werden.

Theorien, die eine *sachliche* Zuordnung zum Inhalt haben, sind in Deutschland nicht entwickelt worden. Die Konstruktion von AGARKOV hat hier keine Entsprechung gefunden. Erwähnt sei in diesem Zusammenhang aber die Lehre von SIBER über das Verhältnis von behördlicher Verfügung und Rechtsgeschäft. Hiernach kann die Mitwirkung einer Behörde beim Zustandekommen eines Rechtsgeschäfts ein Bestandteil des Rechtsgeschäfts sein. SIBER entwickelt diese Auffassung am Beispiel des eintragungsbedürftigen Buchrechtsgeschäfts. Hier sind sowohl die Willenserklärung als auch die Eintragung Bestandteile des Rechtsgeschäfts[122]. Die Fälle eines Hoheitsaktes, der die Parteien zu einem Vertragsschluß zwingt oder den Vertragsinhalt bestimmt (Fremdgestaltung), berücksichtigt Siber jedoch nicht.

Es besteht ein Bedürfnis für eine kombinierte Theorie, und zwar insbesondere zur Lösung der Probleme, die sich aus einer etwaigen Nicht-Übereinstimmung zwischen Verwaltungsakt und Vertrag ergeben. Nach der Vertragstheorie kann die Nicht-Übereinstimmung nur durch einen neuen Vertrag beseitigt werden, wobei den Partnern gegebenenfalls ein Anspruch auf Vertragsberichtigung zusteht (direkter Vertragszwang). Eine solche Ansicht berücksichtigt indessen nicht genügend die Besonderheiten, die mit der verwaltungsrechtlich angeordneten Leistungsbeziehung

---

[120] KASKEL W., Arbeitsrecht, Berlin, 3. Aufl. 1928, S. 368.

[121] H. DERSCH hat in der 4., von ihm bearbeiteten Auflage (1932) des (in Anm. V 120 zitierten) Werkes von KASKEL die Pfleger-Konstruktion aufgegeben (S. 419).

[122] SIBER H., Das Buchrechtsgeschäft nach Reichsgrundbuchrecht, Tübingen, 1909, S. 125–127.

zusammenhängen; sie kann damit zu praktisch unzuträglichen Ergebnissen führen.

Der Mangel läßt sich vermeiden, wenn gegenständlich *differenziert* wird. Das ist möglich, da das Vertragsverhältnis mit dem Rechtsverhältnis aus dem Verwaltungsakt nicht identisch ist. Erstens kann der Vertrag inhaltlich über den Verwaltungsakt hinausgehen und tut es auch gewöhnlich, z. B. durch Konkretisierung der verwaltungsrechtlichen Pflicht. Wesentlich ist zweitens, daß das Vertragsverhältnis nicht nur Pflichten regelt, sondern auch Rechte. Das trifft für den Verwaltungsakt nicht zu. Der Verwaltungsakt erteilt lediglich Anordnungen an den Verpflichteten, gewährt dem Begünstigten aber nicht entsprechende Rechte. Das ergibt sich aus dem Wesen eines Verwaltungsaktes. Er kann zwar einen Dritten begünstigen, dieser erwirbt deshalb jedoch noch kein subjektives Recht auf die hoheitlich befohlene Leistung. Umgekehrt besitzt der Leistungspflichtige auch keinen durchsetzbaren Anspruch gegen den Begünstigten auf Annahme und Bezahlung der Leistung. Soweit der Verwaltungsakt Drittwirkungen erzeugt, sind sie unvollkommen. Die Leistungspflicht kann vom Begünstigten nicht erzwungen werden. Er erlangt eine Rechtsstellung, wie sie etwa dem Begünstigten aus einem unechten Vertrag zugunsten Dritten entspricht[123].

Hieraus ergibt sich, daß in einem hoheitlich gestalteten Vertrag zwischen vorgestalteten und freien Teilen des Rechtsverhältnisses unterschieden werden kann und muß:

1. Vorgestaltet sind die Pflichten, die der Verwaltungsakt für den In-Anspruch-Genommenen festlegt;

2. die freien Teile des Vertrages umfassen demgegenüber die Pflichten seines Partners, ferner die Rechte beider Partner aus dem Vertrag sowie schließlich die zur Konkretisierung des Verwaltungsaktes notwendigen Vertragsbestimmungen.

Diese Aufspaltung verschiebt sich, falls zwei einander korrespondierende Verwaltungsakte ergehen, von denen der eine die Pflichten des „Belasteten", der andere die Pflichten des „Begünstigten" (der insoweit also auch ein Belasteter ist) festlegt. Dann sind nur die Rechte beider Partner sowie die konkretisierenden Vertragsbestimmungen einer Vorgestaltung entzogen.

Auf die vorgestalteten Vertragsteile paßt am besten die Verwaltungsakt-Theorie; die freien Vertragsteile sollten dagegen nach der Vertragstheorie behandelt werden. Eine unterschiedliche Beurteilung der verschiedenarti-

[123] Siehe oben bei Anm. III 93, 140.

gen Vertragsteile entspricht am ehesten dem Wesen eines aus heteronomen Elementen zusammengesetzten Rechtsverhältnisses. Diese sachlich zugeordnete Kombination sei im folgenden kurz „Differenzierungstheorie" genannt[124].

c) Vorzüge und Nachteile der Theorien

Der dogmatische Wert und die praktische Brauchbarkeit der einzelnen Theorien ist naturgemäß unterschiedlich. Die *Nur-Verwaltungsakt-Theorie* versagt hinsichtlich der im Verwaltungsakt nicht genügend konkretisierten Teile der Leistungspflicht. Sie vermag auch nicht den Erwerb von Rechten aus der Leistungsbeziehung (etwa auf Lieferung bzw. Bezahlung) zu erklären. Insoweit müßte der Vertrag als Geltungsgrund hinzutreten. Im übrigen hat sich eine rein verwaltungsrechtliche Abwicklung wirtschaftlicher Vorgänge – auch in einer von der Kommunistischen Partei gelenkten Gesellschaft – in der Praxis nicht bewährt. Das Experiment des Kriegskommunismus und die in der Ära von STUČKA und PAŠUKANIS unternommenen Versuche zeigen dies mit eindringlicher Deutlichkeit[125].

Über die Vorzüge und Nachteile der Vertrags-Theorie und der Kombinationstheorie darf nicht ohne Bezug auf die jeweilige Wirtschaftsordnung geurteilt werden. Die *Nur-Vertrags-Theorie* ist einer vornehmlich zivilrechtlich aufgebauten Rechtsordnung adäquat. Ein Rechtssystem, das auf dem Prinzip des freien Wettbewerbs privatwirtschaftlich organisierter Wirtschaftsträger beruht, neigt dazu, den Vertrag als ein eigenständiges, vom Verwaltungsakt unabhängiges Rechtsinstitut aufzufassen. Praktische Erwägungen erfordern jedoch eine Anpassung an die Besonderheiten, die sich aus dem hoheitlichen Ursprung eines vorgestalteten Vertrages ergeben. Sie äußern sich z. B. bei der Erfüllung und Aufhebung des Vertrages. Die Berücksichtigung der Eigenheiten führt zu einem Sonderrecht des hoheitlich gestalteten Vertrages[126]. Die Nur-Vertrags-Theorie erfährt hierdurch Durchbrechungen, die ihren Wert aushöhlen.

Die *Kombinationstheorie* entspricht einer verwaltungsrechtlich orientierten, aber auf der Ware-Geld-Beziehung beruhenden Staatsordnung. In einer Wirtschaft, die vor allem von staatlichen Unternehmen getragen und auf Grund umfassender staatlicher Pläne gelenkt wird, dominiert das Mittel verwaltungsrechtlicher Regelung. Eine solche Wirtschaftsordnung

[124] Näheres hierüber unten im Abschnitt: Anzuwendendes Recht, z. B. bei den Anm. V 212, 233, 297.

[125] VENEDIKTOV 1955; GAVZE 1959, S. 77–91; vgl. LOEBER 1964, S. 128–129.

[126] Siehe unten im Abschnitt: Anzuwendendes Recht (Anm. V 165 ff.).

braucht einen Vertragsbegriff, der zivil- und verwaltungsrechtliche Elemente in sich vereinigt. Dieses ermöglicht die Kombinationstheorie. Sie bietet zugleich eine Elastizität, die den einseitigen Theorien abgeht. Sie bewährt sich insbesondere zur Lösung der Probleme, die sich aus einer Nicht-Übereinstimmung zwischen Verwaltungsakt und Vertrag ergeben.

In diesen Fällen läßt sich der Gedanke der Kombination auch für eine wettbewerbswirtschaftlich organisierte Gesellschaft nutzbar machen. Auf ihm beruht die für das deutsche Recht vorgeschlagene *Differenzierungstheorie.* Sie vermag die Starrheit zu lockern, die der Nur-Vertrags-Theorie anhaftet.

*

Für die Verwaltungs- und Justizakte, die einen Vertrag ersetzen, tritt das Problem des gegenseitigen Verhältnisses von Verwaltungsakt und Vertrag nicht auf. Hier ist der vertragsersetzende Hoheitsakt der alleinige Geltungsgrund des Vertrages.

2. KONKURRENZ VERWALTUNGSRECHTLICHER UND VERTRAGSRECHTLICHER BEZIEHUNGEN

Eng verwandt, aber doch nicht identisch mit der Frage des Geltungsgrundes ist das Problem des gegenseitigen Verhältnisses von Verwaltungsakt und Vertrag. Es liegt gleichsam im Schatten der Frage nach dem Geltungsgrund und ist nur von einem geringen Teil der Autoren mitbehandelt worden, die sich mit dem Geltungsgrund beschäftigt haben. Diejenigen, die sich beiden Fragen zuwenden, halten sie mitunter nicht genügend auseinander und ziehen aus ihren Ansichten oft nicht die erforderlichen praktischen Schlußfolgerungen.

Es geht um die Frage, wie sich die im Verwaltungsakt angeordneten Pflichten zu den Pflichten verhalten, welche die Partner auf Grund eben desselben Verwaltungsaktes in ihren Vertrag aufnehmen. Die Antwort hängt davon ab, ob und in welcher Weise Verwaltungsakt und Vertrag in ihrem rechtlichen Schicksal voneinander abhängig sind. Praktisch steht das Problem im Vordergrund, wieweit Fehler des Verwaltungsaktes den auf seiner Grundlage geschlossenen Vertrag berühren und wie sich eine Änderung oder Aufhebung des Verwaltungsaktes rechtlich auf den Vertrag auswirkt.

Nachfolgend werden zunächst die Theorien zum gegenseitigen Verhältnis von Vertrag und Verwaltungsakt systematisiert (a). Sodann wird auf die Rolle des Verwaltungsaktes für den Vertrag eingegangen (b) und schließlich erörtert, in welcher Weise der Verwaltungsakt in den Vertrag integriert wird (c).

a) Gegenseitiges Verhältnis von Vertrag und Verwaltungsakt

Für eine Darstellung der zu dieser Frage vertretenen Theorien empfiehlt es sich, zwischen den Pflichten aus dem Vertrag und den Pflichten aus dem Verwaltungsakt zu unterscheiden.

(1) Pflichten aus dem Vertrag

Es stehen sich zwei diametral entgegengesetzte Auffassungen gegenüber. Sie seien hier die Transformationstheorien und Unwandelbarkeitstheorien genannt. Innerhalb beider Gruppen lassen sich weitere Theorien unterscheiden. Die Bezeichnungen der einzelnen Auffassungen gehen auch hier nicht auf ihre Vertreter zurück.

aa) Transformationstheorien

Den Anhängern dieser Theorien ist die Auffassung gemeinsam, daß die Pflichten aus dem Verwaltungsakt bei Aufnahme in den auf seiner Grundlage geschlossenen Vertrag den Charakter von Vertragspflichten annehmen, sich also verwandeln. Die rechtliche Konstruktion für diese Transformation wechselt.

Wohl am verbreitetsten ist die Meinung, daß die Pflichten aus dem Vertrag neben und an die Seite der Pflichten aus dem Verwaltungsakt treten. Mit Vertragsschluß entsteht ein neues und im Verhältnis zum Verwaltungsakt zusätzliches Pflichtenverhältnis [127]. Der Verwaltungsakt wird aber durch den auf seiner Grundlage abgeschlossenen Vertrag nicht verdrängt oder „paralysiert". Er bleibt auch nach Vertragsschluß bestehen und voll wirksam [128]. Diese Auffassung wird hier *Kumulierungstheorie*

---

[127] Škundin 1948, S. 164–165; vgl. Lunc/Bratus' 1954, S. 50–51 für die Allgemeinen Bedingungen; Henze 1958, S. 85–87; Flessa, DVBl. 1960, S. 137 (Urteilsanmerkung).

[128] Das betonen insbesondere: Škundin, in: Graždanskoe pravo 1950, S. 238; Joffe 1958, Bd. 1 S. 393; Kabalkin, in: Graždanskoe pravo 1960, Bd. 1, S. 426; Joffe, in: Dogovory 1964, S. 23–24; Paškov 1966, S. 119, 163.

genannt. Sie kann sowohl von den Anhängern der Nur-Vertrags-Theorie als auch der Kombinationstheorie vertreten werden. Verschlossen ist sie dagegen für diejenigen, welche die Nur-Verwaltungsakt-Lehre vorziehen.

Nach der *Konsumtionstheorie* überlagert das neue, auf Vertrag beruhende Pflichtenverhältnis die Pflichten aus dem Verwaltungsakt [129]. Der Verwaltungsakt wird gegenstandslos, sobald der angeordnete Vertrag geschlossen ist [130]; er ist „verbraucht" [131]. Zu diesem Ergebnis gelangt auch der Bundesgerichtshof. Er entschied, daß das Rechtsverhältnis aus einer öffentlichen Darlehnsgewährung an Private nach Abschluß des Darlehnsvertrages allein nach Zivilrecht zu beurteilen sei. Von diesem Zeitpunkt an sei das durch den Bewilligungsbescheid begründete öffentliche Rechtsverhältnis „ins Privatrecht transformiert", so daß für privatrechtsgestaltende Verwaltungsakte, wie etwa einen Widerruf des Bescheides oder eine Zinsänderung, kein Raum mehr sei [132].

Eigenwillig ist die *Novationstheorie* GENKINS. Er schrieb in einer Rezension des Buches von ŠKUNDIN [133]: „Bei Verzögerung des Vertragsschlusses beginnt die Erfüllung der Lieferverpflichtung unmittelbar auf Grund des Verwaltungsaktes – der Planaufgabe. Eine solche Begründung der Lieferverpflichtung aus dem Verwaltungsakt leugnet nicht ... die Bedeutung des Vertrages... Der Vertrag muß geschlossen werden und die Tatsache seines Abschlusses noviert das Schuldverhältnis; aus einem außervertraglichen [Schuldverhältnis] verwandelt es sich in ein vertragliches..." [134]. GENKIN hat mit seiner Anschauung keine Anhänger gefunden; er erntete nur Kritik. Einer der Einwände ist, daß die Novation den Untergang der alten Schuldverpflichtung voraussetzt. Gerade hieran fehlt es aber nach der herrschenden Lehre [135].

---

[129] INSAROVA 1950, S. 10; FLEJŠIC 1954, S. 39, 42; kritisch äußern sich zu Flejšic: GRIBANOV, Soc. zak. 1956, No. 6, S. 81; DONDE 1953, S. 12; DONDE 1960, S. 14; NIKITINA 1960, S. 199; CHALFINA 1963, S. 116–117.

[130] KG (1926), JW 1927 S. 2859, hier S. 2860; OVG Münster (1950), Deutsche Wohnungswirtschaft 1950 S. 191; VGH Stuttgart (1949), in: STRÖSSENREUTHER O., Das Wohnungsgesetz..., München, Berlin, 1949, S. 49.

[131] TOTZEK W., Privatrechtsgestaltende Verwaltungsakte im Mietpreisrecht: DÖV 1953 S. 718–722, 747–749, hier S. 721.

[132] BGH (1963), DVBl. 1964 S. 115. Kritisch dazu: PUPPE, DVBl. 1965 S. 68–70, der für ein Nebeneinander von öffentlichen und privaten Rechtsbeziehungen eintritt. Vgl. auch BVerwGer (1958), DÖV 1959 S. 706 sowie BVerwGer (1961), BVerwGE Bd. 13, S. 47.

[133] ŠKUNDIN 1948.

[134] GENKIN 1949, S. 58.

[135] FLEJŠIC 1954, S. 38–39; BARU 1957, S. 49; OVSIENKO 1957, S. 69; MOŽEJKO 1962, S. 134; CHALFINA 1963, S. 107–108. Vgl. KARTUŽANSKIJ 1951, S. 109.

bb) Unwandelbarkeitstheorie

Der entschiedenste Verfechter der Unwandelbarkeitstheorie ist wohl Dozorcev. Er leugnet, daß sich die Pflichten aus dem Verwaltungsakt in Vertragspflichten verwandeln[136]. Seine Auffassung stellt somit einen Gegenpol zu den drei soeben erörterten Theorien dar. Nach der Meinung von Dozorcev behalten die Pflichten aus dem Verwaltungsakt ihren Charakter (als Planbedingung) auch dann unverändert bei, wenn sie in den Vertrag der Parteien aufgenommen werden. Die Wiederholung der Vorschriften des Verwaltungsaktes (der Planaufgabe) im Vertrag „ändert nicht die Rechtsnatur und den Charakter (und auch nicht den rechtlichen Unterschied) der Bedingungen der vertraglichen und Plananordnungen, die im Vertrag wiedergegeben werden. Diese letzteren werden keineswegs zu Vertragsbedingungen. Im Unterschied zu den Vertragsbedingungen ist die Annahme, Änderung oder Ablehnung [der Planbedingung] nicht ein Akt der Willenserklärung der Parteien"[137]. Nur diese Konstruktion ermöglicht nach seiner Ansicht eine überzeugende Erklärung für die unmittelbare Wirkung von Planaktänderungen auf Verträge[138]. Dozorcev zieht aus seiner Lehre folgerichtig den Schluß, daß der Vertrag überflüssig ist, wenn der Verwaltungsakt die von den Parteien zu erbringenden Leistungen erschöpfend festlegt[139]. Dann „ist der Vertrag auf eine technische Wiedergabe der Planvorschriften beschränkt, der keine Elemente der Vereinbarung enthält..., dann nimmt er den Charakter eines ‚Auszuges' aus den Planvorschriften, eines eigenartigen ‚Merkblattes' an". Er fungiert dann nur „im Leerlauf"[140]. Der Gesetzgeber hat Dozorcev inzwischen insofern Recht gegeben, als die Lieferanweisung einer Planbehörde, welche die Parteipflichten erschöpfend festlegt, ab 1962 nicht in einem schriftlichen Vertrag wiederholt zu werden braucht. Es genügt die „Annahme" der Lieferanweisung[141].

(2) Pflichten aus dem Verwaltungsakt

Die Auffassungen über die Rechtswirkung der Pflichten aus dem Verwaltungsakt stellen gleichsam die Kehrseite der Theorien über die Pflichten aus Planverträgen dar.

---

[136] Dozorcev 1955, S. 160, 162; Dozorcev 1958, S. 113.

[137] Dozorcev 1955, S. 160. Zustimmend: Zamengof, Soc. zak. 1962 No. 6 S. 92; Zamengof 1963, S. 36. Ablehnend: Chalfina 1963, S. 177–178.

[138] Dozorcev 1955, S. 162. Zustimmend: Zamengof 1963, S. 40–41. Vgl. oben bei Anm. V 43.

[139] Dozorcev 1955, S. 137, 142; Dozorcev 1958, S. 113–114.

[140] Dozorcev 1955, S. 142. Vgl. oben bei Anm. V 19.

[141] Siehe oben bei Anm. III 268.

Die in der Sowjetunion herrschende Auffassung geht davon aus, daß die Pflichten aus dem Verwaltungsakt fortbestehen, auch wenn auf seiner Grundlage ein Vertrag geschlossen wird[142]. Diese Meinung nimmt mit Recht an, daß die Begründung inhaltsgleicher vertraglicher Pflichten den Bestand und die Wirkung der im Verwaltungsakt angeordneten Pflichten nicht berührt. Der Verwaltungsakt bleibt so lange bestehen, bis er aufgehoben wird oder anderweitig seine Verbindlichkeit verliert[143]. Als Vertreter dieser *Fortbestandstheorie* können sowohl die Anhänger der Kumulierungstheorie als auch der Unwandelbarkeitstheorie gelten (nicht alle der in Betracht kommenden Autoren nehmen hierzu Stellung). Sie liegt offenbar auch einer im deutschen Schrifttum vertretenen Ansicht zugrunde[144].

Auf der anderen Seite steht die *Verdrängungstheorie*. Hiernach werden die im Verwaltungsakt angeordneten Pflichten durch entsprechende, vertraglich übernommene Pflichten in ihrem Bestand berührt. Zu diesem Ergebnis gelangt die Novationstheorie GENKINS. Aus ihr folgt, daß die vertragliche Pflicht an die Stelle der Pflicht aus dem Verwaltungsakt tritt. Diese Theorie ist mit dem geltenden Recht jedoch nicht zu vereinbaren. Zu den Anhängern der Verdrängungstheorie können auch die Vertreter der Konsumtionstheorie gerechnet werden, soweit sie annehmen, daß der Verwaltungsakt mit Abschluß des Vertrages gegenstandslos wird.

b) Rolle des Verwaltungsaktes für den Vertrag

Im allgemeinen besteht nur eine Einwirkung des Verwaltungsaktes auf den Vertrag, nicht umgekehrt.

Eine Ausnahme stellt in der Sowjetunion der Liefervertrag dar, der unter Berücksichtigung zuvor eingegangener Bestellungen geschlossen wird[145]. Er ist in einem gewissen Umfang in den Planungsprozeß eingegliedert. Auch in anderen sozialistischen Staaten werden Absprachen zwischen Wirtschaftsunternehmen in den Dienst der Planung gestellt[146].

Der Vertrag ist dem (zeitlich vorangehenden) Verwaltungsakt untergeordnet. Der Verwaltungsakt berührt Vertragsschluß und Vertragsinhalt.

[142] AGARKOV 1940, S. 123; JOFFE 1958, Bd. 1 S. 394; ZAMENGOF 1963, S. 36.

[143] Vgl. Grundlagen Art. 34, 36; ZGB RSFSR Art. 159, 191, 221.

[144] GÜLDE, Deutsches Recht 1942 S. 345 und CLEMENS, ebd. 1942 S. 1210 (betr. das Reichsleistungsgesetz); MALZER 1952, S. 61 (für das Wohnungsrecht).

[145] Siehe oben bei Anm. III 119.

[146] Siehe oben bei Anm. III 129 und Anm. IV 340.

(1) Vertragsschluß

Im Fall eines *direkten* Vertragszwanges erwirbt der Begünstigte einen zivilrechtlichen Anspruch auf Vertragsschluß. Der Verwaltungsakt bildet dann also eine tatbestandsmäßige Voraussetzung für den Erwerb eines zivilrechtlichen Anspruches auf Vertragsschluß. Ein Hoheitsakt, der eine öffentlich-rechtliche Wirkung hervorbringt und zugleich ein Tatbestandsmerkmal für die Entstehung eines zivilrechtlichen Rechts darstellt, ist nichts Ungewöhnliches. In der Zwangsvollstreckung bewirkt z. B. eine Pfändung einerseits die öffentlich-rechtliche Verstrickung und andererseits die Entstehung eines privatrechtlichen Pfändungspfandrechts[147].

Liegt indessen nur *indirekter* Vertragszwang vor, besitzt der Begünstigte also keinen zivilrechtlichen Anspruch auf Vertragsschluß, dann ist der Verwaltungsakt nichts mehr als ein bloßer Anlaß zur Entstehung des Vertragszwanges.

(2) Vertragsinhalt

Der Vertrag muß dem Verwaltungsakt entsprechen[148]. Die verwaltungsrechtliche Leistungspflicht muß also in den Vertrag aufgenommen werden. Vertragsteile, die dem Verwaltungsakt widersprechen, sind zivilrechtlich unwirksam. Sie „entsprechen" nicht den „Forderungen des Gesetzes"[149]. Die mit dem Verwaltungsakt übereinstimmenden Vertragsteile werden von der Unwirksamkeit im allgemeinen nicht ergriffen[150]. Streitig ist, ob an die Stelle der verwaltungsakt-widrigen Vertragsteile automatisch die im Verwaltungsakt angeordneten Leistungspflichten treten oder ob ein berichtigender Vertrag notwendig ist. Keine Einigkeit besteht auch darüber, welche Wirkungen eine unvollständige Übernahme der verwaltungsrechtlichen Pflichten in den Vertrag hat, etwa wenn die Parteien Vertragsformulare nachlässig ausfüllen oder es versäumen, den Vertrag nach Änderung des Verwaltungsaktes entsprechend zu korrigieren. Nach einer in der Sowjetunion insbesondere von der Praxis vertretenen Meinung werden verwaltungsakt-widrige Vertragsteile durch die verwaltungsrechtliche Leistungspflicht ersetzt. An die Stelle unwirksamer oder fehlender

---

[147] Deutsche ZPO § 803.

[148] Grundlagen Art. 34; ZGB RSFSR Art. 159.

[149] Grundlagen Art. 14; ZGB RSFSR Art. 48; Lieferordnung für Produkte von 1959 Ziff. 18; Lieferordnung für Waren von 1959 Ziff. 17; Instruktionsbrief vom 27. Mai 1963. Aus dem deutschen Recht: BGB § 134.

[150] ZGB RSFSR Art. 60; deutsches BGB § 139.

Vertragsbestimmungen rücken die entsprechenden Pflichten aus dem Verwaltungsakt. Insoweit, also hinsichtlich der hoheitlich vorgestalteten Pflichten, führt der Vertrag ein bloßes Schattendasein; er hat nur deklaratorische Bedeutung[151]. Etwas anderes gilt für die nicht-vorgestalteten Pflichten und für die Rechte aus dem Vertrag. Hier besitzt der Vertrag konstitutive Wirkung.

Die Gegenmeinung will die Wirkung eines Vertrages, der dem Verwaltungsakt widerspricht oder ihn nur unvollständig in sich aufnimmt, allein nach zivilrechtlichen Gesichtspunkten beurteilen. Das bedeutet, daß Vertragsbestimmungen, die wegen fehlender Übereinstimmung mit dem Verwaltungsakt unwirksam sind, nicht automatisch durch Nachschieben des verwaltungsrechtlich angeordneten Vertragsinhalts ersetzt werden. Die praktischen Folgerungen werden von den Vertretern dieser Meinung allerdings nicht immer gezogen[152].

Die nicht-vorgestalteten (freien) Vertragsteile werden vom Meinungsstreit nicht berührt. Für sie entsteht das Problem einer Konkurrenz zwischen Verwaltungsakt und Vertrag nicht.

c) Integration des Verwaltungsaktes in den Vertrag

Es bleibt die Frage, in welcher Eigenschaft der Verwaltungsakt in den auf seiner Grundlage geschlossenen Vertrag eingeht. Er kann z. B. Wirksamkeitsvoraussetzung, Rechtsbedingung, Geschäftsgrundlage, causa oder Vertragsbestandteil sein. Hiervon hängt ab, in welcher Weise Fehler und Änderungen des Verwaltungsaktes auf das Schicksal des Vertrages einwirken.

Die Antwort ergibt sich noch nicht ohne weiteres aus den Überlegungen über den Geltungsgrund des Nachvertrages und das Konkurrenzverhältnis zwischen Verwaltungsakt und Vertrag. Sie ist aber mit diesen Problemen verknüpft, so daß es darauf ankommt, welcher der verschiedenen Theorien der Vorzug gegeben wird.

Die einfachste Lösung bietet die von AGARKOV begründete *Kombinationstheorie.* Hiernach bilden Verwaltungsakt und Vertrag einen „einheitlichen zusammengesetzten Tatbestand", der in seiner Gesamtheit die Lei-

---

[151] Siehe unten bei Anm. V 202 ff.

[152] Vgl. CHALFINA 1954, S. 165–166, 177–201. Sie erörtert diese Frage nicht. Siehe auch CHALFINA 1963, S. 177, 185.

stungspflicht erzeugt[153]. Der vertragsgestaltende Verwaltungsakt wird also *Vertragsbestandteil*. Hieraus folgt:

1. Eine Unvollständigkeit oder Unwirksamkeit der Parteivereinbarung ist insoweit unschädlich, als sie sich auf Vertragsteile bezieht, die im Verwaltungsakt bereits vorgestaltet worden sind;

2. wird der Verwaltungsakt aufgehoben, so entfällt damit auch die vertragliche Vertragspflicht[154];

3. eine Änderung des Verwaltungsaktes berührt ebenfalls unmittelbar die Vertragspflicht. Der Vertrag verliert seine Wirksamkeit, soweit die Änderung reicht. Offen bleibt indessen, ob der Vertrag durch den neuen Verwaltungsakt automatisch geändert wird oder ob es hierzu einer entsprechenden Vereinbarung der Vertragspartner bedarf. Die Arbitragepraxis steht auf dem erstgenannten Standpunkt[155]. Im Rahmen der Kumulierungs- und Konsumtionstheorien ist für beide Lösungen Raum. Für die Unwandelbarkeitstheorie kommt dagegen nur die erste Alternative, für die Nur-Vertragstheorie allein die zweite Alternative in Betracht.

Die aus der Kombinationstheorie AGARKOVS abgeleitete Auffassung beruht auf einer Akzessorietät zwischen Verwaltungsakt und Vertrag. Ihr stehen die Meinungen gegenüber, die beide Rechtsakte streng auseinanderhalten. Ungeachtet dieser Trennung ist die gegenseitige Abhängigkeit von Verwaltungsakt und Vertrag aber offensichtlich und es fragt sich, in welcher Weise sie rechtlichen Ausdruck gewinnt.

Die Anhänger der in der Sowjetunion als Mindermeinung vertretenen *Nur-Vertrags-Theorie* übergehen das Problem. CHALFINA, welche die Theorie repräsentiert, begnügt sich mit der Feststellung, daß der Verwaltungsakt im Verhältnis zum Vertrag das „Bestimmende" sei[156]. Im übrigen leugnet sie folgerichtig, daß eine Aufhebung oder Änderung des Verwaltungsaktes den Vertrag unmittelbar berührt. In den Fällen der Änderung eines vertragsgestaltenden Verwaltungsaktes hilft sie sich mit der Konstruktion einer konkludenten Vereinbarung über die Vertragsänderung[157].

Für die in Deutschland verbreiteten Vertragstheorien ist zu klären, ob der Verwaltungsakt Wirksamkeitsvoraussetzung, Rechtsbedingung, Ge-

---

[153] AGARKOV 1940, S. 123. Siehe oben bei Anm. V 63.

[154] Wird ein fehlerhafter Verwaltungsakt durch einen fehlerfreien ersetzt, bedarf es jedoch nicht eines nochmaligen Vertragsschlusses (AGARKOV 1940, S. 132). Insoweit ist die Akzessorietät zwischen Verwaltungsakt und Vertrag aus praktischen Gründen eingeschränkt.

[155] Siehe unten bei Anm. V 303.

[156] CHALFINA 1963, S. 118, vgl. auch S. 113–120.

[157] Siehe oben bei Anm. V 45.

schäftsgrundlage oder causa des Vertrages ist. Hiernach richten sich die Rechtsfolgen einer Aufhebung oder Änderung des Verwaltungsaktes für den Vertrag.

Eine *Wirksamkeitsvoraussetzung* ist der Verwaltungsakt für den durch ihn vorgestalteten Vertrag nicht. Der Verwaltungsakt ist zwar der Anlaß für den Abschluß des Vertrages und er bestimmt seinen Inhalt; aber die Wirksamkeit des Vertrages wird nach den für das Vertragsrecht maßgebenden Gesichtspunkten beurteilt. Etwas anderes gilt für behördliche Genehmigungen zivilrechtlicher Verträge. Sie können eine Wirksamkeitsvoraussetzung sein, „gestalten" aber keinen Vertrag [158].

Der Verwaltungsakt ist auch nicht eine *Rechtsbedingung*, also ein gesetzliches Erfordernis des hoheitlich gestalteten Vertrages. Gesetzlich erforderlich für den Vertrag sind nach deutschem Zivilrecht übereinstimmende Willenserklärungen der Partner, nicht aber ein vorangehender Verwaltungsakt. Letzterer kann zwar einen Vertrag vorgestalten; im übrigen jedoch steht er tatbestandsmäßig außerhalb des Vertrages [159].

Der Verwaltungsakt ist schließlich auch nicht *Geschäftsgrundlage* des hoheitlich gestalteten Vertrages. Er wird vielmehr Gegenstand der Parteivereinbarung und damit Vertragsinhalt. Als solcher scheidet der Verwaltungsakt als Geschäftsgrundlage aus [160]. Hieraus ergibt sich vom Standpunkt der Nur-Vertrags-Theorie, daß eine nachträgliche Änderung des Verwaltungsaktes keine unmittelbare Rechtswirkung für den Vertrag erzeugt [161].

Der Verwaltungsakt stellt dagegen den Rechtsgrund der Zuwendung, deren *causa*, dar. Er ist Bestandteil der Zuwendungsvereinbarung, der Rechtszweck [162]. Verliert der Verwaltungsakt seine Wirksamkeit oder wird er geändert, so entsteht für die Vertragspartner (nach der Nur-Vertragstheorie) folglich ein gegenseitiger obligatorischer Anspruch auf Vertragsaufhebung oder Vertragsänderung [163].

Vom Standpunkt der *Differenzierungstheorie* geht der Verwaltungsakt den hoheitlich vorgestalteten Vertragsteilen vor. Sind letztere wegen (ur-

---

158 Vgl. oben bei Anm. III 9.

159 Unter Umständen kann das Fortbestehen des Verwaltungsaktes von den Parteien als echte (auflösende) Bedingung vereinbart worden sein. Vgl. Malzer 1952, S. 66.

160 Eine gegenteilige Meinung vertreten ohne nähere Begründung Malzer 1952, S. 66 und Brunn, BB 1958 S. 248 (letzterer für den „Plan" in der DDR); wie hier dagegen: Drobnig 1960, S. 235 Anm. 26.

161 Siehe unten bei Anm. V 313 ff.

162 Ähnlich wie hier: Isay 1957, S. 419; die Frage wird offen gelassen von Siebert 1953, S. 236; Ipsen 1956, S. 84, 87.

163 Über die Abwicklung des Schuldverhältnisses siehe unten bei Anm. V 226, 313.

sprünglicher oder nachträglicher) Nicht-Übereinstimmung mit dem Verwaltungsakt unwirksam, gilt der Verwaltungsakt also unmittelbar. Einer vertraglichen Berichtigung der unwirksamen Vertragsteile bedarf es nicht. Für die nicht-vorgestalteten, also freien Vertragsteile[164] bildet der Verwaltungsakt dagegen die causa.

Für die Anhänger der *Nur-Verwaltungsakt-Theorie* stellt sich die Frage nach der vertragsrechtlichen Qualifikation des Verwaltungsaktes nicht.

3. ANZUWENDENDES RECHT

Den mannigfachen Erwägungen über Mittel und Zweck der hoheitlichen Vertragsgestaltung und der verschiedenen Auffassungen über ihren Geltungsgrund liegt ein praktisches Problem zugrunde. Es geht um die Frage, welches Recht auf den hoheitlich gestalteten Vertrag anzuwenden ist. Sollen es die herkömmlichen zivilrechtlichen Vertragsregeln sein oder ist auf Verwaltungsrecht zurückzugreifen, kommt eine Kombination von Vorschriften aus beiden Rechtsgebieten in Betracht oder muß ein besonderes System von Normen geschaffen werden, das den Bedürfnissen eines hoheitlich gestalteten Vertrages Rechnung trägt?

a) Die Quellen

(1) Sowjetunion

Die sowjetische Rechtsordnung bietet eine praktische Antwort. Sie wurde nicht von heute auf morgen gefunden. Sie ist vielmehr das Ergebnis eines harten und langen Ringens in Theorie und Praxis. Unzählige Experimente und Kampagnen, Fehler und Enttäuschungen, Opfer und Anstrengungen kennzeichnen den mühsamen Weg von den ersten Improvisationen der zwanziger Jahre bis zu den wohldurchdachten und auf reicher Erfahrung aufbauenden Kodifikationen der letzten Jahre. Die sowjetische Lösung lautet: Der hoheitlich gestaltete Vertrag erfordert eine Sonderregelung. Die herkömmlichen Normen des Zivilrechts haben sich als unzureichend erwiesen. Andererseits genügt es nicht, an die Stelle unanwendbarer Zivilrechtsnormen lediglich hoheitliche Anordnungen zu

---

[164] Siehe oben bei Anm. V 123.

setzen. Verwaltungsrechtliche Maßnahmen reichen allein nicht aus, um ökonomisch befriedigende Ergebnisse zu erzielen. Es bedarf daher einer Verknüpfung der zivilrechtlichen Vertragsregeln mit verwaltungsrechtlich gefärbten Vorschriften[165].

Eine solche Verflechtung hat der sowjetische Gesetzgeber in einer Reihe von Vorschriften über die Wirtschaftsverträge in den Grundlagen von 1961 und in den Zivilgesetzbüchern der Einzelrepubliken von 1963–1965 vorgenommen. Diese Vorschriften regeln die wesentlichsten Fragen, die sich aus der Planabhängigkeit der Verträge ergeben, etwa den Einfluß der Planakte auf Vertragsabschluß und -erfüllung. Sie berücksichtigen also die Eigenart hoheitlich gestalteter Verträge und unterscheiden sich damit vom allgemeinen Vertragsrecht[166]. Die Zivilrechtskodifikationen werden durch Spezialvorschriften für die einzelnen Wirtschaftsverträge ergänzt. Hierzu gehören vor allem die Lieferordnungen, die Besonderen Lieferbedingungen, die Regeln für Investitionsbauverträge u. a.[167]. Den Charakter einer Sonderregelung tragen ferner die Instruktionen der Arbitragebehörden[168]. Sie ergehen zur Erläuterung der Lieferordnungen[169] und weisen die stärkste Verwandtschaft zum Verwaltungsrecht auf. Die Gesamtheit der Normen über die Wirtschaftsverträge kann als ein Sonderrecht der hoheitlich gestalteten Verträge aufgefaßt werden.

In der gesetzestechnischen Anordnung sind die Vorschriften über Wirtschaftsverträge in den Zivilrechtskodifikationen nicht streng von den Normen des allgemeinen Zivilrechts getrennt. Sie sind vielmehr als lex specialis an den sachlich zugehörigen Stellen eingeschoben. Abgesondert sind dagegen die Sondervorschriften für einzelne Vertragstypen, die nur von sozialistischen Organisationen abgeschlossen werden. Sie erscheinen als eigene Abschnitte im besonderen Teil des Schuldrechts und im übrigen

---

165 Dies sprach TOLSTOJ 1957 mit den Worten aus: „Das Institut der Lieferung ist ein zusammengesetztes Rechtsinstitut, in dessen Tatbestand vor allem Normen des Verwaltungs- und Zivilrechts eingehen" (TOLSTOJ, JU. K., in: Mežvuzovskoe naučnoe soveščanie „Sorok let sovetskogo gosudarstva i prava i razvitie pravovoj nauki". Tezisy dokladov, Leningrad, 1957, S. 36 [LGU, Juridičeskij fakul'tet]). Ebenso: GENKIN, Sov. gos. i pravo 1949 No. 4 S. 59; KORJAKOV 1960, S. 53 für Kreditbeziehungen.

166 Es handelt sich in den Grundlagen vor allem um Art. 1, 4, 33, 34, 36, 44, 67, 73, 85 und im ZGB RSFSR um Art. 1, 4, 158, 159, 160, 165, 166, 168, 169, 170, 174, 191, 221, 233, 234, 258, 368, 373, 393. In den davor geltenden Zivilgesetzbüchern gab es keine Spezialnormen für plangebundene Wirtschaftsverträge.

167 Vgl. oben bei Anm. II 60–62.

168 Texte: Sbornik No. 1–26 sowie Instruktivnye ukazanija 1964. Vgl. auch die litauisch-sprachige Textsammlung: NAIVIDELIS G., Valstybinis arbitražas tarybu sąjungoje, Vilnius, 1959, 452 S.

169 Ordnung vom 17. August 1960 Ziff. 5.

in den erwähnten Spezialregelungen, die im Rang unter einem Gesetz stehen; auf sie wird in den Kodifikationen verwiesen[170].

Während die Vorschriften über Wirtschaftsverträge in den Zivilrechtskodifikationen vorwiegend Grundsatzcharakter besitzen, enthalten die unter dem Rang eines Gesetzes stehenden Spezialvorschriften die für die tatsächliche Handhabung notwendigen Einzelregelungen. Das praktisch angewandte Recht ist also äußerlich gesondert geregelt und nur die Grundsätze sind mit dem allgemeinen Zivilrecht gesetzestechnisch integriert. Diese Verbindung des Sonderrechts mit den Zivilrechtskodifikationen ist, so lose sie auch sein mag, rechtssystematisch bedeutsam. Sie verweist die Sondervorschriften in den Bereich des Zivilrechts, aus dem sie ihre Geltung ableiten.

Das Sonderrecht der Wirtschaftsverträge erfaßt andererseits nicht alle rechtlichen Aspekte der Verträge, die von sozialistischen Organisationen geschlossen werden. Außer Betracht bleibt etwa das Verhältnis der Vertragspartner zu ihren vorgesetzten Behörden, zu den Planorganen und sonstigen Verwaltungsträgern, die befugt sind, in die Verträge gestaltend einzugreifen. Eine Ausklammerung dieser Beziehungen erklärt sich aus dem Wesen der Zivilgesetzgebung. Letztere findet auf Vermögensverhältnisse keine Anwendung, „die auf der verwaltungsmäßigen Unterordnung der einen Partei unter die andere beruhen" [171]. Die Lücke offenbart zugleich die Schwierigkeiten, die einer Sonderregelung für den hoheitlich gestalteten Vertrag im Rahmen des Zivilrechts entgegenstehen. Die Sonderregelung erschwert eine sachgerechte Abgrenzung des Zivilrechts gegenüber dem Verwaltungsrecht. Hier ein zutreffendes und praktisch verwertbares Abgrenzungskriterium zu finden, ist das Bemühen der sowjetischen Rechtswissenschaft seit mehr als 30 Jahren. Ihren äußeren Niederschlag findet es in mehr als 100 Abhandlungen über den „Gegenstand" des Zivil- und Verwaltungsrechts[172]. Das Problem ist auch in den Volksdemokratien Gegenstand von Meinungskämpfen[173].

---

[170] Grundlagen Art. 50, 71; ZGB RSFSR Art. 265, 372.

[171] Grundlagen Art. 2; ZGB RSFSR Art. 2. Vgl. unten bei Anm. V 326.

[172] Vgl. die Zivilrechtsbibliographie von 1962 (Bibliografija 1962), S. 21–34, welche die Zeit 1917–1960 umfaßt. Aus der Zeit nach 1960 siehe u. a. BRATUS' 1963.

[173] Für *Polen* siehe z. B. WLODYKA ST., Problem „prawa gospodarczego", in: Studia cywilistyczne, Krakau, Bd. 5, 1964, 277 S. Für die *DDR* siehe u. a.: PFLICKE, Vertragssystem 1966 S. 161–168, 227–230; OBERLÄNDER, ebd. S. 693–696; SUCH, ebd. S. 747–752; PANZER/PENIG, Staat und Recht 1966 S. 603–617; RANKE, Neue Justiz 1967 S. 201–205. Vgl. oben bei Anm. IV 26.

Die Frage einer Eigenständigkeit des Wirtschaftsrechts wurde auch auf Konferenzen von Juristen aus den sozialistischen Staaten (Europas) erörtert, z. B. in Szeged im Dezember 1965 und in Prag im Oktober 1966. Über die Konferenz in Szeged siehe die

Die Schwierigkeiten einer Abgrenzung spiegeln sich in der Leidenschaftlichkeit, mit der zahlreiche Wissenschaftler und Praktiker die Forderung nach einer Herauslösung des „Wirtschaftsrechts" aus dem Zivilrecht erhoben haben. Bei der Neukodifizierung des Zivilrechts haben die Befürworter eines gesonderten Wirtschaftsrechts ihre Ansichten nicht durchzusetzen vermocht[174]. Sie verfolgen ihre Gedanken aber weiter[175]. Das ist nicht etwa auf den Eigensinn der Verfechter einer Wirtschaftsrechtsschule zurückzuführen. Die Gründe liegen tiefer. Die Erfordernisse der Praxis verlangen gebieterisch nach einer dem Wesen plangelenkter Wirtschaftsbeziehungen gerecht werdenden rechtlichen Regelung. Die Aufnahme einiger mit der hoheitlichen Vertragsgestaltung zusammenhängender Elemente in die Zivilgesetzbücher vermag für sich allein das Problem noch nicht zu lösen. Zu dieser Erkenntnis gelangte Stučka bereits vor 35 Jahren, als er die Forderung nach einem Wirtschaftsverwaltungsrecht erhob.

Die Unvollständigkeit der gegenwärtigen Lösung wird weiter durch die Intensität unterstrichen, mit der nunmehr eine Kodifikation des Planrechts, insbesondere auch des Rechts der Planakte, verlangt wird[176]. Einige

---

oben in Anm. I 38 genannten Berichte und über die Konferenz in Prag: Vertragssystem 1966 S. 760–762, hier S. 762 (E. Süss). Die Materialien der Konferenz von Szeged liegen im Wortlaut vor: Aktual'nye voprosy 1966.

[174] Zur Auseinandersetzung zwischen der Zivil- und Wirtschaftsrechtsschule in der Sowjetunion siehe u. a. die Konferenzberichte in Sov. gos i pravo 1956 No. 4 S. 128; 1958 No. 11 S. 117–128 und 1959 No. 7 S. 128–139, ferner die vorangegangenen mehrfachen Diskussionen (eine Zusammenfassung der Diskussion 1954–1955 erschien in Sov. gos. i pravo 1955 No. 5 S. 51–62).

[175] Siehe die bei Loeber 1964, S. 179 Anm. 230 zitierte Literatur sowie neuerdings: Laptev V. V., Šor L. M., Ekonomičeskaja gazeta 1964 No. 38 S. 29; Laptev 1965; Laptev, Vestnik Akademii nauk SSSR 1965 No. 1 S. 12–13 (Tagungsbericht); Ekonomičeskaja gazeta 1965 No. 14 S. 8 (= Bericht über eine Konferenz in Kiew); Alekseev, Pravovedenie 1965 No. 1 S. 17; Mamutov, Radjans'ke pravo 1965 No. 9 S. 61–66; Laptev, Ekonomičeskaja gazeta 1966 No. 21 S. 20; Laptev, Sov. gos. i pravo 1967 No. 4 S. 57–65, hier S. 62–65 mit weiteren Nachweisen; Laptev, Sov. just. 1967 No. 20 S. 13–15, hier S. 13; Aleksandrov N. G., Sov. gos. i pravo 1967 No. 4 S. 67–75, hier S. 75. Inzwischen ist das „Wirtschaftsrecht" als Lehrdisziplin in der juristischen Ausbildung anerkannt worden (Bjulleten' Ministerstva vysšego in srednego special'nogo obrazovanija SSR 1967 No. 11 S. 43). Aus dem westlichen Schrifttum siehe: Dobrin 1957; Bilinsky 1961; Hazard J. N., Has the Soviet State a New Function: Political Quarterly, Jg. 34 (1963) S. 391–398, hier S. 394–396; Schneider 1964; Loeber 1964, S. 176–179; Hazard 1965, S. 802–803, u. a.

Zum Problem des Wirtschaftsrechts außerhalb der sozialistischen Staaten vgl. Piepenbrock R., Der Gedanke eines Wirtschaftsrechts in der neuzeitlichen Literatur bis zum Ersten Weltkrieg, Köln, 1960, 260 S.; Wiethölter R., Die Position des Wirtschaftsrechts im sozialen Rechtsstaat, in: Wirtschaftsordnung und Rechtsordnung. Festschrift [für] Franz Böhm, Karlsruhe, 1965, S. 41–62.

[176] Siehe oben bei Anm. II 68.

Anhänger der Wirtschaftsrechtskonzeption streben eine Zusammenfassung der in den Zivilrechtskodifikationen nicht berücksichtigten Teile des Wirtschaftsrechts in einem „Wirtschaftsgesetzbuch" an[177]. Es wird, wenn es beschlossen werden sollte, u. a. die Rechtsfragen regeln, die bei der Schaffung eines Sonderrechts der hoheitlich gestalteten Verträge ausgeklammert worden sind, die aber sachlich einen komplementären Bestandteil dieses Rechts bilden. Bezeichnend ist in diesem Zusammenhang die Kritik, die JAMENFEL'D an einem 1963 erschienenen „Juristischen Handbuch für den Wirtschaftler" [178] übt. Es enthält zwar, schreibt JAMENFEL'D, eine ausführliche Darstellung des Zivilrechts, aber die Autoren des Handbuchs versäumen es, „eine ganze Reihe praktisch wichtiger Fragen des sowjetischen Verwaltungs- und Finanzrechts zu behandeln" [179].

(2) Deutschland

In der Bundesrepublik Deutschland ist das Recht der hoheitlich gestalteten Verträge nicht zusammenhängend kodifiziert; es fehlt auch an einer Sonderregelung oder sonstigen Zusammenfassung. Das Recht der hoheitlich gestalteten Verträge muß vielmehr aus einer Vielzahl von Einzelvorschriften abgeleitet werden. Als Quelle kommt mit Rücksicht auf die mitunter lückenhaften gesetzlichen Regelungen auch die Rechtsprechung in Betracht. In der Literatur hat es bisher am Versuch einer systematischen Zusammenfassung der auf die hoheitlich gestalteten Verträge anzuwendenden Rechtsgrundsätze gefehlt. Auf diese Lücke verweist ESSER mit der Bemerkung: „Das Recht der diktierten Verträge ist noch nicht voll ausgearbeitet" [180]. Wohl aber gibt es im Schrifttum verstreute Äußerungen über das auf hoheitlich gestaltete Verträge anzuwendende Recht. Die Ansichten gehen teilweise recht weit auseinander. Manche von ihnen werden nur beiläufig geäußert. Auffallend ist insgesamt ihre mangelnde Beziehung zueinander.

Eine Reihe von Rechtswissenschaftlern spricht sich dafür aus, auf den hoheitlich gestalteten Vertrag in vollem Umfang das allgemeine Vertragsrecht anzuwenden[181]. So meint LEHMANN, daß auf den Zwangsmietver-

---

[177] LAPTEV V. V., ŠOR L. M., Ekonomičeskaja gazeta 1964 No. 38 S. 29; LAPTEV 1965, S. 48 und die dort in Anm. 4 genannten Autoren; LAPTEV, Sov. gos. i pravo 1967 No. 4 S. 57–65, hier S. 63.

[178] Juridičeskij spravočnik chozjajstvennika, Moskau, 1963, 579 S.

[179] JAMENFEL'D, Sov. gos. i pravo 1964 No. 12 S. 133.

[180] ESSER 1960, S. 37.

[181] HUBER 1953, Bd. 1 S. 76; LARENZ 1967, Bd. 1, S. 37. Für privatrechtliche Schuld-

trag das BGB Anwendung finde[182]. Auch auf den Zwangsvertrag nach dem Bundesleistungsgesetz soll angeblich „nur allgemeines Vertragsrecht anwendbar sein“ [183]. Entsprechendes gilt für diktierte Verträge nach dem Schwerbeschädigtengesetz[184] und dem Branntweinmonopolgesetz[185]. Der Gedanke, daß allgemeines Vertragsrecht anzuwenden sei, wird auch von der Rechtsprechung immer wieder vertreten[186]. Andere Autoren teilen diese Ansichten, formulieren aber vorsichtiger und qualifizieren stärker. Nach ESSER sollen volle Vertragsfolgen nur hinsichtlich der Rechtswirkungen eintreten[187]. Ähnlich äußern sich NIPPERDEY und DAHM: Nicht die Begründung, wohl aber das Bestehen, die Fortentwicklung und die Beendigung seien nach Vertragsrecht zu beurteilen[188]. Zurückhaltend ist auch BÜRCKNER. Er hält die Vorschriften des BGB nur insoweit für anwendbar, als sie mit dem Diktat vereinbar sind[189]. In einem ähnlichen Sinn hat sich übrigens früher auch (der oben als Befürworter einer breiten Anwendung des Vertragsrechts erwähnte) LEHMANN ausgesprochen. Im Jahre 1916 bezeichnete er die „Überlassung ... auf Grund der Kontrahierungs- und Lieferpflicht“ als eine Überlassung „auf Grund öffentlichrechtlicher Zwangsvorschriften, die in gewissen Beziehungen als Kauf behandelt wird“ [190].

Im folgenden soll versucht werden, einige Grundsätze herauszuarbeiten, die de lege lata den Inhalt des Rechts bilden, das auf hoheitlich gestaltete Verträge anzuwenden ist. Der Versuch erhebt keinen Anspruch auf Vollständigkeit. Er soll vielmehr illustrieren, welche Fragen das Rechtsinstitut der Praxis stellt. Das Material wird, dem Anliegen dieser Arbeit entsprechend, dem Zivilrecht entnommen. Auf Probleme aus einigen anderen Rechtsgebieten wird nur stichwortartig eingegangen.

---

verhältnisse auf öffentlich-rechtlicher Grundlage: PALANDT(-DANCKELMANN), BGB, München, 26. Aufl., 1967, Einl. vor § 305 Anm. 4.

[182] ENNECCERUS/LEHMANN 1958, S. 555. Ebenso: FELLNER/FISCHER 1956, § 16 Anm. 10 und 28 sowie BECKER 1962, § 10 Anm. 12.

[183] SCHMIDT/PABST 1956, § 17 Anm. 4.

[184] WILRODT/NEUMANN 1964, § 10 Anm. 12.

[185] HIERONIMI H., Getränkegesetze. Kommentar, München, Berlin, 1952, § 58 Anm. 2, S. 681.

[186] KG (1922), JW 1923 S. 765; RG (1941), RGZ Bd. 167, S. 281, hier S. 285 = Deutsches Recht 1942 S. 135; BGH (1951), MDR 1952 S. 155 = JR 1952 S. 106 = BB 1952 S. 42.

[187] ESSER 1960, S. 37.

[188] ENNECCERUS/NIPPERDEY 1960, S. 1000; DAHM 1963, S. 467.

[189] BÜRCKNER 1930, S. 70; ähnlich REU 1940, S. 224 für das „Bezugsverhältnis“ und HENSELING 1942, S. 90 für Rechtsbeziehungen in der „Marktordnung“.

[190] LEHMANN H., Die Kriegsbeschlagnahme als Mittel der Organisation der Rohstoff- und Lebensmittelversorgung, Jena, 1916, S. 36.

Bei der Untersuchung muß im Auge behalten werden, daß der hoheitlich gestaltete Vertrag kein einheitliches Rechtsinstitut ist, sondern in den Erscheinungsformen des Nachvertrages und Vertragsersatzes auftritt.

b) Abschluß des hoheitlich gestalteten Nachvertrages

Auf das Zustandekommen des Nachvertrages sind grundsätzlich die allgemeinen zivilrechtlichen Vertragsregeln anzuwenden. Der durch Verwaltungsakt auferlegte Vertragszwang bedingt allerdings einige Abweichungen. Diese berühren vor allem drei Bereiche: die Anforderungen an die Vertragserklärungen der Parteien, die Folgen fehlerhafter Vertragserklärungen und die Auswirkungen fehlerhafter Verwaltungsakte auf die von ihnen gestalteten Verträge.

(1) Anforderungen an Form und Inhalt der Vertragserklärungen

Der vertragsgestaltende Verwaltungsakt läßt zivilrechtliche Willenserklärungen der Partner des Nachvertrages nicht entbehrlich werden. Hierin liegt der Unterschied zum Vertragsersatz. Die Funktion des Verwaltungsaktes beschränkt sich gewöhnlich darauf, öffentlich-rechtliche Pflichten aufzuerlegen. Er läßt nicht automatisch auch Vertragsbeziehungen entstehen. Sowohl beim indirekten als auch beim direkten Vertragszwang ist eine Initiative einer oder beider Parteien erforderlich, um die Partnerbeziehungen in die Form eines Nachvertrages zu kleiden. Ohne ein Tätigwerden der Partner bleibt es bei der lediglich verwaltungsrechtlichen Beziehung des jeweiligen Partners zu der anordnenden Behörde. Das gilt gleichermaßen für das sowjetische und deutsche Recht.

In der *Sowjetunion* müssen sozialistische Organisationen ihre Verträge untereinander und mit Bürgern in schriftlicher Form schließen, es sei denn, daß es sich um Rechtsgeschäfte handelt, die sogleich mit ihrer Vornahme erfüllt werden[191]. Das Verfahren zum Abschluß von Liefer- und anderen Verträgen zwischen sozialistischen Organisationen ist normativ festgelegt. Im Regelfall hat das Lieferunternehmen 10 bzw. 15 Tage nach Empfang der Lieferanweisung dem (in ihr genannten) Käufer einen Vertragsentwurf zu senden. Der Käufer seinerseits muß den Entwurf binnen 10 Tagen unterzeichnet zurücksenden und – falls er nicht einverstanden ist – ein

[191] ZGB RSFSR Art. 41, 43–44, 161.

„Protokoll der Nichtübereinstimmung" hinzufügen[192]. Kommt einer der Partner dieser gesetzlichen Pflicht nicht nach, kann ihn der andere im vorvertraglichen Arbitrageverfahren zum Vertragsschluß zwingen. In materieller Hinsicht ist folgende Abweichung wesentlich. Nach allgemeinem Vertragsrecht gilt die Annahme eines Antrages unter Änderungen als Ablehnung verbunden mit einem neuen Antrag. Diese Regel findet auf hoheitlich gestaltete Verträge keine Anwendung[193]. Die Vertragsbedingungen werden hier von der Arbitrage festgesetzt (vorvertragliches Verfahren).

Das *deutsche* Recht schreibt das Vertragsschlußverfahren nicht vor. Es gewährt den Partnern auch keine gegenseitigen Ansprüche zur Erzwingung des Vertragsschlusses. Es zwingt aber indirekt zum Vertragsschluß. Der Verwaltungsakt hat für sich allein nicht automatisch ein Zustandekommen des Nachvertrages zur Folge[194].

Der Nachvertrag setzt übereinstimmende Willenserklärungen der Partner voraus. In dieser Hinsicht wird das Vertragsrecht durch den Erlaß eines vertragsgestaltenden Verwaltungsaktes also nicht berührt. Abweichungen treten bei der Begründung hoheitlich gestalteter Verträge insofern auf, als an die Bekundung des Vertragswillens der Partner mitunter geringe Anforderungen gestellt werden. Nach *Sowjetrecht* genügt z. B. bei Lieferungen von geringerem Wert (bis 7500 Rubel), daß der Käufer die ihm zugeteilten Waren beim Lieferunternehmen „bestellt" und letzteres die Ausführung des Auftrages binnen 10 Tagen nicht ablehnt. Das Schweigen des Lieferunternehmens gilt als Annahme des Vertragsangebots[195].

Die *deutsche* Rechtsprechung erkennt in ähnlicher Weise ein vereinfachtes Vertragsschluß-Verfahren an. Bei Verträgen über zwangsbewirtschaftete Waren kann ein Vertragsschluß schon im Schweigen des Lieferverpflichteten auf eine Lieferungsanforderung des Bezugsberechtigten liegen[196]. Auch die bloße Abnahme zwangsbewirtschafteter Waren kann einen

---

[192] Lieferordnung für Produktion von 1959 Ziff. 12; Lieferordnung für Waren von 1959 Ziff. 12; Instruktionsbrief vom 5. Januar 1951 Ziff. 6. Über den Vertragsschluß durch bloße „Annahme" der Lieferanweisung siehe oben bei Anm. III 268.

[193] ZGB RSFSR Art. 165.

[194] OGH (1949), OGHZ Bd. 2, S. 92, hier S. 98; LG Hagen (1947), MDR 1947 S. 66 = BB 1947 S. 227; siehe oben bei Anm. V 105.

[195] ZGB RSFSR Art. 42; Lieferordnung für Produktion von 1959 Ziff. 10–11; Lieferordnung für Waren von 1959 Ziff. 6, 11. Siehe auch Sbornik No. 11 S. 23 (1959); No. 12 S. 24, 35 (1959); No. 21 S. 96 (1962); Soc. zak. 1960 No. 10 S. 87. Aus der Literatur: Alekseev 1962, S. 119–122; Rabinovič, in: Dogovory 1964, S. 146–148, jeweils mit weiteren Nachweisen; u. a. Vgl. oben bei Anm. III 70.

[196] OGH (1949), OGHZ Bd. 2, S. 352 = NJW 1954 S. 24.

Vertrag begründen[197]. Anderseits verlangen die Gerichte, daß bei Fehlen einer Annahmeerklärung wenigstens eine „Annahme" (im Sinne von § 151 BGB) vorliegt[198]. Fehlen selbst diese verdünnten Formen einer Vertragserklärung, kann dennoch Vertragsrecht zur Anwendung kommen, falls das Gesetz an ein sonstiges Partnerverhalten – etwa an die Unterlassung einer Remonstration gegen den vertragsgestaltenden Verwaltungsakt – vertragsersetzende Wirkungen knüpft[199]. Soweit dies nicht der Fall ist, hat ein Partnerverhalten, das in einem bloßen Nichtstun besteht, keine Vertragsfolgen. Das Zustandekommen eines Vertrages wird z. B. verneint, wenn der Verwaltungsakt nur an eine Partei gerichtet ist und der Begünstigte es unterläßt, den zu seinen Gunsten bestehenden (indirekten) Vertragszwang geltend zu machen[200].

Die Vertragserklärungen müssen inhaltlich dem sie vorgestaltenden Verwaltungsakt entsprechen. Dieser Grundsatz wird im sowjetischen Recht ausdrücklich ausgesprochen[201].

(2) Fehlerhafte Vertragserklärungen und ihre Folgen

Entsprechen die Vertragserklärungen dem Verwaltungsakt nicht oder nicht vollständig oder sind sie aus anderen Gründen (etwa wegen Formverstoßes) nichtig, ist der Vertrag insoweit unwirksam[202]. Naheliegend ist die Frage, in welcher Weise die verwaltungsrechtlichen Pflichten nunmehr erfüllt werden können und müssen. Es geht hierbei um das Problem, ob der Verwaltungsakt automatisch an die Stelle der unwirksamen Vertragsteile aufrückt oder ob es zu deren Beseitigung eines neuen Vertrages bedarf.

Diese aus der Praxis geborene Fragestellung hängt mit dem vornehmlich theoretischen Problem zusammen, ob der vorgestaltete Vertrag im Verhältnis zum Verwaltungsakt deklaratorische oder konstitutive Bedeutung besitzt. Theoretisch ist das Problem aus folgendem Grunde. Ist der Vertrag wirksam, beurteilt sich das Rechtsverhältnis zwischen den Parteien (nur von diesem ist hier die Rede) einheitlich nach dem Vertrag, und zwar unabhängig davon, ob dieser oder jener Vertragsteil deklaratorisch oder konstitutiv ist. Ein Anlaß,

---

[197] OGH (1950), OGHZ Bd. 4, S. 149, hier S. 152 = NJW 1950 S. 786.

[198] OGH (1948), OGHZ Bd. 1, S. 194, hier S. 197.

[199] Siehe oben bei Anm. III 268 und Anm. IV 337.

[200] OGH (1949), OGHZ Bd. 2, S. 92, hier S. 98 = BB 1949 S. 476.

[201] Grundlagen Art. 34; ZGB RSFSR Art. 159; siehe oben bei Anm. V 148. Über die Übereinstimmung dieses Grundsatzes mit dem Weigerungsrecht des Käufers siehe oben bei Anm. IV 335.

[202] Siehe die oben in Anm. V 149 zitierten Quellen.

auf den Verwaltungsakt zurückzugreifen, besteht nur, um die Wirksamkeit des Vertrages zu prüfen. Ist der Vertrag dagegen unwirksam, hat er weder deklaratorische noch konstitutive Bedeutung. Die Alternative „deklaratorisch oder konstitutiv" stellt sich in dieser abstrakten Formulierung – jedenfalls in den Fällen anfänglicher Unwirksamkeit – also nicht. Praktisch tritt sie vielmehr in Gestalt der Frage nach dem Aufrücken des Verwaltungsaktes in den Vertrag auf.

Die Antwort muß für die Anhänger der einzelnen Theorien über das Verhältnis von Verwaltungsakt und Vertrag verschieden ausfallen. In der Sowjetunion läßt das Gesetz Raum für beide Möglichkeiten. Es bestimmt, daß ein Vertrag geschlossen ist, sobald die Partner sich über alle „wesentlichen Punkte" geeinigt haben. Als „wesentlich" gelten die Punkte, „die für den betreffenden Vertrag unentbehrlich sind" [203]. Fraglich bleibt, ob die vorgestalteten Vertragsteile für einen Planvertrag „unentbehrlich" sind.

Nach der *Nur-Verwaltungsakt-Theorie* ersetzt der Verwaltungsakt erforderlichenfalls den Vertrag. Es bedarf also nicht einer erneuten Vereinbarung. Die vorgestalteten Vertragserklärungen haben lediglich deklaratorische Bedeutung.

Umgekehrt verhält es sich, wenn man von der *Nur-Vertrags-Theorie* ausgeht. Der Verwaltungsakt rückt nicht nach. Unwirksame Vertragserklärungen müssen durch wirksame Vereinbarungen ersetzt werden. Der Vertrag wirkt hier konstitutiv. Insoweit findet also allgemeines Vertragsrecht Anwendung [204].

Für die Anhänger der in der Sowjetunion herrschenden *Kombinationstheorie* kommt es darauf an, wie sie das Konkurrenzverhältnis von Verwaltungsakt und Vertrag auffassen. Gehen sie mit einer Minderheit von einer Novation oder Konsumtion des Verwaltungsaktes durch den Vertrag aus, scheidet ein automatisches Nachrücken des Verwaltungsaktes aus; leugnen sie mit Dozorcev, daß sich die verwaltungsrechtlichen Pflichten in Vertragspflichten verwandeln, entfällt umgekehrt die Notwendigkeit, eine neue Vereinbarung zu schließen [205]. Die in der Sowjetunion verbreitete und von der Praxis bevorzugte Kumulationstheorie nimmt im Gegensatz zu den anderen Lehrmeinungen die Entscheidung nicht vorweg. Ein Teil

---

[203] Grundlagen Art. 34; ZGB RSFSR Art. 160.

[204] Chalfina 1963, S. 59, 177.

[205] Zamengof 1963, S. 38–39. Dozorcev selbst nimmt zum Fall einer ursprünglichen Unwirksamkeit des Vertrages nicht ausdrücklich Stellung. Seine Ausführungen beziehen sich auf die nachträgliche, durch Planänderung eintretende Unwirksamkeit des Vertrages. Siehe unten in Anm. V 308.

der Lehre steht auf dem Standpunkt, daß eine Vereinbarung über die vorgestalteten Vertragsteile „wesentlich" ist[206]. In den Instruktionsbriefen der Staatsarbitrage heißt es, daß eine Vereinbarung über die „wesentlichen Punkte" auch bei Wirtschaftsverträgen erforderlich ist[207]. Es wird aber nicht ausdrücklich erklärt, daß die im Planakt (Verwaltungsakt) festgelegten Bedingungen mit zu den „wesentlichen Punkten" gehören. In der Praxis neigen die Arbitragebehörden, wie ZAMENGOF berichtet, dazu, bei Unwirksamkeit vorgestalteter Vertragsteile ein automatisches Aufrücken des Verwaltungsaktes zuzulassen[208]. Mit Recht; es wäre formalistisch zu verlangen, daß die unwirksamen Vertragsteile durch eine neue Vereinbarung ersetzt werden. Sie wäre nämlich mit dem unberücksichtigt gebliebenen Teil des Verwaltungsaktes identisch. Sie ist entbehrlich (der Makel der Formalität haftet den frei gestalteten Teilen des Vertrages nicht an). Die Arbitragebehörden sind also der Auffassung, daß unwirksame, aber vorgestaltete Vertragsteile mit dem zugrunde liegenden Verwaltungsakt austauschbar sind. Ähnliche Auffassungen werden in der Literatur vertreten[209]. Auf Vertragsteile, die nicht vorgestaltet sind, findet der Gedanke der Austauschbarkeit naturgemäß keine Anwendung[210]. Die Arbitragepaxis beruht also im Grunde auf einer Unterscheidung zwischen vorgestalteten und freien Vertragsteilen. Sie kommt damit im Ergebnis zu der oben vorgeschlagenen Differenzierung[211].

Eine Differenzierung zwischen vorgestalteten und freien Vertragsteilen bewährt sich auch, um sachgerecht zu entscheiden, ob die Partner ihre vorgestalteten Vertragserklärungen anfechten können und ob sie für diese Erklärungen haften. Beide Fragen sind zu verneinen. Die Vertragserklä-

---

[206] DONDE 1953, S. 95; DONDE 1960, S. 76; AMERCHANOV 1953, S. 92–93; CHALFINA 1954, S. 203–204; LAPIROV-SKOBLO 1957, S. 26; LAPIROV-SKOBLO 1965, S. 15–17; LIBERMAN 1959, S. 120; ŠAPKINA 1961, S. 10; JAZEV 1960, S. 67 und JAZEV 1960 (a); JOFFE, in: JOFFE/TOLSTOJ 1962, S. 90; GAVZE 1961, S. 39 und die von ZAMENGOF 1963, S. 38 in Anm. 16 zitierten Autoren.

[207] Instruktionsbrief vom 25. Dezember 1953 Ziff. 1; Instruktionsbrief vom 29. April 1957 Ziff. 9; Brief vom 22. Juli 1960; Instruktionsbrief vom 31. Juli 1963 Ziff. 6.

[208] ZAMENGOF 1963, S. 39 mit Anm. 18. Sie referiert einen einschlägigen Fall und bemerkt, daß „man eine große Zahl von Arbitrageentscheidungen in konkreten Sachen anführen könnte".

[209] NOVICKIJ 1950, S. 149; GUS'KOVA 1959, S. 223; ZAMENGOF 1960, S. 58–59; PRIBLJUDA, in: Voprosy 1962, S. 57, vgl. S. 50–52; TANČUK, ebd., S. 135; ZAMENGOF 1963, S. 38–39; JOFFE 1964, S. 46–51.

[210] Vgl. die Arbitrageentscheidungen von 1957 in Sbornik No. 5 S. 46–47 und von 1958 in Sbornik No. 8 S. 62–63, ferner eine nicht veröffentlichte, von GRIBANOV 1959, S. 371 angeführte Arbitrageentscheidung. Über die Austauschbarkeit bei Investitionsbauverträgen siehe JOFFE, in: Dogovory 1964, S. 21–22.

[211] Siehe oben vor Anm. V 123.

rungen sind einer zivilrechtlichen Behandlung insoweit unzugänglich, als ihr verwaltungsrechtlicher Gehalt entgegensteht. Eine zivilrechtliche Anfechtung vermag nicht, eine verwaltungsrechtliche Leistungspflicht zu beseitigen. Die Anfechtung einer vorgestalteten Vertragserklärung muß daher ohne Wirkung bleiben[212]. Umgekehrt ist der verwaltungsrechtlich in Anspruch Genommene nicht für Vertragserklärungen verantwortlich, deren Inhalt durch den belastenden Verwaltungsakt bestimmt worden ist. Der Zwangsvermieter haftet daher (entgegen § 541 BGB) nicht für Rechtsmängel des diktierten Mietverhältnisses. Er ist auch nicht für die Auswahl des Vertragspartners verantwortlich, so daß eine Haftung, die hierauf beruht, entfällt. Das gilt etwa für die Haftung des Vermieters für einen ihm zugewiesenen Untermieter[213]. Hier wird der Einbruch eines Sonderrechts des hoheitlich gestalteten Vertrages sichtbar.

Eine Parallele hierzu findet sich im Seerecht, und zwar für einen Fall des einseitigen indirekten Vertragszwanges. Der Reeder haftet nicht (gemäß § 278 BGB) für ein fachmännisches Verschulden der „Klassifikationsgesellschaft", der er sich zur Prüfung der Seetüchtigkeit von Schiffen bedienen muß[214]. Klassifikationsgesellschaften besitzen eine monopolartige Stellung. Der Einwirkungsgedanke, auf dem die Haftung für Erfüllungsgehilfen beruht, versagt insoweit.

Anders steht es mit den Vertragsteilen, die nicht vorgestaltet sind. Insoweit bleibt es bei den allgemeinen Regeln des Vertragsrechts.

Auf dem Boden der Nur-Vertrags-Theorie lassen sich die Fragen der Anfechtung und Haftung nicht befriedigend lösen. Die Vertreter dieser Theorie erkennen zwar, daß die Natur der Rechtsbeziehung eine Anfechtung und Haftung ausschließt. Um diesen Ausschluß zu begründen, geraten sie aber mit den Vorschriften des allgemeinen Vertragsrechts in Konflikt und müssen zu allerlei Kunstgriffen der Gesetzesinterpretation Zuflucht nehmen. Teilweise benutzen sie den Treu- und Glaubensgrundsatz als Notausweg[215].

---

[212] Im Ergebnis ebenso: Wilrodt/Neumann 1964, Anm. 14 zu § 10 mit Rechtsprechung.

[213] BGB § 549 III.

[214] Schaps/Abraham, Das deutsche Seerecht, Berlin, 3. Aufl., Bd. 2, 1962, Anm. 8 zu HGB § 559, S. 313–314 mit Nachweisen.

[215] Nipperdey 1920, S. 103, 151 (für partnerseitigen Kontrahierungszwang siehe dagegen S. 138–139); eine *Anfechtung* halten auch für unzulässig: Bürckner 1930, S. 68 Anm. 1; Malzer 1952, S. 64; entsprechende Ansichten vertreten für faktische Vertragsverhältnisse: Siebert 1953, S. 232; Siebert 1958, S. 30–33; Wolff 1961, S. 88. Gegen eine *Haftung* spricht sich aus: Heinemann 1928, S. 568; eine Haftung des Zwangsmieters aus § 541 BGB lehnt Roquette ab: Roquette H., Das Wohnraumbewirt-

Eine andere Frage ist, in welcher Weise die Vertragspartner für eine Erfüllung des hoheitlich gestalteten Vertrages verantwortlich sind[216].

Das Nachrücken eines Verwaltungsaktes an die Stelle unwirksamer Vertragsteile scheidet naturgemäß aus, wenn der Vertrag mit einem Dritten, also mit einem nicht im Verwaltungsakt genannten Partner geschlossen wird. Fälle dieser Art kommen in der Praxis vor. Ein Beispiel wären die Arbeitsverträge, die junge Spezialisten nach Absolvierung der Hochschule mit Arbeitgebern schließen, denen sie nicht zugewiesen worden sind. Hier fragt sich, ob und wie das Schicksal des Vertrages durch die Nichtachtung des Verwaltungsaktes berührt wird. Die sowjetische Rechtsprechung ist nicht einheitlich. In einem 1963 entschiedenen Fall hatte eine junge Ärztin einen Arbeitsvertrag geschlossen und dabei verschwiegen, daß sie im Wege der Verteilung einem anderen Arbeitgeber zugewiesen worden war. Dies stellte nach Ansicht des Obersten Gerichts der RSFSR einen Entlassungsgrund dar[217]. Das Gericht ging also stillschweigend davon aus, daß der erschlichene Arbeitsvertrag wirksam war und durch Entlassung zu beenden sei. In einer Entscheidung von 1966 stellte sich das gleiche Gericht auf den – wohl richtigen – Standpunkt, daß ein Arbeitsvertrag, der unter Verletzung des Verteilungsverfahrens geschlossen wurde, „von Anfang an fehlerhaft" ist[218].

(3) Fehlerhafte Verwaltungsakte und ihre Folgen

Die Wirksamkeit des vertragsgestaltenden Verwaltungsaktes ist für die Arbitragebehörden und Zivilgerichte eine verwaltungsrechtliche Vorfrage. Das gilt auch für die Sowjetunion. Die Arbitrage ist nämlich im allgemeinen nicht befugt, die Unwirksamkeit eines Planaktes (Verwaltungsaktes) festzustellen. Sie hat sich vielmehr an die erlassende Planbehörde zu wenden, auf den Planfehler hinzuweisen und eine Beseitigung oder sonstige administrative Regelung anzuregen[219]. Wird der Planakt daraufhin berichtigt oder geändert, entfällt das hier interessierende Problem.

---

schaftungsgesetz. Kommentar, Tübingen, 1953, § 16 Anm. 7 d, S. 242–244; Fellner/Fischer 1956, zu § 16 Anm. 32 treten dagegen für eine Haftung nach §§ 537, 538, 539, 549 BGB ein.

216 Hierüber unten bei Anm. V 236 ff., 253.

217 Oberstes Gericht der RSFSR (1963), Bjulleten' Verchovnogo suda RSFSR 1963 No. 5 S. 7.

218 Oberstes Gericht der RSFSR (1966), Bjulleten' Verchovnogo suda RSFSR 1966 No. 11 S. 1. Vgl. ZGB RSFSR Art. 48.

219 Sbornik No. 12 S. 7 (1959); No. 15 S. 79 (1960); No. 16 S. 48 (1960); No. 19–20 S. 8 (1961). Siehe auch die ursprüngliche (1964 geänderte) Fassung von Ziff. 4 der Instruktion vom 18. Dezember 1962. Vgl. oben bei Anm. IV 380.

Die Arbitrage ist allerdings in bestimmten Fällen befugt, Planakte als nicht anwendbar zu behandeln, ohne sie ausdrücklich aufzuheben.

So darf die Arbitrage ein Lieferunternehmen nicht zum Vertragsschluß zwingen, wenn die zugrunde liegende Lieferanweisung fehlerhaft ist, etwa weil sie dem ordnungsgemäß bestätigten Produktionsplan des Lieferunternehmens widerspricht [220].

Einschlägig ist auch ein Spruch der Staatsarbitrage der UdSSR aus dem Jahre 1961. Die Arbitrage entschied, daß ein vertragsgestaltender Planakt des Volkswirtschaftsrates von Semipalatinsk deshalb „außer Betracht bleibt", weil er in unzulässiger Weise auf die Wahrnehmung von Lokalinteressen gerichtet war [221].

Im übrigen sind die sowjetischen Gerichte in den vom Gesetz bestimmten Fällen befugt, über die Wirksamkeit von Verwaltungsakten zu entscheiden. Insoweit tritt also, ebenso wie in Deutschland, die Frage auf, ob und wie die Fehler eines vertragsgestaltenden Verwaltungsaktes das Schicksal des auf ihm beruhenden Vertrages beeinflussen. Die Antworten folgen wiederum den verschiedenen Auffassungen über den Geltungsgrund des hoheitlich gestalteten Vertrages. Auffallend ist in diesem Zusammenhang, daß die Nichtigkeit und Anfechtbarkeit von Verwaltungsakten und ihre Folgen in der sowjetischen Literatur selten erörtert worden sind [222]. Das hängt zum Teil damit zusammen, daß eine Behandlung von Fragen, die mit der Rechtswidrigkeit von Hoheitsakten verbunden sind, während der Stalinherrschaft ängstlich vermieden worden ist. Das Problem wurde „totgeschwiegen", wie JAMPOL'SKAJA 1959 feststellt [223]. In den letzten Jahren dagegen ist die Forderung laut geworden, ein Verfahren zur Nichtigerklärung von Planakten zu schaffen [224].

---

[220] Instruktionsbrief vom 6. Oktober 1962 Ziff. 10. Aus der Literatur: EFIMOČKIN V. P., in: Voprosy 1962, S. 163–164; POBIRČENKO 1964, S. 53–56; vgl. unten Anm. V 224.

[221] Sbornik No. 21 S. 101 (1961). Zusammenfassung des Falles bei LOEBER 1964, S. 153.

[222] ŽDANOV 1964, S. 52. Aus der Nachkriegszeit sind, abgesehen von einem Bericht über einen einschlägigen Vortrag von 1946 (KARADŽE-ISKROV 1946) und einigen Hinweisen in den Verwaltungsrechts-Lehrbüchern, keine Arbeiten zum Thema bekannt.

[223] JAMPOL'SKAJA 1959, S. 147 Anm. 1.

[224] Sov. gos. i pravo 1965 No. 12 S. 3–11, hier S. 6, 8 (Planakte); Sov. just. 1966 No. 9 S. 21–22 (Wohnungs-„Order"); Soc. zak. 1967 No. 2 S. 39–41, hier S. 41 (Planakte); ZAMENGOF 1967, S. 45–46 Anm. 5; KLEJN 1967, S. 73, 137 mit weiteren Nachweisen; Sov. gos. i pravo 1967 No. 4 S. 135; Konferenzberichte in: Ekonomičeskaja

Für die Anhänger der *Nur-Verwaltungsakt-Theorie* erfaßt eine Unwirksamkeit des Verwaltungsaktes unmittelbar den auf seiner Grundlage geschlossenen Vertrag[225].

Nach der *Nur-Vertrags-Theorie* tritt eine solche unmittelbare Rechtswirkung nicht ein. Die Fehlerhaftigkeit des Verwaltungsaktes berührt nur die causa des Vertrages und begründet daher einen obligatorischen Anspruch auf Aufhebung des Vertrages. Unklar bleibt, nach welchen Grundsätzen das bereits Empfangene zurückzugewähren ist, falls eine Einigung hierüber nicht zustande kommt. Die Vertreter der Nur-Vertrags-Theorie haben sich hierzu nicht geäußert. In Betracht kommt eine Rückgewähr nach den Grundsätzen, die für eine nicht zu vertretende nachfolgende Unmöglichkeit gelten[226]. Die Nur-Vertrags-Theorie, die von der deutschen Rechtsprechung im Anschluß an NIPPERDEY bevorzugt wird, kann zu praktisch unbefriedigenden Ergebnissen führen. Das wird an einem 1948 vom Oberlandesgericht Frankfurt entschiedenen Fall deutlich. Das Gericht stellt zunächst folgerichtig fest, daß das Vollzugsgeschäft (hier die Übereignung eines Kraftfahrzeuges) „grundsätzlich" vom Grundgeschäft (hier der unwirksamen Inanspruchnahme nach dem Reichsleistungsgesetz) unabhängig ist. Es empfindet dieses Ergebnis sodann aber als unbrauchbar und sucht einen Ausweg durch die Konstruktion einer stillschweigenden abweichenden Vereinbarung. Die Partner haben, so führt das Gericht aus, die „Übereignung von der Rechtsbeständigkeit des Verwaltungsaktes abhängig machen wollen"[227]. Nach einer Gegenmeinung führt eine Nichtigkeit des Verwaltungsaktes automatisch zur Nichtigkeit des Vertrages[228].

Noch weiter geht VASIL'EV für das Gebiet des sowjetischen Wohnraumbewirtschaftungsrechts. Nach seiner Meinung berührt die Nichtigkeit der „Order" (Wohnraumzuweisung) nicht die Gültigkeit des Mietvertrages. Er will dem Vermieter offenbar auch keinen obligatorischen Anspruch auf

---

gazeta 1966 No. 30 S. 18–20, hier S. 19 Sp. 1 und S. 20 Sp. 2; 1967 No. 4 S. 15–16, hier S. 15 Sp. 1, 3 (= Vortrag von BRATUS'); BRATUS', in: Učenye zapiski (VNIISZ), Moskau, No. 10 (1967) S. 3–18, hier S. 4, 6. Vgl. oben Anm. III 51 und Anm. V 220.

Zur Befugnis der Gerichte, Verwaltungsakte für nichtig zu erklären, siehe: Oberstes Gericht der RSFSR (1966), Bjulleten' Verchovnogo suda RSFSR 1966 No. 7 S. 5–6 (Wohnungs-„Order") und No. 11 S. 1–2 (Arbeitszuweisung).

[225] Entsprechendes dürfte für die Vertreter der Konsumtions-, Novations- und Unwandelbarkeitstheorien gelten. Ihre Vertreter äußern sich nicht dazu.

[226] Vgl. ZGB RSFSR Art. 235, 473; BGB §§ 323, 818.

[227] OLG Frankfurt (1948), HEZ Bd. 2, S. 22–24.

[228] Auf diesem Standpunkt steht offenbar HUBER. Er meint, daß „Ansprüche" aus einem „diktierten Vertrag" „hinfällig" sind, „wenn der vertragsgestaltende Verwaltungsakt nicht rechtswirksam ist" (HUBER 1954, Bd. 2, S. 669).

Aufhebung des Mietvertrages zubilligen. Mit dieser Ansicht sucht VASIL'EV die Härten zu vermeiden, die sich angesichts der Wohnungsnot aus einem nachträglichen Wegfall der Zuweisung ergeben. Vasil'ev hebt den Unterschied zwischen „Order" und Planakt hervor und beruft sich auf zwei einschlägige unveröffentlichte Gerichtsentscheidungen[229]. Seiner Auffassung liegt also die Konsumtions- oder Novationstheorie zugrunde. Das Oberste Gericht der RSFSR teilt diese Meinung in Wohnungssachen nicht. Ist die „Order" unwirksam, hält es den Anspruch auf Räumung der Wohnung für begründet, ohne die Frage des Mietvertrages aufzuwerfen[230].

Die *Kombinationstheorien* beruhen auf dem Gedanken, daß das Schuldverhältnis aus einem aus Verwaltungsakt und Vertrag zusammengesetzten Tatbestand entsteht. Ist der Verwaltungsakt unwirksam, so fehlt eine der notwendigen Voraussetzungen für die Begründung des Schuldverhältnisses. Der Vertrag entfaltet dann keine Rechtswirkungen[231]. Der unwirksame Verwaltungsakt wird auch nicht durch die vorgestalteten Vertragsteile ersetzt, da die Vorgestaltung unwirksam ist. Die Rechtslage unterscheidet sich insoweit vom umgekehrten Fall, wenn nämlich der Verwaltungsakt wirksam, die vorgestalteten Vertragsteile aber fehlerhaft sind[232].

Vom Standpunkt der *Differenzierungstheorie* werden die vorgestalteten Vertragsteile von Fehlern des Verwaltungsaktes unmittelbar betroffen. Wieweit auch die freien Vertragsteile von der Unwirksamkeit des Verwaltungsaktes ergriffen werden, richtet sich danach, ob sie auch ohne die vorgestalteten Vertragsteile vereinbart worden wären. Das wird in der Regel nicht der Fall sein. Sie werden dann also von der Unwirksamkeit miterfaßt[233]. Diese Auffassung gestattet es, ohne die Konstruktion eines stillschweigend vereinbarten Vorbehalts über die Rechtsbeständigkeit des Verwaltungsaktes auszukommen[234].

---

[229] VASIL'EV 1960, S. 125–126.

[230] Oberstes Gericht der RSFSR (1962 und 1964), Bjulleten' Verchovnogo suda RSFSR 1962 No. 7 S. 4 und 1964 No. 8 S. 5.

[231] Nachweise bei LOEBER 1964, S. 152–154.

[232] Dann kann der Verwaltungsakt in den Vertrag aufrücken. Siehe oben bei Anm. V 207.

[233] ZGB RSFSR Art. 60; deutsches BGB § 139.

[234] Vgl. oben bei Anm. V 227. Über den Fall, daß ein Verwaltungsakt unwirksam ist, der einen vorangegangenen Verwaltungsakt ändert, siehe unten bei Anm. V 285.

c) Abwicklung des hoheitlich gestalteten Nachvertrages

Der hoheitlich gestaltete Nachvertrag äußert grundsätzlich die gleichen Wirkungen wie ein autonom geschlossener Vertrag. Der verwaltungsrechtliche Ursprung des Vertrages bedingt jedoch einige Besonderheiten. Sie berühren vor allem die Pflicht zur Realerfüllung und die Befugnisse der Partner zur Änderung und Aufhebung des Vertrages. Weitere Abweichungen ergeben sich naturgemäß, wenn der zugrunde liegende Verwaltungsakt nachträglich geändert oder aufgehoben wird. Insoweit läßt sich wiederum von einem Sonderrecht des hoheitlich gestalteten Vertrages sprechen.

(1) Realerfüllung

Der Vertrag muß in Übereinstimmung mit dem vertragsgestaltenden Verwaltungsakt erfüllt werden. Aus der verwaltungsrechtlichen Abhängigkeit des Vertrages folgt, daß in der Regel nur eine Realerfüllung zulässig ist. Dieser Grundsatz findet im sowjetischen und deutschen Recht in verschiedener Weise Ausdruck. Das erklärt sich aus der unterschiedlichen Ausgestaltung des Vertragszwanges. Im Sowjetrecht trifft der Vertragszwang häufig beide Partner, im deutschen Recht dagegen nur einen von ihnen.

aa) Sowjetrecht

Das Sowjetrecht postuliert die Realerfüllung als ein Prinzip des allgemeinen Vertragsrechts. Es ist also, entgegen einer im Westen mitunter anzutreffenden Meinung, kein Spezifikum der Planverträge. Ein wesentliches Mittel zur Sicherung der Realerfüllung ist die Vertragsstrafe. Sie wird „für den Fall des Verzuges oder einer sonstigen nichtgehörigen Erfüllung" festgesetzt und hat keine befreiende Wirkung. Der Schuldner bleibt verpflichtet, in Natur zu erfüllen[235]. Damit wird deutlich, daß die Vertragsstrafe – wie der Name sagt – vor allem Strafcharakter hat[236]. Auch die Leistung von Schadenersatz[237] entbindet nicht von der Ver-

[235] Grundlagen Art. 33, 36; ZGB RSFSR Art. 168, 191; Verordnung vom 4. Oktober 1965 Ziff. 10; Verordnung vom 27. Oktober 1967 Ziff. 4, 26, 28.

[236] Aus der sowjetischen Literatur siehe u. a.: CHALFINA 1954, S. 21–22; ŠAPKINA, Vestnik Moskovkogo Universiteta, Serija pravo 1960 No. 4 S. 72 (= Rezension von: RAJCHER 1958).

Aus dem außer-sowjetischen Schrifttum (vor allem für das Recht der DDR und anderer sozialistischer Staaten): DROBNIG 1951, S. 169; DROBNIG 1953, S. 550; DROBNIG 1960, S. 237–239; SAMSON 1960, S. 116–121; BRUNNER 1965, S. 122–125.

[237] Über Schadenersatz und sein Verhältnis zur Vertragsstrafe siehe Grundlagen Art. 36, ZGB RSFSR Art. 189, 219; Lieferordnung für Produktion von 1959 Ziff. 80;

pflichtung zur vertragsgemäßen Erfüllung. Das gilt jedenfalls bei Schlechterfüllung[238], nicht dagegen für den Fall der Nichterfüllung des Vertrages[239].

Für Verträge zwischen sozialistischen Organisationen bestehen vor allem folgende hiervon abweichende Besonderheiten.

A. Der *Schuldner* kann sich auch im Fall einer Nichterfüllung nicht durch Schadenersatzleistung befreien. Das trifft insbesondere für Lieferverträge[240] und Investitionsbauverträge[241] sowie für Transportverträge zu[242]. Es muß erfüllt werden, und zwar bis der vertragsgestaltende Verwaltungsakt entweder ausgeführt ist oder seine Geltung verliert[243] (ausnahmsweise ist eine einverständliche Abweichung vom Planakt zulässig)[244]. Der Verwaltungsakt, der Investitionsbauverträgen zugrunde liegt, ist in seiner Geltung zeitlich gewöhnlich nicht beschränkt, während Lieferanweisungen in der Regel nur für das laufende Planjahr erlassen werden[245].

B. Der *Gläubiger* ist nicht nur berechtigt, sondern auch verpflichtet, auf Realerfüllung zu bestehen[246]. Die Pflicht trifft insbesondere die Auftraggeber im Rahmen von Investitionsbauverträgen und von Transportverträgen. Die Vorschriften über Lieferverträge sehen demgegenüber Ausnahmen vor. Hier kann der Gläubiger die Annahme einer verspäteten Lieferung ablehnen[247]. Er kann sich auch mit einem abweichenden Assortiment[248] oder mit einer geringeren Qualität der gelieferten Güter be-

---

Lieferordnung für Waren von 1959 Ziff. 81; Regeln vom 24. August 1955 Ziff. 37–1; Verordnung vom 27. Oktober 1967 Ziff. 21–22.

[238] Grundlagen Art. 36; ZGB RSFSR Art. 221 sowie die Lieferordnungen wie in Anm. V 237 zitiert.

[239] Das folgt aus Grundlagen Art. 36 Abs. 6 Halbsatz 1 und ZGB RSFSR Art. 221 im Vergleich zu Grundlagen Art. 36 Abs. 6 Halbsatz 2 und ZGB RSFSR Art. 191, 219.

[240] Lieferordnung für Produktion von 1959 Ziff. 80; Lieferordnung für Waren von 1959 Ziff. 81; Instruktionsbrief vom 14. November 1963 Ziff. 8; Sbornik No. 3 S. 158, 189 (1951, 1954).

[241] Vgl. Regeln vom 24. August 1955 Ziff. 32 bis 37–1.

[242] Die einschlägigen Rechtsquellen werden oben in Anm. III 107–110 zitiert.

[243] Grundlagen Art. 36; ZGB RSFSR Art. 191, 221.

[244] Siehe unten bei Anm. V 266.

[245] Siehe Sbornik No. 3 S. 192 (1954) sowie die Arbitrageentscheidung in Sbornik No. 7 S. 43 (1958); aus der Literatur: Syrneva, in: Pravovye voprosy 1959, S. 223.

[246] Ausdrücklich ausgesprochen ist die Pflicht in Grundlagen Art. 47 und Art. 49; ZGB RSFSR Art. 261 und 264; im übrigen siehe unten bei Anm. V 273, 321, 327.

[247] Grundlagen Art. 45; ZGB RSFSR Art. 259; Lieferordnung für Produktion von 1959 Ziff. 24; Lieferordnung für Waren von 1959 Ziff. 23. Notwendig ist eine vorherige Mitteilung des Käufers, daß er eine verspätete Lieferung ablehnt. Siehe die von Loeber 1964, S. 160–161 wiedergegebenen Arbitrageentscheidungen.

[248] Grundlagen Art. 46; ZGB RSFSR Art. 260; Lieferordnung für Produktion von 1959 Ziff. 21; Lieferordnung für Waren von 1959 Ziff. 21; Besondere Bedingungen für

gnügen[249]. Besteht der Gläubiger dagegen auf vertragsgemäßer Lieferung, ist die Fehlmenge den im nächsten Lieferzeitraum (Monat, Quartal) fälligen Partien hinzuzufügen[250].

C. Vereinbarungen über eine Haftungsbeschränkung sind unzulässig[251].

bb) Deutsches Recht

Das deutsche Recht, das nur einen einseitigen Vertragszwang kennt, überläßt es dem *Gläubiger*, ob er auf Realerfüllung besteht. Der vertragsgestaltende Verwaltungsakt berührt nicht die Freiheit des (begünstigten) Gläubigers, darüber zu entscheiden, ob er die ihm eingeräumte und im Vertrag fixierte Wohltat ausnutzt. Der Gläubiger ist nicht daran gehindert, auf eine Ausübung seiner Rechte aus dem Vertrag zu verzichten. Er kann sich z. B. mit einer Schadenersatzleistung begnügen. Er darf seine Vertragsrechte aber nicht auf einen Dritten übertragen[252].

Der *Schuldner* auf der anderen Seite ist zur Erfüllung des Verwaltungsaktes verpflichtet. Für ihn besteht damit auch eine Pflicht zur Realerfüllung, und zwar soweit der Verwaltungsakt in den Vertrag Aufnahme gefunden hat. Verzichtet der Gläubiger auf eine Realerfüllung und begnügt er sich mit einer Schadenersatzleistung, so erlischt damit das zivilrechtliche Schuldverhältnis. Der zugrunde liegende Verwaltungsakt dagegen wirkt fort, bis er aufgehoben oder geändert wird. Ob die Verwaltungsbehörde sich hierzu bereit findet, wird davon abhängen, ob der Zweck der hoheitlichen Anordnung durch den Verzicht des Gläubigers erfüllt ist oder ob der Schuldner aus öffentlichen Interessen weiterhin, gegebenenfalls zugunsten eines Dritten, in Anspruch genommen werden soll.

Auf die zivilrechtliche Haftung hat die hoheitliche Vertragsgestaltung keinen Einfluß. Der Schuldner haftet z. B. nach §§ 276, 278 BGB für die Erfüllung des Vertrages. Daneben kommt auch eine Haftung aus unerlaubter Handlung in Betracht, wenn das Gesetz, das die Grundlage für

---

die Lieferung von Getreideprodukten von 1960 Ziff. 5 (Text: Položenija 1965, S. 580 bis 589). Siehe unten bei Anm. V 262.

[249] Grundlagen Art. 47; ZGB RSFSR Art. 261; Lieferordnung für Produktion von 1959 Ziff. 60, 63; Lieferordnung für Waren von 1959 Ziff. 38, 59.

[250] Grundlagen Art. 45; ZGB RSFSR Art. 259; Lieferordnung für Produktion von 1959 Ziff. 24; Lieferordnung für Waren von 1959 Ziff. 23. Vertraglich kann eine andere Art der Nachlieferung vereinbart werden. Eine Nachlieferung ist ausgeschlossen nach den Regeln für die Lieferung von Gas von 1961 (Text: Položenija 1965, S. 688–694) Ziff. 5.

[251] Grundlagen Art. 36; ZGB RSFSR Art. 220; Lieferordnung für Produktion von 1959 Ziff. 81; Lieferordnung für Waren von 1959 Ziff. 82.

[252] Nipperdey 1920, S. 113–115.

den Verwaltungsakt darstellt, den Charakter eines Schutzgesetzes (im Sinne von § 823 II BGB) hat. Das ist vom Bundesgerichtshof für Bewirtschaftungsgesetze anerkannt worden[253]. An diesem Urteil hat NIPPERDEY Kritik geübt[254]. Sie geht aber insofern fehl, als das Gericht eine Haftung aus unerlaubter Handlung nicht statt, sondern neben einer Vertragshaftung bejaht.

(2) Ausschluß einer Änderung und Aufhebung des Vertrages

Das Prinzip der Realerfüllung nimmt den Parteien im allgemeinen das Recht, die hoheitlich vorgestalteten Vertragsteile im gegenseitigen Einverständnis zu ändern oder aufzuheben.

aa) Sowjetrecht

Im Sowjetrecht wird dieser Grundsatz für die Vertragsaufhebung ausdrücklich ausgesprochen. Nach dem Zivilgesetzbuch der RSFSR ist die einverständliche Aufhebung eines Schuldverhältnisses zwischen sozialistischen Organisationen nur zulässig, „soweit dies nicht den Akten zur Planung der Volkswirtschaft widerspricht"[255]. Erst recht gilt der Grundsatz naturgemäß für eine einseitige Änderung oder Aufhebung des Vertrages[256]. Damit entfällt auch die Möglichkeit einer Kündigung, eines Rücktritts, einer Wandlung oder Minderung, soweit das Gesetz keine Ausnahmen vorsieht[257]. Nur unter dieser Voraussetzung dürfte auch die vertragliche Vereinbarung eines Rücktritts- usw. Rechts zulässig sein[258]. Der Ausschluß einer einverständlichen Änderung oder Aufhebung hoheitlich vorgestalteter Vertragsteile ergibt sich aus dem Vorrang des Planaktes gegenüber dem Vertrag[259]. Entsprechend gestatten die Lieferordnungen[260] und der Mustervertrag für wissenschaftliche Forschungsarbeiten[261]

[253] BGH (1950), JZ 1951 S. 46.

[254] ENNECCERUS/NIPPERDEY 1960, S. 1000; ebenso: ESSER 1960, S. 37.

[255] ZGB RSFSR Art. 233.

[256] Siehe zwei von LOEBER 1964, S. 161 (mit Anm. 152 und 153) wiedergegebene Fälle aus der Arbitragepraxis. Für das allgemeine Vertragsrecht ist der Grundsatz festgelegt in den Grundlagen Art. 33 und im ZGB RSFSR Art. 169.

[257] In einem begrenzten Umfang gestattet die Ordnung über das Produktionsunternehmen vom 4. Oktober 1967 (in Ziff. 67) eine einverständliche Vertragsänderung (nicht dagegen eine Vertragsaufhebung).

[258] Siehe ZAMENGOF 1963 (a) und LOEBER 1964, S. 159 mit Anm. 144.

[259] Grundlagen Art. 34; ZGB RSFSR Art. 159.

[260] Lieferordnung für Produktion von 1959 Ziff. 17; Lieferordnung für Waren von 1959 Ziff. 16.

[261] Mustervertrag No. 1 zur Ordnung vom 7. September 1961 Ziff. 27. Vgl. oben Anm. III 105.

eine Vertragsänderung nur, „soweit sie nicht dem bestätigten Plan widerspricht". So kann sich z. B. der Käufer mit der Änderung eines (frei vereinbarten) Assortiments einverstanden erklären, wenn sie ihm vom Verkäufer angeboten wird[262]. Auch der frei vereinbarte Vertrag über die Verbreitung periodischer Veröffentlichungen darf einverständlich geändert werden[263].

Für hoheitlich vorgestaltete Vertragsteile besteht eine Änderungsbefugnis nur, wenn sie vom Gesetz gestattet wird. Stimmt eine Partei der von der Gegenseite gewünschten Änderung oder Aufhebung des Vertrages nicht zu, entscheidet die Arbitrage[264]. Der vom Gesetz gesteckte Rahmen für eine Änderung von Planverträgen ist eng. So sind die Parteien eines Liefervertrages über Verbrauchswaren befugt, die Spezifikation zum Vertrag „unter Berücksichtigung einer geänderten Nachfrage" nur innerhalb bestimmter Fristen nachträglich „zu präzisieren"[265]. Als weiteres Beispiel können die Regeln für Investitionsbauverträge angeführt werden. Hiernach dürfen die Parteien den Umfang der Bauarbeiten innerhalb des Jahresvertrages (nicht innerhalb des Generalvertrages) einverständlich regeln[266]. Bei Verträgen über wissenschaftliche Forschungsarbeiten ist eine einverständliche Aufhebung des Vertrages zulässig, wenn beide Parteien dieses bei ihren vorgesetzten Behörden beantragen[267]. Die Vertragsaufhebung ist hier also von einer vorherigen Genehmigung der Verwaltungsbehörde abhängig.

Ähnliches gilt für die Arbeitsverhältnisse junger Spezialisten, die nach Beendigung ihrer Ausbildung auf Grund einer „Verteilung" für drei Jahre einem Arbeitgeber zugewiesen werden. Diese Arbeitsverhältnisse können vom Arbeitgeber nur mit Genehmigung der Verwaltungsbehörde gelöst

---

[262] Siehe oben bei Anm. V 248 und zwei Fälle bei Loeber 1964, S. 150–151 mit Anm. 103–104.

[263] Ordnung von 1961 Ziff. 10 (Text: Položenija 1965, S. 695).

[264] Lieferordnung für Produktion von 1959 Ziff. 17; Lieferordnung für Waren von 1959 Ziff. 16. Brief der Staatsarbitrage der UdSSR vom 24. Februar 1966 (Soc. zak. 1966 No. 9 S. 89). Aus der Literatur sei insbesondere auf die sachkundige Studie von Frau Zamengof verwiesen: Zamengof 1967, hier S. 111–113; Zamengof bemängelt die unzureichende normative Regelung.

[265] Ordnung vom 9. Mai 1964 Ziff. 20–21.

[266] Regeln vom 24. August 1955 Ziff. 10. Die Möglichkeit der Änderung von Planverträgen sahen auch einzelne Besondere Lieferbedingungen von 1954 vor (Aufzählung bei Zamengof 1967, S. 107 Anm. 3).

[267] Mustervertrag No. 1 zur Ordnung vom 7. September 1961 Ziff. 3. Dasselbe gilt für Verträge über Konstruktionsarbeiten: Mustervertrag No. 2 zur gleichen Ordnung Ziff. 4.

werden[268]. Die Genehmigung zur Entlassung ist auch dann erforderlich, wenn der Arbeitnehmer den Wunsch hat, den Arbeitsvertrag zu beenden[269]. Der junge Spezialist kann sein Arbeitsverhältnis nur dann frei kündigen, wenn einer der für befristete Arbeitsverhältnisse allgemein festgelegten Gründe[270] vorliegt[271]. Fehlt es hieran und verläßt er die Arbeitsstelle eigenwillig, muß er (unbeschadet etwaiger weiterer Folgen) das bei der Verteilung empfangene Umzugsgeld zurückzahlen[272].

Eine Befugnis zur einseitigen Vertragsänderung ist ferner, wenn auch in engen Grenzen, in einigen Besonderen Lieferbedingungen vorgesehen. Der Käufer von Produkten des Maschinenbaues kann technische Bedingungen ändern, muß dann aber die entstehenden Mehrkosten tragen[273]. In ähnlicher Weise darf der Käufer von chemischen Reaktiven, Kernenergiequellen usw. innerhalb bestimmter Fristen einseitig die Änderung von Liefertermin und Quantitäten verlangen[274]. Dasselbe gilt für die Käufer von Ölprodukten[275] und Gas[276]. Sie dürfen bei Änderung ihres Bedarfs die Abnahme ablehnen, wenn sie dies dem Lieferer spätestens 10 Tage vor dem Liefertermin mitteilen.

bb) Deutsches Recht

Nach deutschem Recht steht nur ein Vertragspartner, nämlich der verwaltungsrechtlich in Anspruch genommene Schuldner, unter Vertragszwang. Der *Schuldner* kann sich daher nicht einseitig, etwa durch Kündigung, aus der ihm auferlegten Pflicht befreien. Diese Möglichkeit besteht

---

268 Ordnung vom 1. Oktober 1963 (vgl. oben bei Anm. III 199).

269 Oberstes Gericht der RSFSR (1963), Bjulleten' Verchovnogo suda RSFSR 1963 No. 11 S. 2.

270 Arbeitsgesetzbuch der RSFSR von 1922 Art. 48 (Nachdruck: Sbornik ... o trude 1960, S. 85).

271 Verordnung des Plenums des Obersten Gerichts der UdSSR vom 13. September 1957 (Bjulleten' Verchovnogo suda SSSR 1957 No. 5 S. 20) Ziff. 11. Vgl. auch die Diskussion einschlägiger Fragen nach dem Stand der Gesetzgebung von 1956 in Sov. gos. i pravo 1956 No. 8 S. 131–134.

272 Oberstes Gericht der RSFSR (1963, Bjulleten' Verchovnogo suda RSFSR 1964 No. 1 S. 11; Ordnung vom 1. Oktober 1963 Ziff. 32.

273 Besondere Lieferbedingungen für die Lieferung von Produktion des Maschinenbaus von 1959 Ziff. 21 (Text: Položenija 1965, S. 164–169).

274 Besondere Bedingungen für die Lieferung von chemischen Reaktiven ... von 1960 Ziff. 7 (Text: Položenija 1965, S. 426–436).

275 Besondere Bedingungen für die Lieferung von Ölprodukten vom 25. März 1960 (Text: Položenija 1965, S. 498–505) Ziff. 10 a, eingefügt durch Verordnung der Staatsarbitrage in Sbornik No. 26 S. 66.

276 Regeln für die Lieferung von Gas ... vom 31. Juli 1961 (Text: Položenija 1965, S. 688–694) Ziff. 35 in der Fassung der Verordnung der Staatsarbitrage der UdSSR vom 19. Februar 1966, mitgeteilt in Sbornik No. 26 S. 66.

erst, wenn die Voraussetzungen für seine Inanspruchnahme weggefallen sind, und auch dann nur im Einverständnis mit der anordnenden Behörde. Dieser Grundsatz findet einen positivrechtlichen Ausdruck im Bundesleistungsgesetz[277]. Er gilt auch für hoheitlich angeordnete Verträge mit Schwerbeschädigten. Hier kann der Arbeitgeber nur mit Zustimmung der Hauptfürsorgestelle kündigen[278]. Entsprechendes trifft für Kreditinstitute zu, die Lastenausgleichsdarlehn gewähren. Sie können das Darlehn nur mit Zustimmung des Ausgleichsamtes kündigen oder fällige Zins- und Rückzahlungen stunden. Die Zustimmung des Ausgleichsamtes stellt aber nach ausdrücklicher Vorschrift keinen Verwaltungsakt im Verhältnis zum Darlehnsnehmer dar[279].

Der *Gläubiger* dagegen hat es in der Hand, den hoheitlich gestalteten Vertrag zu kündigen oder vom Vertrag zurückzutreten, zu wandeln und zu mindern, wenn die Voraussetzungen hierfür vorliegen[280]. Ein solches Vorgehen des Gläubigers wird der Verwaltungsbehörde meist Anlaß geben, den zugrunde liegenden Verwaltungsakt aufzuheben[281].

Auch eine einverständliche Änderung oder Aufhebung des Vertrages ist denkbar. Der Schuldner dürfte sich allerdings nur dann hierauf einlassen, wenn er zugleich aus der verwaltungsrechtlichen Pflicht entlassen wird.

(3) Folgen einer Änderung und Aufhebung des Verwaltungsaktes

Wird ein vertragsgestaltender Verwaltungsakt nachträglich geändert oder aufgehoben, so haben die Vertragsparteien ihr Schuldverhältnis der neuen Rechtslage anzupassen. Dieser Grundsatz hat in der Sowjetunion seine Kodifizierung im Zivilgesetzbuch der RSFSR gefunden[282]. Die Anpassungspflicht ist an die Voraussetzung geknüpft, daß die Vertragspartner sozialistische Organisationen sind und daß die Änderung des Verwaltungsaktes „für beide Seiten verbindlich ist".

---

[277] Bundesleistungsgesetz von 1961 (BGBl. I 1770) § 43.

[278] Wilrodt/Neumann 1964, Anm. 27 zu § 10; vgl. Bürckner 1930, S. 77 Anm. 4.

[279] Durchführungsbestimmungen von 1962 zur Weisung über Aufbaudarlehn für die gewerbliche Wirtschaft von 1958 (Mtl. BAA 1962, S. 136) § 35. Aus der Literatur: Zuleeg 1959, S. 132; Zuleeg 1965, S. 92.

[280] Eine Lossagung vom korrigierten Vertrag um der Umgestaltung willen hält Nipperdey 1920, S. 160 für unzulässig.

[281] Aus der Literatur ergibt sich kein klares und zusammenhängendes Bild. Esser meint, daß den Parteien das Gestaltungsrecht bleibe (Esser 1960, S. 37); ähnlich: Malzer 1952, S. 70; Heinemann hält Kündigungserschwerungen für angebracht (Heinemann 1928, S. 568). Siehe auch die von Bürckner 1931, S. 67 in Anm. 7 zitierten Autoren und vgl. Dahm 1963, S. 475. Über die Folgen einer zustimmungsbedürftigen Kündigung vgl. Janicki, NJW 1963 S. 838, hier S. 842. Siehe auch oben bei Anm. V 252.

[282] ZGB RSFSR Art. 234.

Bindet der Verwaltungsakt nur *einen* Vertragspartner, so beschränkt sich seine Wirkung auf das verwaltungsrechtliche Verhältnis der erlassenden Behörde zur unterstellten Organisation[283]. Der neue Planakt äußert dann keinen „Einfluß auf das Schicksal" des bestehenden Vertrages[284]. Es ist Sache des Adressaten des Planaktes, die Zustimmung des Vertragspartners zur Änderung des Vertrages herbeizuführen. Gelingt ihm dies nicht, bleibt er zur Erfüllung des Vertrages in seiner ursprünglichen Fassung verpflichtet. Die entgegenstehende (möglicherweise rechtswidrige) Anordnung der vorgesetzten Behörde befreit den verwaltungsrechtlich Verpflichteten nicht von seiner zivilrechtlichen Verantwortung gegenüber dem Vertragspartner. Auf diesem Standpunkt steht die Arbitragepraxis[285].

Ein beiderseits verbindlicher Verwaltungsakt äußert seine Wirkungen allerdings unabhängig davon, ob die Vertragspartner ihrer Anpassungspflicht nachkommen oder nicht. Das wird durch einige Lieferbedingungen bestätigt: Bei Aufhebung des Kontingents für Getreideprodukte ist die Abgabe der Ware sofort einzustellen[286]; die Verwaltungsbehörde kann anordnen, in welcher Reihenfolge Baumaterialien auszuliefern sind (Baumaterialien stellen in der Sowjetunion vielfach Mangelware dar)[287]; ein Kohlenlieferer kann auf Grund verwaltungsrechtlicher Anordnung durch einen anderen ersetzt werden, wobei der Neulieferer an die Stelle seines Vorgängers in den Liefervertrag eintritt[288]. Nach dem Mustervertrag für wissenschaftliche Forschungsverträge kann nicht nur eine Vereinbarung über die Aufhebung des Vertrages zu einer Abwicklung des Schuldverhältnisses führen, sondern auch die bloße „Einstellung der Arbeiten" auf Grund einer Anordnung der vorgesetzten Behörde[289]. Dasselbe gilt für Projektierungs- und Vermessungsverträge[290]. Setzt die Lenkungsbehörde die „Kreditlimits" zur Anschaffung von Ausrüstungen herab, so müssen die Vertragspartner die Beträge in den Lieferverträgen entsprechend „präzisieren"[291].

---

[283] Das ergibt sich aus den von Loeber 1964, S. 156–157 angeführten Entscheidungen. Siehe auch Zamengof 1967, S. 46–48.

[284] Jakovleva 1963, S. 111.

[285] Krasnov 1959, S. 174–175.

[286] Besondere Bedingungen für die Lieferung von Getreideprodukten von 1960 Ziff. 10 (Text: Položenija 1965, S. 580–589).

[287] Besondere Bedingungen für die Lieferung von Baumaterialien von 1960 Ziff. 13 (Text: Položenija 1965, S. 296–301).

[288] Besondere Bedingungen für die Lieferung von Kohle von 1960 Ziff. 7 (Text: Položenija 1965, S. 480–491).

[289] Mustervertrag No. 1 zur Ordnung vom 7. September 1961 Ziff. 27.

[290] Regeln für Projektierungs- und Vermessungsverträge von 1959 Ziff. 15.

[291] Regeln für die Finanzierung von Investitionen von 1965 Ziff. 30; vgl. oben bei Anm. III 166.

Für Lieferverträge, die unter Berücksichtigung zuvor eingegangener Bestellungen geschlossen worden sind[292], gelten Sondervorschriften. Hier wirkt eine nachträgliche Änderung der Plankennziffern zwar nicht unmittelbar auf den Liefervertrag ein. Dennoch besteht eine enge wirtschaftliche Abhängigkeit. Daher sind derartige Änderungen nur nach „Abstimmung" mit dem Besteller zulässig[293].

Ein nach Vertragsschluß ergangener Verwaltungsakt kann auch auf frei vereinbarte Verträge einwirken. Als Beispiel sei etwa die Anordnung erwähnt, eine Veröffentlichung aus dem Buchhandel zu ziehen[294]. Hier hat der Verwaltungsakt aber lediglich zur Folge, daß eine Erfüllung des Vertrages zur Verbreitung des Werkes unmöglich wird; er berührt den Vertrag in seinem Bestand nicht. Es bleibt den Parteien überlassen, ob und wie sie den Vertrag nunmehr abwickeln[295]. Unter Umständen kann der Verwaltungsakt einen Kündigungsgrund darstellen. Diese Möglichkeit ist im deutschen Recht für Versicherungsverträge ausgeschlossen[296].

Beim hoheitlich gestalteten Vertrag wirkt der neue Verwaltungsakt unmittelbar auf die vorgestalteten Vertragsteile ein[297]. Er nimmt ihnen (im Fall der Aufhebung) ihre Wirksamkeit oder rückt (im Fall der Änderung) an ihre Stelle auf. Unabhängig hiervon sind die Parteien verpflichtet, den Vertrag der neuen Rechtslage anzupassen. Sie müssen also ihren Vertrag aufheben oder ändern[298].

In bestimmten Fällen genügt es, die Vertragsänderung oder Vertragsaufhebung dadurch zu ersetzen, daß die Vertragspartner die Mitteilung der Ver-

---

292 Siehe oben bei Anm. III 118.

293 Siehe oben bei Anm. III 128.

294 Besondere Bedingungen für die Lieferung nicht-periodischer Schriften durch Buchhandelsorganisationen von 1960 Ziff. 28 (Text: Položenija 1965, S. 437–442) und Besondere Bedingungen für die Lieferung nicht-periodischer Schriften an Buchhandelsorganisationen von 1960 (Text: Položenija 1965, S. 505–513).

295 Im Fall des Verkaufsverbots für eine Veröffentlichung hat der Lieferer (Verlag oder Großhandel) den Buchhandlungen die nicht-verkauften Restposten zu bezahlen. Quelle wie in Anm. V 294.

296 Versicherungsaufsichtsgesetz von 1901 (RGBl. I 139) § 81 a, eingefügt durch Änderungsgesetz von 1937 (RGBl. I 269). Siehe oben Anm. III 257.

297 Das gilt für die hier vertretene Differenzierungstheorie, die im Ergebnis mit der sowjetischen Arbitragepraxis übereinstimmt (siehe unten bei Anm. V 303). Der Wortlaut von Art. 234 ZGB RSFSR (vgl. oben bei Anm. V 282) steht nicht entgegen, sondern läßt diese Auslegung nach wohl herrschender Auffassung zu. Aus der sowjetischen Literatur: Zamengof 1967, S. 21, 39–40, 43, 48, 63–64 mit weiteren Nachweisen.

298 Lieferordnung für Produktion von 1959 Ziff. 20; Lieferordnung für Waren von 1959 Ziff. 16; Regeln für Investitionsbauverträge von 1955 Ziff. 11; Regeln für Projektierungs- und Vermessungsverträge von 1959 Ziff. 15–16. Über das Recht der Unternehmen, die ihnen zugeteilten Güter abzulehnen, siehe oben bei Anm. III 131.

waltungsbehörde über die Änderung des Planaktes dem Vertrag „beilegen", d. h. an das Vertragsexemplar anheften[299].

Praktische Bedeutung hat die Vertragsanpassung (nur) für die Rechte aus der nachträglichen Änderung der verwaltungsrechtlichen Pflicht und für andere nicht vorgestaltete Vertragsteile. Erfüllen die Parteien die Vertragsanpassungspflicht nicht, kann keine von ihnen Rechte im Zusammenhang mit dem neuen Verwaltungsakt herleiten, etwa Ersatz der bisher entstandenen Unkosten fordern oder Anspruch auf künftig anfallende Mehrkosten erheben[300]. Im übrigen werden Vertragsstrafen fällig, wenn sich eine Partei weigert, die Vertragsanpassung vorzunehmen[301]. Die Arbitragebehörden können die Vertragsanpassung erzwingen.

Die Rechtslage entspricht damit derjenigen nach Empfang des ursprünglichen vertragsgestaltenden Verwaltungsaktes. Es entsteht ein Vertragszwang, dem nachzukommen im eigenen Interesse der Parteien liegt[302]. Er läßt die Pflicht zur Erfüllung des Verwaltungsaktes unberührt.

Die sowjetische Arbitragepraxis bestätigt diese Auffassung. Es lassen sich eine Reihe von Arbitrageentscheidungen nachweisen, die dem nachträglichen (für beide Vertragspartner verbindlichen) Verwaltungsakt eine unmittelbare vertragsändernde oder vertragsaufhebende Wirkung zusprechen. Diese Wirkung erstreckt sich allerdings nur auf die hoheitlich vorgestalteten Vertragsteile und berührt nicht die frei vereinbarten Vertragsbedingungen[303].

In der sowjetischen Literatur stimmen hiermit, wenn auch mit ab-

---

[299] Lieferordnung für Produktion von 1959 Ziff. 20. Einzelne sehen hierin eine vertragsändernde bzw. vertragsaufhebende Vereinbarung (siehe oben bei Anm. V 44), andere eine einseitige Vertragserklärung, dritte schließlich einen lediglich organisationstechnischen Vorgang (Zamengof 1967, S. 56 mit Nachweisen).

[300] Eine gesetzliche Regelung fehlt. Die Arbitragepraxis neigt dazu, den Schaden von derjenigen Vertragspartei tragen zu lassen, die das „Objekt" der Planaktänderung war. Nachweise bei Loeber 1964, S. 163–164. In der DDR findet sich eine gesetzliche Regelung im Vertragsgesetz von 1965 (Textnachweise in Anm. II 117) in §§ 23–25.

[301] Verordnung vom 27. Oktober 1967 Ziff. 12; Lieferordnung für Produktion von 1959 Ziff. 71; Lieferordnung für Waren von 1959 Ziff. 80; vgl. Instruktionsbrief vom 10. Juli 1956, teilweise aufgehoben 1961, Sbornik No. 4 S. 42; No. 18 S. 32.

[302] Die Anpassungspflicht hat nach der hier vertretenen Auffassung zivilrechtlichen Charakter. Anderer Meinung ist Drobnig 1960, S. 235 Anm. 26, der eine „verwaltungsrechtliche Anpassungspflicht" annimmt.

[303] Nachweise im einzelnen bei Loeber 1964, S. 155–159 und S. 162–164, ferner bei Zamengof 1967, S. 57–59.

weichender Begründung, ZAMENGOF[304], JOFFE[305], JAKOVLEVA[306] und andere[307] überein. Zu einem entsprechenden Ergebnis gelangt ferner DOZORCEV mit seiner Unwandelbarkeitstheorie[308]. RAJCHER nimmt ebenfalls eine unmittelbare (vertragsrechtliche) Wirkung an. Er beschränkt sie ausdrücklich auf den Fall, daß der neue Verwaltungsakt die ursprüngliche Planaufgabe „aufhebt, sei es direkt oder indirekt". Dann verliert der „Vertrag ... natürlich seine Geltung"[309]. Soweit dies nicht zutrifft, bleibt das Schuldverhältnis bestehen; der neue Verwaltungsakt kann jedoch, meint RAJCHER, ein Anlaß sein, den Schuldner von der Pflicht zur Realerfüllung zu befreien[310]. Nach KRASNOV bewirkt eine Aufhebung des vertragsgestaltenden Verwaltungsaktes eine Unmöglichkeit der Erfüllung[311]. Diese Auffassung trifft aber nur für frei vereinbarte, nicht für hoheitlich gestaltete Vertragsteile zu. Keine Gefolgschaft hat die von MINC aus dem englischen Recht abgeleitete These gefunden, daß der Planvertrag „seine Gültigkeit verliert, wenn seine Erfüllung durch ... einen nachfolgenden Staatsakt gesetzwidrig wird"[312].

Die Vertreter der Nur-Vertrags-Theorie leugnen demgegenüber, daß eine Änderung oder Aufhebung des vertragsgestaltenden Verwaltungsaktes eine unmittelbare Wirkung auf den Vertrag hat[313]. Diese Ansicht teilt, jedenfalls im Ergebnis, auch CIMERMAN. Er will den Schuldner für Nichterfüllung nur dann haften lassen, wenn der zugrunde liegende Plan-

---

[304] ZAMENGOF, Soc. zak. 1962 No. 6 S. 92; ZAMENGOF 1963, S. 40–41. ZAMENGOF 1967, S. 43–44.

[305] JOFFE 1955, S. 107–108; JOFFE, in: Dogovory 1965, S. 23–24. JOFFES Ausführungen sind aber nicht eindeutig. Einerseits leugnet er eine „automatische" Einwirkung des Verwaltungsaktes auf den Vertrag und betont, daß „gewöhnlich" koordinierte Handlungen der Vertragspartner zur Anpassung „notwendig" sind. Auf der anderen Seite erklärt JOFFE, daß der Verwaltungsakt eine „bestimmende Rolle spielt" und daher eine Änderung oder Aufhebung des Vertrages „nach sich zieht".

[306] JAKOVLEVA 1963, S. 105–116.

[307] VAKSBERG [u. a.], Sov. gos. i pravo 1964 No. 4 S. 138. Weitere Nachweise bei ZAMENGOF 1967, S. 40 Anm. 1.

[308] DOZORCEV 1955, S. 138–139 und 158–163, hier S. 160. Zustimmend: ZAMENGOF 1963, S. 35–36; ähnlich: MOŽEJKO 1962, S. 167; ablehnend: CHALFINA 1963, S. 177–178, 186.

[309] RAJCHER 1958, S. 41–43, hier S. 42.

[310] Ebd., S. 42–43.

[311] KRASNOV 1959, S. 163 (auf S. 179 nimmt er dagegen offenbar eine automatische Änderung des Vertrages an). Ebenso RJASENCEV, Soc. zak. 1951 No. 10 S. 35 und weitere von ZAMENGOF 1967, S. 42 Anm. 1 angeführte Autoren. Literatur, die sich kritisch mit KRASNOV auseinandersetzt, wird ebd. in Anm. 2 zitiert (siehe auch ZAMENGOF 1967, S. 49 Anm. 1, S. 53).

[312] MINC 1944, S. 84.

[313] CHALFINA 1963, S. 111–112, 177–178, 186–190, 215–216.

akt *nach* Fälligkeit der ursprünglichen Vertragspflicht geändert worden ist[314].

Im deutschen Schrifttum haben sich nur wenige Autoren zum Thema geäußert. NIPPERDEY meint, daß eine neue Verwaltungsanordnung die Unmöglichkeit der ursprünglichen Leistung herbeiführt[315]. Nach der Nur-Verwaltungsakt-Theorie wirkt ein nachträglich erlassener Verwaltungsakt dagegen unmittelbar. Im Fall einer Zurücknahme des Verwaltungsaktes stellt HEIN darauf ab, ob „der Berechtigte hinsichtlich des Zurücknahmegrundes böswillig war". Bei Böswilligkeit nimmt er eine vertragsvernichtende Wirkung des Verwaltungsaktes an. Bei Gutgläubigkeit des Berechtigten will er demgegenüber den Vertrag bestehen lassen, und zwar „aus dem Gedanken des Verkehrsschutzes"[316].

Eine andere Frage ist, ob ein Widerruf des ursprünglichen Verwaltungsaktes zulässig ist. Dagegen spricht der Gedanke des Vertrauensschutzes und der Rücksicht auf erworbene Rechtspositionen[317].

Soweit gleichwohl eine Änderung des Verwaltungsaktes – etwa aus Gründen des öffentlichen Interesses – zulässig erscheint, tritt sogleich das Problem der Haftung auf. Nach dem Kriege ist es von IPSEN unter dem Stichwort „Plangewährleistung" behandelt und fortentwickelt worden. Er bejaht eine Haftung[318]. Seine Meinung hat Zustimmung gefunden[319]. Beispiele für eine vertragliche Gewährleistung für Schäden, die infolge eines Widerrufs von staatlichen Genehmigungen eintreten, bietet das Interzonenhandelsrecht[320].

In der Sowjetunion wird neuerdings auch eine Haftung der Planbehörden gegenüber den ihnen unterstellten Wirtschaftsunternehmen gefordert[321]. Die

[314] CIMERMAN IU. S., in: Pravovye voprosy 1964, S. 225–237, hier S. 228–229, 233. Auf die Bedeutung der Vertragsanpassung weisen auch einige andere Autoren hin, ohne sich allerdings eindeutig für die Nur-Vertrags-Konzeption auszusprechen (siehe die Nachweise bei ZAMENGOF 1967, S. 41 Anm. 2).

[315] NIPPERDEY 1920, S. 110.

[316] HEIN, JW 1925 S. 2336–2337, hier S. 2337 (Urteilsanmerkung); in diesem Sinne auch MEYER F., JW 1925 S. 1413.

[317] HEINEMANN 1928, S. 555; BÜRCKNER 1930, S. 74–80, 111–112; KROEBER 1931, S. 51; SIEBERT 1953, S. 237; HENZE 1958, S. 66–69 (für den Fall der Subventionsgewährung).

[318] IPSEN, in: Staatliche Intervention 1954, S. 129–130; IPSEN 1956, S. 89; IPSEN, in: Planung 1965, S. 60–63.

[319] HAMANN 1953, S. 126; KRÜGER, in: Staatliche Intervention 1954, S. 139; KRÜGER, DVBl. 1955 S. 382–383; LERCHE, DÖV 1961 S. 488 mit weiteren Nachweisen; USTERI 1964, S. 234; KRÜGER 1964, S. 616 („Datengewährleistungsanspruch"); KRIELE M., Plangewährleistungsansprüche: DÖV 1967 S. 531–538.

[320] Vgl. Allgemeine Bedingungen für die Übernahme von Garantien für den Fall des Widerrufs von Warenbegleitscheinen im Interzonenhandel. Text: SIEBEN R., Interzonenhandel, Frankfurt/M., 2. Aufl., 1965, S. 239–244.

[321] MAMUTOV 1964, S. 248–249; MAMUTOV 1964 (a); MAMUTOV, in: Pravovye voprosy

bisherige Regelung sieht nur rechtlich nicht erzwingbare Sollvorschriften vor, etwa die Anordnung, daß die Ministerien verpflichtet sind, die „Rechte der Unternehmen ... zu achten" [322].

Das Problem der Staatshaftung greift über das hier behandelte Verhältnis von Verwaltungsakt und Vertrag hinaus.

4. VERTRAGSERSATZ

Das auf den Vertragsersatz anzuwendende Recht weicht sachnotwendig in mancher Beziehung von dem für den Nachvertrag (und erst recht natürlich vom allgemeinen Vertragsrecht) ab. Der Vertragsersatz tritt an die Stelle zivilrechtlicher Erklärungen bei *Abschluß* des Vertrages. Das Zustandekommen des Vertragsverhältnisses ist nach dem für den Hoheitsakt maßgebenden Recht zu beurteilen [323]. Damit entfallen etwaige zivilrechtliche Formerfordernisse für den Vertrag. Hieraus folgt ferner, daß die Vertragswirkungen erst mit formeller Rechtskraft des Hoheitsaktes eintreten und nicht – wie beim Rechtsgeschäft – bereits mit der Willensäußerung. Enthält der Hoheitsakt Willensmängel, ist er also im verwaltungsrechtlichen Sinne fehlerhaft, so steht nur der erlassenden Behörde, nicht aber dem betroffenen Vertragspartner ein Anfechtungsrecht zu. Die Anfechtung wird in Form des Widerrufs vollzogen.

Inhaltlich äußert der vertragsersetzende Hoheitsakt keine weitergehenden oder anderen Rechtswirkungen als der ersetzte Vertrag. Er ist also

---

1964, S. 190–192; CIMERMAN, ebd., S. 234; EFIMOČKIN 1964, S. 35–36; VEDENIN N. N., in: Aktual'nye voprosy 1964, S. 100; LIBERMAN 1965, S. 106; MASEVIČ, Sov. gos. i pravo 1965 No. 8 S. 85; NEMČINOV V. S., O dal'nejšem soveršenstvovanii planirovanija i upravlenija narodnym chozjajstvom, Moskau, 2. Aufl., 1965, S. 56; MAMUTOV [u. a.], Ekonomičeskaja gazeta 1965 No. 35 S. 17; TANČUK 1965, S. 32–38; Ekonomičeskaja gazeta 1965 No. 14 S. 8 (Bericht über eine Konferenz in Kiew); BYČKOVSKIJ, Sov. gos. i pravo 1965 No. 10 S. 86–91, hier S. 90; MAMUTOV, ebd., 1966 No. 3 S. 44–52; SPIRIDONOV, Pravovedenie 1966 No. 3 S. 123–126, hier S. 124–125; Ekonomičeskaja gazeta 1966 No. 30 S. 18–20, hier S. 19 Sp. 1 und S. 20 Sp. 2 (Konferenzbericht); SUBOCKIJ JU. V., Sov. gos. i pravo 1966 No. 2 S. 29–37, hier S. 37; ALEKSANDROV N. G., ebd., 1967 No. 6 S. 67–75; BRATUS', Ekonomičeskaja gazeta 1967 No. 4 15–16, hier S. 15 Sp. 3 und S. 16 Sp. 1; BRATUS', in: Učenye zapiski (VNIISZ), Moskau, No. 10 (1967) S. 3–18, hier S. 6, 8; BRATUS', Sov. gos. i pravo 1967 No. 4 S. 133; Diskussionsbeitrag, Pravovedenie 1967 No. 3 S. 154–155; GUS'KOVA, Sov. just. 1967 No. 4 S. 12–13; LAPTEV, Sov. gos. i pravo 1967 No. 4 S. 57–65, hier S. 58; LAPTEW, Vertragssystem 1967 No. 11 S. 649–655, hier S. 653–654; u. a. Vgl. VENEDIKTOV 1948, S. 632–634.

[322] Allgemeine Ordnung der Ministerien der UdSSR vom 10. Juli 1967 Ziff. 8; Ordnung über das Produktionsunternehmen vom 4. Oktober 1965, insbesondere Ziff. 44–47.

[323] BACHOF, DÖV 1949 S. 214; MALZER 1952, S. 80.

z. B. kein Vollstreckungstitel. Für eine Erzwingung der im Vertragsersatz bestimmten Vertragsleistungen ist ein weiterer Titel erforderlich[324]. Der vertragsersetzende Hoheitsakt vermag auch nicht einen anderen, z. B. einen unwirksamen, Vertrag zu heilen oder zu bestätigen[325]. Positiv liegt die Funktion des Vertragsersatzes vor allem darin, die Anwendbarkeit von Vertragsrecht zu begründen. Dies ist u. a. für Fragen der gegenseitigen Haftung von Bedeutung.

5. AUSSERZIVILRECHTLICHE ASPEKTE DES SONDERRECHTS

Nachvertrag und Vertragsersatz werfen naturgemäß auch Probleme auf, die über das Zivilrecht hinausgehen. Man denke etwa an die *verwaltungs*rechtlichen Grundsätze, die für Erlaß und Widerruf vertragsgestaltender Hoheitsakte gelten. In der Sowjetunion gehört hierzu das weite und komplizierte Recht der Planung.

Von wesentlicher Bedeutung ist ferner das Gebiet des *Prozeßrechts*, das für die Entscheidung von Streitigkeiten aus zivilrechtsgestaltenden Hoheitsakten maßgebend ist. In der Sowjetunion besteht hierfür ein eigenes gerichtsartiges Behördensystem – die Arbitrage. Sie überwacht den störungsfreien Abschluß und die ordnungsmäßige Abwicklung hoheitlich gestalteter Verträge. Die Arbitrage wird nach einer Verfahrensordnung tätig, die sich in vielem vom Zivilprozeß unterscheidet. In der Bundesrepublik Deutschland ist es nicht zur Entwicklung eines eigenen Prozeßrechts für hoheitlich gestaltete Verträge gekommen. Es bleibt vielmehr bei der Verwaltungsgerichtsbarkeit für den Verwaltungsakt und der Zivilgerichtsbarkeit für das vertragsrechtliche Verhältnis[326]. Diese Zweigleisigkeit des Rechtsweges hat sich im großen und ganzen bewährt. Als Parallele zur sowjetischen Arbitrage kommen aus früherer Zeit die Schiedsgerichte beim Reichsnährstand[327] in Betracht[328].

---

[324] Das gilt auch für eine hoheitlich angeordnete Vertragsverlängerung nach dem Landpachtgesetz von 1952 (BGBl. I 343) § 11; siehe: HEINEMANN 1928, S. 561–562; FISCHER/WÖHRMANN 1954, Anm. 5 zu § 11, S. 122.

[325] Vgl. BGH (1952), BGHZ Bd. 7, S. 161, hier S. 162–163.

[326] EYERMANN E., FRÖHLER L., Verwaltungsgerichtsordnung. Kommentar, 4. Aufl., München, Berlin, 1965, § 40 Anm. 48, S. 142.

[327] Vgl. GIESEKE 1937, S. 399 sowie REISCHLE H., SAURE W., Der Reichsnährstand, Berlin, 2. Aufl., 1934, S. 79–88; HAMANN A., Die Schiedsgerichtsbarkeit des Reichsnährstandes, Köln, 1936, S. 100 mit Nachweisen.

[328] Vgl. auch IMBODEN, in: Der Plan ... 1960, S. 135 über das verwaltungsinterne Aufsichtsverfahren mit Beteiligung der Betroffenen, das nach dem preußischen Flucht-

In der deutschen Literatur wird der hoheitlich gestaltete Vertrag auch unter dem Gesichtspunkt seiner Vereinbarkeit mit dem geltenden *Verfassungsrecht* erörtert. Im Mittelpunkt der Diskussion steht die Frage, wo die verfassungsmäßigen Grenzen für eine Verwendung dieses Instituts verlaufen, wie einem etwaigen Mißbrauch begegnet werden kann und vor allem, ob und wie den Betroffenen ein ausreichender Rechtsschutz gewährt wird.

Auf eine Behandlung all dieser Fragen muß im Rahmen der vorliegenden Arbeit verzichtet werden. Sie erfordert weitere Spezialstudien, wie allein die Beispiele des sowjetischen Planrechts und Arbitrageverfahrens oder der deutschen Verfassungsproblematik zeigen [329].

6. VERTRAGSQUALITÄT

Sind die theoretischen Grundlagen des hoheitlich gestalteten Vertrages erarbeitet und sind auch die praktischen Fragen geklärt, die im Zusammenhang mit diesem Rechtsinstitut auftreten, sinkt das Problem der Vertragsqualität des hoheitlich gestalteten Vertrages zu einem Streit vorwiegend terminologischer Art zusammen. Die Vertragsqualität ist dann nicht mehr die Gretchenfrage, an der sich die Geister der Rechtswissenschaft in unversöhnliche Lager zu scheiden haben. Ein Bekenntnis für oder gegen die Vertragsqualität vermag für sich allein keine erlösende Antwort auf die zugrunde liegenden Probleme zu geben [330].

Wesentlicher ist es, den hoheitlich gestalteten Vertrag in einer theoretisch und praktisch befriedigenden Weise in die bestehende Rechtsordnung einzugliedern. Aus der Übersicht über die *Mittel* der Vertragsgestaltung ergibt sich, daß der hoheitlich gestaltete Vertrag durch das Merkmal der Fremdgestaltung (Drittgestaltung) gekennzeichnet ist. Die Erörterung

liniengesetz von 1875 (pr.GS 1875, S. 561, geändert 1918, S. 23) vorgesehen war (hierzu: SCHOLZ F., Handbuch des gesamten öffentlichen Grundstücksrechts, Köln [1932], S. 123 bis 124).

[329] Stellvertretend sei genannt: KÖLBLE J., Wirtschaftsplanung und Grundgesetz: NJW 1966 S. 473–480 mit Nachweisen.

[330] Zur Frage der Vertragsqualität des hoheitlich gestalteten Vertrages aus der deutschen Rechtsprechung u. a. BGH (1951), BGHZ Bd. 1, S. 75 = NJW 1951 S. 270 = BB 1951 S. 149 sowie die oben in Anm. V 110 zitierten Entscheidungen und aus der deutschen Literatur u. a.: LARENZ 1936, Bd. 1, S. 35; SCHEUNER, in: Staatliche Intervention 1954, S. 30; REINHARDT 1957, S. 117; RAISER 1958, S. 4; DAHM 1963, S. 467; MARTENS, AÖR Jg. 89 (1964) S. 429–471, hier S. 446–447; MAYER-MALY 1965, S. 517–518.

über den *Zweck* der Vertragsgestaltung läßt deutlich werden, daß eine Vertragsordnung, die den hoheitlich gestalteten Vertrag mit einschließt, nur instrumental verstanden werden kann. Weder die Fremdgestaltung noch der instrumentale Charakter sind mit einem auf Parteiautonomie beruhenden Vertrag vereinbar. Gleichwohl zeigt die Praxis, daß auf den hoheitlich gestalteten Vertrag weitgehend Vertragsrecht angewendet wird und ein *Sonderrecht* nur in bestimmtem Umfang besteht.

Dies alles legt den Schluß nahe, daß der hoheitlich gestaltete Vertrag zwar kein Vertrag[331] ist, wohl aber wie ein Vertrag behandelt wird. Es hat nicht an Versuchen gefehlt, den hoheitlich gestalteten Vertrag gleichwohl für den Vertragsbereich zu gewinnen[332]. Von einigen Autoren – sowohl in Deutschland[333] als auch in der Sowjetunion[334] – wird zu diesem Zweck zwischen dem Vertrag als Einigung und dem Vertragsverhältnis als Zustand unterschieden. Hiernach schließt der Hoheitsakt jedenfalls ein „Vertragsverhältnis" nicht aus. Die Trennung beider Begriffe kann angesichts des mehrdeutigen Inhalts des Wortes „Vertrag" zwar nützlich sein. Sie trifft aber sowohl auf partnerseitig als auch auf hoheitlich gestaltete Vertragsverhältnisse zu. Die spezifischen Eigenarten der letzteren, auf die es hier ankommt, deutet sie nicht an. Es erscheint daher richtiger, beim hoheitlich gestalteten Vertrag nur von einem „vertragsähnlichen Schuldverhältnis" zu sprechen. Diese Bezeichnung kommt sachlich dem Wesensgehalt dieser Rechtsfigur wohl am nächsten, dürfte sich allerdings im Sprachgebrauch als schwerfällig erweisen. HEDEMANN und NIPPERDEY haben den Begriff des diktierten Vertrages eingeführt, ihn jedoch vornehmlich auf einen Fall des hoheitlich gestalteten Vertrages – nämlich auf den Vertragsersatz als Mittel zur Vollstreckung willensfremden Vertragszwanges – beschränkt[335]. In dieser Arbeit wird der vertragsähnliche Charakter durch die Wortbildungen „Nachvertrag" und „Vertragsersatz" unterstrichen. Die Qualifizierung „hoheitlich gestalteter" Vertrag gestattet eine ausreichende Unterscheidung gegenüber dem Vertrag, Nachvertrag und Vertragsersatz im partnergestalteten Bereich.

Es bleibt die Frage, um was für ein Schuldverhältnis es sich handelt. Die Schuldverhältnisse werden üblicherweise in gesetzliche und vertragliche

---

[331] Im Sinn einer partnerautonomen Vereinbarung.

[332] Vgl. oben bei Anm. V 99.

[333] NIPPERDEY 1924, S. 103; BÜRCKNER 1930, S. 67, 69; KROEBER 1931, S. 35; RAISER L., Das Recht der Allgemeinen Geschäftsbedingungen, Hamburg, 1935, S. 129; MAYER-MALY 1965.

[334] GRIBANOV 1953, S. 6; JOFFE 1958, Bd. 1, S. 385–386; KABALKIN, in: Graždanskoe pravo 1960, S. 410; POKROVSKIJ, in: MASEVIČ/MURZIN/POKROVSKIJ 1962, S. 77–78.

[335] Vgl. oben bei Anm. III 230.

Schuldverhältnisse eingeteilt. Diese Unterscheidung versagt im Hinblick auf den hoheitlich gestalteten Vertrag. Die Bedenken richten sich gegen die Heraushebung der „gesetzlichen" Schuldverhältnisse. Im Grunde sind nämlich alle Schuldverhältnisse gesetzlich, also auch die vertraglichen. Das Gesetz ist die Grundlage für ihr Entstehen, den Inhalt, die Änderung und Beendigung. Was mit „gesetzlich" gemeint ist, ist ein (auf dem Gesetz beruhendes) Schuldverhältnis, das durch *tatsächliche*, nicht rechtsgeschäftliche Vorgänge ausgelöst wird, etwa durch das Verhalten der Partner. Die aus Hoheitsakt herrührenden Schuldverhältnisse bilden eine dritte Gruppe. Sie ist aber in sich nicht einheitlich. Dies hat bisher eine Erfassung des Rechtsinstituts erschwert und mitunter eine gewisse Verwirrung ausgelöst.

Der hoheitlich gestaltete Vertrag tritt in zwei Grundformen auf: als Nachvertrag und als Vertragsersatz. Der *Nachvertrag* wird weder allein durch einen Vertrag noch allein durch einen tatsächlichen Vorgang begründet, geändert oder aufgehoben. Er ist also weder ein rein vertragliches, noch ein rein „gesetzliches" Schuldverhältnis. Für ihn ist vielmehr eine Kombination von Hoheitsakt und Vertrag kennzeichnend. Der *Vertragsersatz* dagegen ist ein Schuldverhältnis, das allein auf Hoheitsakt beruht. Um seine Gleichrangigkeit mit den vertraglichen und gesetzlichen Schuldverhältnissen auch terminologisch auszudrücken, wäre eine Bezeichnung wie „verwaltungsaktliches Schuldverhältnis" am Platz; dieser Ausdruck verbietet sich jedoch aus sprachlichen Gründen. Eine korrektere, dafür aber umständliche Umschreibung wäre etwa „Schuldverhältnis, das durch Hoheitsakte begründet, geändert und aufgehoben wird".

Der Eigenart des *Vertragsersatzes* tragen die neuen sowjetischen Zivilrechtskodifikationen mit erfreulicher Klarheit Rechnung. So heißt es in Art. 33 der Grundlagen von 1961

> „Schuldverhältnisse entstehen aus einem Vertrag oder aus anderen in Art. 4 der vorliegenden Grundlagen genannten Gründen."

und in Art. 4 wird bestimmt:

> „Zivile Rechte und Pflichten entstehen ... aus Verwaltungsakten; für staatliche, genossenschaftliche und gesellschaftliche Organisationen auch aus Verwaltungsakten, die Planungsakte sind." [336]

Vorläufer dieser Regelung finden sich im Zivilgesetzbuch der Tschechoslowakei von 1950 [337] und im Entwurf eines Zivilgesetzbuches der UdSSR

[336] Ebenso ZGB RSFSR Art. 4 und 158.

[337] In Art. 211, 251 und 298. Deutsche Übersetzung: Zivilgesetzbuch der CSR, Berlin, 1955, 120 S. (Berichte des Osteuropa-Instituts an der Freien Universität Berlin, Heft 18). Über das ZGB von 1964 siehe oben Anm. II 161.

von 1947[338]. Auf die Besonderheiten des *Nachvertrages* nehmen diese Regelungen insofern Rücksicht, als zu den Schuldverhältnissen, die aus Verwaltungsakt entstehen, auch der Anspruch auf Abschluß eines Nachvertrages gehört. Er wird für deren Partner durch Erlaß eines Verwaltungsaktes begründet. Im übrigen aber hebt der sowjetische Gesetzgeber den Nachvertrag nicht aus der Gruppe der „Schuldverhältnisse aus Vertrag" heraus. Insoweit entspricht die neue Kodifikation nicht nur dem Zivilgesetzbuch der RSFSR von 1922, sondern auch dem Entwurf eines russischen Zivilgesetzbuches von 1913. Das Zivilgesetzbuch von 1922 bestimmte in Art. 106:

> „Schuldverhältnisse entstehen aus Verträgen und anderen im Gesetz genannten Gründen."

Der Entwurf von 1913 enthielt eine gleichlautende Bestimmung in Art. 2[339].

Die Frage, ob der hoheitlich gestaltete Vertrag als vertragsähnliches Schuldverhältnis dem Zivilrecht angehört, dem Verwaltungsrecht zuzurechnen ist oder etwa Bestandteil eines besonderen Rechtszweiges des Wirtschaftsrechts ist, wird sowohl vom sowjetischen als auch vom deutschen Recht im erstgenannten Sinn entschieden. In der Sowjetunion hat die Entscheidung positivrechtliche Gestalt angenommen, in der Bundesrepublik ist sie vorwiegend ein Ergebnis der Rechtsprechung.

Die rechtssystematische Zuordnung vermag indessen nicht das Wesen des hoheitlich gestalteten Vertrages zu verändern. Die Eingliederung in das Zivilrecht bewirkt nicht etwa eine Metamorphose, die den hoheitlich gestalteten Vertrag seiner verwaltungsrechtlichen Züge entkleidet und ihn in ein rein zivilrechtliches Gewand hüllt. Der hoheitlich gestaltete Vertrag wird vielmehr gerade durch die Gemengelage unterschiedlicher Elemente charakterisiert.

Die *verwaltungsrechtliche* Komponente kommt in der hoheitlichen Vertragsgestaltung zum Ausdruck. Sie verdrängt die zivilrechtliche Vertragsautonomie und setzt willensfremden Vertragszwang an ihre Stelle. Der vertragsgestaltende Verwaltungsakt wirkt aber nur vertikal. Er vermag keine horizontale Leistungsbeziehung zwischen dem Verpflichteten und dem Leistungsempfänger zu begründen. Der Zweck der hoheitlichen An-

---

[338] In Art. 222–224. Text: Graždanskij kodeks Sojuza SSR. Proekt, Moskau, 1947, 162 S.

[339] Graždanskoe uloženie. Kniga pjataja. Objazatel'stvennoe pravo. Proekt vnesennyj 16 oktjabrja 1913 g. Ministrom Justicii v Gosud. Dumu, St. Peterburg, 1913, 208 S.; deutsche Übersetzung eines vorangegangenen Entwurfs: Seeler W. von, Der Entwurf des Russischen Zivilgesetzbuches, Berlin, 1911, 270 S.

ordnung verlangt jedoch nach einer synallagmatischen Verbindung der Leistungspartner untereinander. Eine solche Verbindung ermöglicht und fördert eine gegenseitige und damit wirtschaftlich rationelle Erfüllungskontrolle. Die rechtlichen Mittel hierfür bietet das *Zivilrecht*, vor allem mit seinen Prinzipien der Entgeltlichkeit und Haftung. Zur Herstellung eines gleichgeordneten Rechtsverhältnisses, auf das diese Prinzipien Anwendung finden, eignet sich kein Rechtsinstitut besser als der zivilrechtliche Vertrag[340]. Auf ihn kann selbst dann nicht verzichtet werden, wenn der Hoheitsakt keinen Raum für vertragliche Vereinbarungen läßt. Dann wird das Ziel der horizontalen, synallagmatischen Verbindung dadurch erreicht, daß die Anwendung von Vertragsrecht an einen außervertraglichen Vorgang, etwa an ein tatsächliches Partnerverhalten, angeknüpft wird.

Der Wert des Vertrages für hoheitlich angeordnete Leistungsbeziehungen ist nicht in allen Fällen gleich groß. Der Grad seiner Nützlichkeit ist vor allem von zwei Faktoren abhängig: von der Dauer und dem Gegenstand der Leistung. Der Vertrag ist um so unentbehrlicher, je länger und komplexer die Leistungsbeziehung ist. Diese Beobachtung steht in einem unmittelbaren Zusammenhang mit einer korrespondierenden Gesetzmäßigkeit: Je dauerhafter und sachlich differenzierter die Leistungsbeziehung ist, um so geringer ist die Effektivität verwaltungsrechtlicher Aufsichts- und Zwangsmaßnahmen zur Durchsetzung der anbefohlenen Leistung. Die Bedeutung des Vertrages als Mittel zur Erfüllung verwaltungsrechtlich angeordneter Aufgaben nimmt also in dem Maße ab, als die Möglichkeit hoheitlicher Erfüllungskontrolle wächst.

Die gegenseitige Verschränkung verwaltungs- und zivilrechtlicher Funktionen im hoheitlich gestalteten Vertrag begründet seine Eigenständigkeit. Sie erklärt auch den mitunter gerügten formalen Charakter hoheitlich gestalteter Vertragsbeziehungen[341]. Es kommt eben nicht so sehr auf die ohnehin prädeterminierten Erklärungen der Partner an. Wesentlich ist vielmehr die Unterwerfung ihrer Rechtsbeziehungen unter das Vertragsrecht und damit die Erstreckung der Prinzipien der Entgeltlichkeit und Erfüllungshaftung auf die Abwicklung einer verwaltungsrechtlich auferlegten Aufgabe.

Die hoheitlich gestalteten Vertragsteile stellen somit vor allem einen Anknüpfungstatbestand zur Anwendung von Vertragsrecht auf hoheitlich angeordnete Leistungsbeziehungen dar. Die Gesichtspunkte, nach denen sich das Ob und Wie einer Erstreckung von Vertragsrecht auf ver-

[340] Siehe Loeber 1964, S. 165–166.

[341] Vgl. oben bei Anm. IV 408.

tragsähnliche Erscheinungen richtet, weisen Parallelen zu den Regeln des Kollisionsrechts auf. Sie führen in einen Bereich der Rechtsanwendung, der „interdisziplinäres Kollisionsrecht" genannt werden kann[342].

Eine Erkenntnis der kollisionsrechtlichen Funktion des hoheitlich gestalteten Vertrages ist auch aus praktischen Gründen von Bedeutung. Die Anwendung von Vertragsrecht erfolgt nicht unbesehen. Sie ist nur soweit angängig, als dies mit der Eigenart hoheitlich angeordneter Leistungsbeziehungen vereinbar ist. So kann der Vorbehalt eines Rücktritts von einem diktierten Vertrag ausgeschlossen sein. Für die Anwendung von Vertragsrecht gilt also gleichsam ein verwaltungsrechtlicher „ordre public". Im Sowjetrecht sind die Anwendungsgrenzen des Vertragsrechts positivrechtlich festgelegt[343]. Im deutschen Recht fehlt es weitgehend an einer normativen Regelung[344]. Für das Recht der Bundesrepublik Deutschland empfiehlt sich daher, von einer nur analogen Anwendung des Vertragsrechts auszugehen. Diese Einschränkung ermöglicht eine sachgerechte Entscheidung darüber, welche Normen des Vertragsrechts auf hoheitlich gestaltete Verträge anzuwenden sind, ohne mit der verwaltungsrechtlichen Natur des Rechtsverhältnisses in Widerspruch zu geraten. Wollte man Vertragsrecht unmittelbar anwenden, ließe sich ein Ausschluß dieser oder jener Vertragsnorm nur unter Zuhilfenahme gekünstelter Konstruktionen oder unter Berufung auf Treu und Glauben erreichen[345].

---

342 Vgl. KEGEL G., Internationales Privatrecht, München, Berlin, 2. Aufl., 1964, S. 18 bis 19, 23.

343 Vgl. oben bei Anm. V 166.

344 Eine Ausnahme stellt etwa § 17 des Bundesleistungsgesetzes von 1961 (BGBl. I 1770) dar, der eine analoge Anwendung von Zivilrecht zur Regelung der Haftung für die Nichterfüllung einer (verwaltungsrechtlichen) Leistungspflicht vorschreibt.

345 Vgl. oben bei Anm. V 215, 227 und die Diskussion um die faktischen Vertragsverhältnisse. Zur Anwendung von zivilrechtlichen Vorschriften im öffentlichen Recht siehe ECKERT 1962, S. 14 mit Anm. 50–58.

VI. Der hoheitlich gestaltete Vertrag im Spiegel der Wirtschaftsordnungen

Ein Versuch, den hoheitlich gestalteten Vertrag im Spiegel der Wirtschaftsordnungen zu sehen, stößt auf das (eingangs erwähnte) Problem von Form und Inhalt. Im Rahmen einer zivilrechtlichen Untersuchung kann und muß von einem rechtlichen Inhalt des „Inhalts" ausgegangen werden. Es empfiehlt sich hierbei, zwischen den zivilrechtlichen und den außerhalb des Zivilrechts liegenden Aspekten zu unterscheiden.

1. ZIVILRECHTLICHE ASPEKTE

Der hoheitlich gestaltete Vertrag in Ost und West weist in zivilrechtlicher Hinsicht sowohl Gemeinsamkeiten als auch Unterschiede auf.

a) Gemeinsamkeiten

Gemeinsamkeiten bestehen in den *Mitteln*, die zur Vertragsgestaltung verwendet werden. Charakteristisch ist die Fremdgestaltung einer Leistungsbeziehung zwischen Gleichgeordneten. Dieses Merkmal zeichnet auch den Planvertrag im Sowjetrecht aus. Nicht „der Plan" gestaltet den Planvertrag, sondern ein Verwaltungsakt (Planakt). Hierin liegt die Brücke zum hoheitlich gestalteten Vertrag in einer kapitalistischen Rechtsordnung. Der Plan wirkt nur wirtschaftlich und mittelbar auf den Planvertrag ein. Die Partner des Planvertrages sind – ungeachtet der Fremdgestaltung ihrer Beziehungen – mit Zivilrechtsfähigkeit ausgestattet und stehen sich im Rechtsverkehr wie Zivilrechtssubjekte gegenüber.

Zu den Gemeinsamkeiten gehört ferner, daß die Fremdgestaltung ähnliche Rechtsinstitute hervorgebracht hat. Sie sind hier mit den Worten

Nachvertrag und Vertragsersatz umschrieben worden. Auf diese Arten von Rechtsverhältnissen werden – auch hierin berührt sich das Recht in Ost und West – in bestimmtem Umfang die Regeln des allgemeinen Vertragsrechts angewendet. Im übrigen hat sich ein *Sonderrecht* herausgebildet; es nimmt auf die Erfordernisse Rücksicht, die sich aus der verwaltungsrechtlichen Herkunft der Partnerbeziehung ergeben. Es weist in seiner sowjetischen und seiner deutschen Variante inhaltlich durchaus verwandte Züge auf. Gemeinsam ist schließlich, daß der hoheitlich gestaltete Vertrag nur in einem instrumentalen Sinne als „Vertrag" verstanden werden kann; das voluntaristische Element tritt zurück.

Von einer Gemeinsamkeit im *Zweck* des hoheitlich gestalteten Vertrages läßt sich sprechen, wenn er in einem technischen und damit wertneutralen Sinne verstanden wird. Wirtschaftlich dient der hoheitlich gestaltete Vertrag einem von der Staatsgewalt gewünschten Austausch von Gütern und Leistungen. Rechtlich besteht der Zweck in der Erstreckung von Vertragsrecht auf eine hoheitlich angeordnete Rechtsbeziehung. Hiermit ist aber noch nicht geklärt, aus welchem Grunde die Staatsgewalt den wirtschaftlichen Austauschvorgang wünscht. Dieses Problem hängt aufs engste mit dem Wesen und den Zielen der jeweiligen Wirtschafts- und Gesellschaftsordnung zusammen. Eine Antwort auf die Frage, ob mehr als eine bloß technische Verwandtschaft im Zweck vorliegt, erfordert daher eine Betrachtung, die über das Zivilrecht hinausgreift (siehe unten 2).

b) Unterschiede

Den Gemeinsamkeiten stehen Unterschiede gegenüber. Sie berühren vor allem die Planverträge und damit die rechtlichen Beziehungen zwischen sozialistischen Organisationen. Keine oder nur geringe Unterschiede weisen demgegenüber die sonstigen im Sowjetrecht vorkommenden hoheitlich gestalteten Verträge im Vergleich zu entsprechenden Beziehungen in Deutschland auf. Nicht betroffen von den Unterschieden werden insbesondere die hoheitlich gestalteten Verträge zugunsten von Einzelbürgern, wie z. B. die Wohnungszwangsverträge.

Die Besonderheiten der Planverträge äußern sich zunächst im *Mittel* der Vertragsgestaltung, und zwar auf zwei Ebenen. Im Verhältnis zum *Staat* liegt ihre Eigenart darin, daß die Einwirkung auf Grund eines verwaltungsrechtlichen Unterstellungsverhältnisses (also eines besonderen Gewaltverhältnisses) erfolgt, während im Westen der vertragsgestaltende Verwaltungsakt häufig im Rahmen eines allgemeinen Gewaltverhältnisses ergeht. Hieraus ergibt sich, daß die Partner eines Planvertrages verwaltungsrechtlich verpflichtet sind, ihre zivilrechtlichen Rechte und Pflichten wahrzunehmen. Entsprechend überwachen die übergeordneten Behörden nicht nur die Erfüllung der verwaltungsrechtlichen, sondern auch der zivilrechtlichen Pflichten. Kennzeichnend für den Planvertrag ist also eine gegenseitige Überlagerung verwaltungs- und zivilrechtlicher Pflichten. Hinzu kommt, daß die Verwaltungsbehörde mit ihrer Entscheidung beim Planvertrag (formell) auf eigenes, also auf Staatsvermögen einwirkt. Bei den hoheitlich gestalteten Verträgen im Westen trifft der Verwaltungsakt dagegen fremdes Eigentum.

Wesentlich ist auch der Unterschied im Verhältnis der *Partner* zueinander. Er liegt in der verschiedenartigen Richtung des Vertragszwanges. Für den sowjetischen Planvertrag ist die Gegenseitigkeit des Vertragszwanges charakteristisch, während in Deutschland nur ein einseitiger Vertragszwang üblich ist. Die *Zweiseitigkeit* des Vertragszwanges führt zum Erwerb eines gegenseitigen Anspruchs auf Vertragsgestaltung und damit zu einer synallagmatischen Rechtsbeziehung. Aus diesem Grund ist ein hoheitlich gestalteter Vertrag, der auf einem zweiseitigen Vertragszwang beruht, stärker mit Vertragselementen durchsetzt als ein Schuldverhältnis, das als Folge eines einseitigen Vertragszwanges entsteht. Auf der anderen Seite sind die zweiseitig gebundenen Partner zugleich verwaltungsrechtlich verpflichtet, ihre zivilrechtlichen Ansprüche geltend zu machen. Der *einseitige* Vertragszwang überdeckt nur teilweise die öffentlich-rechtliche Herkunft der Rechtsbeziehungen. Der Begünstigte erhält keinen zivilrechtlichen Anspruch auf die hoheitlich angeordnete Vertragsgestaltung. Entsprechend fehlt es an einer verwaltungsrechtlichen Pflicht des Begünstigten, die ihm eingeräumte Wohltat in Anspruch zu nehmen.

Die Gegenseitigkeit der Rechtsbeziehungen im Sowjetrecht wirkt sich auch prozeßrechtlich aus. Sie gestattet ein einheitliches (einstufiges) Verfahren zur Durchsetzung des Vertragszwanges. Es liegt in den Händen der Arbitrage. Das deutsche Recht mit seinem einseitigen Vertragszwang sieht demgegenüber ein doppelgleisiges Verfahren vor, das einen verwaltungsgerichtlichen Instanzenzug und ein Verfahren vor den Zivilgerichten umfaßt.

Die Unterschiede im *Zweck* des hoheitlich gestalteten Vertrages lassen sich, wie erwähnt, unter zivilrechtlichen Aspekten allein nicht ausreichend erkennen.

c) Folgerungen für systemkritische Analysen

Aus den Gemeinsamkeiten und Unterschieden ergeben sich einige Folgerungen für die Theorien, die am Beispiel des hoheitlich gestalteten Vertrages systemkritische Analysen entwickeln. Versuche, den hoheitlich gestalteten Vertrag als Ausdruck bestimmter, gewöhnlich negativ bewerteter Züge in der fremden Rechtsordnung anzusehen, können nicht überzeugen. Das gilt sowohl für die sowjetische Ausbeutungstheorie als auch für die im Westen vertretene Auffassung, der Planvertrag sei symptomatisch für die Unterordnung des Einzelinteresses unter das Kollektivinteresse (im folgenden kurz „Kollektivtheorie" genannt). Der hoheitlich gestaltete Vertrag ist nicht geeignet, die Richtigkeit systemkritischer Analysen zu beweisen, da er in ähnlicher Form und mit vergleichbarem Inhalt auch in der eigenen Rechtsordnung vorkommt.

Wenn in der Sowjetunion die Meinung vorherrscht, der hoheitlich gestaltete Vertrag im Kapitalismus sei ein Instrument der *Ausbeutung*, so müßte diese Auffassung – wenn sie richtig wäre – auch für den hoheitlich gestalteten Vertrag im Sowjetrecht zutreffen. Das gilt jedenfalls, soweit die Ähnlichkeit der Rechtsinstitute reicht, vor allem also im Bereich der hoheitlich gestalteten Verträge zugunsten von Einzelbürgern. Tatsächlich kann gerade hier von einer Ausbeutung nicht die Rede sein. Der hoheitlich gestaltete Vertrag zugunsten von Einzelbürgern dient sowohl in der Sowjetunion als auch in Deutschland den Interessen des Einzelbürgers, der Gewährleistung seines notwendigen Bedarfs und dem Schutz vor Ausnutzung wirtschaftlicher Ungleichheit. Das zeigen die in der Arbeit angeführten Beispiele aus dem positiven Recht.

Der Makel der Einseitigkeit haftet auf der anderen Seite auch der *Kollektivtheorie* an. Die Auffassung, daß der einzelne seine Interessen dem Kollektiv unterzuordnen hätte, ist unrichtig, soweit es sich um hoheitlich gestaltete Verträge zugunsten von Einzelbürgern handelt. Für den Bereich der Planverträge vermag sie ebenfalls nicht zu überzeugen. Die an die sozialistischen Organisationen gerichteten vertragsgestaltenden Planakte berühren den einzelnen Bürger nicht oder nur mittelbar. Betroffen wird der einzelne nicht von den Planakten, sondern von den Entscheidungen der zentralen Wirtschaftslenkungsbehörden; sie legen den Umfang des Lohnfonds und des Warenfonds fest, der für den individuellen Konsum freigegeben wird. Diese Entscheidungen reichen über das Zivilrecht hinaus und gehören zum Gebiet der Wirtschaftsverwaltung und Wirtschaftspolitik. Sie werden ihrerseits durch die Wirtschaftsverfassung,

Staatsideologie und Staatsverfassung, also durch das öffentliche Recht beherrscht.

Eine Brücke zwischen diesen beiden einander gegenüberstehenden Auffassungen suchen die Anhänger der *Konvergenztheorie* zu schlagen. Sie verzichten auf ideologisch gebundene Deutungen und glauben, eine Tendenz zur Annäherung einzelner Institute und Erscheinungen des rechtlichen[1], wirtschaftlichen[2], sozialen[3] und politischen Lebens[4] wahrnehmen zu können. Sie schließen hieraus auf eine Konvergenz der Wirtschafts- und Gesellschaftsordnungen als Ganzes. In der Sowjetunion wird die Konvergenztheorie als eine „reaktionär-utopische Konzeption" aufs schärfste abgelehnt[5]. Richtig hieran ist, daß bei systemüberschreitenden Vergleichen die Unterschiede im öffentlich-rechtlichen Bereich nicht unterbewertet werden dürfen.

---

[1] Vgl. oben bei Anm. I 165.

[2] Tinbergen J., Do Communist and Free Economies Show a Convergency Pattern? Soviet Studies, Jg. 12 (1960–1961) S. 333–341; Svendsen K., Are the Two Systems Converging? Ost-Ökonomi (Oslo), No. 3 (1962) S. 195–209; Prybyla J., The Convergence of Western and Communist Economic Systems: Russian Review, Jg. 23 (1964) S. 3–17; Thalheim K., Annäherung von Plan- und Marktwirtschaft? Österreichische Osthefte, Jg. 9 (1967) S. 96–111; Gleitze B., Thalheim K., Hensel K. P., Meimberg R., Der Osten auf dem Wege zur Marktwirtschaft? Berlin, 1967, 97 S.; Wiles P., Convergence: Possibility and Probability, in: Planning and the Market in the USSR, New Brunswick, 1967, S. 89–118.

[3] Schlesinger R., Soviet Studies, Jg. 12 (1960–1961) S. 199–211, hier S. 207–211; Schlesinger (Glasgow) 1965, S. 60–73; Sorokin P. A., Mutual Convergence of the United States and the U.S.S.R. to the Mixed Sociocultural Type: International Journal of Comparative Sociology, Jg. 1 (1960) S. 143–176; deutsche Übersetzung: Zeitschrift für Politik, Jg. 7 (1960) S. 341–370; Aron R., Sociologie des sociétés industrielles, Paris, 1959, 242 S.; Aron R., Dix-huit leçons sur la société industrielle, deutsche Übersetzung: Die industrielle Gesellschaft, Frankfurt/M., 1964, 269 S.

[4] Brzezinski Z., Huntington S., Political Power: USA/USSR, New York, 1964, 461 S.; deutsche Übersetzung: Köln, 1965; Auszug unter dem Titel „Die Sowjetunion und die Vereinigten Staaten: Konvergenz oder Evolution der politischen und sozialen Strukturen", in: Europa-Archiv 1964 S. 427–440. Kritisch dazu: Bychowski B., Neue Zeit (Moskau) 1965 No. 13 S. 10–12 .

[5] Zivs 1960; Guliev V. E., in: Antikommunizm 1964, S. 52–77; Sovetskaja Rossija, 25. Oktober 1963 (Kritik des von L. Schapiro herausgegebenen Buches: The USSR and the Future, New York, 1963, 324 S.); Kazimirčuk 1965, S. 94, 120; Bychowski (Anm. VI 4) 1965; Antisovetizm – odno iz glavnejših napravlenij v ideologii sovremennogo imperializma: Kommunist 1965 No. 10 S. 64–77, hier S. 67; Za rubežom 1967 No. 39 (deutsche Übersetzung: Ost-Probleme 1967 No. 22–23 S. 593). Ein Nachweis weiterer etwa 15 sowjetischer Titel aus der Zeit von 1956–1965 findet sich in: Kritika buržuaznoj i reformistskoj filosofii i sociologii epochi imperializma. Sovetskaja literatura na russkom jazyke .. 1956–1965, Moskau, 1967, S. 113.

Die Akademie der Wissenschaften der UdSSR hat dem Thema eine solche Bedeutung beigemessen, daß sie im April 1967 in Moskau ein „Symposium über die bourgeoisen

2. ÖFFENTLICH-RECHTLICHE ASPEKTE

Auf den hoheitlich gestalteten Vertrag und seinen Zweck wirkt eine Reihe von Kräften und Elementen ein, die außerhalb der Vertragsordnung liegen. Die wichtigsten unter ihnen sind die Wirtschaftsverfassung, die Staatsideologie und die Staatsverfassung. Sie bedürfen einer Betrachtung, wenn die Darstellung nicht wirklichkeitsfremd bleiben soll.

a) Wirtschaftsverfassung

Die Wirtschaftsverfassung wird durch die Eigentumsordnung und das Wirtschaftssystem geprägt. Die *Eigentumsordnung* berührt das Recht der hoheitlich gestalteten Verträge insofern, als sich Besonderheiten aus der Rechtsstellung der Staatsunternehmen und des von ihnen verwalteten Staatsvermögens ergeben. Diese bestehen, wie ausgeführt, in einer Überlagerung zivilrechtlicher Pflichten durch verwaltungsrechtliche Pflichten. Sie kommen ferner darin zum Ausdruck, daß Planverträge in der Regel keine Eigentumsübertragung zum Gegenstand haben. Eine Nationalisierung der Produktionsmittel führt indessen nicht notwendig zur Entstehung und Anwendung von Planverträgen. Das zeigt etwa das Beispiel Jugoslawiens. Dort sind die Produktionsmittel zwar vergesellschaftet; das jugoslawische Recht sieht aber keine Planverträge vor.

Einen nachhaltigen Einfluß auf das Recht und den Zweck der hoheitlich gestalteten Verträge übt das *Wirtschaftssystem* aus. Der Unterschied zwischen dem Modell der Planwirtschaft und dem der Marktwirtschaft (die es in reiner Form nur in der Theorie gibt) besteht rechtlich vor allem darin, daß der Staat in einer Planwirtschaft durch direkte, in einer Marktwirtschaft dagegen durch indirekte Mittel lenkt. Für das Vertragsrecht bedeutet dies, daß der hoheitlich gestaltete Vertrag in einer Planwirtschaft ein primäres, in einer Marktwirtschaft dagegen ein subsidiäres Lenkungsmittel darstellt. Ein marktwirtschaftlich orientierter Staat greift zu diesem Ausweg also nur, wenn marktkonforme Mittel versagen und der ange-

---

Theorien der Konvergenz" veranstaltete; siehe die Berichte in Pravda vom 28. April 1967 S. 6 und von Ju. V. Ikonickij, in: Sov. gos. i pravo 1967 No. 9 S. 141–142.

Zur Ablehnung einer Konvergenz im *wirtschaftlichen* Bereich siehe u. a. die Beiträge in der Ekonomičeskaja gazeta 1965 No. 40 S. 40–41 (Rakitskij); No. 44 S. 42–43 (Chavina); No. 47 S. 4–5 (Stepakov); No. 51 S. 7 (Liberman); 1966 No. 3 S. 12 (Vasil'eva); No. 49 S. 21–22 (Leont'ev).

strebte Zweck in anderer Weise nicht erreicht werden kann. In einer Planwirtschaft entfällt demgegenüber der subsidiäre Charakter des hoheitlich gestalteten Vertrages. Er ist ein systemtypisches Mittel der Wirtschaftslenkung. Auf ihn wird allerdings verzichtet, wenn die Eigenart eines Wirtschaftszweiges die autonome Gestaltung von Vertragsbeziehungen zweckmäßig erscheinen läßt. In einem solchen Fall werden die betroffenen Unternehmen von den Lenkungsbehörden ganz oder teilweise aus dem System der Planverträge ausgegliedert und in das System der partnergestalteten (direkten) Verträge überführt.

Die Möglichkeit freier Vertragsbeziehungen in einer Planwirtschaft zeigt, daß weder die Eigentumsordnung noch das Wirtschaftssystem (wie es uns in der ökonomischen Wirklichkeit begegnet) die Vertragsordnung vollständig und unabänderlich in einer bestimmten, einseitigen Weise festlegt. Ebenso wie ein auf dem Privateigentum beruhendes Wirtschaftssystem vom Instrument des hoheitlich gestalteten Vertrages Gebrauch macht, so kann sich umgekehrt auch ein planwirtschaftliches System mit Erfolg freier Verträge bedienen. Die Wirtschaftsverfassung äußert nach alledem unzweifelhaft einen Einfluß auf das Recht der hoheitlich gestalteten Verträge. Die hierdurch bedingten Unterschiede verlieren aber in der Wirtschaftspraxis manches von ihrem grundsätzlichen Charakter.

b) Staatsideologie

Tiefer gehen die Unterschiede, die sich aus der Staatsideologie und Staatsverfassung ergeben. Die sowjetische Staatsführung läßt sich vom Ziel leiten, eine kommunistische Gesellschaft zu errichten, d. h. eine Gesellschaftsordnung zu schaffen, die dem Menschen eine vollständige Entfaltung und Befriedigung seiner geistigen und materiellen Bedürfnisse gewährleisten soll. In dem Bestreben, dieses Ziel gegen innere Widerstände und äußere Gefahren zu errichten, unterwirft die Staatsführung den Wirtschaftsablauf und damit auch die Vertragsbeziehungen ihren Lenkungsmaßnahmen. Die Lenkung ist aber nur ein Mittel zum Zweck. Sie hat die möglichst gerechte Verteilung des Sozialprodukts zur möglichst vollständigen Befriedigung menschlicher Bedürfnisse zum Ziel.

Die Staatsführung nicht-kommunistischer Länder geht in einer realistischen Selbsteinschätzung menschlicher Möglichkeiten in ihrer Zielsetzung gewöhnlich nicht so weit. Sie maßt sich nicht die Aufgabe an, eine neue Gesellschaftsordnung zu erreichen. Sie beansprucht daher auch nicht so einschneidende Lenkungsbefugnisse. Die staatliche Tätigkeit im Wirtschafts- und Vertragsbereich beschränkt sich im allgemeinen auf indirekte, fördernde und korrigierende Maßnahmen.

Die unterschiedliche Auffassung über die Staatsziele und über die Wege, die zu ihrer Verwirklichung einzuschlagen sind, weisen eine Beziehung zum Wesen und Zweck hoheitlicher Vertragsgestaltung auf. Der staatliche Eingriff in die Vertragsbeziehungen ist eines der Mittel, die zur Erreichung staatlicher Ziele angewendet werden. Versucht man, die Unterschiede in einer Formel auszudrücken, so läßt sich der Zweck hoheitlicher Vertragsgestaltung in einer sozialistischen und einer kapitalistischen Rechtsordnung mit dem aristotelischen Begriffspaar der austeilenden und der ausgleichenden Gerechtigkeit umschreiben[6].

Die sowjetische Staatsführung strebt eine *Austeilung* der Wirtschaftsgüter nach der Arbeitsleistung und, sobald wie möglich, nach den Bedürfnissen der Werktätigen an. In diesen Rahmen ist auch der Planvertrag gespannt. Er dient der Erreichung gesamtwirtschaftlicher Ziele, wie sie in den staatlichen Plänen niedergelegt sind; er hat eine planerfüllende (positive) Funktion.

Eine nicht-kommunistische Staatsführung dagegen greift zu hoheitlicher Vertragsgestaltung, um einen notwendigen *Ausgleich* herbeizuführen. Der staatlich angeordnete Vertrag in einer kapitalistischen Rechtsordnung ist im wesentlichen auf eine korrigierende und schadenabwehrende (negative) Funktion beschränkt. Er ergeht in der Regel zugunsten eines Einzelbürgers; der staatliche Eingriff setzt jedoch voraus, daß der Schutz des einzelnen zugleich im gesamtwirtschaftlichen Interesse liegt.

Der hoheitlich gestaltete Vertrag dient also in beiden Rechtsordnungen dem Gesamtwohl. Es ist stets der Staat, der festlegt, was unter „Gesamtwohl" zu verstehen ist und wie es gefördert werden soll. Er bestimmt damit letztlich auch den Zweck des hoheitlich gestalteten Vertrages. Es kommt daher darauf an, welches Gewicht der staatlichen Entscheidung zukommt und in welcher Weise die Entscheidung gefaßt wird. Das richtet sich nach der jeweiligen Staatsverfassung.

c) Staatsverfassung

In der Sowjetunion wird über das Gesamtwohl in den Volkswirtschaftsplänen entschieden. Die Pläne erfassen auf Grund des staatlichen Eigentumsmonopols an den Produktionsmitteln den überwiegenden Teil des

[6] Über ARISTOTELES' Lehre von der austeilenden und der ausgleichenden Gerechtigkeit siehe: TRUDE P., Der Begriff der Gerechtigkeit in der aristotelischen Rechts- und

Sozialprodukts. Der Einzelbürger ist daher so gut wie vollständig von der staatlichen Festlegung des Gesamtwohles (etwa von den Prioritäten der Bedürfnisbefriedigung) abhängig. Er kann seine individuellen Bedürfnisse außerhalb der vom Staat hierfür freigegebenen Wirtschaftsgüter nicht oder nur unzureichend befriedigen.

In der Bundesrepublik Deutschland wird das Gesamtwohl hauptsächlich mit Mitteln der Steuer-, Bank- und Außenhandelspolitik, also indirekt, gefördert. Ein wesentlicher Teil des Sozialprodukts bleibt unmittelbarer staatlicher Einwirkung entzogen. Das wirtschaftliche Gewicht der staatlichen Entscheidung über das Gesamtwohl ist daher bedeutend geringer als in der Sowjetunion. Dem einzelnen verbleibt ein ausreichender Spielraum, um seine Bedürfnisse unabhängig von der staatlichen Wirtschaftspolitik zu befriedigen.

Hierin erschöpfen sich die bestehenden Unterschiede aber nicht. Wesentlich ist auch, wie die Entscheidungen über das Gesamtwohl zustande kommen. In der Sowjetunion ist es das Präsidium des Zentralkomitees der KPdSU, das praktisch in letzter Instanz über die Wirtschaftsentwicklung beschließt. Es bestimmt die Anteile des Sozialproduktes, die für Investitionen, Konsum, Verteidigung, Propaganda, Entwicklungshilfe usw. verwendet werden sollen. Es gibt keine legale Opposition und auch keinen geordneten Mechanismus, um etwaige unrichtige Entscheidungen, die auf höchster Ebene gefällt werden, zu revidieren und Fehler für die Zukunft auszuschließen. Die Gefahren, die mit einer Konzentration der Entscheidungsmacht in einer rechtlich unkontrollierbaren Spitze für das Gesamtwohl des Volkes verbunden sind, bestehen nicht nur in der Theorie. Es genügt, sich daran zu erinnern, daß seit dem Tode Lenins (1924) bisher sämtliche Parteichefs und Ministerpräsidenten der UdSSR entweder wegen mangelnder Eignung aus dem Amt entfernt oder mindestens nachträglich grober Verfehlungen beschuldigt worden sind[7].

Staatsphilosophie, Berlin, 1955, 178 S. (Neue Kölner Rechtswissenschaftliche Abhandlungen, Heft 3), hier insbesondere S. 93–104. Vgl. auch Istorija filosofii. Red.: G. F. Aleksandrov [u. a.], Moskau, Bd. 1, 1940, S. 243.

[7] *Parteichefs*
1922–1953 Stalin: posthum der Terrorherrschaft beschuldigt (1956)
1953–1964 Chruschtschow: als ungeeignet abgesetzt (1964)
Ministerpräsidenten
1924–1930 Rykov: als Volksfeind hingerichtet (1938)
1930–1941 Molotov: als Parteifeind aus dem Zentralkomitee ausgeschlossen (1957)
1941–1953 Stalin: posthum der Terrorherrschaft beschuldigt (1956)
1953–1955 Malenkov: als Parteifeind aus dem Zentralkomitee ausgeschlossen (1957)
1955–1958 Bulganin: als Parteifeind aus dem Zentralkomitee ausgeschlossen (1958)
1958–1964 Chruschtschow: als ungeeignet abgesetzt (1964).

In der Bundesrepublik gewährleistet das parlamentarische Prinzip trotz seiner bekannten Schwächen mindestens eine Kontrolle gegen unrichtige Entscheidungen; es bietet einen funktionierenden Mechanismus, um Fehler zu korrigieren und ungeeignete Staatsmänner durch fähigere zu ersetzen. Diese Unterschiede lassen deutlich werden, in welchem Umfang das Gesamtwohl und damit auch der Zweck hoheitlich gestalteter Verträge von den Entscheidungen der jeweiligen Staatsverfassung abhängt.

d) Folgerungen für rechtsvergleichende Untersuchungen

Wesen und Zweck hoheitlicher Vertragsgestaltung werden, wie dieser Überblick zeigt, von der Wirtschaftsverfassung und in noch stärkerem Maße von der Staatsideologie und Staatsverfassung geprägt. Diese Bereiche werden vornehmlich durch das öffentliche Recht bestimmt.

Für eine „systemüberschreitende Rechtsvergleichung" bedeutet dieses zweierlei:

1. Auch in verschiedenartigen Wirtschafts- und Gesellschaftsordnungen lassen sich Ähnlichkeiten feststellen, wenn man sich auf die Form und den zivilrechtlichen Inhalt des Vergleichsgegenstandes beschränkt. Die Unterschiede rücken dagegen in den Vordergrund, wenn die systemkonstituierenden Grundlagen in die Betrachtung einbezogen werden und das Rechtsinstitut in seiner öffentlich-rechtlichen Einbettung erfaßt wird.

2. In homogenen, typverwandten Wirtschafts- und Gesellschaftsordnungen verbergen sich hinter verschiedenen zivilrechtlichen Instituten und Konstruktionen häufig identische soziale und wirtschaftliche Lebensvorgänge. Es spricht eine Vermutung für eine Funktionsverwandtschaft der Rechtsinstitute[8]. Eine Ähnlichkeit in den Funktionen kann sich auch in heterogenen Wirtschafts- und Gesellschaftsordnungen herausstellen, etwa wenn es sich um systemneutrale Rechtsinstitute handelt. Je stärker aber die Systembezogenheit ist, um so wahrscheinlicher ist es, daß ähnliche oder gar identische zivilrechtliche Institute und Konstruktionen verschiedene Funktionen erfüllen. Bei einer systemüberschreitenden Rechtsvergleichung spricht die Vermutung für eine Funktionsverschiedenheit der untersuchten Rechtsinstitute.

---

[8] Zweigert 1960, S. 198.

Nachweis sowjetischer Gesetzestexte

Der Zugang zum Wortlaut sowjetischer Rechtsvorschriften ist nicht immer leicht. So ist das Verordnungsblatt der Regierung, in dem insbesondere wirtschaftsrechtliche Vorschriften veröffentlicht werden, im Buchhandel des Auslandes nicht erhältlich. Aus diesem Grunde erscheint es angebracht, sich beim Zitat sowjetischer Vorschriften nicht (wie sonst üblich) auf eine Angabe der amtlichen Fundstelle zu beschränken. Sie ist zu ergänzen durch Hinweise auf Nachdrucke sowie auf etwaige Übersetzungen.

Der folgende Nachweis ist chronologisch geordnet; vorweg werden jedoch Gesetzbücher und einige für die vorliegende Arbeit besonders wichtige Vorschriften angeführt.

Vorschriften, die nur selten zitiert werden und keine engere Berührung zum Thema der Arbeit aufweisen, erscheinen nicht im Nachweis.

Es handelt sich, soweit nichts Abweichendes angegeben ist, um Vorschriften der Union; Republiksvorschriften sind besonders kenntlich gemacht.

Zitierweise		*Gesetzestitel mit Quellenangaben*
Grundlagen	=	Grundlagen der Zivilgesetzgebung der UdSSR und der Unionsrepubliken von 1961, bestätigt durch Gesetz vom 8. Dezember 1961. Text: VVS SSSR 1961 No. 50 Pos. 525. Deutsche Übersetzung: Grundlagen des Zivilrechts und des Zivilprozeßrechts der UdSSR, Berlin, 1962, S. 7–76 (Berichte des Osteuropa-Instituts an der Freien Universität Berlin, Heft 53). Weitere Text- und Übersetzungsnachweise in: Loeber D. A., Urheberrecht der UdSSR, Frankfurt/M., 1966, S. 90–91
Grundlagen des Zivilprozesses	=	Grundlagen des Zivilprozesses der UdSSR und der Unionsrepubliken von 1961, bestätigt durch Gesetz vom 8. Dezember 1961. Text: VVS SSSR 1961 No. 50 Pos. 526. Deutsche Übersetzung: Grundlagen des Zivilrechts und des Zivilprozeßrechts der UdSSR, Berlin, 1962, S. 77–113 (Berichte des Osteuropa-Instituts an der Freien Universität Berlin, Heft 53). Weitere Text- und Übersetzungsnachweise in: Loeber D. A., Urheberrecht der UdSSR, Frankfurt/M., 1966, S. 91.

Lieferordnung für Produktion von 1959 = Ordnung über die Lieferung von Produktion mit produktions-technischer Bestimmung, bestätigt durch Verordnung vom 22. Mai 1959.

Text: SP SSSR 1959 No. 11 Pos. 68; Nachdruck: Sbornik No. 10 S. 9–27; Zakonodatel'nye akty 1961, Bd. 1 S. 443 bis 459; Istočniki 1961, S. 450–465; Chozjajstvennye dogovory 1962, S. 123–128, 168–171, 185–187, 210–211, 213–214, 281 bis 283.

Geändert durch Verordnungen vom 29. Oktober 1962 (Text: SP SSSR 1962 No. 19 Pos. 157; Nachdruck: Sbornik No. 22 S. 4–6) und vom 9. Mai 1964 (Text: SP SSSR 1964 No. 8 Pos. 57). Nachdruck des geänderten Textes: Normativnye materialy 1965, S. 237–254. Englische Übersetzung: Soviet Statutes and Decisions (New York), Jg. 2 No. 2 (1965) S. 23 bis 56.

Lieferordnung für Waren von 1959 = Ordnung über die Lieferung von Waren zum Volksverbrauch, bestätigt durch Verordnung vom 22. Mai 1959.

Text: SP SSSR 1959 No. 11 Pos. 68; Nachdruck: Sbornik No. 10 S. 27–46; Zakonodatel'nye akty 1961 Bd. 1 S. 467 bis 484; Istočniki 1961, S. 465–480; Chozjajstvennye dogovory 1962, S. 128–134, 171–174, 187–194, 211–213, 283–285.

Geändert durch Verordnungen vom 25. Mai 1963 (SP SSSR 1963 No. 10 Pos. 105 Ziff. 5; Nachdruck: Sbornik No. 24 S. 48) und vom 9. Mai 1964 (Text: SP SSSR 1964 No. 8 Pos. 57). Nachdruck des geänderten Textes: Normativnye materialy 1965 S. 262–280. Englische Übersetzung: Soviet Statutes and Decisions, Jg. 2 No. 2 (1965) S. 56–80.

ZGB RSFSR = Zivilgesetzbuch der RSFSR von 1964, bestätigt durch Gesetz vom 11. Juni 1964 (mit nachfolgenden Änderungen).

Text: Graždanskij kodeks RSFSR, Moskau, 1964, 304 S. Deutsche Übersetzung: Zivilgesetzbuch der RSFSR, Berlin, 1965, 312 S. (Berichte des Osteuropa-Instituts an der Freien Universität Berlin, Heft 67). Weitere Text- und Übersetzungsnachweise in: Loeber D. A., Urheberrecht der UdSSR, Frankfurt/M., 1966, S. 107.

Zivilprozeßgesetzbuch der RSFSR von 1964 = Zivilprozeßgesetzbuch der RSFSR von 1964, bestätigt durch Gesetz vom 11. Juni 1964 (mit nachfolgenden Änderungen).

Text: Graždanskij processual'nyj kodeks RSFSR, Moskau, 1964, 256 S. Deutsche Übersetzung: Die Zivilprozeßordnung der RSFSR, Berlin, 1965, S. 74–285 (Berichte des Osteuropa-Instituts an der Freien Universität Berlin, Heft 70).

Arbeitsgesetzbuch der RSFSR von 1922 = Arbeitsgesetzbuch der RSFSR von 1922, eingeführt durch Verordnung vom 9. November 1922 (mit nachfolgenden Änderungen).

Text: Kodeks zakonov o trude, Moskau, 1938, 256 S. Nachdruck: Kommentarij 1966; Sbornik ... o trude 1960, passim (Auszüge). Deutsche Übersetzung: FREUND H., Das Arbeitsgesetzbuch Sowjetrußlands, Hamburg, Berlin, 1923, 96 S.

StGB RSFSR von 1960 = Strafgesetzbuch der RSFSR von 1960, bestätigt durch Gesetz vom 27. Oktober 1960 (mit nachfolgenden Änderungen).

Text: Ugolovnyj kodeks RSFSR, Moskau, 1964, 263 S.; u. a. Englische Übersetzung: Soviet Statutes and Decisions, Jg. 1 No. 1 (1964) S. 3–111; deutsche Übersetzung: Strafgesetzbuch der RSFSR, Berlin, 1961, S. 7–129 (Berichte des Osteuropa-Instituts an der Freien Universität Berlin, Heft 46); u. a.

9. November 1922 Siehe: Arbeitsgesetzbuch der RSFSR von 1922.

29. Oktober 1930 = Verordnung vom 29. Oktober 1930 über das Verfahren zum Abschluß von Verträgen über die Vermögenshaftung von Bediensteten.

Nachdruck: Sbornik ... o trude 1960, S. 436–437; Spravočnik 1964, S. 218–219.

23. Juli 1931 = Verordnung vom 23. Juli 1931 über die Umlaufmittel staatlicher Vereinigungen, Trusts und anderer Wirtschaftsorganisationen (mit nachfolgenden Änderungen).

Text: SZ SSSR 1931 No. 46 Pos. 316; Nachdruck: Zakonodatel'nye akty 1961, Bd. 1, S. 278–281.

Neuregelung durch Verordnung vom 30. Januar 1962 (SP SSSR 1962 No. 2 Pos. 18).

3. Juli 1934 = Ordnung über die Verantwortlichkeit der Organe des Wassertransports und der Klientur für die Nichterfüllung des staatlichen Beförderungsplanes auf den Seewegen in der kleinen Kabotage, bestätigt am 3. Juli 1934.

Text: SZ SSSR 1934 No. 35 Pos. 281; Nachdruck: Kratkij spravočnik dlja klientury morskogo transporta, Moskau, 1957, S. 215–218 (Auszug).

29. September 1934 = Ordnung über die gegenseitige Verantwortlichkeit der Organe des Wassertransports und der Klientur für die Erfüllung des Beförderungsplanes bei ausländischen Fahrten und in der großen Kabotage, bestätigt am 29. September 1934.

Text: SZ SSSR 1934 No. 51 Pos. 402; Nachdruck: Kratkij spravočnik dlja klientury morskogo transporta, Moskau, 1957, S. 219–221 (Auszug).

17. Oktober 1937 = Gesetz vom 17. Oktober 1937 über die Erhaltung des Wohnfonds (mit nachfolgenden Änderungen).

Text: SZ SSSR 1937 I No. 69 Pos. 314. Nachdruck: Ziliščnye zakony 1957, S. 233–240. Englische Übersetzung: HAZARD 1939, S. 130–141.

28. September 1939 = Instruktion des Justizministeriums der UdSSR vom 28. September 1939 über das Verfahren der Vollstreckung von Gerichtsentscheidungen.

Text: Sbornik prikazov i instrukcij Ministerstva justicii SSSR 1936–1948 gg., Moskau, 1949, S. 255–301. Nachdruck (ohne Anlage): Graždanskij process. Sbornik normativnych materialov, Moskau, 1960, S. 142–165.

4. April 1940 = Gesetz vom 4. April 1940 über die Zwangs-Norm-Versicherung (mit nachfolgenden Änderungen).

Text: VVS SSSR 1940 No. 12. Nachdruck: Sbornik zakonov SSSR ... 1938 g. – 1961 g., Moskau, 1961, S. 688–701.

3. Oktober 1940 = Verordnung vom 3. Oktober 1940 über die Lieferbedingungen für Exportwaren.

Text: SP SSSR 1940 No. 27 Pos. 636. Nachdruck: MOŽEJKO / ŠKUNDIN 1948, S. 458–464. Deutsche Übersetzung: PFUHL 1958, S. 45–51.

6. Mai 1942 = Verordnung vom 6. Mai 1942 über die Arbeitseingliederung von Invaliden des Vaterländischen Krieges.

Text: SP SSSR 1942 No. 5 Pos. 76. Nachdruck: Gosudarstvennoe social'noe strachovanie, Moskau, 1963, S. 275–276; Trudoustrojstvo 1963, S. 34 (Auszug); u. a.

22. Mai 1942 = RSFSR Verordnung vom 22. Mai 1942 über die Arbeitseingliederung von Invaliden des Vaterländischen Krieges.

Text: Chronologičeskoe sobranie zakonov ... RSFSR, Moskau, Bd. 3, 1958, S. 321–323; Trudoustrojstvo 1963, S. 39 (Auszug); u. a.

20. Januar 1943 = Verordnung vom 20. Januar 1943 über die Maßnahmen zur Arbeitseingliederung von Invaliden des Vaterländischen Krieges.

Text: Spravočnik po zakonodatel'stvu dlja ispolnitel'nych komitetov Sovetov deputatov trudjaščichsja, Moskau, Bd. 2, 1947, S. 261; Nachdruck: Trudoustrojstvo 1963, S. 131, 148 (Auszüge).

17. September 1947 Siehe: Ordnung vom 6. November 1964.

15. Januar 1949 = Ordnung vom 15. Januar 1949 über die Führung von Kassenoperationen durch Unternehmen, Behörden und Organisationen.

Text: SP SSSR 1949 No. 2 Pos. 23; Nachdruck: Zakonodatel'nye akty 1961, Bd. 1, S. 709–715 (Auszug).

21. April 1949 = Verordnung vom 21. April 1949 über den Abschluß von Wirtschaftsverträgen.

Text: SP SSSR 1949 No. 9 Pos. 68; Nachdruck: Direktivy 1957, Bd. 3, S. 368–371. Deutsche Übersetzung: PFUHL 1958, S. 54–57.

5. Januar 1951 = Instruktionsbrief der Staatsarbitrage der UdSSR vom 5. Januar 1951 über einige Fragen der Praxis.

Text: Sbornik No. 3 S. 92, 217.

Mehrfach geändert; aufgehoben durch Instruktionsbrief vom 15. Oktober 1963 (Sbornik No. 25 S. 59, 69).

12. September 1951 = Ordnung über die buchhalterischen Abrechnungen und Bilanzen staatlicher, genossenschaftlicher (ausgenommen Kolchose) und gesellschaftlicher Unternehmen und Organisationen, bestätigt durch Verordnung No. 3447 vom 12. September 1957 (mit nachfolgenden Änderungen).

Nachdruck: Zakonodatel'nye akty 1961, Bd. 1, S. 671–686; Spravočnik 1964, S. 51–64, 657–659; BRAŽNIK/ŠČEGLOV 1964, S. 6–20.

11. Dezember 1953 = Instruktionsbrief der Staatsarbitrage der UdSSR vom 11. Dezember 1953 über einige Fragen ... bei der Entscheidung von Streitigkeiten, die mit der Übergabe von Unternehmen, Gebäuden und Anlagen verbunden sind.

Text: Sbornik No. 3 S. 280–288, geändert durch Instruktionsbriefe vom 24. Juli 1961 (Sbornik No. 18 S. 19–42, hier S. 25 bis 28), vom 28. Februar 1963 (Sbornik No. 23 S. 6–8), vom 21. Januar 1964 (Sbornik No. 25 S. 86) und vom 6. Juli 1965 (Sbornik No. 26 S. 85). Bereinigter Text nach dem Stand von 1963: Instruktivnye ukazanija 1964, S. 209–217 (Auszug).

25. Dezember 1953 = Instruktionsbrief der Staatsarbitrage der UdSSR vom 25. Dezember 1953 über die Aufgaben der Staatsarbitrage...

Text: Sbornik No. 3 S. 115–126.

Mehrfach geändert; aufgehoben durch Instruktionsbrief vom 15. Oktober 1963 (Sbornik No. 25 S. 59, 69).

21. August 1954	= Verordnung vom 21. August 1954 über die Rolle und Aufgaben der Staatsbank der UdSSR. Text: Direktivy 1957, Bd. 4, S. 279–295; Nachdruck: Zakonodatel'nye akty 1961, Bd. 1, S. 154–163 (Auszug); Istočniki 1961, S. 749–754 (Auszug); Chozjajstvennye dogovory 1962, S. 292–298 (Auszug).
4. Dezember 1954	= Instruktion der Staatsbank der UdSSR No. 15 vom 4. Dezember 1954 über Verrechnungs- und laufende Konten in den Behörden der Filialen der Staatsbank. Nachdruck: Zakonodatel'nye akty 1961, Bd. 1, S. 699–709 (Auszug). An die Stelle dieser Instruktion ist inzwischen die Instruktion vom 25. März 1960 getreten (zitiert von LAPTEV 1963, S. 96 Anm. 54), deren Text jedoch nicht zugänglich ist.
8. Dezember 1954	Siehe: Satzung vom 6. April 1964.
1955	= Ordnung von 1955 über die gegenseitige materielle Verantwortlichkeit der Autotransportorganisationen und der Klientur für die Erfüllung des Beförderungsplanes und die Unversehrtheit der beförderten Fracht... Nachdruck: Spravočnik rabotnika avtomobil'nogo transporta, Moskau, 1961, S. 262–267.
24. August 1955	= Regeln über Investitionsbauverträge, bestätigt am 24. August 1955. Nachdruck: Zakonodatel'nye akty 1961, Bd. 2, S. 263–272; Chozjajstvennye dogovory 1962, S. 406–416; Zakonodatel'stvo o kapital'nom stroitel'stve v SSSR, Moskau, 1961, Bd. 2, S. 186–202. Englische Übersetzung: Soviet Statutes and Decisions, Jg. 2 No. 4 (1966) S. 42–55 (Auszug). Durch Verordnung vom 25. Mai 1963 (Text: SP SSSR 1963 No. 10 Pos. 105 Ziff. 7) wurde eine Ziff. 37–1 hinzugefügt (Nachdruck: Sbornik No. 24 S. 48).
15. Oktober 1955	= Satzung des Binnenwassertransports der UdSSR, bestätigt am 15. Oktober 1955. Text: Ustav vnutrennogo vodnogo transporta Sojuza SSR, Moskau, 1956, 79 S.
29. April 1957	= Instruktionsbrief der Staatsarbitrage der UdSSR vom 29. April 1957 über die Erstattung von Kundenmaterial in Natur, das zweckwidrig verwendet worden ist. Text: Sbornik No. 5 S. 11–17; Nachdruck: Sov. just. 1957 No. 4 S. 80; Instruktivnye ukazanija 1964, S. 246 (nur Ziff. 3). Mehrfach geändert, teilweise aufgehoben.

10. Mai 1957 = Gesetz vom 10. Mai 1957 über die weitere Vervollkommnung der Organisation der Verwaltung von Industrie und Bauwesen.

Text: VVS SSSR 1957 No. 11 Pos. 275; Nachdruck: Direktivy 1957, Bd. 4, S. 732–738; Zakonodatel'nye akty 1961, Bd. 1, S. 27–32, 329–330; Chozjajstvennye dogovory 1962, S. 33–36. Englische Übersetzung: HAZARD/SHAPIRO 1962, Bd. 2, S. 56 bis 60; deutsche Übersetzung: Europa-Archiv Jg. 12 (1957) S. 10067–10070; HEINZIG 1959, S. 11–19.

Aufgehoben durch Dekret vom 11. Februar 1966 (VVS SSSR 1966 No. 7 Pos. 101).

Vgl. Gesetz vom 2. Oktober 1965.

12. September 1957 = Verordnung vom 12. September 1957 über die Einbeziehung Jugendlicher, die mittlere allgemeinbildende Schulen beendet haben, in die industrielle und landwirtschaftliche Produktion.

Text: SP SSSR 1957 No. 13 Pos. 123; Nachdruck: Sbornik ... o trude 1960, S. 111–113.

26. September 1957 = Ordnung des Volkswirtschaftsrates des ökonomisch-administrativen Rayons, bestätigt durch Verordnung No. 1150 vom 26. September 1957.

Text: SP SSSR 1957 No. 12 Pos. 121. Nachdruck: Direktivy 1957, Bd. 4, S. 784–805; Zakonodatel'nye akty 1961, Bd. 1, S. 166–183, 361–365, 441; Istočniki 1961, S. 131–144; Chozjajstvennye dogovory 1962, S. 40–53 (Auszüge). Englische Übersetzung: HAZARD/SHAPIRO 1962, Bd. 2, S. 63–66 (Auszüge); deutsche Übersetzung: HEINZIG 1959, S. 20–49.

Änderungen: SP SSSR 1957 No. 16 Pos. 161; 1958 No. 20 Pos. 155; 1960 No. 10 Pos. 71; 1961 No. 1 Pos. 3. Vermutlich 1966 aufgehoben.

Vgl. Ordnungen vom 25. April 1961 und vom 17. September 1964.

24. April 1958 = Dekret vom 24. April 1958 über die Verantwortlichkeit für die Nichterfüllung von Plänen und Aufgaben zur Lieferung von Produktion.

Text: VVS SSSR 1958 No. 9 Pos. 202. Nachdruck: Chozjajstvennye dogovory 1962, S. 71; Zakonodatel'nye akty 1961, Bd. 1, S. 437.

Vgl. Verordnung vom 27. Oktober 1967.

2. August 1958 = Grundregeln für die Tätigkeit von [Handels]Geschäften, bestätigt durch Befehl des Handelsministers der UdSSR vom 2. August 1958.

Text: Pravila raboty 1965, S. 7–14 (Anlagen: S. 14–22).

Vgl. Grundregeln vom 27. November 1958.

4. Oktober 1958 = Instruktionsbrief der Staatsarbitrage der UdSSR vom 4. Oktober 1958 über das Verfahren der Klageerhebung auf Initiative der Organe der Staatsarbitrage.

Text: Sbornik No. 8 S. 5–7. Nachdruck: Instruktivnye ukazanija 1964, S. 53–54. Englische Übersetzung: Soviet Statutes and Decisions, Jg. 2 No. 1 (1965) S. 74–76.

Geändert durch Instruktionsbriefe vom 24. Juli 1961 (Sbornik No. 18 S. 19–42, hier S. 36) und vom 30. November 1963 (Sbornik No. 25 S. 82).

27. November 1958 = Grundregeln für die Tätigkeit von [Handels]Geschäften, bestätigt durch Befehl des Handelsministers der RSFSR vom 27. November 1958.

Text: Pravila raboty 1961, S. 5–18.

Vgl. Grundregeln vom 2. August 1958.

1959 = Regeln von 1959 für die Beförderung von Passagieren, Gepäck und Fracht auf den Luftlinien der UdSSR.

Text: Pravila perevozki passažirov, bagaža i gruzov po vozdušnym linijam SSSR, Moskau, 1959 [waren dem Verfasser nicht zugänglich].

24. April 1959 = Verordnung vom 24. April 1959 über Erfindungen... (mit nachfolgenden Änderungen).

Text: SP SSSR 1959 No. 9 Pos. 59. Nachdruck: Sbornik zakonodatel'stva ob izobretenii..., Moskau, 2. Aufl., 1963, S. 10–30; u. a.

22. Mai 1959 Siehe: Lieferordnung für Produktion von 1959; Lieferordnung für Waren von 1959.

25. Mai 1959 = Regeln über Verträge zur Ausführung von Projektierungs- und Vermessungsarbeiten, bestätigt am 25. Mai 1959.

Nachdruck: Zakonodatel'nye akty 1961, Bd. 2, S. 216–228; Sbornik No. 11 S. 8–14.

25. März 1960 Siehe: Instruktion vom 4. Dezember 1954.

28. Mai 1960 = Instruktion No. 2 der Staatsbank der UdSSR vom 28. Mai 1960 über bargeldlose Zahlungen..., geändert am 2. Oktober 1961.

Nachdruck: Chozjajstvennye dogovory 1962, S. 308–363 (Auszug).

22. Juli 1960 = Brief der Staatsarbitrage der UdSSR vom 22. Juli 1960. Text: Sbornik No. 15 S. 59. Im Brief wird ein Bericht korrigiert, der in Soc. zak. 1960 No. 6 S. 91 erschienen war. Vgl. dazu: Jazev 1960.

17. August 1960 = Ordnung über die Staatsarbitrage beim Ministerrat der UdSSR, bestätigt durch Verordnung vom 17. August 1960.

Text: SP SSSR 1960 No. 15 Pos. 127; Nachdruck: Sbornik No. 15 S. 3–9; Sov. just. 1960 No. 12 S. 30–32; Zakonodatel'nye akty 1961, Bd. 1, S. 745–750. Englische Übersetzungen: Current Digest of the Soviet Press, Jg. 12 No. 42 (1960) S. 15–17; HAZARD/SHAPIRO 1962, Bd. 2, S. 113–116 (Auszüge); Soviet Statutes and Decisions, Jg. 2 No. 1 (1965) S. 5–14.

Geändert durch Verordnung vom 29. Oktober 1962 (SP SSSR 1962 No. 19 Pos. 157; Nachdruck: Sbornik No. 22 S. 6) und vom 25. Mai 1963 (SP SSSR 1963 No. 10 Pos. 105 Ziff. 9; Nachdruck: Sbornik No. 24 S. 48–49).

27. Oktober 1960 Siehe: StGB RSFSR von 1960.

29. Oktober 1960 = Satzung der Staatsbank der UdSSR, bestätigt durch Verordnung vom 29. Oktober 1960.

Text: SP SSSR 1960 No. 18 Pos. 160; Nachdruck: Zakonodatel'nye akty 1961, Bd. 1, S. 140–154.

Geändert durch Verordnung vom 25. Mai 1963 (Text: SP SSSR 1963 No. 10 Pos. 105 Ziff. 10).

3. Dezember 1960 = Ordnung über die Staatsarbitrage beim Ministerrat der RSFSR, bestätigt durch Verordnung der RSFSR No. 1836 vom 3. Dezember 1960.

Text: SP RSFSR 1960 No. 42 Pos. 206; Nachdruck: Sov. just. 1961 No. 2 S. 25–27; Sbornik No. 15 S. 9–15. Englische Übersetzung: HAZARD/SHAPIRO 1962, Bd. 2, S. 116–117 (Auszug).

Geändert durch Verordnungen der RSFSR vom 18. Februar 1963 und 4. April 1964 (Text der Änderungen: SP RSFSR 1963 No. 4 Pos. 24 und 1964 No. 5 Pos. 38, Änderungen Ziff. 1–2).

Text der Ordnungen für die anderen 14 Republiken: Sbornik No. 15 S. 23–96; No. 16 S. 3–42; No. 17 S. 3–29.

3. Dezember 1960 (a) = Ordnung über die Staatsarbitrage bei den Ministerräten der autonomen Republiken, den Vollzugskomitees der Gau-, Gebiets- und Stadt- (Moskau und Leningrad) Räte der Deputierten der Werktätigen der RSFSR, bestätigt durch Verordnung der RSFSR No. 1836 vom 3. Dezember 1960.

Text: SP RSFSR 1960 No. 42 Pos. 206; Nachdruck: Sov. just. 1961 No. 3 S. 30–32 (Auszug); Sbornik No. 15 S. 16–23. Englische Übersetzung: HAZARD/SHAPIRO 1962, Bd. 2, S. 117–118 (Auszug).

Geändert durch Verordnungen der RSFSR vom 18. Februar 1963 und 4. April 1964 (Text der Änderungen: SP RSFSR 1963 No. 4 Pos. 24 und 1964 No. 5 Pos. 38, Änderungen Ziff. 1–2).

17. Dezember 1960 = Ordnung des Ministeriums für den Bau von Elektrowerken, bestätigt durch Verordnung No. 1287 vom 17. Dezember 1960.

Text: SP SSSR 1960 No. 20 Pos. 177; Nachdruck: Zakonodatel'nye akty 1961, Bd. 1, S. 107–112.

25. Februar 1961 = Verordnung vom 25. Februar 1961 über die Umgestaltung und Verbesserung des staatlichen Aufkaufs landwirtschaftlicher Produkte.

Text: SP SSSR 1961 No. 4 Pos. 21. Nachdruck: Chozjajstvennye dogovory 1961, S. 105–106 (Auszug); Zakonodatel'nye akty 1961, Bd. 2, S. 581–585 (Auszug).

Teilweise aufgehoben durch Verordnung vom 4. Juni 1963 (Text: SP SSSR 1963 No. 11 Pos. 116 Ziff. 79).

25. April 1961 = Ordnung des Allrußländischen Volkswirtschaftsrates, bestätigt durch Verordnung der RSFSR No. 457 vom 25. April 1961.

Text: SP RSFSR 1961 No. 14 Pos. 52; Nachdruck: Chozjajstvennye dogovory 1962, S. 54–58.

Vermutlich 1966 aufgehoben.

Vgl. Ordnungen vom 26. September 1957 und vom 17. September 1964.

24. Juli 1961 Siehe: Instruktionsbriefe vom 11. Dezember 1953 und 4. Oktober 1958.

7. September 1961 = Ordnung über den Abschluß von Verträgen zur Durchführung von wissenschaftlichen und Forschungsarbeiten sowie Konstruktionsarbeiten durch wissenschaftliche und Forschungs- sowie Konstruktionsorganisationen mit eigener Wirtschaftsrechnung, bestätigt am 7. September 1961.

Text: Sbornik postanovlenij ... po finansovo-chozjajstvennym voprosam, 1961 No. 11 S. 27–35 (mit Musterverträgen No. 1–2 und 4); Nachdruck: Chozjajstvennye dogovory 1962, S. 135 bis 150 (mit Musterverträgen); Položenija 1965, S. 703–708 (mit Musterverträgen S. 731–742).

2. Oktober 1961 Siehe: Instruktion vom 28. Mai 1960.

13. Oktober 1961 = Verordnung vom 13. Oktober 1961 über die Neuordnung der materiell-technischen Versorgung der Volkswirtschaft...

Text: SP SSSR 1961 No. 16 Pos. 127; Nachdruck: Chozjajstvennye dogovory 1962, S. 60–69 (Auszug); Spravočnik partijnogo rabotnika, Moskau, Bd. 4 (1963) S. 277–291.

Vgl. Verordnung vom 27. Januar 1967.

8. Dezember 1961 — Siehe: Grundlagen; Grundlagen des Zivilprozesses.

26. Dezember 1961 = Luftgesetzbuch vom 26. Dezember 1961.

Text: VVS SSSR 1961 No. 52 Pos. 538. Deutsche Übersetzungen: Zeitschrift für Luftrecht und Weltraumrechtsfragen, 1963 No. 1 S. 93–121 (Berichtigung: S. 302); WGO 1962 S. 3–10 (Auszug); französische Übersetzungen: Notes et Etudes Doc., No. 2960, 1963; Revue générale de droit aérien 1963 S. 397 bis 427; englische Übersetzung: Air Laws and Treaties of the World, Washington D. C., Bd. 2, 1965, S. 2545–2575.

30. Januar 1962 — Siehe: Verordnung vom 23. Juli 1931.

30. Juni 1962 = Verordnung vom 30. Juni 1962 über die weitere Verbesserung des Verfahrens zum Abschluß von Verträgen für die Lieferung von Produktion für die materiell-technische Sicherstellung von Unternehmen und Organisationen.

Text: SP SSSR 1962 No. 12 Pos. 94; Nachdruck: Spravočnik po material'no-techničeskomu snabženiju i sbytu, Moskau, 1963, S. 176–180.

Vgl. Instruktionsbriefe vom 6. Oktober 1962 und 14. November 1964.

6. Oktober 1962 = Instruktionsbrief der Staatsarbitrage der UdSSR vom 6. Oktober 1962 über die Arbeit der Arbitrageorgane bei Ausführung der Verordnung vom 30. Juni 1962.

Text: Sbornik No. 21 S. 94–100; Nachdruck: Instruktivnye ukazanija 1964, S. 77–82. Englische Übersetzung: Soviet Statutes and Decisions, Jg. 2 No. 1 (1965) S. 84–94 (ohne Berücksichtigung der Änderung).

Geändert durch Instruktionsbrief vom 7. Juni 1964 (Sbornik No. 25 S. 98).

Vgl. Instruktionsbrief vom 14. November 1964; ferner: Sbornik No. 25 S. 89–91.

29. Oktober 1962 — Siehe: Lieferordnung für Produktion von 1959; Ordnung vom 17. August 1960.

18. Dezember 1962 = Instruktion der Staatsarbitrage der UdSSR über das Verfahren der Herstellung von vertraglichen gegenseitigen Beziehungen zur Lieferung von Produktion im Wege der Annahme von Lieferanweisungen..., bestätigt durch Verordnung vom 18. Dezember 1962.

Text: Sbornik No. 22 S. 12–15.

Geändert durch Instruktionsbrief vom 7. Juli 1964 (Sbornik No. 25 S. 98).

Vgl. Instruktion vom 30. Dezember 1963.

18. Februar 1963 Siehe: Verordnung vom 3. Dezember 1960 und 3. Dezember 1960 (a).

28. Februar 1963 Siehe: Instruktionsbrief vom 11. Dezember 1953.

25. Mai 1963 Siehe: Lieferordnung für Waren von 1959; Regeln vom 24. August 1955; Ordnung vom 17. August 1960; Satzung vom 29. Oktober 1960.

27. Mai 1963 = Instruktionsbrief der Staatsarbitrage der UdSSR vom 27. Mai 1963 über die Anwendung von Art. 14 der Grundlagen...

Text: Sbornik No. 24 S. 35–36.

4. Juni 1963 Siehe: Verordnung vom 25. Februar 1961.

1. Juli 1963 = Regeln für die Entscheidung von Wirtschaftsstreitigkeiten durch die Staatsarbitrage, bestätigt durch Verordnung der Staatsarbitrage beim Ministerrat der UdSSR vom 1. Juli 1963.

Text: Sbornik No. 24 S. 3–23; Instruktivnye ukazanija 1964, S. 24–41. Englische Übersetzung: Soviet Statutes and Decisions, Jg. 2 No. 1 (1965) S. 26–56.

Geändert 1965 und 1966. Bereinigter Text: Sbornik No. 26 S. 3–25.

Vgl. dazu: Sbornik No. 25 S. 50–51, 82–83; Sbornik No. 26 S. 97, 107–108, 113–114.

31. Juli 1963 = Instruktionsbrief der Staatsarbitrage der UdSSR vom 31. Juli 1963 über einige Fragen der Arbitragepraxis bei der Verhandlung von Streitigkeiten, die mit der Lieferung von Produktion und Waren nichtgehöriger Qualität zusammenhängen.

Text: Sbornik No. 25 S. 42–48; Instruktivnye ukazanija 1964, S. 128–132.

22. August 1963 = Verordnung vom 22. August 1963 über die weitere Verbesserung des Verfahrens zum Abschluß von Verträgen für die Lieferung von Waren zum Volksverbrauch durch Handelsunternehmen und Organisationen.

Text: SP SSSR 1963 No. 17 Pos. 176; Nachdruck: Spravočnik partijnogo rabotnika, Moskau, Bd. 5 (1964) S. 140–149.

Vgl. Verordnungen vom 14. September 1963 und 15. September 1964 sowie Instruktionsbrief vom 19. November 1963.

14. September 1963 = Verordnung der RSFSR vom 14. September 1963 über die weitere Verbesserung des Verfahrens zum Abschluß von Verträgen für die Lieferung von Waren zum Volksverbrauch durch Handelsunternehmen und Organisationen.

Text: nicht veröffentlicht, zitiert in der Verordnung der RSFSR vom 30. Juli 1964 (SP RSFSR 1964 No. 14 Pos. 97).

Vgl. Verordnung vom 22. August 1963.

1. Oktober 1963 = Ordnung über die personenmäßige Verteilung junger Spezialisten, die Hochschulen und mittlere Fachschulen beendet haben, bestätigt durch Befehl des Ministers für Hochschul- und mittlere Fachschulbildung vom 1. Oktober 1963.

Text: Bjulleten' Ministerstva vysšego i srednego special'nogo obrazovanija SSSR 1963 No. 11 S. 6. Nachdruck: Sbornik zakonodatel'nych aktov o trude, Moskau, 2. Aufl., 1965, S. 183–192; Rasčety s rabočimi i služaščimi. Sbornik, Moskau, 3. Aufl., 1965, S. 146–147 (Auszug).

Geändert am 26. Dezember 1963.

15. Oktober 1963 = Instruktionsbrief der Staatsarbitrage der UdSSR vom 15. Oktober 1963 über die Arbeit der Arbitrageorgane bei der Entscheidung von Streitigkeiten, die beim Abschluß von Lieferverträgen entstehen.

Text: Sbornik No. 25 S. 59–69; Nachdruck: Instruktivnye ukazanija 1964, S. 70–77. Englische Übersetzung: Soviet Statutes and Decisions, Jg. 2 No. 3 (1966) S. 5–20.

Vgl. Instruktionsbriefe vom 5. Januar 1951 und 25. Dezember 1953.

14. November 1963 = Instruktionsbrief der Staatsarbitrage der UdSSR vom 14. November 1963 über die Verbesserung der Arbeit der Organe der Staatsarbitrage bei der Entscheidung von Streitigkeiten, die mit Fehllieferungen und dem Verderben von Produktion und Waren zusammenhängen.

Text: Sbornik No. 25 S. 70–76; Instruktivnye ukazanija 1964, S. 148–152.

Dazu: Sbornik No. 26 S. 74–84.

19. November 1963 = Instruktionsbrief der Staatsarbitrage der UdSSR vom 19. November 1963 über die Arbeit der Arbitrageorgane bei der Erfüllung der Verordnung vom 22. August 1963.

Text: Sbornik No. 25 S. 76–82; Nachdruck: Instruktivnye ukazanija 1964, S. 90–95. Englische Übersetzung: Soviet Statutes and Decisions, Jg. 2 No. 1 (1965) S. 94–104.

30. November 1963 Siehe: Instruktionsbrief vom 4. Oktober 1958.

30. Dezember 1963 = Instruktion der Staatsarbitrage der UdSSR über das Verfahren der Herstellung von vertraglichen gegenseitigen Beziehungen zur Lieferung von Waren zum Volksverbrauch im Wege der Annahme von Lieferanweisungen..., bestätigt durch Verordnung vom 30. Dezember 1963.

Text: Sbornik No. 25 S. 3–6 (mit Berücksichtigung einer Änderung von 1964); Nachdruck (nach dem Stand von 1963): Instruktivnye ukazanija 1964, S. 95–98. Englische Übersetzung: Soviet Statutes and Decisions, Jg. 2 No. 3 (1966) S. 24 bis 29.

Vgl. Instruktion vom 18. Dezember 1962.

30. Dezember 1963 = Ordnung über ... Messen für den Großhandelsverkauf von Waren zum Volksverbrauch, bestätigt durch Verordnung der RSFSR vom 30. Dezember 1963.

Text: SP RSFSR 1963 No. 23 Pos. 153.

21. Januar 1964 Siehe: Instruktionsbrief vom 11. Dezember 1953.

4. April 1964 Siehe: Verordnung vom 3. Dezember 1960 und 3. Dezember 1960 (a).

6. April 1964 = Satzung der Eisenbahnen der UdSSR, bestätigt durch Verordnung vom 6. April 1964.

Text: SP SSSR 1964 No. 5 Pos. 36. Textausgabe: Ustav železnych dorog SSSR, Moskau, 1965, 103 S.

Tritt an die Stelle der Satzung vom 8. Dezember 1954, geändert 1959 (Soc. zak. 1960 No. 1 S. 81 und No. 3 S. 81).

9. Mai 1964 = Ordnung über das Verfahren und die Fristen für die Vorlage von Bestellungen auf Waren zum Volksverbrauch, die von Handelsorganisationen und -unternehmen an die Industrie vorgelegt werden, bestätigt am 9. Mai 1964.

Text: Pravila raboty 1965, S. 59–64.

9. Mai 1964 Verordnung vom 9. Mai 1964. Siehe: Lieferordnung für Produktion von 1959; Lieferordnung für Waren von 1959.

11. Juni 1964 Siehe: ZGB RSFSR; Zivilprozeßgesetzbuch der RSFSR von 1964.

7. Juli 1964 Siehe: Instruktionsbrief vom 18. Dezember 1962.

7. Juli 1964 Siehe: Instruktionsbrief vom 6. Oktober 1962 und Instruktion vom 18. Dezember 1962.

30. Juli 1964 Siehe: Verordnung vom 14. September 1963.

15. September 1964 = Verordnung vom 15. September 1964 über Maßnahmen zur Erweiterung direkter Vertragsbeziehungen der Organisationen der Verbrauchsgenossenschaften mit der Industrie.

Text: SP SSSR 1964 No. 17 Pos. 110. Nachdruck: Spravočnik partijnogo rabotnika, Moskau, Bd. 6 (1966) S. 142–143.

Vgl. Verordnung vom 22. August 1963.

17. September 1964 = Ordnung über die Volkswirtschaftsräte, bestätigt durch Verordnung No. 817 vom 17. September 1964.

Text: SP SSSR 1964 No. 17 Pos. 115.

Vermutlich 1966 aufgehoben. Vgl. Ordnungen vom 26. September 1957 und vom 25. April 1961.

6. November 1964 = Ordnung vom 6. November 1964 über die Haupt-(älteren)buchhalter der staatlichen, Genossenschafts- (ausgenommen Kolchose) und gesellschaftlichen Unternehmen, Organisationen und Behörden.

Text: SP SSSR 1964 No. 23 Pos. 140; Nachdruck: Ekonomičeskaja gazeta 1964 No. 49 S. 10–11; Bjulleten' Ministerstva vysšego i srednego special'nogo obrazovanija SSSR 1965 No. 2 S. 5–9.

Tritt an die Stelle der Ordnung vom 17. September 1947.

14. November 1964 = Instruktionsbrief der Staatsarbitrage der UdSSR vom 14. November 1964 über die Praxis der Anwendung der Verordnung vom 30. Juni 1962 durch die Arbitrage.

Text: Sbornik No. 25 S. 110–116; Nachdruck: Sov. gos. i pravo 1965 No. 1 S. 126–129.

Vgl. Instruktionsbrief vom 6. Oktober 1962.

6. März 1965 = Verordnung vom 6. März 1965 über die Erweiterung der Privilegien für Invaliden des Vaterländischen Krieges...

Text: SP SSSR 1965 No. 4 Pos. 22; Nachdruck: Bjulleten' Ministerstva vysšego i srednego special'nogo obrazovanija SSSR 1965 No. 5 S. 14–15; Soc. zak. 1965 No. 5 S. 89 (gekürzt).

6. Juli 1965 Siehe: Instruktionsbrief vom 11. Dezember 1953.

23. September 1965 = Instruktionsbrief der Staatsarbitrage der UdSSR vom 23. September 1965 über die Arbeit der Arbitrage zur Verbesserung des Inhalts der Lieferverträge.

Text: Sbornik No. 26 S. 92–96.

2. Oktober 1965 = Gesetz vom 2. Oktober 1965 über die Änderung des Systems der Organe der Verwaltung der Industrie.

Text: VVS SSSR 1965 No. 39 Pos. 558. Nachdruck: Ekonomičeskaja gazeta 1965 No. 40 S. 9.

Vgl. Gesetz vom 10. Mai 1957.

4. Oktober 1965 = Verordnung vom 4. Oktober 1965 über die Vervollkommnung der Planung und die Verstärkung der wirtschaftlichen Anreize für die industrielle Produktion.

Text: SP SSSR 1965 No. 19–20 Pos. 153; Nachdruck: Spravočnik partijnogo rabotnika, Moskau, Bd. 6 (1966) S. 218 bis 246.

4. Oktober 1965 = Ordnung über das staatliche sozialistische Produktionsunternehmen, bestätigt durch Verordnung vom 4. Oktober 1965.

Text: SP SSSR 1965 No. 19–20 Pos. 155; Textausgabe: Položenie o ... predprijatii, Moskau, 1965, 32 S.; Nachdruck: Ekonomičeskaja gazeta 1965 No. 42 S. 25–29; Spravočnik partijnogo rabotnika, Moskau, Bd. 6 (1966) S. 199–217. Englische Übersetzung: Soviet Statutes and Decisions, Jg. 2 No. 3 (1966) S. 52–84; französische Übersetzung: Annuaire de l'U.R.S.S. 1966, Paris, S. 425–445 (mit weiteren Nachweisen); deutsche Übersetzung: Osteuropa-Wirtschaft 1966 S. 287–307; WGO 1966 S. 32–54.

8. Oktober 1965 = Regeln für die Finanzierung von Investitionen, bestätigt durch Verordnung vom 8. Oktober 1965.

Text: SP SSSR 1965 No. 21 Pos. 156; Textausgabe: Pravila finansirovanija stroitel'stva, Moskau, 1965, 40 S.; Nachdruck: Ekonomičeskaja gazeta 1965 No. 45 S. 25–28. Englische Übersetzung: Soviet Statutes and Decisions, Jg. 2 No. 4 (1966) S. 12–37.

24. Januar 1966 Siehe: Anweisungen vom 2. Dezember 1966.

11. Februar 1966 Siehe: Gesetz vom 10. Mai 1957.

2. Dezember 1966 = Methodische Anweisungen vom 2. Dezember 1966 zur Überführung des Industrieunternehmens auf das neue Planungssystem.

Text: Sbornik ukazanij 1967, S. 5–50 (mit Ergänzungen vom 1. Juni 1967, S. 51–59). Nachdruck: Ekonomičeskaja gazeta 1966 No. 50 S. 21–28; Chozjajstvennaja reforma 1967, S. 7–32 (ohne Ergänzungen vom 1. Juni 1967).

Diese Vorschrift tritt an die Stelle von Anweisungen vom 24. Januar 1966 (Ekonomičeskaja gazeta 1966 No. 6 S. 31–35; französische Übersetzung: Annuaire de l'U.R.S.S. 1966, Paris, S. 445–464).

27. Januar 1967 = Verordnung vom 27. Januar 1967 über Maßnahmen zur Verbesserung der Organisation und Verbesserung der materiell-technischen Versorgung.

Text: SP SSSR 1967 No. 4 Pos. 13; Nachdruck: Spravočnik partijnogo rabotnika, Moskau, Bd. 7 (1967) S. 205–214.

Vgl. Verordnung vom 13. Oktober 1961.

1. Juni 1967 Siehe: Anweisungen vom 2. Dezember 1966.

10. Juli 1967 = Allgemeine Ordnung vom 10. Juli 1967 über die Ministerien der UdSSR.

Text: SP SSSR 1967 No. 17 Pos. 116; Nachdruck: Ekonomičeskaja gazeta 1967 No. 34 S. 7–9. Englische Übersetzung: Soviet Law and Government, Jg. 6 (1967) No. 2 S. 3–12.

27. Oktober 1967 = Verordnung vom 27. Oktober 1967 No. 988 über die materielle Verantwortlichkeit der Unternehmen und Organisationen für die Nichterfüllung von Aufgaben und Verpflichtungen.

Text: SP SSSR 1967 No. 26 Pos. 186. Nachdruck: Ekonomičeskaja gazeta 1967 No. 47 S. 3–4.

Vgl. Dekret vom 24. April 1958.

Literaturverzeichnis

Das Literaturverzeichnis enthält keine vollständige Aufzählung des überaus umfangreichen Schrifttums (vgl. oben Anm. II 99–100). Es beschränkt sich vielmehr auf eine Zusammenstellung der in der Arbeit in abgekürzter Form zitierten Literatur. Zusätzliche Titel wurden nur in Ausnahmefällen aufgenommen. Weggelassen sind Werke, die weniger häufig zitiert werden oder in keinem engeren Zusammenhang mit dem Thema der Arbeit stehen. Nicht berücksichtigt ist ferner die im Kapitel II angeführte Literatur, die über das Plan- und Vertragssystem in den Volksdemokratien orientiert.

Eine Reihe von Titeln aus der sowjetischen Literatur wird durch Angaben über etwaige Übersetzungen und Rezensionen ergänzt. Bei nicht-sowjetischen Werken werden Besprechungen nur vereinzelt angeführt. Die Übersetzungs- und Rezensionshinweise erheben keinen Anspruch auf Vollständigkeit.

Zitiert wird jeweils nach der letzten, in der Titelangabe genannten Auflage des Originalwerkes, es sei denn, daß Abweichendes vermerkt ist. Die in der Spalte *Zitierweise* aufgeführte Kurzform des Titels wird – auch bei Zeitschriftenaufsätzen – wie ein Sigel verwendet.

Ein Verzeichnis abgekürzt zitierter Periodika findet sich oben auf S. XVII.

Zitierweise		*Titel*
Agarkov 1920	=	Agarkov M. M., Cennost' častnogo prava, Irkutsk, 1920, 31 S. (Sbornik trudov professorov i prepopadavatelej Gosudarstvennogo Irkutskogo Universiteta, No. 1, 1920, S. 141 bis 171)
Agarkov 1928	=	Agarkov M. M., [Diskussionsbeitrag] in: Voprosy promyšlennogo prava. Materialy Vtorogo soveščanija juriskonsul'tov gos. promyšlennosti. Moskau, 1928, S. 74–76
Agarkov 1940	=	Agarkov M. M., Objazatel'stvo po sovetskomu graždanskomu pravu, Moskau, 1940, 192 S. (Učenye trudy, VIJuN, Bd. 3) [Auflage: 400 Exemplare].
Agarkov		Siehe: Graždanskoe pravo 1944
Aktual'nye voprosy 1964	=	Aktual'nye voprosy sovetskogo graždanskogo prava. Red.: S. N. Bratus', O. S. Joffe, Ja. A. Kunik, Moskau, 1964, 252 S. (Institut narodnogo chozjajstva im. G. V. Plechanova, Bd. 36) [Festschrift Genkin]

Aktual'nye voprosy 1966 = Aktual'nye voprosy socialističeskogo graždanskogo prava. Material naučnogo rabočego soveščanija, provedennogo v dekabre 1965 goda v gorode Seged [Szeged], Budapest, 1966, 730 S. (maschr. vervielf.)

Aleksandrov 1947 = Aleksandrov N., K voprosu o roli dogovora v pravovom regulirovanii obščestvennych otnošenij, in: Učenye zapiski (VIJuN), Moskau, No. 6 (1947) S. 60–83

Alekseev 1959 = Alekseev S. S., O vzaimodejstvii administrativno-pravovogo i graždansko-pravovogo regulirovanija v socialističeskom obščestve: Pravovedenie 1959 No. 3 S. 35–47

Alekseev 1962 = Alekseev S. S., Graždanskoe pravo v period razvernutogo stroitel'stva kommunizma, Moskau, 1962, 284 S. Deutsche Übersetzung: Berlin, 1964, 247 S.

Alekseev T. Siehe: Žiliščnye zakony 1957

Amerchanov 1953 = Amerchanov G. S., O porjadke zaključenija chozjajstvennych dogovorov: Sov. gos. i pravo 1953 No. 8 S. 86–95

Amerchanov 1957 = Amerchanov G. S., Ponjatie preddogovornogo spora i osnovnye vidy preddogovornych sporov v praktike arbitraža, in: Voprosy graždanskogo prava, Moskau, 1957, S. 3–55

Amfiteatrov 1932 = Amfiteatrov G., O sisteme dogovornych otnošenij po sbytu v promšlennosti: Sovetskoe gosudarstvo 1932 No. 7–8 S. 44 bis 65; Nachdruck in: Sistema planovych dogovorov v promyšlennosti, Moskau, 1933, S. 5–28

Amfiteatrov 1933 = Amfiteatrov G., Osnovnye voprosy dogovornoj kampanii 1933 g., in: Voprosy sovetskogo chozjajstvennogo prava, Moskau, Sbornik 1, 1933, S. 184–206

Amfiteatrov 1933 (a) = Amfiteatrov G., Nužen razvernutyj zakon o dogovorach: Bjulleten' Gosarbitraža pri SNK SSSR 1933 No. 19 S. 1–5

Amfiteatrov 1934 = Amfiteatrov G., Osnovnye čerty zakonoproekta o dogovorach (s priloženiem zakonoproekta), Moskau, 1934, 64 S. *Bespr.:* Sovetskoe gosudarstvo 1935 No. 1–2 S. 201–203 (M. N. Docenko)

Antikommunizm 1964 = Antikommunizm – idejno-političeskoe orudie imperializma. Kritika sovremennogo antikommunizma v voprosach gosudarstva i prava. Red.: V. A. Tumanov, Moskau, 1964, 288 S.

Arminjon/Nolde/Wolff 1951 = Arminjon P., Baron B. Nolde, M. Wolff, Traité de droit comparé, Paris, Bd. 1–2, 1950; Bd. 3, 1951 [Système juridique soviétique: S. 227–398]

Asknazij 1926 = Asknazij S. I., Očerki chozjajstvennogo prava, Leningrad, 1926, 200 S.

Asknazij 1926 (a) = Asknazij S., Pravovye formy tovarnogo i planovogo chozjajstva: Sovetskoe pravo 1926 No. 5 S. 32–40

ASKNAZIJ 1927 = ASKNAZIJ S. I., Avtonomnoe i reguliruemoe pravootnošenie v chozjajstvennom prave SSSR, in: ASKNAZIJ S. I., MARTYNOV B. S., Graždanskoe pravo i reguliruemoe chozjajstvo, Leningrad, 1927, S. 7–61

ASKNAZIJ 1929 = ASKNAZIJ S., Pravovye formy planirovanija promyšlennosti SSSR, in: Sovetskoe promyšlennoe pravo. Očerki, Moskau, 1929, S. 20–50

Bespr.: Sovetskoe pravo 1930 No. 4 S. 151–154

ASKNAZIJ 1940 = ASKNAZIJ S. I., Sovetskoe žiliščnoe pravo, Moskau, 1940, 184 S.

Bespr.: Sov. just. 1941 No. 13 S. 26–27; No. 14 S. 21–23 (A. TRIGER); Sov. gos. i pravo 1941 No. 2 S. 129–136 (S. N. BRATUS')

ASKNAZIJ 1940 (a) = ASKNAZIJ S., Nekotorye voprosy metodologii sovetskogo graždanskogo prava: Sov. gos. i pravo 1940 No. 8–9 S. 73–90

ASKNAZIJ 1956 = ASKNAZIJ S. I., BRAUDE I. L., PERGAMENT A. I., Žiliščnoe pravo, Moskau, 1956, 229 S.

Bespr.: Sov. gos. i pravo 1958 No. 12 S. 127–129 (N. M. ERŠOVA und K. D. TULISOVA)

BACHČISARAJCEV Siehe: Spravočnik 1951

BACHMUROV Siehe: Sbornik

BACHOF 1955 = BACHOF O., Reflexwirkungen und subjektive Rechte im öffentlichen Recht, in: Gedächtnisschrift für WALTER JELLINEK, München, 1955, S. 287–307

BÄRMANN 1948 = BÄRMANN J., Typisierte Zivilrechtsordnung der Daseinsvorsorge, Karlsruhe, 1948, 103 S.

BARAŠ 1962 = BARAŠ JA. B., Dogovory na vypolnenie naučno- issledovatel'skich i konstruktorskich rabot, Moskau, 1962, 92 S.

BARU 1957 = BARU M. I., Plan i dogovor, in: Učenye zapiski (Char'kovskij juridičeskij institut), Char'kov, No. 8 (1957) S. 35–52

BASIN 1962 = BASIN JU. G., Pravovye voprosy proektirovanija v stroitel'stve, Moskau, 1962, 163 S.

BECKER 1962 = BECKER H., Gesetz über die Beschäftigung Schwerbeschädigter, Kommentar, Berlin, Frankfurt/M., 2. Aufl., 1962, 729 S.

BELLON 1964 = BELLON J., Le droit soviétique, Paris, 1963, 128 S.

BERMAN 1947 = BERMAN H. J., Commercial Contracts in Soviet Law: California Law Review, Jg. 35 (1947) S. 191–234

BERMAN 1950 Siehe: Berman 1963

BERMAN 1953 Siehe: KONSTANTINOVSKY 1953

BERMAN 1959 = BERMAN H. J., The Comparison of Soviet and American Law: Indiana Law Journal, Jg. 34 (1959) S. 559–570

BERMAN 1963 = BERMAN H. J., Justice in the U.S.S.R., 1. Aufl., Cambridge, 1950, 322 S.; 2. Aufl., New York, 1963, 450 S.

Bibliografija 1962 = Sovetskoe graždanskoe pravo. Sovetskoe semejnoe pravo. Bibliografija 1917–1960, Moskau, 1962, 664 S.

BILINSKY 1961 = BILINSKY A., Ringen um das Zivilrecht im Ostblock: Osteuropa-Recht, Jg. 7 (1961) S. 174–190

BORCHERS 1960 = BORCHERS R., Die Reform der sowjetischen Wirtschaftsverwaltung. Ausgewählte Rechtsprobleme. Mit Anhang: Dokumentation, Hamburg, 1960, 92 S.

BÖTTICHER 1964 = BÖTTICHER E., Gestaltungsrecht und Unterwerfung im Privatrecht, Berlin, 1964, IV, 33 S.
Bespr.: AcP Bd. 164 (1964) S. 378–381 (A. SÖLLNER)

BRAGA 1960 = BRAGA S., Das sowjetische Zivilrecht und das Europäische Privatrecht (Versuch einer Gegenüberstellung): JbOstR, Jg. 1 (1960) No. 2 S. 69–84

BRATUS' 1930 = BRATUS' S., K probleme chozjajstvenno-administrativnogo prava (Protiv buržuaznych izvraščenij v chozjajstvenno-administrativnom prave): Sovetskoe gosudarstvo i revoljucija prava 1930 No. 11–12 S. 146–167

BRATUS' 1936 = BRATUS' S., Opyt postroenija kursa sovetskogo chozjajstvennogo prava: Sovetskoe gosudarstvo 1936 No. 3 S. 113–124 [= Besprechung von: Kurs 1935]

BRATUS' 1937 = BRATUS' S., O sostojanii teoretičeskoj raboty po sovetskomu graždanskomu pravu: Sovetskoe gosudarstvo 1937 No. 1–2 S. 48–64

BRATUS' 1953 = BRATUS' S., Chozjajstvennyj dogovor kak graždansko-pravovaja forma raspredelenija produkcii meždu gosudarstvennymi predprijatijami: Sov. gos. i pravo 1953 No. 2–3 S. 74–88. Deutsche Übersetzung: Rechtswissenschaftlicher Informationsdienst 1953 Sp. 611–626. Der Beitrag beruht auf einem Konferenzreferat, zusammengefaßt in Soc. zak. 1953 No. 7 S. 57 bis 58

BRATUS' 1957 = BRATUS' S. N., O nekotorych čertach razvitija sovetskogo graždanskogo prava za 40 let ego suščestvovanija, in: Trudy naučnoj sessii... 21–23 oktjabrja 1957 g. (VIJuN), Moskau, 1958, S. 30–61; gekürzter Nachdruck: Sov. gos. i pravo 1957 No. 11 S. 86–103

BRATUS' 1963 = BRATUS' S. N., Predmet i sistema sovetskogo graždanskogo prava, Moskau, 1963, 198 S.
Bespr.: Sov. gos. i pravo 1964 No. 9 S. 155–158 (O. A. KRASAVČIKOV); Staat und Recht 1965 S. 281–288 (F. NIETHAMMER)

BRATUS' — Siehe: Aktual'nye voprosy 1964; Graždanskoe pravo 1940; Graždanskoe pravo 1951; Kommentarij k Osnovam 1962

BRATUS'/GINCBURG 1934 = BRATUS' S., GINCBURG L., K voprosu o planovoj discipline: Sovetskoe gosudarstvo 1934 No. 5 S. 10–20

BRATUS'/LUNC 1954 = BRATUS' S. N., LUNC L. A., Voprosy chozjajstvennogo dogovora, Moskau, 1954, 156 S. Deutsche Übersetzung: Berlin, 1956, 178 S.

Bespr.: Sov. gos. i pravo 1955 No. 7 S. 155–158 (O. JOFFE u. a.); RabelsZ Jg. 23 (1958) S. 362–363 (U. DROBNIG)

BRAŽNIK/ŠČEGLOV 1964 = BRAŽNIK A., ŠČEGLOV B., Spravočnoe posobie po buchgalterskomu učetu v promyšlennom predprijatii, Minsk, 1964, 436 S.

BRODSKIJ 1964 = BRODSKIJ I. L., Pravovaja priroda predvaritel'nych zakazov torgovych organizacij promyšlennym predprijatijam: Sov. gos. i pravo 1964 No. 5 S. 52–60

BRUNNER 1965 = BRUNNER G., Die Planverträge im System des ungarischen Rechts: Osteuropa-Recht, Jg. 11 (1965) S. 106–128

BÜLCK 1940 = BÜLCK H., Vom Kontrahierungszwang zur Abschlußpflicht. Untersuchungen zum Begriffswandel der Vertragsfreiheit, Heide, 1940, 124 S.

BÜLCK 1962 = BÜLCK H., Der Aufbau der osteuropäischen Wirtschaftsgemeinschaft: Jahrbuch für internationales Recht, Jg. 11 (1962) S. 25 bis 36

BÜRCKNER 1930 = BÜRCKNER H., Der privatrechtsgestaltende Staatsakt, Leipzig, 1930, 118 S.

BULLINGER 1962 = BULLINGER M., Vertrag und Verwaltungsakt, Stuttgart, 1962, 271 S.

BURMISTROV 1964 = BURMISTROV V. L., Planovaja suščnost' dogovorov o vypolnenii naučno-issledovatel'skich i konstruktorskich rabot: Pravovedenie 1964 No. 1 S. 86–95

ČEREPACHIN 1929 = ČEREPACHIN B. B., K voprosu o dogovornom prinuždenii v sovetskom transportnom prave, Irkutsk, 1929, 36 S.

Bespr.: Revoljucija prava 1929 No. 6 S. 154 (P. I. STUČKA)

CHALFINA 1952 = CHALFINA R. O., Administrativnyj akt i dogovor: Sov. gos. i pravo 1952 No. 1 S. 45–55. Englische Übersetzung: Soviet Studies, Jg. 5 (1953–1954) S. 90–96; deutsche Übersetzung: Neue Justiz 1952 S. 160–165

CHALFINA 1952 (a) = CHALFINA R. O., Značenie dogovora v sovetskom socialističeskom graždanskom prave, in: Voprosy sovetskogo graždanskogo i trudovogo prava, Moskau, 1952, S. 39–79

CHALFINA 1954 = CHALFINA R. O., Značenie i suščnost' dogovora v sovetskom socialističeskom graždanskom prave, Moskau, 1954, 240 S. Deutsche Übersetzung: Berlin, 1958, 218 S.

Bespr.: Sov. gos. i pravo 1954 No. 6 S. 128–132 (B. S. ANTIMONOV u. a.); Soc. zak. 1954 No. 9 S. 82–85 (AMERCHANOV G.); Revue internationale de droit comparé, Jg. 11 (1959) S. 272–276 (R. DAVID)

CHALFINA 1959 = CHALFINA R. O., Dogovor v anglijskom graždanskom prave, Moskau, 1959, 320 S.

[Frühere Veröffentlichungen der Autorin zum Thema erschienen in Sov. gos. i pravo 1946 No. 1 S. 70–79 und 1956 No. 5 S. 99–110; vgl. auch: Sov. gos. i pravo 1957 No. 7 S. 132 bis 133]

CHALFINA 1962 = CHALFINA R. O., Ob ukreplenii zakonnosti v imuščestvennych otnošenijach meždu socialističeskimi organizacijami: Sov. gos. i pravo 1962 No. 6 S. 58–68

CHALFINA 1963 = CHALFINA R., Pravovoe regulirovanie postavki produkcii v narodnom chozjajstve, Moskau, 1963, 268 S.

Bespr.: Sov. just. 1964 No. 7 S. 28–29 (G. ŠAPKINA); Sov. gos. i pravo 1964 No. 4 S. 137–139 (M. A. VAKSBERG u. a.)

Chozjajstvennaja reforma 1967 = Chozjajstvennaja reforma v dejstvii, Moskau, 1967, 160 S.

Chozjajstvennye dogovory 1962 = Chozjajstvennye dogovory. Sbornik normativnych aktov, Moskau, 1962, 603 S. (eine frühere Auflage erschien 1959)

ČIRKOV Siehe: DONDE 1953

DAHM 1963 = DAHM G., Deutsches Recht, Stuttgart, 2. Aufl., 1963, 549 S.

DAVID 1950 = DAVID R., Traité élémentaire de droit civil comparé, Paris, 1950, 557 S.

DAVID 1954 = DAVID R., Les données fondamentales du droit soviétique, Paris, 1954, 368 S. (Le droit soviétique, Bd. 1)

DAVID 1966 = DAVID R., Les grands systèmes de droit contemporains (Droit comparé), Paris, 1. Aufl., 1964, 630 S.; 2. Aufl., 1966, 640 S. Deutsche Übersetzung (nach der 2. Aufl.): Bearbeitet von G. GRASMANN, München, Berlin, 1966, XXVI, 668 S.

DILCHER 1960 = DILCHER H., Typenfreiheit und inhaltliche Gestaltungsfreiheit bei Verträgen: NJW 1960 S. 1040–1043

Direktivy 1957 = Direktivy KPSS i sovetskogo pravitel'stva po chozjajstvennym voprosam. Sbornik dokumentov. Zusammengestellt von V. N. MALIN und A. V. KOROBOV, Moskau, Bd. 1–2, 1957; Bd. 3–4, 1958

Bespr.: Sov. gos. i pravo 1958 No. 5 S. 145–150 (N. JU. PETROV)

Dirnecker 1955 = Dirnecker B., Recht in West und Ost, Pfaffenhofen, 1955, 176 S.

Dmitriev 1965 = Dmitriev A. A., O soveršenstvovanii dogovornych svjazej po postavke tovarov: Sov. gos. i pravo 1965 No. 8 S. 73–82

Dobrin 1957 = Dobrin S., Forty Years of Soviet Legal Thinking. The Law of Economic Administration v. Civil (Private) Law: Survey (London), No. 21–22 (1957) S. 11–19

Docenko Siehe: Kurs 1935

Dogovory 1964 = Dogovory v socialističeskom chozjajstve. Red.: O. S. Joffe, Moskau, 1964, 499 S. (Kafedra graždanskogo prava LGU)

Bespr.: Sov. gos. i pravo 1965 No. 7 S. 156–158 (O. Sadikov)

Dölle 1943 = Dölle H., Außergesetzliche Schuldpflichten: Zeitschrift für die gesamte Staatswissenschaft, Jg. 103 (1943) S. 67–102

Donde 1960 = Donde Ja. A., Frejdman Z. M., Čirkov G. I., Chozjajstvennyj dogovor i ego rol' v snabženii narodnogo chozjajstva SSSR, Moskau, 1. Aufl., 1953, 228 S.; 2. Aufl., 1960, 260 S.

Dozorcev 1955 = Dozorcev A. V., Nekotorye voprosy dogovornogo regulirovanija otnošenij po postavke, in: Naučnye zapiski (Institut vnešnej torgovli MVT SSSR), Moskau, 1955, S. 135–164

Dozorcev 1958 = Dozorcev A. V., 40 let sovetskogo dogovora, in: Naučnye zapiski (Institut vnešnej torgovli MVT SSSR), Moskau, 1958, S. 86–119

Dozorcev Siehe: Istočniki 1961

Drobnig 1951 = Drobnig U., Eigentum und Vertrag im sozialistischen Recht: Jahrbuch für Sozialwissenschaft, Jg. 2 (1951) S. 157–173

Bespr.: RabelsZ Jg. 18 (1953) S. 192–194 (K. Rudolph)

Drobnig 1953 = Drobnig U., Das „Privatrecht" der Staatswirtschaft in der Ostzone, AcP Bd. 152 (1952–1953) S. 542–556

Drobnig 1960 = Drobnig U., Der Vertrag in einer plangelenkten Staatswirtschaft. Zum Vertragsgesetz der „DDR" vom 11. Dezember 1957: JZ 1960 S. 233–240

Dunevič 1956 = Dunevič L. N., [Rezension des Buches von Novickij I. B., Lunc L. A., Obščee učenie ob objazatel'stve, Moskau, 1950], in: Učenye zapiski (Saratovskij juridičeskij institut), Saratov, No. 4 (1956) S. 181–200

Eckert 1962 = Eckert L., Leistungsstörungen in verwaltungsrechtlichen Schuldverhältnissen: DVBl. 1962 S. 11–21

Efimočkin 1964 = Efimočkin V. P., Ekonomičeskie i pravovye problemy dal'nejšego ulučšenija praktiki zaključenija dogovorov postavki: Sov. gos. i pravo 1964 No. 11 S. 31–38

Efimočkin Siehe: Instruktivnye ukazanija 1964; Položenija 1963

ELIACHEVITCH 1938 = ELIACHEVITCH B., Le droit contractuel dans le système du droit soviétique: Revue trimestrielle de droit civil, Jg. 37 (1938) S. 403–421

Enciklopedija = Enciklopedija gosudarstva i prava. Unter der Gesamtredaktion von P. I. STUČKA, Moskau, 3 Bde., 1. Aufl., 1925–1927; 2. Aufl., 1929–1930. Zitiert nach der 1. Aufl.

ENNECCERUS/LEHMANN 1958 = ENNECCERUS L., Lehrbuch des Bürgerlichen Rechts, Bd. 2: Recht der Schuldverhältnisse. 15. Bearb. von H. LEHMANN, Tübingen, 1958, 1084 S.

ENNECCERUS/NIPPERDEY 1960 = ENNECCERUS L., Lehrbuch des Bürgerlichen Rechts. Bd. 1: Allgemeiner Teil, 15. Bearb. von C. H. NIPPERDEY, 2 Halbbände, Tübingen, 1959–1960, 1712 S.

ENNECCERUS Siehe: GENKIN/NOVICKIJ 1949

EÖRSI 1964 = EÖRSI G., Jogösszehasonlítás és békés együttélés: Állam és Jogtudomány (Budapest), 1964 S. 380–393. Englische Übersetzung: Comparative Analysis of Socialist and Capitalist Law: Coexistence No. 2 (November 1964) S. 139–151

Erneuerung 1938 = Zur Erneuerung des Bürgerlichen Rechts, München, Berlin [1938], 114 S. (Schriften der Akademie für Deutsches Recht)

ESSER 1960 = ESSER J., Schuldrecht. Allgemeiner und besonderer Teil, Karlsruhe, 2. Aufl., 1960, 992 S.

EVTICHIEV/VLASOV 1946 = EVTICHIEV I., VLASOV V., Administrativnoe pravo SSSR, Moskau, 1946, 432 S.

FASOLJAK 1961 = FASOLJAK N. D., Material'no-techničeskoe snabženie v ekonomičeskom administrativnom rajone, Moskau, 1961, 176 S.

FELLNER/FISCHER 1956 = FELLNER M., FISCHER H., Wohnraumbewirtschaftungsgesetz. Kommentar, München, Berlin, 3. Aufl., 1956, 372 S.

FISCHER Siehe: FELLNER/FISCHER 1956

FISCHER/WÖHRMANN 1954 = FISCHER W., WÖHRMANN O., Das Landpachtgesetz, Kommentar, Hamburg, 2. Aufl., 1954, 211 S.

FLEINER 1906 = FLEINER F., Über die Umbildung zivilrechtlicher Institute durch das öffentliche Recht. Akademische Antrittsrede, Tübingen, 1906, 24 S.

FLEJŠIC 1947 Siehe: LUNC/FLEJŠIC 1947

FLEJŠIC 1948 = FLEJŠIC E. A., Buržuaznoe graždanskoe pravo na službe monopolističeskogo kapitala, Moskau, 1948, 52 S.
Bespr.: Sov. gos. i pravo 1949 No. 2 S. 71–73 (R. CHALFINA); Soc. zak. 1949 No. 3 S. 56–57 (L. LUNC)

FLEJŠIC 1954 = FLEJŠIC E. A., Dogovor postavki, in: Otdel'nye vidy objazatel'stv, Moskau, 1954, S. 16–86
Bespr.: Soc. zak. 1956 No. 6 S. 81–84 (V. GRIBANOV u. a.)

FLEJŠIC 1955 = FLEJŠIC E. A., Vstupitel'naja stat'ja: SAMOND I VIL'JAMS, Osnovy dogovornogo prava, Perevod, Moskau, 1955, S. 3–20 [= Einführung zur russischen Übersetzung des Buches von SALMOND J., WILLIAMS J., Principles of the Law of Contracts, London, 1945]

FLEJŠIC 1956 = FLEJŠIC E. A., Rasčetnye i kreditnye pravootnošenija, Moskau, 1956, 279 S.

Bespr.: Sov. gos. i pravo 1957 No. 12 S. 135–141 (V. K. RAJCHER u. a.)

FLEJŠIC 1957 = FLEJŠIC E. A., Osnovnye čerty novejšego graždanskogo zakonodatel'stva Francii, in: Učenye zapiski (VIJuN), Moskau, No. 2 [6] (1957) S. 129–175

FLEJŠIC 1960 = FLEJŠIC E. A., Vstupitel'naja stat'ja: L. Žjullio de la Morand'er, Graždanskoe pravo Francii, Tom 2, Perevod, Moskau, 1960, S. 5–22 [= Einführung zur russischen Übersetzung des Werkes von J. JULLIOT DE LA MORANDIÈRE, Précis de droit civil, Bd. 2, Paris, 1957; die russische Übersetzung von Bd. 1 erschien 1958, von Bd. 3, 1961, auch jeweils mit Einführungen von E. A. FLEJŠIC]

FLEJŠIC Siehe: Kommentarij k Osnovam 1962

FLESSA 1954 = FLESSA R., Das Wesen der Staatsbürgschaft: NJW 1954 S. 538 bis 541

FLESSA 1957 = FLESSA R., Schuldverhältnisse des Staates auf Grund Verwaltungsaktes (Gestaltungsmöglichkeiten für Staatskredite): DVBl. 1957 S. 81–84 und 118–121

FLUME 1960 = FLUME W., Rechtsgeschäft und Privatautonomie, in: Hundert Jahre deutsches Rechtsleben. Festschrift..., Karlsruhe, 1960, Bd. 1, S. 135–238

FORSTHOFF 1961 = FORSTHOFF E., Lehrbuch des Verwaltungsrechts. Bd. 1: Allgemeiner Teil, München, Berlin, 8. Aufl., 1961, 596 S.

FREJDMAN Siehe: DONDE 1953

FREUND 1931 = FREUND H., Die Zukunft des Zivilrechts in der Sowjetunion: Osteuropa, Jg. 6 (1930–1931) S. 695–709

FRIEDMANN 1951 = FRIEDMANN W., Law and Social Change in Contemporary Britain, London, 1951, 322 S.

FRIEDMANN 1953 = FRIEDMANN W., Modern Trends in Soviet Law: University of Toronto Law Journal, Jg. 10 (1953) S. 87–92

FRIEDMANN 1959 = FRIEDMANN W., Law in a Changing Society, London, 1959, 522 S.

FROMM 1965 = FROMM G., Verwaltungsakte mit Doppelwirkung: Verwaltungsarchiv, Jg. 56 (1965) S. 26–60

FUJITA 1959 = FUJITA, ISAMU, Sozialistisches Eigentum und Vertrag. Rechtsstruktur des Planvertrages als eine Bewegungsform des Volkseigentums: The Japan Annual of Law and Politics No. 7 (1959) S. 28–33 [= Zusammenfassung]

GAVZE 1959 = GAVZE F. I., Razvitie socialističeskogo graždansko-pravovogo dogovora (1917–1934 gg.), Minsk, 1959, 96 S.

GAVZE 1961 = GAVZE F. I., Tovarnoe proizvodstvo v period socializma i graždansko-pravovoj dogovor, in: Voprosy sovetskogo graždanskogo i trudovogo prava, Minsk, 1961, S. 3–45 (Belorusskij gosudarstvennyj universitet)

GENKIN 1949 = GENKIN D. M., [Rezension des Buches von ŠKUNDIN 1948], Sov. gos. i pravo 1949 No. 4 S. 57–59. Deutsche Übersetzung: Sowjetwissenschaft 1949 No. 3 S. 271–274

GENKIN 1956 = GENKIN D. M., Osnovy sovetskogo socialističeskogo graždanskogo prava, Moskau, 1956, 56 S. (Vysšyja partijnaja škola pri Central'nom Komitete KPSS)

GENKIN Siehe: Aktual'nye voprosy 1964; Graždanskoe pravo 1944; Graždanskoe pravo 1949; Graždanskoe pravo 1950; Pravovoe regulirovanie 1961; Pravovye voprosy 1955

GENKIN/NOVICKIJ 1949 = GENKIN D. M., NOVICKIJ I. B., Predislovie i vvodnye zamečanija: ENNEKCERUS L., Kurs germanskogo graždanskogo prava. Tom 1, Polutom 1–2, Perevod, Moskau, 1949–1950, S. 5–16 und passim [= Einführung zur russischen Übersetzung des Werkes von ENNECCERUS L., Lehrbuch des Bürgerlichen Rechts, Bd. 1, Halbband 1–2, 13. Bearb., Marburg, 1931]

GIESEKE 1937 = GIESEKE P., Die Einwirkungen der Planwirtschaft auf die Institute des Privatrechts, in: Deutsche Landesreferate zum II. Internationalen Kongreß für Rechtsvergleichung im Haag 1937, Berlin, Leipzig, 1937, S. 383–399

GINCBURG 1934 Siehe: BRATUS'/GINCBURG 1934

GINCBURG Siehe: Kurs 1935

GOJCHBARG 1937 = GOJCHBARG A. G., Inostrannoe graždanskoe i torgovoe pravo i process, Moskau, Leningrad, 1937, 167 S.

GOPPOLD 1960 = GOPPOLD N., Der Staatsbetrieb als juristische Person im sowjetischen Zivilrecht, Rechtswiss. Diss., Universität Frankfurt/M., 1960, 127 S.

Bespr.: RabelsZ Jg. 26 (1961) S. 377 (U. DROBNIG)

GORDON 1924 = GORDON V. M., Duch zakonov torgovych, Char'kov, 1924, 17 S.

GORDON Siehe: LANDKOF 1927

GRASMANN Siehe: DAVID 1964

GRAVE/LUNC 1960 = GRAVE K. A., LUNC L. A., Strachovanie, Moskau, 1960, 176 S.

Graždanskoe pravo 1932 = Graždanskoe pravo sovremennogo imperializma. Sbornik statej, Moskau, 1932, 246 S.

Graždanskoe pravo 1938 = Graždanskoe pravo. Učebnik. Hrsg. vom VIJuN. Red.: Ja. F. MIKOLENKO und P. E. ORLOVSKIJ, Moskau, 1938, Teil 1, 280 S.; Teil 2, 488 S.

Graždanskoe pravo 1940 = Sovetskoe graždanskoe pravo. Učebnik. Hrsg. vom VIJuN. Red. der 1. Aufl.: JA. F. MIKOLENKO, der 2.–4. Aufl.: S. N. BRATUS'. Moskau. 1. Aufl., 1940, 320 S.; 2. Aufl., 1945, 344 S.; 3. Aufl., 1947, 488 S.; 4. Aufl.,1950, 680 S.
Die 2.–4. Aufl. wird zitiert als: Graždanskoe pravo 1945, 1947 bzw. 1950 (a)

Graždanskoe pravo 1944 = Graždanskoe pravo. Hrsg. vom VIJuN und IPAN. Red.: M. M. AGARKOV und D. M. GENKIN, Moskau, 1944, Bd. 1, 420 S.; Bd. 2, 320 S.

Graždanskoe pravo 1945 Siehe: Graždanskoe pravo 1940

Graždanskoe pravo 1947 Siehe: Graždanskoe pravo 1940

Graždanskoe pravo 1949 = Graždanskoe i torgovoe pravo kapitalističeskich stran. Red.: D. M. GENKIN, Moskau, 1949, 544 S.
Bespr.: Sov. gos. i pravo 1950 No. 5 S. 68–74 (O. S. JOFFE)

Graždanskoe pravo 1950 = Sovetskoe graždanskoe pravo. Hrsg. vom VIJuN. Red. des Bd. 1: D. M. GENKIN, des Bd. 2: S. N. BRATUS'. Moskau, Bd. 1, 1950, 496 S.; Bd. 2, 1951, 496 S. (Bd. 2 wird zitiert als: Graždanskoe pravo 1951). Deutsche Übersetzung: Berlin, 1953, Bd. 1, 604 S., Bd. 2, 600 S.

Graždanskoe pravo 1950 (a) Siehe: Graždanskoe pravo 1940

Graždanskoe pravo 1951 Siehe: Graždanskoe pravo 1950

Graždanskoe pravo 1955 = Sovetskoe graždanskoe pravo. Učebnoe posobie. Hrsg. vom VJuZI. Red.: V. A. RJASENCEV, Moskau, 1955, Teil 1, 220 S., Teil 2, 296 S.

Graždanskoe pravo 1959 = Sovetskoe graždanskoe pravo. Hrsg. von der MGU. Red.: P. E. ORLOVSKIJ (für Bd. 1 außerdem: I. B. NOVICKIJ). Moskau, Bd. 1, 1959, 495 S.; Bd. 2, 1961, 532 S. (Bd. 2 zitiert als: Graždanskoe pravo 1961)

Graždanskoe pravo 1960 = Sovetskoe graždanskoe pravo. Hrsg. vom VJuZI. Red.: V. A. RJASENCEV, Moskau, Teil 1, 1960, 526 S., Teil 2, 1961, 576 S. [Teil 2 zitiert als: Graždanskoe pravo 1961 (a)]

Graždanskoe pravo 1961 — Siehe: Graždanskoe pravo 1959

Graždanskoe pravo 1961 (a) — Siehe: Graždanskoe pravo 1960

Graždanskoe pravo 1965 = Sovetskoe graždanskoe pravo. Hrsg. vom VJuZI. Red.: V. A. Rjasencev, Moskau, 1965, Bd. 1, 560 S.; Bd. 2, 504 S.

Graždanskoe pravo 1966 = Graždanskoe i torgovoe pravo kapitalističeskich gosudarstv. Red.: K. K. Jaičkov, Moskau, 1966, 552 S.

Gribanov 1953 = Gribanov V. P., Osnovnye čerty planovych graždansko-pravovych dogovorov i istorija ich razvitija. Avtoreferat dissertacii, Moskau, 1953, 15 S.

Gribanov 1959 = Gribanov V. P., Otvetstvennost' storon za nedopostavku po dogovoru postavki, in: Voprosy sovetskogo graždanskogo prava v praktike suda i arbitraža, Moskau, 1959, S. 331–374

Gribanov 1964 = Gribanov V., Osnovnye principy socialističeskogo planirovanija i voprosy pravovogo regulirovanija material'no-techničeskogo snabženija, in: Voprosy sovetskogo graždanskogo prava, Moskau, 1964, S. 35–66

Grzybowski 1962 = Grzybowski K., Soviet Legal Institutions, Ann Arbor, 1962, 285 S.
Bespr.: New York University Law Review, Jg. 38 (1963) S. 425–430 (H. Berman); u. a.

Grzybowski — Siehe: Gsovski 1959

Gsovski 1948 = Gsovski V., Soviet Civil Law, Ann Arbor, Bd. 1, 1948, 909 S.; Bd. 2, 1949, 907 S.

Gsovski 1949 — Siehe: Gsovski 1948

Gsovski 1959 = Gsovski V., in: Government, Law and Courts in the Soviet Union and Eastern Europe. Gsovski V. and Grzybowski K., Ed., London, 1959, 2 Bde., 2067 S.

Guins 1954 = Guins G. C., Soviet Law and Soviet Society. The Hague, 1954, 457 S.

Gus'kova 1959 = Gus'kova I. V., Pravovye formy regulirovanija metallosnabženija, in: Učenye zapiski (VIJuN), Moskau, No. 9 (1959) S. 205–237

Gus'kova 1965 = Gus'kova I. V., Pravovye voprosy organizacii snabženija narodnogo chozjajstva važnejšimi vidami produkcii, in: Učenye zapiski (VNIISZ), Moskau, No. 4 (1965) S. 108–142

Gygi 1956 = Gygi F., Verwaltungsrecht und Privatrecht, Bern, 1956, 57 S. (Abhandlungen zum schweizerischen Recht, N. F. Heft 317)

Gygi 1958 = Gygi F., Interventionsrecht und Interventionsverwaltung, Bern, 1958, 102 S.
Bespr.: DVBl. 1960, S. 695–696 (H. Ipsen)

HAMANN 1953 = HAMANN A., Rechtsstaat und Wirtschaftslenkung, Heidelberg, 1953, 166 S.

HAMANN 1961 = HAMANN A., Kommentar zum Milch- und Fettgesetz, Hildesheim, 1961, 136 S.

HAUPT 1943 = HAUPT G., Über faktische Vertragsverhältnisse, in: Festschrift ... für HEINRICH SIBER, Leipzig, Bd. 2, 1943, S. 1–37

HAUPT 1943 (a) = HAUPT G., Vertragsfreiheit und Gesetz: Zeitschrift der Akademie für deutsches Recht, Jg. 10 (1943) S. 84–88

HAZARD 1939 = HAZARD J. N., Soviet Housing Law, New Haven, 1939, 178 S.

HAZARD 1953 = HAZARD J., Law and Social Change in the U.S.S.R., London, 1953, 310 S.

HAZARD 1965 = HAZARD J. N., Negritude, Socialism and Law: Columbia Law Review, Jg. 65 (1965) S. 778–809

HAZARD/SHAPIRO 1962 = HAZARD J. N., SHAPIRO I., The Soviet Legal System. Post-Stalin Documentation and Historical Commentary, New York, 1962, 3 Bde (XX, 186 + II, 235 + II, 174 S.)
Bespr.: RabelsZ Jg. 27 (1962) S. 581–584 (D. A. LOEBER); u. a.

HEDEMANN 1919 = HEDEMANN J. W., Das bürgerliche Recht und die neue Zeit. Rede ... am 21. Juni 1919, Jena, 1919, 28 S.

HEDEMANN 1955 = HEDEMANN J. W., Der Kontrahierungszwang. Erinnerung und Ausblick, in: Festschrift für H. C. NIPPERDEY, München, Berlin, 1955, S. 251–260

HEINEMANN 1928 = HEINEMANN G., Das Ersatzgeschäft. Ein Beitrag zum allgemeinen Recht der Verwaltung und Zwangsvollstreckung: Gruchot's Beiträge zur Erläuterung des deutschen Rechts, NF Jg. 6 (1928) S. 319–350 und 550–580

HEINZIG 1959 = HEINZIG D., Die Sownarchosen. Materialsammlung, Hamburg, 1959, 54 S.

HENSELING 1942 = HENSELING J., Die Einwirkungen der Marktordnung auf die Gültigkeit von Verträgen, Berlin, 1942, 152 S.

HENZE 1958 = HENZE K.-O., Verwaltungsrechtliche Probleme der staatlichen Finanzhilfe zugunsten Privater, Heidelberg, 1958, 116 S.

HUBER 1953 = HUBER E. R., Wirtschaftsverwaltungsrecht, Tübingen, 1. Aufl., 1932, 304 S.; 2. Aufl., Bd. 1, 1953, 801 S.; Bd. 2, 1954, 915 S.
Bespr.: AÖR Jg. 79 (1953–1954) S. 378–382 und Bd. 80 (1955 bis 1956) S. 249–252 (L. RAISER); u. a.

HUBER 1956 = HUBER E., Über den Rechtsweg für Klagen aus „Übernahmeverträgen“: DÖV 1956, S. 355–357

IMBODEN Siehe: Der Plan 1960

Inostrannoe graždanskoe pravo 1953 = Inostrannoe graždanskoe i torgovoe pravo. Učebnik. Red.: S. I. RAEVIČ, Moskau, 1933, 276 S.
Bespr.: Sovetskoe gosudarstvo 1934 No. 3 S. 116–119

INSAROVA 1950 = INSAROVA L. A., Vlijanie aktov planirovanija na vozniknovenie, izmenenie i prekraščenie objazatel'stv postavki, Avtoreferat dissertacii, Moskau, 1950, 16 S.

INSAROVA 1955 = INSAROVA L. A., Nekotorye voprosy vlijanija aktov planirovanija na izmenenie i prekraščenie dogovora postavki, in: Voprosy sovetskogo graždanskogo prava, Moskau, 1955, S. 42 bis 63

Instruktivnye ukazanija 1964 = Instruktivnye ukazanija Gosudarstvennogo arbitraža pri Sovete ministrov SSSR. Sistematizirovannyj sbornik. Verantw.: V. P. EFIMOČKIN und F. CH. LIBERMAN. Moskau, 1964, 312 S.

IPSEN 1952 = IPSEN H. P., Rechtsfragen der Investitionshilfe: AÖR Jg. 78 (1952–53) S. 284–334

IPSEN 1955 = IPSEN H. P., Konstruktionsfragen der Getreideeinfuhr-Lenkung, in: Gedächtnisschrift für WALTER JELLINEK, München, 1955, S. 593–615

IPSEN 1956 = IPSEN H. P., Öffentliche Subvention Privater, Berlin, Köln, 1956, 101 S.

IPSEN K. 1964 = IPSEN, KNUT, Zur Rechtsnatur des Tarifs der Bundesbahn: AÖR Jg. 89 (1964) S. 336–368

ISAY 1957 = ISAY R., Die juristische Technik der Wirtschaftslenkung, in: Festschrift [für] WALTER SCHMIDT-RIMPLER, Karlsruhe, 1957, S. 403–428

IŠČENKO 1960 = IŠČENKO A., ROZENBERG M., ZACEPIN B., O vzaimootnošenijach vnešnetorgovych ob'edinenij s sovetskimi postavčikami tovarov dlja eksporta: Vnešnjaja torgovlja 1960 No. 6 S. 37 bis 41

ISTOČNIKI 1961 = Istočniki sovetskogo graždanskogo prava. Sbornik. Zusammengestellt von A. V. DOZORCEV, Moskau, 1961, 940 S.
Bespr.: Sov. gos. i pravo 1962 No. 8 S. 132–134 (JU. G. BASIN)

JAKOBS 1963 = JAKOBS O. W., Zur Methodik der Zivilrechtsvergleichung zwischen Rechten aus verschiedenen Gesellschaftsordnungen: Osteuropa-Recht, Jg. 9 (1963) S. 108–119

JAKOVLEVA 1962 = JAKOVLEVA V. F., O ponjatii dogovora postavki po sovetskomu graždanskomu pravu, in: Problemy graždanskogo i administrativnogo prava, Leningrad, 1962, S. 234–253

JAKOVLEVA 1963 = JAKOVLEVA V. F., Kooperirovannye postavki v promyšlennosti SSSR, Moskau, 1963, 164 S.
Bespr.: Pravovedenie 1964 No. 1 S. 172–175 (O. A. KRASAVČIKOV)

JAKOVLEVA 1965 = JAKOVLEVA E. M., Razvitie dogovornych svjazej gosudarstvennoj promyšlennosti SSSR po snabženiju i sbytu (1917–1937 gg.), Dušanbe, 1965, 447 S.
Bespr.: Sov. gos. i pravo 1967 No. 11 S. 163–164 (M. A. VAKSBERG u. a.)

JAMPOL'SKAJA 1959 = JAMPOL'SKAJA C. A., O subjektivnych pravach sovetskich graždan i ich garantijach, in: Voprosy sovetskogo gosudarstvennogo prava, Moskau, 1959, S. 145–226 (IPAN)

JAMPOL'SKAJA/LUŽIN/PRIBLJUDA 1961 = JAMPOL'SKAJA C. A., LUŽIN A., PRIBLJUDA A. S., Pravovye voprosy organizacii i dejatel'nosti Sovnarchozov, Moskau, 1961, 328 S.

JAWORSKY 1967 = Soviet Political Thought. An Anthology. Selected, Translated, and Edited by M. JAWORSKY, Baltimore, 1967, 621 S.

JAZEV 1960 = JAZEV V. A., Dogovor postavki tovarov narodnogo potreblenija, Moskau, 1960, 120 S.

JAZEV 1960 (a) = JAZEV V. A., O primenenii st. 130 GK RSFSR k dogovoram zaključaemym meždu chozjajstvennymi organami: Pravovedenie 1960 No. 3 S. 121–123
Vgl. dazu Brief vom 22. Juli 1960 (im Gesetzesnachweis)

JOFFE 1955 = JOFFE O. S., Otvetstvennost' po sovetskomu graždanskomu pravu, Leningrad, 1955, 311 S.
Bespr.: Sov. gos. i pravo 1956 No. 7 S. 134–138 (R. O. CHALFINA); Soc. zak. 1956 No. 5 S. 85–87 (P. D. KAMINSKAJA u. a.)

JOFFE 1957 = JOFFE O. S., Graždanskoe pravo, in: Sorok let sovetskogo prava 1917–1957, Leningrad, 1957, Bd. 1, S. 179–275; Bd. 2, S. 157–262

JOFFE 1958 = JOFFE O. S., Sovetskoe graždanskoe pravo, Leningrad [Bd. 1], 1958, 512 S.; Bd. 2, 1961, 532 S.; Bd. 3, 1965, 348 S.

JOFFE 1967 = JOFFE O. S., Plan i dogovor v uslovijach chozjajstvennoj reformy: Sov. gos. i pravo 1967 No. 7 S. 47–55

JOFFE Siehe: Aktual'nye voprosy 1964; Dogovory 1964

JOFFE/TOLSTOJ 1962 = JOFFE O. S., TOLSTOJ JU. K., Osnovy sovetskogo graždanskogo zakonodatel'stva, Leningrad, 1962, 216 S.

JOHNSON 1961 = JOHNSON E. L., Planning and Contract Law: Soviet Studies, Jg. 12 (1960–1961) S. 263–272

JUDEL'SON Siehe: Pravovye voprosy 1959

JULLIOT DE LA MORANDIÈRE Siehe: FLEJŠIC 1960

Kabalkin — Siehe: Normativnye materialy 1965

Karadže-Iskrov 1946 = Karadže-Iskrov, Nedejstvitel'nyj administrativnyj akt i predely ego objazatel'nosti dlja suda [Zusammenfassung eines Vortrages]: Sov. gos i pravo 1946 No. 5–6 S. 73–75

Karass 1952 = Karass A., Peredača gosudarstvennych predprijatij..., in: Voprosy sovetskogo graždanskogo i trudovogo prava, Moskau, 1952, S. 5–38

Karavajkin 1934 = Karavajkin A. A., Ispolnenie dogovorov, Moskau, 1934, 56 S.

Karev — Siehe: Sbornik ... o trude 1960

Kartužanskij 1951 = Kartužanskij L. I., Chozjajstvennye dogovory i arbitraž na sovremennom etape, in: Učenye zapiski (LGU), Leningrad, No. 129 (Serija juridičeskich nauk, No. 3) (1951), S. 100–117

Katzarov 1958 = Katzarov K., La planification comme problème juridique: Rev. int. dr. comp., Jg. 10 (1958), S. 298–319

Kazimirčuk 1965 = Kazimirčuk V. P., Pravo i metody ego izučenija, Moskau, 1965, 204 S. (Kapitel 3: Metod sravnitel'nogo izučenija v nauke prava, S. 91–122)

Bespr.: Sov. gos. i pravo 1966 No. 12 S. 121–123 (D. A. Kerimov, V. A. Tumanov)

Khalil 1967 = Khalil M. S., Le dirigisme économique et les contrats. Étude de droit comparé: France, Egypte, U.R.S.S., Paris, 1967, 413 S.

Kiralfy 1966 = Kiralfy A. K., The New Civil Code of the R.S.F.S.R. A Western View: Int. Comp. L. Q., Jg. 15 (1966) S. 1116–1134

Klejn 1967 = Klejn N. I., Zakonodatel'stvo o planirovanii proizvodstva tovarov narodnogo potreblenija, Moskau, 1967, 143 S.

Knapp 1963 = Knapp V., Verträge im tschechoslowakischen Recht. Ein Beitrag zur Rechtsvergleichung zwischen Ländern mit verschiedener Gesellschaftsordnung: RabelsZ Jg. 27 (1962/63) S. 495 bis 518

Kollmar 1961 = Kollmar H., Das Problem der staatlichen Lenkung und Beeinflussung des rechtsgeschäftlichen Verkehrs, Tübingen, 1961, 178 S.

Bespr.: AcP Bd. 161 (1962) S. 478–480 (W. Lorenz); DÖV 1962 S. 518–519 (H. P. Ipsen)

Kommentarij 1966 = Kommentarij k zakonodatel'stvu o trude. Hrsg. vom VNIISZ, Moskau, 1966, 832 S.

Kommentarij k Osnovam 1962 = Naučno-praktičeskij kommentarij k Osnovam graždanskogo zakonodatel'stva Sojuza SSR i sojuznych respublik. Red.: S. N. Bratus' und E. A. Flejšic. Moskau, 1962, 420 S.

KONSTANTINOVSKY 1953 = KONSTANTINOVSKY B., Soviet Law in Action. The Recollected Cases of a Soviet Lawyer. Edited, with Notes and Commentary by H. J. BERMAN, Cambridge, 1953, 77 S.

Bespr.: RabelsZ Jg. 19 (1954) S. 575 (U. DROBNIG); University of Chicago Law Review, Jg. 21 (1954) S. 780–784 (F. H. LAWSON)

KORJAKOV 1960 = KORJAKOV V. P., Juridičeskaja priroda kreditno-rasčetnych pravootnošenij v SSSR, in: Učenye zapiski (VJuZI), Moskau, No. 9 (1960) S. 31–56

KORKISCH 1958 = KORKISCH F., Das Privatrecht Ost-Mitteleuropas in rechtsvergleichender Sicht: RabelsZ Jg. 23 (1958) S. 1–30

KORNEEV 1956 = KORNEEV S. M., Nauka graždanskogo prava i ee predstaviteli v Moskovskom universitete, in: Učenye zapiski (MGU), Moskau, No. 180 (1956) S. 109–131

KOROBOV Siehe: Direktivy 1957

KOSAREV 1965 = KOSAREV A. I., Ob ispol'zovanii sravnitel'nogo metoda v istoriko-pravovom issledovanii: Sov. gos. i pravo 1965 No. 3 S. 78–86

KOTOK Siehe: Pravovye voprosy 1960

KRASAVČIKOV 1958 = KRASAVČIKOV O. A., Juridičeskie fakty v sovetskom graždanskom prave, Moskau, 1958, 184 S.

KRASNOV 1959 = KRASNOV N. I., Real'noe ispolnenie dogovornych objazatel'stv meždu socialističeskimi organizacijami, Moskau, 1959, 192 S.

Bespr.: Sov. just. 1960 No. 11 S. 23–24 (G. ŠAPKINA u. a.); Soviet Studies, Jg. 12 (1960–1961) S. 263–272 (E. L. JOHNSON)

KRAUSE 1937 = KRAUSE, HERMANN, Die Rückwirkungen der Planwirtschaft auf die Einrichtungen des Privatrechts, in: Deutsche Landesreferate zum II. Internationalen Kongreß für Rechtsvergleichung im Haag 1937, Berlin, Leipzig, 1937, S. 400–412

KROEBER 1931 = KROEBER W., Das Problem des privatrechtsgestaltenden Staatsaktes, Stuttgart, 1931, 54 S.

KRÜGER 1964 = KRÜGER H., Allgemeine Staatslehre, Stuttgart, 1964, 1028 S.

KRYLOVA 1963 = KRYLOVA Z. G., O dal'nejšem ulučšenii pravovogo regulirovanija material'no-techničeskogo snabženija: Sov. gos. i pravo 1963 No. 9 S. 72–78. Französische Zusammenfassung: L'U.R.S.S. et les pays de l'Est 1964 S. 418–419

KRYLOVA 1964 = KRYLOVA Z., Spory pri oformlenii dogovorov po postavke produkcii putem prinjatija narjada k ispolneniju: Sov. just. 1964 No. 9 S. 14–15

KUNIK Siehe: Aktual'nye voprosy 1964

Kurs 1935	=	Kurs sovetskogo chozjajstvennogo prava. Hrsg. vom Institut sovetskogo stroitel'stva i prava. Moskau. Bd. 1 (Red.: L. GINCBURG und E. PAŠUKANIS), 1935, 448 S.; Bd. 2 (Red.: N. DOCENKO), 1935, 532; Index, 1936, 33 S. *Bespr.:* BRATUS' 1936; Zeitschrift für osteuropäisches Recht, N. F. Jg. 3 (1936/37) S. 427–428 (R. MAURACH)
Laikabiedru atminas 1965	=	Peteris Stučka. Laikabiedru atminas 1865–1965 [Erinnerungen von Zeitgenossen 1865–1965], Riga, 1965, 299 S.
LANDKOF 1927	=	LANDKOF S. N., Problemy sovetskogo graždanskogo prava v inostrannom osveščenii, in: Sbornik statej ... posvjaščennych pamjati ... V. M. GORDONA, Char'kov, 1927, S. 211–224
LANGE 1934	=	LANGE, HEINRICH, Vom alten zum neuen Schuldrecht, Hamburg, 1934, 91 S.
LANGROD 1955	=	LANGROD G., Administrative Contracts. A Comparative Study: Am. J. Comp. L., Jg. 4 (1955) S. 325–364
LAPIROV-SKOBLO 1965	=	LAPIROV-SKOBLO M. JA., Voprosy kačestva i komplektnosti produkcii v praktike Gosarbitraža, Moskau, 1957, 108 S.; Neubearbeitung unter dem Titel: Kačestvo produkcii v praktike Gosarbitraža, Moskau, 1965, 88 S. *Bespr. der 1. Aufl.:* Soc. zak. 1959 No. 12 S. 76–77 (M. FAL'KOVIČ u. a.)
LAPTEV 1963	=	LAPTEV V. V., Pravovoe položenie gosudarstvennych promyšlennych predprijatij v SSSR, Moskau, 1963, 288 S. *Bespr.:* Sov. gos. i pravo 1964 No. 1 S. 137–139 (G. JA. TORČINSKIJ u. a.)
LAPTEV 1965	=	LAPTEV V. V., Naučnye problemy chozjajstvennogo prava: Sov. gos. i pravo 1965 No. 4 S. 44–54. Deutsche Übersetzung: Vertragssystem 1965 S. 442–446
LAPTEV		Siehe: Pravovye voprosy 1964; Voprosy 1962; Zakonodatel'nye akty 1961
LAPTEV/ZAMENGOF 1964	=	LAPTEV V. V., ZAMENGOF Z. M., Nekotorye pravovye voprosy soveršenstvovanija planirovanija promyšlennosti: Sov. gos. i pravo 1964 No. 9 S. 28–37
LARENZ 1935	=	LARENZ K., Die Wandlung des Vertragsbegriffs: Deutsches Recht 1935 S. 488–491
LARENZ 1936	=	LARENZ K., Vertrag und Unrecht, 1. Teil: Vertrag und Vertragsbruch, Hamburg, 1936, 203 S.
LARENZ 1967	=	LARENZ K., Lehrbuch des Schuldrechts, München, Berlin, 8. Aufl., 2 Bde, 1967, 401 + 530 S.
LEBEDEV 1927	=	LEBEDEV P. A., Graždanskij Kodeks i gosudarstvennoe chozjajstvo: Vestnik Verchovnogo suda SSSR i Prokuratury Verchsuda SSSR 1927 No. 2 S. 8–13

LEHMANN — Siehe: ENNECCERUS/LEHMANN 1958

LEVIANT 1966 = LEVIANT F. M., Vidy trudovogo dogovora, Moskau, 1966, 188 S.

LIBERMAN 1959 = LIBERMAN F. CH., Voprosy rasčetov za produkciju i uslugi v praktike Gosarbitraža, Moskau, 1959, 164 S.

LIBERMAN 1962 = LIBERMAN F., Soveršenstvovanie zakonodatel'stva o postavkach produkcii: Soc. zak. 1962 No. 10 S. 23–28

LIBERMAN 1965 = LIBERMAN F. CH., Effektivnee ispol'zovat' dogovor postavki v dele ulučšenija planirovanija snabženija i torgovli: Sov. gos. i pravo 1965 No. 2 S. 102–111

LIBERMAN 1965 (a) = LIBERMAN F., Razvitie prjamych dogovornych svjazej predprijatij legkoj promyšlennosti: Sov. just. 1965 No. 12 S. 9–11. Französische Zusammenfassung: L'U.R.S.S. et les pays de l'Est, Jg. 7 (1966) S. 282–283

LIBERMAN — Siehe: Instruktivnye ukazanija 1964

LIPECKER 1933 = LIPECKER M., Organizacionnye voprosy planirovanija Sovetskoj torgovli, in: Voprosy sovetskogo chozajstvennogo prava. Moskau, Sbornik 1, 1933, S. 72–127

LOEBER 1961 = LOEBER D. A., Rechtsvergleichung zwischen Ländern mit verschiedener Wirtschaftsordnung: RabelsZ Jg. 26 (1961) S. 201 bis 229

LOEBER 1964 = LOEBER D. A., Plan and Contract Performance in Soviet Law: University of Illinois Law Forum, Jg. 1964 No. 1 S. 128–179

LOEBER 1965 = LOEBER D. A., Unbewältigte Vergangenheit im sowjetischen Zivilrecht, in: Macht und Recht im kommunistischen Herrschaftssystem, Köln, 1965, S. 129–150

LOEBER 1966 = LOEBER D. A., Plan und Vertrag im Zeichen der sowjetischen Wirtschaftsreformen 1964–1965, in: Wirtschaftsplanung im Ostblock, Stuttgart, Berlin, 1966, S. 68–92

LÖNING 1942 = LÖNING G., „Faktische Verträge" oder Öffentliches Recht?: Zeitschrift der Akademie für deutsches Recht, Jg. 9 (1942) S. 289–293

LOGINOV 1964 = LOGINOV P. V., Rešenie gosudarstvennogo arbitraža, Moskau, 1964, 150 S.

LUNC 1950 = LUNC, in: NOVICKIJ I. B., LUNC L. A., Obščee učenie ob objazatel'stve, Moskau, 1950, S. 270–413
Bespr.: Sov. gos. i pravo 1951 No. 11 S. 77–80 (P. D. KAMINSKAJA); DUNEVIČ 1956

LUNC 1954 — Siehe: BRATUS'/LUNC 1954

LUNC 1960 — Siehe: GRAVE/LUNC 1960

LUNC/FLEJŠIC 1947 = LUNC L. A., FLEJŠIC E. A. [u. a.], Graždanskoe pravo, in: Vseobščaja istorija gosudarstva i prava, Teil 4 (1917–1947), Moskau, 1947, S. 284–320

LUŽIN Siehe: JAMPOL'SKAJA/LUŽIN/PRIBLJUDA 1961

L'VOVIČ 1962 = L'VOVIČ JU. JA., Planovye predposylki dogovorov postavki i kupli-prodaži tovarov narodnogo potreblenija: Sov. gos. i pravo 1962 No. 4 S. 77–85

LYON-CAEN 1964 = LYON-CAEN G., Table ronde sur les études et les recherches de droit comparé en U.R.S.S.: Rev. int. dr. comp., Jg. 16 (1964) S. 69–77

MAJ 1953 = MAJ S. K., Očerk obščej časti buržuaznogo objazatel'stvennogo prava, Moskau, 1953, 220 S.
Bespr.: Sov. gos. i pravo 1954 No. 8 S. 119–120

MAKAROV 1940 = MAKAROV A., Das Privat- und Wirtschaftsrecht der Sowjet-Union: RabelsZ Jg. 13 (1940) S. 754–799

MALETIN 1952 = Spravočnik rajonnogo finansovogo rabotnika. Red.: P. A. MALETIN, Moskau, Bd. 1, 1952, 708 S.; Bd. 2, 1953, 567 S.

MALIN Siehe: Direktivy 1957

MALZER 1952 = MALZER E., Die Abgrenzung des öffentlichen und privaten Rechts bei privatrechtsgestaltenden Verwaltungsakten, Rechtswiss. Diss., Universität Köln, 1952, 123 S. (maschr.)

MAMUTOV 1964 = MAMUTOV V. K., Kompetencija gosudarstvennych organov v rešenii chozjajstvennych voprosov, Moskau, 1964, 267 S.
Bespr.: Sov. gos. i pravo 1964 No. 11 S. 140–141 (A. A. PUŠKIN u. a.); Pravovedenie 1965 No. 3 S. 172–175

MAMUTOV 1964 (a) = MAMUTOV V. K., Vzaimootnošenija predprijatij s vyšestojaščimi gosudarstvennymi organami i voprosy dogovornoj otvetstvennosti: Sov. gos. i pravo 1964 No. 5 S. 42–51. Französische Zusammenfassung: L'U.R.S.S. et les pays de l'Est 1965 S. 306–309

MANFRID 1935 = MANFRID F., Fašizm i germanskoe graždanskoe pravo, Moskau, 1935, 66 S.

MARGOLIN Siehe: MOŽEJKO/ŠKUNDIN 1948

MARČENKO 1958 = MARČENKO I., Dogovir postavki i pidrjadu v sovets'komu civil'nomu pravi, Rechtswiss. Diss., Ukrainische Freie Universität München, 1958, 102 S. (maschr.)

MARTYNOV 1927 = MARTYNOV B. S., Opyt charakteristiki osnovnych institutov imuščestvennogo prava perechodnogo vremeni, in: ASKNAZIJ S. I., MARTYNOV B. S., Graždanskoe pravo i reguliruemoe chozjajstvo, Leningrad, 1927, S. 63–108

MARTYNOV 1928 = MARTYNOV B. S., Graždanskij kodeks i gosudarstvennyj oborot. Doklad, in: Voprosy promyšlennogo prava. Materialy Vtorogo soveščanija juriskonsul'tov gos. promyšlennosti, Moskau, 1928, S. 45–61, 95–99

Bespr.: Revoljucija prava 1928 No. 3 S. 121–123 (P. I. STUČKA); BRATUS' 1930; Zeitschrift für Ostrecht, Jg. 3 (1929) S. 147–148 (N. NAUMOV) und S. 151, 154–155 (H. FREUND); u. a.

MASEVIČ 1964 = MASEVIČ M. G., Dogovor postavki i ego rol' v ukreplenii chozrasčeta, Alma Ata, 1964, 319 S.

MASEVIČ/MURZIN/POKROVSKIJ 1962 = MASEVIČ M. G., MURZIN N. G., POKROVSKIJ B. V., Pravovye voprosy material'no-techničeskogo snabženija predprijatij sovnarchozov, Alma-Ata, 1962, 258 S.

MASNATTA 1962 = MASNATTA H., El contrato en el derecho sovietico, Buenos Aires, 1962, 60 S.

MAURACH 1953 = MAURACH R., Das Rechtssystem der UdSSR [ohne Ort], 1953, 50 + 9 S. (Arbeitsgemeinschaft für Osteuropaforschung)

Bespr.: RabelsZ Jg. 19 (1954) S. 574–575 (U. DROBNIG)

MAYER-MALY 1965 = MAYER-MALY T., Vertrag und Einigung, in: Festschrift für HANS CARL NIPPERDEY, München, Bd. 1, 1965, S. 509–522

MEDER 1965 = MEDER W., Das sowjetische Wirtschaftsrecht, in: Osteuropa-Handbuch. Sowjetunion, Das Wirtschaftssystem, Köln, Graz, 1965, S. 290–337

MIHALY 1959 = MIHALY Z., The Role of Civil Law Institutions in the Management of Communist Economies: The Hungarian Experience: Am. J. Comp. L., Jg. 8 (1959) S. 310–328

MIKOLENKO Siehe: Graždanskoe pravo 1938; Graždanskoe pravo 1940

MINC 1944 = MINC S. V., Dogovornye objazatel'stva v uslovijach voennogo vremeni, in: Učenye zapiski (VIJuN), Moskau, No. 3 (1944) S. 83–96

MODEST 1953 = MODEST F., Kommentar zum Getreidegesetz, Heidelberg, 1953, 160 + 24 S.

MÖLLER 1962 = MÖLLER H., Allgemeine Versicherungsbedingungen. Grenzprobleme des öffentlichen und privaten Versicherungsrechts: Jahrbuch für internationales Recht, Jg. 11 (1962) S. 313–324

MOLITOR 1923 = MOLITOR E., Zur Theorie des Vertragszwangs: Iherings Jahrbücher für die Dogmatik des bürgerlichen Rechts, Jg. 73 (1923) S. 1–32

MOŽEJKO 1962 = MOŽEJKO V., Chozjajstvennyj dogovor v SSSR, Moskau, 1962, 240 S.

Bespr.: Sov. gos. i pravo 1962 No. 11 S. 143–145 (N. I. KRASNOV u. a.); Soc. zak. 1962 No. 6 S. 91–94 (Z. ZAMENGOF); Radjans'ke pravo 1963 No. 4 S. 135–137 (V. LUC')

MOŽEJKO/ŠKUNDIN 1948 = Arbitraž v sovetskom chozjajstve. Sbornik zakonov... Zusammengestellt von V. N. MOŽEJKO und Z. I. ŠKUNDIN, Moskau, 4. Aufl., 1948, 668 S. (1. Aufl., zusammengestellt von L. I. MARGOLIN u. a., 1935, 272 S.)

MURZIN 1964 = MURZIN N. G., Preddogovornyj arbitraž po postavke v sovetskom graždanskom prave, Alma Ata, 1964, 113 S.
Bespr.: Sov. gos. i pravo 1964 No. 10 S. 146–148 (N. I. KLEJN)

MURZIN Siehe: MASEVIČ / MURZIN / POKROVSKIJ 1962

NAJVIDELIS 1965 = NAJVIDELIS G. V., Oformlenie dogovornych otnošenij po postavke produkcii (tovarov) putem prinjatija narjadov k ispolneniju: Sov. gos. i pravo 1965 No. 3 S. 102–107

Naučnaja sessija 1953 = Naučnaja sessija VIJuN: Soc. zak. 1953 No. 7 S. 56–67

NEČECKIJ 1957 = NEČECKIJ M. A., Značenie dogovora žiliščnogo najma v SSSR, in: Učenye zapiski (Saratovskij juridičeskij institut), Saratov, No.5 (1957) S. 143–160

NEUMANN Siehe: WILRODT/NEUMANN 1964

NIKITINA 1960 = NIKITINA M. I., Planirovanie postavok produkcii gosudarstvennymi predprijatijami..., in: Učenye zapiski (VJuZI), Moskau, No. 8 (1960) S. 186–210

NIPPERDEY 1920 = NIPPERDEY H., Kontrahierungszwang und diktierter Vertrag, Jena, 1920, 168 S.

NIPPERDEY 1924 = NIPPERDEY H. C., Beiträge zum Tarifrecht, Mannheim..., 1924, 206 S.

NIPPERDEY Siehe: ENNECCERUS/NIPPERDEY 1960

NOLDE Siehe: ARMINJON/NOLDE/WOLFF 1951

Normativnye materialy 1965 = Normativnye materialy po sovetskomu graždanskomu pravu. Sbornik. Zusammengestellt von A. JU. KABALKIN, Moskau, 1965, 616 S.

NOVICKIJ 1947 = NOVICKIJ I. B., Objazatel'stvo zaključit' dogovor, Moskau, 1947, 50 S. [Auflage: 500 Exemplare]

NOVICKIJ 1947 (a) = NOVICKIJ I. B., Učastie kreditora v ispolnenii dogovornogo objazatel'stva: Sov. gos. i pravo 1947 No. 7 S. 24–33

NOVICKIJ 1949 Siehe: GENKIN/NOVICKIJ 1949

NOVICKIJ 1950 = NOVICKIJ, in: NOVICKIJ I. B., LUNC L. A., Obščee učenie ob objazatel'stve, Moskau, 1950, S. 5–269
Bespr.: siehe LUNC 1950

NOVICKIJ 1951 = NOVICKIJ I. B., Solidarnost' interesov v sovetskom graždanskom prave, Moskau, 1951, 120 S. Deutsche Übersetzung: Berlin, 1955, 105 S.
Bespr.: Rev. int. dr. comp., Jg. 9 (1957) S. 803–805 (M. FRIDIEFF) und Jg. 15 (1963) S. 89–90 (M. FRIDIEFF); RabelsZ Jg. 23 (1958) S. 362 (U. DROBNIG)

NOVICKIJ 1954 = NOVICKIJ I. B., Sdelki. Iskovaja davnost', Moskau, 1954, 248 S.
Bespr.: Sov. gos. i pravo 1955 No. 1 S. 132–135 (F. I. GAVZE)

NOVICKIJ 1955 = NOVICKIJ I. B., Rol' sovetskogo graždanskogo prava v osuščestvlenii chozrasčeta i režima ekonomii, Moskau, 1955, 208 S.
Bespr.: Sov. gos. i pravo 1956 No. 9 S. 133–136 (A. V. DOZORCEV)

NOVICKIJ Siehe: Graždanskoe pravo 1959

Novoe... 1962 = Novoe v graždanskom i graždansko-processual'nom zakonodatel'stve Sojuza SSR i sojuznych respublik (Trudy naučnoj sessii VIJuN), Moskau, 1962, 220 S.

OBERMAYER Siehe: Der Plan 1960

OESCHGER 1954 = OESCHGER K., Zur Lehre vom öffentlich-rechtlichen Vertrag, Dissertation, St. Gallen, 1954, 177 S.

ORDANSKIJ 1963 = ORDANSKIJ M. S., Objazatel'stva, vytekajuščie neposredstvenno iz mesjačnogo plana perevozok gruzov železnodorožnym transportom: Vestnik Moskovskogo Universiteta, Serija Pravo 1963 No. 1 S. 35–41

ORLOVSKIJ Siehe: Graždanskoe pravo 1938; Graždanskoe pravo 1959; Graždanskoe pravo 1961; Spravočnik 1963

O teoretičeskom nasledii 1965 = O teoretičeskom nasledii P. I. Stučki v sovetskoj pravovoj nauki. Sbornik statej, Riga, 1965, 260 S.

OVSIENKO 1957 = OVSIENKO V. V., Nekotorye voprosy struktury objazatel'nych otnošenij po postavke metalloprodukcii, in: Učenye zapiski (Char'kovskij juridičeskij institut), Char'kov, No. 8 (1957) S. 53–74

PABST Siehe: SCHMIDT/PABST 1956

PAŠKOV 1966 = PAŠKOV A. S., Pravovoe regulirovanie podgotovki i raspredelenija kadrov, Leningrad, 1966, 188 S.

PAŠUKANIS 1928 = PAŠUKANIS E. B., Obščaja teorija prava i Marksizm, Moskau, 1. Aufl., 1924, 160 S.; 4. Aufl., 1928, 128 S. Deutsche Übersetzung: Wien, 1929, 202 S.; englische Übersetzung: Soviet Legal Philosophy, Cambridge, 1951, S. 111–225; Auszüge auch in: JAWORSKY 1967, S. 135–141; serbische Übersetzung: Sarajevo, 1958; italienische Übersetzung: Teorie sovietiche del diritto, Milano, 1964, S. 77–238; japanische Übersetzung (erwähnt in Sov. gos. i pravo 1967 No. 6 S. 151)
Über Besprechungen und Selbstkritik siehe den Text bei Anm. IV 50–51 und 63–66

PAŠUKANIS 1929 = PAŠUKANIS E. B., Ekonomika i pravovoe regulirovanie: Revoljucija prava 1929 No. 4 S. 12–32 und No. 5 S. 20–37

PAŠUKANIS 1930 = PAŠUKANIS E. B., Položenie na teoretičeskom pravovom fronte: Sovetskoe gosudarstvo i revoljucija prava 1930 No. 11 bis 12 S. 16–49. Englische Übersetzung: Soviet Legal Philosophy, Cambridge, 1951, S. 237–280

PAŠUKANIS 1931 = PAŠUKANIS E. B., Osnovnye problemy marksistskoj teorii prava i gosudarstva: Sovetskoe gosudarstvo i revoljucija prava 1931, No. 1 S. 11–40

PAŠUKANIS 1936 = PAŠUKANIS E. B., Gosudarstvo i pravo pri socializme: Sovetskoe gosudarstvo 1936 No. 3 S. 3–11. Auszugsweise englische Übersetzung: JAWORSKY 1967, S. 315–323

PAŠUKANIS Siehe: Kurs 1935

PERETERSKIJ 1930 = PERETERSKIJ I., Il progretto italo-francese di un Codice delle Obbligazioni e dei contratti e il Codice Civile Sovietico: Annuario di diritto comparato e di studi legislativi, Jg. 4–5 (1930), Teil 1, S. 139–153

PETROV 1954 = PETROV G. I., Sovetskie administrativno-pravovye otnošenija, in: Učenye zapiski (Leningradskij juridičeskij institut), Leningrad, No. 6 (1954) S. 41–68

PETROV 1959 = PETROV G. I., Suščnost' sovetskogo administrativnogo prava, Leningrad, 1959, 184 S.

PFUHL 1958 = PFUHL E., Der Wirtschaftsvertrag im sowjetischen Recht, Berlin, 1958, 118 S. (Berichte des Osteuropa-Instituts an der Freien Universität Berlin, Heft 37)

Bespr.: Rev. int. dr. comp., Jg. 11 (1959) S. 480–481 (R. DAVID); RabelsZ Jg. 26 (1961) S. 376–377 (U. DROBNIG)

PFUHL 1958 (a) = PFUHL E., Das System der Vertragsbeziehungen in der Volkswirtschaft der UdSSR: Osteuropa-Recht, Jg. 4 (1958) S. 172 bis 185

Der Plan 1960 = Der Plan als verwaltungsrechtliches Institut. Berichte von M. IMBODEN und K. OBERMAYER und Aussprache ... in den Verhandlungen der Tagung ... vom 7. bis 9. Oktober 1959, in: Veröffentlichungen der Vereinigung der Deutschen Staatsrechtslehrer, Heft 18, Berlin, 1960, S. 113–215

PLEYER 1961 = PLEYER K., Das Vertragsverhältnis im Wirtschaftssystem der Bundesrepublik und der SBZ: Juristische Praxis, Jg. 10 No. 98 (April 1961) S. 1–5

PLEYER 1963 = PLEYER K., Vertrag und Wirtschaftsordnung. Systemvergleichende Betrachtungen zum Liefer- und Leistungsvertrag in der SBZ: JZ 1963 S. 233–241

POBIRČENKO 1964 = POBIRČENKO I. G., Spory o ponuždenii zaključit' dogovor postavki, Moskau, 1964, 110 S. (Bibliotečka chozjajstvennika ...)

POKROVSKIJ Siehe: MASEVIČ / MURZIN / POKROVSKIJ 1962

POLOŽENIJA 1965 = Položenija o postavkach produkcii i tovarov. Instrukcii..., Osobye uslovija postavki. Sbornik normativnych aktov. (2. Aufl. zusammengestellt von V. P. EFIMOČKIN) Moskau, 2. Aufl., 1963, 784 S.; 3. Aufl., 1965, 848 S.

PONOMAREV Siehe: Spravočnik 1964

POSCH 1961 = POSCH M., Neugestaltung des Kaufrechts, Berlin, 1961, 232 S.
Bespr.: Staat und Recht 1962 S. 1395–1401 (G. HANEY)

Pravila raboty 1961 Siehe: Pravila raboty 1965

Pravila raboty 1965 = Pravila raboty torgovych predprijatij. Pravila prodaži tovarov. Sbornik normativnych materialov. Moskau, 1. Aufl., 1961, 864 S.; 3. Aufl., 1965, 511 S.

Pravovoe regulirovanie 1961 = Pravovoe regulirovanie vnešnej torgovli SSSR. Red.: D. M. GENKIN, Moskau, 1961, 515 S.
Bespr.: Vnešnjaja torgovlja 1963 No. 1 S. 38–40 (V. TEPLJAKOV)

Pravovye voprosy 1955 = Pravovye voprosy vnešnej torgovli SSR s evropejskimi stranami narodnoj demokratii. Red.: D. M. GENKIN, Moskau, 1955, 264 S.
Bespr.: Sov. gos. i pravo 1956 No. 2 S. 144–147 (O. N. SADIKOV u. a.)

Pravovye voprosy 1959 = Pravovye voprosy organizacii i dejatel'nosti Sovnarchozov. Red.: K. S. JUDEL'SON. Moskau, 1959, 340 S.
Bespr.: Sov. gos. i pravo 1960 No. 10 S. 117–121 (V. K. MAMUTOV u. a.)

Pravovye voprosy 1959 (a) = Pravovye voprosy upravlenija promyšlennost'ju i stroitel'stvom. Red.: JU. K. TOLSTOJ, Leningrad, 1959, 128 S.
Bespr.: Sov. gos. i pravo 1960 No. 10 S. 117–121 (V. K. MAMUTOV u. a.)

Pravovye voprosy 1960 = Pravovye voprosy upravlenija promyšlennost'ju i stroitel'stvom v SSR. Sbornik statej. Red.: V. F. KOTOK und V. S. TADEVOSJAN, Moskau, 1960, 333 S. Deutsche Übersetzung: Berlin, 1962, 366 S.
Bespr.: Sov. gos. i pravo 1961 No. 12 S. 129–134 (S. N. LANDKOF u. a.)

Pravovye voprosy 1964 = Pravovye voprosy planirovanija promyšlennosti v SSSR. Red.: V. V. LAPTEV, Moskau, 1964, 286 S. (AN SSSR, Institut gosudarstva i prava). S. 11–14 erschienen in englischer und französischer Übersetzung in Rev. Contemp. L., Jg. 12 (1965) No. 1 S. 27–50 bzw. Revue de Droit Contemporain, Jg. 12 (1965) No. 1 S. 28–52
Bespr.: L'Actualité juridique en U.R.S.S., Paris, 1965 No. 1 S. 77 (M. LESAGE)

PRIBLJUDA Siehe: JAMPOL'SKAJA/LUŽIN/PRIBLJUDA 1961

PROPP 1964 = PROPP P. D., Zur Transformation einer Zentralverwaltungswirtschaft sowjetischen Typs in eine Marktwirtschaft, Berlin, 1964, 300 S.

RABINOVIČ 1959 = RABINOVIČ N. V., Učebniki graždanskogo prava Federativnoj Respubliki Germanii: Pravovedenie 1959 No. 1 S. 130–137 und No. 3 S. 156–164 [= Buchbesprechung]

RABINOVIČ 1963 = RABINOVIČ N. V., Pravovedenie 1963 No. 4 S. 141–145 [= Besprechung von: Hundert Jahre deutschen Rechtslebens. Festschrift..., Karlsruhe, Bd. 1–2, 1960]

RAEVIČ Siehe: Inostrannoe graždanskoe pravo 1933

RAINER 1957 = RAINER R., Die Einwirkung der öffentlich-rechtlichen Stellung der sowjetischen Staatsunternehmen auf die zwischen ihnen abgeschlossenen Wirtschaftsverträge, Rechtswiss. Diss., Universität Köln, 1957, 124 S.

RAISER 1958 = RAISER L., Vertragsfreiheit heute: JZ 1958 S. 1–8

RAISER 1960 = RAISER L., Vertragsfunktion und Vertragsfreiheit, in: Hundert Jahre deutsches Rechtsleben. Festschrift..., Karlsruhe, 1960, Bd. 1, S. 101–134

RAISER 1967 = RAISER, THOMAS, Das Vertragsgesetz der „DDR“: JZ 1967 S. 338–346

RAJCHER 1958 = RAJCHER V. K., Pravovye voprosy dogovornoj discipliny v SSSR, Leningrad, 1958, 268 S.

Bespr.: Pravovedenie 1959 No. 4 S. 151–155 (O. SADIKOV) und S. 155–158 (V. DESJATKOV); Vestnik Moskovskogo universiteta, Serija Pravo 1960 No. 4 S. 69–73 (G. ŠAPKINA)

RASSUDOVSKIJ 1963 = RASSUDOVSKIJ V. A., Dogovor na vypolnenie proektnych i izyskatel'nych rabot v kapital'nom stroitel'stve, Moskau, 1963, 160 S.

Bespr.: Sov. gos. i pravo 1965 No. 1 S. 142–143

REINHARDT 1957 = REINHARDT R., Die Vereinigung subjektiver und objektiver Gestaltungskräfte im Vertrage, in: Festschrift [für] WALTER SCHMIDT-RIMPLER, Karlsruhe, 1957, S. 115–138

Bespr.: AcP Bd. 159 (1960) S. 348–350 (E. HIRSCH)

REU 1940 = REU F., Rechtsgrundlagen und Rechtsformen der Kriegswirtschaft: Deutsche Rechtswissenschaft, Jg. 5 (1940) S. 202–225

RING 1963 = RING M. P., Pravovoe regulirovanie dogovorov na vypolnenie i vnedrenie naučno-issledovatel'skich i konstruktorskich rabot: Sov. gos. i pravo 1963 No. 11 S. 66–73

RJASENCEV Siehe: Graždanskoe pravo 1955; Graždanskoe pravo 1960; Graždanskoe pravo 1965

ROMAŠKIN Siehe: Zakonodatel'nye akty 1961

ROVINSKIJ 1965 = ROVINSKIJ M., Objazatel'stvo zaključitj dogovor postavki produkcii: Sov. just. 1967 No. 6 S. 22–23

ROZENBERG Siehe: IŠČENKO 1960

RUBINŠTEJN 1933 = RUBINŠTEJN B., K voprosu o chozrazčete, in: Voprosy sovetskogo chozjajstvennogo prava, Moskau, Sbornik 1, 1933, S. 46–71

RUBINŠTEJN 1936 = RUBINŠTEJN B. M., Sovetskoe chozjajstvennoe i graždanskoe pravo, Moskau, 1. Aufl., 1935, 182 S.; 2. Aufl., 1936, 303 S.

ŠAFRAN Siehe: Sbornik ... materialov 1958

SALMOND Siehe: FLEJŠIC 1955

SAMSON 1960 = SAMSON B., Grundzüge des mitteldeutschen Wirtschaftsrechts, Frankfurt/M., 2. Aufl., 1960, 146 S. (1. Aufl. mit abweichendem Titel, 1953, 120 S.)

Bespr.: RabelsZ Jg. 18 (1953) S. 758–759 (U. DROBNIG) und Jg. 26 (1961) S. 595–597 (E. PFUHL); DÖV 1961 S. 518; DVBl. 1961 S. 178; BB 1960 S. 1212

ŠAPKINA 1961 = ŠAPKINA G. S., Oformlenie postavok dogovorami i razrešenie preddogovornych sporov, Moskau, 1961, 104 S.

ŠAPKINA 1963 = ŠAPKINA G., Novoe v pravovom regulirovaniie postavok: Sov. gos. i pravo 1963 No. 5 S. 140–147

ŠAPKINA 1965 = ŠAPKINA G., Soveršenstvovat' sistemu dogovornych otnošenij po postavkam produkcii i tovarov: Sov. just. 1965 No. 1 S. 5–7

Sbornik = Sbornik instruktivnych ukazanij Gosudarstvennogo arbitraža pri Sovete ministrov SSSR. Red.: A. A. VOLIN (seit No. 8); zusammengestellt von P. V. BACHMUROV (seit No. 5), Moskau, No. 1 (1955) – No. 26 (1967)

Sbornik ... materialov 1958 = Sbornik zakonodatel'nych materialov i instruktivnych ukazanij po finansovoj rabote v ugol'noj promyšlennosti. Zusammengestellt von A. A. ŠAFRAN und V. I. ŠČERBAKOV. Moskau, 1958, 768 S.

Sbornik ... o trude 1960 = Sbornik zakonodatel'nych aktov o trude. Red.: D. S. KAREV. Moskau, 1. Aufl., 1956, 568 S.; 2. Aufl., 1959, 608 S.; 3. Aufl., 1960, 734 S.

Sbornik ... o trude 1965 = Sbornik zakonodatel'nych aktov o trude. Moskau, 2. (unveränderte) Aufl., 1965, 854 S. Dazu Beilage: Priloženie..., Moskau, 1965, 128 S.

Diese Sammlung stellt (trotz gleichlautenden Titels) keine Neuauflage dar von: Sbornik ... o trude 1960

Sbornik ukazanij 1967 = Sbornik ukazanij i instruktivnych materialov po perevodu predprijatii, ob'edinenij i otrasley promyšlennosti na novuju sistemu planirovanija i ekonomičeskogo stimulirovanija, Moskau, 1967, 271 S.

Ščeglov 1964 Siehe: Bražnik/Ščeglov 1964

Ščerbakov Siehe: Sbornik ... materialov 1958

Scheuner Siehe: Staatliche Intervention 1954

Schlesinger (Glasgow) 1945 Siehe: Schlesinger (Glasgow) 1951

Schlesinger (Glasgow) 1950 = Schlesinger, Rudolf, Introductory Note, Contract and Arbitration: Soviet Studies, Jg. 1 (1949–1950) S. 383–384

Schlesinger (Glasgow) 1951 = Schlesinger, Rudolf, Soviet Legal Theory, London, 1. Aufl., 1945, 299 S.; 2. Aufl., 1951, 312 S.

Schlesinger (Glasgow) 1962 = Schlesinger, Rudolf, The Fundamental Problems of Soviet Civil Law in the Light of the New Basic Problems: Les Pays Communistes, Bulletin du Centre d'Etude des Pays de l'Est (Brüssel), Jg. 3 (1962) S. 11–28

Schlesinger (Glasgow) 1965 = Schlesinger, Rudolf, Some Observations on the Historical and Social Conditions of Planning: Economics of Planning, Jg. 5 (1965) No. 1–2 S. 53–73

Schlesinger (Ithaca) 1961 = Schlesinger, Rudolf, The Common Core of Legal Systems..., in: XXth Century Comparative and Conflicts Law [Festschrift Yntema], Leyden, 1961, S. 65–79

Schlicht 1963 = Schlicht G., Zur Vertragsdogmatik im künftigen Zivilrecht der SBZ: ROW 1963 S. 10–21

Schmidt/Pabst 1956 = Schmidt R., Pabst E., Bundesleistungsgesetz, Berlin, Frankfurt/M., 1956, 137 S.

Schmidt-Rimpler 1941 = Schmidt-Rimpler W., Grundfragen einer Erneuerung des Vertragsrechts: AcP Bd. 147 (1941) S. 130–197

Schneider 1964 = Schneider E., Das Wirtschaftsrecht im kommunistischen Rechtsdenken, Köln, 1964, 136 S.

Schüle Siehe: Staatliche Intervention 1954

Shapiro Siehe Hazard/Shapiro 1962

Siburg 1963 = Siburg F.-W., Die Anbietungspflicht in der landwirtschaftlichen Marktordnung, Rechtswiss. Diss., Universität Göttingen, 1963, 157 S.

Siebert 1936 = Siebert W., BGB-System und völkische Ordnung: Deutsche Rechtswissenschaft, Jg. 1 (1936) S. 204–262

SIEBERT 1937 = SIEBERT W., Die allgemeine Entwicklung des Vertragsbegriffs, in: Deutsche Landesreferate zum II. Internationalen Kongreß für Rechtsvergleichung im Haag 1937, Berlin, Leipzig, 1937, S. 199–215

SIEBERT 1953 = SIEBERT W., Privatrecht im Bereich öffentlicher Verwaltung, in: Festschrift für HANS NIEDERMEYER, Göttingen, 1953, S. 215 bis 247

SIEBERT 1958 = SIEBERT W., Faktische Vertragsverhältnisse, Karlsruhe, 1958, 108 S.

Bespr.: RabelsZ Jg. 26 (1961) S. 154–158 (S. SIMITIS); u. a.

SIMITIS 1957 = SIMITIS S., Die faktischen Vertragsverhältnisse als Ausdruck der gewandelten sozialen Funktion der Rechtsinstitute des Privatrechts, Frankfurt a. M., 1957, 619 S.

SKOROCHODOV 1965 = SKOROCHODOV I., O porjadke uregulirovanija raznoglasij po dogovoram na postavku neplanovoj produkcii i tovarov: Sov. gos. i pravo 1965 No. 6 S. 107–109

ŠKUNDIN 1940 = ŠKUNDIN Z., Planovoe zadanie i dogovornoe objazatel'stvo: Sov. gos. i pravo 1940 No. 7 S. 84–93

ŠKUNDIN 1947 = ŠKUNDIN Z., Vlijanie plana na objazatel'stvo: Sov. gos. i pravo 1947 No. 2 S. 34–45

ŠKUNDIN 1948 = ŠKUNDIN Z. I., Objazatel'stvo postavki tovarov v sovetskom prave, Moskau, 1948, 208 S.

Bespr.: Izvestija AN SSSR, Otdelenie ekonomii i prava 1949 No. 2 S. 159–161 (M. LIPECKER); GENKIN 1949; Vestnik Leningradskogo universiteta 1949 No. 2 S. 122–127 (S. ASKNAZIJ)

ŠKUNDIN 1948 (a) = ŠKUNDIN Z. I., Plan i objazatel'stvennye otnošenija meždu chozorganami, in: Sovetskoe pravo v period Velikoj otečestvennoj voiny, Moskau, Teil 1, 1948, S. 80–106

ŠKUNDIN 1948 (b) = O nekotorych osobennostjach pravovoj formy sovetskich objazatel'stvennych otnošenij (Doklad Z. I. ŠKUNDINA): Sov. gos. i pravo 1948 No. 8 S. 69–71

ŠKUNDIN Siehe: MOŽEJKO/ŠKUNDIN 1948

SPERANSKAJA 1928 = SPERANSKAJA K., Ob administrativnom dogovore: Vestnik Verchovnogo suda SSSR i Prokuratury Verchsuda SSSR 1928 No. 3 S. 15–26

Spravočnik 1951 = Spravočnik po zakonodatel'stvu dlja rabotnikov gosudarstvennoj promyšlennosti SSSR. Zusammengestellt von CH. E. BACHČISARAJCEV, Moskau, 1951, 632 S.

Spravočnik 1963 = Juridičeskij spravočnik chozjajstvennika. Red.: P. E. ORLOVSKIJ, Moskau, 1963, 579 S.

Spravočnik 1964 = Spravočnik po buchgalterskomu učetu v gosudarstvennoj torgovle. Zusammengestellt von B. V. PONOMAREV und S. N. STRELKOV, Moskau, 1. Aufl., 1958, 760 S.; 3. Aufl., 1964, 688 S.

ŠRETER 1927 = ŠRETER V. N., Planirovanie gosoborota i graždanskij kodeks: Vestnik Verchovnogo suda SSSR i Prokuratury Verchsuda SSR 1927 No. 3 S. 21–23

Bespr.: Zeitschrift für Ostrecht Jg. 4 (1930) S. 1119 (E. KELMAN)

ŠRETER 1928 = ŠRETER V., Sovetskoe chozjajstvennoe pravo (Pravo torgovo-promyšlennoe), Moskau, Leningrad, 1928, 332 S.

Dazu: Selbstkritik, veröffentlicht in Sovetskoe gosudarstvo 1934 No. 2 S. 142–143

Bespr.: Revoljucija prava 1928 No. 6 S. 135–138 (P. I. STUČKA); u. a.

ŠRETER 1928 (a) = ŠRETER V. N., Graždanskij kodeks i gosudarstvennyj oborot. Sodoklad, in: Voprosy promyšlennogo prava. Materialy Vtorogo soveščanija juriskonsul'tov gos. promyšlennosti. Moskau, 1928, S. 62–68, 99–102

Bespr.: wie bei MARTYNOV 1928

Staatliche Intervention 1954 = Die staatliche Intervention im Bereich der Wirtschaft. Berichte von U. SCHEUNER und A. SCHÜLE, Aussprache. Verhandlungen der Tagung ... von ... 1952, in: Veröffentlichungen der Vereinigung der Deutschen Staatsrechtslehrer, Heft 11, Berlin, 1954, S. 1–152

STRELKOV Siehe: Spravočnik 1964

STUČKA 1919 = STUČKA P., Proletarskoe pravo, in: Oktjabr'skij perevorot i diktatura proletariata, Moskau, 1919; Nachdruck: STUČKA, 13 let, S. 24–34; STUČKA, Rev. rol', S. 123–133, gekürzt: STUČKA 1964, S. 256–272. Zitiert nach STUČKA, 13 let. Auszugsweise englische Übersetzung: JAWORSKY 1967, S. 72–75

STUČKA 1921 = STUČKA P., Revoljucionnaja rol' prava i gosudarstva, Moskau, 1. Aufl., 1921, 125 S.; 2. Aufl., 1923, 154 S.; 3. Aufl., 1924, 140 S.; auszugsweiser Nachdruck: STUČKA 1964, S. 45–222. Auszugsweise Übersetzungen: Soviet Legal Philosophy, Cambridge, 1951, S. 17–69; Teorie sovietiche del diritto, Milano, 1964, S. 5–74; STUČKA P., Das Problem des Klassenrechts und der Klassenjustiz, Hamburg, 1922, 51 S. Zitiert nach der 2. Aufl.

STUČKA 1924 = STUČKA P., Klassovoe gosudarstvo i graždanskoe pravo, Moskau, 1924, 78 S.

STUČKA 1925 = STUČKA P., Proletarskij sud i buržuaznoe pravo: Vestnik Kommunističeskoj akademii 1925 No. 13 S. 231–248; Nachdruck (gekürzt): STUČKA, 13 let, S. 106–111; STUČKA, Rev. rol', S. 149–156; STUČKA 1964, S. 351–361. Zitiert nach: STUČKA, 13 let

STUČKA 1927 = STUČKA P., Gosudarstvo i pravo v period socialističeskogo stroitel'stva: Revoljucija prava 1927 No. 2 S. 3–26; Nachdruck: STUČKA, 13 let, S. 141–153; STUČKA 1964, S. 395–412. Zitiert nach: STUČKA, 13 let

STUČKA 1928 = STUČKA P., [Rezensionen in:] Revoljucija prava 1928 No. 3 S. 121–123 und No. 6 S. 134–135

STUČKA 1929 (a) = STUČKA P., O sisteme i predelach material'noj ili osoboj časti GK: Revoljucija prava 1929 No. 5 S. 76–89

STUČKA 1929 (b) = STUČKA P., O praktike primenenija GK: Eženedel'nik sovetskoj justicii 1929 No. 9–10 S. 222–227, 232

STUČKA 1929 (c) = STUČKA P., Graždanskoe pravo i praktika ego primenenija. Tezisy..., Moskau, 1929, 20 S.; Nachdruck (gekürzt): STUČKA, 13 let, S. 133–141; STUČKA 1964, S. 419–431. Zitiert nach dem Erstdruck

STUČKA 1930 (a) = STUČKA P., Pravo – zakon – technika: Sovetskoe gosudarstvo i revoljucija prava 1930 No. 1 S. 97–102; Nachdruck: STUČKA, 13 let, S. 198–203; STUČKA 1964, S. 464–471. Zitiert nach: STUČKA, 13 let

STUČKA 1930 (b) = STUČKA P., Postanovka našej raboty: Sovetskoe gosudarstvo i revoljucija prava 1930 No. 11–12 S. 50–57; Nachdruck: STUČKA, Rev. rol', S. 179–187. Zitiert nach: STUČKA, Rev. rol'

STUČKA 1930 (c) = STUČKA P., Graždanskoe pravo, in: Bol'šaja sovetskaja enciklopedija, Moskau, 1. Aufl., Bd. 18 (1930), Sp. 743–744

STUČKA 1931 (a) = STUČKA P., Moj put' i moi ošibki: Sovetskoe gosudarstvo i revoljucija prava 1931 No. 5–6 S. 67–97; Nachdruck (gekürzt): STUČKA, Rev. rol', S. 89–99. Zitiert nach dem Erstdruck

STUČKA 1931 (b) = STUČKA P., Za edinyj front: Sovetskoe gosudarstvo i revoljucija prava 1931 No. 1 S. 41–50

STUČKA 1931 (c) = Osnovnye načala graždanskogo zakonodatel'stva SSSR. Proekt. Unter der Red. und mit einem Vorwort von P. I. STUČKA, Moskau, 1931, 40 S.

STUČKA, Kurs 1927 = STUČKA P., Kurs sovetskogo graždanskogo prava, Moskau, 1. Aufl., Bd. 1, 1927, 230 S. [die 2. Aufl. des Bd. 1 wird zitiert als: STUČKA, Kurs 1931]. Nachdruck einzelner Kapitel in: STUČKA, 13 let und STUČKA, Rev. rol' sowie STUČKA 1964

STUČKA, Kurs 1929 = DERS., Bd. 2, 1929, 376 S.

STUČKA, Kurs 1931 = DERS., Bd. 3, 1931, 206 S.

STUČKA, Kurs 1931 = DERS., 2. Aufl., Bd. 1, 1931, 260 S. [die 1. Aufl. des Bd. 1 wird zitiert als: STUČKA, Kurs 1927]

STUČKA 1964	= STUČKA P., Izbrannye proizvedenija po marksistsko-leninskoj teorii prava, Riga, 1964, 750 S. Italienische Übersetzung: Torino, 1967, 545 S.
STUČKA 1964 (a)	= STUČKA P., Za sovetskuju vlast' v Latvii 1918–1920, Riga, 1964, 732 S.; lettische Ausgabe: Riga, 1958, 556 S.
STUČKA, 13 let	= STUČKA P., 13 let bor'by za revoljucionno-marksistskuju teoriju prava, Moskau, 1931, 234 S. [Nachdruck früherer Schriften]
STUČKA, Rev. rol'	= STUČKA P., Revoljucionnaja rol' sovetskogo prava, Moskau, 1. Aufl., 1931, 214 S.; 2. Aufl., 1932; 3. Aufl., 1934. [Nachdruck früherer Schriften] Zitiert nach der 1. Aufl.
STUČKA	Siehe: Enciklopedija
SUCH 1949	= SUCH H., Wirtschaftsplanung und Sachmängelhaftung, Leipzig, 1949, 115 S.
SUCH 1950	= SUCH H., Der Vertrag als Instrument der Planung: Neue Justiz 1950 S. 243–247
SUCH 1967	= SUCH H., Der Liefervertrag, Berlin, 1967, 473 S. *Bespr.:* Vertragssystem 1967 S. 571–572
SZÁSZY 1964	= SZÁSZY S., The Duty to Conclude a Contract in East European Law: Int. Comp. L. Q., Jg. 13 (1964) S. 1470–1482
SZIRMAI 1961	= SZIRMAI Z., Sowjetrecht en Rechtsvergelijking, Leiden, 1961, 32 S. [Antrittsvorlesung an der Rijksuniversiteit te Leiden]
TADEVOSJAN	Siehe: Pravovye voprosy 1960
Tagung 1961	= Ežegodnoe sobranie Meždunarodnoj Associacii Juridičeskich Nauk: Sov. gos. i pravo 1962 No. 1 S. 116–121 (betr. Tagung für Rechtsvergleichung im Juni 1961 in Trier). Vgl. auch die Tagungsberichte in JZ 1962 S. 227–228 und Osteuropa-Recht, Jg. 7 (1961) S. 230–231
Tagung 1963	= Bericht über die zweite Tagung der deutschen Ostrechts-Forschungsinstitute am 22.–23. Februar 1963 in Bad Schwalbach: Osteuropa-Recht, Jg. 9 (1963) S. 164–168
Tagung 1964	= Bericht (von K. WESTEN) über eine Tagung zum Thema „Wandlungen in der Sowjetunion seit Stalins Tod" am 14.–16. April 1964 in Münster i. W.: Osteuropa-Recht, Jg. 10 (1964) S. 149–155
TANČUK 1961	= TANČUK I. A., Pravovye formy material'no-techničeskogo snabženija: Sov. gos. i pravo 1961 No. 11 S. 47–56
TANČUK 1963	= TANČUK I. A., Prava i objazannosti predprijatij v oblasti material'no-techničeskogo snabženija: Sov. gos. i pravo 1963 No. 5 S. 113–119. Französische Zusammenfassung: L'U.R.S.S. et les pays de l'Est 1964 S. 237–239

TANČUK 1964 = TANTSCHUK [Tančuk] I. A., Die rechtliche Regelung der materiell-technischen Versorgung in der UdSSR: Vertragssystem 1964 S. 367–374

TANČUK 1965 = TANČUK I. A., Pravovoe regulirovanie material'no-techničeskogo snabženija promyšlennosti, Moskau, 1965, 200 S.

TANTSCHUK Siehe: TANČUK 1964

TARNOVSKAJA 1962 = TARNOVSKAJA E. A., Pravovye voprosy organizacii proizvodstvennogo snabženija v period razvernutogo stroitel'stva kommunizma: Pravovedenie 1962 No. 4 S. 58–69

TARNOVSKAJA 1964 = TARNOVSKAJA E. A., O pravomočijach promyšlennych predprijatij v oblasti proizvodstvennogo snabženija: Pravovedenie 1964 No. 4 S. 46–53

TOLSTOJ Siehe: Pravovye voprosy 1959 (a)

TORČINSKIJ Siehe: Zakonodatel'nye akty 1961

Trudoustrojstvo 1963 = Trudoustrojstvo invalidov v SSSR. Sbornik normativnych aktov..., Moskau, 1963, 472 S.

TUMANOV Siehe: Antikommunizm 1964

TUNC 1962 = TUNC A., La possibilité de comparer le contrat dans des systèmes juridiques à structures économiques différentes: RabelsZ Jg. 27 (1962) S. 478–494. Spanische Übersetzung: Boletin del Instituto de Derecho Comparado de México, No. 43 (1962) S. 3–18

USTERI 1964 = USTERI M., Theorie der Verwaltung in Formen des Privatrechts: Annuario di diritto comparato e di studi legislativi, Jg. 38 (1964) S. 167–243 [Abgeschlossen 1960]

VASIL'EV 1960 = VASIL'EV JU. S., Dogovor kak osnovanie vozniknovenija žiliščnych prav graždan, in: Učenye zapiski (VJuZI), Moskau, No. 10 (1960) S. 121–141

VENEDIKTOV 1928 = VENEDIKTOV A. V., Pravovaja priroda gosudarstvennych predprijatij, Leningrad, 2. Aufl., 1928, 184 S.

Bespr.: Revoljucija prava 1928 No. 6 S. 134–135 (P. I. STUČKA); Zeitschrift für Ostrecht, Jg. 3 (1929) S. 1073–1075 (E. KELMAN)

VENEDIKTOV 1935 = VENEDIKTOV A., Dogovornaja disciplina v promyšlennosti, Leningrad, 1935, 212 S.

Bespr.: Sovetskoe gosudarstvo 1935 No. 4 S. 156–158 (Z. I. ŠKUNDIN)

VENEDIKTOV 1940 = VENEDIKTOV A. V., Organy upravlenija gosudarstvennoj socialističeskoj sobstvennost'ju: Sov. gos. i pravo 1940 No. 5–6 S. 24–51

VENEDIKTOV 1947 = VENEDIKTOV A. V., Ob osnovnych problemach sovetskogo graždanskogo prava, in: Vestnik Leningradskogo universiteta 1947 No. 11 S. 99–123

VENEDIKTOV 1948 = VENEDIKTOV A. V., Gosudarstvennaja socialističeskaja sobstvennost', Moskau, Leningrad, 1948, 840 S. Italienische Übersetzung: Torino, 1953, 708 S.; ferner erschienen Übersetzungen in fünf osteuropäischen Sprachen 1950–1951

VENEDIKTOV 1955 = VENEDIKTOV A. V., Sovetskoe graždanskoe pravo v period provedenija Oktjabr'skoj socialističeskoj revoljucii (1917–1918 gg.), in: Učenye zapiski (LGU), Leningrad, No. 187 (Serija juridičeskich nauk, No. 6) (1955) S. 31–63; Graždanskoe zakonodatel'stvo v period inostrannoj voennoj intervencii i graždanskoj vojny (1918–1920 gg.), in: Učenye zapiski (LGU), No. 201 (Serija juridičeskich nauk, No. 7) (1955) S. 70–119

VENEDIKTOV 1959 = VENEDIKTOV A., Pravovoe položenie Sovnarchoza i podvedomstvennych emu predprijatij, Leningrad, 1959, 131 S.

VIL'NJANSKIJ 1958 = VIL'NJANSKIJ S. I., Lekcii po sovetskomu graždanskomu pravu, Char'kov, 1958, 340 S.
Bespr.: Radjans'ke pravo 1959 No. 1 S. 138–141; Sov. gos. i pravo 1960 No. 1 S. 141–142

VLASOV 1946 Siehe: EVTICHIEV/VLASOV 1946

VOLIN Siehe: Sbornik

VOPROSY 1962 = Voprosy pravovogo regulirovanija narodnogo chozjajstva. Sbornik statej. Red.: V. V. LAPTEV, Moskau, 1962, 191 S.
Bespr.: Sov. gos. i pravo 1962 No. 10 S. 139–142 (CH. V. STOROŽENKO u. a.); Soc. zak. 1963 No. 4 S. 93–94 (A. RUBIN)

VYŠINSKIJ 1937 = VYŠINSKIJ A. JA., K položeniju na fronte pravovoj teorii, Moskau, 1937, 60 S.

VYŠINSKIJ 1938 = VYŠINSKIJ A., Voprosy prava i gosudarstva u K. Marksa, Moskau, 1938, 48 S. Redigierter Nachdruck: VYŠINSKIJ A., Voprosy teorii gosudarstva i prava, Moskau, 2. Aufl., 1949, S. 3–53. Deutsche Übersetzung: Sowjetische Beiträge zur Staats- und Rechtstheorie, Berlin, 1953, S. 7–49; italienische Übersetzung: Teorie sovietiche del diritto, Milano, 1964, S. 239–257

VYŠINSKIJ 1938 (a) = Osnovnye zadači nauki sovetskogo socialističeskogo prava. Doklad A. JA. VYŠINSKOGO, prenija..., Moskau, 1938, S. 7–75; Nachdruck des Vortrages von VYŠINSKIJ: Voprosy teorii gosudarstva i prava, Moskau, 2. Aufl., 1949, S. 54–123. Deutsche Übersetzung: Sowjetische Beiträge zur Staats- und Rechtstheorie, Berlin, 1953, S. 50–108; englische Übersetzungen: Soviet Legal Philosophy, Cambridge, 1951, S. 303–341; JAWORSKY 1967, S. 324–326 (Auszüge)

VYSŠAJA ŠKOLA 1957 = Vysšaja škola. Osnovnye postanovlenija..., Moskau, 1957, 656 S.

WESTEN 1960 = WESTEN K., Der sowjetische Rechtskreis: Jahrbücher für Geschichte Osteuropas, N. F. Jg. 8 (1960) S. 411–419

WESTEN 1963 = WESTEN K., Die Entwicklung des sowjetischen Zivil- und Zivilprozeßrechts seit Stalins Tod: JbOstR, Jg. 4 (1963) No. 2 S. 23–45

WESTEN 1964 Siehe: Tagung 1964

WIEACKER 1937 = WIEACKER F., Der Stand der Rechtserneuerung auf dem Gebiete des bürgerlichen Rechts: Deutsche Rechtswissenschaft, Jg. 2 (1937) S. 3–27

WILLIAMS Siehe: FLEJŠIC 1955

WILRODT/NEUMANN 1964 = WILRODT H., NEUMANN D., Schwerbeschädigtengesetz. Kommentar. München, Berlin, 2. Aufl., 1964, 618 S.

WITTKÄMPFER 1964 = WITTKÄMPFER G., Sozialbindung schuldrechtlicher Verträge im Wirtschaftsverkehr: Betrieb, Jg. 17 (1964) S. 687–690

WÖHRMANN Siehe: FISCHER/WÖHRMANN 1954

WOLFF 1961 = WOLFF H. J., Verwaltungsrecht I. München, Berlin, 4. Aufl., 1961, 384 S.

WOLFF Siehe: ARMINJON/NOLDE/WOLFF 1951

ZACEPIN Siehe: IŠČENKO 1960

ZAGVJAZINSKIJ 1933 = ZAGVJAZINSKIJ I., Dogovor kupli-prodaži v sovetskoj rozničnoj torgovle, in: Voprosy sovetskogo chozjajstvennogo prava, Moskau, Sbornik 1, 1933, S. 223–256

Zakonodatel'nye akty 1961 = Zakonodatel'nye akty po voprosam narodnogo chozjajstva SSSR. Red.: P. S. ROMAŠKIN, V. V. LAPTEV, G. JA. TORČINSKIJ, Moskau, 1961, Bd. 1, 784 S.; Bd. 2, 687 S.
Bespr.: Sov. gos. i pravo 1961 No. 12 S. 127–129 (A. JU. KABALKIN)

Zakonodatel'stvo 1967 = Zakonodatel'stvo o proizvodstve, zagotovkach i zakupkach sel'chozproduktov. Sbornik oficial'nych materialov, Moskau, 1967, 396 S.

ZAMENGOF 1960 = ZAMENGOF Z., Chozjajstvennoe pravo i arbitražnaja praktika: Sov. gos. i pravo 1960 No. 1 S. 56–64

ZAMENGOF 1963 = ZAMENGOF Z. M., Sočetanie gosudarstvennogo planovogo rukovodstva i chozjajstvennoj samostojatel'nosti v dogovornych otnošenijach: Sov. gos. i pravo 1963 No. 2 S. 33–44

ZAMENGOF 1963 (a) = ZAMENGOF Z., Rastorženie i izmenenie dogovorov v praktike arbitraža: Soc. zak. 1963 No. 1 S. 84–86

ZAMENGOF 1964 Siehe: LAPTEV/ZAMENGOF 1964

ZAMENGOF 1967 = ZAMENGOF Z. M., Izmenenie i rastorženie chozjajstvennych dogovorov, Moskau, 1967, 144 S.

ŽDANOV 1964 = ŽDANOV A. A., O dejstvitel'nosti aktov gosudarstvennogo upravlenija: Pravovedenie 1964 No. 1 S. 51–60

Žiliščnye zakony 1957 = Žiliščnye zakony. Sbornik... Zusammengestellt von T. ALEKSEEV, Moskau, 3. Aufl., 1957, 738 S.

ZIVS 1960 = ZIVS S. L., Reakcionno-utopičeskaja koncepcija „sinteza" socialističeskoj i buržuaznoj pravovych sistem: Sov. gos. i pravo 1960 No. 6 S. 53–64. Auszugsweise englische Übersetzung: JAWORSKY 1967, S. 529–538

ZIVS 1964 = ZIVS S. L., O metode sravnitel'nogo issledovanija v nauke o gosudarstve i prave: Sov. gos. i pravo 1964 No. 3 S. 23–35

ZULEEG 1959 = ZULEEG M., Bürgerlichrechtliche Schuldverhältnisse zwischen Hoheitsträger und Staatsbürger auf Grund Verwaltungsakts? Rechtswiss. Diss., Universität Erlangen, 1959, 139 S.

Bespr.: DVBl. 1960 S. 334–335 (G. BITTER)

ZULEEG 1962 = ZULEEG M., Zweistufige Rechtsverhältnisse bei der Vergabe öffentlicher Aufträge? NJW 1962 S. 2231–2235

ZULEEG 1965 = ZULEEG M., Die Rechtsform der Subventionen, Berlin, 1965, 96 S.

Bespr.: DÖV 1965 S. 790–791 (F. GYGI)

ZWEIGERT 1960 = ZWEIGERT K., Méthodologie du droit comparé, in: Mélanges offerts à Jacques Maury, Bd. 1, Paris 1960, S. 579–596. Deutsche Übersetzung (leicht gekürzt): Studium generale, Jg. 13 (1960) S. 193–200. Zitiert nach der deutschen Übersetzung

Personalien sowjetischer Autoren

Die Angaben beschränken sich auf Informationen in knappester Form. Weiteren Aufschluß über den Lebens- und Berufsweg der Verfasser geben die angeführten „Würdigungen" und bei Verstorbenen die „Nachrufe", soweit solche erschienen sind. Wenn die Angaben in einzelnen Fällen unvollkommen sind, so liegt das daran, daß sowjetische rechtswissenschaftliche Veröffentlichungen in der Regel keine Angaben zur Person und zur beruflichen Stellung des Verfassers enthalten.

Zum Verständnis sei bemerkt, daß der Grad eines „Doktors der Rechtswissenschaften" in der Sowjetunion nur auf Grund bedeutender wissenschaftlicher Leistungen erworben werden kann. Nicht jeder Professor ist auch Doktor. In einem „Lehrstuhl" (kafedra) sind die Lehrkräfte einer Disziplin an einer Hochschule zusammengefaßt.

AGARKOV, MICHAIL MICHAJLOVIČ (1890–1947)

Doktor der Rechtswissenschaften. Professor an der Moskauer Universität. Leiter des Lehrstuhls für Zivilrecht.

Würdigung: Sov. gos. i pravo 1947 No. 4 S. 73; Pravovedenie 1962 No. 3 S. 188–189 (mit Bild)

Nachruf: Sov. gos. i pravo 1947 No. 8 S. 78–80 (mit Bild); Izvestija AN SSSR, Otdelenie ekonomiki i prava 1947 No. 5 S. 355–356

ALEKSANDROV, NIKOLAJ GRIGOR'EVIČ (geb. 1908)

Doktor der Rechtswissenschaften. Professor an der Moskauer Universität, Lehrstuhl für Staats- und Rechtstheorie.

Personalangaben: Učenye zapiski (MGU) Moskau, No. 180 (1956), S. 80

AMFITEATROV, GEORGIJ NIKITOVIČ (1899–1951)

Doktor der Rechtswissenschaften. Professor an der Moskauer Universität (1942 bis 1945).

Personalangaben: KORNEEV 1956, S. 126; Laikabiedru atminas 1965, S. 277

ASKNAZIJ, SAMUIL ISAAKOVIČ (1888–1952)

Doktor der Rechtswissenschaften. Professor am Ersten Leningrader Juristischen Institut.

Würdigung: Sov. just. 1941 No. 18 S. 14–15

Nachruf: Pravovedenie 1962 No. 2 S. 172–173 (mit Bild)

BARU, MIRON JOSIFOVIČ

Doktor der Rechtswissenschaften. Professor am Charkower Juristischen Institut.

Personalangaben: Sov. gos. i pravo 1965 No. 9 S. 156

BRATUS', SERGEJ NIKITIČ (geb. 1904)

Doktor der Rechtswissenschaften. Professor. Direktor des Instituts für sowjetische Gesetzgebung (VNIISZ), Moskau. Arbiter der Außenhandels- und See-Arbitragekommissionen, Moskau.

Ehrungen: Titel „Verdienter Wissenschaftler der RSFSR"; Orden „Zeichen der Ehre" (1964)

Würdigung: Sov. gos. i pravo 1964 No. 10 S. 142

BRODSKIJ, I. L.

Tätig in der Arbitrage des Moskauer Volkswirtschaftsrates (1965).

Personalangaben: Sov. gos. i pravo 1965 No. 8 S. 88

ČEREPACHIN, BORIS BORISOVIČ (geb. 1894)

Doktor der Rechtswissenschaften. Professor an der Leningrader Universität, Leiter des Lehrstuhls für Zivilrecht.

Würdigung: Pravovedenie 1965 No. 1 S. 197 (mit Bild)

CHAJDAS, G. I.

Mitarbeiter des Instituts für Staat und Recht der Akademie der Wissenschaften der UdSSR, Moskau.

Personalangaben: Sov. just. 1965 No. 16, vor S. 1

CHALFINA, RAISA OSIPOVNA

Doktor der Rechtswissenschaften. Mitarbeiterin des Instituts für Staat und Recht der Akademie der Wissenschaften der UdSSR, Moskau.

Personalangaben: Sov. gos. i pravo 1965 No. 7 S. 105

CIMERMAN, JULIJ SOLOMONOVIČ

Kandidat der Rechtswissenschaften. Leiter der Rechtsabteilung mit Arbitrage des Ministeriums der Kohlenindustrie der UdSSR, Moskau.

Personalangaben: Sov. gos. i pravo 1966 No. 11 S. 61

DMITRIEV, ALEKSANDR GRIGOR'EVIČ

Stellvertreter des Hauptarbiters der Staatsarbitrage beim Ministerrat der RSFSR, Moskau.

Personalangaben: Sov. gos. i pravo 1965 No. 8 S. 88, 141

DONDE, JAKOV ARONOVIČ (gest. 1953)

Personalangaben: DONDE 1960, S. 2

DOZORCEV, ABRAM VLADIMIROVIČ

Dozent (vermutlich am Institut für Außenhandel des Außenhandelsministeriums der UdSSR) in Moskau.

EFIMOČKIN, VALERIJ PETROVIČ

Abteilungsleiter in der Staatsarbitrage beim Ministerrat der UdSSR, Moskau.

Personalangaben: Sov. gos. i pravo 1961 No. 2 S. 132

FLEJŠIC, EKATERINA ABRAMOVNA (geb. 1888)

Doktor der Rechtswissenschaften. Professor. Mitarbeiterin des Instituts für sowjetische Gesetzgebung (VNIISZ), Moskau.

Würdigungen: Sov. gos. i pravo 1958 No. 10 S. 134; Pravovedenie 1958 No. 2 S. 165; Učenye zapiski (VIJuN), Moskau, No. 9 (1959), S. 3–12 (mit einer Bibliographie der Schriften von E. A. Flejšic auf S. 265–270) [= Festschrift FLEJŠIC]

FREJDMAN, ZUS'E MOISEEVIČ

Älterer Konsultant der Staatsarbitrage beim Ministerrat der UdSSR, Moskau (1958).

Personalangaben: Sov. gos. i pravo 1958 No. 1 S. 135

GAVZE, FAIVEL' ISAAKOVIČ

Dozent an der Weißrussischen Universität in Minsk.

Personalangaben: Učenye zapiski Belorusskogo Gosudarstvennogo Universiteta, Minsk, No. 31 (1957) S. 153, 172

GENKIN, DMITRIJ MICHAJLOVIČ (1884–1966)

Doktor der Rechtswissenschaften. Professor am Moskauer G. V. Plechanov-Institut für Volkswirtschaft, Leiter des Lehrstuhls für Sowjetrecht. Superarbiter der Außenhandels-Arbitragekommission, Moskau. Nahm aktiven Anteil an der Ausarbeitung der Grundlagen der Zivilgesetzgebung von 1961.

Ehrungen: Titel „Verdienter Wissenschaftler"; Dr. iur. h. c. (Leipzig, 1964)

Würdigungen: Sov. gos. i pravo 1959 No. 12 S. 118–119 (mit Bild); Sov. gos. i pravo 1964 No. 11 S. 138–139; Aktual'nye voprosy 1964, S. 5–9 [= Festschrift GENKIN]; Recht im Außenhandel 1965 No. 4 S. 3

Nachruf: Sov. gos. i pravo 1966 No. 3 S. 141

GINCBURG, LEONID JAKOVLEVIČ

Doktor der Rechtswissenschaften. Mitarbeiter des Instituts für Staat und Recht der Akademie der Wissenschaften der UdSSR, Moskau.

Personalangaben: Novoe 1962, S. 155; Sov. gos. i pravo 1965 No. 11 S. 164

GOJCHBARG, ALEKSANDR GRIGOR'EVIČ (1883–1962)

Gehört zu den Schöpfern des Zivilgesetzbuches der RSFSR von 1922. Direktor des Instituts für Sowjetrecht in Moskau; später Juriskonsult des Volkskommissariats für Außenhandel, Moskau.

Würdigung: Bol'šaja sovetskaja enciklopedija, Moskau, 1. Aufl., Bd. 17, 1930, Sp. 392

Nachruf: Sov. gos. i pravo 1963 No. 4 S. 149

GRIBANOV, VENIAMIN PETROVIČ

Dozent an der Moskauer Universität, Lehrstuhl für Zivilrecht.

GUS'KOVA, I. V.

Mitarbeiterin im Allunions-Institut für Rechtswissenschaften, Moskau (jetzt: Institut für sowjetische Gesetzgebung [VNIISZ]).

Personalangaben: Sov. gos. i pravo 1961 No. 2 S. 132

JAZEV, VASILIJ AFRIKANOVIČ

Leiter der Rechtsabteilung und der Arbitrage des Handelsministeriums der RSFSR.

Personalangaben: Sov. gos. i pravo 1963 No. 4 S. 148; 1967 No. 3 S. 144

JOFFE, OLIMPIAD SOLOMONOVIČ

Doktor der Rechtswissenschaften. Professor an der Leningrader Universität, Lehrstuhl für Zivilrecht.

Personalangaben: Sov. gos. i pravo 1967 No. 7 S. 47

KABALKIN, ALEKSANDR JUR'EVIČ

Dozent im Juristischen Allunions-Institut für Fernstudium, Moskau.

Personalangaben: Bjulleten' Verchovnogo suda RSFSR 1964 No. 5 S. 8; No. 12 S. 4

KARAVAJKIN, ALEKSEJ ALEKSEEVIČ (ca. 1900–1967)

Dozent an der Universität Moskau, Lehrstuhl für Zivilrecht.

KEČEK'JAN, STEPAN FEDOROVIČ (1890–1967)

Doktor der Rechtswissenschaften. Professor an der Moskauer Universität, Leiter des Lehrstuhls für Rechts- und Staatsgeschichte.

Ehrungen: Titel „Verdienter Wissenschaftler der RSFSR"

Würdigung: Pravovedenie 1960 No. 2 S. 190 (mit Bild); Sov. gos. i pravo 1960 No. 5 S. 133; Vestnik Moskovskogo Universiteta. Serija Pravo 1960 No. 2 S. 79–81 (mit Bild)

Nachruf: Vestnik Moskovskogo Universiteta. Serija Pravo 1967 No. 4 S. 93–94 (mit Bild); Sov. gos. i pravo 1967 No. 9 S. 144; Pravovedenie 1967 No. 4 S. 128

KORNEEV, SERGEJ MICHAJLOVIČ

Dozent an der Moskauer Universität, Lehrstuhl für Zivilrecht.

LANDKOF, SAMUIL NAUMOVIČ (geb. 1887)

Doktor der Rechtswissenschaften. Professor am Volkswirtschafts-Institut in Kiew.

Würdigung: Sov. gos. i pravo 1967 No. 6 S. 143; Radjans'ke pravo 1967 No. 1 S. 20

LAPTEV, VLADIMIR VIKTOROVIČ

Doktor der Rechtswissenschaften. Professor. Leiter eines Sektors im Institut für Staat und Recht der Akademie der Wissenschaften der UdSSR, Moskau.

Personalangaben: Sov. gos. i pravo 1967 No. 4 S. 57

LIBERMAN, FILIPP CHARITONOVIČ

Leiter der Kodifikationsgruppe in der Staatsarbitrage beim Ministerrat der UdSSR.

Personalangaben: Sov. just. 1965 No. 12 S. 9

LUNC, LAZAR' ADOL'FOVIČ (geb. 1892)

Doktor der Rechtswissenschaften. Professor. Mitarbeiter des Instituts für sowjetische Gesetzgebung (VNIISZ), Moskau.

Würdigung: Sovetskij ežegodnik meždunarodnogo prava 1962, Moskau, 1963, S. 251–252 (mit Bild); Pravovedenie 1962 No. 2 S. 171 (mit Bild); Recueil des Cours 1965 I S. 3 (mit Bild)

Mamutov, Valentin Karlovič

Leiter der Rechtsabteilung des Donezker (Stalino) Volkswirtschaftsrates, Donezk (1961).

Personalangaben: Sov. gos. i pravo 1960 No. 10 S. 121; 1961 No. 2 S. 133

Martynov B. S.

Doktor der Rechtswissenschaften. Professor in Leningrad.

Masevič, Margarita Genrichovna

Mitarbeiterin im Institut für Philosophie und Recht der Akademie der Wissenschaften der Kazachischen SSR, Alma Ata.

Personalangaben: Novoe 1962, S. 112

Možejko, Vsevolod Nikolaevič

Stellvertreter des Hauptarbiters der Staatsarbitrage beim Rat der Volkskommissare der UdSSR, Moskau (1940); Dozent am Allunions-Finanzökonomischen Institut für Fernstudium, Moskau.

Personalangaben: Arbitraž 1940 No. 2 S. 30; Možejko V. N., Dogovor po sovetskomu graždanskomu pravu, Moskau, 1961, S. 1; Sov. gos. i pravo 1966 No. 3 S. 136

Novickij, Ivan Borisovič (1881–1958)

Doktor der Rechtswissenschaften. Professor an der Moskauer Universität, Leiter des Lehrstuhls für Zivilrecht.

Nachruf: Pravovedenie 1958 No. 4 S. 154; Sov. gos. i pravo 1958 No. 9 S. 132

Ordynskij S. D.

Stellvertreter des Hauptarbiters der Staatsarbitrage beim Ministerrat der RSFSR, Moskau.

Personalangaben: Sov. gos. i pravo 1965 No. 8 S. 88

Orlovskij, Pavel Efimovič (geb. 1896)

Professor an der Moskauer Universität, Leiter des Lehrstuhls für Zivilrecht. Korrespondierendes Mitglied der Akademie der Wissenschaften der UdSSR.

Pašukanis, Evgenij Bronislavovic (1891–1937)

Professor. Direktor des Instituts für Sowjetaufbau und Recht, Moskau; Stellvertretender Direktor der Kommunistischen Akademie; Stellvertretender Volkskommissar für Justiz der UdSSR.

Würdigung: Hazard J. N., Soviet Legal Philosophy, 1951, S. XXVII–XXIX, XXXI–XXXIII; Hazard J. N., Settling Disputes in Soviet Society, New York, 1960, S. 17–18, 152, 487–488; Cerroni U., in: Teorie sovietiche del diritto, Milano, 1964, S. VI

Pereterskij, Ivan Sergeevič (1889–1956)

Doktor der Rechtswissenschaften. Professor an der Moskauer Universität, Lehrstuhl für internationales Recht, später für Zivilrecht. Konsultant des Außenministeriums der UdSSR (1943–1955) im Rang eines Außerordentlichen und Bevollmächtigten Gesandten 2. Klasse.

Würdigung: Diplomatičeskij slovar', Moskau, 2. Aufl., Bd. 2, 1961, S. 508; Korneev 1956, S. 129, vgl. S. 201, 217

Nachruf: Sov. gos. i pravo 1956 No. 4 S. 136

PRIBLJUDA, ABRAM ŠLEJMA-MENDELEVIČ

Tätig im Volkswirtschaftsrat der Stadt Moskau (1958).

Personalangaben: Sov. gos. i pravo 1958 No. 1 S. 134

RABINOVIČ, NADEŽDA VENIAMINOVNA (1890–1964)

Doktor der Rechtswissenschaften, Professor an der Leningrader Universität, Lehrstuhl für Zivilrecht.

Nachruf: Pravovedenie 1964 No. 1 S. 184–185 (mit Bild)

RAJCHER, VLADIMIR KONSTANTINOVIČ (geb. 1888)

Doktor der Rechtswissenschaften. Professor am Leningrader Finanzökonomischen Institut, Leiter des Lehrstuhls für Sowjetrecht.

Ehrung: Titel „Verdienter Wissenschaftler der RSFSR" (1960)

Würdigung: Pravovedenie 1958 No. 4 S. 150–151 (mit Bild); 1960 No. 3 S. 161 (mit Bild); Vestnik Leningradskogo Universiteta 1964 No. 5 (Ekonomika, filosofija, pravo No. 1) S. 161

RJASENCEV, VLADIMIR ALEKSANDROVIČ

Doktor der Rechtswissenschaften. Professor im Juristischen Allunions-Institut für Fernstudium, Moskau.

Personalangaben: Bjulleten' Verchovnogo suda RSFSR 1964 No. 5 S. 8; 1967 No. 12 S. 5; Graždanskoe pravo 1965, Bd. 1, S. 2

ŠAPKINA, GALINA SERGEJEVNA

Leiterin der Abteilung für Praxisauswertung und Instruktionswesen der Staatsarbitrage beim Ministerrat der RSFSR, Moskau.

Personalangaben: Sov. gos. i pravo 1965 No. 8 S. 88; ŠAPKINA 1965, S. 5

SKOROCHODOV I. F.

Tätig in der Staatsarbitrage beim Ministerrat der RSFSR, Moskau.

Personalangaben: Sov. gos. i pravo 1965 No. 8 S. 88

ŠKUNDIN Z. I. (etwa 1895–1952)

Kandidat der Rechtswissenschaften. War in der Staatsarbitrage beim Ministerrat der UdSSR tätig. Dozent.

Personalangaben: Arbitraž 1940 No. 1 S. 8; Sov. gos. i pravo 1951 No. 10 S. 74

ŠRETER V. N. (schätzungsweise 1882–1937)

Mitarbeiter in der Auslandsabteilung des Obersten Volkswirtschaftsrates der UdSSR, Moskau (1928); Professor am Moskauer G. V. Plechanov-Institut für Volkswirtschaft (1934).

Personalangaben: Sovetskoe gosudarstvo 1934 No. 2 S. 142–143; Voprosy promyšlennogo prava. Materialy..., Moskau, 1928, S. 204

STUČKA, PETR [PĒTERIS] IVANOVIČ (1865–1932)

Volkskommissar für Justiz der RSFSR (1917–1918 mit Unterbrechungen); Vorsitzender des Obersten Gerichts der RSFSR, Moskau (1923–1932); Professor an der Moskauer Universität und an anderen Lehranstalten; Leiter der Rechtssektion der Kommunistischen Akademie (später: Institut für Sowjetaufbau und Recht), Moskau.

Würdigungen: Bol'šaja sovetskaja enciklopedija, Moskau, 2. Aufl., Bd. 41, 1956, S. 168 (mit Bild); STUČKA, Riga, 1964, S. 5–42 (mit Bild und Bibliographie der Schriften von P. I. Stučka auf S. 723–737); die ebd. auf S. 737–743 genannten 85 Veröffentlichungen, ferner die von LOEBER 1965 S. 145–146 zitierten Quellen sowie neuerdings u. a.: Sov. gos. i pravo 1965 No. 7 S. 88–96; Pravovedenie 1965 No. 1 S. 111–119 und No. 3 S. 123–131; Sov. just. 1965 No. 14 S. 15–17; 1967 No. 2 S. 20–21; Bjulleten' Verchovnogo suda SSSR 1965 No. 4 S. 23; Vestnik Moskovskogo Universiteta, Serija Pravo 1965 No. 2 S. 83–85; No. 3 S. 101–102; 1965 No. 4 S. 90–91; 1967 No. 5 S. 67–73; O teoretičeskom nasledii 1965; Laikabiedru atminas 1965 [= zwei Gedächtnisschriften]; Socialističeskoe pravo (Sofia) 1965 No. 5 S. 47–52; HAZARD J. N., in: Soviet Legal Philosophy, Cambridge, 1951, S. XXI–XXV; CERRONI U., in: Teorie sovietiche del diritto, Milano, 1964, S. V–VI; LOEBER 1965, S. 130–132

Nachruf: Sov. just. 1932 No. 9, S. 1–40 (= Sonderheft)

TANČUK, IGOR' ANATOL'EVIČ

Älterer Arbiter des Moskauer Gebiets-Volkswirtschaftsrates (1961); Mitarbeiter des Instituts für Staat und Recht der Akademie der Wissenschaften der UdSSR, Moskau (1965)

Personalangaben: Sov. gos. i pravo 1961 No. 2 S. 132; Sov. just. 1965 No. 16, vor S. 1

VENEDIKTOV, ANATOLIJ VASIL'EVIČ (1887–1959)

Doktor der Rechtswissenschaften. Professor an der Leningrader Universität, Leiter des Lehrstuhls für Zivilrecht.

Ehrungen: Stalinpreis 2. Klasse (1949); Lenin-Orden (1953); Wirkliches Mitglied der Akademie der Wissenschaften der UdSSR (1958); Dr. iur. h. c. (Warschau, 1958)

Würdigungen: Bol'šaja sovetskaja enciklopedija, Moskau, 2. Aufl., Bd. 7, 1951, S. 419; OČERKI po graždanskomu pravu, Leningrad, 1957, S. 5–8 (mit Bild und einer Bibliographie der Schriften von A. V. Venediktov auf S. 9–20) [= Festschrift VENEDIKTOV]; Sov. gos. i pravo 1958 No. 9 S. 125; No. 10 S. 130; 1959 No. 4 S. 123; Pravovedenie 1958 No. 4 S. 151–152 (mit Bild); Problemy graždanskogo i administrativnogo prava, Leningrad, 1962, S. 5–38 (mit Bild) [= Gedächtnisschrift VENEDIKTOV]

Nachruf: Sov. gos. i pravo 1959 No. 9 S. 123; Pravovedenie 1959 No. 3 S. 5–6 (mit Bild)

VIL'NJANSKIJ, SOLOMON JOSIFOVIČ

Doktor der Rechtswissenschaften. Professor am Char'kover Juristischen Institut.

Personalangaben: Pravovedenie 1962 No. 2 S. 169

VOLIN, ANATOLIJ ANTONOVIČ

Stellvertreter des Hauptarbiters der Staatsarbitrage beim Ministerrat der UdSSR, Moskau.

Personalangaben: Sbornik No. 19–20 (1962) S. 44

VYŠINSKIJ, ANDREJ JANUAR'EVIČ (1883–1954)

Doktor der Rechtswissenschaften. Professor (1923–1925) und Rektor der Moskauer Universität (1925–1928); Staatsanwalt der RSFSR, später der UdSSR (1931–1938); Direktor des Rechtsinstituts der Akademie der Wissenschaften der UdSSR, Moskau (1937–1941); Außenminister der UdSSR (zeitweilig Stellvertretender Außenminister) (1940–1954).

Ehrungen: Wirkliches Mitglied der Akademie der Wissenschaften der UdSSR (1939); Stalinpreis 1. Klasse (1947); 1955–1960 trug das Rechtsinstitut der Akademie der Wissenschaften der UdSSR den Namen von A. Ja. Vyšinskij (Sov. gos. i pravo 1955 No. 2 S. 132; 1960 No. 6 S. 1)

Würdigungen: Bol'šaja sovetskaja enciklopedija, Moskau, 1. Aufl., Bd. 14, 1929, Sp. 80; 2. Aufl., Bd. 9, 1952, S. 540 (mit Bild); Diplomatičeskij slovar', Moskau, 1. Aufl., 1948, Sp. 433–434; 2. Aufl., Bd. 1, 1960, S. 328; u. a.; HAZARD J. N., in: Soviet Legal Philosophy, Cambridge, 1951, S. XXX; CERRONI U., in: Teorie sovietiche del diritto, Milano, 1964, S. VI–VII, XI–XII

Nachrufe: Sov. gos. i pravo 1954 No. 8 S. 10–12; Soc. zak. 1954 No. 12 S. 35–38; u. a.

ZAMENGOF, ZOJA MICHAJLOVNA

Ältere Konsultantin der Staatsarbitrage beim Vollzugskomitee des Moskauer Gebiets (1959).

Personalangaben: Sov. gos. i pravo 1959 No. 7 S. 137

ZIVS, SAMUIL LAZAREVIČ

Doktor der Rechtswissenschaften. Professor. Leiter eines Sektors im Institut für Staat und Recht der Akademie der Wissenschaften der UdSSR, Moskau.

Personalangaben: Sov. gos. i pravo 1967 No. 3 S. 54

Sachregister

Das Register berücksichtigt den Text, nicht dagegen die Anmerkungen. Außer Betracht bleiben auch das Vorwort, der Nachweis sowjetischer Gesetze (S. 320–336), das Literaturverzeichnis (S. 337–372) sowie die Personalien sowjetischer Autoren (S. 373–380).

Im Text zitierte Rechtsvorschriften sind im Register **halbfett** gesetzt. Das Register kann damit in gewissem Umfang zugleich als **Gesetzesregister** dienen. Hinweise auf die Gerichts- und Arbitragepraxis finden sich unter den Stichworten: **Rechtsprechung**, Arbitrage sowie unter dem Namen des Gerichts, soweit es namentlich im Text erwähnt wird. Aufgenommen wurden einzelne **russische Fachausdrücke** unter Hinweis auf die in der Arbeit verwendete deutsche Übersetzung; insoweit erfüllt das Sachregister auch die Aufgabe eines Glossariums.

Die Zahlen verweisen auf Seiten.

Länderregister

Das Register berücksichtigt die im Text genannten Länder. Außer Betracht bleiben die Bundesrepublik Deutschland und die Sowjetunion, da diese beiden Staaten ohnehin den Gegenstand der Arbeit bilden.

Die Zahlen verweisen auf Seiten.

Personenregister

Das Register berücksichtigt den Text, nicht dagegen die Anmerkungen. Außer Betracht bleiben auch das Vorwort, das Literaturverzeichnis (S. 337–372) sowie die Personalien sowjetischer Autoren (S. 373–380).

Die Zahlen verweisen auf Seiten.

FSC
www.fsc.org
MIX
Papier | Fördert gute Waldnutzung
FSC® C083411

Kolibri 360 GmbH
Ferdinand-Jühlke-Straße 7
99095 Erfurt, Deutschland
produktsicherheit@kolibri360.de